한국 사회복지의 현실과 선택

한국 사회복지의 현실과 선택

참여연대 사회복지위원회 편

사회복지 전문출판 나눔의 집

고 심재호 교수를 기리며

이 책은 우리와 함께 참여연대 사회복지위원회 활동을 같이 했던 고 심재호 교수를 추모하기 위해 썼습니다.

참여연대 사회복지위원회가 결성되어 활동한 지도 10여 년이 지났습니다. 그동안 많은 분들이 사회복지위원회의 실행위원으로 활동하셨고, 그런 분들의 헌신에 힘입어 사회복지위원회는 많은 성과를 이루어낼 수 있었습니다.

사회복지위원회 활동을 하는 동안 기쁘고 좋은 일도 많았지만 한편으로는 안타깝고 슬픈 일도 있었습니다. 그 중에서도 우리를 가장 슬프게 했던 것은 심재호 교수의 소천이었습니다. 항상 밝은 모습으로 그리고 열정을 다해서 사회복지위원회 활동을 하셨기에 그 슬픔은 더욱 크게 느껴졌습니다.

그렇기에 고 심재호 교수와 활동을 같이 했던 실행위원들은 자연스럽게 심교수를 기릴 수 있는 사업을 하자는 데에 뜻을 같이 했고 이런 저런 의견들을 냈습니다. 그 중에서 가장 우리다운 그러면서도 심교수의 뜻에 맞는 일을 찾다가 이 책을 내기로 하였습니다.

이 책의 주제는 '한국 사회복지의 선택'입니다. 이 내용은 어떻게 보면 우리가 참여연대 사회복지위원회 활동을 하는 이유이기도 하고 그 활동의 방향성이기도 합니다. 그리고 고 심재호 교수가 우리와 같이 했던 부분이기도 합니다. 아마 그것이 우리가 이 책을 내게 된 이유일 것입니다.

이제 밀린 숙제를 끝내는 기분입니다. 다만 필자들의 바쁘다는 핑계로 시간이 너무 많이 걸린 것이 미안할 따름입니다. 바쁜 일정 속에서도 귀한 원고를 작성해준 필자들에게 감사드리며, 출판을 기꺼이 맡아주신 나눔의집 출판사 유보열 사장님께 감사드립니다.

2007. 8

김종해 / 참여연대 사회복지위원회 위원장

차　례

총론

21세기 한국 사회복지의 이슈와 쟁점

이영환[*]

1. 한국의 사회복지는 위기 상황인가?

이 책의 주제는 한국 사회복지의 선택이다. 즉, 앞으로 한국 사회복지정책의 방향을 어떻게 설정하고, 구체적으로 어떠한 선택들을 취해야 할 것인가 하는 문제이다. 이러한 주제가 암시하는 것은 한국의 사회복지가 그러한 선택적 결단을 진지하게 고민해야 할 지점에 와 있다는 것이다. 따라서 이 문제는 현재의 상황을 어떻게 볼 것인가 하는 문제와 직결되는데, 선택의 기로에 서있는 현실은 결국 위기 상황을 상정하는 것이다.

그렇다면 한국 사회복지의 현실은 과연 위기인가? 물론 입장에 따라 상당히 다른 관찰이 가능할 것이다. 주지하듯이 한국의 사회복지 발전은 상당히 뒤늦게 시작되었다. 1987년 민주화 이전까지 우리나라 사회복지제도는 전근대적인 생활보호사업, 보편적으로 확대되지 못한 의료보험제도와 산재보험제도, 그리고 무의무탁한 취약계층을 위한 빈약한 시설보호사업 정도를 꼽을 수 있었다. 하지만 민주화를 계기로 우리나라의 사회복지제도는 짧은 시간에 빠른 속도로 양적·질적으로 확대되어 1990년대를 지나면서 웬만한 복지제도는 거의 갖추게 되었고 이를 뒷받침하기 위해 정부의 복지비 지출도 꾸준히 성장하였다. 1997년 말에 발발한 외환위기 상황에서도

---

* 성공회대학교 사회복지학 교수, 참여연대 사회복지위원회 실행위원

다른 나라들의 경우와는 달리 우리나라 복지정책은 팽창하는 양상을 보여주기도 하였다. 물론 이러한 복지발전은 역설적으로 우리나라 복지정책의 후진성을 보여주는 것이기도 하지만, 지금은 보수적인 경제관료나 학자들이 사회복지의 과대성장을 우려하는 목소리를 높이기도 하는 상황에까지 이르렀다. 물론 이러한 우려의 배경에는 정확한 현실 파악과 미래 예측보다는 서구의 복지국가 위기론에 대한 선험적 학습 효과와 소득적인 복지정책을 지향하는 미국식 사회경제체제에 대한 신뢰가 놓여있을 것이다.

이 책의 집필에 참여한 필자들은 한국의 사회복지가 위기에 처해 있다는 점에 대체로 공감하는 사람들일 것이다. 물론 민주화 이후 그동안의 꾸준한 복지발전에 대해 긍정적인 평가를 아끼지 않지만, 그럼에도 불구하고 한국 사회복지의 현실을 위기라고 진단하는 이유는 다음과 같이 요약해볼 수 있다.

첫째는 신빈곤·양극화 현상이다. 그동안의 꾸준한 복지발전에도 불구하고, 그리고 그와 동반한 경제성장에도 불구하고 빈곤은 줄어들지 않고 소득분배가 악화되는 양극화 현상이 심화되고 있다는 점이다. 주지하듯이 1997년 말에 발발한 외환위기는 우리 사회가 빈곤을 재발견한 중요한 계기였다. 초유의 대량실업과 대량빈곤은 고도성장의 그늘에 묻혀 있던 빈곤을 재발견하면서 그 규모와 성격에 대한 사회적 관심과 논쟁을 유발하였다. 외환위기 발발 이후 실업률과 빈곤률, 그리고 소득분배 지표인 10분위 혹은 5분위 소득배율, 지니계수 등이 모두 급격히 나빠졌다. 이러한 지표들은 경제위기 극복에 따라 일시적으로 개선되다가 2003년경부터 다시 나빠지고 있는데, 이때부터 양극화 현상이 본격화된 것으로 볼 수 있다(1부 1장 참조).

외환위기 이후의 빈곤양상은 흔히 '신빈곤'이라고 압축적으로 표현된다. 대표적인 양상은 빈곤자 중 근로계층의 비중이 확대되었다는 점이다. 빈곤자 중 1/3 정도는 취업하고 있는 빈곤자이며, 전체 빈곤가구 중 근로능력이 있는 가구가 2/3에 육박한다는 통계가 있다(노대명, 2006; 1부 1장). 이러한 '일하는 빈곤'은 1990년대 지구화 경제의 흐름 속에서 전체 노동인구의 절반 이상으로 팽창한 비정규근로자들이 그 원천이다. 이들은 고용안정은 물론 임금과 복지 등 여러 차원에서 차별에 시달리면서, 대량빈곤과 양극화의 주요인으로 작용하고 있다.

대량빈곤의 온존과 소득분배 악화로 인한 양극화 현상은 빈곤을 절대적 기준에서가 아니라 상대적 기준, 나아가 사회적 배제의 관점에서 보아야 함을 시사한다. 빈민들은 경제적으로 가난할 뿐만 아니라 사회적·문화적·공간적 차원에서도 주류사회로부터 격리되고 배제됨으로써, 절망적 구조의 심리적 내면화를 강요당한다는 것이다(도시연구소, 2003; 1부 1장). 따라서 절대적 빈곤개념에 근거한 경제 일변도 지원방식, 즉 최저생계비를 보완하는 현행 공공부조 방식의 빈곤정책이 성공할 수 없는 이유가 여기에 있다. 지표상으로 나타나는 소득분배의 불균형과 양극화 현상은 재산의 불균등 배분을 포함하면 훨씬 더 심각한 양상일 것이다.

사회복지 위기의 두 번째 원천은 고령화와 저출산 사회의 도래이다. 우리나라의 고령화 속도는 세계에서 가장 빠르다. 오래 살고 싶은 것은 인류의 오랜 꿈이지만, 준비없는 고령사회는 결코 고령자의 천국이 아님이 현실화되고 있다. 건강하고 활기차고 보람있는 노년에 대한 기대보다는 고령사회를 유지하기 위한 엄청난 부양 부담만 부각되고 있다. 우선 연금문제에서 긴장이 고조되었다. 한편으로는 국민연금 재정의 건전성 유지, 즉 후세대에 과중한 부담을 전가하지 않으면서도 적절한 급여수준을 유지하는 일, 그리고 다른 한편 지역가입자의 거의 절반에 달하는 사각지대 해소문제가 화급한 과제로 등장하였다. 수년 동안 학계와 정치권이 이 문제를 가지고 씨름했지만, 만족할 만한 타협점이 나오지 않고 있는 현실이다[1]. 일단 타협이 된다 하더라도 변화하는 상황에 따라 지속적인 개혁이 필요한 것은 물론이다. 따라서 연금개혁 문제는 앞으로도 정치권에서 중요한 변수로 작용할 전망이다.

출산율 역시 세계에서 가장 빠른 속도로 하락하면서 고령화와 더불어 경제와 사회보장에 지속가능성의 위기를 초래할 것으로 우려된다. 이에 대응하여 저출산고령사회기본법을 제정(2005년 5월)하는 등 정부와 지자체들은 대책 마련에 바쁘다. 보육정책개선, 출산 및 육아휴직 확대, 출산장려금 등의 금전적 인센티브 제공 같은 이러저러한 출산장려대책을 내놓고 있지만, 커다란 흐름을 바꾸기에는 어림없는 것 같다. 저출산 사회의 도래는 그동안 출산과 육아, 교육 등의 모든 부담을 개인과 가족에게 온전히 지워온 무책임사회의 귀결이다. 사람에 대한 투자를 회피해온 우리 사회의 물질만능 지향에 대한 총체적 반작용임을 감안한다면 역시 총체적 반성과 방향전환이 없으면 역전이 불가능한 일이라고 할 수 있다. 그럼에도 불구하고, 아직도 사람에 대한 투자를 우선시하는 진지한 정책전환은 찾아보기 어렵다. 많이 낳지 않는 것은 걱정하면서도 정작 우리 사회에 방치되어 있는 수많은 취약계층에 대해

---

1) 2007년 4월, 국민연금 기여율과 급여율 조정을 핵심으로 하는 정부여당의 국민연금법 개정안과 야당의 대안이 오랜 논의 끝에 국회표결에까지 이르렀지만 임시국회에서 모두 부결되었고, 유시민 복지부 장관은 이에 책임을 지고 사의를 표명하였다. 반면 국민연금의 사각지대 해소를 위한 대안으로 부각된 기초노령연금법은 국회를 통과하였다.

서 무관심한 것이 현실이다.

애당초 인구가 왜 줄어들면 안 되는지도 의문이다. 정답은 없겠지만, 종족보존의 위기 의식이나 민족경제 차원에서 적정인구가 필요하다는 주장 등이 일리가 없지는 않겠지만, 한편으로 세계화와 지구화를 역설하면서 민족주의적 편향을 유지하는 것이 그리 논리적이지 않다. 경제적 측면에서의 노동력 부족문제는 경제구조 개혁이나 혹은 이민개방 정책으로 풀어갈 수도 있을 것이다. 물론 이민개방 정책은 경제논리만으로 결정할 수 없는 문화적 통합성 등 복잡한 문제를 내포하고 있다. 문제는 인간다운 생활이 가능한 사회를 건설하는 과정에서 자연스럽게 인구문제가 조절되어야하는 것이지, 인구를 유지하기 위해 임시방편적인 정책을 쓰는 것은 본말이 전도된 것이고, 그렇게 본말이 전도된 정책은 항상 또 다른 문제를 낳게 된다는 점이다. 따지고 보면 오늘날 사회문제 치고 정부 정책의 직·간접적 결과물이 아닌 것이 무엇이 있겠는가?

위기의식의 세 번째 근거는 한국 복지국가의 발달이 정체상태에 있다는 점이다. 위와 같은 문제들이 정책의 실패 혹은 의도하지 않은 결과에 기인한다면, 그리고 상당 부분이 사회정책의 부실에 기인한다면 해결의 방향도 사회정책의 질적 개선에서 찾아야 할 것이다. 질적 개선의 출발점은 양적 개선일 수밖에 없다. 앞서도 언급했지만, 우리나라의 사회복지제도는 점진적으로나마 꾸준히 확대되어 왔고, 이에 따라 정부의 복지비 지출도 증가해 왔다. 하지만 이러한 점진적 발전에도 불구하고 해결해야 할 너무도 큰 과제들이 남아 있다. 이를테면 다음과 같은 과제들을 쉽게 떠올릴 수 있다.

우선, 기초생활보장제도는 절대빈곤자들에 대한 최저생계비 지원에 급급하고 있어 적용대상도 소수이고 급여내용도 미흡하다. 차상위 빈곤층에 대한 대책이 거의 없고, 실질적으로 자활을 조장하기에는 역부족이다. 신빈곤, 양극화 추세에 대응하는 것은 엄두를 내기 어려운 현실이다. 사회보험(연금·건강보험 등)은 전국민을 포괄하고 있지만 내용적으로 미흡하다. 국민연금은 넓은 사각지대를 가지고 있고, 재정안정에 급급하여 급여수준을 하향 조정하는 방향으로 개혁이 진행되고 있어 노후의 빈곤예방이라는 제도의 목적이 무색해지고 있다. 의료보험의 급여내용도 꾸준히 개선되고는 있지만 아직도 많이 미흡하다. 사회복지서비스는 더욱 부실하여, 절대빈곤자들을 대상으로 공공부조를 보완하는 정도이다. 장애인, 노인, 아동, 청소년, 여성 등이 건강하고 문화적이며 보람있는 삶을 영위할 수 있도록 지원하는 보편적 체계가 되지 못하고 있으며, 나아가 희귀병 환자, 외국인노동자, 성적 소수자 등 소수자들을 지원하는 복지체계는 거의 공백상태이다. 나아가, 국민적 고통의 진원지인 주거와 교육, 의료 등 중요 소비생활 영역에서 공공성 확대를 통한 부담의 완화는 좀처럼 이루어지지 못하고 있다.

사회정책의 수준을 단적으로 보여주는 것은 정부의 사회정책 관련 지출수준이다. 우리나라 사회복지비 지출수준의 특징은 선진국에 비해볼 때 아지기도 너무 낮은 수준이며, 그나마 최근 정체상태에 머물고 있는 것으로 요약할 수 있다. OECD 자료에 따르면 GDP 대비 사회복지비 지출 비중이 한국은 5.5%인데 비해 한국을 제외한 OECD 평균은 무려 23.7%이다. 나라별로 보면 미국이 14.5%로 낮은 편이고 영국 23.1%, 스웨덴 31.9%로 나타난다. 정부재정 대비로 볼 경우에도 우리나라는 22.3%인데 비해 OECD 평균은 50.4%이고, 나라별로는 미국 40%, 영국 53.4%, 스웨덴 54.9%이다(이재원, 2007). 이러한 수치는 물론 사회복지정책의 범주와 재정의 범주에 따라서 편차가 있지만, 어쨌든 우리의 복지비 지출 수준은 GDP 대비 지출비율을 기준으로 볼 때 3배 가까이 늘려야 간신히 미국 정도의 수준에 갈 수 있는 상황이다. 국가의 역할이 사회복지를 중심으로 편성되어 있는 국가들과 우리는 너무 큰 격차를 가지고 있는 것이다. 우리나라의 경우 연금지출이 본격화되지 않았기 때문에 다른 나라와 바로 비교할 수 없다는 사실을 감안하더라도, 이러한 수치는 복지국가를 향한 넘기 어려운 장벽을 실감케 한다. 더욱이 최근 우리나라 복지비 지출은 정체상태를 보이고 있다. 외환위기 이후 국민의 정부 시절에는 복지비 지출이 비교적 큰 폭으로 확대되었지만, 참여정부 이후 눈에 띄는 증가추세를 보이지 않는다는 것이다(<한겨레신문>, 2007.3.21). 이러한 현상유지와 교착상태는 심화되고 있는 위기—신빈곤, 양극화, 저출산, 고령화, 그리고 그로 인한 경제 및 사회보장 지속가능성의 위기—를 방치하고, 복지국가를 향한 동력의 상실을 의미한다는 점에서 위기라고 할 수 있을 것이다.

2. 복지국가 위기의 보편성과 대응양식들

우리나라 사회복지가 당면한 이러한 위기상황은 비단 우리나라에 고유한 것이 아니다. 양상은 국가마다 다르겠지만, 지구화 경제에 휩쓸리고 있는 복지국가 전반에 걸친 보편적인 상황이다. 1970년대 중동전쟁과 석유위기를 계기로 시작된 복지국가 위기는 초기에는 경제적 위기가 야기하는 복지국가의 재정위기에 초점이 맞추어져 왔다. 1980년대에는 미국, 영국, 일본을 주축으로 하는 신보수주의적 정권들의 복지 국가 공격이 거세지면서, 신자유주의적 이념 공세가 본격화되었다. 이후 지구화 경 제의 진전과 유럽연합 결성 등 여건이 변화하면서 복지국가 위기는 복잡한 양상으 로 전개되었다. 흔히 1990년대 이후 복지국가들은 재정건전성과 고용창출 및 소득불 평등 완화를 위한 복지지출을 동시에 추구해야 하는 중첩된 곤경에 직면한 것으로 나타난다.

이러한 상황에 대응하는 복지국가의 재구조화 전략에 대해서는 일찍이 에스핑-앤 더슨(Esping-Andersen)이 복지국가 유형론—자유주의, 보수주의, 사회민주주의 복지 국가—을 통해 설파한 바 있다(Esping-Andersen, 1990; 1996). 비록 유럽과 북미 대륙에 한정된 유형론이었지만 상당한 이론적·현실적 설득력을 통해 이후의 이론적 발전에 강한 자극을 주었고, 나아가 아시아, 남미, 아프리카 등의 복지체제에 대한 관심도 자극하였다. 널리 알려진 것처럼 영국이나 미국과 같은 자유주의적 복지국가들은 노동력의 유연화 정책과 노동연계 복지를 강화하면서 국가의 역할을 복지제공자에 서 국민들의 능력발휘를 촉진하는 역할(enabling role)로 변화시켰다(Gilbert & Terrell, 2005). 독일, 프랑스 같은 유럽대륙의 보수주의 복지국가들은 노동시간 축소와 더불 어 1인 생계부양자 모델에 기초한 전통적 가부장주의를 강화하는 양상을 보였다. 반면 북유럽의 사회민주주의 복지국가들은 사회서비스를 적극 확대함으로써 고용 창출과 복지향상, 그리고 이를 통한 경제적 활력의 유지를 동반 추구하였다.

이와 같이 복지국가 위기의 흐름에서 일부 북유럽국가들을 제외하면 전체적으로 수세적인 재구조화가 진행되었다고 볼 수 있는데, 1990년대 중반 이후 영국의 (신)노 동당 집권 등 좌파정당의 헤게모니가 강화되면서 제3의 길과 같은 새로운 모색이 나타났다. 영국 블레어 정부의 이론가 앤터니 기든스(Anthony Giddens)가 주창한 제3 의 길은 과거와 같은 방만한 복지국가도 아니고, 신자유주의적 노선도 아니면서 좀 더 생산적이고 사회투자적인 복지국가를 지향하는 것으로서 오늘날 사회투자국가 논의의 출발점이 되었다(Taylor-Gooby, 2007). 이에 대해 에스핑-앤더슨(2002)은 사회 투자국가론은 새로운 것이 아니라 북유럽 사민주의 국가들이 오래 전부터 해오던 것을 뒤늦게 모방하는 것에 불과하다고 폄하하였지만, 변화된 상황에서 복지국가의 적극적 측면을 유지 혹은 강화하려는 노력인 점은 분명하다. 에스핑-앤더슨(2002) 자신도 적극적으로 사회정책을 강화하는 범유럽 차원의 새로운 복지국가(a new welfare state)를 주창하고 있다.

국가별로 처한 조건과 발전전략은 다르지만, 적극적 복지국가를 추구하는 흐름에는 두 가지 공통된 강조점이 있다. 첫째는 경제정책과 사회정책의 유기적 연결을 통해 성장과 고용, 복지의 동반 발전을 추구한다는 점이다. 과거 복지국가가 본의 아니게 지니게 된 낭비적이고 방만한 이미지를 불식하고, 좀 더 생산적인 노동-복지 연계체계를 추구한다는 점이다. 하지만 미국처럼 신자유주의에 경도된 체제에서는 노동강제적 복지체계로 편향될 우려가 있다. 미국의 경우 꾸준한 경제성장과 저실업을 자랑하지만, 초강대국이라는 예외적 국가로서의 이점 덕분이라는 사실은 차치하고라도, 그러한 성장과 고용이 양극화와 대량빈곤을 대가로 한다는 맹점이 심각하다. 반면 스웨덴이나 덴마크 등 북구 국가들은 국가적 차원에서 사회서비스에 대한 적극적 투자를 통하여 경제적 위기를 가장 유연하게 잘 대응해 나가고 있는 것으로 평가된다(안상훈, 2006).

둘째, 성장과 복지의 동반 발전을 위한 정치적 장치로 산업평화를 기반으로 하는 신조합주의적 사회협약을 추구한다는 점이다. 국가별로 그 양태는 매우 다르지만, 노사 협조를 근간으로 임금인상 자제와 고용보장 등을 교환하면서 경제적 환경의 변화에 대처하고 있다. 이러한 과정에서 복지제도의 뒷받침이 중요한 역할을 하고 있으며, NGO 등 공익집단의 중개역할을 적극 활용하기도 한다. 1990년대 이래 유럽에서 새로운 사회협약의 노력은 특히 아일랜드와 네덜란드 같은 소규모 개방경제 국가들, 그리고 스페인, 이탈리아, 그리스 등 남부유럽의 지체된 복지국가들에서 큰 위력을 발휘하였다.

지구화 경제에 편입되어 있는 우리나라의 고민도 이들과 본질적으로 다르지 않을 것이다. 하지만 그 토대는 다르다. 전통도 다르고 여건도 다르다. 제3세계 출신 중에서는 특출나게 성장과 복지를 동시에 추구하고 있지만, 아직 복지국가를 바라보기에는 많이 미흡하다. 후진 복지국가라고 하는 미국과 일본에 견주어도 격차가 크다. 이념적으로도 발전국가와 성장담론에 경도되어 친복지 성향이 강한 것도 아니다. 복지국가의 정치적 추진력이라 할 수 있는 진보정당과 노동자운동도 취약하기 짝이 없고, 따라서 이들을 중심으로 하는 복지동맹의 존재도 견고하지 못하다. 무엇보다도 국가의 재정구조를 복지지향적으로 재편하는 일이 요원해 보이는 것이 한계이다. 결국 우리나라의 경우는 서구와 같이 복지정책의 재구조화가 과제인 것이 아니고,

어떻게 복지국가의 문턱을 통과할 것인가 하는 전략적 모색이 관건이다. 사회투자국가론은 그러한 전략적 모색의 일환으로 볼 수 있다.

3. 사회투자국가에 대한 논의

앞서 언급했듯이 사회투자국가론은 영국 신노동당의 이론가인 기든스가 주창한 제3의 길에서 파생된 복지국가의 적극적 재구조화 담론이다. 이렇듯 실용적 관점에서 주창된 담론이기 때문에 사회투자국가의 개념이나 강조점은 나라마다, 논자마다 다를 수밖에 없다. 서구의 경우 기존의 방만한 복지국가와 신자유주의적 반복지국가 전략 사이에서 복지국가의 본질을 지키면서도 사회복지정책에 대한 투자를 좀 더 생산적으로 재편함으로써 성장과 복지, 고용의 동반 발전을 목표로 하는 전략이다. 당연히 사회정책의 생산적 성격을 강조한다.

최근 우리나라에서도 사회투자국가 논의가 활발하게 진행되고 있다. 여러 학술단체(안상훈, 2006; 한국사회복지학회 외, 2007)와 시민운동단체들(참여연대사회복지위원회, 2007), 그리고 개별 학자들이 이 주제를 진지하게 다루고 있으며, 정부 차원의 사회정책발전 전략(vision 2030 등)에도 공식화되어 있다(유시민, 2006). 우리나라의 경우는 서구와 같은 복지국가의 재구조화보다는, 낙후된 복지체제의 비약적 발전을 도모하는 것을 목표로 정부정책기조의 패러다임적 변화를 요구하는 성격을 갖는다. 즉, 한계에 이른 경제성장의 동력을 기존의 경제적 투자 일변도 전략에서 벗어나 인적자원 개발과 같은 사회적 투자에서 찾아야 함을 강조한다(김연명, 2007; 신광영, 2007). 또한, 여성인력과 같이 저활성화된 부문의 활성화를 위해 과감한 가족·여성정책적 투자가 필요하며(윤홍식, 2007), 나아가 인간의 생애주기와 발달단계에 따른 공공 사회적 서비스 확충과 같이 인간자원의 질을 향상시키는 투자는 건강하고 유능한 노동력 공급을 가능케 함으로써 경제성장에 기여할 뿐 아니라, 나아가 저출산·고령화 사회의 위기 극복, 사회통합의 증진 등과 같은 무형의 투자 효과도 가능케 한다는 주장이다. 이같이 사회투자담론은 발전주의 담론이 지배적인 한국적 지형에서 이를 극복하기 위한 전략적 선택이라 할 수 있다.

물론 사회투자 담론의 위험성도 존재한다. 1990년대 '생산적 복지' 담론처럼 경제성장에 도움이 되는 사회정책만 선택적으로 선호하게 될 위험성도 존재한다. 선택적 포섭과 짝을 이루는 차별과 배제, 즉 비생산적으로 낙인찍히는 부문의 소외가 우려될 수 있다. 나아가 서구 복지국가처럼 사회연대에 기반한 복지국가의 기반이 충실치 않은 상황에서 자칫 사회투자국가 전략이 사회연대적 복지국가를 대체하는 결과를 낳을 수 있다. 그럴 경우, 사회투자전략이 현 상황에서 전략적 유용성을 가질 수 있다고 인정하더라도 평등과 분배, 정의와 같은 복지국가의 본질적 가치가 성장과 고용, 투자이익 같은 가치에 매몰되지 않을까 우려된다. 또한 앞서 언급했듯이 비정규직의 과잉성장과 그에 대한 차별이 오늘날 한국사회의 핵심적인 질곡이 되어 있는 상황에서 노동유연화를 적절한 수준에서 제어하고 노동시장구조를 정상화하는 본질적 과제를 해결하지 않고, 사회투자적인 정책지향만으로 문제해결이 가능할지 의문이라는 점들도 지적될 수 있다[2]. 이는 복지국가 실현의 난관을 정면으로 돌파하지 않고 손쉽게 에둘러 가는 길은 없다는 따가운 지적일 수 있다. 사회투자국가 논의가 이러한 편의주의에 빠지지 않도록 신중할 필요가 있다.

패러다임적 개혁의 모색과 관련하여 또 하나 생각할 점은, 사회연대적 복지국가든 사회투자국가든, 모두 서구적 전통 속에서 나타난 개혁모델이라는 점이다. 우리가 이런 모델을 선택할 수 있을 정도로 충분한 사회적 기반을 가지고 있는지 따져보는 것은 차치하더라도, 이러한 모델이 세계사적으로 어떤 의미가 있는지 검토할 필요는 있다. 단적으로 말해서 과거 식민주의를 경험한 제3세계에서 이런 서구적 복지국가 모델을 충실히 따라가고 있는 나라는 찾기 어렵다. 가까운 미래에 그렇게 될 수 있는 나라도 거의 없어 보인다. 무엇보다도 정치경제적으로 식민유산을 극복하고 산업화의 본궤도에 진입한 국가들을 찾기 어렵기 때문이다. 이렇게 볼 때, 오늘날의 양극화된 세계질서는 과거 제국주의-식민시대의 연장선상에 있는 부정의한 질서라고 할 수 있다. 따라서 오늘날 서구 선진산업국가들이 누리는 복지국가는 제3세계 민중들의 희생 위에서 가능한 것인데, 이러한 복지국가 모델을 제3세계가 당연히 쫓아야 할 모델로 보아야 할 것인가? 우리나라의 경우는 특이하게 비교적 성공적인 산업화를 성취하면서 복지국가의 뒤를 쫓아갈 가능성을 보여주고 있기는 하지만 그 역시 확실치 않고, 더욱이 제3세계의 모범이 될 복지국가의 길을 보여줄 수 있을지는 의문이다. 서구 복지국가를 맹목적으로 쫓기보다는 제3세계와 연대하는 복지체

---

2) 이러한 우려에 대해서는 앞에 언급한 참여연대사회복지위원회(2007)의 세미나 자료집 토론문을 참조할 수 있다.

계의 모색을 고민해야 할 때라고 생각한다.

4. 실천적 쟁점과 이슈

사회투자국가에 대한 논란에서 보듯이 우리 사회는 사회정책의 장래에 대한 이념적·전략적 선택의 기로에 서 있다. 물론 사회투자국가든 사회연대적 복지국가든, 모두 적극적 사회정책을 지향하는 입장이다. 본서의 기본 입장도 이러한 적극적 사회정책을 지향하는 것이다. 하지만 본서에서 다루고자 하는 내용은 이러한 기본적 지향이 구체적인 정책이슈에서 어떠한 선택의 과제로 나타나는가 하는 점이다. 즉, 본서의 초점은 각론에 있다. 이념적이고 총체적인 지향도 결국은 각론에서 구체적 형태로 나타나야 할 것이기 때문이다. 구체적인 이슈와 쟁점들에서 어떤 선택이 이루어지느냐가 중요하고, 이러한 선택들이 모여서 큰 방향을 결정할 것이기 때문이다. 물론 구체적인 선택이 지엽적인 데 머물지 않기 위해서는 전체를 관통하는 큰 원칙과 방향이 필요하다. 하지만 이는 선험적으로 주어지기보다는 구체적 선택과 변증법적으로 상호작용하는 가운데 정립될 것이다. 우리는 그러한 과정이 이 책을 통해 혹은 이를 계기로 본격화되기를 희망한다.

본서의 각론은 4개 분야로 구성된다. 첫째는 신빈곤, 양극화 문제와 이에 대한 대응을 중심으로 한다. 구체적인 정책 이슈로는 최후의 사회안전망인 기초생활보장제도와 자활지원제도, 그리고 사회적 일자리와 사회적 기업 등 노동연계 복지정책, 나아가 소득분배 문제와 이에 대한 정책적 대응의 문제를 다룰 것이다. 하지만 앞서 언급했듯이 빈곤문제의 뿌리는 노동유연화로 인한 비정규직의 양산, 그리고 이들에 대한 차별과 같은 구조적인 문제에 있으므로, 이와 관련된 좀 더 근본적인 개혁 없이는 빈곤탈피에 무력한 정책의 한계는 당연할 것이다. 이와 관련하여 비정규노동자 보호입법의 쟁점을 고찰할 것이다.

둘째 부분은 저출산·고령화사회에 대한 대응이다. 앞서 언급했듯이 고령사회의 도래와 출산율의 저하가 우리 사회에 큰 위기로 부각되고 있으며, 이에 따라 정부도 저출산고령사회기본법(2005)을 제정하는 등 대응에 골몰하고 있지만, 흐름을 바꾸기에는 어림없다는 것이 일반적인 평가이다. 본서의 필자들은 이 분야야말로 사회투자적 관점이 절실히 필요하다는 생각이다. 여성, 노인, 장애인 등 비활성화된 계층의 활성화를 지원하고, 아동과 노인, 장애인 등에 대한 돌봄노동의 사회화 및 사회적 비용분담체계를 사회투자적 관점에서 적극화하자는 것이다. 이를 통해 사회적 취약계층의 인간다운 삶을 보장함으로써 사회통합에 기여할 수 있을 뿐만 아니라 우리 사회의 성장잠재력을 한 단계 고양시킬 수도 있다는 것이다.

저출산·고령사회에 대응하는 정책수단의 범주는 매우 방대하지만, 본서에서는 여성가족정책에 초점을 맞춘다. 구체적으로 보육정책, 아동수당제도 도입, 출산 및 아동양육 관련 휴가, 휴직제도, 노인장기요양보험 등을 다루는데, 핵심은 돌봄노동과 돌봄비용을 어떻게 사회화하며 또 양성평등적인 분담체계를 만들 것인가 하는 점이다. 소득보장에 대해서는 부분적으로 다루지만, 건강보장이나 여성 및 노인의 노동권 등 많은 이슈들을 생략할 수밖에 없었다. 그럼에도 불구하고 이를 통해 우리나라 사회복지정책의 패러다임을 사회서비스투자 중심적으로, 그리고 좀 더 여성가족 친화적인 성격으로 개혁하자는 문제제기로서는 충분하리라고 본다.

세 번째 부분은 사회적 소수자, 사회적 약자의 인권에 대한 사회복지적 대응의 문제이다. 앞에서 다룬 빈민, 여성, 노인 등도 우리 사회에서 분명 사회적 약자임에 틀림없지만, 이들보다 더 소수이고, 더 약자인 많은 집단들이 존재한다. 집단에 따라 차이는 있지만 이들은 사회복지에 있어서조차 무관심과 소외, 그리고 차별을 경험한다. 여기서 우선적으로 관심을 부여한 집단은 아동청소년, 노숙인, 장애인, 군인 등이다. 익숙한 집단도 있지만, 그렇지 않은 집단들도 있고 복지정책의 혜택을 거의 받지 못한 집단들도 있다. 물론 희귀병환자, 농민, 성적 소수자, 이주노동자, 국제결혼외국인 등 많은 집단들이 빠져 있는 것도 분명하다. 사회적 약자의 인권은 사회복지정책의 타당성을 판단하는 중요한 기준이므로 지속적인 관심이 필요하다. 또한 이들에 대한 복지정책도 사회투자적 관점이 유용할 것이다.

마지막 부분에서는 각론을 넘어서 적극적 복지개혁을 향한 과정에서 반드시 풀어야 할 과제들을 모아보았다. 우선 복지국가를 향하고 있다고 말하기도 민망스러울 정도로 낮은 복지비 지출 수준을 어떻게 극복할 수 있는지 원론적인 모색을 할 것이다. 적극적인 복지국가를 향하는 여정에서 반드시 넘어야 하는 난관일 것이다. 지방분권 문제도 만만치 않다. 분권화의 민주주의적 의미는 분명하지만, 오랫동안의 중앙집권적 관행과 지방행정의 허약성을 어떻게 극복할 수 있는지 고민이다. 자칫 지방자치단체 간에 바닥으로의 경쟁이 벌어질 것이 우려되기도 한다. 적극적 복지국가를 향한 시민사회적 관심과 노력 또한 간과할 수 없는 문제로 다루고자 한다. 사회투자국가와 같은 담론적 투쟁도 중요하지만, 진보정당과 노동운동이 허약한 현실에서 어떻게 견고한 복지동맹을 구축할 수 있는지가 숙제인 것이다.

참고문헌

김연명(2007), 「사회투자정책과 한국 사회정책의 미래」, 『한국사회의 미래와 사회투자정책』 (심포지움 자료집), 한국사회복지학회, 한국사회정책학회, 한국행정학회, 한국산업사회학회.

노대명(2006), 「노동과 빈곤」, 『한국사회의 신빈곤』, 한국도시연구소편, 한울.

신광영(2007), 「복지레짐과 사회투자국가」, 『한국사회의 미래와 사회투자정책』(심포지엄 자료집), 한국사회복지학회, 한국사회정책학회, 한국행정학회, 한국산업사회학회.

안상훈(2006), 「사회서비스투자국가로의 전환논리: 하나의 비교사회정책학적 서설」, 『한국사회복지학회 추계학술대회 발표자료집』

양재진(2007), 「사회투자국가는 사민주의의 새로운 경제사회 패러다임인가?」, 참여연대사회복지위원회, 『사회투자국가의 의미와 한국적 적용가능성에 관한 토론회 자료집』

유시민(2006), 「미래지향적 사회정책과 역점과제: 사회투자정책 기조를 중심으로」, 한국사회복지학회 추계학술대회 발표문.

윤홍식(2007), 「사회투자국가와 한국복지국가의 과제」, 참여연대사회복지위원회, 『사회투자국가의 의미와 한국적 적용가능성에 관한 토론회 자료집』

이영환(2006), 「사회보장의 위기와 대안전략의 모색」, 『시민사회의 구성원리 전환과 사회정책의 대안적 프레임』, 이영환 편, 함께읽는책.

이재원(2007), 「사회투자정책과 재정관리」, 『한국사회의 미래와 사회투자정책』(심포지엄 자료집), 한국사회복지학회, 한국사회정책학회, 한국행정학회, 한국산업사회학회.

참여연대사회복지위원회(2007), 『사회투자국가의 의미와 한국적 적용가능성에 관한 토론회 자료집』

한국도시연구소(2003), 「사회적 배제의 관점에서 본 빈곤층 실태연구」, 국가인권위원회.

한국사회복지학회, 한국사회정책학회, 한국행정학회, 한국산업사회학회(2007), 「한국사회의 미래와 사회투자정책」(심포지엄 자료집),

Esping-Andersen(ed), 1996. *Welfare State in Transition*, Sage Publications Ltd.; 한국사회복지학연구회 역(1999), 『변화하는 복지국가』, 인간과복지.

Esping-Andersen(ed), 2002. *Why We Need a New Welfare State*, Oxford Univ. Press.

Esping-Andersen, 1990. *Three Worlds of Welfare Capitalism*, Cambridge: Polity Press.

Gilbert & Terrell, 2005. *Dimensions of Social Welfare Policy*, 6th ed. Pearson Education Inc.; 남찬섭·유태균 역(2007), 『사회복지정책론 - 분석틀과 선택의 차원』, 도서출판 나눔의집.

Taylor-Gooby, P., 2007. *Social Investment in Europe: bold plans, slow progress and implications for Korea*; 「한국사회의 미래와 사회투자정책」(심포지움 자료집), 한국사회복지학회, 한국사회정책학회, 한국행정학회, 한국산업사회학회.

제 **1** 부

신빈곤 양극화와 사회복지의 대응

신빈곤과 국민기초생활보장제도의 위기
─ 한국사회 공공부조의 위상과 쟁점

남기철*

1. 들어가는 말

지난 2006년 수출 3,000억 달러 달성에 대한 이야기가 매체를 통해 널리 홍보되었다. 국민소득 2만 달러 시대에 대한 전망들을 내어놓기도 한다. 경제규모 12위에 대한 이야기도 낯설지 않다. 또 1996년 OECD에 가입한 지 10년이 지나 '선진경제'를 이룬 사회라는 이미지를 재생산하기도 한다. 경제성장률, 노동생산성 증가율 등 몇 가지 거시경제 지표를 살펴보아도 괜찮은(?) 수준으로 보인다.

하지만 많은 사람들이 우리 사회에서 살기 어렵다고 이야기한다. 1990년대 말 IMF 경제위기 이후로 별로 살기에 좋아진 것이 없다고 이야기한다. 외환위기를 겪었던 중남미의 이야기를 자주 하게 된다. 얼마 전인 20세기 후반의 20년 동안 중남미 전체 GDP는 52% 성장했다. 하지만 중남미 빈곤층은 전체 인구의 44%에 이를 정도로 계속 늘어났다. 우리나라도 수출규모나 성장률 지표만 이야기할 것이 아니라 삶의 문제를 제대로 살펴보아야 한다. 그리고 여기서 우리는 빈곤의 문제에 다시 주목하게 된다.

빈곤문제를 이야기하면서 '신빈곤' 혹은 '사회적 배제'라는 용어를 흔히 사용하곤

---

* 동덕여대 사회복지학과 교수, 참여연대 사회복지위원회 실행위원

한다. 과거의 빈곤과 조금은 다른 양상을 나타내기 때문이다. 그리고 이 양상의 차이가 최근의 빈곤이 가져오는 고통을 과소평가하는 계기가 되기도 한다. 단적으로 먹고 사는 것은 몇 십 년 전보다 나아지지 않았느냐 하는 것이다. 하지만 최근 다수 국민의 생활에서는 향후 경제에 대한 긍정적 전망보다는 빈곤과 격차, 양극화와 배제의 고통이 훨씬 더 피부에 와 닿는 이야기이다. FTA와 신자유주의의 흐름은 관련된 우려를 더욱 크게 만들고 있다.

21세기 초반 우리 현실의 화두는 선진경제라기보다는 분명 양극화이어야 할 것이다. 몇몇 산술적 수치를 통해서 얻어지는 숫자로 국민의 생활을 이야기하기는 어렵다. 심지어는 우리 사회의 (절대)빈곤율 지표마저도 빈곤의 기준이 되는 법정 최저생계비를 비현실적으로 낮게 책정함으로 인해 빈곤문제의 심각성을 과소 추정하고 있다. 과거의 빈곤 개념으로 바라볼 때, 현재의 신빈곤은 스스로를 감추는 데 능숙하다. 거시경제지표 몇 가지로 우리 사회 구성원들이 경험하고 있는 삶의 신산함을 감추려 해서도 안 되고 감출 수도 없다. 고용 없는 성장의 상황 속에서 성장을 강조하는 것은 이 고통을 감추려는 것일 뿐이다. 파이를 키운다 하여 절대 신빈곤의 고통은 사라지지 않는다. 성장의 결실이 낙수효과(trickling-down effect)를 통해 빈곤층에게도 고루 배분되리라는 전망은 이미 설득력을 잃었다. 양극화와 신빈곤이 가지는 사회적 구조를 감춘 채 개인의 노력을 강조하는 것은 폭력이다.

우리나라의 복지체계에서는 현재화되는 빈곤문제에 대해서 거의 절대적으로 국민기초생활보장제도의 역할에 의존하고 있다. 10년이 채 되지 않은 국민기초생활보장제도는 비교적 최근에 도입된 것으로 나름대로 우리나라 사회복지의 한 진전으로 평가되어 왔다. 하지만 최근 국민기초생활보장제도가 가지고 있는 몇몇 측면에 대한 논의와 재검토가 필요하다는 이야기들이 많이 제기되고 있다.

본고에서는 국민기초생활보장제도를 핵심으로 하는 우리나라의 공공부조제도가 가지는 중요한 특성과 아울러 제도 시행 수년이 지난 지금 우리나라의 새로운 빈곤 상황, 그리고 국민기초생활보장제도를 둘러싼 쟁점에 대해 살펴보고자 한다.

흔히 특정한 사회복지제도에 대한 입장과 시각은 이념적 지향에 따라 크게 달라진다. 대표적인 친복지적 지향성을 가진 중도파의 경우에는 복지급여의 정당성을 전제로 그 확충을 요구하는 것이 일반적이다. 반대로 특히 우파적 성향을 가진 집단은 복지제도의 사회적 정당성이나 그 확충의 필요에 대해 시장의 효율성을 저해한다는 점에서 크게 반발하곤 한다.

대개 특정 복지제도에 대한 개괄적 글은 제도의 특성을 소개하고, 아울러 문제점과 개선방안의 구성을 취하는 경우가 많다. 그런데 이 경우 사실은 이미 해당 (복지)제도의 정당성을 전제하고 그 확충이나 기술적 보완이라는 방향에서 논지를 전개하는 것이다. 본고에서는 그와 같은 제도개선 주장의 기술적 방식보다는 현재 부각되는 쟁점의 맥락을 짚어보는 것에 초점을 두어 국민기초생활보장제도가 처해 있는 상황에 대해 살펴보고자 한다.

2. 국민기초생활보장제도의 도입과 전개

먼저 국민기초생활보장제도가 도입되고 전개되어 온 맥락과 그 의미에 대해서 간략히 살펴볼 필요가 있다. 우리나라는 다른 많은 나라들과 마찬가지로 사회보험과 아울러 공공부조제도를 사회보장의 주요한 축으로 삼아왔다. 우리나라에서 근대적 의미에서의 공공부조는 1961년 이후 오랜 기간 지속되어 온 생활보호제도에서 기본적인 모습을 찾아볼 수 있다. 생활보호법은 여러 차례 개정되었지만 기본적으로 빈곤의 책임은 개인과 가족의 것으로 보고 국가의 개입은 시혜적인 것으로 여기고 있었다. 때문에 제도의 운영에서도 명목적 수준에서의 보호가 일반적이었다. 생활보호제도의 취약성은 과거부터 자주 제기되어 왔다.

한편으로 1990년대 후반에 우리나라는 갑작스러운 경제위기로 인해 대량실업과 빈곤인구를 양산하였고 이에 따른 각종 사회문제들로 인해 빈곤이 중요한 사회적 이슈로 부각되었다. 이처럼 생활보호법의 한계와 빈곤문제의 확산이라는 시대적 상황에서 국민기초생활보장법이 1999년 9월 제정되었고 2000년 10월부터 시행되었다.

이 법은, 첫째 최종적인 사회안전망으로서의 역할을 수행하고, 둘째 생산적 복지의 이념을 실현하고자 하는 것으로 표방되었다. 즉, 최저생계비 이하의 모든 국민에게 최저생활을 보장하고 자립·자활을 도모하는 것이다. 이를 위하여 소득인정액, 근로유인, 자활지원 등 새로운 개념을 법에 도입하여 포괄성, 형평성, 충분성, 생산성 등을 높이고자 하였다. 법 정신의 현대성과 내용의 과학성에서는 비교적 높은 평가를 받을 수 있는 법이다(김미곤, 2005).

그 이전의 생활보호제도가 가지는 제한점에 비교하여 기초생활보장제도는 몇 가지 중요한 전환을 가져왔기 때문이다. 그 주요한 점은 <표 1-1>에서 보는 바와 같다.

〈표 1-1〉 생활보호제도와 국민기초생활보장제도의 주요 차이점 비교

구 분	생활보호법	국민기초생활보장법
법적 성격	·시혜적 보호 ·시혜적 용어: 피보호자, 보호기관, 보호대상자	·국민의 권리, 국가의 의무 ·권리성 용어: 수급자, 보장기관, 급여대상자 ·새로운 법률 용어: 소득인정액, 소득평가액, 재산의 소득환산액
선정 기준 및 방식	·선별적 범주형(4가지 조건) - 부양의무자 기준 - 소득기준 - 재산기준 - 인구학적 기준	·일반적 보편성(2가지 조건) - 부양의무자 기준 - 소득인정액이 최저생계비보다 적을 경우
대상자 구분	·거택, 시설, 자활보호대상자로 구분	·대상자 구분 폐지(근로능력이 있는 자는 구분)
급여 방식	일괄적 급여	보충급여(최저생계비와 소득인정액의 격차만큼 급여)
급여 종류	·6종: 생계보호, 의료보호, 자활보호, 교육보호, 해산보호, 장제보호	·7종(긴급급여 포함시 8종): 생계급여, 주거급여, 의료급여, 교육급여, 자활급여, 해산급여, 장제급여 ·근로능력이 있는 자는 자활에 필요한 사업에 참가하는 조건으로 생계급여 실시
자활지원 계획		근로능력자 가구별 자활지원계획 수립과 지원 조항 신설

국민기초생활보장제도 도입과 관련해서는 참여연대를 비롯한 시민단체의 역할이 컸다. 참여연대에서는 사회복지 관련 학자와 전문가를 망라하여 '국민생활최저선 확보운동'을 1990년대부터 전개하여 왔다.

참여연대 사회복지위원회에서는 국민생활최저선의 다섯 가지 원칙으로 국민생활 최저선의 보장은 국가가 책임져야 한다, 국민생활최저선 확보는 법적 권리로서 인정되는 성격이어야 한다, 국민생활최저선의 포괄 범위는 모든 생활영역이 포괄되어야 한다, 국민생활최저선의 적용 대상은 모든 국민이어야 한다, 국민생활최저선의 운영 원리로 국민의 민주적 참여를 보장하여야 한다는 것을 제기하였다. 그리고 당시 이를 관철하기 위한 핵심적 영역으로 생활보호제도의 개선을 요구하였다. 그 주된 요구사항은 생활보호대상자 선정 기준을 최저생계비 수준으로 상향조정할 것, 급여수준을 최저생계비 수준 이상으로 상향조정할 것, 최저생계비와 가구소득을 비교하여 부족분을 지원하는 보충급여를 실시할 것, 신청방식을 통해 어느 때든 즉시 보호자

격이 판정되는 완전한 '신청보호' 방식을 채택할 것, 주택수당을 제공할 것 등이었다(참여연대, 2004). 그리고 적어도 표면적으로 이러한 사항들은 상당 부분 국민기초생활보장제도에 관철되었다.

이 운동은 경제위기 직후에는 더욱 광범위한 사회적 지지를 얻게 되었고 경제적 위기상황이 극에 달한 1998년에는 전국의 사회복지학 교수 209인의 연명으로 생활보호법 전면 개정을 핵심으로 하는 사회적 안전망 구축 촉구의 기자회견이 열리기도 하였다.

국민기초생활보장제도에서는 과거 거택보호와 자활보호의 구분을 폐지하여 생계급여를 포함한 모든 급여에서 근로능력 유무에 관련 없이 동일한 수급자격 기준이 적용되었다. 이렇게 근로능력 있는 가구로 수급자격이 확대된 것은 근로능력 유무에 상관없이 모든 시민에 대해 최저소득을 보장(minimum income guarantee)한다는 것이다. 때문에 2000년부터의 이 제도 시행은 우리나라 공공부조제도의 전개에서 획기적인 역사적 의미를 가지고 있다. 하지만 이러한 전환 속에서 반대의 대가적 측면도 있다. 부양의무자 기준의 엄격한 적용과 조건부 수급제도 도입이 병행되었다는 것이 그것이다[1].

다른 한편에서는 보수진영으로부터 제도 도입 반대에 대한 주장이 제기되기도 하였다. 기본적으로 기초생활보장제도가 과거에 비해 '크게 진전된 사회복지급여'를 제공하는 것이기 때문에 나타난 현상이라 할 수 있다. 첫 번째는, 역시 국가의 경제적 부담에 대한 것이었다. 제도의 시행은 생활보호제도와는 질적으로 다른 재정 부담이 있으리라는 우려이다. 제도의 도입시기인 2000년에 재정적자 문제가 상당한 관심사였다는 점이 배경이 되기도 하였다. 즉, "재정적자 문제가 초미의 관심사로 대두되어 있는 마당에 저소득층 지원확대를 골자로 하는 기초생활보장제도의 시행으로 재정적자가 더욱 가속화할 것이라는 우려(<한국경제신문> 2000.4.27.)"이다.

두 번째는, 제도가 가지고 있는 보충급여와 권리로서의 급여 속성이 수급대상자인 빈곤층에게 도덕적 해이를 유발한다는 비판이 많았다. 특히 보수적 성향의 언론이나 (신)자유주의적 이데올로기로부터 이러한 공격이 많이 나타났다.

세 번째는, 제도운영의 기술적 문제와 관련된 논란이었다. 기초생활보장제도는

---

1) 국민기초생활보장제도로 인해 우리나라의 공공부조제도가 빈민 억압정책인 '빈민법(poor law)'을 벗어나게 되었다는 논지도 많지만 한편으로는 조건부 수급자 등의 규정 등 제약조건이 있어 오히려 'welfare'를, 근로를 강제하는 'workfare'로 치환한 것에 불과하다고 보기도 한다.

그 이전 우리나라의 공공부조제도였던 생활보호제도의 운영에 비하여 소득파악, 부양의무자의 파악 등 기술적 측면에서 좀 더 고도의 운영을 필요로 하는 제도이다. 그런데 도입 당시 이에 대한 준비가 어려운데 졸속으로 시급하게 도입하는 것이 아닌가 하는 문제가 제기되기도 하였다.

결국 1990년대 후반의 대량 실업과 빈곤에 따른 심각한 사회병리현상 속에서 기존의 생활보호라는 공공부조제도가 제 역할을 하지 못하고 사회안전망의 취약성을 보이게 되자 좀 더 확대된 권리성 급여를 중심으로 하는 근대적 탈빈곤제도로서 국민기초생활보장제도가 도입된 것이다. 이 과정에서 친복지적 시민단체와 전문가들은 기초보장제도의 도입에 적극적인 입장을 취한 반면, 보수적인 우파의 입장은 이 도입에 대해 기본적으로 반대하는 입장을 취했다.

3. 새로운 빈곤 양상과 국민기초생활보장제도의 한계

(1) 빈곤 양상에 대한 새로운 인식

최근 우리나라의 빈곤 양상은 과거와 다른 모습을 보이고 있다. 그리고 이러한 변화가 가시화되는 양상은 국민기초생활보장제도의 제정 이후에 더욱 가속화되었다. 1990년대 말 소위 IMF 경제위기로 불리던 외환위기 이후로 국민의 생활수준이나 삶의 질이 지금까지도 특별히 개선되지 못하고 있다. 소득 분배구조나 실업·빈곤율의 추이를 통해서 이러한 점을 잘 볼 수 있다. 실업률, 빈곤율, 10분위 혹은 5분위 소득배율, 지니계수 등이 모두 1990년대 경제위기 이후 급격히 나빠졌고 그 후 일시적으로 개선되는 듯하다가 2003년부터 다시 나빠지고 있다. 2003년을 기점으로 상위계층과 하위계층의 격차가 커지고 빈곤층 규모가 다른 층에 비해 증가하는 등 양극화 현상이 본격화되고 있다는 평가가 많다.

물론 국민기초생활보장제도 법제화 시기에서도 우리나라는 경제적 위기와 고통을 경험하고 있었고 이는 현재까지도 연결되고 있다. 그러나 당시 경제위기와 빈곤에 대한 인식은 주로 '대량실업'과 이에 따르는 절대 빈곤의 양적 확대에 초점이 있었다. 그러나 그 후 몇 년이 지나면서 빈곤 양상에 대해 다른 초점의 인식이 일반화되고 있다. 이는 소위 '근로빈곤', '신빈곤', '양극화', '사회적 배제' 등의 논의를 불러일으켰다. 사실상 이는 기초보장제드 도입 시기에는 그다지 강조되지 않던 것이었다.

한국도시연구소(2003)에서 최근의 빈곤 양상과 관련된 여러 주장을 종합하고 과거의 빈곤, 즉 구빈곤과 비교하여 최근의 빈곤 양상을 '신빈곤'으로 규정하였다. 노동빈곤으로서의 신빈곤, 상대적 빈곤으로서의 신빈곤, 복합적 빈곤으로서의 신빈곤, 심리적 고립으로서의 신빈곤이라는 네 가지 측면에서 정리하고 있다(한국도시연구소, 2003).

첫째, 구빈곤이 경제활동에 참여하지 못한 데 따른 물질적 박탈의 상황에 초점을 두고 있다면 신빈곤은 경제활동에 참여하면서도 빈곤 상황을 쉽게 벗어나지 못하는 노동빈곤이 확산되고 있음을 보여준다. 이는 최근 비정규직 문제 등 유연적인 고용체제에서 늘어나는 불완전 고용층 등 차상위층이 단순 취업을 통해 빈곤 상황을 탈피하는 것이 어렵게 된 현실을 반영하는 것이라 하겠다.

둘째, 구빈곤이 총체적 결핍과 아울러 기본적으로 절대적 빈곤과 긴밀히 연계되어 있다면 신빈곤은 빈부격차의 심화와 관련된 상대적 빈곤의 심각성과 관련되어 있다.

셋째, 상대적 빈곤이 중심적 화두가 되고 있는 상황에서 빈곤은 단지 경제적 차원에서의 결핍만을 가리키지 않는다. 사회적 차원의 배제, 문화·심리적 차원의 소외, 공간적 차원의 격리 등이 경제적 결핍 못지않게 중요한 문제로 대두된다. 이를 단적으로 표현할 때, 사회적 배제나 문화심리적 소외, 주거의 문제가 완화 내지 해결되지 않고는 경제적 지원만으로 빈곤 상황에서 벗어나기 어려운 것이 최근의 빈곤 상황이라는 의미가 된다.

넷째, 과거 구빈곤이 사회 구성원 다수가 결핍을 경험하고 있음에도 불구하고 노력에 따라 누구나 빈곤에서 벗어날 수 있다는 '희망'을 전제하고 있었다. 반면 현재의 빈곤 양상은 과거에 비해 사회 전반적 절대적인 생활수준은 향상되었다고 하더라도 비빈곤층과 단절되는 고립의 양상은 더 분명해지고 있다. 이러한 사회적 거리는 물적 토대와 함께 분명한 것이 되어가고 있고 빈곤 상황은 한 번 빠져들면 벗어나기 어려운 절망적인 구조를 심리적으로 내면화하도록 강요하고 있다.

하지만 과연 '신빈곤'은 어떠한 측면에서 새로운 것이고 어떠한 조작적 정의의 기준을 통해 이를 구별할 수 있는가 하는 점에 대해서는 논란이 있다. 이를 분명하게 이론적으로 정리하기는 어렵다. 적어도 국민기초생활보장제도 도입의 논의에서 충분히 고려되지 못했던 최근의 빈곤 양상으로 다음의 점들은 주목할 필요가 있다.

① 노동빈곤(working poor)

최근 빈곤의 논의에서 빠지지 않는 부분이 근로빈곤층 혹은 노동빈곤, 즉 'working poor'에 대한 지적이다. 과거처럼 실업과 근로무능력에 의한 빈곤이 아니라 노동을 하고 있음에도 적절한 소득이 보장되지 않는 문제가 두드러지고 있다. 이는 비정규직의 양산 문제와도 깊게 관련된다.

외국의 경우 70% 이상을 나타내고 있는 노동소득분배율(미국이 2001년에 72.3%, 독일이 2002년에 72.3%, 일본이 2000년에 73.6%)이 1997년 62.3%에서 2002년 58.2%로 하락하였다. 그러나 취업자 중 피용자가 늘어난 것이 아니라는 점을 감안한다면 이는 노동조건이 악화되고 있음을 의미한다.

비정규직 노동자는 경제위기 이후 전체 임금노동자의 절반을 넘어선 이래 2000년 58.4%에서 2001년 55.7%, 2002년 56.6%, 2003년 55.4%, 2004년 55.7%(813만 명)를 나타내고 있다(김유선, 2004). 전일제 상용직 노동자의 중위임금은 월 약 180만원인데 OECD기준으로 이의 2/3 이하인 월 120만원 이하를 저임금노동자로 규정할 때 이는 전체 임금노동자 1,458만 명의 47.9%인 699만 명이 저임금노동자이다. 이들 저임금 노동자의 18.7%는 정규직이지만 압도적 다수인 81.3%인 568만 명이 비정규직 노동자이다.

<표 1-2>에서 보는 바와 같이 근로빈곤층은 전체 빈곤층의 1/3을 넘어서고 있다. 특히 이 중에서는 미취업자보다 취업자가 더 많아 불안전 고용에 따르는 빈곤의 심

〈표 1-2〉 한국사회의 근로빈곤층 규모

	근로빈곤층 (Workable & Working Poor)			빈곤가구 가구원		
	소계	취업자	미취업자	소계	근로능력가구	근로무능력가구
빈곤층 대비	35.5%	22.0%	13.5%	100%	61.6%	38.4%
전체인구 대비	2.6%	1.7%	0.9%	7.94%	4.89%	3.05%

* 노대명(2005)에서 재인용

각성을 보여주고 있다. 또한 가구원 중 근로능력가구의 가구원이 전체 빈곤층 중 60% 이상을 차지하고 있음도 나타나고 있다.

② 상대빈곤

과거와는 달리 신빈곤 양상은 절대빈곤뿐 아니라 상대빈곤과 밀접히 관련되며 이는 박탈감이라는 의미에서 체감빈곤고통과 관련된다. 특히, 최근 상대빈곤의 양상은 절대빈곤보다 훨씬 더 심각한 문제를 드러낸다.

도시가계연보에 대한 한 분석에서 중위소득의 50% 이하를 기준으로 할 때의 상대빈곤은 1998년 10.5%, 1999년의 10.7% 이후 다소 하락하는 듯하였으나 2003년부터 급속도로 증가하기 시작하여 2004년의 상대빈곤율은 가장 높은 수준인 11.8%일 뿐 아니라 2003년 이후 상대빈곤율의 심화 속도 역시 매우 빠른 상황이다(남기철 외, 2005).

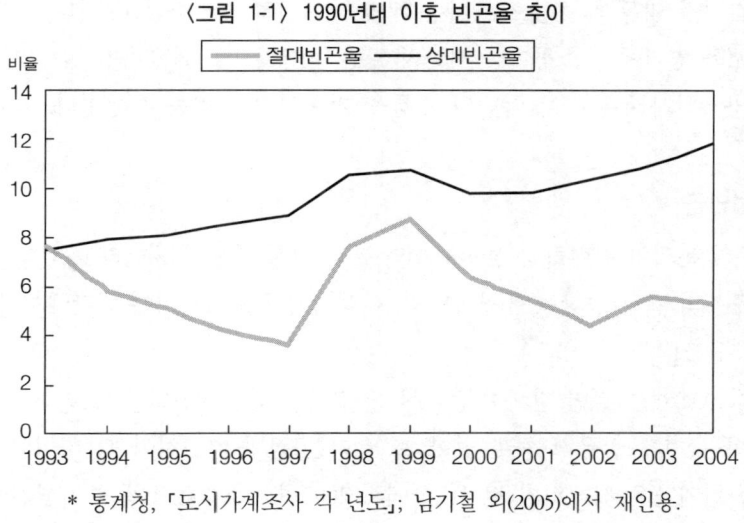

〈그림 1-1〉 1990년대 이후 빈곤율 추이

* 통계청, 「도시가계조사 각 년도」; 남기철 외(2005)에서 재인용.

유경준(2003)의 연구에서 가구 소비실태 조사자료를 사용하여 지니계수를 산출한 바에 따르면 1996년도의 지니계수는 0.298이었으나 2000년은 0.358로 소득 분배구조가 크게 악화하였음을 보여주고 있다. 한편으로 도시가계 조사자료를 사용한 지니계수는 가구 소비실태 조사 자료에 의한 것보다 낮은 값으로 나오지만 이 역시 1997년

0.283이었으나 1999년 이후 0.3 이상을 나타내고 있다.

상대빈곤의 부각은 '양극화'라는 용어가 사회적으로 화두가 되는 배경이 되고 있다[2]. 여유진은 우리나라의 불평등 동향에 관한 연구에서 5분위 분배율, 10분위 소득, 지니계수, 애킨슨지수, 엔트로피지수 등 모든 불평등 지표가 외환위기 이후 최근까지 불평등이 지속적으로 증가하고 있음을 보여준다고 지적하였다. 한국의 분배 상황은 외환위기의 표면적인 극복 이후에도 나아지지 않고 있으며, 특히 소득계층의 양극화가 진행되고 있는 것으로 평가하고 있다(여유진, 2006).

③ 복합적 빈곤과 박탈

최근 빈곤 양상은 교육, 주거, 보건, 노동, 사회적 소수자 등 다방면의 요인이 사회 중심부로의 재진입을 억제하는 악순환의 구조적 고리를 형성하고 있다. 이는 '저소득의 여러 표현 양상' 이상의 의미로 원인과 결과라는 측면에서 복합성을 나타내고 있다. 서구사회의 경우 이러한 측면에 초점을 두어 사회적 배제라는 개념으로 다차원성과 과정적 역동성 중심으로 빈곤 개념을 대체하기도 한다. 우리나라에서 특히 주거와 교육 영역에서 소득이나 재산의 일반적 상황으로 설명하기 힘들 정도의 불평등과 양극화가 두드러져 국민의 고통을 가중시키고 있는 상황이다.

④ 여성빈곤

신빈곤의 논의와 관련하여 성(gender)의 논의 역시 중요성을 더하고 있다. 이는 최근 가족구조의 변화 양상 속에서 빈곤의 여성화가 두드러진다는 관측에서이다(윤홍식, 2003 참조).

김유선(2004)에 따르면 전체 비정규직 중 절반이 넘는 51.7%인 421만 6천 명이 여성이고 이는 전체 정규직 중 여성이 29.2%라는 점과 비교하여 볼 일이다. 여성의 경제활동 참가율은 경제위기 전 41.2%에서 2002년 41.6%로 소폭 증가했지만 이 증가한 여성들의 취업은 상당 부분 비정규직으로 채워지고 있는 실정이다. 결국 지속적으로 하락하는 노동소득 분배율로 인한 분배구조 악화의 폐해가 주로 여성들에게 돌아가고 있음을 보여준다. 사실상 빈곤의 여성화는 비정규직의 여성화와 관련된다

---

2) 엄밀히 본다면 불평등과 양극화는 다른 의미이다. 불평등이 상·하위계층 간의 평균값 격차에 초점을 둔다면 양극화는 상·하위계층의 분포 측면에 초점을 둔다. 즉, 양극화는 중간계층의 붕괴에 좀 더 직접적인 관심이 있는 용어로 볼 수 있다.

고도 볼 수 있다.

(2) 국민기초생활보장제도의 한계 논란

신빈곤이나 사회적 배제의 양상은 논외로 한다고 해도 1990년대 후반 이후 우리
사회 빈곤의 심화 문제는 사회적 위기를 논하기에 충분할 정도로 심각하다. 도시가
계 조사자료를 활용한 남찬섭과 허선의 분석(2005)에 따르면 우리 사회 절대빈곤율
은 1998년의 7.52%, 1999년 10.74%까지 올라갔다가 이후 하락하여 2002년 5.15%까
지 떨어졌으나 2003년 6.27%, 2004년 6.53%로 다시 증가하고 있다. 더욱이 절대빈곤
의 기준 자체가 낮은 점 등을 감안한다면, 빈곤의 체감도는 과거 어떤 시기보다도
강하게 나타나고 있다고 할 것이다.

그렇다면 빈곤에 대처하기 위한 대표적인 대책인 국민기초생활보장제도는 효과
적으로 기능하고 있는가? 기본적으로 우리나라의 사회보장제도가 빈곤 경감을 가져
오는 효과는 다른 나라에 비해 취약한 것으로 평가되고 있다. 우리나라 빈곤층에게
는 공적 이전보다는 사적 이전이 큰 영향을 미치고 있다는 점은 주지의 사실이다.
국민기초생활보장제도 역시 심각해진 최근의 빈곤 양상에 대해 적절히 기능하고 있
다고 보기 어렵다.

국민기초생활보장제도는 제도 시행 5~6년간 법 개정 등을 거쳐 몇 건의 보완 노
력을 진행하여 왔다. 부양의무자 기준이 일정 정도 완화되었고(2촌 이내 혈족에서
1촌 이내 혈족으로의 축소), 최저생계비 계측 기간의 변화(5년 주기의 계측에서 3년
주기의 계측으로 기간 축소), 긴급지원제도의 형성 등이 나타났다. 이는 한편으로
기초생활보장제도가 불충분하다는 인식에 따른 보완 노력이기도 하다.

기초생활보장제도가 최근 빈곤 상황에서 효과적으로 기능하지 못하고 있다는 점
은 법제정 이후 나타난 여러 논란을 통해 드러나는데 이 한계점은 기본적으로 세
가지 측면에서 살펴볼 수 있다. 먼저 급여 대상 포괄성의 측면에서 사각지대의 문제,
급여 충분성의 측면에서 탈빈곤의 문제, 그리고 제도 무익성의 논란 문제이다.

① 광범위한 사각지대

기초생활보장제도의 시행으로 과거 생활보호제도에 비해 절대빈곤계층에 대한

급여가 크게 신장된 것이 사실이다. 1996년 생활보호대상자 150만명, 2001년 기초생활보장수급자 142만명, 2004년 142만명 등의 수치로 볼 때는 1990년대 중반 이후 140만명 안팎의 수급자 수는 별 변화가 없어 보인다. 그러나 기초생활보장제도 시행 전에는 생계급여를 받는 대상자는 40만명이 채 되지 않았기 때문에[3] 인구학적 기준을 폐지하고 생계급여를 제공한 기초생활보장제도는 나름의 적극성을 나타내었다고 할 수 있다.

그러나 아직도 기초생활보장제도는 사각지대라는 표현이 무색할 정도로 제도 적용이 되지 않는 광범위한 사각지대를 나타내고 있다. 그 수급률(take-up rate)은 50%를 넘지 못한다. 이는 엄격한 부양의무자 기준 등에 따른 것이다. <그림 1-2>에서 이를 살펴볼 수 있다.

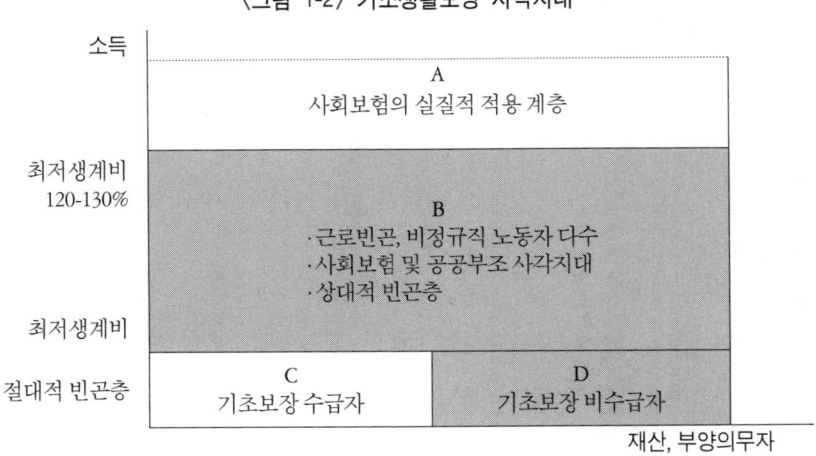

〈그림 1-2〉 기초생활보장 사각지대

A 집단을 제외한 B, C, D 집단 모두가 빈곤층이라 할 수 있는데 C 집단만이 수급자가 되고 있다. D 집단은 최저생계비 미만의 소득을 가지고 있으나 재산이나 특히 부양의무자 기준에 의해 수급자가 되지 못하고 있는데 수급률이 50% 미만이라는 것은 D 집단의 규모가 C 집단보다 크다는 의미이다. 게다가 B 집단 역시 (비현실적

---

3) 생활보호제도에서는 근로능력이 있는 인구학적 조건의 보호대상자는 자활보호대상자로 보아 생계 급여를 제공하지 않았는데 이 규모가 약 100만명 가량이었다. 이를 제외한 거택보호대상자와 시설보 호대상자에게만 생계급여가 제공되었다.

으로 낮은) 최저생계비보다 높은 수준의 소득을 나타낼 뿐이지 실질적으로는 공공부조가 필요한 집단인데 역시 C 집단보다는 큰 규모이다[4].

　국가 복지의 확장을 주장하는 진영에서 기초생활보장제도에 대해 논의할 때 빠지지 않는 단어가 '사각지대'가 될 만큼 기초보장제도가 포괄하지 못하는 광범위한 빈곤층의 존재는 제도의 큰 한계점이 되고 있다.

② 탈빈곤과 자활지원의 실패

　국민기초생활보장제도는 단지 급여를 일괄적으로 제공하려는 '부양'의 의미를 가지는 것만이 아니라 자활계획의 수립과 지원, 조건부 수급, 자활급여의 제공 등 여러 가지의 제도설계 형태로 자활과 탈빈곤을 도모하는 것이었다. 그리고 역사적으로 볼 때 탈빈곤정책이라는 것을 본격적으로 제기한 중요한 전환점 혹은 기원이라는 점에서 중요한 의미를 가진다.

　그러나 궁극적인 의미에서 평가한다면 수급자와 자활사업 참여자 등이 얼마나 많이 빈곤에서 벗어나고 안정적인 인적 자본을 개발했는가 하는 점을 기준으로 제도의 효과성을 살펴보아야 할 것이다. 앞선 사각지대의 문제가 제도 적용 대상 범위의 문제였다면, 이는 급여 내용의 효과성과 관련되는 문제일 것이다.

　기본적으로 탈빈곤 혹은 자활성공의 여부는 측정 혹은 평가하기 어렵다는 점이 고려되어야 한다. 게다가 '빈곤퇴치'는 하나의 제도로 성과가 이루어질 수 없는 영역이므로 목표의 비현실성이 제기될 수도 있다. 따라서 이것이 기초생활보장제도의 적절성을 곧장 가늠하는 척도가 되어서는 곤란하고 제한적인 의미로 해석되어야 할 것이다.

　탈빈곤정책의 관점에서 본 기초생활보장제도, 특히 탈빈곤을 목표로 했던 자활과 관련해서는 어떻게 평가되고 있는가, 다양한 해석이 가능하겠지만, 당초 기대했던 성과를 거두지 못했다는 평가가 지배적이다. 자활지원 등의 설계에도 불구하고 통합급여체계, 차상위계층에 대한 지원의 부재 등은 적극적인 자활노력 경주와 현실화에는 부적절한 설계요인으로 볼 수 있다.

---

4) 가장 광범위한 조사자료라 할 수 있는 통계청의 가구소비실태조사 2000년 원자료에 따르면 기준을 120%로 할 때 B 집단은 전 인구의 4.2%, D 집단은 4.8%인데 이에 비해 제도에 따른 수급을 받는 C 집단은 3.2%에 불과하다. 이에 따라 국민기초생활보장제도는 그 보장의 충실성은 논외로 하더라도 대상의 측면에서 전체 빈곤층 중에서 30% 가량만을 포괄하여 보장하는 것으로 보아야 한다.

국민기초생활보장제도는 조건부과라는 강제적 기제가 가지는 경직성을 해소하고, 수급자의 자발적인 노력을 끌어내는 데 필요한 근로유인체계를 갖추지 못하였다. 그리고 인센티브가 없는 만큼 그에 따른 제재도 형식적이었다. 그 결과 취업수급자는 자활사업에 참여하기보다 근로활동을 자제하거나 소득을 하향 신고하는 방식으로 제도에 적응하기 시작하였다. 이는 기초생활보장제도가 탈빈곤정책을 활성화하기보다 그것이 가지는 역동성을 무력화하는 방향으로 현실화되었음을 의미하는 것이다(노대명, 2005).

③ 기초생활보장제도의 무익성 논란

기초생활보장제도의 한계점에 대한 앞선 두 지적이 대개 제도의 보완과 확충을 지향하는 것이었다면 세 번째 한계점의 지적은 대체로 우파에서 제기된다. 이는 대상자의 도덕적 해이, 부당지급 등 관리 소홀에 대한 지적을 필두로 해서 국가재정의 낭비라는 측면을 강조한다. 기초생활보장제도가 시장친화적이지 않다는 의미로 해석될 수도 있다. 이와 관련하여 기초생활보장제도에 소요되는 막대한(?) 재정과 관련된 사회적 논란이 유발되기도 한다.

〈표 1-3〉 기초생활보장제도 지출예산   (단위: 명, 백만원)

구　분	2001	2002	2003	2004	2005
대상자수	1,419,995	1,351,185	1,374,405	1,424,088	1,513,352
급여예산[5]	2,088,073	2,058,561	2,109,153	2,366,116	2,818,411

* 자료: 보건복지부(2006), <보건복지백서>
* 급여예산은 기초생활보장 수급자에게 지원한 생계급여, 주거급여, 교육급여, 해산급여, 장제급여를 포함한 금액

<표 1-3>에서 볼 수 있는 바와 같이 의료급여를 제외하고도 3조에 달하는 급여예산이 투입되지만 실제로 빈곤은 사라지지 않고 있으니(혹은 이 돈이 부당하게 사용되고 있으니) 낭비일 뿐이라는 주장이다. 완전한 급여의 폐지나 혹은 '무능력자에

---

5) 본 자료의 금액은 대상자가 부분적으로 다르고 별도법에 의해 관리되고 있는 의료급여 금액은 제외한 수치이다. 일반인들의 생각과 달리 의료급여 액수는 생계급여 등 다른 급여보다 훨씬 더 많은 액수를 나타내고 있다. 이에 따라 2006년 보건복지부 장관이 의료급여에 관한 대국민 보고서를 작성하고 의료급여를 축소하는 대책을 발표하는 등의 움직임이 나타나 사회적 논란이 일기도 하였다.

대한 최저수준의 생계유지'에 국한된 낙인적 급여를 주장한다. 그리고 이러한 입장은 실제에서 최저생계비 상승을 제약하는 압력이나 혹은 관련 제도나 정책의 제약조건을 강화하는 것으로 현실화되고 있다. 이는 현대사회의 복지국가 이데올로기에서 크게 후퇴한 자유방임적 관점으로 볼 수 있다. 어쨌건 제도의 한계에 대한 가장 본질적 주장이고 제도의 폐지나 축소에 대한 끊임없는 우파의 문제제기라 할 것이다.

이와 관련하여 한 가지 간과하지 말아야 할 것은 우리 사회에서의 공공부조는 다른 나라의 그것과는 의미가 다르다는 점이다. 즉, 서구 선진국의 경우에는 사회보험이나 수당 등과 같은 일차적 사회보장체계가 발달해 있고 공공부조는 이에 보완적인 안전망 역할을 한다. 그러나 우리나라는 사회보험 등 일차적 사회보장체계가 불충분하여 공공부조제도에 가해지는 비중이 크다는 점이다. 그리고 이 과도한 하중이 기초생활보장제도에 투입되는 예산을 늘이는 역할을 하고 있다. 서구의 공공부조와 우리나라의 국민기초생활보장제도가 나타내는 여러 수치들을 직접 비교할 수 없는 이유이다.

4. 국민기초생활보장제도의 쟁점

국민기초생활보장제도는 도입 이후 빈곤층에 대한 급여가 상당히 증대하였고 권리로서 최저생계 보장과 근대적 탈빈곤제도로 기능하였다는 성과를 가지고 있다. 그런가 하면 최근의 새로운 빈곤 상황 속에서 기초보장제도가 제 기능을 다하지 못하고 있다는 인식도 많아지고 있다. 이는 여러 측면에서의 개선 논의나 주장을 끌어내고 있다. 전술하였듯이 친복지적 지형에서는 기초생활보장제도의 강화나 확대에 대한 주장을 하고 있으나 반면 우파의 자유주의적인 지형에서는 국민기초생활보장제도의 축소나 폐기와 같은 주장도 제기되고 있다. 또한 친복지적 지형에서도 국민기초생활보장제도의 한계에 주목하여 전면적인 탈빈곤대책의 패러다임 전환을 제기하기도 한다.

국민기초생활보장제도를 둘러싸고 이루어지는 많은 논란과 쟁점들을 주요한 몇 가지로 정리해 보면 다음과 같다.

(1) 대상 선정의 기준

기초생활보장제도가 사각지대 논란이 자주 나타났던 것처럼 그 대상 선정과 관련되어 몇 가지 쟁점이 부각된다. 역시, 보수적인 우파의 관점에서는 대상자를 축소하기 위한 입장을 지지하고 친복지적 진영이나 시민단체 등에서는 대상자를 확대하는 논리를 펴는 것이 일반적이다.

① 최저생계비 논란

국민기초생활보장제도는 법에 의해 발표되는 '건강하고 문화적인 생활에 소요되는 비용'인 최저생계비 미만의 소득을 가진 사람들을 기본적인 대상으로 급여를 제공한다. 따라서 최저생계비가 어떤 수준으로 결정되는가 하는 점은 급여대상자의 선정과 급여수준에서 핵심적인 관건이 된다. 따라서 최저생계비를 둘러싼 논란이 기초생활보장제도와 관련하여 가장 대표적인 쟁점이 되어 왔다. 최저생계비를 낮게 설정할 경우 빈곤인구의 규모가 작게 평가되고 급여를 통해 국가가 제공해야 할 총급여의 양도 축소된다. 반면 최저생계비가 높게 설정된다면 빈곤인구의 규모가 커지고 이들을 대상으로 최저생계비(혹은 그 이상)의 수준에 이르도록 지급해야 하는 급여의 양도 많아지게 된다. 때문에 최저생계비를 결정해야 하는 상황에서 보수진영이나 정부 예산부처에서는 이를 낮추려는 노력을 계속 경주하고 있으며, 친복지진영과 시민단체에서는 대체로 최저생계비를 높이려는 움직임을 보이곤 한다.

현재 최저생계비는 계측년도에는 전물량 방식의 계측을 통해 절대빈곤선으로 규정되고, 비계측년도에는 계측년도에 결정된 최저생계비를 조정하는 방식을 취하고 있다. 이는 해마다 쟁점이 되고 있지만 특히 지난 2004년 참여연대가 '최저생계비로 한 달 나기' 행사를 통해 최저생계비의 비현실성에 대한 사회적 여론을 환기시키면서 더욱 부각된 바 있다.

세부적으로 살펴본다면 최저생계비 관련의 가장 대표적인 쟁점은 절대빈곤 방식을 계속 유지할 것인가, 아니면 상대빈곤 방식 등을 도입할 것인가와 관련된다. 사실상의 의미는 최저생계비 수준을 계속 억제할 것인가 아니면 장기적으로 일정한 수준 이상이 담보되도록 상승하게 할 것인가와 관련된다. 이는 앞의 <그림 1-1>을 통해서 어느 정도 유추될 수 있는 것처럼 절대빈곤선인 최저생계비가 지속적으로 그 상대적 수준이 떨어지고 있기 때문이다. 계측년도에 전물량 방식의 활용에서 보수적인 계측이 이루어지기도 하고, 비계측년도에는 물가상승률에 기반하여 3%씩의 상승만이 이루어지다 보니[6] 최저생계비는 사회의 보편적인 삶의 질과 지속적으로 격차가 벌어지고 있다. 이에 따라 중위소득(혹은 평균소득)의 일정 비율을 최저생계비로 하는 상대빈곤 방식을 도입하여 최저생계비의 수준을 어느 정도 확보하려는 주장이 시민단체를 중심으로 전개되고 있는 것이다. 이는 한편으로 최저생계비 계측을 위한 행정적 비용 절감의 부수적 효과도 있다.

반대로 절대빈곤선 방식을 주장하는 측에서는 최저생계비를 상대적 수준으로 규정하는 것의 자의성 문제[7]나 실제 정책의 기준선을 상대적 방식으로 결정하는 것의 부담을 제기하곤 한다. 하지만 기본적으로 그 이면에는 상대빈곤선을 채택할 경우 최저생계비가 절대빈곤선 방식보다 장기적으로는 높아지게 될 것에 대한 고려가 기반이 되고 있다.

2006년 현재 상대빈곤선 도입은 관련 시민단체 등에서 지속적인 요구가 이루어지고 있으며 보건복지부와 중앙생활보장위원회 및 전문위원회 등 최저생계비 결정의 책임이 있는 단위들에서 논의가 나타나고 있다. 그러나 예산부처나 보수진영에서는 상대빈곤선 도입이 불가하다는 입장을 표방하고 있다.

최저생계비와 관련하여 다른 쟁점으로는 그 계측주기도 많이 부각되었다. 비계측년도에 반복적으로 3%에 국한된 상승이 최저생계비 수준을 실질적으로 떨어뜨리는 역할을 하고 있기 때문이다. 이에 따라 시민단체와 전문가들의 지속적인 주기단축 요구가 나타났고 이러한 요구는 제도 시행 초기 5년을 계측주기로 하였던 것이 3년 주기로 단축되는 법 개정을 가져왔다.

또한 지역별, 가구특성별 최저생계비의 논란도 쟁점이 되고 있다. 지역적으로 차이가 나는 실제 생계비와 무관하게 중소도시 기준으로 일원화되어 있는 점, 가구원의 독특한 특성(예를 들어 장애인 포함 가구 등)이 반영되지 않은 점 등에 대해서도 그 최저생계비 수준을 다양화하여야 한다는(실제적으로는 추가적인 인상이 있어야

---

6) 여기에는 정부정책에서 가장 큰 영향력을 발휘하고 있는 예산 관련 부처와 보수적인 진영의 최저생계비 인상억제 노력이 기본적으로 관철되고 있다. 자세한 내용은 중앙생활보장위원회나 산하 전문위원회 회의록의 공개내용 등을 통해 확인할 수 있다.

7) 이에 대해서는 절대빈곤선의 결정에서도 포함되는 품목과 그 가치의 판단 등에서는 자의성이 포함되는 것이기 때문에 자의성이나 객관성 등 과학성 문제를 제기하는 것은 부적절하다는 반론도 제기될 수 있다.

한다는) 주장이 시민단체 등에서 제기되고 있다.

② 급여선과 빈곤선 연계의 논란

현재 최저생계비가 중요한 논란거리가 되는 이유는 법적으로 발표되는 최저생계비가 국민기초생활보장제도 수급대상자의 선정 기준이 되고 다른 한편으로는 동시에 급여의 기준선(실제 소득과 최저생계비의 차액만큼을 지급하는 보충급여의 원리에 의해)이 되기 때문이다. 즉, 국민기초생활보장제도에서는 "최저생계비 = 수급자 선정기준선 = 급여 기준선"이라는 등식이 주요한 특징이 되고 있다. 이는 사실상 다른 나라의 공공부조에서는 찾아보기 힘든 특징이다. 물론 다른 나라에서도 최저생계비 혹은 빈곤선 등이 발표되기도 하고 이는 빈곤율 등을 추산하는 기본이 되곤 한다. 하지만 이 선이 급여제공의 기준선이 되지는 않는 것이 보통이다. 사실상 빈곤선(최저생계비)이 행정적으로 수급자 선정기준이 되고 더욱이 이 선보다 낮을 경우 이 선까지 소득을 보충해 주는 식의 일치성을 가지는 것은 우리나라 공공부조인 국민기초생활보장제도의 고유한 특성이라 할 것이다. 따라서 최저생계비의 결정은 정부의 입장에서는 '공공부조 예산'의 기본적 규모를 결정하는 것이 된다.

이에 대해 빈곤선인 최저생계비 자체가 정치적인 고려 속에서 왜곡되지 않도록 하기 위해서는 빈곤선(최저생계비)을 급여선, 즉 수급자 선정기준선이나 급여 기준선과 자동 연결되지 않도록 분리하자는 주장도 나타나고 있다. 다시 말하여, 최저생계비는 '건강하고 문화적인 생활을 위한 비용'으로 산정하여 정책적 목표나 전략을 위한 이론적 개념으로 측정하되, 공공부조의 급여선은 따로 정하도록 하자는 것이다. 이 같은 분리가 최저생계비 현실화(된 상승)의 방안이 되기도 한다는 주장이다.

하지만 최저생계비의 현실화 혹은 대폭적인 상승을 주장하는 시민단체 등 진영에서도 빈곤선과 급여선의 분리는 비록 최저생계비 상승을 위해서는 효과가 있을지 모르나 국민기초생활보장제도의 가장 기본 골간이 되는 측면을 와해시키는 것이 되므로 일반적인 동의는 잘 이루어지지 않고 있는 상황이다. 국민기초생활보장제도가 표명하고 있는 '최저생계비 수준에 미치지 못하는 빈곤한 국민 누구에게든 최저생계비 수준에 이르는 보충적 급여를 제공한다'는 상징성 있는 기본틀을 훼손하는 것을 받아들이지 않고 있는 것이다.

③ 부양의무자 기준 논란

　재산과 소득의 수준(소득인정액)이 최저생계비 미만에 있음에도 부양능력이 있는 부양의무자가 존재할 경우 국민기초생활보장제도의 수급자가 되지 못한다. 사실상 많은 빈곤 노인층이 실제 부양은 받지 못하고 있어도 부양의무자의 존재로 인해 수급을 받지 못하고 있다.

　2004년까지는 직계혈족과 그 배우자, 생계를 같이 하는 2촌 이내의 혈족으로 부양의무자 규정이 시행되었다. 이에 대해 부양의무자가 비현실적으로 넓게 규정되고 있다는 주장이 시민단체를 중심으로 제기되었다. 이후 법 개정을 통해 직계혈족과 그 배우자 조항이 1촌 이내의 직계혈족과 그 배우자로 축소되었다.

　또한 부양의무자의 부양능력 판정기준이 부양의무자 가구 최저생계비의 120%로 규정되어 있었는데 이에 대해서도 부양대상자와 부양의무자가 모두 빈곤에 빠지도록 만드는 결과를 낳을 것이라는 비판과 완화 요구에 따라 130%로 판정 소득기준이 완화되었다.

　이 부양의무자 관련 규정은 '가족 책임의 우선성'을 나타내는 것이기 때문에 역시 친복지진영이나 시민단체 등에서는 이를 최소화하거나 궁극적으로는 폐지하려는 입장이다. 반면, 국가책임을 줄이려는 정부나 보수진영에서는 부양의무자 규정의 엄격성을 유지하려는 속성이 논란과정 속에서 일반적으로 나타나고 있다.

(2) 급여 방식

　국민기초생활보장제도의 급여 방식 중 통합급여의 방식과 보충급여의 방식에 대해서는 제도 초기부터 계속 논란이 되어오고 있다. 탈빈곤을 도모하기 위하여 설계된 통합급여체계와 보충급여체계가 오히려 수급자들이 탈빈곤이나 탈수급을 하지 않도록 억제하고 있다는 비판과 관련된다.

① 통합급여

　국민기초생활보장제도는 수급자로 선정되면 생계급여, 주거급여, 의료급여, 교육급여, 해산급여, 장제급여, 자활급여 등 7종의 급여를 받을 수 있다. 급여종류별로 개별적인 기준과 욕구에 의해 제공되는 것이 아니라 대상자로 일단 선정되면 모든 급여가 주어지고 그렇지 않은 경우에는 모든 급여가 주어지지 않는 소위 "all or nothing" 방식의 급여방식을 통합급여라 한다[8].

소득인정액 수준이나 욕구 등에 따라 개별 가구마다 제공되는 급여가 조금씩 달라지기는 하지만 주거급여 등이 빈곤층의 비목별 욕구와 무관하게 일괄적으로 제공되는 체계를 가지고 있어 국민기초생활보장제도는 본질적으로 통합급여 체계로 운영되고 있다고 평가될 수 있다(노대명·이현주, 2005)[9].

문제는 통합급여 체계에서는 수급자가 최저생계비 이상의 소득인정액이 발생하는 순간에 모든 급여의 수급자격을 잃게 된다는 점이다. 그러다 보니 수급자와 최저생계비 바로 위의 수준에 있는 차상위계층 간에 소득역전 현상도 논리적으로 발생할 수 있는 것이다. 이는 수급자들이 노력을 통해 탈수급(탈빈곤)하려는 자활의 방향을 억제하는 기제가 된다.

이는 보수진영에서는 기초생활보장제도가 본질적으로 가지게 되는 빈민의 도덕적 해이 조장 측면이라고 보아 제도의 축소나 폐지를 주장하는 근거가 되어 왔다. 반면, 국민기초생활보장제도를 옹호하는 진영에서는 보수진영의 주장이 비현실적으로 과장된 것이라는 반론과 함께 개별급여나 부분급여를 강화하는 개선방안을 제시하고 있다. 특히 주거나 교육 영역에 대해서는 보완적인 입법시도가 나타나고 있다.

현재의 통합급여체계에 대해 개별급여 형태의 보완책을 실행하는 것은 특히 최저생계비 수준의 억제로 인해 사실상 빈곤에 시달리면서도 법적 지원을 받고 있지 못하는 차상위계층에 대한 자활지원으로서도 큰 의미를 가지고 있다.

② 보충급여

국민기초생활보장제도는 수급자의 소득인정액이 최저생계비에 미달하는 만큼의

---

8) 통합급여와 그 대칭 개념으로 개별급여, 부분급여 등의 용어가 혼란스럽게 사용되곤 한다. 통상적으로 통합급여는 제반 급여를 총괄적으로 규정하는 제도와 예산을 전제로 통합적인 기준으로 선정 및 급여가 이루어지는 것을 의미한다. 이는 급여별로 기준이 모두 획일적으로 동일해야 한다는 의미는 아니다. 개별급여는 독립된 제도와 법을 전제로 급여별로 독자적인 선정기준과 급여기준을 가진 독립된 체계가 있는 것을 말한다. 부분급여는 최저생계비에 포함된 모든 비목에 해당하는 급여를 받지 않고 필요한 비목, 예를 들어 주거나 의료 등에 해당하는 금액을 받는 급여를 말한다. 자세한 내용은 김미곤(2005b)의 『기초보장제도 급여체계 개선방안』을 참조할 것.

9) 물론 국민기초생활보장제도의 급여 중에서도 의료급여는 독립된 법률을 가지고 있으며 교육, 의료, 해산, 장제 급여는 대상자나 욕구가 있을 경우만 받고 있어 일반적으로 생각하는 완전한 'all or nothing'의 통합급여와는 다소 다른 것이 사실이다.

급여를 제공하는 보충급여 체계를 기본으로 하고 있다[10]. 이는 과거 생활보호제도의 급여방식에 비해 좀 더 논리적으로 합당하고 정밀한 시도라 할 수 있다.

하지만 보충급여 방식도 수급자의 자활과 탈빈곤을 억제하는 기제로 작용하는 부작용이 발생할 수 있다. 즉, 빈곤선 이하에서 갑자기 최저생계비를 크게 상회하는 정도로의 소득이 아니라면 약간의 소득을 더 올리기 위한 노력은 별 의미가 없는 것으로 여겨지게 된다. 최저생계비 미만 내에서의 차이나 혹은 최저생계비와 유사한 수준의 소득이라면 보충급여 체계에 의해 소득이 늘어난 만큼 수급액이 감소되므로 적극적으로 노동에 나서야 할 필요가 없는 것이 된다.

이 쟁점도 기본적으로는 다른 쟁점에 대한 논란과 마찬가지로 보수진영에서는 빈민의 도덕적 해이와 기초생활보장제도 급여의 무익성을 주장하게 한다. 반대의 진영에서는 역시 제도개선과 인센티브 제공을 통한 자활촉진을 주장한다.

여기서 하나 염두에 두어야 할 것은 실제에서 기초생활보장 수급자의 대다수는 노동능력이 취약한 고령층이나 장애인 등이라는 점이다. 따라서 보충급여의 체계가 빈곤층의 근로의욕에 부정적으로 작용하는 것은 사실이지만 이와 기초생활보장 수급대상자 전반에게서 근로회피의 도덕적 해이를 직접 연결짓는 것은 다소 무리한 주장이다.

(3) 제도의 관리 운영

기초생활보장제도는 제대로 작동하기 위해 부양의무자와 부양실태 조사까지를 포함한 수급자의 선정, 급여수준 결정을 위한 소득인정액의 산정, 자활지원계획의 수립, 긴급지원의 적용, 수급대상자 변동사항의 확인 등 상당히 어려운 관리운영 작업을 전제로 한다.

그런데 이 관리운영상에서 드물지 않게 논란이 발생하고 있다. 보수진영이나 보수적 언론에서 제기되는 논란은 주로 부정수급이나 도덕적 해이 등 '국민의 예산 낭비'라는 측면에 초점이 맞춰지곤 한다. "사회안전망 관리 허술… 억대 재산가도 생계비 받아(<머니투데이>, 2006.10.2.)", "현금 1억 있어도 빈곤층?(<국민일보>,

---

10) 물론 실제에서는 행정적 합리성을 높이기 위해 현금급여 기준선, 소득공제 등의 행정적 과정이 개입되고 있으므로 "수급금액은 소득인정액과 최저생계비 차액과 같다"는 단순한 등식이 성립하지는 않고 조금 더 정밀한 합리화 노력이 경주되고 있다.

2006.12.15)" 등 이러한 논조의 언론보도는 드물지 않다.

반면 대구 불로동 사건이나, 2006년 12월말 주민등록 말소 여성이 30kg의 체중인 채로 영양실조로 사망할 때까지 아무런 지원을 받지 못했다는 사례 등 수급을 받아야 함에도 그렇지 못한 사례가 사회적 이슈가 되면 이에 대한 대처방안들이 제시되곤 한다. 그리고 상당 부분은 국민기초생활보장제도의 관리운영을 개선하는 것과 관련이 있다.

관리운영에서 과다지급이건 수급의 공백이건 문제가 발생하는 이유는 가장 기본적으로는 관리운영 인력과 체계의 부족에서 찾을 수 있다. 서울시내 25개 구청에서 보건복지부에 제출한 자료를 확인한 결과 복지전담공무원 1명이 5,779명의 주민을 담당하고 있는 것으로 나타났다(<연합뉴스>, 2006.11.16). 이러한 수치는 제대로 된 관리운영을 어렵게 만드는 요인이 된다. 서울복지재단의 2005년 저소득층 복지수요 조사에서 기초생활보장 수급가구 중 1/3은 복지전담공무원과 면담을 한 적이 없는 것으로 나타나고 있다.

최근인 2006년 하반기에는 보건복지부 장관의 의료급여 대국민 보고서가 이슈가 되었다. 의료급여의 재정낭비적 요소와 관련하여 소위 의료쇼핑 행태와 무분별한 '파스' 남용 등이 이슈가 되며 의료급여대상자들의 의료서비스 이용을 제한하는 형태의 법 개정이 추진되었다. 수급자가 입원이 아닌 형태에서 의료급여를 이용하는 경우에 본인부담금제를 도입하였다. 다른 한편으로는 수급자의 입원시 생계급여 삭감 폭을 대폭 확대하였다.

사실상 의료급여와 관련하여 서비스 수요자와 공급자에 대한 관리운영이 제대로 이루어지지 않아 나타난 (일부의)문제를, 수급자에 대해서만 의료서비스 이용을 제한하는 방식의 제도변화가 이루어진 것에 대해 건강 관련 시민단체나 전문가들의 반발이 나타나기도 하였다. 의료공급자의 과잉진료 통제, 주치의 제도와 같이 의료급여대상자에 대한 건강관리 체계 모색 등 중요한 관리운영의 쟁점을 도외시한 채 수급자 규제책으로 일관하였다는 것이다.

기초생활보장제도의 관리운영을 둘러싼 쟁점은 제도 도입 시부터 늘 부적절한 수급의 재정낭비와 서비스 공백으로 인한 참극이라는 양 극단의 선정적 이슈를 넘나들고 있다.

(4) 탈빈곤제도와의 연계

국민기초생활보장제도는 인접한 다른 탈빈곤정책이나 제도와의 연계가 필수적으로 발생하게 되고 영향을 주고받는다. 따라서 이 관계에 대한 내용도 중요한 쟁점으로 부각되어 왔는데 가장 대표적인 것은 자활영역과의 관계, 그리고 EITC 도입과의 관계에 대한 것이라 할 수 있다.

① 자활사업과의 연계

국민기초생활보장제도는 단지 시혜적 부양이 아니라 권리성 급여를 통해 자활과 탈빈곤을 지원하는 것을 중요한 목표로 삼고 출발하였다. 형식적인 취로사업 등을 전개하였던 생활보호제도에 비하여 자활사업 등 탈빈곤을 위한 프로그램을 실질적으로 포함하였다. 이에 따라 기존의 생산공동체 운동의 사회적 경험까지를 포괄하여 자활후견기관, 자활근로, 자활공동체 사업 등의 시스템과 프로그램을 연계하였다.

조건부 수급자, 일반 수급자 중 희망자, 차상위계층 등을 자활공동체 사업에 포괄하게 되었고 이에 따라 국민기초생활보장제도의 시행은 우리나라의 자활운동 전개에도 큰 영향을 끼쳤다. 그런데 그간 자활 프로그램 운영 경험에서 최근 자활사업 참여자와 기초생활보장 수급자를 분리하는 것에 대한 논란도 많이 나타났다. 또한 자활지원이나 사회적 기업 지원에 대한 법률 제정 등의 논란에서 자활과 기초생활보장제도의 관계설정은 꾸준히 쟁점이 되고 있다. 일각에서는 자활사업의 전시성을 극복하고 실질적 효과를 거두기 위해서는 대상의 분리와 별도의 지원을 현실화해야 한다고 주장하고 있다. 반면, 일부에서는 수급자와의 대상 분리가 본질적으로는 자활이 용이한 대상자만을 표적집단으로 삼겠다는 크리밍(creaming)일 뿐이라는 주장을 펴기도 한다.

② EITC 도입

근로빈곤층의 문제에 초점을 둔 참여정부의 대책 안에서 한 축을 차지했던 EITC가 새로운 빈곤 관련제도로서 도입을 앞두고 있다. 그리고 이 도입은 기초생활보장제도와 관련하여 몇 가지 쟁점을 제기하고 있다.

애초 EITC는 일하면서도 빈곤에서 벗어나지 못하고 있는 '근로빈곤층에 대한 사회적 대책'으로 제기된 것이다. 일을 하고 있지만 일정 수준보다 낮은 소득을 가지는 경우, 부(-)의 근로소득세와 같은 개념으로 환급해 주는 것이다. 즉, 과거 소득세제 상에서 면세점 이하의 소득을 가지는 근로자에게는 세금을 걷지 않는 것이었다면 EITC는 좀 더 적극적으로 감면만이 아니라 일정한 비율로 '환급'을 통해 저소득 근로자에게 추가의 소득분을 조세로써 지급해 주는 것이다. 이 경우 일정 소득수준에 도달할 때까지는 근로를 통한 소득이 늘어날수록 지원을 많이 받게 되어 근로유인 효과가 있다는 것이다. 일견 좀 더 적극적인 빈곤정책의 도입으로서 우리 사회의 양극화와 빈곤문제에 적극적으로 대응하려는 시도로 보일 수 있다.

새로운 제도의 도입 논의이므로 여러 각도의 찬반논란이 있었다. 찬성의 입장에서는 차상위 근로빈곤층에 대한 지원정책이 없는 상황에서 적절한 빈곤대책이라는 점, 공공부조와 달리 근로하는 사람에게 혜택이 가는 제도이므로 도덕적 해이가 발생하거나 소모적이지 않고 생산적 입장에서 지원이 가능하다는 점 등을 부각시켰다. 반면 제도 도입에 반대하는 논지들은 첫째, EITC 도입이 우리 사회 근로빈곤 문제의 본질을 '적정한 일자리가 부족한 구조'보다는 '근로동기'에 초점을 두고 있다는 점, 둘째 조세환급 형태가 비정규 근로가 많은 우리 사회 저소득 근로가구에게 적절하게 작용되기 어렵다는 점, 셋째 EITC에 적극적인 부처가 과거 늘 강조해 오던 소득파악의 난점, 넷째 최저임금이나 아동수당 등 다른 관련 영역과의 연계 속에서 나타날 부작용 등을 강조하였다.

2006년 9월 13일 입법예고가 완료되었는데 조세특례제한법의 근로장려세제라는 명칭으로 EITC의 도입 방안이 가시화되었다. 명칭에서부터 '근로장려'가 강조되었다. 입법예고된 내용에서는 자녀를 2인 이상 키우고 있는 빈곤가구가 일을 하고 있음에도 소득이 낮은 경우에, 그리고 자영자가 아닌 저임금근로자인 경우에 최대금액 연 80만원 한도 내에서 근로소득세를 환급한다는 내용이다. 그리고 한편으로 "기초생활보장제도의 수급자는 제도 적용 대상에서 제외"한다는 점이 명시되었다.

애초 EITC를 도입할 경우 국민기초생활보장제도와의 관계를 어떻게 설정할 것인가에 대한 논의가 없었던 것은 아니다. EITC가 국민기초생활보장제도를 (부분적으로) 대치하게 할 것인가, 근로빈곤층에 대해 두 제도가 함께 적용되도록 할 것인가, 국민기초생활보장제도 수급자는 제외하도록 설계할 것인가 등이 논의되었다. 사실상 정부의 예산부처를 비롯한 보수진영에서는 기초보장 수급자를 포함하는 것에 대해 중복지원이라 하여 '당연히' 기피하였다[11]. 그러나 이는 복지확충을 주장해 왔던 논자들에게서도 서로 다른 주장이 나타나는 영역이다.

가장 기본적으로 EITC 제도 도입에 대한 찬반에서도 그간 입장을 유사하게 표명해 왔던 친복지 성향의 시민단체나 전문가들도 견해가 크게 다르게 나타났다. 그리고 기초생활보장제도와 EITC의 관계에서도 '근로빈곤층에 대한 보장'을 강조하는 측에서는 대체로 근로빈곤층에 대해 기초보장제도와 EITC와의 동시 적용을 주장하였고, 기초보장제도의 취약점인 '근로유인' 보강을 강조하는 측에서는 기초생활보장제도 적용자를 제외한 차상위계층의 근로빈민을 주 대상으로 적용하는 것을 주장하였다.

이처럼 기초보장제도와 다른 탈빈곤제도와의 관계 영역에서 쟁점에 대한 논란은 다른 영역의 논란처럼 보수진영(기초보장제도 공격)과 친복지진영(기초보장제도 보완 및 확충)의 대립만이 대표적인 상황인 것으로 보이지는 않는다. 오히려 친복지진영 내부에서도 정반대의 견해를 보이곤 한다.

이는 더 이상 근대적 수준에서 반복지 대 친복지의 대립구도로 간단히 조망할 수 있었던 과거 시대 빈곤문제에 대한 대응이 아니기 때문이다. 변화하는 빈곤 상황 속에서 공공부조제도의 위상을 어떻게 설정해야 할 것인가의 문제가 탈빈곤제도와의 관계 쟁점 속에서 본격화되고 있는 것이다.

5. 맺는말: 21세기 국민기초생활보장제도의 딜레마

지난 세기말 도입된 국민기초생활보장제도로 인해 공공부조제도의 보호 제공 범위는 크게 확장되었고 급여의 수준도 많이 향상되었다. 무엇보다도 국민의 법적 권리로서 공공부조 급여의 성격을 확립하여 왔다. 국민기초생활보장제도가 빈곤층에 대한 근대적 사회보장제도의 기원으로 우리나라에서 역할한 점에 대한 긍정적 평가는 일차적으로 당연한 것이라 할 수 있다.

---

11) EITC 제도에 관한 논란 속에서 보수진영은 권리성 공공부조 자체를 전면적으로 부정하는 주장도 제기하고 있다. 모 중앙일간지의 논설 등을 통해 나타난 것처럼 EITC 도입을 통해 근로빈곤층에 대한 지원을 하게 되었으니 이를 계기로 근로유인이 약한 소모적 급여인 국민기초생활보장제도를 폐지하자는 논리이다.

하지만 이는 우리 사회 모두의 동일한 평가는 아니다. 자유방임을 주장하는 보수진영은 제도 도입 시부터 다른 견해를 제시해 왔다. 특히 근로유인의 취약성이나 수급자의 도덕적 해이와 관련된 쟁점은 지속적으로 발견된다.

사회복지 확충에 대해 중요한 가치를 부여하는 관점을 가진 사람들에게는 국민기초생활보장제도의 도입이 우리나라 복지증진에 중요한 요소였다. 그리고 이후의 과정에서도 기초생활보장제도 급여를 확충하는 것이 중요한 과제였다. 이에 따라 소위 친복지진영에서는 국민기초생활보장제도에 대한 지지가 일반적이었다. 반면 보수진영에서는 국민기초생활보장제도의 폐지나 수급을 최대한 억제하게끔 만드는 축소를 주장해 왔다. 이는 앞서 살펴 본 여러 쟁점들 속에서도 계속 발견된다.

그러나 최근의 상황은 더 이상 친국기법과 반국기법으로 복지지향성을 판단할 수 있을 만큼 단순하지 않다. 국민기초생활보장제도가 자연스럽게 친복지진영의 사회 구성원들로부터 지지를 받을 수 있던 시점은 이미 지나갔다는 의미이다. 여타 탈빈곤제도와의 관련성 쟁점 속에서 이러한 상황이 발견되고 있다.

근대적 빈곤 상황과 이에 대응하는 근대적 사회보장체계에 대해서는 그간 사회복지진영에서 학문의 속성상 합의되어 온 기초적인 패러다임을 자연스럽게 구축해 왔다. 그리고 이것이 국민기초생활보장제도를 보수진영과의 논란과 대결 속에서 성장시켜 온 합의의 맥락이 된다. 하지만 21세기 한국사회의 빈곤 상황은 더 이상 근대적 사회보장 강화라는 기초적 패러다임으로 대응하기 어려운 시점에 도달해 있다. 따라서 친복지진영 내에서도 기초보장제도 지지와 확충에 대한 당연한 합의의 시점은 이미 지나간 것으로 보인다.

더구나 세계사적 신자유주의 흐름 속에서 공공부조의 소모성과 비생산성을 비판하는 보수진영은 국민기초생활보장제도가 가지는 권리성 공공부조 급여 속성에 대해 지속적으로 공격하고 있다.

제도 도입 시 한국형 공공부조로 각광(?)받았던 국민기초생활보장제도가 이제는 신빈곤과 양극화의 상황 속에서 친복지진영으로부터는 새로운 복지증진 패러다임의 창출이나 연계를 주문받고 있고, 반대로 신자유주의적 사조와 정책 방향을 가진 보수진영으로부터는 제도 불필요성이라는 공격을 받고 있다. 더 이상 기초생활보장제도라는 이름이 복지증진의 상징이 될 수 없다. 21세기 한국사회의 빈곤 상황은 국민기초생활보장제도의 근본적 토대를 위협하고 있다.

국민기초생활보장제도와 관련된 주요한 몇몇 쟁점들은 사실상 기초생활보장제도의 기본적인 틀과 속성 자체에 대해 문제제기를 하고 있는 것으로 보아야 한다. 물론 법률에 의해 권리로 보장된 공공부조제도가 단기간 내에 급격한 축소나 변화를 겪지는 않을 수도 있다. 그러나 탈빈곤제도로서 효과적으로 기능하기 위해서는 양극화의 빈곤 상황과 사회적 배제의 현상, FTA 등 신자유주의 질서 속에서 예상되는 새로운 사회적 위험을 감안하여야 한다. 그리고 21세기 한국사회에 적합한 사회보장과 탈빈곤 정책 혹은 탈배제 전략 속에서 국민기초생활보장제도의 위상과 모습을 구상하여야 한다. 중요한 것은 제도 자체의 유지가 아니라 제도의 목표를 효과적으로 달성하는 것이다.

현재와 같이 공공부조에의 과도한 하중이라는 점을 감내하면서 현재의 기초보장제도를 강화하고 보완하는 것이 적절한 것인지, 아니면 새로운 사회적 상황과 위험에 조응하는 전체적 사회복지 체계 변화를 모색하며 그 안에서 국민기초생활보장제도의 위상을 재설계할지를 고민해야 할 시점이다.

참고문헌

구인회(2005), 「국민기초생활보장제도와 빈곤정책의 과제」, 『국민기초생활보장제도 시행5주년 평가심포지엄자료집』

김미곤(2005a), 「사회안전망으로서 국민기초생활보장제도의 성과와 과제」, 『국민기초생활보장제도 시행5주년 평가심포지엄자료집』

김미곤(2005b), 「기초보장제도 급여체계 개선방안」, 『한국보건사회연구원 공청회자료집』

김미곤 외(2005), 「2004년 최저생계비 계측조사 연구」, 한국보건사회연구원.

김유선(2004), 「비정규직 규모와 실태」, 『노동사회』 93호.

남기철 외(2005), 「빈곤정책의 전환모색」, 진보정치연구소.

남찬섭·허선(2005), 「한국 사회 빈곤대책의 개선 방향」, 『빈곤문제해결, 어떻게 할 것인가』, 참여연대 사회복지위원회 토론회 자료집.

노대명(2005), 「탈빈곤 정책의 관점에서 본 국민기초생활보장제도 5년의 평가」, 『국민기초생활보장제도 시행5주년 평가심포지엄자료집』

노대명·이현주(2005), 「공공부조 내실화를 위한 개별급여 활성화 방안」, 『공공부조개선을 통한 사회안전망 구축방안』, 서울대학교 사회복지연구소.

서울복지재단(2005), 「저소득층 복지수요조사」

여유진(2006), 「한국의 불평등 동향과 정책방향」, 『빈곤과 불평등 실태 및 정책대안』, 한국보건사회연구원 정책토론회 자료집.

유경준(2003), 「소득분배 국제비교를 통한 복지정책의 방향」, 『KDI 정책포럼』 167호.

윤홍식(2003), 「이혼 및 별거로 인한 모자가정의 빈곤화와 사회안전망의 역할」, 『한국사회복지학』 53권.

참여연대 사회복지위원회(2004), 『참여연대 사회복지운동 10년의 기록』, 도서출판 나눔의집.

한국도시연구소(2003), 「사회적 배제의 관점에서 본 빈곤층 실태연구」, 국가인권위원회.

황덕순(2005), 「절대빈곤율 추계와 실태」, 『대통령자문빈부격차차별시정위원회 빈곤실태심포지엄자료집』

<연합뉴스> 2006. 11. 16.
<한국경제신문> 2006. 4. 27.

2

사회적 일자리 정책 현황과 사회서비스 일자리 정책으로의 전환

이인재[*]

1. 사회정책의 통합적 접근과 사회적 일자리 정책

(1) 사회정책의 통합적 접근과 사회서비스 국가

복지국가에서 개인이 기대하는 삶의 보편적 경로는 아동기부터 청년층까지 교육을 거쳐 노동력을 갖추면 노동시장(고용)에 참여하게 되고, 은퇴 후에는 사회복지제도의 수급자가 되는 것이다. 이러한 시스템이 가능하기 위한 전제는 정상적 학교교육에서 노동시장에 통용되는 지식과 기술을 배울 수 있으며, 적절한 임금 수준의 완전 고용 노동시장이 작동되며, 정상적인 노동시장 퇴출 이후에는 적절한 사회안전망이 작동하는 것이다. 사회안전망으로는 고용의 시기에는 산재보험과 고용보험이, 은퇴 후에는 연금제도가, 전 생애에 걸쳐 건강보험이 보장되며, 교육-노동시장에서 소외되는 계층, 빈곤층(노인, 장애인, 아동, 여성)에게는 최후의 사회적 안전망인 공공부조제도(국민기초생활보장제도)가 적용된다. 사회안전망으로는 국가의 사회복지제도 외에 기업의 근로복지제도와 개인, 친족 단위 비공식부문의 상호부조제도(전

---

[*] 한신대학교 재활학과 교수, 참여연대 사회복지위원회 실행위원

통적 공동체주의)의 보완적 역할이 존재한다.

문제는 이러한 보편적 경로가 위기에 봉착한 것이다. 실업의 문제가 심각한 유럽의 경우 고용정책과 사회복지정책은 물론이고 교육정책과의 연계와 조정 문제는 국가 간 개별 정책의 통합과 함께 중요한 정책의제가 되고 있다. 노동시장의 유연성이 반영되기 위해서는 평생교육 체계 구축과 사회복지서비스 제공이 뒷받침되어야 하는 것이다(Begg, 2001; Ferrera, 2001).

우리나라의 경우 그 계기는 1997년 대규모 경제위기로부터 시작되었다. 먼저, '완전고용 노동시장'이 붕괴되었다. 고용의 불안정성, 즉 비정규직의 확산과 실업이 일상화되었다. 이로 인해 완전고용을 전제로 했던 핵심 사회보장제도, 4대 사회보험제도가 그 근본부터 흔들리기 시작했다. 많은 사람들이 노동시장에서 퇴출되었다. 그리고 정규 교육제도에서 가르치는 지식과 기술의 효과가 의심받기 시작한다. 정규 교육과정을 통해 배운 지식과 기술로 노동시장에서 지속적으로 일할 수 있는 기간이 점점 단축되고 있다. 적절한 수준의 일자리를 지속적으로 유지하기 위해서는 '평생학습-교육'이 뒷받침되어야 한다. 교육-고용-복지의 경로가 문제가 됨에 따라 교육과 고용에서 경쟁력을 갖춘 계층, 정규직, 전문직, 선순환적 양육문화, 그리고 이를 대물림할 수 있는 계층과 비정규직, 단순 노동, 허술한 양육문화를 특징으로 하는 신빈곤층(일하는 빈곤층)과 가난을 대물림하는 계층으로 양극화되고 있다.

더 이상 유효하지 않은 대량생산 시대의 인적자원 개발시스템인 교육-고용-복지의 분절적 정책으로는 개인의 정상적 생활을 보장할 수 없다. 먼저 교육 분야에서는 현재 학교에서 가르치는 지식과 기술이 과연 노동시장에 적합한 것인가? 더 나아가 학교의 교육이 노동시장의 요구에 어떻게 부응해야 하는가? 정상적인 시민으로 살아가는 데 필요한 "기초학습력"을 배우고 가르치기 위해서는 교육시스템이 어떻게 바뀌어야 하는가? 현재 교육시스템에서 배제되어 있는 소외계층들을 어떻게 통합할 것인가? 에 대한 해답을 찾아야 한다.

고용정책은 학교와 노동시장 간의 상시적 교류체계 구축(학교-노동시장, 노동시장-학교 선순환)을 위한 노동시장 구조—유급교육 휴가제도, 노동력 풀제 도입, 뉴패러다임 등—가 구축되어야 한다. 직업훈련도 과거의 단기적 직업훈련이 아닌, 학교 교육과 연계된 장기적 교육훈련체계가 만들어져야 한다. 복지정책 역시 사후적 소득보장과 건강보장 정책 중심에서 근로연계복지, 미래 인적자원 투자 등 사회서비스 중심의 사회투자 정책으로 확대되어야 한다. 이러한 정책 변화는 사회서비스 관련인력 수급에도 영향을 가져올 것이다. 사회복지 전문인력의 진출이 전통적 복지영역에 집중되던 현실에서 근로연계복지, 교육복지영역은 물론이고 확대되는 사회서비스 영역으로 확대되어야 할 것이다. 나아가 이러한 변화에 맞추어 사회복지교육 체계와 내용에도 변화가 요구된다.

(2) 사회적 일자리 정책으로부터 사회서비스 일자리 정책으로 전환

정보화 사회와 더불어 '고용없는 성장'의 시대가 찾아왔다. 청년실업은 물론이고 전통적인 사회적 약자인 노인, 장애인, 여성들에게 적절한 수준의 '일자리'를 제공하는 것이 중요한 사회적 의제로 등장하였다. 저출산 고령사회를 맞이하여 우리 사회의 지속가능한 발전을 위해서는 인적 자원개발이 핵심의제가 되며, 학습과 일자리를 연계하여 취약계층인 노인, 장애인, 여성들의 인적 자원을 개발하며 동시에 일자리를 제공하는 '사회적 일자리'에 주목하고 있다.

유럽의 경우에는 이미 오래 전부터 국가와 시장경제로부터 배제된 소외계층을 위한 대안적 경제에 대한 모색을 통해 자본주의 사회의 구조화된 빈곤에서 벗어나려는 부단한 노력을 하였다. 그리고 이 과정을 통해 사회적 유용성을 갖는 일자리 창출과 관련한 사회적 합의를 도출할 수 있었으며, 1990년대 중반에 이르러서는 유럽연합(EU) 차원에서 사회적 일자리 창출과 관련된 실험을 전면적으로 확대하기에 이르렀다. 서구 각국이 사회적 일자리에 관심을 갖게 된 배경은 장기실업자가 증가하는 상황에서 노동시장 진입을 전제로 하는 취업촉진 전략이 한계를 드러냄에 따라, 공공부문을 확대하지 않고 일자리를 창출하는 방안의 하나로 제3섹터에 주목하면서 시작되었다. 그리고 그 과정에서 사회적 기업(Social Enterprise)에 대한 관심 또한 활성화되기 시작한 것이다.

국내에서 사회적 일자리에 대한 논의는 다음 세 단계로 구분할 수 있다(노대명 외, 2004). 첫 번째 단계는 서구의 사회적 일자리 개념을 한국사회에 소개하며 접합을 시도하는 시기로 1998년~2000년까지 약 3년의 기간에 해당한다. 당시 많은 연구자들은 사회적 일자리 개념의 뿌리를 서구의 제3섹터(Third Sector) 이론이나 유럽의 사회경제(Social Economy) 이론에서 찾는 노력을 해왔고, 그러한 연구 결과는 일련의 연구모임과 사회적 일자리 국제심포지엄(2000년 12월)을 통해 공론화되었다. 그리고 이러한 연구 결과는 주로 당시 실업극복국민운동본부에서 추진하는 「공공근로 민간

위탁사업」을 활용한 실험적 사회적 일자리 창출사업에 반영되었다. 두 번째 단계는 2000년 10월 기초생활보장제도 내 자활사업과 맥을 같이 하는 시기로 2000년 10월부터 2003년까지에 해당한다. 이는 당시까지 개념화되었던 사회적 일자리 창출사업을 제도 영역으로 도입하는 시점으로 특징지워진다. 따라서 이 기간에는 사회적 일자리 개념을 자활사업과 연계시키는 방안에 대한 논의가 주를 이루어 왔다. 특히 자활공동체를 사회적 기업으로 전환하는 방안에 대한 관심이 동시에 나타났다. 물론 사업의 흐름은 공공근로 민간위탁 사업을 좀 더 안정적이고 장기적인 관점에서 추진할 수 있는 자활후견기관 사업의 강화를 통해 나타나게 되었다. 자활사업과 더불어 청소년자활사업이 시범사업으로 동시에 진행되었다. 세 번째 단계는 사회적 일자리 창출사업이 다원화되는 시기로 2003년 하반기 사회적 일자리 창출사업이 노동부와 실업극복국민재단을 통해 확산되는 시점에 해당한다. 이는 자활사업 내의 사회적 일자리 창출사업과 대상 집단을 달리하는 동일한 맥락의 사업이라고 말할 수 있다. 즉, 기초생활보장제도 수급자가 아닌 빈곤층의 경우 자활사업에 참여할 수 없는 제도적 한계를 감안하여, 대상자 선정이 좀 더 자유로운 새로운 사업이 추진되기에 이르렀던 것이다. 따라서 이 시점에서의 논의는 공공부조제도와 무관한 독립된 고용지원사업의 형태로서 사회적 일자리 추진방안에 초점을 두게 되었다.

자활사업으로 제도화된 사회적 일자리 논의는 2004년 노인일자리사업으로 확대되었다. 노인일자리사업은 노인의 노동능력 향상과 동시에 노후소득 보장의 한 방안으로 추진되고 있다. 장애인 직업재활은 사회적 일자리사업이 본격화되기 이전에 사회적 약자를 위한 보호된 고용의 형태로 시작되었다. 사회적 일자리사업의 확대에 맞추어 장애인 직업재활 역시 사회적 일자리 관점에서 재론되고 있다. 2006년 사회적 일자리정책은 새로운 전환의 흐름에 있다. 새로운 성장동력으로 사회서비스 분야의 확충을 통한 일자리 창출을 주요 국가의 전략으로 선언한 것이다(사회비전 2030). 정부는 사회서비스 일자리 정책을 통해 사회서비스 수준 제고와 적절한 수준의 일자리 창출이라는 두 가지 목표 달성을 지향하고 있다.

2. 사회적 일자리 정책 현황 및 문제점

이 장에서는 사회적 일자리 정책 현황을 자활사업, 노인일자리사업, 청소년자활사업, 장애인 직업재활과 노동부 사회적 일자리 사업의 현황을 살펴본다.

(1) 자활사업과 사회적 일자리사업

1990년대부터 탈빈곤운동의 중심은 저소득 주민들에게 일자리를 제공하는 것으로 관심이 전환되었으며, 서울을 중심으로 대도시 지역의 빈민생활공동체의 경제적 자립을 위한 노동자협동조합의 건설 등이 다양한 지역에서 모색되었다. 1992년 서울 하월곡동의 「건축일꾼 두레」, 1993년 서울시 상계동의 「실과 바늘」 등은 소규모에도 불구하고, 민주적 운영과 교육훈련을 중시하는 노동자협동조합의 선구자적 역할을 담당하였다. 이러한 생산공동체적 실험은 현재 사회적 일자리사업의 전형이 되었다 (신명호·김홍일, 2002). 그러나 시장진입형 생산공동체의 경우 기술력과 전문성의 부족은 지속적인 생산공동체로서의 발전에 근본적인 한계로 작용하였다(신명호, 2003).

1997년 경제위기 이후 정부 빈곤정책의 변화의 핵심은 1999년 8월 국민기초생활보장법의 제정이다. 기초법의 특성은 연령과 근로능력에 상관없이 해당 가구의 소득인정액이 최저 생계비 이하인 경우 누구나 수급자가 될 수 있다는 점이다. 기초법의 여러 급여 중 자활급여는 근로능력이 있다고 판정이 나는 경우 가구별 자활계획에 따라 다양한 관련 급여를 제공하는 것이다. 이러한 자활 프로그램들을 지원하기 위해 설립된 기관이 자활후견기관이다. 새롭게 제기된 대량실업과 빈곤은 지역복지서비스와 환경 분야에서 '사회적 일자리'를 창출하기 위한 다양한 시민사회단체들 간의 연대와 협력 확대의 이슈를 제기하였다. 자활사업을 통해 간병 등의 무급봉사활동, 가난한 사람들의 집수리사업, 컴퓨터 등 폐자원 재활용사업, 음식물 재활용, 음식나누기, 그리고 소년소녀가장 돕기 등 실업빈민들에 의한 다양한 서비스들이 제공되었다. 자활후견기관의 지원과 함께 자활수급자들은 간병 등의 보호, 재활용, 환경보호 등의 새로운 기술을 획득하였다. 그들은 사회적으로 유용한 서비스(공익형 서비스)를 제공할 뿐만 아니라 지역사회 내 사회적 일자리를 창출하였다. 자활사업은 정부의 인건비 지원에 의존하면서 장차 경제적 자립을 도모하는 자활근로와 곧바로 경제적 자립을 추구하는 자활공동체로 구분된다(이인재, 2003). 2005년 12월 시점에서 242개의 자활후견기관, 439개의 자활공동체(2,302명)와 2,014개의 자활근로사업단(35,016명), 그리고 57,266여 명의 사업 참여자를 확보하고 있다.

5년의 짧은 경험이지만 자활사업의 시행 결과 자활사업에서 추진해야 할 정책 방향은 보호된 시장의 형성과 함께 새로운 일자리 창출과의 연계로 나타났다. 복지나 환경 영역 등에서 사회적 요구가 매우 큼에도 불구하고 기업이 활동하고 있지 못한 분야에서 사업을 개발하고 안정적인 일자리로 발전될 수 있도록 제도화하는 노력이 필요하다. 사회적 일자리 창출 시 간병사업, 보육사업 등 사회적 서비스부문에서의 고용 창출 가능성은 대단히 높다.

① 근로유지형 자활근로와 시장진입형 자활근로

2004년부터는 자활근로의 유형을 근로유지형, 사회적 일자리형, 인턴형, 시장진입형의 4가지로 확대하였다. 시장진입형은 투입 예산의 20% 이상 수익금이 발생하고, 일정 기간 내에 자활공동체 창업을 통한 시장진입을 지향하는 사업을 의미한다. 사회적 일자리형은 수익성은 떨어지나 사회적으로 유용한 일자리 제공으로 참여자의 자활능력 개발과 의지를 고취하여 향후 시장진입을 준비하는 사업으로, 무료간병·집수리사업단, 자활사업도우미, 복지도우미, 보육지원도우미 등이 해당한다. 인턴형은 일반기업체에서 자활사업 대상자가 자활인턴사원으로 근로를 하면서 기술·경력을 쌓은 후 취업을 통한 자활을 도모하는 사업이며, 근로유지형은 현재의 근로능력 및 자활의지를 유지하면서 향후 상위 자활사업 참여를 준비하는 형태의 사업을 의미한다.

근로유지형 자활근로사업은 '03년도 취로형 자활근로사업과 동일한 유형으로, 노동강도가 낮은 사업 참여가 가능한 자 또는 간병·양육 등 가구 여건상 관내 사업만이 가능한 자를 대상으로 추가소득 기회 제공 및 자활의욕 고취가 가능한 사업을 의미한다. 근로유지형은 한시적 일자리 제공 목적인 공공근로사업과는 달리 근로의욕 고취 및 자활능력을 향상시킬 수 있는 사업으로 추진하고 있다. 즉, 근로유지형 사업 참여를 통한 능력 향상을 통해 시장진입형 사업으로 전환할 것을 기대하고 있는 것이다.

시장진입형 자활근로는 '03년도 업그레이드 자활근로와 유사하다. 시장진입형은 투입 예산의 20% 이상(2004년 10%, 2005년 20%로 상향) 수익금이 발생하고, 일정 기간 내에 자활공동체 창업을 통한 시장진입을 지향하는 사업이다. 「간병·집수리·청소·폐자원 재활용·음식물재활용사업」의 5대 전국표준화사업을 중점사업으로 추진하되, 영농·도시락·세차·환경정비 등 지역 실정에 맞는 특화된 사업을 적극 개발하여 추진하도록 하고 있다. 시장진입형 자활근로 참여의 경우는 근로유지형에 비해 자활공동체로의 발전 전망을 훨씬 강하게 가지고 있다.

② 자활공동체

자활공동체는 자활근로 참여에 대해 국가가 지급하는 '자활근로 임금'이 아니라 참여자들이 생산한 상품과 서비스를 판매하여 생기는 사업수익금에 의해 소득을 창출하는 방식으로 운영되는 사업단을 의미한다. 자활공동체는 2인 이상의 수급자 또는 저소득층이 상호·협력하여, 조합 또는 공동사업자의 형태로 탈빈곤을 위한 자활사업을 운영하는 업체를 말하며, 국민기초생활보장법에 의한 자활공동체 요건을 갖추고 보장기관으로부터 인정을 받은 인정 공동체를 의미한다. 자활공동체 성립요건(인정요건)은, 첫째 자활공동체 구성원 중 기초생활보장 수급자가 1/3 이상이어야 한다. 둘째, 조합 또는 부가가치세법상의 2인 이상의 사업자로 설립해야 한다. 셋째, 모든 구성원에 대해 자활근로 임금(월 50만원 기준) 이상의 수익금 배분이 가능하여야 한다. 넷째, 자활근로사업단의 공동체 전환 시 사업의 동일성을 유지해야 한다. 2005년 12월말 시점에서 242개의 자활후견기관이 439개의 자활공동체를 운영하고 있으며, 여기에 참여하는 수급자 및 차상위층은 2,302명에 이르고 있다. 그리고 자활공동체의 분기당(3개월) 1인당 평균 수익금은 253만원 수준이다.

자활공동체 사업을 통해 가구별 최저생계비를 넘는 소득을 얻게 되면 경제적 의미에서의 '자활' 상태에 이른 것으로 판정되어 수급권에서 벗어나 생계·의료·교육·주거급여 지급이 중지된다. 자활공동체에 대한 지원 기간은 사업 초기 지속적인 지원의 필요성 때문에 자활공동체 설립 이후 2년(최대 3년까지 가능)으로 한정하고 있다. 자활공동체의 상당수는 차상위계층 및 일반 저소득계층 중심으로 설립되면서 점차 조건부 수급자들이 결합하는 방식으로 운영되어 왔으나 조건부 수급자들 중심의 업그레이드형 자활근로를 거쳐 설립된 경우가 차츰 늘어나고 있다.

자활공동체의 문제는 자활공동체 전환 이후의 전망이 불투명하며, 이에 대한 지원책도 미비하다는 점이다. 기초법에는 자활공동체에 대한 지방자치단체의 국공유지 우선 임대, 국가 또는 지자체가 실시하는 사업의 우선 위탁, 공동체 생산품의 우선 구매(법 제18조 3항)를 명문화하고 있으나, 이런 식의 지원을 받는 자활공동체는 극소수에 불과하다. 그리고 자활공동체를 통하여 기초법 수급대상자에서 탈피하는 순간 의료급여, 주거급여, 교육급여 등 다양한 급여를 모두 받지 못하게 됨에 따라 얻는 것에 비해 잃는 것이 너무 많게 되어 자활공동체로의 전환을 꺼리게 된다.

③ 사회적 기업

사회적 일자리는 '사회적 유용성을 지닌 일자리'를 말하며, 사회적 기업이란 사회적 일자리가 하나의 기업의 형태로 발전된 것이다. 자활공동체가 지향하는 자활기업이란 사회적 기업을 의미한다. 사회적 기업은 기업의 일반적인 속성과 크게 다르지 않다(<표 2-1> 참조). 반면 시민의 자율성에 기초해서 수행하는 조직이며, 자본보다는 인간 혹은 노동 중심의 기업으로서 특성을 갖는다. 그리고 사회적 기업은 자율적인 조직으로서 그 지배구조 및 소유구조는 다양한 관련 주체들(소비자나 지역사회조직 구성원을 포함하여)의 파트너십에 의해 형성된다. 따라서 사회적 기업에서 발생되는 이윤은 다양한 관련 주체들에게 동등하게 분배되거나 지역사회의 혜택을 위해 사용된다. 또한 상당수의 사회적 기업은 소비자·이용자, 노동자, 자원봉사자, 후원자·지원자 등의 다양한 그룹으로 구성되는 '다양한 이해당사자' 조직 형태를 채택하고 있으며 이를 통해 '민주적 관리와 참여에 근거한 당사자 조직'으로서의 강점을 갖게 된다(문보경, 2006; 노대명 외, 2005).

〈표 2-1〉 사회적 기업 경제적/사회적 기준(문보경, 2006)

경제적 기준(기업적 속성)	사회적 기준(사회적 속성)
·재화·서비스의 계속적 생산 ·고도의 자율성 ·창설 멤버에 의한 자본과 노동 양면에서의 경제적 리스크의 부담 ·유급노동의 존재라는 특성과 함께	·시민에 의한 참가·수행 ·지역 민주주의 ·자본의 비권력성 ·이윤분배의 제약 ·커뮤니티에 대한 공헌

자활사업이 배출한 대표적인 사회적 기업이 컴퓨터 재활용 전문기업인 컴윈이다. 사회적 기업 컴윈의 초기 발전 요인은 '재활용사업' 업종 선택의 성공과 공공과 민간의 적절한 지원에서 찾을 수 있다. 특히 사업 자체가 공익성을 가지고 있는 재활용사업의 성격과 생산자책임확대제도(EPR: Extended Producer Responsibility)의 도입 등이 적절하게 조화를 이뤄 사업의 규모화가 가능하였다. 여기에 공공과 민간의 다양한 지원이 합쳐져서 컴윈의 탄생이 가능하였다. '생산자책임확대제도' 도입이라는 국

가의 제도적 정비가 사회적 기업의 출범에 중요한 계기를 제공한 것이다. 컴윈은 성장가능성 있는 업종 선택과 공공과 민간의 지원에 의해 사회적 기업으로 출범에 성공하였다. 그러나 시장에서 살아남을 수 있는 기업으로서의 경쟁력을 갖추기 위해서는 조직내부의 해결 과제가 많이 있다. 무엇보다 조직의 지도력, 경영능력 부문에서 적절한 보완책이 마련되어야 하며, 조직 내부 상호 통제시스템과 갈등해소 기제 역시 보다 더 체계화되어야 한다. 동시에 사회제도 차원의 변화도 필요하다. 사회적 기업의 법제화와 지속적인 사회적 지원도 요구되고 있다. 컴윈 사례를 통해 외부의 지원이 사업의 초기 정착에는 도움을 줄 수 있으나, 지속적인 발전은 조직 내부의 리더십과 기업경영의 전문가 활용에 달려 있다는 것을 알 수 있다. 따라서 사회적 기업을 지향하는 자활근로사업단이나 자활공동체의 경우는 사업 초기부터 조직 내부의 역량을 하나로 모을 수 있는 지도자와 경영전문가의 활용을 고려해야 한다(이인재, 2006).

(2) 노인일자리 사업과 사회적 일자리

고령사회의 진입을 앞에 두고 국가 경쟁력 강화는 물론이고 우리 사회의 존립을 위해서는 노인이 일을 해야 하는 시스템이 요구되고 있다. 노인일자리 사업은 보건복지부를 중심으로 노동부, 지방자치단체 등에서 실시하고 있다. 보건복지부의 노인일자리 사업은 보건복지부(한국노인인력개발원)와 지자체 주관으로 노인복지회관, 시니어클럽, 지자체 등이 사업을 수행하고 있다. 2004년의 경우 참여 연령은 65세 이상으로 공공참여형, 사회참여형, 시장참여형 등 총 20,000개의 일자리가 배정되었고, 6개월간 주 12시간을 근무하며, 1인 월 200,000원 이내의 인건비를 지급받는다. 노동부의 노인일자리 사업은 노동부와 지방노동관서, 고용안정센터, 실업극복국민재단이 운영주체가 되고 비영리 단체 등이 참여하는 형태이다. 총 3,000명을 지원하고 있고 50세 또는 55세 이상이 9~10개월 동안 주 20시간 이하를 참여하여 1인 월 300,000원 이하의 인건비를 지급받고 있다. 노동부 이외에도 서울시 고령자 취업알선센터와 자활후견기관, 공공근로 사업 프로그램이 있다(이인재 외, 2004).

2005년에는 사업의 유형을 공익형, 교육복지형, 자립지원형으로 재분류하였으며, 사업의 특성에 따라 운영주체를 분류하였다. 지방자치단체(시·군·구)는 공익형 일자리사업을 전담하며(필요시 위탁수행), 시니어클럽은 자립지원형 일자리사업을 전담한다(교육복지형 부분적 수행). 이에 비해 대한노인회는 공익형 일자리사업 위탁수행 및 단순일자리 취업알선을 담당하며, 노인복지회관 및 사회복지(회)관 등은 교육복지형 일자리사업을 전담한다(시장형 일부 수행)(<표 2-2> 참조).

〈표 2-2〉 2005년 노인일자리사업 현황

구 분		정 의	일자리 예시
공익형		○지방자치단체의 고유사업(환경, 행정, 교통 등)영역 중 노인에게 적합한 일자리를 창출·제공함으로써 공공의 이익을 도모하는 일자리	·자연환경정비, 거리환경개선, 교통질서계도, 방범순찰, 행정기관보조 등
교육복지형	교육형	○특정 분야 전문지식·경험 소유자가 복지시설 및 교육기관 등에서 강의하는 일자리	·숲생태 및 문화재해설사 사업 ·교육강사 파견사업(1·3세대 연계) ·복지시설 및 교육기관 강사, 건강관리(상담사) 등
교육복지형	복지형	○사회활동이 어려운 소외계층의 생활안정과 행복추구를 지원하는 일자리	·독거노인, 고령 및 중증노인, 장애인 등 보호·관리
자립지원형	인력파견형	○지역사회 내 수요처를 발굴하고, 맞춤형 교육 실시, 인력풀(Pool)을 구성·파견하는 일자리 - 보수는 수요처에서 부담	·주유원, 판매원, 운전원, 급식지도원, 식당보조원, 주례, 가사도우미, 공원관리원, 매표원, 화장실청소원, 주차관리원, 간병인, 식당보조원, 학교 내 학습장 관리 등
자립지원형	시장형	○소규모 사업을 공동으로 운영하거나 기업을 공동으로 창업하여 운영하는 일자리 - 시장에서 경쟁을 통한 수익 창출	·지하철 택배, 세탁방, 도시락 사업, 재활용품점, 번역·통역 사업단, 유기농사업, 실버용품점 운영, 실버대리운전, 간병인 등

교육형 일자리는 월 20만원 사업기간 5개월, 부대경비 20만원으로 배정되었으며, 노인의 경륜과 지식을 바탕으로 사업내용에 부합하는 전문교육을 심화시켜 지역 내 사회복지시설이나 공공교육기관, 숲이 있는 산과 공원, 그리고 문화재 등에 출강하는 형태로 진행되는 사업이다. 인력파견형과 시장형 사업은 시니어클럽의 고유 사무와 유사한 사업으로 시장형 사업은 일정 기간의 국가지원 이후에 시장에서 경쟁할 수 있는 사업을 의미하며, 인력파견형은 지역사회에서 수요처를 개발하여 교육훈련 후 노인을 파견하는 사업을 말한다.

(3) 청소년자활사업과 장애인 사회적 일자리

보건복지부가 지역사회 차원에서 자활후견기관사업과 동시에 시범사업으로 진행 중인 사업이 청소년자활지원관으로, 2005년 12월 시점에서 전국에 28개 청소년자활 지원관이 설치되어 있다. 청소년자활지원관 운영의 목적은 저소득층 청소년 등을 대상으로 취업 및 자활을 위한 지속적인 지원과 건전한 문화공간을 제공함으로써 빈곤문화의 세대전승을 차단하는 것으로 되어 있다. 이상의 운영 목적을 달성하기 위한 방안으로 제시한 사업내용은 다음과 같다. ① 저소득 청소년의 올바른 진로의 식 및 직업관 확립을 위한 사업 ② 청소년의 창의적인 직업개발 및 창업을 위한 동아 리 활동 지원 ③ 취업 전 단계에서의 직업능력 향상 지원 ④ 직장 및 사회적응력 배양을 위한 교육 ⑤ 실업청소년 모임을 통한 자생력 배양 ⑥ 자활공동체 사업장에 의 취업 연결 등이다. 이러한 운영 목적과 사업내용으로만 본다면 저소득층 청소년 을 위한 "자활지원센터"의 성격이 강하다고 볼 수 있다(오승환 외, 2005).

정부는 장애인이 자신의 능력과 적성에 맞는 직업생활을 통하여 인간다운 생활을 할 수 있도록 장애인직업재활서비스로 보호고용, 직업상담, 직업능력평가, 직업적응 훈련, 직업훈련, 작업활동, 취업알선, 취업 후 지도, 장애인생산품 판매 및 판로 확대 등을 제공하고 있다. 장애인 직업재활시설에는 장애인작업활동시설, 장애인보호작 업시설, 장애인근로작업시설, 장애인직업훈련시설, 장애인생산품판매시설 등이 있 다. 2006년 3월 복지부는 장애인 직업재활 플랜으로 'Able 2010 프로젝트'를 구상하 고, 2007년에는 장애인 사회적 일자리사업으로 5천명을 대상으로 공익형(장애인주 차 단속요원 등)·복지형(중증장애인 동료상담요원 등) 사업을 시행할 예정이다.

(4) 노동부 사회적 일자리사업

노동부 사회적 일자리사업은 사회적으로 필요하지만 수익성 등으로 인하여 시장 에서 충분히 공급되지 못하는 보건·사회복지·교육 등 사회서비스 분야에서 일자리 를 창출하여 취업 취약계층에게는 근로기회 확대, 저소득층 등에게는 사회서비스 확충을 도모하는 사업이다. 2003~2004년 시범사업을 거쳐 2005년 이후 본격적으로 추진되고 있다. 2006년에는 기존 사업 이외에 광역형(600명) 및 기업연계형 프로젝트

사업(600명) 시범사업을 실시하고 있다. 소요 예산은 18,714백만원('04년) → 25,807 백만원('05년) → 51,713백만원('06년)으로 확대되었으며, 지원 인원 역시 3,000명('04 년) → 3,910명('05년) → 6,000명('06년)으로 증대되었다. 1인당 지원금액은 인건비 보조 월 700,000원 및 사업자 부담분 사회보험료(8.5%)가 지원되고 있다.

사업추진상의 문제점으로는 사업 시행 주체인 비영리단체들의 수익 창출을 위한 노력이 미흡하여 지속 가능한 안정적 일자리 창출을 지향하는 사업 취지와 다소간 괴리가 발생하고 있으며, 기업이나 지자체의 적극적인 참여가 필요하나 아직은 이에 대한 인식이 낮은 상태이다. 즉 사회적 일자리의 질적 수준은 임금, 근로조건, 복리 후생의 측면에서 매우 열악한 상황이다. 이는 최저임금을 기준으로 인건비를 보조하는 공급 중심의 공공부문 일자리창출정책이 갖는 한계이다. 또 하나의 문제는 사회적 일자리사업 종합계획과 추진전략이 정립되지 않아 사업의 지속가능성이 부족한 점이다. 사회적 일자리사업에 대한 지원 이후의 후속 대책이 없는 상황에서 민간단체는 사회적 일자리의 지속 가능성을 담보하는 데 한계가 있다.

노동부 사회적 일자리사업은 타 부처 일자리 창출사업과 업종 및 전달체계상의 차별성이 부족하다. 특히 복지부 자활근로사업 등과 큰 차별성이 없다는 지적이 제기되고 있다. 물론 전자가 후자에 비해 좀 더 시장친화적이라는 평가가 있으나 민간의 창의성, 경쟁시스템, 자립지향성에 대해 큰 차이를 발견하기 힘들다는 평가가 지배적이다.

3. 사회서비스 일자리정책 현황과 문제점

우리나라는 최근 저출산·고령화 등 인구구조 변화, 국민 소득 증가 등으로 사회서비스 수요는 급증하고 있으나, 여전히 서비스 공급은 가족 등 비공식 부문이 주로 담당하고 있다. 시행 중인 저소득층 임금 지원 방식의 '사회적 일자리' 사업은 취약계층에 대한 서비스 제공, 저소득층 일자리 확대의 효과를 가져왔으나, 정부의 임금보전을 통해서만 일자리가 유지되고, 낮은 임금 수준에서 비롯되는 질 낮은 서비스 제공의 문제점을 보여주고 있다.

그간 우리나라 공공 복지체계는 소득보장 위주로 확대되어 사회서비스 발전은 상대적으로 저조하였다. 2006년도 보건복지 예산의 경우 건강보험 34%, 기초생계급여

28%, 의료급여 27%에 비해 보건복지서비스는 9%에 머무르고 있다. 저출산 고령사회, 사회적 양극화 시대에 사회서비스 욕구는 날로 증가하고 있다. 그럼에도 사회복지분야 서비스는 저소득 취약계층에 대한 기초적 지원에 치중하고 서민·중산층의 삶의 질 제고를 위한 보편적 서비스는 취약한 실정이다. 최근 보육서비스의 확충, 노인수발보험 도입 추진 등 보편적 서비스 제공의 계기가 마련되고 있으나, 제공되는 서비스의 양과 질적 측면에서 여전히 미약한 실정이다. 보건의료 분야는 민간시장에 의한 치료 중심의 접근에 머물러 고령화·만성질환 증가에 대응하는 사전 예방적 투자는 부진하다. 그간 급성기 질환을 치료하는 직접적 의료인력 투자에 집중하여, 요양·간병 등 간접인력에 대한 투자는 소홀하였으며, 시장에서 제공되기 어려운 방문보건·정신건강, 만성질환 관리 등 공공 보건의료 분야 투자에 대한 관심과 인식도 부족하였다. 이러한 현행 제도의 문제점을 극복하기 위해 사회서비스 일자리 정책이 새롭게 제기된 것이다. 즉 사회서비스 확충을 통한 국민 삶의 질 향상과 시장에서의 일자리 창출 효과를 거두고, 인적 자본개발 등 미래 성장동력 확보를 위해서는 사회변화에 조응하는 서비스 발굴·확충과 함께 집행 인프라 정비 및 제도적 개선이 요구되고 있는 것이다.

사회서비스 일자리는 국제기준(OECD)에 따라 서비스업을 경제적 기능, 수요자의 차이, 정부의 재원 부담 등을 기준으로 구분할 때 "생산자서비스, 유통서비스, 개인서비스, 사회서비스" 4개 분야 중 사회서비스와 관련된 일자리를 의미한다. 사회서비스업은 비시장성, 집단적 소비결정, 재정투입의 일반성 등이 특징이다. 사회적 일자리란 사회서비스를 제3섹터(비영리단체 등)에서 공급하면서 생겨나는 일자리를 의미한다.

사회서비스 일자리 정책의 흐름을 살펴보면, 2006년도의 경우 6,756억 5천만원 예산, 111,616명의 인원을 대상으로 일자리사업이 진행되었다면, 2007년도의 경우는 1조 4,441억 89백만원의 예산, 212,514명 대상으로 일자리사업을 예정하고 있다. 2007년의 경우 2006년에 비해 예산은 2배 이상 증액되었고, 인원 역시 약 2배 정도 확대가 예상되고 있다. 사회서비스 분야 일자리는 상당 부분은 여성, 노인 등 취약계층 대상의 일자리에 해당하나, 청년층 대상의 일자리사업도 적지 않게 배정되어 있다. 여성가정부의 보육시설 종사자, 민간시설 영아보육교사, 보건복지부의 지역아동센터 운영비 중 아동복지교사, 방문보건사업, 정신보건센터 운영, 문화관광부의 문화관광해설사, 분야별 예술강사 풀제, 생활체육지도사, 산림청의 숲가꾸기사업 등은 준전문직 이상의 일자리를 제공함으로써 청년층 실업해소에 기여할 것으로 판단된다.

2006년 9월 시점에서 각 부처가 시행 중이거나 시행을 예정하고 있는 약 80개의 사회서비스 일자리는 '사회적 일자리'로 제도화한 일자리 영역과 하나의 단위 프로그램으로 제시된 일자리 영역으로 구분할 수 있다. 전자의 경우는 길게는 6년, 짧게는 2년의 역사를 가지고 있고 이미 전국적으로 시행되고 있다. 자활근로사업을 중심으로 한 자활사업, 노인일자리사업, 그리고 노동부, 여성부 등의 사회적 일자리사업은 대표적인 제도화된 영역이다. 프로그램 단위로 제안된 일자리사업은 정부의 지원에 따라 새롭게 일자리를 창출하거나 확대할 수 있는 프로그램, 일정 기간 시범사업으로 진행할 프로그램, 사회서비스 일자리와 직접 관련성이 낮은 프로그램 등 다양한 성격의 프로그램이 혼재되어 있다.

사회서비스 일자리사업의 양적 확대와 질적 제고를 위해서는 사회서비스 일자리사업은 다음과 같이 개편되어 추진되어야 한다(이인재 외, 2006).

첫째, 돌봄노동의 사회화. 저출산 고령화사회 변화 추세를 고려하여 출산 지원-보육-아동 보호까지 '돌봄노동의 사회화'를 통한 사회서비스 질 향상과 일자리 창출을 도모해야 한다. 산모 신생아 도우미 지원사업, 보육시설 사회적 일자리사업, 지역아동센터 및 아동복지교사 확충, 요보호아동 그룹홈 지원, 아이돌보미사업, 가사/간병 서비스 확대 등이 해당한다.

둘째, 미래 인적자원 개발 지원. 사회서비스 일자리 정책 개발의 한 축은 미래의 시장친화적 인력 양성에 있다. 오늘날 지식 기반사회에서 새로운 지식과 정보를 획득할 기회를 제공함으로써 경제적 경쟁력을 갖출 수 있도록 하는 것이다. 미래에 대한 투자는 아동과 청소년에 대해 시장친화적 능력을 제공하는 것이다. 동시에 청년들의 일자리 창출에도 일조할 수 있다. 학교 상담도우미, 특수교육 지원인력, 깨끗한 학교 만들기(학교청소), 방과후 학교사업 등이 여기에 속한다.

셋째, 안전하고 환경친화적인 생활환경 제공. 미래의 인력이 생산적인 활동에 전념하기 위해서는 안전한 생활환경과 지속 가능한 자연환경의 유지는 필수적인 전제가 된다. 이 분야 역시 청년들의 일자리 창출에 기여할 것이다. 소방보조인력, 군부대 상담인력은 안전한 생활환경 유지에 기여하며, 정책형 숲가꾸기사업은 지속 가능한 환경을 제공한다. 숲가꾸기사업은 1998년 이후 사업의 성과가 일정 정도 검증되었다. 일자리 확대는 물론이고 사업 수행의 핵심 인력인 임업노동력의 지원을 통해 사업의 성과를 배가할 수 있을 것이다.

넷째, 육체적·정신적 건강을 위한 공공보건의료체계 개편. 출생부터 사망까지 전생애 건강관리와 사회적 질병관리를 위한 공공보건의료체계 개편을 통한 일자리 창출이 필요하다. 국민들의 기본적 보건의료 수준 유지를 위한 예방사업, 만성질환 관리 등을 위한 보건소를 비롯한 공공보건의료체계 개편을 통한 일자리 창출 방안을 고려해야 한다. 방문보건사업, 한방건강증진 사업, 허브보건소 운영, 그리고 심뇌혈관질환 예방관리사업은 방문보건사업을 주요 전략으로 하고 있어 방문보건의 틀에서 통합해야 한다. 정신보건센터 및 알코올상담센터 운영과 금연클리닉은 정신보건센터 사업으로 통합하고 공공 영역에서의 직영을 전제로 지원한다.

다섯째, 사회서비스 일자리사업 수행체계 보완. 4대 영역의 사회서비스 일자리사업의 원활한 작동을 위한 사회서비스 일자리사업 수행체계 개편 및 보완이 필요하다. 공공부문 '주민생활통합서비스 지원체계' 개편에 따른 시군구, 읍면동 사회서비스 지원체계 구축을 고려한 일자리사업 개발이 필요하다. 사회서비스 담당 공무원의 증원과 보조요원 신설은 사회서비스 질 향상에 일조할 수 있을 것이다(사회복지도우미 제도 도입). 사회서비스 일자리는 시장에서 일자리를 창출하는 부분도 있지만 상당부분 공공의 자원 지원과 민간의 사업 수행이 결합된 형태로 진행된다. 그런 의미에서 사업의 성과를 높이기 위해서는 민간 사업수행 기관의 개편과 보완이 필요하다. 자활후견기관의 개편은 중앙 및 광역 단위 사업수행체계 보완과 기초 단위 자활후견기관 기능 재편이 필요하다. 시니어클럽은 도시지역을 중심으로 증설이 필요하며, 재가복지센터 역시 확대 설립이 요구된다. 노인일자리사업 중추 조직으로 한국노인인력개발원 조직 보완도 필요하다.

4. 사회서비스 일자리정책 쟁점과 전망

사회서비스 향상을 위한 사회적 투자의 확대를 통해 여러 가지 효과를 기대할 수 있다. 첫째, 빈곤탈출의 가능성을 높일 수 있다. 가난한 사람들의 기본 생계보장은 물론이고 교육·고용분야의 투자 확대는 탈빈곤을 통한 사회통합에 기여할 수 있을 것이다. 둘째, 일자리를 창출할 수 있다. 복지 확충은 곧 일자리 창출을 의미한다. 예를 들어, 주택 공급의 확대는 이미 경기부양과 고용확대의 중요한 수단으로 쓰이고 있으며 보건의료, 아동보육, 노인 및 장애인 분야 복지지출 확대를 통해 공공 및 민간 영역에서 다양한 일자리 창출을 기대할 수 있다. 셋째, 사회적 투자 확대는 노동시장의 유연화를 가능하게 하며, 노동력 수급의 원활화를 가져올 것이다. 일자리가 창출되고 이를 원하는 노동력 공급이 확충되며, 노동력의 수요자와 공급자를 신속하게 매칭할 수 있는 정보의 제공과 직업훈련의 제도적 정비가 가능할 것이다.

사회서비스 일자리정책의 확대는 사회복지 인력수급에 적지 않은 영향을 미칠 것으로 예상할 수 있다. 앞서 살펴본 것처럼 2007년의 경우에만 보건복지부 67,682명, 교육인적자원부 20,815명, 여성가족부 81,959명, 노동부 15,000명 등 총 212,514명의 사회서비스 분야 일자리가 제공될 예정이다. 사회서비스 분야 일자리는 상당 부분은 여성, 노인 등 사회적 취약계층 대상의 일자리이지만 여성가족부, 보건복지부, 문화관광부 제공 사회서비스 일자리는 청년층 대상의 일자리에 해당한다. 사회서비스 일자리 확대는 동시에 사회서비스 공급기관의 전문인력 확대를 필요로 하고 있다. 취약계층 일자리사업을 수행하는 자활후견기관, 시니어클럽, 장애인직업재활기관은 물론이고 돌봄 서비스를 제공하는 재가복지센터, 사회복지관, 노인종합복지관, 장애인종합복지관, 특수교육 등 사회서비스 제공과 관련된 서비스 공급기관의 확충과 보완은 불가피한 사항이다.

사회서비스 일자리정책 확대와 동시에 서비스 제공방식에도 변화를 예고하고 있다. 보건복지부는 2007년부터 산모신생아 도우미지원사업, 노인돌보미바우처, 중증장애인 활동보조인 지원 사업을 바우처방식으로 제공할 계획이다. 지금까지 서비스 공급자에게 지원하던 방식에서 서비스 이용자에게 필요한 서비스이용권을 제공함으로써 이용자들의 선택권을 보장하는 것이다. 뿐만 아니라 2007년도 새롭게 도입되는 사업으로, 지방자치단체가 직접 필요한 서비스를 기획하여 집행하는 지역복지서비스 혁신사업 역시 바우처 지원방식을 도입할 예정이다. 사회서비스의 확대와 공급방식의 변화는 이와 관련해서 서비스 대상자 선정, 서비스 공급기관의 확대와 품질관리, 서비스 공급인력 교육훈련 및 관리 등 다양한 과제를 내포하고 있다. 특히 사회서비스 인력문제는 사회서비스 일자리정책의 성공 여부를 가늠하는 중요한 전제가 된다고 본다. 그동안 민간 사회복지서비스 기관 위주의 전통적 취업시장에 필요한 지식과 기술위주의 전문인력 양성교육의 흐름에서 탈피하여 사회서비스 시장에서 요구되는 새로운 지식과 기술, 특히 근로연계복지, 지역사회 차원의 사례관리, 교육복지 등에 대한 비전과 내용을 공유할 수 있는 교육체계가 마련되어야 한다.

참고문헌

노대명 외(2004), 「자활정책지원제도 개선방안 연구」, 보건복지부·노동부.

노대명 외(2005), 「사회적 일자리 활성화 및 사회적 기업 발전 방안 연구」, 한국보건사회연구원·보건복지부.

신명호·김홍일(2002), 「생산공동체 운동의 역사와 자활지원사업」, 『동향과 전망』 53호, 한국사회과학연구소.

신명호(2003), 「시장진입형 생산공동체의 경쟁력과 그 요인에 관한 분석」, 『도시공동체론』, 한국도시연구소 편, 한울.

오승환 외(2005), 「청소년 자활지원관 평가 및 운영모델 연구」, 보건복지부·호남대학교.

이인재(2006), 「사회적 기업 쿔윈 성공요인과 발전과제」, 『동향과 전망』 66호, 한국사회과학연구소.

이인재·이문국·강성추(2004), 「노인일자리사업활성화 방안연구」, 대통령자문정책기획위원회.

이인재(2003), 「한국 자활사업의 동향과 과제」, 『동향과 전망』 58호, 한국사회과학연구소.

이인재 외(2006), 「사회적 일자리 재정사업 평가와 개선방향」, 기획예산처 사회적 일자리 지원사업 점검평가단.

Begg, Iain, 2001. "EMU and employment", *Social Models in the EMU: convergence? coexistence? - The Role of Economic and Social Actors*, EESC pamphlet series.

Ferrera, Maurizio, 2001. "EMU and protection", *Social Models in the EMU: convergence? coexistence? - The Role of Economic and Social Actors*, EESC pamphlet series.

아름다운 기획과 실천: 자활사업과
사회적 기업 만들기

이문국[*]

1. 들어가는 이야기

사회복지 체계 내에서는 자활사업이나 자활후견기관이 다소 생경하다거나 혹은 기껏해야 복지 3D 업종의 대표적인 하나로, 되도록 피해야 할 사회복지 영역으로 악명이 높다. 이러한 인식은 일부는 사실이지만, 일부는 무엇 때문에 이 일에 수많은 노동 및 시민사회단체에서 그렇게 관심을 갖고 적극적으로 참여하게 되었는가에 대한 다소간의 이해 부족에 기인하는 오해의 소지도 적지 않다. 그런데 더 나아가 또 낯선 '사회적 기업'이 유령처럼 자활사업 분야에서 발전적 대안으로 떠돌아다니고 있다.

그래서 본서의 집필 의도인 사회복지 입문서(introduction)로서 각 사회복지 쟁점의 부각 및 상세한 해설이라는 점을 좀 더 충실하게 반영하기 위해 단순한 현황 소개나 개념적 정의에 머물지 않을 것이다. 그보다 적극적으로 자활사업은 어떤 태생적 배경을 가지고 어떤 경로를 거쳐 발전해 나가고 있으며, 사회적 기업은 왜 갑자기 21세기 벽두에 우리 사회의 또 하나의 가치 있는 쟁점사업이며 중요하게 다루어야 할

---

[*] 안산공대 사회복지학과 교수, 참여연대 사회복지위원회 실행위원

화두로 취급되는가를 편안한 문체로 전달하고자 한다. 무엇보다도 이러한 영역에서 활동 중인 소위 '활동가(activator or organizer)'라는 사람들은 어떤 철학적 이상과 전망을 가지고 현실적 기획 전략으로 자활사업을 선택했으며, 왜 자활공동체를 거쳐 마침내 사회적 기업이라는 실천적 전술을 구사하려고 사회적 대안운동으로서의 밑그림을 구상했는지를 가능한 한 독자와 공유하고자 노력할 것이다.

이러한 기술 전개 입장에 따라 다소 딱딱한 문어체적 접근보다는 독자와 서로 대화를 나누는 것과 같은 분위기가 느껴지도록 설명과 대화체로 글귀를 전개하려고 한다. 또한 제목과 글의 전개방식도 다소 문학적인(?) 정감이 느껴지도록 서술할 계획이다. 사회복지학계에서 다소 생소한 이러한 글쓰기 방식을 선택한 이유에 대해서는 글 전체의 맥락에서 느껴지리라고 기대해본다.

글 전개를 위한 구성은 먼저 정부와 정치권, 사회복지계나 시민사회단체에서 자활사업을 바라보는 상반된 입장 차이를 드러낼 것이다. 다음으로 자활은 어떤 태생 배경을 가지고 출발했으며, 어떤 제도화의 경로를 거쳐 어디를 향해 나아가고 있는지를 설명할 것이다. 세 번째로, 소위 자활운동을 기획하고 실천한 활동가들이 왜 사회적 기업을 새로운 전망으로 구상하고 준비하는지를 설명할 것이다. 이에 따라 다소 혼란스럽게 우리에게 던져지고 있는 다양한 사회적 기업 관련 언어들을 따라잡고자 노력할 것이다. 네 번째로, 이러한 전망과 구상을 실현하기 위한 도하준비의 첫걸음으로 당장 필요한 디딤돌들은 무엇인지를 밝힐 것이다. 그리고 마지막으로 의도치 않은 사회적 기업 전략의 위기 가능성에 대한 경고를 전달할 것이다.

2. 야누스의 두 얼굴을 가진 'workfare': 우리는 야누스의 어느 면에 메스를 대어야 할 것인가?

2000년 10월 국민기초생활보장제도의 도입과 함께 시범적으로 운영되던 자활지원센터가 자활후견기관으로 명칭이 변경되고, 전 시군구에 적어도 하나 이상 설치될 것을 제안받는다. 이로써 도시빈민을 조직하고 자활지원을 도모하는 시민사회단체로서의 성격에서 근로능력이 있는 공공부조 대상자인 소위 '가치 없는 빈민'을 관리·감독하는, 말 그대로 후견단체로서의 성격으로 변모하였다. 이러한 명칭상의 변화는 다음 절인 자활 생육 역사에서 다시 다루겠지만, 단순한 자구 수정만이 아니었다. 즉, 본격적으로 자활운동의 입장과 원칙에 중대한 변화를 요청하는 제도화의 과정이었다. 이는 서구, 특히 영미의 'workfare'라는 개념 속에 잠재해 있는 본질적 두 얼굴에 기인한 것이었다. 이에 관한 이론적 입장들을 검토하면서 그 두 얼굴의 특징을 거칠게라도 이념형으로 규명하면 다음과 같다.

먼저, 김종일(2000)은 노동 중심적 복지개혁에는 크게 보아 노동시장연결(LFA: Labor Force Association) 모델과 인간자본개발(HCD: Human Capital Development) 모델의 두 가지 방향이 있는 것으로 제시한다. 좀 더 부연 설명하자면 '노동시장연결'을 강조하는 측에서의 강력한 의지는, 근로능력이 있는 빈곤계층은 복지수혜에 길들기 전에 일 자체의 적합성을 논하기에 앞서 어떤 일자리든지 이를 강제적으로라도 부여하고 복지-의존적 나태함에 물들지 않도록 근로정신을 지속적으로 일깨워야 한다는 입장이다. 반면, '인간자본개발'을 강조하는 측의 입장은, 빈곤은 단순한 소득이나 자산의 부족만이 아닌 심리적·신체적·사회적·경제적·문화적·영적인 영역에까지 관계되는 인간 존재에 대한 총체적인 결핍과 배제로부터 야기된 것임을 강조한다. 결국 해결책도 자명해진다. 신체 외관상 문제가 없다고 느껴지는 가난한 사람에게 단지 일을 부여한다고 그들이 가난으로부터 해방되길 기대하는 것은 손바닥으로 하늘을 가리고자 하는 것에 비유된다. 다양한 심성회복프로그램, 육아나 가족간병서비스 등의 지원, 초중등 자녀 방과후 교육서비스, 충분한 의료서비스, 직업기술훈련, 창업경영지도, 창업자금지원 등 종합적이고 포괄적인 사례관리가 필요하다는 것이다(노대명 외, 2005). 그래서 정책을 운용하는 입장에서 초기비용은 LFA 모델에 비해 더 들지라도 결국 장기적인 비용효과의 측면에서는 HCD 모델이 더 우수함을 강조한다. 신동면(2001)도 이안 고프(2002)의 이론에 따라 김종일(2000)과 거의 유사한 입장을 보인다. 급여 수급 조건으로 근로를 강제하는 좁은 의미의 근로연계복지(workfare) 모델과, 수급자의 직업능력을 배양하고 인적 자원을 개발하는 등의 빈곤계층의 개인적·집단적 임파워먼트(empowerment)를 형성하도록 지원할 것을 강조하는 활성화(activation) 모델의 두 이념형을 제시한다(이문국, 2002). 이와 같이 "LFA 혹은 좁은 의미의 workfare 모델"은 복지수급자의 조기 취업과 공공부조 체계로부터의 신속한 이탈을 강조하는 단기-성과 지향적인 것인 반면, "HCD 혹은 Activation 모델"은 복지수급자의 교육과 훈련을 강조하며 장기적이고 점진적인 인간개발 지향 모델로 평가된다.

이와 같은 'workfare'의 양면성은 노동행위 자체를 바라보는 철학적 관점의 차이에서도 기인하는 것으로 보인다. 본질적으로 노동은 사회적 의무의 측면과 권리의 측면이 공존한다. 사회적 의무를 강조하는 입장은 가장의 가족부양에 대한 책임을 강조하며 빈곤의 원인을 이러한 책임성을 망각하고 의무를 소홀히 한 것으로 간주한다. 그래서 강제노역이 정당화된다. 가족을 살려야 하고 사회질서를 유지·회복해야 한다는 것이다. 반면, 노동의 권리적 측면이 강조되는 입장은 그 권리를 박탈한 것도 사회이며 이를 회복시킬 의무도 사회에 있음을 강조한다. 그래서 일다운 일(decent job)에 종사할 수 있도록 사회가 포괄적이고 지속적인 지원을 수행하는 것은 지극히 당연하다는 입장을 취하게 된다. 나아가 이러한 괜찮은 일자리는 국가 혹은 유력자에 의해 시혜적으로 부여되는 것이 아닌 인간으로서의 권리성을 좀 더 강조하기 위해 빈곤계층이 더욱 강력히 조직화될 것을 강조하기도 한다.

사회의 주요 세력집단들이 이 중에서 오로지 어느 한 측면만을 취하고 다른 측면을 도외시하기엔 상당한 긴장이 존재하게 되고, 결국 적당한 수준에서 타협하는 형태로 변모하게 된다. 이러한 노동의 의무적 성격에서 권리적 성격으로의 투쟁과 타협의 지난한 변모과정은 해당 사회의 진화 수준을 반영하는 것으로 여겨진다.

아무튼 미국의 최근 흐름은 HCD 모델을 대단히 비효율적인 것으로 저평가하며 우리나라의 자활사업 참여 조건부수급제도와 유사한 TANF(1996)가 도입된 이후 LFA 모델이 급부상하고 있다. 그렇지만 LFA 모델의 효과는 대단히 단기적인 것으로 복지수급자들을 궁극적인 자활로 인도하지 못한다는 비판도 만만치 않게 존재한다(김종일, 2000). 즉, 메이어와 캔시안(Meyer & Cancian, 1996; 1998)은 탈수급 여성의 절반 이상이 탈수급 1년 후에도 여전히 빈곤한 상태에 머물고 있으며, 눈에 보이는 탈수급 및 고용 증대가 실제적으로 빈곤탈출 및 경제적 자립으로 이어지지 못한 것으로 주장했다. 제들류스키 등(Zedlewski et al., 1997)은 TANF 프로그램이 빈곤가구의 수를 오히려 13%나 늘렸다는 부정적인 주장을 한다. 또한 월드포겔 등(Waldfogel et al., 1997)에 의하면, 노동빈곤계층의 상태가 더 악화되는 것을 가정하면서, 이로 인해 극빈층의 비율이 54%까지 증대될 것이라는 극히 비관적인 주장을 펼치고 있다(이상록·진재문, 2003: 244-245에서 재인용).

그런데 일반적으로 미국의 복지수급자에 비해 노동능력이 현격히 떨어진다고 평가되는 우리나라의 조건부수급자에 대해, 우리의 자활사업은 지나치게 LFA 모델에 가까운 정책적 지향점을 가지고 있지는 않은가 하는 근본적인 성찰을 요구하는 주장이 지속적으로 제기되어 왔다. 안홍순(2002)은 조건부수급자들의 자활의지 고취 및 근로동기 유발을 위한 원칙의 수립, 조건부수급자의 욕구에 부합하는 프로그램의 개발, 지역사회 연대와 재정 가능성을 어떻게 제도화하는가에 자활의 성패가 달렸다고 주장하면서, 오히려 정부는 조건부수급자들이 이렇게 지역사회에서 자립할 수 있는 경제·사회적 환경을 조성하는 과제를 등한시하면서 자활사업 참여 의무만을 강조한다고 지적하고 있다. 이에 대해 현장 실무자들은 훨씬 과격한 양상으로 이의 부당성을 호소하고 있다. 또한 실무자의 입장에 비해 다소 약하게나마 연구자들도 이러한 입장에 동의하는 연구결과를 점점 생산하고 있다.

유태균 등(2003)은 2년간의 패널조사를 통해 자활사업에 참여하고 있으면서도 최저생계 유지를 위한 가구 총소득이 부족한 '경제적 고위험집단'에 대한 효과적 지원 전략으로서 자활사업 참여자의 교육, 가족기능 증진을 위한 다양한 지원, 그리고 요보호 가구를 위한 지원 등이 시급한 것으로 밝혀졌다. 결국 일만을 강조하여 탈빈곤이 가능한 것은 결코 아니라는 시사점을 발견할 수 있다. 이는 이상록·진재문(2003)의 연구에서도 밝혀졌다. 연구조사 대상자의 특징을 분석한 결과, 자활사업 참여자는 주로 건강수준이 열악하고 중장년이며 고용 및 자립에 적합한 근로능력이 대체로 결여되어 있고 경제적 자립을 위한 인적 자본 및 취업 경력도 극히 취약한 것으로 나타났다. 이로 인해 경제적 자립이 단기간에 용이하게 이루어지는 것은 불가능하며, 따라서 장기간에 걸친 인적 자본 능력의 제고 노력과 함께 자활사업이 병행될 것을 주장한다(이상록·진재문, 2003).

결국, 단기간의 성과에 집착하는 것은 근로빈곤계층의 확산과 함께 끊임없이 공공부조 체계로의 반복적 회귀를 양산하면서, 오히려 그들의 자활능력과 의지를 한없이 추락시킬 수 있다는 것이다. 무엇보다도 전 세계의 '생산적 복지' 동향을 살펴보면, 복지-친화적 지역사회(Welfare-friendly Community)가 만연된 사회나 국가일수록 '인간자본개발과 적극적 노동시장정책'을 추구하며, 그렇지 않은 천민자본주의적 지역사회가 만연된 국가일수록 '일 우선정책'을 선호하여 형식적인 완전고용에 가까운 저실업 상태에 자족하면서 근로빈곤계층을 대량 양산하고 있음을 알 수 있다.

3. 자활의 생육사: 자활 세상의 동상이몽, 적과의 동침?

앞 절에서 밝힌 것처럼 두 얼굴을 가진 자활사업은 최근 3~4년간 서로가 서로에 대해 못마땅한 채, 서로를 주시하며 오월동주(吳越同舟)의 상태에 있다. 이러한 경향성은 이미 그 출생 전부터 동반 잉태된 것이라고 해도 과언이 아니었다.

오늘날 우리 사회에서 자활사업과 사회적 기업의 논의가 생겨난 배경에는 1970년대 중반 '수도권특수선교위원회'의 출범과 함께 시작되어 비교적 30~40여 년간의 빈민선교 혹은 빈민운동의 역사적 전통과 함께 출발했다고 보는 것이 정설이다(신명호·김홍일, 2002; 김홍일, 2006)[1]. 당시에는 반독재 민주화 운동의 과정에서 부분적으로 시도한 협동공동체운동의 실패와 단절의 경험이었지만, 대안적 사회운동으로 협동조합운동을 실험적으로 시도했던 시기였던 것으로 새겨진다. 이러한 경향성은 1980년대에 이르러서도 마찬가지였다. 전면적인 체제변혁 운동의 과정에서 협동운동 혹은 공동체운동은 공상적이고 개량적인 운동으로 비판되었고, 논의의 중심에서 언제나 비껴나 있었다.

우리 사회에서 생산공동체 운동이 다시 본격적인 구심점으로 자리매김하기 시작한 것은 1990년대 초반으로 지적된다. 크게 보아 가난한 사람들의 생활공간과 노동현장에서 전개된 직접적인 실천방식의 양상과 진보적인 지식인들을 중심으로 노동자협동조합에 대한 본격적인 연구와 실험 양상으로 크게 대별된다. 먼저, 직접적인 실천방식으로 진행된 건설 및 봉제 생산공동체운동을 지적할 수 있다. 1990년대 초반 당시 소위 달동네인 도시빈민 밀집지역 거주자들의 노동 경험을 보면, 주로 남성은 건설노동자였으며 여성은 봉제노동자의 경험을 가진 사람들로 구성되어 있었다. 1991년 하월곡동에서 빈민선교에 전념하던 H 목사는 본인이 직접 새벽시장에서 일용직 건설노동자로 경험하면서 건설노동시장의 파행성에 주목하였고, 이에 건설일용노동자의 모임을 구성하고 공동체적 방식으로 개선하고자 "건축일꾼 두레"를 조직하였다. 1994년에는 대한성공회 봉천동 S 신부가 학부 시절 건축학과의 경험을 살려 교회 인근 건설노동자를 조직하여 나누고 섬기는 건설노동자공동체라는 의미를 지닌 "나섬건설"을 출범하였다. 당시 우리나라 도시빈민선교의 동지적 관계로

---

1) 형식적 틀은 상기의 두 글에서 인용했다고 표시했으나, 실질적인 내용은 10여 년 넘게 현장에서 지역
  활동가로, 자활실무자로, 자활연구자로 직간접 몸을 부대끼면서 보고 듣고 토론하고 고민하고 느낀
  다양한 경험 자료들을 문자로 정리했음을 밝힌다.

서로 밀접하게 교류하고 있던 두 사제는 양 조직을 합칠 것을 결의하였고 각 건설노동자공동체의 명칭을 하나씩 인용하여 "나레건설"을 법인 등록하였다. 이를 통해 건설시장의 왜곡된 건설 하청 구조를 개선하고 건설일용노동자의 기업 참여와 주인의식을 앙양하여 가난한 사람을 비난할 때 회자되던 속칭 '노가다문화'를 극복·지양하고자 노력하였으며, 가난한 사람들의 생산을 매개로 한 공동체가 도시빈민 밀집지역에서 가능함을 보여주고자 열정적으로 실천하였다. 하지만 제한된 자본 동원력, 건설 기술력 미비 등으로 오래 가지 못하고 문을 닫게 된다. 그렇지만 이후 자활사업과 사회적 기업으로 이어지는 중요한 하나의 노동자생산협동공동체의 실험적 출범이었다고 평가된다. 또한 1993년 대한성공회 상계동 K 신부는 지역의 봉제기술 일꾼들을 조직하고 봉제노동자협동조합인 "실과 바늘"을 출범하였다. 계속해서 1994년 인천에서 봉제협동조합인 "옷누리", 1995년 구로의 봉제노동자 협동조합인 "한백", 성동구 행당동의 "논골"로 이어지는 빈민지역운동이 거듭 생겨났다. 이들의 이러한 공동체운동적 경험 토대들은 그대로 자활사업으로 이어져 당시의 조합원들이나 성직자들은 현재의 국민기초생활보장제도 내 자활사업으로 제도화된 공간 내에서도 자활을 매개로 한 주요 공동체운동 지도자로 활동하고 있으며, 제반 자활사업 영역에서 전반적인 정책 밑그림이나 대안운동의 전망을 그리는 실천 지도자로, 유능한 현장 실무자로, 혹은 기술과 경험이 풍부한 자활공동체의 조합원으로 맹활약 중이다.

당시의 또 하나의 흐름인 진보적인 지식인들이 중심이 되어 노동자협동조합에 대해 본격적인 연구와 실험을 전개한 그룹이 있다. 이들은 스페인 몬드라곤에서의 노동자협동조합 복합체의 성공에 고무되어 이러한 경험을 우리 사회에 이식하고자 노력하였다[2]. 이들은 협동조합연구소를 설립하여 연구에 몰두하였고 노동자협동공동체들의 창업과 운영을 지원하고 실험하는 활동을 전개하였다. 1998년 IMF 사태 이후에는 경제 불황으로 인해 도산하는 기업들을 노동자들이 직접 인수하여 노동자협동조합으로 전환하는 작업을 지도하고 지원하는 역할을 수행하였다.

1990년대 중반 전후 상기와 같은 지역 현장에서의 실천운동과 진보적 지식인 그룹의 활동과정에서 K 신부와 S 신부가 중심이 되어 빈민 지역사회조직과 생산공동체 운동을 매개로 한 새로운 탈빈곤 모델을 정부에 제시하였고 이것이 받아들여져 1996년 전국에 5개의 시범 자활지원센터가 도시빈민 밀집지역에 설치되기에 이른

---

2) 김성오 역, 『몬드라곤에서 배우자』, 나라사랑, 1992; 김성오·김규태 공역(1993), 『일하는 사람들의 기업』, 나라사랑, 1993.

다. 당시 자활지원센터의 참여주체들은 생산공동체 활동가들의 최소한의 활동 및 생계비 문제를 해결하게 됨으로써 지속 가능한 활동 전망을 획득하였고, 또한 생산공동체 초기 창업비용을 생업자 금융자로 해결하게 되어 다소간 활기를 띠는 양상을 보였다. 하지만 소위 정부 보조금의 지원으로 인해 공동체를 지향하는 운동성을 상실하고 단순히 정부를 대신하여 가난한 사람에게 일거리를 공급하는 업체 정도로 전락하지 않을까 하는 본격적인 두려움도 잉태되었고 이에 대해 비판적인 입장을 견지하는 일부 빈민운동 진영도 본격적으로 파생하기 시작한 시점으로 지적된다. 아이러니하게도 이 그룹들도 21세기를 접어들면서 자활지원사업이 자활후견기관의 형태로 전 국가적 사업으로 확장되는 과정에서 실업극복 운동단체들과 함께 대다수가 참여하는 과정을 거친다.

아무튼 1990년대 중후반 당시 자활지원센터 활동가들은 업종 선택의 문제로 고심을 거듭하였다. 그 와중에 노동자협동조합의 경우 외국에서도 경쟁력 있는 업종으로 검증된 서비스 업종을 검토하던 중 중고령 실업자들로 출발하여 청소용역 및 빌딩관리 협동조합으로 성장한 일본의 중고령 노동자협동조합의 사례를 확인한다. 이에 대한 이해 정도를 높이기 위해 5개 센터의 실무자들과 복지부 담당 공무원들이 일본 노동자협동조합연합회를 방문하고 돌아온 후, 핵심사업으로 청소용역사업을 본격적으로 준비하고 출범한다. 이러한 연장선상에서 청소용역협동조합으로 노원자활지원센터에서 "늘푸른 환경"을, 연이어 관악자활지원센터에서 "푸른 환경"을 출범한다. 관악자활지원센터의 "푸른 환경"은 서울시 발주 남산터널공사를 수주하여 관악구 난곡과 봉천동 재개발 지역 세입자대책위원회 소속 다수의 철거주민들이 가구 소득을 올리고 노동자협동조합 "푸른 환경"의 자본 축적을 도모하는 성과를 거둔다. 하지만 자활지원센터에서 진행된 생산공동체 운동은 과거에 비해 안정된 실무자 확보와 초기 창업자금 획득의 유리한 입지조건을 얻었지만 여전히 빈곤계층의 열악한 경영능력, 기술 수준, 마케팅 능력, 재원확보 미비로 인해 소수의 사업장을 제외하고는 빈민 밀집지역에서의 생산공동체운동의 가능성에 대해 심각한 고민에 점점 빠지고 있었다.

그런데 1997년 외환위기사태는 생산공동체운동에 또 다른 전환점이 된다. 보기 드문 대량실업사태를 맞이하였고 많은 실업자 가정이 해체되고 본인 혹은 가족 전체가 노숙상태로 전락하는 등 가족 및 지역해체를 경험하였다. 국가는 직접 관리한 공공근로의 문제점이 부각되자, 이에 대한 타개책으로 공공근로 민간위탁사업을 본격적으로 전개하였고 수많은 실업운동단체들이 생산공동체 운동에 참여하게 되는 계기를 맞는다. 이 단체들이 담당한 공공근로 참여자들은 경기회복 이후에도 쉽사리 경쟁적 노동시장에로 진입이 용이치 않은 취약계층이라는 사실을 공유하였고, 이들에게 적합한 새로운 형태의 '사회적 일자리'가 필요함을 인식하였다. 1998~1999년에 걸쳐 이들 민간 실업운동 단체들은 무료간병인사업, 숲가꾸기사업, 남은음식물재활용사업, 폐자원재활용사업 등의 사회적 일자리를 개발하였고, 이후 정부를 상대로 본격적으로 사회취약 계층에 대한 사회안전망의 강화와 함께 사회적 일자리 창출을 주장하는 요구 투쟁을 전개하였다. 이러한 과정에서 국민기초생활보장제도가 시행되고 수급자 선정에 인구학적 연령 기준이 없어지자 노동 가능한 빈민에 대한 복지병 우려가 보수언론을 중심으로 급물살을 타기 시작하다가 의무적으로 자활사업에 참여할 것을 조건부과하는 방향으로 복지이데올로기 좌우파간에 상호 타협을 모색한다. 2000년 10월 국민기초생활보장법의 시행에 따라 당시 20개소이던 자활지원센터는 자활후견기관으로 그 명칭이 변경되었고 마침내 전국 시군구에 적어도 일 개소를 배치하는 상황을 맞이하였다. 그래서 자활사업의 주요 참여자 집단은 장기실업자나 차상위 도시빈민 중심에서 공공부조 수급자인 조건부수급자로 급격히 이동하여 갔으며, 오로지 자활후견기관의 목표는 이들 공공부조 수급자를 최저생계 이상의 수준으로 강제 자립케 하는 다소 사회통제적 기제를 수행하는 관제 기구로 탈바꿈해 갔다. 여기에서 본격적으로 협동운동 혹은 공동체운동을 기조로 대안적 사회경제운동을 지향하는 자활운동 그룹과 자활정책 목표의 가시적 달성에만 더 많은 관심을 가지는 정치집단 및 관료집단과의 알력이 첨예화되기 시작한다. 어쩌면 적과의 동상이몽에서 마침내 환상을 깨고 양자간의 헤게모니 쟁취 다툼이 본격화되는 필연적인 과정으로 여겨졌다.

하지만 근자에 이르러 우리 사회는 저출산·고령화가 심화되는 상태에서 고용 없는 성장이 지속되었고 이에 대한 사회적 준비가 본격적으로 요청되기에 이른다. 그해법으로 유럽 등지의 '사회적 기업'에 좀 더 관심을 집중하기 시작하였고, 마침내 관료집단과 현장과의 집단 간 갈등을 일단 접고 '사회적 일자리'와 '사회적 기업'을 통해 사회적 가치가 함축된 많은 신규 일자리를 창출하고 다양한 사회문제의 해결을 적극적으로 함께 모색하는 새로운 동거체제로 진입하고 있다. 특히, 자활공동체의 성장 전망 부재에 고민하던 현장실무자들에게 사회적 기업 전략의 선택은 자활제도권 영역 내에서 상호 공존할 수 있는 새로운 필연적 전망으로 부각되기 시작했으며, 이의 사회적 시스템 구축을 위해 정치권과 기타 정부관계 부처를 동시에 설득하는 노력을 가속하고 있다. 그래서 기존에 복지부와 노동부에 제한적이었던 사회적 일자리 사업은 환경부, 교육부, 여성부, 산림청 등 전체 공공 관계부처로 계속 확대되는 추세이며 이에 대한 통합적 관리와 접근을 위해 기획예산처에서는 '사회서비스향상기획단'을 발족하는 시점에 이르고 있다.

4. 사회적 기업의 전략적 선택과 관련 언어 따라잡기: 머리는 구름 위에·양팔은 깃발을두 발은 대지에 딛고 우리가 꿈꾸는 생활세계 만들기

(1) 사회적 기업 관련 언어 따라잡기

① 정부 부처의 견해

정부 각 부처에서 인식하고 있는 사회서비스, 사회적 일자리 및 사회적 기업 등에 대한 인식 정도는 어떠한가? 이는 뒤집어 이야기하면 우리 진영에서 얼마나 상대를 설득했는가를 반영하는 지표라고 지적할 수 있다.

먼저, 사회적 일자리 관련 총괄기획을 담당하는 기획예산처의 견해에 따르면(기획예산처, 2006), 사회서비스 확충의 필요성으로, 첫째 치매·중풍 환자의 발생으로 인한 수발 부담과 고통, 둘째 영유아가 50% 이상(특히, 취약계층에 집중) 보육서비스에서 소외되고 있는 현실, 셋째 저소득층 자녀의 방과 후 아동서비스, 넷째 퇴근 후 직장인들의 문화적 욕구 충족을 위한 다양한 문화시설의 야간개장을 제안한다. 즉, 저출산·고령화 사회에 대한 국가적 차원의 대비를 의식하고 있으며 중산층을 포괄하는 보편적 사회서비스의 공여에 대한 국가 책임성을 인지하기 시작했다고 볼 수 있다. 계속해서, 사회서비스란 개인·사회 전체의 복지 증진 및 삶의 질 향상을 위해 사회적으로 제공하는 서비스이며, 그 유형과 범위로 대별하여 삶의 질 향상 관련서비스와 공공서비스로 나눈다. 삶의 질 향상 관련서비스로는 보육 및 보호 중심의 사회복지서비스, 간병·간호 등의 보건의료서비스, 방과후 활동 및 특수교육 등의 교육서비스, 도서관·박물관 운영 등의 문화·예술서비스를 들고 있으며, 공공재로는 일반 행정, 환경, 안전 등을 지적한다. 또한 2005년 기준 약 90만 사회서비스 일자리가 미충족 상태로 있으며 사회서비스 고용 비중도 국제비교를 통해 대단히 저조함을 지적한다. 이는 고용 없는 성장의 시대에 향후 국민들의 삶의 질을 향상시키면서 일자리를 제공할 수 있는 유일한 대안이 사회서비스 일자리임을 국가가 동의한 것이다. 이러한 필요성의 공유에 따라 마련한 대안으로 구매력 보전을 위한 소득보장 정책과 함께 '사회적 기업'을 육성하겠다는 입장을 명시하고 있다. 이를 제도적으로 뒷받침하기 위해 부처 합동 T/F인 "사회서비스향상기획단"을 2006년 7월에 설치하고 관계부처, 지자체, 시민단체가 힘을 합쳐 국민 편의를 도모할 것을 강조한다.

사회복지서비스에 대한 주무 부서인 보건복지부는 '사회투자국가'의 전망을 제안한다(보건복지부, 2006). 첫째, 사회서비스 시장 형성을 도모하여 좋은 일자리를 창출하고, 둘째 사전적 예방적 투자로 사회서비스를 확충하여 개개인의 능력 함양 및 기회를 보장하며, 셋째 사회서비스의 품질을 높여 국민들의 삶의 질을 향상시킴으로써 사회투자국가로의 전환을 통해 더 나은 미래를 구현하겠다고 야심차게 제안한다.

다음으로 일자리 주무 부서인 노동부는 사회서비스 부문의 일자리가 세 가지 영역에서 창출된다고 주장한다. 첫째, 시장원리에 따른 민간부문, 둘째 재정의 투여를 통한 공공부문의 직접 고용, 셋째 제3섹터를 활용한 사회적 기업을 통해 창출된다고 지적한다. 그런데 민간부문은 수익성이 낮아 충분한 공급이 어렵고, 공공부문에서는 재정 규모 확대의 한계로 인해 외국 사례를 긍정적으로 수용한 제3섹터 방식의 사회적 기업을 통해 사회서비스를 제공하여 일자리를 창출할 것을 제언한다.

마지막으로 청와대 사람입국일자리위원회가 제시하는 사회적 서비스 일자리는 <표 3-1>과 같다(사람입국일자리위원회, 2006). <표 3-1>에 따르면, 사회서비스업은 한국표준산업분류상 N, O, P 전체와 R, Q, S, M의 일부가 포함되며, 사회서비스 일자리란 표준산업분류상 사회서비스업의 일자리를 말한다.

<표 3-1>과 같이 정부 각 부처의 견해들을 간략히 정리하여 보면, 국민들의 삶의 질 향상을 위해서는 무엇보다도 다양한 양질의 사회서비스가 대단히 많이 필요하며, 이 사회서비스는 향후 괜찮은 일자리(decent job)로 유일하게 전망 있는 영역이며 이 일자리는 제3섹터를 적극 활용한 사회적 기업 창출을 통해 사회서비스를 제공할 것을 계획하는 것으로 정리된다.

〈표 3-1〉 사회서비스 일자리 분류

표준산업 분류	사회서비스 해당 직종(예시)		
N. 공공행정, 국방 및 사회보장 행정	사법 및 공공질서 행정(법원, 검찰, 교도기관, 경찰, 소방 등), 사회보장 행정 등	·서비스업 분류상 사회 서비스	사회서비스 일자리
O. 교육서비스업	교육기관(유아·초중등·고등), 특수학교, 직업훈련		
P. 보건 및 사회복지사업	의료(병원, 의원 등), 복지시설(노인, 아동 등)		
R. 기타 공공, 수리, 개인서비스업	하수·폐기물 처리, 개인 간병인 등	·일부 포함	
Q. 오락·문화·운동서비스	도서관, 박물관, 사적지, 식물원, 동물원 등		
S. 가사서비스업	가사도우미(가정탁아, 세탁부 등)		
M. 사업서비스업	고용알선, 경비, 사업장 청소, 사무지원 등		

* 사람입국일자리위원회, 2006.

결국, 정부에서 인식하고 있는 "사회적 일자리"란 제3섹터인 '사회적 기업'에서 사회서비스를 공급하면서 생겨나는 일자리를 의미한다. 역으로 '사회적 기업'이란 제3섹터에 머물면서 사회서비스 일자리를 창출하는 기업체를 의미한다. 이는 보어자가(Borzaga)의 '사회적 기업' 유형 정의에 따른다면(C. Borzaga & A. Santuari ed., 1998)[3], 정부 부처에서 사회적 기업을 바라보는 상은 오로지 사회서비스를 제공하는 B 유형 혹은 근로 취약계층을 고용하여(A 유형) 시민들에게 양질의 사회서비스(B 유형)를 제공하는 기업(A + B 유형)을 사회적 기업으로 인식하고 있음을 알 수 있다. 제조업 등의 일자리 제공 자체가 목적인 취약계층만으로 구성된 노동통합기업(A 유형)은 사회적 기업에서 제외하고 있음을 알 수 있다. 자칫, 빵을 만들어 팔기 위해 고용하는 것이 아니라 고용하기 위해 빵을 만들어 파는 기업(정선희, 2004)이 인증에서 제외될 가능성이 우려된다.

---

3) 유럽에는 두 가지 유형의 사회적 기업이 있다. 첫째, a 유형은 비사회적(non-social) 재화와 서비스를 생산함에 있어 일반 노동자와 사회적 불리집단을 혼합 고용하여, 불이익집단의 노동통합(work integration)을 도모하는 것이 주요 목적인 기업이다. 둘째, b 유형은 특정 지역사회나 주민집단(group of people)을 위해 사회서비스를 생산하고 공급하는 것이 주목적인 기업을 말한다(p. 76).

이를 달리 표현하자면, 사회적 기업 활동가들이 "사회적 기업이란 장애인이나 장기실업자 등 근로취약계층 중심으로 고용된, 국민의 삶의 질 향상에 도움이 되는 각종 사회서비스를 생산하는 업체"인 것으로 정부 관계자를 설득하는 것이 가장 첩경이었음을 반증하는 것이라 여겨진다.

② 시민사회단체의 견해

상기에서 검토한 바와 같이, 정부의 사회적 일자리와 사회적 서비스 등에 관한 논의에서는 이들(software)을 담보하는 그릇(hardware)으로서의 실용적이면서 기능적인 관점에서 사회적 기업을 정의하고 있으며, 단지 사회적 기업의 위상을 제3섹터라고 하는 상위 영역에 설정하면서 그 존재의 가능성과 필요성 정도만을 개방하고 있다. 이에 반해 시민사회단체에서 사회적 일자리와 사회적 기업을 논할 때는 반드시 '사회적 경제', '대안적 경제', '연대의 경제' 혹은 '다른 경제' 등 무언가 기존 질서의 부당함을 알리고 새로운 세상을 열망하는 연역적 상위 개념을 전제하고 출발한다(경기광역자활지원센터, 2006; 김신양 편역, 2005; 한상진 외 편저, 2005; 자활정보센터, 2001). 이러한 차이는 무엇을 의미하는 것일까? 바로 여기에 필자가 앞선 절에서 밝혔던 동상이몽, 적과의 동침, 혹은 오월동주라는 부단히 우화적 표현으로 소단원의 제목을 설정했던 이유와 맥을 같이 한다. 즉, 분명히 각 정부 부처에서 제시하고 있는 사회적 기업의 기능적 필요성에도 명백히 동의하지만, 사회적 기업이라는 전략적 선택에는 대단히 선험적·규범적·철학적이며 흔히 시민사회단체에서 운동적 관점이라고 암묵적으로 표현하는 가치 지향적 입장이 명백히 작동하고 있음을 반영한다. 이에 관한 상술은 이하 세부 단락을 달리하여 제시할 것이다. 다만 본 단락에서는 자활후견기관협회 소속 실무자의 사회적 기업에 관한 입장 표명을 인용하는 것으로 시민사회단체와 자활사업 현장의 입장을 거칠게나마 대변하는 것으로 간주하고자 한다. 동시에 왜 자활공동체에서 새로운 자활 전망으로 사회적 기업을 현장에서 의도하는지가 밝혀진다.

"…… '사회적 기업'은 각 나라에서 나타난 새로운 '대안적인 생산조직'을 통칭하는 말입니다……그런데 '자활공동체'라는 이름보다 '사회적 기업'이라는 이름을 쓰고자 하는 이유는, '자활공동체'가 제도화 과정에서 추구하는 '가치'를 드러내지 못해 퇴색했고 '형식(껍데기)'만 남게 되어, 많은 자활공동체가 일반 공동창업체와 다름없어졌기 때문입니다. 현재 진행되고 있는 '사회적 기업'을 둘러싼 토론은 자활공동체가 추구해 온 '생산·나눔·협동'의 가치를 계승 발전시키고……"(정선희, 2005: 234-235)

그래서 이하의 단락에서는 자활공동체가 추구했고 실패했던 그 가치가 도대체 무엇이며, 사회적 기업을 통해 무엇을 어떻게 작동시키고, 왜 그 가치를 실현하려는가를 밝히고자 노력할 것이다.

(2) 사회적 기업의 고유한 원칙과 기준: 사회적 기업은 무엇을 지향하는가?

① 사회적 기업의 일반 원칙

여기서는 다른 일반적인 경영조직과 구분되는 사회적 기업만의 고유한 원칙들을 조망함으로써(한상진 외 편저, 2005: 33-40), 이 원칙들을 현재의 사회 속에서 실천하려는 의지를 가진 집단은 어떤 전략적 기획 의도를 담고 있는지를 가시화할 것이다.

－ 사회적 목표

첫 번째 특징은 사회적 기업들의 존재이유 또는 적어도 존재이유의 상당 부분이 사회적 목표 추구에 있다는 것이다. 이러한 사회적 목표의 구체적인 형태로는 사업적 성과보다는 고용 중심의 경영, 친환경사업 지향, 혹은 다양한 휴먼서비스 등의 모습으로 나타난다.

－ 활동가들의 헌신

두 번째 특징은 핵심적인 활동가들이 특별한 지향과 가치에 대해 헌신을 갖는다는 것이다. 이는 사람들이 환경운동, 여성운동, 노동운동 등에 투신할 때 지니는 사명과 비슷한 것이다.

이러한 헌신은 경영적·행정적 논리와 쉽사리 뒤섞이지 않는다고 한다. 왜냐하면 효과에 대한 도구적인 계산은 핵심적인 원칙이나 헌신이 관련된 곳에서는 별로 도움이 되지 않기 때문이다.

- 복잡한 지배구조

사회적 기업의 세 번째 특징은 기업 행위를 통해 직접민주주의를 실천하는 복잡한 지배구조이다. 이는 조직에 대한 중첩적인 책임성을 반영하며, 기업 성공과 관련해 모든 참여 주체들이 적절한 위치를 점할 수 있도록 배치하고자 하는 열망에서 비롯된 것이다. 따라서 상근 실무자, 자원봉사자, 서비스 이용자, 조합원, 주요 기금제공자, 그리고 조직적 관점이 모두 고려되어야 한다.

- 혼합된 자원동원

사회적 기업의 네 번째 특징은 서비스 비용을 조달하기 위해 시장 또는 준시장에서 파생된 상업 자원, 서비스 전달에 대한 계약 등과 같은 공공자원이나 보조금, 시민 기부금과 같은 자발적 자원 등 다양한 자원이 혼합적으로 동원된다. 이것은 다양한 목적과 논리를 충족시키기 위해 영리-비영리의 상호 모순적인 복잡 회계시스템을 가동 중임을 역설적으로 의미하며, 이로 인해 조직 내부 운영에 많은 난점을 제기하기도 한다.

- 시장과 제도라는 두 환경에의 동시적 적응

사회적 기업의 다섯 번째 특징은 상업적 환경과 제도적 환경이라는 두 가지 서로다른 환경 모두에서 성공적이어야 한다는 것이다. 제도적 환경은 사회적 기업이 제도적 관리와 감독 하에 작동되어야 함을 의미한다. 투명한 회계정리와 근로기준법 등 일반 민간업체도 제도적 환경의 통제를 받는다. 하지만 사회적 기업은 감독, 규제, 점검, 평가, 감사 등의 훨씬 광범위한 요구를 받게 되며, 이들은 시장에서의 성패보다 더 중요하게 다루어지기도 한다.

이 특징은 사회적 기업에 있어 만만치 않은 도전적 과제이다. 왜냐하면 외부 평판을 유지하기 위해 관리자들은 수치와 보고서 작성에 전념할 것이며, 이로 인해 조직의 진정한 사명과 서비스를 희생시킬 수도 있기 때문이다.

- 파트너십과 협력

사회적 기업의 마지막 특징은 기업, 각종 정부기구, 여타 사회적 기업들과 파트너십 및 동반자적 협력관계를 통해 작동한다는 것이다. 이는 다양한 영역에서 재원마련을 위한 주요한 수단이 되기도 하고, 또는 현대의 사회문제는 대단히 복잡하고 중첩적이기 때문에 특정 영역의 개입만으로 원활한 문제해결을 도모할 수 없음을 반영한 것이기도 하다.

② 사회적 기업의 평가 기준

상기의 6가지 일반 원칙을 토대로 특정 조직체를 사회적 기업으로 인증할 수 있는 6가지 평가 기준은 다음과 같다(한상진 외 편저, 2005: 143-147). 또한 아래의 6가지 평가 기준은 "(가칭)사회적 기업 지원에 관한 법"에 그대로 반영되어야만 하는 것들이다.

　

- 사회적 목표(social purpose)
○ 해당 기업은 가장 우선적인 적용 기준인 사회적 목적을 가지고 있는가?
○ 기업의 사회적·환경적 목표는 무엇인가?
○ 이러한 목표들이 적절하게 정관에 반영되어 있는가?

　

- 거래(trading)
○ 기업은 상거래에 참여하고 있는가?

이 기준은 일반 비영리단체와의 차이를 가름하는 사회적 기업만의 독특한 기준일 것이다. 여기에서 거래수입의 한계비율이 중요하게 다루어진다. 한계비율은 50%가 적당하다는 것이 통례이다. 사회적 회사 운동(social firm movement)에서 제시하는 일반적인 기준으로 진정한 사회적 회사는 a) 최소한 25% 이상의 노동자를 장애 등으로 인해 고용에 취약한 계층을 우선 고용해야 하며 b) 적어도 수입의 50% 이상은 상거래를 통해 발생해야 한다고 규정하고 있다.

- 사적 이윤 형태의 배당 제한(no distribution for private profit)
○ 정관에 사적 이익을 위해 회원에게 이윤을 배당하는 행위를 금지하는 규정이 있는가?
○ 이윤에 대해 재투자, 지역공동체 편익, 노동자 배당금을 위해 남겨두어야 할 상·하한 기준이 분명하게 제시되었는가?

- 공동소유(common ownership)

○ 정관에 출자된 자본(부동산과 동산)은 지역공동체(community)를 위해 기탁된 것이며, 사적 이해관계를 위해 매각하지 않는다는 규정이 있는가?

사회적 기업을 청산하고자 할 때, 그 자산들을 어떻게 처리할 것인가에 관한 명확한 청산절차와 기준이 제시되어야 한다. 그 조항들은 지역사회나 사회적 취약계층에게 돌아갈 수 있도록 기업 재산에 대한 공동소유의 원칙이 철저히 정립되어야 한다.

- 민주적 구조(democratic structure)

○ 정관에 관련 주체들이 회원으로 참여하고 이사회나 운영위원회의 다수를 선출할 수 있도록 민주적 절차 구조를 규정한 조항이 있는가?

구성원의 참여와 민주적 절차는 이론으로 존재하는 것이 아니라 현실적으로 작동하는지 모니터링하기 위한 구체적인 시스템 마련이 필요하다.

- 사회적 책임성(accountability)[4]

○ 정관에 정기적으로 사회적 감사를 받아야 한다는 별도의 조항이 있는가?

○ 기업은 사회적·환경적 성과와 영향을 반영한 회계보고를 정기적으로 시행하고 있는가?

○ 이러한 회계내용에 대해 별도의 독립 감사 주체가 그 내용의 진실성 여부를 검증하고 있는가?

③ 사회적 기업의 원칙과 기준에 대한 비판적 검토

이상에서 밝힌 사회적 기업의 원칙과 평가기준을 통해 확인할 수 있는 것들로는 '만인에 의한 만인의 적'이라는 토마스 홉스(Thomas Hobbes)식 살벌한 생존 경쟁의 정글에서 벗어나 더불어 나누고 상생하는 새로운 세상을 만들기 위한 사회적 목표를 수립하고 이를 반드시 실현할 것을 정관에 명시적으로 선언한다. 이를 달성하기 위해 활동가로서의 헌신과 투신이 강조되며, 노동과 기업적 거래 활동이 곧 직접민

---

4) 이러한 사회적 책임성을 준수하기 위해 사회적 기업지원센터에서 감사를 시행한 「사회적 기업 (주)컴윈 조직진단보고서」(2005. 7)를 참조하라.

주주의 훈련의 장 역할을 수행하도록 구성원 개개인의 민주적 절차와 참여를 보증하는 복잡한 지배구조를 채택하였다. 그리고 사회적 기업이 시장경쟁에서 살아남기 위해 공공, 민간, 자원봉사 영역 모두와 긴밀한 파트너십과 동반자 관계를 구축함으로써 나눔의 네트워크를 사회에 일상화하며, 좀 더 성숙한 품성5)을 바탕으로 사회적 책임과 임무를 다하는 모습을 보임으로써 사회의 보편 도덕 수준을 고양시키고자 하는 세부적인 실행 절차의 마련 등 공동체 가치 지향적 원칙과 기준들로 인지된다6).

(2) 전략적 선택으로서의 사회적 기업

다소 우회하였지만 이제부터는 지난 30년 동안 빈민선교나 빈민운동, 실업운동, 주민운동, 기타 다양한 지역운동 등을 실천해 온 우리 사회의 공동체 지향적 활동가 그룹들이 노동자협동조합운동, 자활지원운동 등을 거쳐 왜 사회적 기업 운동으로 그 운동적 물길을 잡았는가 하는가를 좀 더 구체적으로 논해야 할 시점에 도달한 것 같다7).

이들은 신자유주의적 효율성과 생존을 위한 도구적 수단만이 강조되는 현재의 사회에서 공동체 세상을 만들기 위해 자본주의 속에서 자본주의와 친숙한 방식으로 생존하되, 오로지 시장적 가치만이 아닌 소중한 사회적 목표가 반영된 방식이 있음

---

5) 이러한 성숙된 품성에 대한 요청은 사회적 기업 활동가 양성학교 커리큘럼에도 다음과 같이 반영되었다. 이를 간략히 요약하면, 첫째 실수를 두려워하지 않으며, 둘째 긍정적 사회변화 지도자이며, 셋째 사업가적 정신과 사회적 관심의 균형과 통합을 이루려고 노력하며, 넷째 지역공동체 형성에 전념하며, 다섯째 이상과 현실의 갭을 창조적으로 해결하며, 여섯째 하찮게 보이는 것들에 대해서도 근본적인 질문과 함께 새로운 가치를 부여하고, 일곱째 다양한 선량한 세력집단과 광범위한 연대를 모색하는 자세를 가진 사람일 것을 사회적 기업 활동가들에게 지도한다(경기광역자활지원센터, 2006: 74-75).

6) 때로는 이러한 엄격한 사회적 기업의 원칙과 기준으로 인해 "사회적" 목표보다는 시장경쟁에서 "기업"으로서 생존하는 데 많은 어려움을 겪는 요인이 되기도 한다.

7) 거대담론으로서의 이론적인 관점과는 별도로 진행되어 온 다음과 같은 미시적인 현실 고민과 요청도 적지 않았다. 첫째, '자활공동체'라는 개념은 '부가가치세법상 2인 이상 사업자'라는 불필요한 설립 요건을 두고 있었다. 둘째, '공동체'라는 추상적 개념을 사용함으로써 기업경영 방식 및 지배구조의 다양성을 제약하는 측면이 많았다. 셋째, 자활공동체에 대한 세제 및 사회보험 감면 등과 같은 제도적 지원이 부재했다(자활정보센터, 2006). 넷째, 현재 등장하고 있는 다양한 자활공동체라는 이름의 사업체들은 더 이상 그 이름을 유지하기 어려운 실질적 사례들이 빈번해졌다(엄형식. 2003; 이문국, 2004).

을 현실세계 속에서 입증하고자 한다. 그래서 이하에선 어렴풋이 이들이 꿈꾸고 있을 것으로 여겨지는 그 새로운 사회-경제 시스템을 이론적으로 설명하고자 한다.

칼 폴라니는 경제 영역을 실질경제(substantial economy)와 형식경제(formalist economy)로 양분한다. 형식경제란 시장만이 합리적 선택을 도모하는 장소로 간주하는 것이다. 그리고 실질경제란 사람의 살림살이 또는 생계를 위한 물질적 욕구 충족이며, 고전경제학자들은 이를 경제의 기본문제로 다룬다. 그런데 이 두 경제영역을 혼동함으로써 어느 순간 자기 조절하는 시장경제만이 물질적 풍요를 초래한다고 오인했음을 폴라니는 강하게 비판한다. 그에 따르면, 시장경제란 역사적으로 가장 뒤늦게 탄생한 예외적 현상이며, 물질적 충족방식은 세 가지 상이한 교환방식을 통해 이루어졌음을 증명하였다. 이를 통해 전통적 시장은 사회에 포섭되어 있었으며 자기 조절적이지 못했음을 지적했다(김신양, 2005). 이처럼, 우리의 빈민운동 역사와 시기가 일치하는 약 30여 년 전부터 국가/시장 부문과 다른 제3의 영역에 대한 존재를 요구하며 '다른 경제'를 권장하는 운동이 다시 부각되고 있다. 이 경제는 크게 사회적 경제, 대안적 경제, 연대의 경제라는 세 가지 흐름으로 나타났다[8].

먼저, '사회적 경제'는 19세기 협동조합운동을 그 기점으로 삼고 있으며 1970년대에 이르러 복지국가의 위기 국면 이후에 새로이 주목받기 시작했다. 1989년 유럽경제공동체(EEC)는 "협동조합, 공제조합, 시민사회단체(association) 등이 사회적 경제라는 용어로 지칭되며 시장뿐만 아니라 비시장적 재화와 용역을 생산하는 경제영역에도 속하는 것"으로 정의했다.

다음으로 '대안적 경제'는 2차대전 이후 시작되어 68혁명을 거치면서 비약적인 확산 양상을 보였다. 프루동과 푸리에의 무정부주의적 노조운동, 공동체적 나눔의 삶을 복원하고자 실천하는 좌파 기독교운동, 반문화로 상징되는 미국 히피문화, 중국문화혁명에 대한 유럽 방식의 이해로 파생된 경향성 등 크게 네 가지 흐름으로 분화된다. 이 대안적 경제 운동은 하나의 경제 부문이라기보다는 새로운 사고방식

---

[8] 알렝 까이에(Alain Caillé)는 이들에 대해 '다른 경제(L'Alter-économie)'라는 다소 총체적인 명칭을 부여한다. 그는 수용 가능한 대안 경제 중 설득력 있는 것들로 비공식 경제, 제3섹터, 연대의 경제 3가지를 제시한다. 첫 번째인 비공식 경제는 그 실체가 너무 불명확하고 두 번째인 제3섹터는 영미식 비영리조직(NGO/NPO)의 개발에 희망을 두지만 제3섹터가 너무 개인주의에 기반하고 대안적 경제를 지나치게 협소한 영역으로 국한하며 대안적 경제가 가지는 정치적 의미보다는 자선적 의미에 비중을 둔다고 비판한다. 제3섹터로는 시장경제의 지배에 대한 진정한 대안이 될 수 없다는 것이다. 그래서 세계화 운동에 저항하는 '다른 세계화' 운동가들의 희망은 오늘날 '연대의 경제'라는 전망에 집중한다고 지적한다(김신양, 2005: 14-15).

및 사회조직 양식의 실험의 장으로 간주한다. 즉, 여기에서 '대안적'이라 함은 "경제-비경제, 화폐-비화폐, 임금노동-비임금노동 간의 새로운 관계에 대한 사고양식"을 포괄한다.

세 번째로 '연대의 경제'는 복지국가에 의한 사회적 조절방식이 그리 효과적이지 못함을 지적하면서 본격적으로 조직된다. 이러한 연대의 경제가 등장한 배경에는 광범위한 형태의 사회적 배제와 전통적 방식의 사회적 경제의 실패에 기인하였다. 1980년대 들어 실업 및 불안정 취업의 가속화, 복지국가의 후퇴로 인해 연대의 경제는 '경제활동을 통한 사회통합'의 도구로 활용되기 시작했고 지역정책의 주요 아젠다로 부각되었다. 하지만 명칭이 암시하는 것처럼 '연대의 경제'는 일개 프로그램적 성격으로서의 자활지원정책이나 지역개발의 차원을 넘어, 자유주의의 절대적 경제 법칙인 '보이지 않는 손'으로 인해 사라져버린 중요한 쟁점들, 즉 "무엇을·어떻게·누구를 위해·어떤 목적을 가지고 생산할 것인가" 하는 좀 더 근본적이고 정치적인 측면으로의 복원을 지향했다. 그래서 연대의 경제는 경제시스템이 아닌, 오히려 경제적 효과를 창출하는 정치시스템이라고 주장하는 것이다. 결국, 자신들이 열망하는 민주주의의 형태에 관하여 좀 더 근본적인 질문을 던진 것을 요구한다.

지금까지 약간 길게 이론적인 논의를 진행해 왔지만, 이들은 이전에서 밝힌 것처럼 우리 사회에서 사회적 기업을 논의할 때 항상 전제되는 밑그림들임을 강조하는 바이다. 이러한 측면들은 결국 사회적 기업을 통해 달성하려는 새로운 사회양식을 어렴풋이 그리고 있음을 미약하게나마 반증하는 것이다. 다만, 서구사회와 같이 좀 더 명료한 개념으로 우리에게 다가오지 못하고 상당 부분 혼합되고 뒤엉킨 형태로 혼란스럽게 우리들 주변을 배회하고 있을 따름이다. 아무튼 사회적 기업은 그 자체가 목적이 아니다. 오히려 그 무언가의 신세계를 꾸며가는 전략적 선택이자 전술적 도구, 혹은 "아름다운 기획" 그 자체임을 알리는 정도에서 논의를 머물고자 한다.

5. 여운 남기기

이상과 같이 필자는 우리 사회에서 사회적 기업 활성화 운동과 전략에 대해 현실성이 있으면서도 대단히 아름다운 기획으로 칭송했다. 하지만 우리는 자율적인 도시

빈민 지원조직체와 사회적 협동조합의 위상에서 자활후견기관으로의 제도화와 왜곡된 자활공동체로 위축되는 운명을 지켜봐 왔었다. 또한 사회적 일자리가 오히려 저가형 비정규직 일자리를 사회에 만연케 한다는 비판에 대해서도 늘 귀를 기울여 왔었다. 그래서 이들보다 몇 단계 업그레이드되었다고 자부하는 본 사회적 기업 전략도 마찬가지로 언제나 같은 운명에 처할 가능성이 있음을 경고하면서 본 글을 마치고자 한다.

다시 말하면, 상대측의 신자유주의 노선의 확장을 위한 전략적 선택과 의도에서 살아남아야 한다는 것이다. 즉, 최소한의 비용으로 자본주의의 세계화에 따른 사회경제적 충격을 완화하기 위한 일상적 관리도구로 연대의 경제활동이 적절히 이용될 수 있는 위험을 끊임없이 경계해야 한다는 것이다[9]. 때로는, 일상 활동의 지속 가능성에 대한 매일 매일의 두려움 때문에, 자칫 활동가들이 복지국가의 붕괴를 기획하고 금융시장의 발전만을 도모하는 신자유주의 세계화의 가혹한 논리를 망각하고 현실에 안주하면서, 빈곤층의 생계를 위한 제3섹터로의 단순한 시혜적 축소 전략에 부지불식간에 휘말릴 가능성을 항상 경계해야 한다는 것이다(김신양, 2005).

물론, 당장 눈앞의 '자활지원법', '사회적기업지원법' 등 제도화 방안에 대한 발등의 불이 뜨거울 것이다. 그렇지만 연대의 경제를 지향하고 온 세상에 사회적 기업을 구축하고자 기획하고 전념하는 활동가들은 오로지 GNP의 수치적 성장만으로 폄하하려는 신자유주의적 사고체계에 대해 일상적인 비판과 과감한 논쟁의 가능성을 침착하게 준비하고 있어야 한다는 것이다.

세상 변화의 동력은 과연 어디에 있을까? 쉽사리 현장을 지도하려들며 말이 행위보다 앞서가는 100명의 이론가나 학자들보다는, 작고 낮은 자리인 자기 영역에 머물면서 유의한 실천을 지침 없이 지속하며 세상의 변화 가능성이라는 공상적 복음을 현실세계의 가시적 과업으로 변모시키는 1명의 지역복지활동가나 사회적 기업활동가에 있음을 여운의 끝자락으로 남기고자 한다.

---

9) 동일한 맥락의 현실 사례로서, 1990년대 말 외환위기 당시 거의 점령군 사령관이나 다름없던 IMF 깡디쉬 총재의 권유에 의해 허점투성이의 우리 사회안전망을 땜질할 것을 촉구 받고 복지우파의 큰 저항 없이 국민기초생활보장제도가 정착된 점을 상기하기 바란다. 이는 우리 사회복지계와 가난한 이에게는 당장의 명백한 축복이었지만, 국가 전체의 시야에서 보면 소위 알짜배기 기업들 다수가 헐값에 외국 투기자본의 손아귀에 넘어가는 것을 숨죽인 채 비참하게 지켜볼 수밖에 없게 만들었다. 최근 모 외국 투기자본의 당시 불법행위에 대한 기소 여부로 우리 검찰과 법원이 서로 갈등하는 알 듯 모를 듯 이상야릇한 '촌철살인의 추억(?)'도 여전히 생생하다.

참고문헌

경기광역자활지원센터(2006), 「2006년 사회적 기업 활동가 양성과정 자료집」

김종일(2000), 「미국의 노동중심적 복지개혁에서의 '노동시장연결' 모델과 '인간자본개발' 모델 비교연구」, 『한국사회복지학』 vol. 41.

김홍일(2006), 「왜 사회적 기업인가」, 『경기지역 사회적기업 활성화를 위한 정책심포지엄 자료집』, 경기광역자활지원센터.

김신양 편역(2005), 『다른 경제』, 실업극복국민재단.

_____(2001), 「사회적 연대의 실현과 대안 경제를 찾아서」, 자활정보센터.

노대명 외(2004), 「자활정책·지원제도 개선방안 연구」, 보건복지부·노동부·보건사회연구원·노동연구원.

사회적기업지원센터(2005), 「사회적 기업」, (주)컴원 조직진단보고서.

신동면(2001), 「영국 사회보장제도의 개혁」, 『한국사회복지학회』 vol. 46, 2001. 9.

신명호·김홍일(2002), 「생산공동체 운동의 역사와 자활지원사업」, 『동향과 전망』 제53호.

안홍순(2002), 「조건부수급자를 위한 자활사업의 제도화 및 지역사회 노동시장과 연계방안」, 『한국지역사회복지학』 제11권.

엄형식(2003), 「자활공동체 현황과 발전과제」, 자활정보센터.

유태균(2003), 「자활사업 참여가구 중 근로가구와 비근로가구의 특성에 관한 탐색적 고찰」, 『한국사회복지연구회』 vol. 22.

이문국(2004), 「자활지원제도 개선방안과 자활활성화 방안 정책토론회 자료집」, 한국자활후견기관협회 전남지부, 2004.

_____(2002), 『자활사업과 임파워먼트 실천』, 도서출판 나눔의집.

이상록·진재문(2003), 「지역사회 탈빈곤 정책의 효과 분석」, 『한국사회복지학』 vol. 52.

이인재(2006), 「사회적기업활성화 정책심포지엄 소토론회 자료집」

자활정보센터, 「2005년 정책자료 모음집」

정선희(2005), 『한국의 사회적 기업』, 다우.

_____(2004), 『사회적 기업』, 다우.

한상진·서종균·황미영·엄형식(2005), 『사회적 기업; 어떻게 만들 것인가』, 실업극복국민재단.

Borzaga C. & Santuari A.(ed.), 1998. *Social Enterprises and New Employment in Europe*.

Halter A., 1996. "State Welfare Reform for Employable General Assistance Recipients: The facts behind Assumption", *Social Work(Vol. 41, no. 1)*.

4

소득재분배 문제와 정책적 대안

김재진[*]

시장기능과 정부정책 결과에 대한 판단기준은 크게 효율(efficiency)과 형평(equity)으로 나눌 수 있다. 효율은 주어진 산출물 수준을 최소의 비용으로 달성하기 위하여 자원을 배분하는 것, 다시 말하면 효율은 가용한 자원으로 최대의 결과를 달성하는 것으로 정의할 수가 있다. 하지만 형평은 근본적으로 규범적인 문제이다. 형평은 부, 소득, 그리고 자원의 분배에 있어서 공평(fairness)을 의미하며, 단순히 평등(equality)을 의미하는 것이 아니다. 경제적으로 매우 불평등하게 분배되어 있는 사회에서 불평등도가 개선되는 방향으로 움직일 때 형평성이 개선된다고 한다. 이러한 움직임은 시장기능을 통하거나, 개인의 자발적인 재분배를 통하여, 또는 정부를 통하여 발생할 수 있지만, 이중에서도 정부가 가장 중요한 역할을 하게 된다.

정부가 수행하는 재분배 정책은 단순히 부유한 사람들로부터 세금을 거두어 들여서 가난한 사람에게 현금 또는 서비스의 형태로 나누어 주는 것만을 의미하지는 않는다. 정부가 하는 모든 일이 재분배와 관련이 있지만, 그러한 정부의 정책이 모두 가난하거나 정부의 지원이 필요한 사람에게 도움을 주는 것은 아니다. 정부가 의도하는 재분배 정책도 그 실효성을 확보하기 위해서는 여러 가지 전제 조건을 충족해

---

* 한국조세연구원 연구위원

야 하며 정부는 정책 실행과정에서 재분배 정책이 본래의 의도대로 작동하는지 세심한 주의를 기울이면서 확인할 필요가 있는 것이다.

1. 소득불평등의 원인

(1) 노동자원의 차이(Differences in Labor Resource Ownership)

첫째, 소득불평등의 원인으로 유전적인 요소를 들 수 있다. 인간은 정신적·육체적 재능을 똑같이 부여받고 태어나지는 않는다. 즉, 정신적인 요소인 두뇌(brain)와 육체적인 요소인 힘(brawn)은 사람들에게 공평하게 주어지지 않는다. 어떤 사람들은 다른 사람들에 비해 더 많은 능력을 가지고 태어난다. 예를 들어, 어떤 가족은 뛰어난 습득능력(learning abilities)을 가지고 또 다른 가족은 연기, 노래, 운동에 특별한 재능을 가지는데 반해, 어떤 가족은 이러한 재능을 전혀 타고나지 못하기도 한다.

둘째, 개인의 기술 수준(skill levels)의 차이로 인하여 차별이 발생한다. 사람들 사이에 기술 수준의 차이는 기본적으로 유전적으로 타고난 능력, 훈련기회, 그리고 차별에 의해서 나타난다. 일부 사람들은 어떤 일을 하는 데 있어서 특별한 능력을 받고 태어나 다른 사람들에 비하여 탁월한 능력을 발휘한다. 이러한 고도의 기술 수준을 가진 사람들은 대부분 교육과 훈련으로부터 그 기술을 습득하게 된다. 따라서 교육과 훈련을 받는 데 있어서 동등한 기회를 가지지 못한 사람들은 낮은 기술 수준을 가질 수밖에 없다[1]. 일반적으로 비숙련된 노동자에 비해 숙련된 기술을 가진 노동자의 시장가치가 더 높으며 따라서 임금 수준도 더 높다. 그러나 같은 훈련을 받았고 같은 일을 수행함에도 불구하고 특정 그룹, 예를 들면 여성들은 다른 사람들과 같은 대가를 지불받지 못하는 경우도 있다.

셋째, 자기능력 활용도(capacity utilization rate)[2]에 따라 소득불평등이 발생할 수 있다. 자기능력 활용도는 여러 가지 이유로 인하여 사람마다 차이가 난다. 예를 들면, 사람마다 여가와 소득에 대한 선호도가 다를 수가 있다. 또 정부의 이전지출이나

---

1) 한편, 민서(J. Mincer)는 교육과 직업훈련의 차이가 소득분배의 차이를 가져와 소득불평등 및 차별을 발생시키는 중요한 요인이라고 주장하였다.
2) 'Capacity utilization rate'는 실질소득이 소득능력에 차지하는 비율을 말한다.

세금으로 인한 소득변화에 어떻게 반응하는가가 사람마다 다를 수 있다. 또 일을 하는 주부들과 같이 노동공급상의 제약으로 인하여 자기능력을 충분하게 활용하지 못할 수가 있다[3].

(2) 자본자원의 차이(Differences in Capital Resource Ownership)

첫째, 사람들은 태어날 때부터 상속(inheritance)으로 인하여 각자 자본능력의 차이를 가지고 생을 시작한다. 어떤 사람들은 부동산이나 주식, 또는 채권과 같은 재산을 상속받음으로써 이러한 재산 상속을 받지 못하는 사람에 비해 더 좋은 여건에서 인생을 시작하게 된다. 따라서 한 세대에서의 경제적 환경의 차이가 상속이나 증여의 과정을 거침으로써 다음 세대로 재산의 불평등 현상은 대물림된다.

둘째, 운(luck)도 사람들 사이에 공평하게 분배되는 것이 아니다. 예를 들어, 경기 불황에 의한 사업실패, 장기질병, 치명적 사고, 천재지변과 같은 악운으로 인해 경제활동을 할 수 없거나 또는 일을 할 수 있다 하더라도 소득이 생활에 필요한 적정수준에 미치지 못하게 된다.

셋째, 저축이나 자본축적의 성향(propensity to accumulate)이 사람마다 달라서 생기는 소득차이가 있다. 미래에 더 많은 수입을 누리기 위해 현재의 소비를 기꺼이 절제하는 사람들이 있는 반면, 현재의 소비 수준에 대해 더 많은 관심을 가지는 사람들이 있는데 이들은 자본을 축적할 수 없다.

2. 분배에 대한 견해

(1) 공리주의적 정의관(Utilitarian Model)

공리주의자들은 모든 개인의 가치는 동일하므로 개인의 한계효용이 같아질 때까

---

[3] 가핑클과 헤이브맨(Garfinkel & Haveman)은 소득불평등이 발생하는 가장 중요한 원인은 사람들 사이의 소득창출능력(earning capacity)이며, 소득불평등의 20% 미만이 자기능력 활용도(capacity utilization rate)의 차이에 의하여 설명될 수 있다고 주장하였다.

지 분배해야 한다고 주장한다. 따라서 사회무차별곡선은 개인적 후생의 단순 합으로 SW = Ua + Ub와 같이 나타낼 수 있으며, 벤담(Bentham)이 말한 '최대다수의 최대행복'을 추구한다. 즉, 공리주의적 정의관에서 주장하는 바람직한 분배란 그 사회의 총체적 후생을 극대화할 수 있는 분배여야 한다는 것이다. 벤담은 한 사회의 행복의 총합을 계산할 때 남녀노소, 빈부귀천에 상관없이 모두 똑같은 사람으로 취급하여 모든 사람이 한 몫으로 포함되어야지 어느 누구도 그 이상으로 셈해져서는 안 된다는 지극히 평등주의적 생각을 가지고 있다.

그러나 이러한 공리주의 견해의 가장 심각한 한계점은 바람직한 분배를 실천하는 과정에서 개인의 권리를 침해할 수 있다는 점을 들 수 있다. 그리고 이 정의관은 개인 간의 효용비교(interpersonal utility comparison)를 전제하고 있다. 하지만 사람들 사이의 효용 수준을 비교할 수 있는 객관적인 근거를 찾는 것은 거의 불가능하다는 한계점이 있다.

〈그림 4-1〉 공리주의적 사회무차별곡선

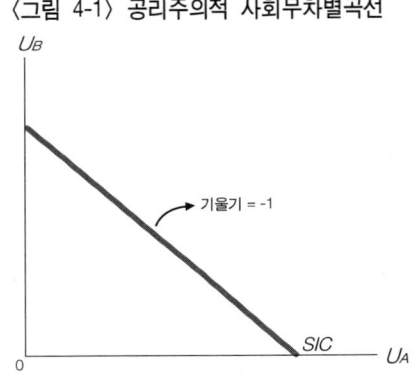

(2) 자유주의적 정의관(Libertarian Model)

자유주의적 정의관은 국가를 포함한 어느 누구도 사회 전체를 위한다는 미명 아래 본인의 동의 없이 개인의 권리를 침해할 수 없으며 최소한의 정부(minimal state)만이 정당하다는 견해이다. 이 정의관의 대표적인 철학자는 노직(R. Nozick)으로 그가 생각하는 정의로운 분배는 모든 사람이 어떤 것을 정당하게 가질 권리가 있는 것만을 소유하는 상태를 뜻한다. 따라서 결과로 나타난 분배보다 절차상의 정의가 더욱 중요하며 따라서 절차가 공정하여야 한다고 주장한다.

그러나 공리주의 정의관에 따라 절차상의 정의를 중요시하여 나타난 결과는 불평등 등 많은 문제를 야기하고 있으므로 절차상의 형식적 정당성이 분배의 실질적인 결과보다 더욱 중요하다는 공리주의자들의 주장에 많은 사람들은 회의를 가지고 있다. 그리고 과연 자유주의자들이 말하는 '정당한 방법'은 무엇을 뜻하는지 분명치 않다는 문제점이 있다. 정당한 방법은 상황에 따라 달라질 수 있는 것이므로 특정한 상황에서의 정당한 방법이 무엇인가에 대한 논란이 일어날 가능성이 크다.

(3) 평등주의적 정의관(Equalitarian Model)

평등주의적 정의관에 따르면 사람들은 태어날 때부터 평등할 권리를 가지고 태어난다고 주장한다. 여기서 평등할 권리란 동등한 기회(equal opportunities), 결과의 공평성, 최소한의 생활수준(minimum standard of living)을 말한다. 따라서 평등주의적 관점에서 정의로운 분배는 모든 사람이 동일한 가치를 가지고 창조되었으므로 동일한 물질적 가치, 즉 재산과 소득의 향유가 보장되어야 한다는 것이다. 평등주의의 사회무차별곡선은 원점에 대해 볼록한 모양을 갖게 되고 이것의 극단적인 사례가 롤즈의 사회무차별곡선(rawlsian social indifference curve)이 된다.

〈그림 4-2〉 평등주의적 사회무차별곡선

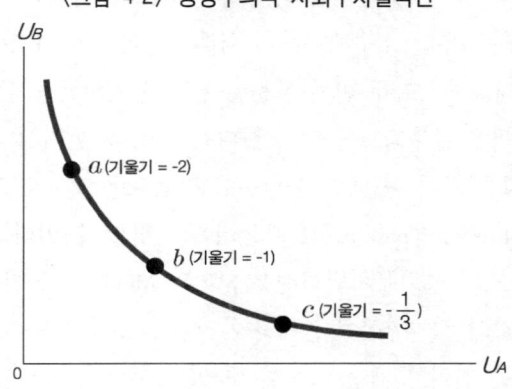

평등주의의 좀 더 극단적인 입장은 완전한 균등분배를 주장하는 것이다. 그러나 소득이나 부의 완전 균등분배는 그 구현 과정에서 개인의 자유 또는 다른 본질적

권리나 가치와의 충돌이 불가피한 경우가 발생한다. 예를 들면, 개인이 정당한 절차를 통해 취득한 소득을 자유롭게 처분할 수 있는 권리 또는 자유의 보장도 평등이라는 가치만큼 중요한 가치이지만, 만일 균등한 분배를 위해서 어떤 사람이 평생을 모아온 재산을 몰수해야 한다면 이는 개인의 기본 권리를 침해하는 심각한 문제를 초래할 수 있다.

(4) 롤즈의 정의관(Rawlsian Model)

롤즈의 정의관은 평등주의 정의관의 한 변형이며 이 정의관의 핵심은 '공정으로서의 정의(justice as fairness)'이다. 롤즈는 사회의 기본 구조에 대해 아무 원칙도 정해져 있지 않은 상태에서 사람들이 기본 원칙에 합의해 가는 과정으로 그의 정의관을 도출하고 있다. 그는 어느 누구도 자신의 장래에 대해 예측할 수 없는 가상적 상황을 '원초적 상황(original position)'이라고 부른다. 이것은 심지어 자신의 지능이나 능력이 어느 정도일지도 모르는 철저히 '무지의 장막(veil of ignorance)' 뒤에 감추어진 사회적 상황을 전제한다.

롤스는 이 원초적 상황에서 사람들이 선택하리라고 기대되는 정의의 원칙으로 두 가지를 제시한다. 첫 번째 원칙은 모든 사람이 다른 사람의 자유와 양립할 수 있는 한에서 가장 광범위한 자유에 대한 동등한 권리를 가져야 한다는 '자유의 원칙(liberty principle)'이다. 두 번째 원칙은 다시 두 부분으로 나뉘는데, 첫 부분인 차등의 원칙(difference principle)은 최소수혜자에게 최대이득이 돌아가도록 불평등이 배치되어야 한다는 것이다. 그리고 두 번째 부분은 공정한 기회균등의 조건에서 모두에게 개방된 직위나 직책이 결부되도록 해야 한다는 것이다. 여기서 차등의 원칙은 최소수혜자에게 최대의 이득이 될 때만 불평등이 정의로운 것으로 정당화될 수 있다는 최소극대화의 원칙(maxmin principle)으로 논리를 연장할 수 있다. 최소극대화의 원칙으로 요약되는 롤즈의 사회무차별곡선은 $SW = Min(Ua, Ub)$이다.

그러나 롤즈의 정의관은 현실에 존재하지 않는 원초적 상황으로부터 정의의 원칙을 끌어내고 있다는 것이 문제점이라 할 수 있다. 즉, 가상적 상황을 전제로 할 때 사람들이 정의의 원칙에 쉽게 동의했다 해도 현실에서 이를 따를지는 의문스럽다. 다시 말해, 사회계약의 논리가 현실성이 떨어진다는 문제점으로 인해 큰 취약성을 보이고 있다.

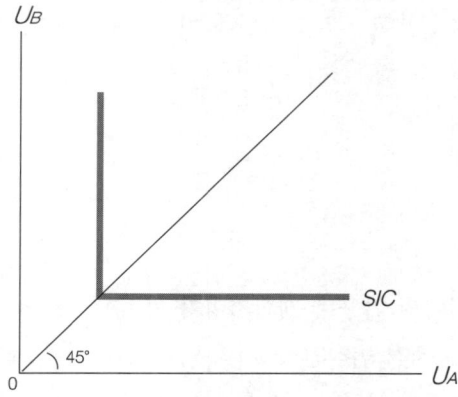

〈그림 4-3〉 롤즈적 사회무차별곡선

3. 불평등도 지수

(1) 로렌츠곡선

로렌츠곡선(Lorenz curve)이란 계층별 소득분포 자료에서 인구의 누적점유율과 소득의 누적점유율 사이의 대응관계를 그림으로 나타낸 것이다. 즉, 한 사회의 구성원을 소득이 가장 낮은 사람으로부터 높아지는 순서대로 배열한다고 할 때, 하위 몇 %에 속하는 사람들이 차지하는 전체 소득 중의 비율을 나타내는 점들을 모아 놓은 곡선을 의미한다.

〈그림 4-4〉 로렌츠 곡선

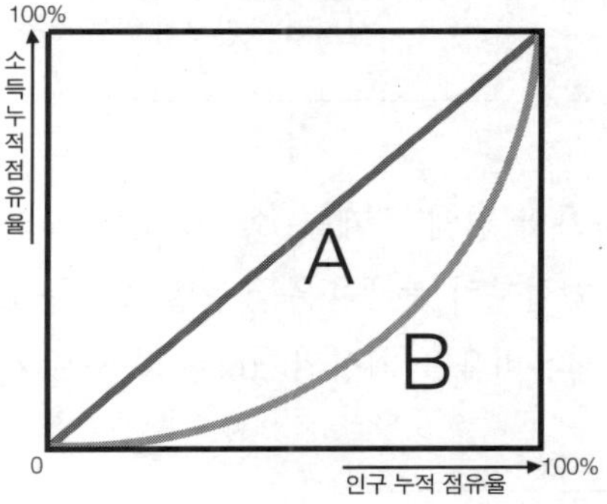

모두가 똑같은 소득을 나누어 갖는 균등한 분배가 바로 평등한 분배이고 소득분배가 평등해질수록 로렌츠곡선은 대각선에 가까워지게 된다. 반면에 인구의 누적점유율이 100%에 이르렀을 때 로렌츠곡선이 수직선 모양을 띠게 되면 가장 불평등한 분배상태를 의미한다.

(2) 지니계수

지니계수는 이탈리아의 인구·통계학자이자 사회학자인 지니(Corrado Gini)가 소득분포에 관해 제시한 통계적 법칙인 '지니의 법칙'에서 나온 개념이다. 이것은 빈부격차와 계층 간 소득 분포의 불균형 정도를 나타내는 수치로 소득이 어느 정도 균등하게 분배되어 있는지를 평가하는 데 주로 이용한다. 근로소득, 사업소득의 정도는 물론 부동산, 금융자산 등의 자산 분배 정도도 파악이 가능하다.

$$지니계수 = \frac{A}{A+B} \quad [4]$$

지니계수는 0과 1 사이의 값을 가지는데, 값이 0에 가까울수록 소득분배가 평등하다는 것을 뜻하며 보통 0.4가 넘으면 소득분배의 불평등 정도가 심한 것으로 본다.

(3) 십분위 분배율

$$십분위 분배율 = \frac{하위 40\% 가구가 얻는 소득의 합계}{상위 20\% 가구가 얻는 소득의 합계}$$

십분위 분배는 한 나라의 전체 가계를 소득수준에 따라 저소득에서 고소득으로 10등분한 것이다. 그리고 십분위 분배율은 계층별 소득분포 자료에서 최하위 40%에 속하는 사람들의 소득 점유비율을 최상위 20%에 속하는 사람들의 소득 점유비율로

---

4) A와 B는 <그림 4-4>에 나타나 있는 면적을 의미한다.

나눈 값을 말한다. 이것은 소득분배의 불평등 정도를 알아볼 수 있는 지표로 소득분배가 개선될수록 십분위 분배율이 커진다. 십분위 분배율은 이론상 0~2 사이의 값을 가지며, 그 값이 0일 때는 하위 40%의 소득이 0일 때이므로 불평등한 사회를 말한다. 또한 2일 때는 모두가 평등하게 나눠가져서 하위 40%의 소득누계가 상위 20% 소득누계의 2배가 되는 것이므로 평등한 사회라고 할 수 있다.

4. 지니계수로 본 소득불평등도

(1) 지니계수의 국제비교

OECD 주요국의 지니계수는 평균 0.307로 나타난 반면, 우리나라의 지니계수는 0.310으로 OECD 평균보다 약간 높으며 총 28개국 중에서 17위를 차지하였다. 지니계수가 가장 낮은 나라는 덴마크로 0.225를 기록하였으며 불평등의 정도가 가장 높다고 볼 수 있는 나라는 0.480을 기록한 멕시코이다.

〈그림 4-5〉 주요국의 지니계수

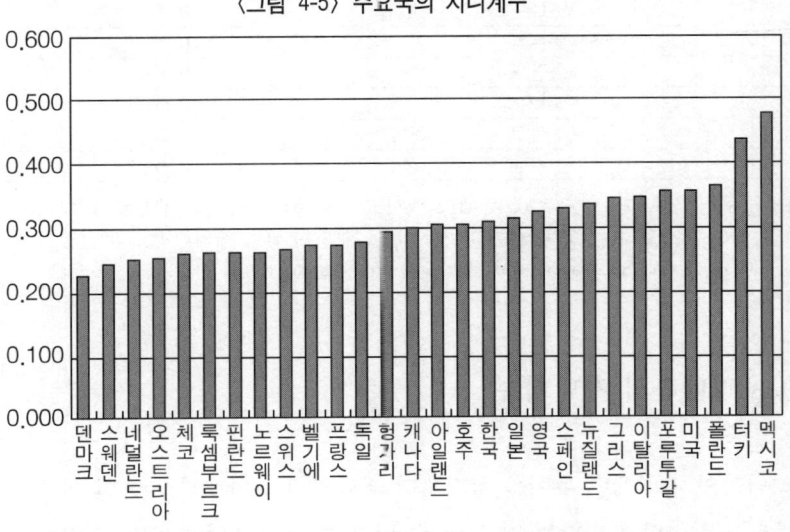

* OECD(2005), Social, Employment and Migration Working Paper, 통계청(2005).

〈표 4-1〉 주요국의 지니계수

순 위	국 가	지니계수
1	덴마크	0.225
2	스웨덴	0.243
3	네덜란드	0.251
4	오스트리아	0.252
5	체코	0.260
6	룩셈부르크	0.261
7	핀란드	0.261
8	노르웨이	0.261
9	스위스	0.267
10	벨기에	0.272
11	프랑스	0.273
12	독일	0.277
13	헝가리	0.293
14	캐나다	0.301
15	아일랜드	0.304
16	호주	0.305
17	한국	0.310
18	일본	0.314
19	영국	0.326
20	스페인	0.329
21	뉴질랜드	0.337
22	그리스	0.345
23	이탈리아	0.347
24	포르투갈	0.356
25	미국	0.357
26	폴란드	0.367
27	터키	0.439
28	멕시코	0.480
평 균		0.307

* 국가별 소득 조사 시기는 한국(2004), 체코·멕시코·터키(2002), 독일·룩셈부르크·뉴질랜드·스위스
  (2001), 호주·오스트리아·그리스(1999), 벨기에·스페인(1995)을 제외하면 2000년임.
* OECD(2005), "Social Employment and Migration Working Paper", 통계청(2005).

(2) 우리나라의 지니계수

우리나라의 지니계수 추이를 살펴보면 외환위기가 발생한 1997년 이후로 소득의
불평등도가 심화되고 있다는 것을 알 수 있다. 지난 1995년에 0.284로 양호한 수준이
었는데 외환위기 직후인 1998년에 0.316으로 크게 악화되었다. 이후 2002년 0.312로

다소 감소하는 추세로 돌아선 지니계수는 2004년도부터 0.31의 수준을 유지하고 있다.

통계청 가계조사에서는 매년 지니계수를 발표하고 있는데 지난 60여 년간 도시지역의 비농가만을 조사하는 도시가계조사로 실시되다가 2003년부터 조사대상을 읍면지역의 2인 이상 비농가까지 확대하여 전국가계조사로 실시되었다. 따라서 2003년부터는 전국 가구의 지니계수도 함께 발표하고 있는데 2003년에는 0.341, 2004년에는 0.344로 도시가구만을 고려한 지니계수보다 다소 높은 값을 가진다.

〈표 4-2〉 우리나라 지니계수 변화율 추이(통계청)

	1995	1996	1997	1998	1999	2000	2001	2002	2003	2004	2005
지니계수	0.284	0.291	0.283	0.316	0.320	0.317	0.319	0.312	0.306	0.310	0.310

〈그림 4-6〉 우리나라 지니계수 변화율 추이(통계청)

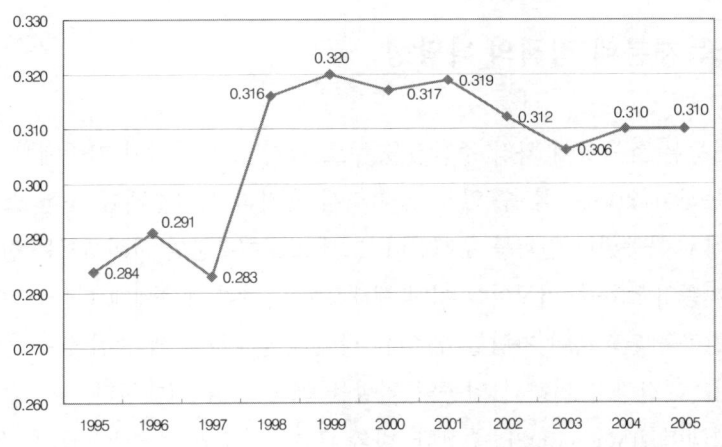

한편, KDI의 유경준 박사는 소득분배 국제비교와 빈곤연구(2003)에서 가구소비실태조사(2000) 자료를 가지고 OECD 국가들과의 지니계수를 비교한 바가 있다. 그 논문에서도 언급하였듯이 우리나라 통계청에서 발표하는 가구소비실태조사 자료에는 토지나 재산소득 자체의 증감을 통한 소득의 변동은 제외되며 농어가의 소득자료가 통계상의 이유로 아직 공개되고 있지 않다는 한계점을 지니고 있다. 따라서 이자소

득이나 배당소득, 임대소득 등만을 포함하고 있으며 근로소득자, 자영업자 및 농어업종사자들의 소득파악률이 상당히 낮아 통계청이 발표하는 지니계수의 수치가 현실을 제대로 정확하게 반영한다고 볼 수가 없다.

또한 한국개발연구원에서는 1988년에 토지와 금융자산을 포함하여 최초로 가계자산을 포괄적으로 조사5)·발표하였는데, 그 추정결과를 보면 소득의 불평등을 나타내는 지니계수는 0.404인데 반해, 자산의 불평등을 나타내는 지니계수가 0.579로 금융자산이 실물자산보다 훨씬 더 불평등한 분포를 보이고 있음을 알 수 있다. 또한 대우패널자료를 가지고 분석한 연구6)에서는 1993년 부동산의 지니계수가 0.689, 금융자산의 지니계수는 0.593으로 통계청이 발표하는 소득불평등도보다는 부동산이나 금융자산의 불평등도가 훨씬 심각하다는 것을 보여주고 있다. 따라서 우리나라는 단순히 소득만을 고려하였을 때보다 금융자산이나 부동산을 포함한 부의 분배를 분석한 자료에서는 불평등도가 매우 높아 심한 편재(偏在)현상을 보이고 있다는 것을 알 수가 있다.

5. 소득재분배 정책의 타당성

시장기능은 효율성에 가장 주안점을 두고 있지만, 형평성의 기준에서 보면 원활하게 작동하고 있다고 볼 수 없으며, 따라서 순전히 시장경제를 통한 소득과 부의 분배는 매우 불공평한 결과를 초래한다. 그러므로 대부분의 사회에서는 정부가 단지 부유한 계층의 소득을 거두어서 어떤 형태로든 가난한 계층에게 나누어 주기보다는 스스로 빈곤을 탈피하여 자립할 수 있는 방안을 강구하는 데 중점을 두면서, 불평등의 문제를 해결하기 위하여 일종의 역할을 해줄 것을 기대한다.

머스그레이브(Musgrave)가 주장한 바와 같이 정부의 기능은 크게 소득재분배(income redistribution), 경기안정화(stabilizing the economy), 자원의 효율적 배분(resource reallocation)에 있으며, 빈곤문제를 해결하는 것은 위의 3가지 기능 중에서 소득재분배 기능의 가장 중요한 요소이다. 정부의 이러한 재분배정책은 여러 가지 수단을 통하여 시행되지만, 그 중에서도 주로 조세정책과 빈곤계층, 노령자, 장애자 등 특정

---

5) 전국의 5,107가구를 대상으로 실시한 「국민생활수준 및 경제의식에 관한 설문조사」를 말한다.
6) 이정우·이성림, 『한국가계자산 불평등의 최근 추이』, 한국노동연구, 2001.

계층을 대상으로 한 소득보장정책을 통해서 이루어진다.

경제학자들은 빈곤을 시장실패[7]의 한 형태로 간주한다. 즉, 빈곤은 배고픈 예술가, 노동시장에 참여하지 않고 무위도식하는 사람 등 그것을 의도적으로 선택하는 경우에는 도움을 제공할 필요성이나 정당성이 없지만, 적어도 빈곤의 일부는 시장실패의 결과로 여긴다. 즉, 정부는 순수 시장경제에서 잘 적응하지 못하고 탈락하는 다음 4가지 부류의 빈곤계층에 대하여 관심을 가져야 한다는 것이다. 첫째, 늙거나 장애로 인하여 일을 할 수 없는 계층이다. 둘째, 주거지역이 직장에서 멀거나 교통문제 또는 아동양육문제로 직장을 다닐 수 없는 계층이다. 셋째, 직장을 가지고 있지만 기술이나 훈련, 또는 경험이 부족하여 자기 가족을 빈곤선 이상으로 가져오지 못하는 경우이며, 이런 부류의 계층에게는 기술교육, 산업별 기술연수제도 등을 통하여 노동시장에서 경쟁력을 갖추고 잘 적응할 수 있도록 하는 정책이 필요하다. 넷째, 정상적인 상황에서는 충분한 소득을 가져다주지만, 가족 중에 노부모나 장애자가 있어서 이에 대한 부양책임 등 특수 상황으로 인하여 빈곤선 이상의 기초생활을 영위하지 못하는 경우이다. 따라서 이러한 빈곤가구를 지원하기 위해서는 정부가 개입할 수밖에 없는데, 먼저 비숙련 노동자들은 교육을 통해 기술을 향상시켜서 노동시장에 충분히 기여할 수 있도록 하며, 고령가구 및 장애인 가구는 EITC, 의료보험, 아동복지제도와 같은 직접지원제도를 통해 지원하는 것이 필요하다. 빈곤이 시장실패의 결과라는 논거는 4가지가 있다.

(1) 해로운 외부성(Negative Externalities)

빈곤이 시장실패의 한 형태라고 주장하는 논거는 사회의 일부 계층에 존재하는 빈곤이 비빈곤계층으로 하여금 빈곤계층의 고통을 괴로워하고 동정하게 함으로써 비빈곤계층의 행복을(well-being) 감소시킨다는 것이다. 따라서 빈곤은 수질오염, 소음, 쓰레기 등과 마찬가지로 주위에 부정적이고 해로운 영향을 미치며 따라서 이를 시정하기 위하여 정부의 개입이 필요하다는 것이다.

---

7) 여기서 시장실패란 공해, 소음, 쓰레기, 그리고 기타 부의 외부성으로 인해 다른 사람의 복지를 줄이거나 마약, 불법, 질병, 범죄 등으로 인해 공동체의 삶의 질을 저하시키는 현상을 말한다.

(2) 공동체의 삶의 질 저하(Diminishing the Quality of Life of the Community)

빈곤은 앞서 언급한 바와 같이 다른 사람의 동정을 유발시키지 않는다고 하더라도, 사회 공동체의 전반적인 삶의 질(quality of life)을 저하시킨다. 즉, 빈곤은 마약, 교육기회의 상실로 인한 문맹, 범죄 등 좀 더 풍요로운 가정에 영향을 미치는 사회악(social ills)을 초래한다. 가난한 계층의 자녀들도 중·상류계층의 자녀들과 같은 학교를 다닐 수 있지만 가난한 자녀들은 기본적인 의료혜택을 받을 수가 없고, 기술이 없어서 자라나므로 사회에 진출하더라도 비생산적인 노동자가 되거나 사회에 의존하게 된다. 이러한 사회악에 대하여 조금만 관심을 가지고 문제를 해결해 준다면 해당 계층은 물론이고 다른 사람에게까지도 혜택이 돌아간다. 이것은 해로운 외부성 논거의 다른 형태로 빈곤의 결과가 시장의 실패의 한 형태로 간주하고 있다.

(3) 공공재로서의 사회안전망(Social Safety Net as a Public Good)

개인이 어찌할 수 없는 경제적 역경, 즉 빈곤으로부터 고통받는 사람들을 구제하기 위하여 사회안전망을 갖추는 것은 그 안에 보험적 요소를 가지고 있다는 논리이다. 즉, 개인보험은 주로 예상치 못한 갑작스런 재난인 홍수, 태풍, 지진 또는 실업, 질병, 장애 등에서 보장받기 위해 자발적으로 가입하며, 이러한 위험으로부터 보호받기 위해 지불하는 보험료는 그 위험도가 높을수록 증가한다. 따라서 위험에 덜 노출되는 소위 보험이 필요 없는 사람은 아무도 보험에 들지 않게 되고 결국 질병, 사고 등의 위험에 쉽게 노출되는 고위험자만 보험시장에 남아있게 된다.

그러나 만약 실업자나 장애인과 같은 고위험자이면서 저소득층의 경우에는 개인보험시장의 높은 보험료로 인해 가입이 부담되고 따라서 사회안전망의 보호를 받을 수가 없다. 따라서 이들 취약계층이 직면하는 각종 사회 위험에 대해 시장은 개인보험을 통하여 안전망을 제공할 수가 없으므로 결국 시장실패의 형태로 나타나게 된다. 이에 대한 해결책은 정부가 개입하여 이들의 보험을 공공재로 다루어 취약계층에게 사회안전망을 제공하는 방법밖에 없다는 것이다.

(4) 자발적 기부의 무임승차 행위

재분배정책에 반대하는 사람은 거의 없을 것이지만, 재분배가 조세를 통하여 강제적으로 이루어지기보다는 자발적 기부를 통하여 이루어져야 한다고 종종 주장한다. 어느 정도의 자발적 기부는 교회, 비영리기관, 그리고 개인적인 자선을 통하여 이루어져서 시장기능에 의하여 결정되는 소득이나 자산의 분배를 시정하고 개선한다. 만일 자발적인 재분배가 충분하게 이루어져서 우리가 수용할 만큼 빈곤이나 불평등의 감소에 기여한다면, 정부의 개입이 필요하지 않다. 그러나 사회적으로 바람직한 수준까지 재분배가 이루어지기 위해서는 개인에게만 의존할 수가 없다. 왜냐하면 다른 사람의 자선에 손쉽게 무임승차하는 것이 용이하며, 이런 현상은 기부행위를 하지 않을 경우 타인에게 쉽게 인지되는 소규모 공동체보다는 자신이 자선행위를 하지 않더라도 쉽게 눈에 띄지 않는 대규모 지역공동체에서 더 자주 발생한다.

따라서 자발적인 재분배정책의 경우에는 대부분의 사람들이 자신의 기부금이 전체 기부금에서 차지하는 비중이 아주 작아 눈에 띄지 않으므로 의무적인 재분배가 아니면 기부를 하는 사람이 줄어들 것이다. 결론적으로 무임승차로 인해 자발적인 기부제도가 사회적으로 최적인 수준에 미치지 못하므로 정부가 개입하여 조세제도를 통한 강제적인 재분배정책을 시행하는 것이 필요하다.

6. 소득재분배 정책

(1) 소득보장정책

① 사회보험제도

사회보험제도는 이에 대해 기여한 바가 있는 사람만이 혜택을 받을 수 있는 1차 사회안전망으로 국가가 보험제도를 활용하여 법에 의하여 강제성을 띠고 시행하는 보험제도이다. 즉, 사회보험제도는 국가가 사회보장정책의 주요수단으로서 근로자나 그 가족을 상해·질병·노령·실업·사망 등 사회적 위험으로부터 보호하기 위하여 실시하는 것이다. 따라서 사회보험은 개인보험처럼 자유의사에 의해서 가입하는 것이 아니라 강제적인 보험제도이므로 무방비상태로 노령에 이르게 될 가능성이 가장 높은 저소득계층에 혜택을 준다. 사회보험의 보험료는 개인·기업·국가가 서로 분담하는 것이 원칙이며 보험료의 계산에 있어서 위험의 정도보다는 소득에 비례하여 분담함을 원칙으로 하여 소득의 재분배 기능을 내포하고 있다.

우리나라의 사회보험제도는 의료보험, 연금보험, 산업재해보상보험, 고용보험을 중심으로 발전해 왔다. 사회보험제도 가운데 가장 오래 된 것은 1960년대 초부터 실시되어 온 공무원·군인 연금제도(1960)와 산업재해보험제도(1963)이다. 1970년 의료보험제도, 1988년 국민연금제도, 1995년 고용보험제도가 각각 도입되었으며, 이후 의료보험은 농어촌 및 도시 자영업자에게로 확대 실시되었다. 그리고 2000년 7월에는 의료보험제도가 국민건강보험제도로 변경되면서 분산관리 운영방식에서 중앙집중 관리방식으로 전환되었으며 2003년 7월에는 지역과 직장의 건강보험 재정이 통합되어 운영되고 있다. 2005년 말 건강보험을 적용받는 인구는 47,392천명이며, 이 중 직장 적용인구는 27,233천명으로 57.5%를 점유하고 있다.

② 공공부조제도

공공부조란 국가가 규정한, 경제적으로 일정한 수준 이하의 빈곤한 생활을 하고 있으며 자신의 능력으로 독립적인 생활이 불가능하거나 부양의무자의 도움을 받을 수 없어 보호를 필요로 하는 상태에 있는 자를 신청에 근거하거나 직권으로 자산조사와 상태조사를 실시한 후, 수급권자로 판명되면 이들에 대해 건강하고 문화적인 최저한도의 기초생활을 유지할 수 있도록 현금급여, 현물급여 또는 증서를 제공해 주는 제도이다[8].

정부가 저소득층을 지원할 때 현금으로 보조할 것인지 아니면 현물로 보조할 것인지에 따라 수급자 입장에서는 큰 차이가 있다. 정부가 저소득계층에게 월 5만원 상당의 쌀을 보조해 주는 경우를 보면 정부 재정지출에는 현금으로 주나 현물로 보조해 주나 별반 차이가 없다. 그러나 소비자 입장에서는 쌀로 보조받는 것보다 현금으로 보조받는 것이 일반적으로 더 유리한데 이를 그림으로 설명하면 <그림 4-7>과 같다.

<그림 4-7>에서 AB는 보조 전의 예산선이고, 무차별곡선 U_0와 이 예산선이 접하

8) 공공부조에 대한 개념은 연구자와 기관에 따라 다르게 정의되고 있다.

는 E_0점에서 소비자는 균형상태에 있다. 만약 정부가 5만원의 현금보조방식을 택한 다면 예산선이 A'B'로 평행 이동한다. 반면 5만원 상당의 쌀을 지급해 주는 방식을 택한다면 예산선은 AB에서 쌀 보조량만큼 오른쪽으로 밀어낸 것, 즉 AE_1B'로 된다. 따라서 $A'E_1$부분이 현금보조일 때는 새로운 예산선에 포함되지만 현물보조일 때는 포함되지 않는다.

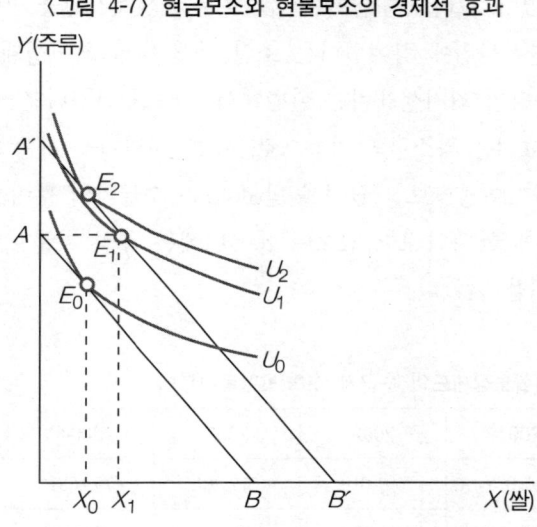

〈그림 4-7〉 현금보조와 현물보조의 경제적 효과

만약 소비자가 쌀보다 주류(Y)를 선호하여 현물보조량 이상의 쌀소비를 원치 않는다면 균형은 무차별곡선 U_1이 예산선 AE_1B'와 접하는 E_1점에서 이루어진다. 보조받기 전의 소비량 X_0보다 더 많은 양의 쌀 OX_1만큼을 보조받기 때문에 X_0X_1만큼의 쌀을 의무적으로 더 소비해야 하는 것이다. 그러나 현금으로 보조받을 경우에는 무차별곡선이 서로 교차하지 않는다는 특성상 새로운 무차별곡선 U_2와 예산선 A'B'가 접하는 E_2에서 균형을 이룬다. U_2는 U_1보다 더 높은 효용수준을 나타내므로 똑같은 5만원 상당의 보조이지만 현금보조가 현물보조보다 소비자에게 더 높은 효용을 가져다준다.

수급자 중 자활능력이 있는 자에 대해서는 이들의 자립자활을 촉진하기 위해 필요한 조치를 취하거나 근로를 조건으로 원조를 제공하는 근로연계를 실시하기도 한다. 즉, 공공부조는 수혜자의 비용부담 없이 국가나 지방자치단체가 일반조세수입을 기초로 한 공적인 재원을 활용하여 필요한 비용을 충당하는 무기여-보충적 원조이며, 자본주의사회의 공적 최후안전망인 것이다9).

현재 우리나라는 공공부조와 관련해서 '국민기초생활보장제도'가 실시되고 있는데 이 제도는 1961년부터 시행되었던 생활보호제도(생활보호법)를 대체하는 복지정책으로, 단순 생계지원이 아닌 수급자의 자립자활을 촉진하기 위한 종합적 빈곤대책을 위하여 1999년 9월 7일 제정되었으며 1년여의 준비기간을 거쳐 2000년 10월 1일부터 실시하게 되었다. 그리고 수급자는 국가로부터 생계지원을 받더라도 일할 능력이 있으면 자활 관련사업에 참여한다는 조건 아래 매달 최저생계비를 지급받도록하고 있다. 우리나라의 최저생계비는 헌법에서 규정한 인간다운 생활을 할 권리를향유하기 위해 소요되는 최소한의 비용으로, 2006년 4인가구 기준 최저생계비는 117만422원이다. 국민기초생활보장 급여를 받고 있는 수급자의 추이를 살펴보면 점점증가하고 있는 추세를 나타내고 있으며 2005년에는 12월 기준으로 약 151만명(약81만 가구)이 혜택을 받았다.

〈표 4-3〉 국민기초생활보장제도의 수급자 추이(보건복지부)　　　(단위: 가구, 명)

	2001	2002	2003	2004	2005
가구	698,075	691,018	717,861	753,681	809,745
인원	1,419,995	1,351,185	1,374,405	1,424,088	1,513,352

(2) 조세정책

조세의 역할은 소득재분배 기능, 경제안정화 기능, 자원의 효율적 배분 기능으로나뉜다고 볼 때 최근에 우리나라에 나타나는 소득양극화 현상은 조세가 소득재분배기능을 제대로 발휘하는지 재점검할 필요성을 제기한다. 역진적인 간접세보다는 누진적 성격으로 소득재분배 기능의 주요 역할을 하는 직접세 세목 중에서 대상 납세자가 가장 많고 소득재분배의 1차적 기능을 하는 소득세를 자세히 들여다보면 문제의 심각성을 실감할 수 있다.

---

9) 김기원(2000) 참조.

2003년 기준 국세청의 근로소득자 소득파악률은 약 74% 수준이다. 국세청은 통계청 조사에 의한 경제활동인구 중 임금근로자 1,440만명 중에서 약 1,062만명의 근로소득자에 대한 소득자료를 보유하고 있다. 임금근로자 중에서 소득 미파악자는 약 378만명으로 전체근로자의 약 26%에 해당한다. 이 중에서 소득파악이 되지 않는 약 378만명 근로자들은 주로 일용근로자와 과세미달자인 상시근로자이다. 즉, 상시근로자의 경우에 과세미달자로서 지급조서가 제출되지 않아 개인별 소득파악이 곤란한 자가 약 165만명이다. 그리고 일용근로자[10]는 지급조서 제출이 면제되어 있어 개인별 소득파악이 곤란하며 그 규모는 약 213만명에 이른다.

〈표 4-4〉 임금근로자 소득파악 현황(2003)   (단위: 만명)

통계청 경제활동인구 중 임금근로자	임금근로자 중 소득파악자		
		파 악	미파악
전체근로자	1,440	1,062	378
상시근로자	1,227		
- 상용	727	1,062	
- 임시	500		165
일용근로자	213	-	213

* 소득자료 미제출자는 대부분 일용 및 1년 미만의 임시직

종합소득세[11]의 경우, 2004년 기준으로 과세미달자의 비중이 47.5%로 아직까지 높은 비중을 차지하고 있다. 또한 과세인원 비중 52.5% 중에서 무기장 추계신고자가 25.6%로 거의 절반에 가까운 비중을 나타내고 있다. 따라서 종합소득세는 납부자 중에서 약 26.9%만이 장부 기장에 의하여 세금을 납부하고 있다. 요약하면 종합소득세는 납세대상자의 약 50%만이 세금을 내고 있다고 할 수 있다.

---

10) 국세청에서는 동일사업장에 3개월 미만 근로자를 일용근로자로 분류한다.
11) 종합소득은 분리과세로 종결되는 일부 이자·배당·연금소득·기타소득을 제외한 이자소득, 배당소득, 부동산임대소득, 사업소득, 근로소득, 일시재산소득, 연금소득 및 기타소득을 합산하여 누진세율로 과세한다. 근로소득만 있을 경우에는 별도로 추가적인 특별공제나 소수자추가공제 등을 적용받는다. 따라서 근로소득만 있는 자를 제외하면, 종합소득세 납부대상자 중에서 이자·배당·연금·기타소득 등만 있는 경우는 많지 않기 때문에 종합소득세 납부대상자는 자영업자의 소득인 사업소득만 있는 경우와 과세대상자의 수에 있어서 크게 차이가 나지 않는다.

〈그림 4-8〉 종합소득세 신고자 비율(2004년)

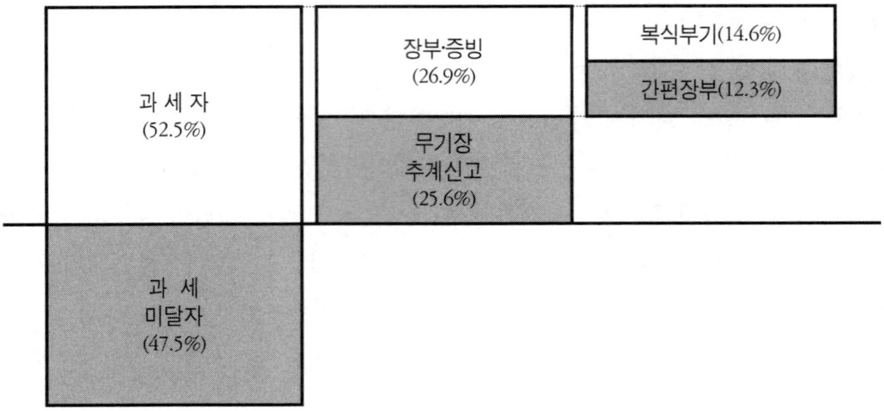

과 세 자 (52.5%)	장부·증빙 (26.9%)	복식부기(14.6%)
		간편장부(12.3%)
	무기장 추계신고 (25.6%)	

| 과 세
미달자
(47.5%) |

소득세가 소득재분배 기능을 원활하게 수행하기 위해서는 소득이 전혀 없는 국민에서부터 소득이 가장 높은 납세자에 이르기까지 소득수준에 따라 세부담을 달리하여 세부담의 수직적 형평성을 달성해야 한다.

그러나 현재 근로소득자와 자영업자의 약 50% 정도가 세금을 전혀 내지 않으므로 소득세가 소득재분배 기능을 발휘할 수 없는 것이 어쩌면 당연하다고 볼 수 있다. 근로소득자와 자영업자 중 과세미달자 간에도 소득 격차가 천차만별인데 이들의 세부담을 획일적으로 零(0)으로 세법상 동등한 취급을 받는다는 것은 수직적 형평성의 원칙에 위배되며, 따라서 소득세가 소득재분배 기능을 제대로 수행할 수 없는 중요한 원인이다.

하지만 최근 국회에서 법이 통과하여 도입하기로 결정한 근로빈곤층을 위한 조세제도인 근로장려세제(EITC)의 도입은 우리나라 조세정책 방향의 일대 전환을 가져올 것으로 기대된다[12]. 이 제도는 근로소득이 일정 수준 이하인 근로빈곤층에게 국가가 세금을 환급해 주는 제도로 1975년 미국에서 처음 도입되었으며 근로빈곤층에

---

12) 우리 사회에 근로장려세제의 도입에 반대하거나 우려를 나타내는 의견도 있다. 원론적으로는 동 제도의 도입에 찬성하지만 소득파악 인프라 수준이 미흡하여 제도를 시행하기 어렵다는 의견, 근로빈곤층의 근로유인 효과가 미미할 것이라는 의견, 점감구간에서는 근로유인이 오히려 감소할 것이라는 의견, 근로장려세제를 도입하기보다는 현행 국민기초생활보장제도를 확대 적용해야 한다는 의견, 근로장려세제의 도입이 최저임금 수준에 부정적인 영향을 미칠 것이라는 의견, 근로장려세제를 현행 국민기초생활보장제도 수급자에게도 중복 적용해야 한다는 의견, 경제 여건이 어려운 자영업자에게도 초기부터 적용해야 한다는 의견 등 다양한 의견이 존재한다.

대한 효율적이고 적극적인 소득재분배정책이라 할 수 있다. 근로장려세제의 주요 목적은 수급자들의 근로유인을 강화하고 소득을 보전해 주기 위한 것이지만, 이 제도의 도입을 위한 전제가 되는 근로빈곤층에 대한 소득파악 인프라 구축은 향후 우리나라 조세행정을 한 단계 업그레이드시켜 조세 본연의 기능을 회복시키는 초석이 될 것이다.

근로장려세제(EITC)는 단계적으로 적용 범위가 확대될 계획이다. 1단계('08~'09년)에는 무주택자이며, 자녀가 2인 이상인 근로자 가구를 대상으로 적용하며, 2단계('10~'12년)에는 자녀 1인 이상의 근로자 가구로 확대되며, 3단계('13년~)에는 자녀 1인 이상의 자영업자에게도 확대할 예정이며, 4단계에서는 무자녀가구에도 적용을 확대하여 전면적으로 제도를 시행하게 되는 것이다. 따라서 도입초기에는 최대급여가 연 80만원이고, 점증률 10%, 점감률 16%로 적용 대상이 약 31만 가구로 예산은 약 1,500억원이 소요될 것으로 추산하고 있다. 그리고 국민기초생활보장급여를 3개월 이상 수급한 자를 제외하기 때문에 제도 도입 초기에 탈빈곤효과나 재분배효과를 크게 기대하기는 어렵다고 판단된다. 제도가 전면적으로 확대되고, 그 과정에서 소득파악률이 획기적으로 개선되어 이로 인해 조세가 제 기능을 발휘하게 됨으로써 소득양극화 현상을 완화하는 역할을 할 수 있을 것으로 기대된다. 그 외에 조세를 통한 소득재분배를 강화하기 위한 방안을 살펴보면 다음과 같다.

① 금융소득종합과세 제도의 실효성 제고

금융소득종합과세 제도의 실효성을 제고하기 위해서는 현재 광범위하게 운영되고 있는 비과세·저율금융상품의 범위를 축소하여 금융소득종합과세의 기반을 구축하는 것이 필요하다. 정부는 현재 중산층 이하 계층의 주택마련, 근로자·농어민의 소득보전, 노년층·장애인의 생계지원, 채권·증권시장 안정 및 금융소득 종합과세 완충 등을 위해 다양한 비과세 및 저율과세 저축상품을 운용하고 있다.

그러나 현재 국내에서 허용되는 비과세·저율 저축상품의 범위가 외국에 비해서 방대하며, 그 결과 저축상품 간의 수익률 왜곡과 금융기관 간의 공정경쟁 기반을 저해하고 있을 뿐만 아니라, 같은 근로계급 내에서도 상대적으로 저축을 할 수 있는 여유를 가진 계층만이 세제혜택을 받아 세부담의 수평적 및 금융소득종합과세의 실효성을 크게 저해하고 있다.

〈표 4-5〉 비과세·감면 금융상품

저 축 명	지원 내용	저축 규모	지원 규모
장기주택마련저축	·비과세 ·불입액의 40% 소득공제 　(300만원 한도) * 적용시한: '06.12.31. 가입분까지	94,311	501
연금저축	·비과세 ·소득공제: 240만원 한도 ·연금수령 시 과세	42,958	-
조합 등 예탁금	·'04~'06: 비과세 ·'07: 5% ·'08부터 9% 분리과세	778,956	4,799
장기저축성보험	·비과세	904,257	6,171
생계형저축	·비과세	355,287	1,586
농어가목돈마련저축	·비과세 * 적용시한: '06.12.31. 가입분까지	21,362	229
세금우대종합저축	·9% 분리과세	1,374,586	2,345

　특히 장기저축성 보험 차익의 비과세제도의 경우, 저축성 보험은 실질적으로 예금과 다를 바 없음에도 불구하고 이를 과세 대상에서 제외함으로써 많은 문제를 발생시킬 수 있다. 수익이 안정적이며 비과세혜택으로 자산노출 위험도 낮다는 유인이 있기 때문에, 고소득층의 종합과세 회피 수단으로 악용되어 조세의 형평성을 저하시킬 수 있을 뿐 아니라 타 금융기관으로부터의 자산 유입으로 인해 공정경쟁의 기반이 침해되어 금융시장의 효율성을 악화시킬 소지가 있으므로 단계적으로 비과세 및 분리과세 상품을 축소함으로써 본 제도의 취지에 맞게 과세 기반을 확보하는 것이 필요하다.

　금융소득종합과세는 지하경제를 차단하고 공평과세를 통하여 조세정의를 추구하기 위하여 도입하였지만 일정 금액을 초과하는 기준초과금액에 한하여 누진세율로 종합과세함으로써 대상이 한정적이다. 따라서 자영업자의 과표 양성화를 위해 실질적으로 기준금액을 현행 금리 등을 고려하여 대폭 인하하거나, 금융소득종합과세의 본래 취지에 맞게 모든 금융소득에 대해서 종합과세할 필요가 있다. 현 시점에서 제도 변경으로 인한 혼란을 방지하기 위해서는 단계적으로 기준금액을 인하하는 안을 우선적으로 고려해 볼 수 있다. 그러나 단계적 인하를 거쳐 최종적으로 기준금액을 폐지하기까지 예상되는 사회계층 간 갈등과 논쟁으로 인한 막대한 사회적 비용을 감안할 때, 기준금액을 폐지하고 모든 금융소득에 대하여 전면적으로 종합과세하는 방안도 고려해 볼 수 있다[13].

또한, 현재의 금융실명제법에서는 차명거래가 가능하여 금융실명법의 취지가 훼손되고 있다. 따라서 금융실명제법을 개정하여 사회통념상 인정할 수 있는 특별한 경우[14]를 제외하고는 차명금융거래를 금지하여 차명예금 범위를 축소할 필요가 있다. 뿐만 아니라, 차명금융거래가 적발된 경우에는 차명거래의 목적이 된 금융자산 가액의 일정 비율에 상당하는 금액을 과태료로 과징하도록 개선할 필요가 있다[15].

② 현금대체 결제수단의 다양화 방안

전통적으로 우리나라에서 지배되어 온 상거래에서의 현금수수 관행은 과세당국의 근거 과세 기반을 침해할 뿐만 아니라 근로소득자와 고소득 자영업자 간의 심각한 세부담의 불평등을 유발하는 중요한 원인으로 작용하고 있다. 반면 신용카드에 의한 거래는 사업자의 매출액과 소득 규모를 정확하게 파악할 수 있게 해주는 카드 매출전표를 발급하므로 과세투명화를 실현할 수 있다는 장점에도 불구하고, 우리나라의 신용카드 사용은 가맹점의 수수료 부담으로 인하여 일정 금액 이상의 거래에 국한되어 왔을 뿐만 아니라[16], 신용카드사의 무분별한 카드 남발, 정부의 관리·감독 미비, 현명하지 못한 일부 소비자들의 과소비 등으로 신용구매에 의한 가계부채 증가와 신용불량자 증가 등의 사회적 문제를 야기해 온 것이 사실이다.

이에 비해, 직불카드와 체크카드는 지불편의를 제공하고 과세자료를 확보할 수 있는 신용카드의 장점은 물론, 소액결제 시에도 이용에 부담이 없고 본인의 계좌잔액 한도 내에서 이용가능하기 때문에 건전한 소비문화를 유도한다는 장점도 지니고 있다. 현금카드 또한 결제 가능한 단말기가 개발되어 해당 단말기를 갖춘 가맹점에

---

13) 금융소득종합과세를 도입한 이래로 사회적 합의가 이루어지지 않아 지금까지 한 번도 기준금액의 조정이 이루어지지 못했다.

14) 예를 들면, 부부가 편의상 배우자의 계좌에 자금을 예금하는 등의 경우를 말한다.

15) 예를 들면, 현재 주식차명의 경우에는 증여세를 과세하고 있는 것처럼 차명금융거래가 적발된 경우에 증여로 간주하여 증여세를 부과하고, 부동산 명의신탁에 대해서는 과징금을 부과하는 방안을 들 수 있다.

16) 정부의 신용카드 활성화 정책으로 신용카드 사용 기준 금액이 지속적으로 낮아지고 있다.

서는 현금카드를 이용한 지급결제가 가능하다.

먼저, 직불카드의 활성화 방안으로는 직불카드 가맹점 수수료 책정방식을 현행 업종별 차등수수료에서 업종별 구분이 없는 이용 건당 정액제로 변경함으로써 수수료부담을 경감할 필요가 있다. 그리고 물품구매와 동시에 현금이 필요한 경우 물품 구매가액 이상으로 판매거래를 하고 그 차액은 현금으로 지급받는 거래인 현금융통거래(Cash-back Transaction) 허용을 통해 소비자들이 편리성으로 인하여 직불카드의 사용을 선호하도록 유도하는 것이 필요하다.

체크카드[17]는 신용공여 없이 본인의 계좌잔액을 기반으로 함에도 불구하고 신용카드 네트워크를 이용한다는 이유로 직불카드보다도 높은 신용카드 가맹점수수료를 적용한다는 것은 심각한 문제이다. 이와 같은 문제를 해결하기 위해서는, 직불카드와 동일하게 계좌잔액을 이용한도로 한다는 점에서 체크카드 역시 직불카드 가맹점 수수료만큼으로 인하하거나 취급성 수수료의 성격을 인정하여 정액제로 전환할 필요가 있다[18]. 체크카드 가맹점 수수료의 인하를 통해 가맹점 측이 체크카드 결제를 회피하는 등의 문제를 해소하고 과세표준 양성화에 기여할 수 있을 것이다.

마지막 현금대체 결제수단인 현금카드[19]는 직불카드와 마찬가지로 본인의 결제계좌의 범위에서 이용가능하기 때문에 가계부채 증가와 신용불량자 양산이라는 사회문제를 예방할 수 있으며, 기존의 현금카드 소지 회원들이 많기 때문에 회원 확보에 대한 부담이 없다는 장점이 있다. 따라서 현금카드 겸용 단말기의 보급과 구매시 결제기능에 대한 적극적 홍보를 통해 현금카드를 활성화시킬 필요가 있다.

③ 혐의거래보고제도의 실효성 제고

현행 혐의거래보고제도[20]의 문제점을 개선하기 위해서 가장 중요한 점으로는, 크

---

17) 2003년에 직불카드의 소득공제율을 신용카드와 차등화시켰을 당시 체크카드를 신용카드 또는 직불카드로 분류할 것인지가 중요한 이슈였다. 당시 정부는 신용공여 기능이 있는 체크카드는 신용카드로 분류하고 신용공여 기능이 없는 경우에는 순수한 직불카드로 분류하였다.

18) 체크카드도 신용카드가 제공하는 여러 가지 부가서비스를 제공하기 때문에 카드사 재정부담이 있으나, 현실적으로 순수한 신용카드와 달리 단순히 계좌이체의 성격을 갖는 직불카드와 성격이 같기 때문에 기존의 신용카드처럼 고율의 가맹점 수수료를 부과하는 것은 타당하지 않다. 혜택은 직불카드의 혜택을 받고 수수료는 신용카드 수수료를 부과하는 것은 이율배반적이다.

19) 현금 인출기에 넣으면 원하는 액수의 돈을 자기 계좌에서 꺼내 쓸 수 있게 만든 카드로 자기테이프에 각 사람의 비밀번호가 기록되어 있다.

20) 김동환(2001)은 혐의거래를 조기에 포착하여 금융부패를 미연에 방지하기 위해 신용정보 풀링·공유체계의 필요성을 주장하였으며 혐의거래 표준리스트를 작성·배포하고 혐의거래 관리·보

게 기준금액의 인하, 규정 위반 시 엄격한 벌칙조항 적용, 철저한 관리·감독, 금융기관 직원의 의식변화와 적극적인 협조, 정보의 공유, 금융정보분석원(Financial Intelligence Unit: FIU) 직원의 전문성 축적과 업무의 과학화를 들 수 있다.

아직까지 우리나라 금융기관은 혐의거래 보고체계 구축 등에 소극적이며, 금융기관·금융정보분석원·금융감독기관은 정보인프라 및 법·규정상의 제약으로 인해 혐의거래를 상시 감시·분석하거나 단속하는 데 한계가 있다. 따라서 금융기관으로 하여금 혐의거래와 관련된 고객의 차입구조·지배구조 등에 관한 정보를 종합적·동태적으로 수집할 수 있도록 정보조사·요구권의 범위를 확대할 필요가 있다. 그리고 금융정보분석원의 계좌추적권은 현재 외환거래를 이용한 금융거래만을 대상으로 하고 있다는 것도 혐의거래 감시의 한계점으로 지적할 수 있다.

혐의거래보고제도의 실효성을 높이기 위해서는 무엇보다도 현재 원화와 외화의 경우로 기준금액이 2원화되어 있는 것을 일원화해야 할 필요가 있다. 원화의 경우 2천만원 이상의 혐의거래에 대하여 신고하도록 하고, 외화의 경우 1만 달러 이상의 거래에 대하여 신고하도록 하고 있는 기준을 일원화할 필요가 있다. 그리고 기준금액도 점진적으로 인하해야 할 것이다.

④ 고액현금거래보고제도의 실효성 제고

정부는 OECD 가입으로 자금세탁 방지를 위해서 재경부 산하에 금융정보분석원(KoFIU: Korea Financial Intelligence Unit)을 설립하고 혐의거래보고제도를 도입하였으나 자금세탁을 통한 불법자금 조성을 위한 거래는 여전히 문제가 되고 있다. 불법 비자금이나 뇌물을 현금으로 주고받는 것은 이미 널리 알려진 사실이며 이처럼 자금세탁의 대부분은 아무런 규제 없이 고액 현금거래를 통해 이루어지고 있다. 하지만 문제는 현재의 자금세탁방지법상의 혐의거래보고제도로는 불법자금 거래를 차단하는 데 한계가 있기 때문에 고액 현금거래의 도입을 통하여 상호 시너지 효과를 거두어 제도의 실효성을 높일 필요가 제기되고 있다. 따라서 고액현금거래보고제도(CTR)는 일정 금액 이상의 현금거래를 국세청 또는 금융정보분석원에 보고하도록 하여 혐의거래보고(STR)제도로 적발하지 못하는 자금세탁행위를 자료 분석을 통해 발견하려는 데 주목적이 있다.

고체계 등을 구축하여 금융기관 스스로 혐의거래를 감시 및 분석할 필요가 있다고 주장하였다.

특히, 우리나라와 같이 현금거래 비중이 여전히 높고 납세의식이 낮으며 근거 과세의 인프라가 미흡한 나라에서 현금거래를 통한 탈세를 방지하기 위해서는 일정 금액 이상의 현금거래를 금융기관이 관계기관에 보고하도록 의무화하는 것이 필요하다. 일부 고소득 자영업자의 의도적이고 지속적인 탈세를 방지하기 위해서는 상거래단계에서 포착·방지하는 것은 한계가 있으므로 금융기관을 통하여 현금의 입출금을 철저하게 감독·통제하면서 과세인프라 확충에 활용하는 것이 필요하다.

우리나라는 2006년 1월부터 5천만원 이상의 고액 현금거래 시 이를 일률적으로 금융정보 분석원에 보고토록 하는 고액현금거래보고제도(CTR)가 도입되었다. 그러나 현재는 제도 도입 초기임을 감안하고 시장의 충격을 완화하기 위하여 기준 금액을 5천만원으로 설정하였지만, 앞으로 불법자금 거래의 효과적인 예방과 차단을 위해, 제도면에서도 더불어 현재 기준 금액을 점진적으로 하향조정하여 정착할 필요가 있다[21]. 혐의거래보고제도와 고액현금거래보고제도는 그 취지가 동일하면서 상호 밀접한 연관성이 있는 제도이므로 기준 금액 설정에 있어서도 연관성을 가지고 있다고 하겠다. 따라서 양 제도의 기준 금액의 인하에 있어서도 이러한 상호 연관성을 고려하여 조정하는 것이 필요하다.

⑤ 비과세·감면제도 축소

국세 대비 조세지출 비율은 2002년까지 점차 감소하였으나 2003년도부터는 다시 증가하기 시작하였다. 현재 비과세·감면 제도는 모두 226개에 이르고 2005년 기준으로 20조원에 가까운 금액이 지원되고 있으며 이것은 국세 대비 비중의 14.5%에 달한다. 게다가 최근 5년간 비과세 감면액 증가율(8.6%)이 국세 증가율(7.3%)을 웃돌면서 과세 기반이 흔들리고 있는 상황이다. 이는 조세 지원이 사실상의 지출이라는 인식이 낮고, 정책목표 달성수단으로 조세감면을 적극적으로 활용하는 데 기인하기 때문이다.

임시투자세액공제는 2000년에 약 7천억원에서 2005년에는 약 2조 5,698원으로 증가하는 추세를 보이고 있으며 다른 투자세액공제에 비해 임시투자세액공제의 규모가 급격히 증가하고 항구화되고 있다. 그리고 다양한 비과세·감면 금융상품을 운용한 결과, 저축규모가 총 개인저축 797조원의 거의 절반 수준인 411조원에 이르고

---

21) 정부는 고액현금거래보고제도의 보고 기준금액을 2006년에는 5천만원, 2008년에는 3천만원, 2010년에는 2천만원으로 인하할 계획이라고 발표하였다.

〈표 4-6〉 조세지출 현황

	2001 실적	2002 실적	2003 실적	2004 실적(C)	2005 전망(D)	전년대비 증감률(D/C)
조세지출(A)	137,298	147,261	175,080	185,862	199,878	9.3
직접세	97,183	101,676	123,311	131,485	150,807	14.7
간접세	39,025	44,323	50,558	50,274	47,986	△4.6
관세	1,090	1,262	1,211	1,103	1,085	△1.7
관련국세(B)	886,020	964,086	1,075,599	1,101,603	1,181,288	7.2
조세지출비율	13.4%	13.3%	14.0%	14.2%	14.5%	+0.3% 포인트

* 조세지출비율 = A(조세지출액)/(A+B)(조세지출액 + 관련국세)
* 관련국세: 조세지출 실적이 있는 세목 합계(총국세 - 과년도수입·교육세·농특세)

〈표 4-7〉 분야별 감면제도 항목수 및 규모 　　　　　　　(단위: 억원, %)

구 분	감면 항목수	제도 금액	비과세·감면액 금액	비과세·감면액 비율
1. 근로자·농어민 등 중산층 지원	61	26.9	86,826	43.4
- 근로자 지원	19	8.4	46,353	23.2
- 농어민 지원	23	10.1	29,167	14.6
- 저축 지원	19	8.4	11,306	5.6
2. 경제개발 지원	99	43.8	75,103	37.6
- R&D 지원 및 투자 촉진	22	9.6	47,432	23.7
- 중소기업	20	8.8	13,874	6.9
- 지방이전, SOC, 구조조정	57	25.2	14,098	7.0
3. 사회개발 지원	44	19.4	30,954	15.5
- 사회보장	12	5.3	22,422	11.2
- 교육·문화·체육	19	8.4	2,535	1.3
- 환경, 주택	13	5.7	5,997	3.0
4. 국방·외교·일반행정	22	9.7	6,995	3.5
합 계	226	100.0	199,878	100.0

있으며 각종 금융상품으로 인한 조세감면 규모는 연간 1.1조원 수준이다. 따라서 현행 조세지원제도는 복잡하면서 대규모의 조세 감면으로 과세 기반이 위축됨에 따라 세제의 중립성이 훼손되고, 조세 지원이 항구화·기득권화되고 신규 지원이 난립하는 경향이 있다.

이러한 조세지원제도는 정기적인 평가결과를 바탕으로, 지원의 규모와 대상을 지속적으로 축소하고 지원의 한시성을 확보하여 탄력적으로 운영되어야 할 것이다. 또한 모든 감면조항에 일몰 시한을 설정하여 일몰 시점에 실제적으로 폐지되도록 하고, 항구적인 감면이 불가피하다고 판단되는 조세 감면 항목은 본법으로 이전하여야 할 필요가 있다.

〈표 4-8〉 투자세액공제별 조세 감면 추이   (단위: 억원)

구 분	공 제 금 액				
	' 01	' 02	' 03	' 04	' 05
중소기업투자	382	187	158	110	275
임시투자	7,025	6,528	13,019	18,134	25,698
생산성 향상시설	1,946	527	477	548	291
환경·안전설비	435	108	165	84	144
에너지 절약시설	102	159	466	230	232
근로자복지시설	34	50	31	39	68
합 계	10,335	7,778	14,840	19,676	27,056

7. 소결

우리나라의 소득불평등도는 통계청에서 발표하는 지니계수를 보면 1997년까지 0.28~0.29 수준이었으나 외환위기 발생 이후 크게 악화되었다가 2003년에는 0.306 수준까지 떨어졌지만 다시 상승하여 2004년과 2005년에는 0.310을 유지하고 있다. 통계청에서 발표하는 지니계수를 그대로 인정하더라도 외환위기 이후 소득불평등도가 악화되고 있다는 것을 알 수 있다. 하지만 국민들이 체감하는 소득양극화는 이보다 훨씬 더 심각하다. 이러한 현상이 발생하는 이유는 통계청 자료에는 부동산 등 재산소득 자체의 증감을 통한 소득의 증감은 자료의 결여로 포함되지 않기 때문이다. 실제로 국민들은 'flow'의 개념인 소득의 불평등보다는 'stock'의 개념인 부동산, 금융자산 등 재산의 불평등을 더욱 심하게 느끼고 있으며, 이는 몇 가지 연구결과를 보더라도 확인할 수가 있다.

이러한 문제를 해결하기 위해서는 정부가 전혀 개입하지 않고 완전히 시장기능에 맡길 수도 있고, 기부 등 개인의 자발적 행위에 의존할 수도 있으며, 정부가 적극적으로 나서서 조세정책, 사회복지정책 등을 통하여 해결할 수도 있다. 하지만 정부가 시장기능이나 개인의 자발적 행동에 맡기고 방치하기에는 문제가 심각하며, 또 빈곤의 상당 부문은 시장의 실패로 나타나는 현상이기 때문에 정부가 나서서 이를 적극적으로 보정해주는 것이 필요하며, 또 정부는 이를 해결할 가장 강력하면서도 효과적인 수단을 가지고 있다.

사실 정부의 각종 정책은 본질적으로 재분배적 성격을 내포하고 있다. 대부분의 공공정책은 소득과 재산을 재분배하면서 서로 다른 계층에게 이익 또는 손실을 가져다 준다. 즉, 정부의 모든 행위, 예를 들어, 과세, 재정지출, 또는 제 규정들은 다양한 경로를 통하여 국민의 소득과 재산의 분배에 영향을 미친다. 정부는 이처럼 재분배에 강력한 수단을 가지고 있기 때문에 언론, 학계, 또는 시민단체는 소득재분배문제를 개선하기 위하여 정부를 활용하려고 시도하며 정부가 적극적으로 나서서 해결해 줄 것을 촉구한다.

정부는 재분배정책을 통하여 '기회의 평등(equality of opportunity)'을 추구하기도 하고 '결과의 평등(equality of results)'을 추구할 수도 있다. 이 중에서 교육과 건강관리를 통하여 인간의 타고난 재능을 개발하고 생산적이며 우리 사회에 기여할 수 있는 성인으로 성장하도록 하는 것을 목적으로 하는 '기회의 평등'은 시장경제의 철학에 더 부합한다고 할 수 있다. 반면에 즉각적이고 직접적인 빈곤구제에 목적을 둔 '결과의 평등'은 소득의 편차를 축소하는 데 중점을 두고 있으며 누진적 소득세제, 정부가 2008년부터 도입하기로 결정한 근로장려세제(EITC), 국민기초생활보장제도상의 주거급여, 사회보장제도, 미국의 'Food Stamps' 등이 이에 해당한다.

우리나라도 선진국과 마찬가지로 단기적으로는 '결과의 평등(equality of results)'을 위해 다양한 정책을 추구하는 동시에 중장기적인 관점을 가지고 국민에게 '기회의 평등(equality of opportunity)'을 제공하는 정책을 병행하고 있다. 문제는 과연 얼마나 효과적으로 추진하여 정책 목적을 달성하느냐이다. 즉, 과거에는 정책의 효율성에 치중하면서 형평성 문제에는 그다지 큰 관심을 두지 않았지만, 최근 양극화문제가 심화되면서 소득재분배와 빈곤문제 해결이 중요한 사회 이슈로 대두되면서 형평성의 중요성이 다시 강조되고 있다. 그렇다고 이는 효율성이 중요하지 않다는 것을 의미하는 것은 아니다. 특히, 현재 정부가 소득재분배를 강화하고 빈곤문제를 해결하기 위하여 추진하거나 조만간 추진하고자 하는 과제들은 이미 선진국에서 오랫동안 시행해온 프로그램이 많다. 우리의 관심은 이러한 정책과제가 우리나라에서도 실효성을 가지기 위해서는, 대부분의 정책이 이미 정책 시행을 통하여 형평성을 개선하고자 하는 동시에 정책의 효율성을 확보하는 데도 관심을 소홀히 해서는 안 된다는 점이다. 다시 말하면 효율성은 재분배의 과정에 있어서도 중요한 이슈라는 것이다. 왜냐하면 재분배정책에 있어서 효율성은 관리 및 행정비용을 최소화하는 동시에 자격이 없는 자에게 정부의 지원이 낭비되는 것을 최대한 방지하고, 수혜할 자격이 있는 계층에게 정책을 집중해야 한다는 것을 의미하기 때문이다. 시장실패로 인한 소득격차와 빈곤문제를 교정하기 위한 정부의 정책이 그 실효성을 확보하기 위해서는 형평성과 효율성을 동시에 추구해야 하는 것이다.

참고문헌

김기원(2000), 「Welfare to Work 정책과 생산적 복지에 관한 고찰」, 『한국사회복지정책학회』
김재진(2003), 『자영업자 과표양성화에 관한 연구』, 한국조세연구원.
김재진·원윤희·전병목(2005), 「한국형 근로소득보전세제 도입타당성 및 도입방안 연구」, 빈부격차차별시정위원회, 2005.
대한상공회의소(2006), 『우리나라 소득재분배 효과의 현황과 시사점』.
이정우·이성림(2001), 「한국가계자산 불평등의 최근추이」, 『한국노동연구』.
이준구(2004), 『재정학』제2판, 다산출판사.
유경준·김대일(2003), 「소득분배 국제비교와 빈곤연구」, 한국개발연구원.
통계청(2005), 『가계조사연보』.
한국노동연구원(2006), 『노동리뷰』.

Anderson, John E., 2003. *Public Finance*, Boston, New York, Houghton Mifflin Company.
Garfinkel, Irwin & Haveman, Robert H., 1977. *Earnings Capacity, Poverty, and Inequality*, New York, Academic Press,
Mincer, Jacob, 1970. "The Distribution of Labor Incomes: A Survey With Special Reference to the Human Capital Approach", *Journal of Economic Literature, Vol. 8.*
OECD, 2005. "Social Employment and Migration", Working paper.
Rosen, Harvey S., 2002. *Public Finance (6th Edition)*, Boston, McGraw-Hill Publishing Company.
Stiglitz, Joseph E., 2000. *Economics of the Public Sector (3rd Edition)*, New York/London, W.W Norton & Company.
Ulbrich, Holley H., 2003. *Public Finance*, Thomson/South-western.

비정규노동자 대책 및 보호입법의 쟁점과 평가

윤정향[*]

1. '비정규노동': 어떻게 이해할 것인가?

비정규노동 관련 법률이 2006년 12월 21일 일제히 제·개정됨으로써, 비정규노동에 관한 논의가 새 국면을 맞게 되었다. 이는 2001년 7월 '비정규직 근로자대책 특별위원회'가 구성되고, 2003년 노사정위원회가 합의에 실패하여 공익안을 정부로 이송한 지 3년만이다.

비정규노동 문제가 20세기 말부터 주목받기 시작한 사회문제인 것은 분명하지만, 이 문제가 한국사회의 문제만도 아니고 또한 최근의 문제적 현상도 아니다. 비정규노동은 임노동이 출현하면서부터 자본주의 노동시장의 한 축을 형성해오고 있었다. 그렇지만 역사성을 지닌 실체라 하더라도 비정규노동은 자본주의 생산체제나 국가의 규제제도, 노사관계에 따라 유형과 성격이 다르며, 문제를 해결하는 방식도 다르다(Whitley, 1999; Hall & Soskice, 2001; 정이환, 2005).

그렇다면 한국사회에서의 비정규노동은 어떻게 이해하고 전망해야 할 것인가? 이는 비정규노동을 어떤 차원에서 접근하느냐에 따라 달라질 수 있다. 비정규 노동화되고 있는 노동시장의 구조에 주목하여 노동시장 내에서의 지위를 분석할 수도 있고(정이환 외, 2003; 김유선, 2003; 신원철, 2001), 비정규노동의 사회복지 배제가 시

---

* 중앙대 사회복지학과 강사, 참여연대 노동사회위원회 실행위원

장, 보상제도, 역사적 특성, 노사관계의 복합적인 관계 속에서 일어난다는 것을 강조할 수도 있고(윤정향, 2005), 나아가 노동운동 차원에서 비정규노동자의 조직화에 초점을 맞출 수도 있다(윤진호 외, 2006). 비정규노동에 관한 많은 연구들은 노동시장, 사회복지제도, 노동운동 등 관련 이론 범주에 따라 비정규노동의 현재적 지위를 이해하고 있다.

입법된 이후의 현 시점은 비정규노동과 관련된 규제 및 보호제도가 어떻게 조정되어 왔으며 어떻게 평가될 수 있는지, 그리고 향후 어떻게 비정규노동 문제를 풀어가야 하는지를 진단·모색해야 할 시기이다. 이런 맥락에서 2절에서는 비정규노동의 경제·사회적 지위를 통계지표를 통해 설명하고, 3절에서는 사회복지정책과 노동정책 차원에서의 비정규노동에 관한 규제제도를 쟁점에 초점을 두어 기술하고, 4절에서는 현재 시점에서의 비정규노동에 대한 규제제도를 평가할 것이며, 끝으로 결론에서는 향후의 방향을 제시할 것이다.

2. 비정규노동의 특성

비정규노동의 특성을 간략히 설명하면 동질성과 이질성으로 대별할 수 있다. 동질성은 비정규노동의 근로조건(임금, 노동시간, 채용 및 해고)이 고용주의 주도적 결정에 좌우되어 불안정하며, 부당한 차별과 처우로부터 적절히 보호받지 못한다는 의미를 담고 있다. 반면, 이질성에는 비정규노동은 내부적으로 매우 다른 특성들이 존재하여 일괄적인 접근이 어렵다는 의미가 담겨 있다. 예를 들면, 비정규노동자라 하더라도 기간제노동자, 파견노동자, 파트타임노동자, 특수고용노동자 등 고용형태가 다양하다. 이 특성은 '다르다'는 현상으로 멈추는 것이 아니라 조직화 및 단체교섭 과정에서 상이한 전략적 대응을 요구한다. 또한 고임금-고숙련형의 높은 노동시장 지위에 소속된 사람이 있는가 하면, 저임금-저숙련의 낮은 지위에 머물러 있는 사람도 있다. 절대 다수는 저임금노동시장으로 편재되어 있음에도 불구하고, 간혹 일부 고임금-고숙련 계약직들로 인해, 비정규노동이 자율적 고용이동과 개인의 노동노력에 대한 차등적 보상을 제공하는 대안으로 포장되기도 한다.

비정규노동시장 특성을 파악하는 데는 통계청의 경제활동인구조사 부가조사 자료를 활용할 수 있다. 2000년 8월 첫 부가조사를 시작으로 2006년 현재 6회의 부가조사가 이루어졌는데, 전체 노동시장에서 비정규노동이 차지하는 규모는 50%를 넘는다(한국비정규노동센터, 2006). 정규노동의 잔여(residual) 노동이 아니라 현재 노동시장의 전형(typical)으로 고착되었다고 해도 무리가 없다. 구체적으로 비정규노동이 어떠한 노동시장 특성을 지니고 있는지 알아보면 다음과 같다.

(1) 여성노동자의 편중과 저임금시장의 보편화

경제활동인구조사에 따르면 2006년 현재 전체 임금노동자 중 정규직은 약 690만명(45.2%), 비정규직은 약 840만명(54.8%)으로 비정규직이 더 많은 것으로 나타났다[1]. 비정규노동자 중 여성은 435만명으로 남성 405만명보다 많으며, 전체 여성노동자 중 67.6%가 비정규노동자로 존재하고 있어, 비정규노동의 여성 편중 현상이 확인된다. <그림 5-1>은 2002년과 2006년의 성별 임금노동자 규모를 단순 비교한 것인데, 남성노동자는 정규직이 많은 반면 여성노동자는 비정규직이 정규직의 두 배 수준으로 확인된다.

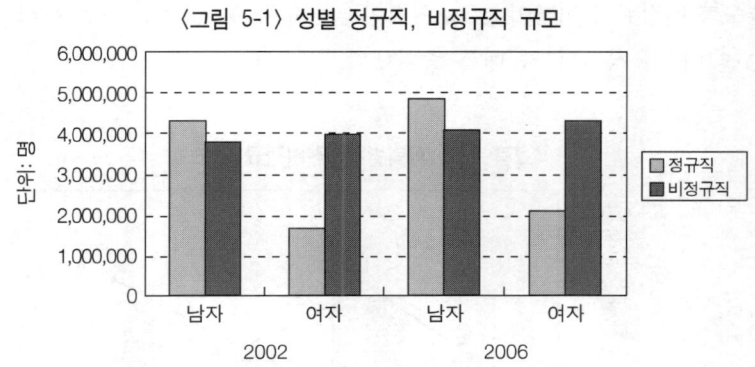

〈그림 5-1〉 성별 정규직, 비정규직 규모

연령별로는 25~34세를 제외하고 전 연령 계층에서 비정규직이 높다. 특히 15~19

---

1) 김유선(2006)도 동기간 비정규직을 840만명으로 추정하고 있다. 반면 노동부는 동기간 정규직을 9,894천명(64.5%), 비정규직을 5,457천명(35.5%)으로 발표했다. 규모 추이에서 이처럼 큰 차이가 발생하는 이유는 비정규노동의 정의 및 추정 방식에 있어 정부와 노동계가 일치된 시각을 갖지 않기 때문이다. 노동부는 노사정위원회 비정규특위의 분류 기준에 따라 비정규직을 한시적 근로자(고용지속성), 시간제근로자(근로시간), 비전형근로자(근로제공방식)로 분류하고 있다. 이 과정에서 노동부는 저임금의 취약한 임시·일용직을 '취약근로자'로 분류하여 비정규노동의 범위에 포괄하지 않고 있는 등 비정규직을 과소 추정하고 있다. 본 연구는 한국비정규노동센터의 분류 기준을 따르고 있다.

세인 저연령층과 55세 이상 고령층으로 진입할수록 비정규직 규모가 절대적으로 높다. 2002년과 2005년의 분포가 유사하며 25~54세의 경우 2005년에 정규직과 비정규직 모두 증가했다.

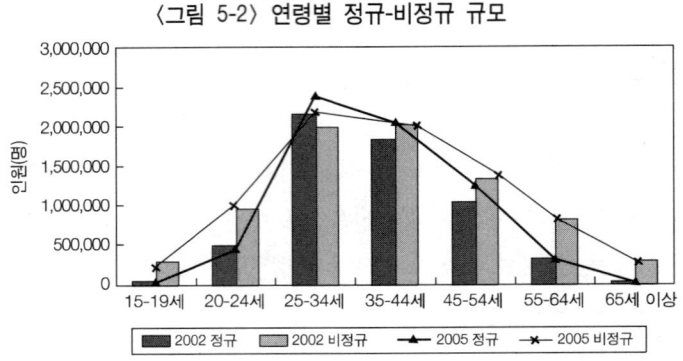

〈그림 5-2〉 연령별 정규-비정규 규모

* 통계청, 경제활동인구조사 부가조사.

학력별로 보면 대졸 이상에서만 정규직 분포가 높게 나타났다. 전체적으로 학력이 낮을수록 비정규직 비율이 높고, 학력이 높을수록 낮다. 특히 고졸 이하의 학력에서 2005년 비정규직 규모가 대폭 증가했다.

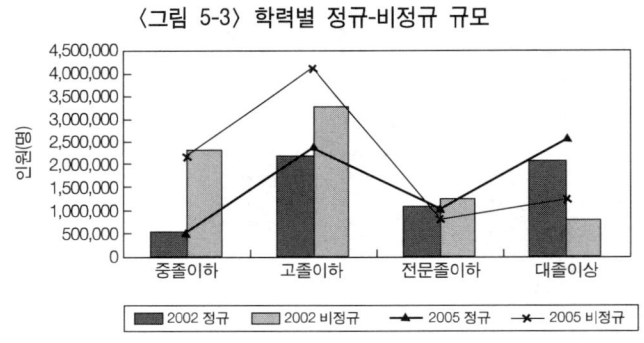

〈그림 5-3〉 학력별 정규-비정규 규모

* 통계청, 경제활동인구조사 부가조사.

산업별 비정규직 비율을 보면 가사서비스업은 100%, 숙박 및 음식점업 92.3%, 농업 및 임업 92%, 어업 89.7%, 건설업 72.8%, 오락, 문화 및 운동 관련산업 72.5%,

도소매업 68.5% 순으로 나타났다. 반면 정규직 비율이 상대적으로 높은 산업은 국제 및 외국기관(84.3%), 전기, 가스 및 수도사업(81.9%), 광업(80.6%), 공공행정, 국방 및 사회보장행정(75.0%), 통신업(63.9%) 순으로 나타났다(한국비정규노동센터, 2006).

비정규노동의 일자리 특성은 기업의 핵심업무보다는 지원업무, 숙련과 전문기술을 요하는 업무보다는 단순업무와 일반기술을 요하는 업무에서 많이 발견된다. <그림 5-4>는 직업별 분포를 제시한 것인데, 단순노무직, 농림어업숙련직, 판매직, 서비스직에서 80% 이상이 비정규직으로 나타나고 있다. 정규직 비율이 높은 직업은 장치·기계조작 및 조립종사자와 사무종사자, 의회의원·고위관리직으로 나타났다.

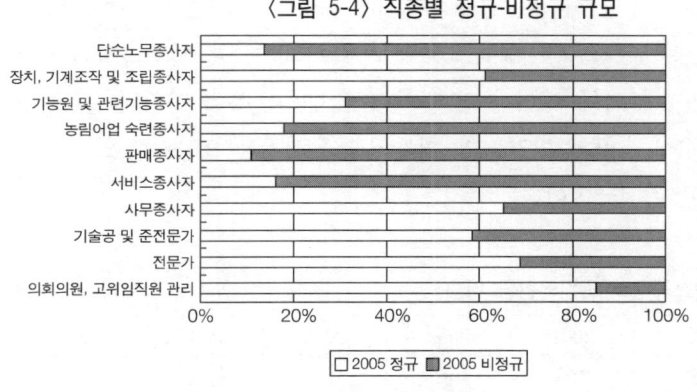

〈그림 5-4〉 직종별 정규-비정규 규모

* 통계청, 경제활동인구조사 부가조사.

(2) 사회적·제도적으로 배제된 노동

한국사회에서 비정규노동의 문제는 노동시장의 분절에 그치지 않고 사회적 관계 전반의 분절구조를 만드는 원인이 되고 있다. 최저임금제 등 시장 자체의 규제책도 미흡할 뿐만 아니라 사회보장 제도마저 분절된 시장에 부합되는 결과를 보임으로써 재분배 영역이 양극화되고 있기 때문이다. 시장영역과 재분배기제가 상호속박 관계로 묶여 있어 고용형태에 따른 시장 분절화, 즉 비정규노동의 고착화가 사회 양극화의 원인이 되는 것이다. 이것을 비정규 일자리 특성과 관련하여 세 측면에서 설명할 수 있다.

우선, 비정규직은 정규직 이행을 위한 과도기가 아닌 덫으로서의 일자리 특성을 지닌다(한준·장지연, 2000; 김유선, 2003). 즉, 정식 직무수행에 앞서 요구되는 수습(인턴) 기능이나 다른 목표를 성취하기 위해 임시로 선택된 일자리이기보다 대부분 비자발적 의사로 선택되는 일자리이며, 비정규직으로 일을 시작하면 동일 직종이든 그렇지 않든 대체로 반복해서 비정규직으로 노동시장에 남는 게 일반적 경향이라는 의미이다.

둘째, 노동시장 분절은 그 자체로 임금과 부가급여(fringe benefits)의 분절을 야기하고 사회적 보호제도가 미진할 시에는 개별 가구와 개인의 소득과 소비생활의 극심한 편차를 초래한다. 나아가, 문제는 분절된 시장구조 하에서 동일노동·동등직무를 수행하더라도 '비정규직'이라는 이유로 임금과 부가급여 조건에서 차별을 받는다는 데 있다. 비정규노동의 평균 임금은 정규직의 50% 수준에 불과하며, 사회보험 적용은 지난 5년간 꾸준히 상승하였음에도 30%를 겨우 유지한다2). 법정복지의 혜택은 여전히 턱없이 낮은 수준이다. 이러한 경제·사회적 차별이 특히 집중된 노동자들은 광범위한 저소득계층에서 쉽게 발견된다. 이들의 노동시장은 불안정한 일자리로 채워져 있고 대부분이 비정규직이다.

〈표 5-1〉 정규직과 비정규직의 월평균임금 비교 (단위: 만원)

	2000	2001	2002	2003	2004	2005
정규직	157	169	182	201	211	220
비정규직	84	89	96	103	109	112

* 통계청, 경제활동인구조사 부가조사 각 년도
* 한국비정규노동센터(2005), 『월간 비정규노동』 46호.

끝으로, 비정규노동자들은 노동시장과 경제활동에서의 경제적 차별을 넘어 사회·인격적 차별을 경험하고 있다. 업종과 직종별로 행해진 많은 비정규노동 실태조사를 통해, 일터에서는 비인격적·폭력적 언행과 멸시풍조, 정보 접근의 제한, 힘든 직무에 배치, 그리고 고충처리 해소기구의 부재 등으로 심리적·도덕적 배제(Opotow, 1990; 이병훈, 2003)3)에 처해 있는 게 확인되고 있다. 뿐만 아니라 가족이나 동료집단과

---

2) 산재보험은 2005년 12월말 현재 1,175,606개 사업장에 적용되고 있고, 이 사업장에 종사하는 근로자 수는 12,069,599명으로 집계되었다(노동부, 2006).
3) 오포토우(Opotow, 1990)는 "개인이나 집단이 도덕적 가치, 규율, 형평성 적용에 있어 경계 외부에 있는 것으로 인지할 때" 도덕적 배제(moral exclusion)가 발생한다고 보았다.

같은 사적 네트워크에서는 '비정규직'이 자신 있게 밝힐 수 있는 '좋은 일자리(good jobs)'가 되지 못하며, 장기적 생활설계를 계획하는 데 적잖은 어려움을 주고 있다.

〈표 5-2〉 정규직과 비정규직의 사회보험과 부가급여 비교 (단위: %)

	고용형태	2005	2004	2003	2002	2001	2000
국민연금	정규	98.0	96.5	96.6	92.2	92.7	88.0
	비정규	32.8	30.2	26.4	21.5	19.3	22.1
건강보험	정규	98.3	97.2	97.6	94.6	94.8	90.7
	비정규	33.4	32.8	28.8	24.8	22.2	24.6
고용보험	정규	81.6	80.5	79.5	79.1	80.0	74.2
	비정규	30.7	29.6	25.9	23.2	20.7	22.6
퇴직금	정규	98.1	99.0	98.8	93.2	94.3	90.0
	비정규	19.5	18.3	15.9	13.8	13.6	21.9
상여금	정규	96.3	96.1	97.1	92.5	93.1	89.5
	비정규	17.4	16.3	14.4	13.9	14.0	23.0
시간외 수당	정규	80.6	80.9	76.6	76.7	75.6	73.1
	비정규	14.6	13.5	10.8	10.0	9.7	16.5

* 통계청, 경제활동인구조사 부가조사 각 년도.
* 한국비정규노동센터, 2005, 『월간 비정규노동』 46호.

(3) 고용관계-독립 계약관계의 선명성 붕괴: 노동자 혹은 자영업자?

대인서비스산업의 발달과 경쟁이 가속화되면서 최근 비정규노동에서 이질화가 빠르게 진행되고 있다. 대표적으로 특수고용 노동자들의 고용지위가 점차 자영업자로 변형되는 것을 들 수 있다. 일반적으로 비정규노동의 유형은 고용주(사용자)와의 거래관계의 특성을 포착하여 직접고용, 간접고용, 특수고용으로 구분하는데, 특수고용은 형식상 계약관계자가 '독립사업자 간의 계약관계'로 규정되어 비정규노동자들이 현재의 노동 관련 법률에서 '근로자'로서의 지위를 보장받지 못하는 형태를 통칭한다. 예를 들면, 지난 몇 년간 여론의 주목을 받아왔던 보험설계사, 골프장 경기보조원, 학습지 교사, 레미콘 운송종사자 4개 직종 이외에도 화물차기사, 퀵서비스 배달원, 텔레마케터, 대리운전기사 등 다양한 직종이 포함되어 있다. 특수고용 노동자들은 회사로부터 업무수행 과정에서 직·간접적인 통제를 받고 있고 실제로는 사용-종속관계에서 일하고 있음을 수차례 제기해 사회적 의제로 만들었으나 여전히 노동자로 인정받지 못하고 있다[4]. 이들의 규모는 전체 노동자 비중에서 5% 정도로 소규모이다. 그러나 세계화와 기업의 유연화 전략에 따라 특정 직종 전체가 임금노동자에서 특수고용화 되거나, 신직종으로 영역 확대가 일어나는 등 주변부 노동시장 및 신규 노동시장에서 이 유형이 급속도로 확산되고 있다.

게다가 특수고용 노동자들의 노동자성 인정을 놓고 몇 년간 법적 공방이 진행되는 가운데, 노동자 인정 투쟁 주장들을 더욱 불리하게 하는 조건들도 증가하였다. 우선, 기업들은 사용-종속관계로의 분쟁소지가 있는 계약요건들을 변경하고, 출퇴근 시간 조회참석과 같은 명백히 사용종속 관계가 드러나는 방식을 기피하는 기민함을 취함으로써 형식상 독립사업자로서의 지위를 강화시켜 왔다(김성희, 2006). 또한 점차 증대 추세인 사회적 일자리도 노동자성을 부인하는 원인으로 작용하고 있다. 즉, 노동빈민이나 사회적 취약계층을 위한 사회적 일자리 중에는 정부지원에 의해 보호되는 노동시장(예를 들면, 제3섹터라 불릴 수 있는)과 경쟁적 노동시장에 공존하거나 두 시장의 경계에 위치하는 일자리(자활공동체사업)가 많은데, 이들 참여자에 대한 모호한 규정은 노동자로서의 권리와 지위확보를 어렵게 한다.

한편, 현재 논의 수준에서는 특수고용 노동자의 범주에 포함되지 않지만 유통서비스 분야에서도 노동자와 독립사업자의 경계에 있는 종사자들이 발견되고 있다. 대표적으로 프랜차이즈점의 점주가 그러하다. 프랜차이즈점의 점장들은 공식적으로는 자영업자이거나 소고용주이지만 실제로는 사업운용방식, 수익배분, 그리고 종업원 채용과 급여수준에 있어서 자율성을 인정하기 어려울 정도의 엄격한 관리·감독을 받고 있어 자영업자와 노동자의 경계가 모호한 지위에 있는 사례가 적지 않다(Royle, 2002).

지금까지는 비정규노동의 경제·사회적 특성을 살펴보았다. 이에 따르면 비정규노동은 중차대한 사회구조적 문제이므로 조속한 해법을 모색하기 어렵지만 다른 한편으로 시급한 대책을 마련하지 않으면 안 되는 난제이다. '무엇을 할 것인가'를 논하기에 앞서, '어떻게 해 왔는가'를 진단하고자 이하에서는 비정규노동과 관련한 사회보험 및 시장 영역의 제도변화를 분석·평가한다.

---

4) 1994년 대법원의 판결에 따르면 근로자성은 "사업 또는 사업장에 임금을 목적으로 종속적인 관계에서 사용자에게 근로를 제공하였는지 여부에 따라 판단해야" 하는데, 핵심적인 요지는 사업 또는 사업장에서 사용자의 실질적인 지휘·감독을 받아야 한다는 것에 있다. 이를 골자로 법원은 판결과정에서 10개의 판단지표를 포괄적으로 해석한다고 설명하였으나, 해석의 형식성과 소극성에 따른 문제점이 계속해서 지적되고 있다. 무엇보다 단순한 사용·종속 관계가 아니라 현실 노동조건을 반영한 경제·사회적 고용관계 지표들이 고려될 필요가 있고, 또한 현재의 접근방식은 국제기준에도 부합하지 않는다는 비판이다(윤애림, 2003; 조임영, 2006).

3. 비정규노동 보호 대책과 입법의 주요 개괄

(1) 사회보험의 적용대상 확대 및 관리체계의 부분 개선

외환위기 이후 정규직이 대거 비정규직으로 전환되면서, 전무하다시피 했던 비정규노동자 보호가 사회의 핵심 의제로 부상하였다. 비정규직들은 질병, 산재, 계약해지의 위험 속에서 아무런 보호를 받지 못한 채 사회적으로 고립되어 있었다. 2000년을 전후하여 비정규노동 보호 대책으로 4대 보험의 확대적용이 검토되었다. 정부로서는 가장 효율적이고 신속하게 제시할 수 있는 대책이 필요했고 이를 충족시켜 줄 유용한 제도가 사회보험이었기 때문이다. 하향식 발달 궤적을 특징으로 하는 우리나라의 사회보험은 사업장 기준(5인 미만)[5]과 근로시간 기준을 적용하여 적용 예외 대상들을 광범위하게 용인해 왔기 때문에, 영세업체 및 파트타임 노동자를 포함한 다수 비정규노동자들이 사회보험에서 배제되어 있었다. 물론 국민연금과 건강보험은 이들을 지역가입자나 임의가입자로 분류하여 혜택을 받을 수 있는 기회를 보장하였으나, 노동자로서 보장받을 수 있는 '노동권'으로서의 혜택은 사실상 박탈당했던 것이다.

적용대상 확대방침에 따라 고용보험은 1998년 10월부터, 산재보험은 2000년 7월부터 1인 이상 전 사업장으로 확대되었다. 2003년 7월 국민연금과 건강보험이 1인 사업장과 월 80시간 이상 파트타임 노동자에게 확대되도록 개정되었고, 2004년 고용보험이 60세 이상 고령자와 월 60시간 이상의 단시간노동자에게 확대되기에 이르렀다. <표 5-3>은 사회보험 적용대상 확대의 주요 내용을 연표로 예시한 것이다.

비정규노동자를 위한 사회보험 확대적용은 적용예외 조건을 완화·폐지하는 방법으로 완전히 해결될 수 없었다. 앞서 제시한 통계에서 확인되듯이 실제 저조한 가입률은 법규 개선의 실효성이 높지 않음을 입증한다. 이는 두 가지 때문인데 하나는 법개정 이후 가입률과 혜택률을 높이기 위한 후속 대책들이 원활하게 시행되지 않았기 때문이며, 다른 하나는 사회보험 제도에 배태되어 있는 '사회성'과 '시장성' 원리가 상충하면서 생기는 제도의 근본적인 한계 때문이다.

---

[5] 사업장 기준에서 '5인 미만 사업장'은 비정규 문제가 공론화되기 전까지만 해도 보험제도로는 포괄할 수 없는 접근 한계 대상으로 인식될 만큼 대상자 확대를 위한 방안들이 전무했다.

<표 5-3> 사회보험의 사업장가입자 확대적용 단계 연표

연도	국민연금	건강보험	고용보험	산재보험
1998.			사학법 적용을 받지 않는 사립학교 종사자	금융·보험업 적용
1998. 10			1인 이상 사업장. 1개월 이상 일용근로자, 월 80시간 이상(주18시간 이상) 시간제적용*	
1999.	근로자제외자** 중 산업연수 해당 외국인 조항 삭제; 농어민 범주 규정 삭제; 가입대상 제외자 중 비희망자활보호대상자 규정 삭제	국민건강보험법 제정(5인 이상 사업장, 공무원·교직원)		
1999.	도시지역 자영자 확대			
2000.				중소기업 사업주 임의가입 허용; 1인 이상 사업장 확대***; 기타 공공/개인서비스업 적용
2001.	가입대상 제외자에서 기초생보대상자 삭제(4월)	국민건강보험으로 통합(직장의보 통합)		
2001. 7		1인사업장 확대. 적용제외 대상자 변경****		국가/지자체가 주관하는 사업 적용
2003. 7	근로자제외자 규정 개정: 1개월 이상 임시직, 월80시간 이상 시간제근로자로 확대; 1인 이상 사업장 확대(법인, 전문가직종)	1개월 이상 임시직, 월 80시간 이상 시간제로 확대*****		
2004. 1			60세 이후 신규고용자, 일용근로자 적용; 국가·지자체가 주관하는 사업종사자 적용[6]; 월 60시간(주 15시간) 이상 시간제 확대	중소기업 사업주(근로자 미채용)의 가입 특례
2004. 7	1인 이상 사업장 확대 2단계(법인, 전문직종을 제외한사업장 중 건강, 고용보험 가입사업장)			
2005.				농림어업, 수렵업의 법인은 5인 미만도 적용; 건설면허소지 사업장의 건설공사 전면 적용
2006. 1	1인 이상 사업장 확대 3단계(그 외 사업장)			

* 60세 이후 신규채용자, 65세 이상자는 적용제외근로자. 그 외 적용 범위 제외사업에는 농림어업수렵업 중 상시 4인 이하 고용 사업장, 총 공사금액이 일정 기준 이하인 건설업, 가사서비스업 제외. 적용 범위 제외사업 규정은 2006년 현재도 크게 달라지지 않았는데(농림어업수렵업 중 법인이 아닌 상시 4인 이하 고용 사업장, 총 공사금액이 2천만원 이하인 건설업), 최근 가사서비스업 종사

자의 처우와 관련하여 문제가 제기되고 있다.
** 국민연금법시행령 제2조는 법에서 정의한 15세 이상 60세 미만의 근로자 중 '근로자 제외자'를 규정하고 있다. 1. 일용근로자 또는 3월 이내의 기한부로 사용되는 근로자. 다만, 3월을 초과하여 계속 사용되는 경우에는 그러하지 아니하다. 2. 소재지가 일정하지 아니한 사업장에 종사하는 근로자. 3. 계절적 또는 일시적 사업장에 종사하는 근로자. 다만, 3월을 초과하여 계속 사용되는 경우에는 그러하지 아니하다. 4. 비상임이사, 시간제 근로자 등 사업장에서 상시 근로에 종사할 목적으로 사용되는 자가 아닌 자. 5. 출입국관리법시행령 제12조 및 별표1에 의한 체류자격이 산업연수(D-3)에 해당하는 외국인.
*** 적용예외 사업에는 농업·임업(벌목업 제외)·어업·수렵업, 건설공사는 2,000만원 미만 사업.
**** 2001년 개정된 건강보험법시행령에서는 직장가입자 적용제외자로 1개월 미만 일용근로자, 농림어업, 가사서비스업 등 12개 산업의 5인 미만의 임의적용사업장 소속, 비상근 또는 시간제근로자, 소재가 일정하지 않은 사업장 소속.
***** 2003년 개정된 시행령 10조의 '직장가입자 제외자'는 1. 비상근로자, 월 80시간 미만 시간제 근로자, 2. 비상근교직원, 월 80시간 미만 시간제공무원, 3. 소재지가 일정하지 아니한 사업장의 근로자와 사용자, 4. 근로자가 없거나 제1호 규정에 의한 자만을 고용하고 있는 사업장의 사업주.

첫 번째 원인과 관련하여, 사회보험 제도의 관리·운영상의 한계, 현장의 관리감독의 불철저, 관련 기관 간의 느슨한 정보네트워크 체계, 고용주의 기여회피, 정보부족이나 고용주 압력에 굴복하여 가입을 기피하게 되는 노동자의 계산된(calculus) 선택 행위(Hall & Taylor, 1996) 등을 들 수 있다. 이에 따라 시급히 해소해야 할 보완책으로 크레디트 방식 같은 보험료 부담 경감조치, 관리운영체계의 정비, 사후관리·감독 기능 강화, 그리고 찾아가는 서비스 등 보험제도 틀 내에서도 엄격한 진입장벽을 낮춤으로써 실효성을 제고하는 방안들이 필요했다(김연명, 2001; 김연명, 2003; 윤정향, 2005).

실제로 정부는 최근 몇 년 사이 사회보험의 관리운영 방식과 가입자의 가입을 독려하는 차원에서 여러 방안들을 채택하였다. 첫째, 고용보험과 산재보험의 보험료 징수체계 공통 규정을 마련하여 2005년 1월부터 시행하고 있다[7]. 이 법에서는 '고용·산재 정보통신망'을 구축하여 보험관계의 성립과 소멸, 징수와 납부, 피보험자 자격변경의 신속한 처리, 그리고 5인 미만 사업장과 일괄적인 보험료 부과가 어려운 사업을 징수특례사업으로 선정하여 별도의 특례보험료를 적용하도록 했다. 또한, 성실신고 납부자와 정보통신망 이용자 및 심의에 따라 타당한 사유가 인정될 때 보험료를 경감해 주도록 하고 있다. 이 외에도 보험료 초과 및 미달사태 발생 시, 공단에 정정을 청구할 수 있는 '경정청구 및 수정신고제도'를 도입하였다.

6) 법안은 2002년 12월 31일 개정되었으나 시행을 2004년 1월 1일로 고시함.
7) '고용보험 및 산업재해보상보험의 보험료징수 등에 관한 법률'은 2003년 12월 31일 제정되었다.

물론 이러한 관리·행정시스템의 정비가 비정규노동자를 고용한 사업장만을 위한 것은 아니지만, 고용주의 불(탈)법적인 기여회피 행동으로 비정규노동자들이 적용 사각지대에 방치되었던 현실을 감안한다면 필요한 후속대책이었다[8].

둘째, 개별 보험제도별로 살펴보면 고용보험의 경우 2003년 법개정을 통해 피보험자 자격을 다소 완화하였다. 2개 이상의 사업에 일용근로자와 비일용근로자로 동시 고용되었을 때, 비일용근로자로 고용된 사업에서 우선적으로 피보험자격을 취득하도록 함으로써, 2개의 일자리에서 일하는 저임금 노동자들의 피보험자격의 안정성을 보증하면서 이중부과의 혼란을 방지할 수 있도록 개선하였다.

이 외에도 건설일용근로자의 퇴직공제부금의 일부를 지원하는 방안도 도입하였다. 몇 차례의 개정을 거쳐, 건설산업기본법에서 규정하는 의무가입대상 공사가 아닌 사업주에게[9] 노동자의 공제부금 30일분을 고용보험기금에서 지원토록 하고 있으며, 2004년에는 '원수급인 연대책임' 조항을 삭제하여 중층하도급 구조에서 하수급인이 일정한 자격조건을 공제회로부터 승인받으면 건설일용 노동자들의 사업주로 인정될 수 있도록 하였다. 또한 시간제노동자가 가입대상이 되면서, 실업급여에서 일률적으로 적용되던 최저임금일액이 시간급 최저임금액에 따라 결정되도록 조정하였다.

셋째, 산재보험은 2003년 노·사·정 모두 개정 필요성을 공감하였으나 2006년 4월 '산재보험제도개선협의회'가 구성되면서 구체적인 개정 논의를 진행시킬 수 있었다. 그러나 한 차례의 회의를 끝으로 산재보험은 노사정위원회 산하 산재보험발전위원회[10]에 이관된 상태이다.

개선 사항으로 무엇보다 관리방식을 일부 개선한 점은 주목할 변화이다. 근로복지공단은 2005년 10월부터 '찾아가는 서비스제'를 도입하여 재해조사와 현장서비스를 강화하도록 직제와 인력구성을 개편하였다.

넷째, 국민연금의 개선사항은 다른 사회보험의 가입자 독려 방식과 별반 다르지 않은 수준이다. 다만 보험료 공제 방안과 관련하여 여성노동자를 대상으로 출산크레

---

8) 이보다 앞서 4대 사회보험 공통업무 및 개별기관별 업무를 인터넷으로 처리할 수 있는 전자행정시스템을 구축하여 정보 및 행정서비스의 효율화를 기했다.
9) 초기에는 의무가입 대상자인 사업주에게도 공제부금의 30일분을 지원하였으나 2002년 말 의무가입 대상자는 지원하지 않기로 시행령을 개정하였다.
10) 노사정위원회에 민주노총이 참여하지 않고 있어, 산재보험발전위원회에도 민주노총은 제외된 상태이다.

디트 제도가 추가로 검토되고 있다. 국민연금은 2006년 1월부터 5인 미만 사업장 확대단계 중 마지막 세 번째 단계인, 고용보험과 건강보험에도 미가입된 1인 이상 사업장을 사업장 가입자로 전환하는 확대가 시작되었으나 이를 위해서는 타보험보다 더 많은 행정노력들이 요구되고 있다. 연금에 대한 국민의 신뢰가 낮고, 노후의 위험을 대비하는 장기보장적인 제도의 특성, 가입자들의 보험료 부담 등이 팽배해 있기 때문이다. 실제 3단계 확대사업이 실시되기 전인 2005년 '국민연금통계연보'에 따르면 5인 미만 가입사업장은 366,718개소, 가입자는 881,102명인데, 동년 사업체기초통계조사에 따르면 5인 미만 사업장 수는 2,678,656개소이며 종사자 수는 4,769,714명으로, 사업장으로는 13.7%, 고용주의 가입 수를 포함하더라도 18.5%만이 가입되었던 것으로 추정된다. 또한 김성숙·강성호(2005)가 3단계 확대 대상 사업장을 대상으로 표본조사 한 연구결과에 따르면,[11] 근로자의 평균 근속기간이 10개월 정도의 단기간이고, 근로계약서 작성업체도 17%에 불과하며, 사업주 중에서 사업장 전환의사를 밝힌 비율은 20.9%이고, 고용주의 불법행위에 대해 근로자의 82.5%가 신고하지 않겠다는 의사를 표현하는 등 가입자가 획기적으로 증대할 가능성이 매우 희박한 것이 현실이다.

이런 점에서 사회보험 확대적용의 실효성이 낮은 두 번째 이유로 좀 더 근본적인 문제라 할 수 있는 사회보험의 이중적인 작동 원리의 한계를 고려하지 않을 수 없다. 즉 연대의식을 전제하는 '사회'성과 투자-수익의 '보험'성을 전제하는 시장성이 맞물려 있기 때문에, 제도 외부에서 강한 사회적 압력이 전달되지 않는 한, 소규모 영세업장의 저임금노동자와 비정규노동자에 대한 보험료를 지원하는 소위 '적극적 연대'로서의 사회성이 작동하기 어렵다. 대체로는 납부능력에 따른 기여-급여원리를 위반하지 않는 수준에서의 사회성이라 할 만한 관리체계 개선, 이른바 '소극적 연대'를 벗어나지 않는다.

지금까지 검토한 사회보험 제도의 관리·운영 체계의 여러 방안들이 사회보험 제도의 가입률을 다소 상승시키는 데 기여했거나 기여할 것이라는 전망을 할 수 있다. 그러나 설령 비정규노동자가 사회보험에 가입되어 있다 하더라도 여러 서비스를 부당하게 차별적으로 받고 있는 '제도 내 배제'도 심각한 문제이다.

---

11) 국민연금관리공단 각 지사별 5인 미만 사업장 보유수를 고려, 전국 20개 지사를 추출하여 관할 700개 사업장의 사업주 700명, 피용자 700명을 조사하였다.

대표적으로, 해고위협과 소득감소에 대한 우려로 산재판정을 거부당하거나 스스로 거부하여 피재근로자로서의 권리를 보장받지 못하는 사건이 공공연하며, 고용보험의 많은 사업들 중 비정규노동자에게 실질적인 혜택으로 돌아가는 사업은 실업급여 사업에 국한된다고 해도 과언이 아니다. 예를 들면, 여성 비정규노동자들은 모성보호급여를 현실적으로 신청하기 어렵기 때문에 고용을 유지하기 위해 결혼이나 출산을 미루는 게 낯선 광경은 아니다. 직업훈련이나 자기개발 프로그램 역시 실업자 자격이 아닌 사업장의 비정규노동자로서 이용하는 데는 한계가 있다. 건강보험은 가족의 피보험자 자격으로도 어느 정도 서비스를 받을 수 있으나, 비정규노동자가 가장인 저임금가구들은 생계형 보험료 체납이 적지 않아 의료서비스 접근이 제한되는 것도 가벼이 볼 수 없는 현실이다(백운국 외, 2004). 설상가상으로 관료화되고 형식화된 보험제도 틀 안에서 공식적으로 드러나지 않지만 노동시장의 핵심 주체들 사이에서 공식·비공식적으로 전개되는 불합리하고 차별적인 관계들과 행위들로 인해 비정규노동자들은 제도 내에서도 배제되고 있다.

(2) 비정규노동 보호(?)입법들

　　비정규노동 보호입법은 2000년 양대노총 등이 국회에 비정규보호법 제·개정을 입법청원하면서 시작되었다. 이후 2001년 7월 '비정규직 근로자 대책 특별위원회'가 노사정위원회에 구성되어 2년간 수차례의 논의와 실태조사를 하였으나 합의를 하지 못한 채 결과를 노동부로 이송하였다. 의제를 넘겨받은 후, 정부는 2003년부터 본격적으로 비정규노동자 관련 대책을 정비하기 시작하였다. <표 5-4>에서 확인되듯이 국회에 상정된 이후에도 한 축에서는 양대노총, 민주노동당, 사회운동세력을 주축으로 정부법안에 대한 계속적인 거부투쟁이 일어났고 다른 한 축으로 경영단체 측의 반발도 거셌지만, 2006년 11월 30일 법안이 최종 통과됨으로써 기간제노동자, 단시간노동자, 파견노동자 규제들이 2007년 7월 1일부터 시행되기에 이르렀다.

　　이 법률들은 비정규노동에 가해진 차별을 개선하되 노동시장의 유연성을 침해하지 않도록 하며, 특수고용 노동자를 비정규노동의 범주에서 분리시켰다는 점을 핵심 특징으로 한다. 입법과정에서 쟁점이 되었던 사항 중 확정된 내용을 중심으로 검토하면 다음과 같다.

　　먼저, 비정규노동의 차별개선 문제를 다룰 노동위원회 산하 '차별시정위원회'는

〈표 5-4〉 비정규노동 보호법들의 입법과정 주요 사항 연표

2000. 7-10.	비정규직 보호입법 국회 청원: 한국노총(7월), 여성단체연합(9월), 민주노총(10월), 비정규공대위(10월)
2001. 7.	노사정위 '비정규직 대책특위' 구성
2003. 7.	노사정위 논의 결과 정부에 이송 (미합의)
11.	노동부, 비정규직 법안 마련해 관계부처 협의.
2004. 7. 12.	단병호 의원, 민주노동당-양대노총 마련한 비정규보호법 입법 발의
9. 11.	노동부 비정규법 정부안 입법 예고
11. 8.	노동부 '기간제 및 단시간근로자 보호 등에 관한 법률', '파견근로자 보호 등에 관한 법률', '노동위원회법' 국회에 제출
12. 7.	국회 환경노동위 비정규법 공청회. 법안심사소위원회 회부
2005. 2. 23-24.	민주노동당 환노위 소회의실 점거. 2월 국회 처리 불가
4. 5.	노사정대표자회의 개최. 운영위에서 국회와 조율키로 합의(이후 1년간 26차례 논의)
4. 14.	국가인권위 비정규법 의견 표명. 협상 분위기 경색
4. 16-5. 2.	11차 협상 끝에 의견 조율 실패. 4월 국회 처리 불가
2006. 2. 27.	환노위 회의에서 열린우리당, 한나라당 의원 합의로 정부안 수정, 의결뒤 법사위 회부
11. 30.	국회 본회의에 직권 상정하여 의결.

* 매일노동뉴스 기사를 토대로 하고, 일부 내용을 첨삭함.
* <매일노동뉴스>(2005. 5. 8); 노동부(2006), 「비정규보호법의 주요 내용」 참조.

차별시정 신청에 대해 조사·심문을 수행하고 사안에 대해 조정·중재권한을 행사할 수 있는 신설 조직이다. 노동위원 전원의 서명 날인을 필요로 하는 조정·중재 결정안은 민사소송법에 따른 재판상 화해와 동일 효력을 갖도록 강제하였다. 시정명령에는 차별적 행위 중지, 임금 등 근로조건 개선, 적절한 금전보상이 주로 포함된다.

'차별'은 비정규 노동자 문제에서 가장 심각하게 대두된 것 중 하나였다. 정부가 비정규 '규제'법을 '보호'법으로 주장하는 핵심적인 이유도 추측컨대 '차별적 처우 금지' 조치를 마련했다는 것 때문일 것이다. '차별적 처우'란 임금 및 그 밖의 근로조건 등에 있어 합리적인 이유 없이 불리하게 처우하는 경우를 말하는데, 구체적인 차별적 처우의 내용과 기준은 법안에 명시되지 못했다. 또한 이 조치는 법 적용시점에 맞춰 사업장 규모와 특성에 따라 단계별로 시행되도록 하고 있다. 따라서 2007년 7월 1일에는 300인 이상 사업장과 국가 및 지자체 관련 기관에서, 1년 뒤에는 100인~300인 미만 사업장에, 그 이듬해에는 100인 미만 사업장에서 시행된다.

<표 5-5> 비정규노동 보호입법의 주요 내용

구 분		제·개정 법률 내용
공통	차별적 처우 금지	- 사업 또는 사업장에서 동종 또는 유사업무 종사자와의 차별처우 금지
	차별처우 시정 신청	- 노동위원회에 차별적 처우 시정 신청(3개월 이내) - 차별적 처우 내용의 구체적 명시 - 차별적 처우 입증 책임은 사용자 부담 - 시정명령 미이행 시 과태료 1억원
기간제 근로	사용기간	- 2년 (2년 안에서는 반복계약 허용) - 사용기간 제한 예외 조항
	사용기간 초과	- 무기계약으로 간주
단시간 근로	초과근로 한도	- 법정 근로시간 이내라도 근로자 동의 하에 1주 12시간으로 제한 - 동의 없는 초과근로 거부할 수 있음
	초과근로 시 연장수당 할증 여부	- 법에는 명시되지 않음 - 노동부 자료에 따르면 법정 근로시간 초과 시, 50% 할증임금지급
파견 근로	파견대상 업무	- 제조업의 직접 생산공정 업무를 제외하고 전문지식과 기술, 경험 또는 업무의 성질을 고려하여 적합하다고 판단되는 업무로서, 시행령에서 허용업무 규정.
	파견기간	- 총 파견기간 2년: 1년 제한(결원인력 보충을 위한 파견노동 사용 제외), 노사합의 시 1회 연장 가능 - 고령자 적용 예외
	불법파견 시 고용 여부	- 사용사업주는 파견근로자의 업무를 제공받아서는 안됨 - 파견금지사업에서 파견근로 사용하면 즉시 고용의무 규정 적용 - 무허가파견, 위장파견 등의 경우 2년 초과 시 고용의무 규정 적용
	파견기간 초과 시	- 2년 초과 시 고용의무 적용

둘째, 기간제근로에 관한 내용이다. 기간제근로법은 근로자를 유기계약으로 사용하도록 허용한 것으로 그 기간을 최장 2년으로 제한하였다. 그렇지만 2년 제한 예외 대상도 명시하고 있다. ① 프로젝트사업 등 사업의 완료를 위해 기간이 정해져 있는 경우 ② 결원발생을 보충하는 경우 ③ 근로자가 학업·취업훈련을 이수하는 기간 동안의 보충인력인 경우 ④ 고령자고용촉진법에 의한 고령자와 근로계약을 체결하는 경우 ⑤ 전문적 지식과 기술활용이 필요한 경우와 정부의 복지정책·실업대책 등에 따라 일자리를 제공하는 경우로서 대통령령이 정하는 경우 ⑥ 기타 이에 준하는 사유가 있는 경우로 대통령이 정하는 경우이다.

셋째, 단시간근로와 관련하여서는 단시간근로자의 초과근로시간 제한과 초과근로에 대한 할증수당 적용 여부가 쟁점이 되었다. 개정 전에는 법정 근로시간(주 40시간)을 초과했을 경우에만 초과근로를 금지함으로써 사실상 장시간노동을 방치해 왔다. 이번 개정법에서는 법정 근로시간 이내라도 1주 12시간을 초과하지 못하도록 제한함으로써 단시간근로자와 풀타임 상용직의 근로시간을 분명하게 구분하였다. 또한 노동자는 초과근로 거부의사를 밝힐 수 있는데, 이를 빌미로 고용주가 불합리한 처우를 가한다면 고용주는 1천만원의 벌금을 부담해야 한다. 한편, 노동계는 근로기준법에 따라 단시간근로자의 연장노동에 대해서도 통상임금의 50%에 해당하는 할증임금 지급을 요구하였으나 정부와 경영계가 반대하여 도입되지 못했다. 다만 노동부(2006)에 따르면 법정 근로시간 초과 시에만 할증임금을 지급한다.

넷째, 파견근로자법에서 주목할 내용은 파견대상 업무에 대한 규정이다. 정부와 경영계는 기존 26개 업무로 제한되어 있는 포지티브 방식(파견허용 업무 명시)의 파견대상 업무를 네거티브 방식(파견금지 업무 명시)으로 변경하는 파견 전면 확대를 주장하였으나 기존 방식을 유지하게 되었다. 그렇지만 파견허용 업무에 '업무의 성질'을 고려한다는 내용을 추가함으로써 대상 확대 가능성을 배제할 수 없게 되었다[12]. 이에 따라 파견이 가능한 경우는 시행령으로 허용하는 업무 외에, 출산·질병·부상 등으로 결원이 생겼거나 일시적으로 인력 확보가 필요할 때(이때 노조나 노동자대표와 협의)로 정해졌다. 반면 파견금지사업으로는 건설공사현장에서 이루어지는 업무, 직업안정법에 따라 근로자공급사업 허가를 받은 지역의 업무, 선원 업무, 산업안전보건법에 따른 유해하거나 위험한 업무, 기타 대통령령이 정하는 업무로 정해졌다.

파견근로에서 중요한 또 다른 논점은 '고용의무' 조항이다. 노동계는 파견기간 초과와 불법파견 시, 이미 고용된 것으로 간주하는 '고용의제'를 도입할 것을 요구했으나 개정법에는 '고용의무' 규정으로 약화되었다. 이를 위반하면 3천만원 이하의 과태료를 부과하도록 했다. 처벌규정과 관련하여 부연하자면 이번 개정에서는, 위법이 적발될 때 사용주와 파견업주 모두 3년 이하의 징역이나 2천만원 이하의 벌금에 처하도록 강화하여 고용주 간의 책임전가를 줄이도록 하였다.

---

12) 노동부는 「비정규직 보호법의 주요 내용」에서 업무의 성질이란, 근로자를 직접 고용하는 것보다 파견받아 사용하는 것이 더 효율적인 경우를 의미한다고 해석함으로써, 파견허용 업무 명시와 관련하여 상당한 논란이 되고 있다.

끝으로, 비정규노동 보호입법에는 소위 특수고용노동자가 제외되어 있다. 골프장 경기보조원, 학습지 교사, 보험설계사, 레미콘 자차기사들은 대법원으로부터 '근로자'가 아니라는 판결을 받아 이번 제·개정 법률 과정에서 가장 큰 피해자가 되었다고 해도 과언이 아니다.

한편, 정부는 별도로 '특수형태근로자 보호대책'을 2006년 10월에 발표하였다. 일반 대책과 8개 직군(4개 직군 외에 화물 및 덤프 자차기사, 대리운전기사, 퀵서비스 배달원 포함)에 대한 직군별 보호대책을 제시하였다. 일반 대책으로 ① 산재보험의 특례 적용 ② 직업능력개발 활성화 ③ 공정거래법 적용 ④ 약관법 적용을 들 수 있으며, 직군별 대책은 대체로 일반 대책을 해당 직종의 법률과 실태에 맞게 조정·응용하는 수준이다[13]. 구체적으로 살펴보면 산재보험 적용은 사실상 보험설계사, 골프장 경기보조원, 학습지 교사, 레미콘 운송종사자 4개 직종으로 한정되어 있다. 보험료는 골프장 경기보조원을 제외하고 사업자와 종사자가 1/2씩 부담하도록 했고 종사자가 가입을 거부할 수 있도록 하였다. 특수고용노동자들을 '영세자영업자 훈련'대상에 포함하거나 고용보험에 임의 가입시켜 '근로자 수강지원금'을 연간 100만원 이내에서 지원하겠다고 했다.

4. 분석과 평가

비정규노동의 보호 원칙은 노동자로서, 한 사회 성원으로서 인간다운 권리를 보장하는 것에 두어야 할 것이다. 이를 위해서는 비정규노동의 증대를 예방하고 현존하는 비정규노동의 남용을 금지하여 정규직화하는, 예방과 보호의 통합체계가 요구된다. 그러나 제·개정된 법·제도들은 여러 허점을 드러냄으로써 비정규노동의 확대를 허용했을 뿐 아니라, 실체상의 비정규노동의 문제보다 '문제'로서 '공개'되는 것에 대해서만 필요한 조치를 취하려는 소극적 개입을 특징으로 한다. 이하에서는 비정규 규제법과 대책을 구체적으로 분석·평가한 후, 전반적으로 노동시장과 노동복지의 변화와 어떻게 연관성을 갖는지를 살펴볼 것이다.

---

13) 이 외에도 화물 및 덤프기사의 경우 명예과적단속요원제를 도입 검토하는 것도 거론되고 있다.

(1) 사회보험 의존적인 보호 방식의 한계

한 사회의 근간이 되는 제도는 그 사회의 환경에 종속되어 있으므로 환경과 무관하게 독자적으로 기능하지 않는다. 이런 시각에 의하면, 유연시장 구조하에서는 비정규노동자 보호를 위해 가장 먼저, 그리고 여전히 핵심적인 보호대책으로 언급되고 있는 사회보험이 실제 비정규노동자 보호에 끼친 영향은 저조할 수밖에 없다. 2절에서 살펴본 수치에서 확인되었듯이 실제로 절반 이상의 비정규노동자들에게 사회보험은 보호장치가 되지 못하고 있다.

사회보장의 핵심 제도로서 사회보험은 ILO 사회보장 협약에서도 최저수준(minimum standard)의 보호를 원칙으로 하는 것으로 나타난다(Pieters, 1993; 이인재 외, 2006). 즉 사회보험 제도는 시장의 실패를 보완하는 역할을 하는 것이지, 시장구조를 변화시키는 역할을 요구받지는 않았다. 다만 서구 복지발달 국가들은 적극적인 사회적 연대를 통해 재분배 성격을 제고함으로써 시장의 영향력을 상당 수준에서 조정해 왔지만, 한국의 사회보험 제도는 그러한 과정을 밟지 않았기 때문에 이러한 기대를 하기 어렵다. 따라서 3절에서 제시한 바와 같이 사회보험의 적용률이 낮은 이유를 제도의 근원적 한계, 운용과정의 미성숙과 안이한 대처 외에 사회보험 제도와 한국의 노동시장과의 관계에서도 찾아볼 필요가 있다.

먼저, 서구의 사회보험 도입과 성숙과정을 보면, 사회보험은 다른 어떤 제도보다도 도입과 정착단계에서 경제·사회적 여건 성숙이 동반 조성되어야 함을 확인할 수 있다. 지속적인 생산성 향상과 성장동력, 노동인구의 안정적 확보, 그리고 시장을 사회적으로 적절하게 조정할 만한 노동시장에 대한 사회적 규제 및 관리시스템이 맞물려 작동해야 한다.

한국의 사회보험은 성장담론 속에서 저임금의 풍부한 노동력을 토대로 한 비약적인 생산증대 여건 하에서 도입·성장하였다. 경제적 조건은 불리하지 않았다 해도 시장의 횡포를 조정·관리·통제하는 규제시스템이 사회적으로 성숙되지 않은 상태에서 도입·발전하였기 때문에 시장변화의 영향력에 쉽게 노출될 수 있다. 문제는 시장의 경쟁과 횡포를 관리하고 조정하는 체계가 현재 시점에서도 여전히 요원하다는 점에 있다. 그래서 노동시장의 유연성은 지속되고 있고 일자리는 절대적으로 부족한 실정이며, 그나마 생겨난 일자리도 비정규직이 많다. 이는 사회보험의 기반 침해를 가져올 수 있는 위험 요소이므로 제도의 외연을 확장하여 기반을 공고히 하는 대책들은 자연스러운 대응인 것이다.

그렇지만 과거에도 그러했고 앞으로도 역시 탈규제 및 규제완화가 시장정책의 대세라면 사회보험이 지금보다 더 현실과 간극을 유지하는 제도로 남을 가능성도 간과할 수 없다. 다시 말해 사회보험은 가입자로서의 자격을 실제로 지속할 경제능력이 되는 안정된 정규직 노동만을 보호하는 특수 제도로 귀결될 수 있는 것이다. 이는 시장에 대한 직접적인 규제를 통해 유연성을 약화시키지 않는 한 비정규노동에 대한 사회보험 확대적용의 실효성은 기대하기 어렵다는 뜻이다.

외주화나 무기계약과 같이 비정규노동의 형태와 성격이 변모하고 있고 그 규모가 증대하도록 시장이 재편되는 가운데, 시장의 실체에 대한 개입은 이루어지지 않은 채, 제도의 형평성 원리를 유지·강화하고 관리운영체계를 정비하는 개선은 그야말로 소극적인 보호방식의 전형을 보여주는 것이다. 그렇기 때문에 사회보험은 오히려 유연적 시장에 친화적으로 기능한다는 평가까지 받을 수 있다. 일례로, 산재보험의 '선승인 후치료' 방식을 '선치료 후승인' 방식으로 개선하여 비정규노동자가 적정 시기에 산재혜택을 받을 수 있도록 하는 요구도 여전히 수용되지 못하고 있으며, 2천만원 미만의 건설공사도 아직 산재보험 의무가입 자격이 없어 중소 영세업장의 산재사고는 시장논리에 방치되어 있다.

둘째, 사회보험 의존적인 접근방식은 시장 규제에 다소나마 접근할 수 있는 다른 형태의 보호방식을 개선하는 데 정책적 역량을 집중시키지 못하게 했다. 주요 법정 보호 제도인 최저임금보장, 퇴직급여, 법정휴가, 그리고 비법정복지제도가 해당된다. 최저 수준의 보호인 사회보험조차 제대로 적용되지 않는 상황에서 다른 방식에 관심을 기울이는 것에 그다지 호응을 하지 않았을 수도 있다. 하지만 이 대책들은 '기업'이라는 조직의 지불능력과 밀접하기 때문에 정부가 개입을 기피하려는 태도와 무관하지 않다는 것도 작용하고 있다. 따라서 경영자의 태도, 노조의 비정규노동에 대한 태도, 그리고 개별 사업장의 노사관계의 성격이 제도개선에 끼치는 영향은 매우 크다고 할 수 있다.

흥미로운 점은, 많은 실태조사에서 비정규노동자들은 실제 이 제도들로 인해 노동과정에서 정서적·물질적 배제로 인한 소외를 심각하게 받아왔던 것으로 확인된다. 정부는 제도 개선을 주도하려는 직접적인 개입의지도 부족했을 뿐만 아니라 개별 노사관계 영역에 개입할 의사도 없었으므로 이 프로그램들의 혜택은 오롯이 기업별 체제의 개별 노사관계에 일임되어 있다.

그런데 유노조 사업장에서 비정규노동자의 기업복지 배제가 심각하게 일어난다는 점은 노조 역시 자주적으로 보상체계를 만들거나 혹은 단체교섭과 임금교섭을 통해 기업을 압박하는 전략을 연대정신에 입각해 적극 추진하지 않았다는 뜻이 된다. 상급노조가 대정부 요구투쟁으로 사회보험의 비정규직 적용을 대표로 공론화함으로써 개별 사업장노조는 사업장 안에서의 비정규노동자 소외와 지원프로그램에 대해 침묵할 수 있었던 것이다. 한편, 무노조 사업장의 경우 비정규노동자의 권리는 고용주에 의해 전면 통제된다. 비법정복지는 법적 강제력이 없기 때문에 정규직과 비정규직 간의 차별이 심각하다고 해도 '비대상자'이므로 고용주가 노동비용을 부담하지 않는다.

요컨대 의도했든 의도하지 않았든 간에 사회보험 의존적인 보호방식은 유연성을 조정할 만한 시장규제장치(관계당국의 노동실태 관리·감독, 노동조합의 교섭권 등)의 취약성과 결합하여 법정복지와 비법정복지도 유연적 시장에 방치하였다.

비정규노동자를 위한 사회복지 대책으로 사회보험이 아닌 다른 형태의 사회적 보호방안을 살펴봐야 하는데, 이 글에서는 검토하지 않을 것이다. 두 가지 이유인데, 하나는 비정규노동자 문제가 본격적으로 불거진 이후, 사회적 보호 차원에서 '비정규노동자'를 위한 명시적 방안들이 부재했기 때문이며, 두 번째는 비정규노동자 중 저임금노동자나 노동빈민들은 빈곤대책 차원에서 논의되고 있으나 이는 '빈곤' 문제에서 다룰 것이기 때문이다.

우리나라의 공적 사회복지서비스는 여전히 저소득 및 사회적 약자를 위한 잔여적 서비스 구조를 띠고 있다. 따라서 비정규노동자의 문제도 정부가 공식적으로 인정한 '빈곤'의 문제로 인식될 조건에 처해야만 서비스 혜택의 자격을 얻을 수 있다. 비정규노동자의 절박한 욕구에는 저소득으로 인한 생활유지의 곤란을 빼놓을 수 없지만, 그 어려움은 자녀교육, 가족부양, 적절한 휴식생활, 본인의 노후와 자녀의 미래에 관한 계획 등과 관련하여 물질적·정신적·정서적 영역에서 중층적이고 복잡한 양상으로 경험되는 것이기도 하다. 이와 관련한 비정규노동자를 위한 노동복지 대책은 공백상태이다.

(2) 비정규노동 보호입법들의 반보호적 성격

비정규 보호입법들은 앞서 설명했듯이 '문제로서 제기되는' 사안에 대해서 차별시정조치를 취하는 등의 공적 시스템을 발동하겠다는 목적을 지니고 있다는 점에서 적극적 예방이 아닌 '소극적 보호'라 할 수 있다. 좀 더 사실적 평가를 내리면 보호적 기능에 의구심을 갖게 하는 보호입법들이다. 왜냐하면 차별시정기구의 역할뿐만 아니라 각각의 고용형태와 관련한 조항에서 '반(反)보호적' 성격이 뚜렷하기 때문이다.

첫 번째 논거는, '차별적 처우'가 불합리한 사유여야 한다는 것과 관련된다. 현재 비정규노동에 대해 행해지는 수많은 차별 중 '동일노동에 대한 차등임금 지급'이 합리적인 사유없이 일어나는 차별의 전형이다. '동일노동 동일임금' 규정은 노동계가 강력하게 요구해 왔고, 국제적으로도 노동권 보호규정으로 명시하고 있으나, 이번 입법과정에서 명문화되지 못했다14). 그럼으로써 '동일노동 동일임금' 규정은 직군별, 직무급 임금체계와 같은 임금제도 재편 논의에서 재고될 가능성이 더욱 높아졌다.

두 번째 논거는 차별적 처우 근절과 관련하여, 인격체로서의 노동자의 욕구를 반영한 인권 보호 차원의 보호방안이 언급되지 않았다는 데 있다. 실제로 근로조건 차별에는 양적 지표로 평가될 수 없는 정신적·정서적인 차별이 상당히 존재한다. 이러한 차별은 차별시정조치나 사업장에서 작동하는 고충처리 시스템으로는 해결될 수 없다. 무엇보다 상담서비스를 수행할 전문 인력과 자원이 거의 지원되지 않기 때문인데, 관련법에서는 이러한 내용을 전혀 다루지 않았다.

세 번째 논거는 차별시정위원회라는 조정기구의 성격상 중도적 입장을 넘어서기 어렵다는 데 있다. 일반적으로 차별문제는 권력과 권위를 전제로 한 불평등한 사회적 관계에서 비롯하는 문제인데, 특정 노동자의 사안을 놓고 노사 양자의 견해를 반영하여 조정된 판결을 내리는 것이 과연 해당 사업장의 부당한 권력관계에서 빚어진 차별문제를 해소하는 데 어떤 유의미한 효과를 가져다 줄 수 있을지 의구심이 드는 것은 당연하다. 또한 '조정' 절차라는 것이 사실 여부를 입증하고 확인받는 과정이므로, '조직'이 아닌 피해자 개인의 신분으로, 동원 가능한 권력자원도 희박한 힘의 열세 속에서 비정규노동자가 자신의 권리침해를 정당화시키는 것은 쉬운 일이 아니다. 부당한 차별로 인한 고통을 덜기 위한 노력이 '차별 입증'이라는 제2의 험난한 과정을 거쳐야 가능하게 된 것이다. 차별은 일상적이고 상시적인데 그 차별을

---

14) ILO는 헌장, 협약 제100호, 협약 제111호, 권고 제111호 등에서 동일 가치노동에 대한 남녀의 동일 임금의 원칙을 천명하였고, EU 지침에서는 단시간노동자에 대해 "비교 가능한 정규직 근로자와 동일 임금을 지급"하도록 했다(민주노총, 2005).

중지시키고 일할 권리를 지키는 방법이 먼 길을 돌아가야 도달할 수 있는 것이 된다는 뜻이다. 이처럼 보호입법의 핵심으로 제시된 '차별적 처우 개선'은 차별적 처우에 관한 구체적인 내용들이 없는 상태에서도 매우 우려스러운 수준이다.

이제 각 법률에서 '반보호적' 성격이 어떻게 잠재되어 있는지 검토하기로 한다.

먼저, 기간제고용법에서는 노동계가 오래도록 요구해 왔던 '사용사유 제한'이 도입되지 않았다. 오히려 기간제한의 예외 조항이 도입되어 2년을 초과하여 계속 기간제로 고용할 수 있게 하였다. 고령자[15], '전문적 지식과 기술활용이 필요한 경우'[16], 사회적 일자리 창출사업이나 자활사업 대상, 기타 명목으로 사용기간 제한 규정을 받지 않게 될 사업들은 정부가 제 정치·경제적 여건에 따라 탄력적으로 적용하겠다는 의도를 담고 있다. 이로 인해 해당 노동자들은 계약기간이 연장될수록 연령 상승에 따른 이직의 부담과 계약 종료 시점에서 반복적으로 겪게 되는 재계약 불안으로 심리적 압박이 심화될 것은 자명하다.

만약 예외조항 사유에 해당하지 않음에도 기간제근로자를 2년을 초과하여 계속 고용하면 무기계약으로 간주된다. 이는 역설적으로 고용주가 2년 이하에서 기간제 노동자를 자유롭게 사용할 수 있게 해주었다. 노동계는 사용사유제한이 아닌 기간제 한이 고용불안을 가속화할 것이라고 우려했는데, 최근 언론에 따르면 법 시행을 전후하여 계약직 노동자의 대량 해고가 발생하고 있다. 또한 무기계약으로 전환된 노동자들은 고용기간만 안정될 뿐 기존 정규직과 동등한 혜택을 받을 수 없어, '정규직-무기계약직-정규직'이라는 새로운 고용형태가 양산되고 있다. 2007년 현재 기간제 근로자들(300인 이상 사업장 기준)은 고용주가 향후 정규직 전환계획을 가지고 있지 않는 한, 2007년 7월 이후부터 체결하는 신규계약과 연장계약의 계약기간이 최장 2년을 초과할 수 없다. 무엇보다 기간제근로법은 서비스산업과 여성·고령층·청년층 노동력의 증대로 인해 규모 축소가 아닌 규모 확대를 가져올 수 있다[17].

둘째, 단시간근로와 관련하여 법정근로시간 내에서의 초과근로에 대해 할증임금이 적용되지 않도록 한 것도 '반보호적' 조치에 해당한다. 정부와 고용주가 할증률

---

15) 개정 전 시행령에서는 고령자를 55세 이상의 연령자로 규정한다.
16) 이 규정은 전문성을 어떤 조건과 기준으로 정의할 것인지 매우 불분명하다. 설령 이 내용을 상식적 수준에서 이해한다고 해도 정부나 공공기관에서 채용하고 있는 전문 종사자들은 이 기준에 따르면 계속적인 반복 고용이 허용되는 셈이다.
17) 근로기준법에는 반복 근로계약에 대한 제한 규정이 없어, 실제 기간제계약직 중에는 5년 이상, 심지어 10년 이상 반복 갱신하는 노동자들이 적지 않다. 이들은 현재 사업장에서 정규직이 되지 못하는 한, 다른 직장을 알아봐야 할 상황에 처했다.

적용을 거부한 것은 추가비용 부담 때문인데, 이는 초과근로가 그만큼 보편화되어 있다는 반증이기도 하다. 실제로 백화점이나 할인점과 같은 대형 유통매장의 단시간 근로자들 중에는 정규직과 동일하게 매일 2~3시간 초과근무를 하면서도 할증임금은 고사하고 초과근로수당 자체를 받지 못하는 노동자가 상당수이다. 그럼에도 불구하고 직접 고용된 단시간노동자나 협력업체 노동자들의 초과근로 거부행위는 업체 간 과열경쟁과 관리자들의 압력으로 구조적으로 불가능에 가깝다. 이런 점에서 단시간근로자 법에서 초과근로 거부권을 명시한 것은 매우 고무적인 일이지만, 사실상 일자리 박탈의 전권을 행사하는 상급자에게 거부할 수 있는 노동자는 많지 않을 것이다. 게다가 이 문제로 고용주로부터 계약해지나 인신공격을 당하여 노동위원회에 신고한다면, 그 후 고용보장이 될 노동자가 얼마나 될지도 생각해 볼 문제이다.

셋째, 파견근로법과 관련하여서는 '고용의무' 적용이 파견 허용기간(출산·질병·부상은 해당 사유 해소기간, 일시적·간헐적 인력 확보 시에는 최대 6개월, 그 외 2년)을 위반한 즉시 발효되는 것이 아니라, 2년을 초과한 시점부터 적용되며, 무허가 파견업체로부터 파견을 받은 경우에도 2년을 초과하여 계속될 경우 이 규정이 적용되도록 함으로써 불법파견을 일정 기간 허용하는 반보호적 조항을 만들었다. 파견 금지업무 규정을 위반하면 즉시 고용의무 조항이 적용되도록 명시했으나, 제조업의 직접생산 공정 업무에 불법파견을 했을 경우에 대한 '고용의무' 조항은 명시되어 있지 않아 제조업에서 광범위하게 행해지고 있는 불법파견을 실질적으로 규제할 장치가 사용주와 파견업주에 대한 처벌규정 외에는 없는 상태이다(민주노총, 2005). 부당 노동행위를 한 고용주에게 처벌을 강화하는 것도 필요하지만, 현실은 부당 노동행위 처벌 규정들이 없어서 노동권이 보호받지 못한 경우보다는 법과 현실의 괴리가 크고, 그 공백을 이용하는 고용주의 행태와 이를 철저하게 관리·감독하지 않고 노동자들의 권리를 외면했던 당국의 안일한 대처로 인한 경우도 많다는 것을 상기할 필요가 있다.

이 외에도, 특수고용 보호대책에서도 심각한 문제가 있다. 4개 직종에 대해 산재보험 가입자격을 부여한다고 했으나 보험료의 노동자부담과 사실상 특수고용노동자 임의가입 방식을 취함으로써, 산재보험 가입동기를 고취시키기 어려워졌을 뿐만 아니라 납부기피 행위에 따라 광범위한 사각지대가 형성될 가능성이 높다. 또한 퇴사하거나 이직했을 경우 기납입된 보험료는 어떻게 처리되는지, 직장이동으로 보험료 본인 부담의 변동이 발생하여 납부회피 및 탈퇴 등 제도기피 발생 시 어떻게 대처할 것인지에 대한 우려도 제기된다. 무엇보다 다른 비정규직들도 산재판정을 받기 어려운 현실에서 '산재사고' 시 혜택을 제대로 받을 것을 기대하기란 쉽지 않다. '선지원 후승인' 제도도 아직 도입되지 않았기 때문이다.

정부는 또한 사업장 계약에서의 불공정거래 행위를 관리하고 처벌하겠다는 방침을 제시했는데 불공정거래 행위 항목과 직종별 표준계약서 작성 과정에서 노동자들의 요구사항이 제대로 반영될 수 있을지 불투명하다. 자본주의 체제에서 단체교섭 같은 조직적 교섭이 존재하는 이유는 현실에서의 노동시장이 불평등한 거래관계 (Bowles & Gintis, 1990)로 작동하므로 개인의 힘으로는 대응하기 어렵기 때문이다. 따라서 노조도 인정되지 않는 상황에서, 자본주의에서의 거래가 합리적이고 공정하다는 내용을 전제하는 공정거래 원리를, 근본적으로 비합리적이고 불평등한 노동계약에 적용하겠다는 관점 자체에 문제가 있다고 할 수 있다. 뿐만 아니라 직종별 표준계약서가 개별 사업장에서 통용되는 복잡한 규칙들을 어떻게 규제할 수 있는지, 독립사업자로서의 지위가 특수고용 노동자들의 신분과 권리를 어떻게 반영할 수 있을지도 불투명하다. 무엇보다 심각하게 우려할 것은 당국이 경제법[18] 적용 방침을 분명히 함으로써 노동관계법에서의 '노동자' 지위를 인정받기가 더 어려워졌다는 것이다. 비정규노동 법률에서 특수고용 노동자를 제외시킴으로써 가장 근본적이고 중요한 노동자의 지위와 권리를 인정하지 않게 되었다.

이상의 내용을 정리하면 비정규노동의 보호입법들은 시장유인적(market-incentive)이며 시장친화적(market-friendly)으로 분석된다. 즉 노동시장의 유연성을 유지·강화하는 데 기여한다. 비정규노동자 보호입법으로 제·개정된 법률 중 논쟁을 형성했던 핵심 사항만을 살펴본 바에 따르면, 노동계의 요구들 중에 관철된 내용은 파견업무를 포지티브 방식으로 유지하는 정도이며 그 외 대부분은 정부와 경영계의 의견이 반영되었다[19]. 비정규 규제 법률로 인해 고용 유연성이 높아질 뿐 아니라 정규직의 고용안정도 장담할 수 없게 되었다. 이제 정규직들은 비정규직을 외부 충격으로부터 내부 노동시장을 보호하는 안전판으로 활용하는 전략을 수정해야 할 상황이다.

비정규문제가 공론화된 이후 동안 비핵심업무들의 외부화는 이미 정착단계라고 해도 과언이 아니다. 문제는 직무 세분화를 통해 현재의 핵심업무가 얼마든지 관련

---

18) 공정거래법, 약관법, 그리고 일종의 직종별 표준거래법(예, 보험업법)을 통칭하여 일컬음.
19) 이 글 3절 2항을 참조하시오.

업무나 지원 업무로 다층적 분화가 가능하기 때문에 앞으로도 정규직이 비정규직으로 대체될 가능성은 개방되어 있다는 점이다. '우리은행'의 사례가 말해주듯이 직무 구조를 개편하여 비정규직을 정규직으로 전환한다고 하더라도 이들은 정규직과는 분절되어 있는 별도 직군으로 분리됨으로써 이중적 내부 노동시장 구조로 편입되어 기존의 내부 노동시장과 긴장관계에 놓이게 될 것이기 때문이다. 다른 한편, 수많은 업종과 직종에서 '틈새시장'이라는 이름으로, 특히 서비스 산업에서 주변부 노동시장은 특수고용 노동자들로 채워질 수 있다. 비정규노동자의 고용 형태 이동도 매우 빈번하게 전개될 것이다. 예컨대 기간제근로자가 단시간근로자, 파견, 특수고용노동자가 될 수 있고, 그 역순도 가능하다.

이처럼 비정규노동 보호입법들은 이들을 '시장'으로부터 '보호'하는 법률이 아니라는 의미에서 '반보호적'이며, 시장에 맞게 '보호'하는 법률이라는 점에서 '시장-친화적'이다.

5. 결론

지금까지 살펴본 바에 따르면, 비정규노동자는 노동시장의 절반을 차지하고 있으며 불안정한 저임금 고용의 특징을 지니고 있다. 2007년부터 적용되고 있는 비정규노동 관련 제도들이나 이미 시행되고 있는 사회보험 적용은 비정규노동의 욕구와 문제를 해소하기에는 역부족일 뿐 아니라 비정규노동을 지속적으로 확대하는 역할을 하고 있다. 이제 비정규노동 관련 규제들은 미해결된 과제와 새롭게 제기된 문제들을 풀어야 할 제2라운드의 논쟁 국면에 접어들었다. 이제부터는 결론적으로 비정규노동 문제를 해결하는 데 초점을 두어야 할 몇 가지 내용들을 제시할 것이다.

우선, 비정규노동자는 사회보험으로 해결되지 않는 당면한 사회적 위험이 적지 않을 것이다. 그런데 비정규노동자가 받는 저임금은 이 위험을 증폭시키는 데 일조하면서 결국 사회보험을 기피하도록 유인한다(Van Ginneken, 1999a; 1999b). 그럼에도 불구하고 사회보험은 최저 수준의 보호이므로 가입하는 게 바람직하다.

당면한 사회적 위험에 대처하기 위해서는 비정규노동자의 저임금과 그로 인해 상대적으로 높은 비중을 차지하는 가계지출을 덜어줄 적극적인 분배·재분배 정책이 구체화될 필요가 있다. 현 정부가 사회적 양극화와 관련하여 여러 층위의 사회적 의제를 만들어내고 있지만, 비정규노동자의 당면한 욕구에 있어서는 의제 제기보다 하나라도 실효성 있는 혜택이 시급하다.

예를 들면, 사회보험료 국고 지원[20], 보육료 지원 대상 확대 및 지원금 상향 조정, 자녀 대학등록금 지원 및 등록금인상에 대한 정부의 개입, 최저임금을 OECD 수준으로 상향 조정(상용직 풀타임노동자 평균임금의 50%), 비정규노동자를 위한 고용보험 기금의 체계적·타당한 활용 방안 마련, 기업복지의 노동자 간 재분배를 위한 구체적인 개입 방책 마련 등을 언급할 수 있다. 물론 당면한 경제적 지원 이상으로 당사자와 가족의 미래에 대한 보장도 국가적 차원에서 설계되어야 한다.

둘째, 비정규노동 보호입법 제·개정 과정에서 노동운동의 열세가 확인되었다. 진정한 의미의 조직적 대응이 이루어지지 않는 한, 시행령과 시행규칙, 나아가 법률의 재개정을 이끌어내기는 쉽지 않다. 복수노조 허용이 지연되고, 특수고용노동자의 노동3권이 부인되는 상황에서, 차별시정조치에 의해 개별적으로 문제를 해결해야 하는 방식이나 특수고용노동자들 중 일부 직군에 대한 '특례' 형태의 개별화된 보호방식은 비정규노동의 집합성뿐만 아니라 노동 진영 전체 조직력 강화에도 도움이 되지 못한다. 따라서 기업별 노조를 넘어 산별차원의 교섭구조와 정책적 연대를 가능하게 하는 노동운동의 진정성이 절실하다.

셋째, 비정규노동을 접근하는 시각의 문제를 지적할 수 있다. 비정규노동 확대가 대세이고, 이제는 노동시장의 전형이 되었으니 그 규모를 축소하는 게 가능하지 않다는 비관적인 전망이 확대되고 있다. 그렇지만 돌이켜보면 비정규노동이 주요 이슈가 되고 비관적 전망이 점진적으로 우리의 인식을 점령하는 동안, 비정규노동은 축소될 수 없는 대세로 굳어진 게 아닌가 생각된다. 제도를 바꾸고 정착시키는 힘은 주체의 역량과 세력관계에 좌우된다. 누구나 알고 있고 그래서 식상하기까지 한 적극적 연대가 여전히 힘인 이유이다.

넷째, 도입된 법률들을 전면적으로 재검토할 필요가 있다. '차별적 처우', 기간제 고용의 사유제한 예외 규정, 파견기간과 고용의무 규정 및 전반적으로 불분명한 조항들, 특수고용 노동자의 배제 등은 노동권 보호에 전혀 부합하지 않기 때문이다.

끝으로, 산업복지 차원에서 지역사회의 사회복지기관과 개별 사업장을 연계하여

---

20) 이와 관련하여 조세 지원방식은 당장의 국가부담이 되므로 장기적 실현으로 고려할 부분이며, 노동자의 적극적 연대를 실현할 수 있는 계기로서 국민연금의 경우 기금에서 보험료를 지원하자는 주장도 제기되고 있다.

상담서비스를 실시할 필요가 있다. 비정규노동에 대한 차별은 물질적 차별에 국한되지 않기 때문인데, 노동권을 지속하는 차원에서라도 검토가 요망된다. 개별 기업 차원에서 실시하는 상담서비스는 노동통제 성격이 짙기 때문에 지역사회 자원을 활용하는 방법을 개발하여 시범사업으로라도 시도해 보는 게 필요하다.

참고문헌

국민연금관리공단(2006), 「2005년 국민연금통계연보」

김성숙·강성호(2005), 「국민연금 사업장 가입자 확대방안」, 국민연금연구원.

김성희(2006), 「특수고용 연구포럼 실태조사결과 발표」, 노동기본권실현 국회의원 연구모임.

김연명(2001), 「'비정규 근로자'에 대한 사회보험 확대: 쟁점과 정책」, 『한국 사회복지학』 통권 45호 여름호, pp.72-100.

김연명·윤정향(2003), 「비정규노동자의 사회복지 배제와 그 대책」, 『노동시장 유연화와 노동복지』, 정이환·이병훈·정건화·김연명 공저, 인간과복지.

김유선(2003), 「한국 노동시장의 비정규직 증가 원인에 대한 실증연구」, 고려대학교 박사학위논문.

김유선(2006), 「비정규직규모와 실태」(2006년 8월 경활부가조사 결과), 한국노동사회연구소.

김인재(2005), 「특수고용노동 문제 - 노동현실과 법적용, 실태와 법제도 개선방안」, 『특수고용 노동자 보호를 위한 법제도 개선방안 긴급토론회』, 한국여성단체연합 외.

노동부(2006), 「산재보험사업연보, 2005년도」.

매일노동뉴스, 2005년 5월 8일자 기사.

민주노총(2005), 「비정규 관련 입법안 주요 쟁점 해설」.

신원철(2001), 「기업 내부노동시장의 형성과 전개: 한국 조선산업에 관한 사례연구」, 서울대학교 박사학위논문.

윤애림(2003), 「특수고용 노동자의 근로자성과 입법의 방향」, 『민주법학』 제23호.

윤진호 외(2006), 「비정규노동자 조직화 방안 연구」, 민주노총.

이병훈(2003), 「비정규노동의 작업장 내 사회적 관계에 관한 사례연구: 사내하청 노동자를 중심으로」, 『경제와 사회』 제57호, pp.42-64.

이인재·류진석·권문일·김진구, 『2006, 사회보장론』, 나남출판.

정이환 외(2003), 『노동시장 유연화와 노동복지』, 인간과복지.

정이환(2006), 『현대 노동시장의 정치사회학』, 후마니타스.

조임영(2006), 「근로자개념과 특수고용 노동자의 입법적 해결 방향」, 『특수고용 연구포럼 실태조사 결과 발표』, 노동기본권실현 국회의원 연구모임.

백운국·최인덕·이애경·조미경(2004), 「체납자실태분석 및 효율적 관리방안 연구」, 국민건강보험공단.

한국비정규노동센터, 『월간 비정규노동』, 2002, 2005, 2006.

한준·장지연(2000), 「정규/비정규 전환을 중심으로 본 취업력(work history)과 생애과정(Life-Course)」, 『노동경제논집』 제23권, 한국노동경제학회.

법제처 http://www.moleg.go.kr

노동부 http://www.molab.go.kr

Bowles, S. & Gintis, H., 1990. "Contested Exchange: New Micro Foundations for the Political Economy of Capitalism", *Politics and Society, Vol. 18, No.2.*

Hall, P. A. & Soskice, D., 2001. "An Introduction to Varieties of Capitalism", *Varieties of Capitalism: The Institutional Foundations of Comparative Advantage*, Oxford University Press.

Hall, Peter A. & Taylor, Rosemary C. R., 1996. "Political Science and the Three New Institutionalism", *Political Studies, XLIV*, pp.936-957.

Pieters, D., 1993. *Introduction into the Basic Principles of Social Security*, Kluwer Law & Taxation Publishers.

Tony, Royle, 2002. "Just vote no! Union-busting in the European fast-food industry: the case of McDonald's", *Industrial Relations Journal 33(3)*, pp.262-278.

Opotow, Susan, 1990. "Moral Exclusion and Injustice: An introduction", *Journal of Social Issues, Vol. 46, No.1*, pp.1-20.

Wouter, Van Ginneken, 1999a. "Social security for the informal sector: A new challenge for the developing countries", *International Social Security Review, Vol. 1*, pp.49-69.

Wouter, Van Ginneken(ed.), 1999b. *Social security for the excluded majority: case studies of developing countries*, ILO.

Whitley, R., 1999. *Divergent Capitalisms: The Social Structuring and Change of Business Systems*, Oxford university Press.

제 **2** 부

저출산고령사회에 대응하는 가족정책의 새로운 지향

6

신사회위험과 가족·여성정책의 과제*

윤홍식[**]

1. 들어가면서

복지국가는 특정한 모습으로 고정된 그 무엇이 아니라 변화하는 사회·경제와 끊임없이 작용과 반작용을 거듭하는 살아있는 유기체와 같다. 우리가 복지국가의 이러한 유기체적 특성에 동의한다면 복지국가는 사회·경제 변화의 매 시기마다 새로운 사회적 위험(이하 신사회위험)들의 도전에 직면할 수밖에 없다. 그렇기 때문에 변화하는 복지국가에서 신사회위험이 무엇인가에 대한 보편적 합의와 정의를 이끌어 내는 것은 사실상 불가능에 가깝다. 각각의 사회는 나름의 사회경제적 상황에 조응하며 변화하고 있고, 해당 사회의 조건과 변화 정도에 따라 복지국가가 직면한 사회적 위험은 상이하게 나타나기 때문이다. 예를 들어, 소위 보수주의 국가들과 지중해국가들에서 신사회위험은 일과 가족생활의 양립이 어려운 비숙련 여성노동자들에게 발생하는 문제로 이해되고 있다(Cantillon et al., 2001; Taylor-Gooby, 2004a 재인용). 반면 북유럽 복지국가에서는 돌봄으로 대표되는 일과 가족생활의 양립 과제는 공식적인 복지체제 내에서 적절한 대응이 이루어지고 있다고 평가되고 있다(Ungerson, 2000). 북유럽국가들에서 돌봄과 관련된 사회적 위험은 이미 구신사회위험[1]으로 간

---

 * 이 글은 2006년도 한국사회복지학회 추계학술대회(청주대학교)에서 발표한 글을 일부 수정한 후 전제한 것이다.
** 전북대학교 사회복지학과 교수

주되고 있기 때문이다(Timonen, 2004). 북유럽국가들에서 (신)신사회위험은 고용과 서비스전달에서 배제될 가능성이 높은 저학력의 나이든 실업자, 최근 이민자 등이 직면한 사회적 위험으로 이해되고 있다. 이렇듯 개별 사회가 직면한 사회적 과제가 상이하듯이 개별 사회가 직면한 사회적 위험 또한 상이할 수밖에 없고, 상이한 사회적 위험에 대한 개별 복지국가의 대응 또한 다를 수밖에 없는 것이다.

신사회위험에 대한 합의된 정의를 가져오기 어려움에도 불구하고 본 논의에서 주목하는 것은 1970년대 이후 대부분의 복지국가들이 재편의 과정에 있다는 사실이다. 그리고 복지국가의 재편과정에서 개별 국가가 직면한 사회적 위험은 상이하지만, 공통점은 점증하는 여성의 노동시장 참여로 인해 남성 일인생계부양자의 역할이 약화되고 있다는 점이다(Esping-Andersen, 2002). 돌봄의 사회화 정도와 여성의 노동시장 참여율은 밀접히 연관되어 있으며(Bryson, 2000), 새롭게 창출되는 비숙련 일자리의 대부분을 여성 노동력이 감당하고 있다는 사실(Taylor-Gooby, 2003; Surender 2004 재인용) 등은 복지국가가 직면한 신사회위험과 여성의 노동시장 참여와의 밀접한 관련성을 보여주는 대표적 사례라고 할 수 있다. 그러므로 신사회위험에 대한 복지국가의 대응은 그동안 복지국가의 정책대상에서 배제되어 있던 사적영역(재생산과제)을 단순히 복지정책의 대상으로 포괄하는 과제가 아니다. 신사회위험에 대한 대응은 노동에 대한 근본적인 사회·정책적 인식 전환을 요구하고 있는 것이다. 즉, 공적영역의 생산과제와 사적영역의 재생산과제의 상호연관성을 인식함으로써 생산과 재생산이 분리된 것이 아닌 복지국가의 통합적 정책 대상이라는 사회·정책적 인식과 실천의 전환을 요구하고 있는 것이다.

한국사회도 점증하는 신사회위험에서 예외일 수 없다. 2004년 현재 고용주, 자영업자, 무급종사자를 제외한 여성 임금노동자 6,237천명 중 임시·일용직 종사자는 63.3%에 이르고 있다(통계청, 각 년도). 또한 2002년도 통계청 조사에 따르면 어린 자녀가 있을 가능성이 높은 30대 여성의 경우 육아와 가사부담이 취업의 장애요인이라고 응답한 비율이 무려 60.7%에 달해(통계청, 2002) 돌봄의 사회화 정도와 여성의 노동시장 참여 간의 관련성을 추정하게 한다. 더욱이 최근 급격한 출산율 감소와 동반되는 고령사회의 도래는 여성의 노동시장 참여와 돌봄의 사회화 과제가 한국사회가 직면한 신사회위험의 핵심적 과제임을 보여주는 대표적 현상이라고 할 수 있

---

1) 북유럽사회에서는 돌봄과 관련된 사회적 위험을 구신사회위험(Old New Social Risks)으로 분류하고 있다(Timonen, 2004).

다(이삼식 외, 2005). 그러나 한국사회에서 신사회위험에 대한 대응을 둘러싼 객관적 조건은 서구 복지국가와 매우 상이한 지형에 놓여 있다. 남성 일인생계부양자에 근거한 전통적 사회보장체제가 적절히 갖추어지지 않은 상황에서 신사회위험이 확산되고 있다는 사실은 신사회위험에 대한 한국사회의 대응이 매우 제한적일 수 있다는 것을 의미한다. 서구 복지국가가 직면한 어려움의 핵심은 구사회위험에 대응했던 전통적 복지체제가 신사회위험의 출현과 확대에 적절히 대응하지 못함으로써 야기되는 것인 반면(Taylor-Gooby, 2004a), 복지가 미성숙한 한국사회는 구사회위험과 신사회위험에 대한 대응을 동시에 수행해야 하는 과제에 직면하고 있는 것이다[2].

이러한 문제의식을 바탕으로 본 논의는 한국사회에서 사적(가족) 영역과 관련된 신사회위험의 실태를 분석하고 이에 대한 한국 복지국가의 정책과제에 대해 검토하고자 한다. 특히 복지국가의 재편이라는 세계사적 흐름 속에서 사적영역과 관련된 신사회위험의 실태를 점검하고 이에 대한 정책적 대응을 고민하는 것은 이제 복지국가의 초입에 들어선 한국사회에서 매우 중요한 의미를 갖게 될 것이다. 이를 위해 먼저 신사회위험을 둘러싼 주요한 논의들을 점검하고, 이어서 서구 복지국가의 신사회위험에 대한 정책대응을 살펴보고자 한다. 상이한 사회·경제적 조건에 놓여 있는 자유주의, 보수주의, 사민주의 복지국가들의 정책 대응의 유사성과 상이성을 검토함으로써 신사회위험에 대한 한국 복지국가의 정책대응에 대한 다양하고 실천적인 함의를 도출할 수 있을 것으로 기대한다. 다음으로 사회적 돌봄의 부재, 급증하는 이혼율로 대표되는 가족의 변화, 여성의 노동시장 참여와 보편적 생계부양자 가구[3]로의 전환의 문제를 중심으로 사적영역과 관련된 한국사회의 신사회위험에 대한 실태를 분석하고자 한다. 마지막으로, 정리 및 정책 함의에서는 서구 복지국가의 경험과 한국사회의 실태를 통해 한국 복지국가의 과제와 관련된 정책 함의를 도출할 것이다. 특히 복지국가의 신사회위험에 대한 대응은 사회복지서비스의 확대를 통한 공적영

---

2) 전통적 사회위험에 대한 복지체제의 재편 과제는 본 연구의 주제를 벗어나므로 본 논의에서는 다루지 않을 것이다. 그러나 이후 논의에서 언급하겠지만 전통적 과제와 새로운 과제가 상호 배제적인 것이 아니라 상호 보완적이라는 점을 이해한다면 전통적 과제 또한 신사회위험에 대한 대응을 통해서 논의될 수 있을 것으로 기대한다.

3) 이 글에서 보편적 생계부양 가구는 남성과 여성 모두가 생계부양 역할을 담당하는 이인생계부양자 가구를 지칭하는 용어로 사용했다. 이러한 보편적 생계부양 가구는 성인남녀 간의 결합(결혼이든 동거든 관계없이)을 전제하고 있다는 점에서 특정 가족형태를 지향한다는 비판이 제기될 수 있으나 이 글에서는 여성이 전통적 성별 분업에서 벗어나 노동시장에 참여하는 변화를 강조하는 의미에서 이인생계부양자 가구 대신(다소간의 모호성이 존재하지만) 보편적 생계부양 가구라는 용어를 사용했다.

역에서의 고용 증대를 수반한다(Esping-Andersen, 1999)는 지적에 주목한다면 사적영역과 관련된 신사회위험에 관한 논의는 한국 사회복지에 유의미한 함의를 줄 것으로 기대한다. 더 나아가 돌봄의 사회화, 여성의 노동시장 참여 증대 등이 단순히 신사회위험에 대한 대응을 넘어 빈곤, 불평등, 양극화 등 복지국가의 전통적 과제와 밀접한 관련성이 있다는 최근의 연구결과들(OECD, 2005)을 종합한다면 신사회위험에 대한 대응은 한국사회가 직면한 전통적 사회위험에 대한 복지국가의 정책대응과 상충되기보다는 필수적 보완관계에 있다는 점을 인식해야 한다. 다시 말해 신사회위험에 대한 정책 대응은 선택의 문제가 아니라 복지국가로 나아가기 위한 한국사회의 필수불가결한 전제가 될 것이다.

2. 새로운 사회적 위험을 둘러싼 논란

본 논의에서 다루고 있는 신사회위험에 대한 논의를 단일 논문으로 담아내기는 많은 어려움이 있다. 무엇보다도 신사회위험을 둘러싼 논의의 범위가 매우 넓다는 점이다. 좁게는 가족 내에서 발생하는 임신, 출산, 양육의 과제를 둘러싼 논의로부터 출발해 넓게는 노동시장과 복지서비스의 변화까지 포괄할 수 있기 때문이다. 그러므로 본 논의에서는 신사회위험 전반에 대한 논의를 진행하는 대신 소위 사적영역이라고 간주되어 왔던 가족 영역과 관련된 신사회위험을 중심으로 논의를 전개하고자 한다.

(1) 신사회위험의 개념에 관한 논의

신사회위험은 시간에 따라 다른 모습으로 나타나고 있으며, 복지국가 유형에 따라 상이하게 나타나고 있기 때문에 신사회위험을 개념적으로 정의하는 것은 움직이는 과녁을 따라가는 것과 같다. 1960년대 이전으로 거슬러 올라가 보자. 당시 사민주의 복지국가들은 모두 강력한 남성 생계부양자 가구가 지배적인 사회였고(Lewis, 1992), 점증하는 여성의 노동시장 참여는 분명 신사회위험으로 인식되었을 것이다. 실제로 1965년 스웨덴 여성의 노동시장 참여율은 이미 48.7%에 이르렀다(Lijiestrom,

1978)[4]. 그러나 일과 가족생활 양립을 위한 지난한 정책 지원의 결과 현재 사민주의 국가들에서 일과 가족생활 양립과 관련된 사회위험은 이미 구(신)사회위험으로 간주되고 있다(Timonen, 2004). 반면 독일과 같은 보수주의 국가들과 스페인과 같은 지중해 국가들에서 일과 가족생활 양립과 관련된 위험은 새로운 사회위험으로 인식되고 있다(Morgan, 2002; Aust & Bönker, 2004). 그러므로 신사회위험을 변화하지 않는 보편적인 무엇으로 정의하는 것은 매우 논쟁적이며 정책 함의를 전달하는 데 있어서도 유용하지 않다. 또한 신사회위험은 존재 여부의 문제가 아니라 수준과 내용의 문제로 이해해야 할 것이다. 즉, 다양한 사회적 위험을 신사회위험이라고 정의할 수는 있지만 이렇게 정의된 위험들을 모든 복지국가에 보편적으로 적용하기는 어렵다.

그러나 분명한 것은 여성의 점증하는 노동시장 참여로 인해 보편적 생계부양자 가구로의 전환, 고령사회의 도래, 인구감소의 위협, 노동시장의 유연화로 인한 비전형적인 일자리의 증가, 복지서비스의 민영화로 인한 계층화 등은 대부분의 산업화된 복지국가가 직면한 공통의 사회위험이라는 점이다. 전통적 복지국가의 기반이 되었던 제조업 중심의 경제성장과 복지확대의 선순환을 가능하게 했던 기본적 전제(남성 생계부양자모델, 완전고용, 유효수요모델 등)들의 변화로 인해 전통적 복지국가가 감당하지 못하는 사회위험이 확대되고 이렇게 새롭게 확대된 사회위험을 신사회위험이라고 정의할 수 있다[5]. 특히, 자본과 노동의 세계화로 인해 개별 국가들의 정책결정의 자율성이 감소되고 있다는 사실은(Surender, 2004), 현재 산업화된 복지국가가 직면한 사회적 위험의 보편성이 확대될 가능성을 더욱 높이고 있다.

이러한 변화에 근거해 테일러-구비(Taylor-Gooby, 2004a)는 산업화된 복지국가가 직면한 사회위험을 주요하게 세 가지로 정리하고 있다. 첫째는 일과 가족생활의 양립과 관련된 위험이다. 여성의 어머니 역할이 여성의 고용상의 지위에 영향을 미침으로써 여성의 빈곤화, 나아가 여성이 독립적인 시민으로서 생활하는 데 장애가 되

---

4) 한국에서 여성의 경제활동 참가율은 2000년에서야 48.6%에 이르렀다(통계청, 각 년도).

5) 그렇다고 해서 신사회위험은 과거에는 존재하지 않았던 완전히 새로운 차원의 위험이라고 정의하는 것은 적절하지 않다. 예를 들어, 가족 내 돌봄의 책임으로 인해 여성이 노동시장에 참여하지 못했던 문제는 최근의 현상만은 아니기 때문이다. 또한 중산층 가구에서는 남성 생계부양자의 임금소득만으로도 안정적 생활이 가능했을지 모르지만 저소득가구의 경우에는 남성 생계부양자의 임금소득만으로는 가족구성원을 적절히 부양할 수는 없었을 것이다. 이렇듯 소위 신사회위험은 최근에 발생한 완전히 새로운 사회위험이 아님에도 불구하고 이를 새로운 사회위험이라고 지칭하는 것은 과거와 달리 이러한 현상으로 야기되는 사회위험이 보편적으로 확산되고 있기 때문이다. 즉, 해당 현상이 사회적으로 위험으로 인지할 정도로 광범위하게 확산되고 있기 때문에 새로운 사회위험으로 지칭되고 있다고 이해하는 것이 타당할 것이다.

고 있다는 점이다. 물론 앞서 지적했듯이 일과 가족생활 양립과 관련된 사회적 위험은 복지체제의 유형에 따라 상이하게 나타난다. 어머니를 노동자로 규정하는 스웨덴과 핀란드 등에서는 이러한 사회위험이 매우 미약하게 나타나는(Timonen, 2004) 반면, 여성의 노동자성이 부차적인 것으로 간주되는 영국, 독일 등 자유주의와 보수주의 국가에서는 일과 가족생활 양립 과제가 주요한 사회적 위험으로 부각되고 있다(Taylor-Gooby & Larsen, 2004; Aust & Bönker, 2004). 또한 같은 보수주의 국가라고 하더라도 프랑스에서는 계층에 따라 상이하게 나타나는데 중산층 이상의 여성은 일과 가족생활과 관련된 위험이 사민주의 국가들과 같이 미약하게 나타나는데 반해 하층 여성에게는 주요한 사회적 위험으로 작용하고 있다(Morgan, 2002; Palier & Mandin, 2004). 둘째는 유급노동과 관련된 위험으로 노동시장의 진입문제, 안정적 고용의 문제, 교육훈련의 접근성 등과 관련해서 나타난다(Taylor-Gooby, 2004)[6]. 대표적인 예로 여성과 청년층이 겪고 있는 노동시장 진입의 어려움과 노동시장에 진입했더라도 비정규직에 종사하기 때문에 정규직(남성노동자)을 중심으로 제도화된 사회보험의 대상에서 배제되는 것이다. 전통적으로 적극적 노동시장 정책을 통해 상대적으로 안정된 고용을 보장해 온 사민주의 국가들의 위험 정도가 상대적으로 미약하고 조합주의와 지중해국가의 경우 위험의 정도가 높다. 마지막으로 복지의 민영화와 관련된 위험이다. 민영화는 단순히 특정 복지국가 유형에서 나타나는 현상이 아니라 대부분의 국가에서(정도를 달리하지만) 보편적으로 나타나고 있는 현상이다. 이러한 민영화로 인해 영국과 같은 국가들에서는 사회보장 수준이 계층에 따라 차별적으로 나타나고 있는(Taylor-Gooby & Larsen, 2004) 반면, 사민주의 국가들에서는 그 영향에 대한 평가가 현재까지는 유보적이다.

(2) 가족·여성 정책영역과 관련된 신사회위험

'신사회위험에 대한 일반적 개념'에 관한 논의에서는 신사회위험 전반에 대한 개략적인 검토를 했다면 여기서는 본 연구의 주제인 사적(가족) 영역과 관련된 신사회위험에 대한 논의를 전개하고자 한다. 소위 사적영역이라고 간주되는 가족 영역에서 신사회위험을 어떻게 정의할 것인가 역시 논쟁적이고 합의된 정의는 없다. 그러나

---

6) 최근 스웨덴에서는 새롭게 이주한 이민자들의 고용불안정과 빈곤문제가 새로운 사회적 위험으로 등장하고 있다(Bergqvist & Nyberg 2002; Timonen, 2004).

지금까지 관련된 논의들을 종합해 볼 때(Moreno, 2004; Taylor-Gooby, 2004a; Aust & Bönker, 2004) 사적영역과 관련된 신사회위험은 가족 내 돌봄노동의 책임이 시민의 경제·사회활동을 어렵게 함으로써 초래되는 시민의 복지에 대한 위해라고 정리할 수 있다.

사적영역과 관련된 신사회위험은 특정 가족구성원(주로 여성)이 돌봄을 수행함으로 인해 노동시장에서의 임금노동으로 대표되는 일, 문화생활 등으로 대표되는 여가, 훈련과 (재)교육의 활동을 수행하지 못함으로써 발생하는 위험이라고 정의할 수 있다. 특히, 여성의 돌봄 책임이 노동시장 참여에 가장 주요한 장애가 됨으로써 빈곤의 여성화를 가속하고 있다는 것은 주지의 사실이다. 이러한 까닭에 돌봄의 사회화 과제는 일반적으로 노동시장에서의 일(주로 임금노동)하고만 연관지어 논의되지만 현실세계에서 임금노동과 돌봄 외에 여가, 훈련과 (재)교육 등도 시민의 삶의 중요한 생활영역을 형성하고 있음을 상기할 필요가 있다. 즉, 일과 가족생활의 양립을 넘어서 여가와 가족생활의 양립, 훈련·(재)교육과 가족생활의 양립을 신사회위험에 대한 대응 정책의 대상으로 포괄해야 한다는 것이다. 더 나아가, 이들은 밀접한 상호관계를 가지고 있기 때문에 이들을 함께 고려하는 것은 필수적이라고 할 수 있다. 예를 들어, 훈련과 (재)교육을 받는 것도 임금노동과 같이 돌봄에 대한 책임으로부터 일정 정도 자유로울 때 가능하다. 그리고 이렇게 받은 훈련과 (재)교육의 정도는 바로 임금노동자의 고용 지위와 밀접한 연관 관계를 가지고 있다. 또한 여가생활을 일정 수준에서 향유하는 것 역시 노동시장에서의 생산성과 긍정적 관계에 있다는 것은 일반적으로 동의되는 사실이다. 다시 말해, 사적영역과 관련되어 나타나는 신사회위험은 단순히 가족생활과 일과의 관계로 제한되기보다는 시민의 삶의 전반을 직·간접적으로 규정하고 있다고 보아야 할 것이다.

더불어 가족정책과 노동정책이 밀접한 상호 의존관계에 있다는 점을 고려한다면 노동시장에서 노동자의 탈상품화를 어느 수준에서 보장할 것인가 역시, 돌봄과 관련되어 발생하는 사회위험의 수위를 결정하는 중요한 준거라고 할 수 있다. 실제로 일과 가족생활의 양립은 단순히 돌봄의 사회화를 통해서만 달성되는 것이 아니라 노동시간의 감축과 유연한 노동시간 등이 보장될 때 현실화되기 때문이다(Gornick & Meyers, 2003). 왜냐하면 노동시간의 감소와 유연화는 시민에게 임금노동 외의 다른 생활영역(특히 가족 내 돌봄)에 투여할 시간이 증대한다는 것을 의미하기 때문이다. 즉, 노동시간의 감축과 유연한 노동시간은 재생산노동을 수행하기 위한 필요조건인 것이다. 정리하면, 사적영역과 관련된 신사회위험은 여성의 생계부양자와 시민으로서의 역할에 대한 사회경제적 요구가 증대하는 데 반해 가족 내 돌봄의 책임이 여전히 가족(특히 여성)에게 강제되는 데서 발생하는 것이다. 그리고 이러한 문제는 다음 장에서 구체적으로 살펴보겠지만 복지국가의 유형에 따라 상이한 모습으로 나타나게 된다.

3. 가족 여성정책 영역과 관련된 신사회위험에 대한 대응 유형

사적영역(가족)과 관련된 신사회위험은 복지국가가 남성 일인생계부양자에서 보편적 생계부양자로의 전환에 적절히 대응하고 있지 못하기 때문에 확산되고 있다. 특히 보수주의, 자유주의, 지중해 복지국가들에서 신사회위험은 일과 가족생활의 양립이 어려운 비숙련 여성노동자들을 중심으로 확산되고 있다(Aust & Bönker, 2004; Moreno, 2004; Taylor-Gooby & Larsen, 2004). 이 절에서는 복지국가의 재편 과정에서 확산되고 있는(사적영역과 관련된) 신사회위험의 보편성과 특수성을 복지국가 유형별로 살펴보고자 한다.

(1) 자유주의 복지국가

일-가족 양립에 대한 공적·제도적 지원이 불충분함에도 불구하고 자유주의 복지국가들은 사민주의 국가들과 같이 이미 높은 수준에서 남성 일인생계부양자 가구에서 보편적 생계부양자 가구로의 전환이 이루어진 것으로 보인다. 영국, 캐나다, 뉴질랜드에서 보편적 생계부양자 가구의 비율은 각각 79.4%(2003년), 79.2%(2001년), 79.9%(2001년)에 이르러 가구 생계부양 형태의 절대 다수를 차지하고 있다(OECD, 2005; OECD, 2004). 이는 일과 가족생활 양립을 위한 국가의 적극적 개입이 이루어진 스웨덴, 노르웨이, 덴마크와 유사하고, 핀란드보다는 높은 수준이다[7]. 이러한 지표의 의미는 자유주의 복지국가들에서 가족영역과 관련된 신사회위험은 새롭게 나타

---

7) 사민주의 국가들의 보편적 생계부양자 가구의 비율은 덴마크 82.5%(1999년), 스웨덴 90.1%(2002년), 노르웨이 83.0%(2001년), 핀란드 73.4%(2002년)이다(Kapustina, 2005; OECD, 2003; OECD, 2005).

〈표 6-1〉 복지국가 유형에 따른 신사회위험의 특성과 정책 대응: 사적영역(가족정책)과 관련된 특성 중심

	자유주의 복지국가	보수주의 복지국가	사민주의 복지국가
주요 대상	복지급여 수급자(한부모 등) 저숙련(유자녀) 여성노동자 실업자	(유자녀)여성 (비전형적 근로 종사자)	비전형적 직업 종사자, 근로빈곤층
위험 요인	불충분한 사회복지서비스(돌봄 관련) 민영화·시장화	불충분한 사회서비스 사회보험의 사각지대 확대 저임금 일자리 증대	비전형적 직업 확대, 민영화와 분권화
정책 대응	특정 집단에 대한 국가 개입(조세정책 중심), 일에 대한 강제(임금노동에 대한 보상강화와 복지급여 동결 및 강화), 돌봄에 대한 부분적 지원	저임금 일자리 창출(독일), 조세에 의한 복지급여 확대, 활성화 정책	남성 돌봄의 제도화, 비전형적 노동시간에 조응하는 보육시설 확대
정치적 과제	자녀가 있는 여성을 중심으로 근로빈곤층 확대, 비근로빈곤층(취약집단) 배제	조합주의 복지국가의 근본적인 한계 극복	복지 자원의 재배치 남성의 돌봄 참여 새로운 사회적 연대 모색 등

난 사회적 위험이라기보다는 최근 미국과 영국을 중심으로 진행된 시장 중심의 복지개혁이 돌봄의 책임이 있다고 간주되는(특히 저숙련) 여성들의 사회적 위험을 증대시켰다고 이해하는 것이 적절하다.

실제로 영국의 경우 20년에 가까운 보수당 집권 기간(1979년부터 1997년까지) 동안 일과 가족생활의 양립은 주요한 정치 주제가 아니었으며, 돌봄은 사적인 문제로 간주되었다(Taylor-Gooby & Larsen, 2004). 아동과 노인에 대한 돌봄을 시장을 통해 해결하게 함으로써 여성들의 전일제 노동을 불가능하게 하거나 노동시장에서 퇴출시킴으로써 이들에 대한 사회적 위험을 증대시킨 것이다. 특히 영국의 보수당 정부는 효율성을 높이기 위해 서비스 지원보다 현금 지원을 선호함으로써 돌봄 서비스의 시장 의존을 강화시켰다(Ungerson, 2000). 비록 신노동당 정부의 등장과 함께 일과 가족의 양립이 중요한 정치적 주제로 등장한 것은 사실이지만 보수당 정부하에서와 같이 돌봄 과제는 여전히 가족의 책임으로 남아 있다. 대표적인 예로 3, 4세 아동의 보육시설 이용률은 2003년 현재 99%에 이르고 있지만 대부분이 시간제 이용에 그쳐, 유자녀 여성의 대부분은 여전히 시간제 노동에 종사하고 있다(Taylor-Gooby & Larsen, 2004)[8].

영국이 부분적인 돌봄의 사회화를 제도화시킴으로써 책임과 권리를 함께 확대하는 전략을 통해 여성과 한부모를 노동시장으로 동원하는 복지개혁을 추진했다면 미국은 복지의존자로 단죄된 (여성)한부모에 대해(일부 취약계층을 제외하고) 돌봄에 대한 제도적 지원 없이 노동에 대한 책임을 강제했다고 할 수 있다. 영국과 달리 미국은 1996년 복지개혁 이후에도 돌봄의 사회화에 대한 제도적 지원은 매우 취약하다. 주정부가 책임지는 공적 보육시설이 있지만 특정 취약계층으로 대상이 제한되고 대부분은 시장을 통해 보육서비스를 구매하고 있다(O'Connor, Orloff, and Shaver, 1999). 시장에서 서비스를 구매하는 문제는 서비스가 가장 필요한 계층에게 적용되지 않는 문제를 야기하고 있다(Esping-Andersen, 1999). 더불어 유자녀 여성의 일-가족 양립을 가능하게 하는 중요한 정책 중에 하나인 모성·부모휴가는 여전히 무급인 상태로 남아 있다[9].

자유주의 복지국가의 새로운 사회적 위험에 대한 정책 대응의 핵심은 돌봄에 대한 책임(특히 아동양육의 책임)이 있는 여성에 대해 일-가족 양립을 위한 충분한 제도적 지원 없이 노동을 강제하는 것이라고 할 수 있다. 대신 미국과 영국에서는 임금노동을 수행하는 것이 복지수급보다 더 높은 재정적 동기를 갖게 하고, 보육시설을 이용할 경우 아동양육의 비용을 일부 보존해 주기 위해 조세를 통한 소득보존을 확대하고 있다. 미국의 근로소득 보존제도(Earned Income Tax Credit)와 영국의 근로세금 보존제도(Working Tax Credit), 아동세금 보존제도(Child Tax Credit)가 대표적인 제도라고 할 수 있다. 즉, 임금노동에 대한 보상을 확대하고 복지급여수준을 동결(또는 낮춤)함으로써 아동양육의 책임이 있는(있다고 간주되는) 여성들이 복지수급보다 임금노동을 하는 것이 재정적 측면에서 합리적 선택이 되도록 하는 정책을 확대하고 있는 것이다(Ozawa & Yoon, 2005; Taylor-Gooby & Larsen, 2004). 그러나 소위 '일을 통한 복지'라는 자유주의 복지국가의 성과는 논쟁적이다. 영국의 경우 복지개혁(뉴딜정책)의 주된 대상인 청년층[10]의 실업률은 감소했지만(DEE, 2001; 김종일, 2006

---

8) 또한 최근에 도입한 부모휴가도 무급으로 제도화함으로써 실제적 효용성에 대한 의문을 제기하고 있다(Kilkey, 2003).

9) 미국: 공식 명칭은 가족의료휴가(family and medical leave)이다. 이 휴가에는 모성, 부성, 부모, 간호휴가를 모두 포함하고 있다. 부모는 각각 12주간의 휴가 이용이 가능하다(Bradshaw & Finch, 2002).

10) 신노동당 집권기인 1997년부터 2002년까지 5년간 뉴딜 프로그램의 정부지출 추이를 보면 청년층에 대한 예산이 전체 예산의 64.7%에 이르는 반면 한부모가구에 대한 예산은 6.7%, 배우자에 대한 예산은 1.2%에 그치고 있다(House of Commons, 2002; 김종일, 2006에서 재인용).

재인용), 유자녀 여성의 전일제 고용, 남녀간 임금격차, 비경제활동 인구는 거의 변화하지 않았다(Taylor-Gooby & Larsen, 2004)[11]. 더욱이 문제는 노동만을 목적으로 함으로써 고용의 질이 고려되지 않아 '일을 통한 복지'가 여성과 아동의 생활 수준을 높였다는 객관적 자료는 없다. 미국의 경우도 복지수급자(TANF 수급자)가 1997년 1월 11,423천명에서 2001년 1월 5,567천명으로 불과 4년만에 51.3% 격감한 것으로 보고되고 있다(U.S. DHHS, 2001; Pandey, Porterfield, Choi-Ko, & Yoon, 2003재인용). 그러나 경제적 상황을 보면 TANF 수급에서 벗어났을 때의 경제적 상태가 TANF를 수급할 때보다 더 악화된 것으로 분석되고 있다. 욕구 대비 소득비율은 TANF 수급 당시 0.90이었는데 반해 TANF 수급에서 벗어난 지 3개월 후는 수급 당시보다 3.3% 감소한 0.87로 나타났다(Ozawa & Yoon, 2005). 또한 가구주가 전일제로 일하고 있는 한부모가구의 16.9%가 절대빈곤에 놓여 있다는 분석은 미국사회에서 취약계층이 일을 통해 빈곤탈출에서 벗어날 수 있다는 주장이 허구임을 보여주고 있다(Rank, Yoon, & Hirschl, 2003). 결국, 돌봄에 대한 주요한 책임을 가족과 시장에 의존하는 자유주의 복지국가의 정책 대응은 일과 가족 양립의 부재로부터 발생하는 신사회위험에 효과적으로 대응하지 못함으로써 여성의 사회적 위험을 확대·강화했다고 볼 수 있을 것이다. 더욱이 노동을 할 수 없는 집단은 복지급여의 삭감으로 인해 전보다 더 열악한 생활을 강요당하고 있다.

(2) 보수주의 국가

유럽경화증으로 표현되는 보수주의 복지국가는 사회적 변화로 야기되는 새로운 사회적 위험에 대해 비스마르크식 사회보장체제가 적절히 대응하고 있지 못한 대표적 사례라고 할 수 있다(Palier & Mandin, 2004; Aust & Bönker, 2004). 특히, 일과 가족생활을 양립하지 못함으로써 발생하는 사회위험의 정도는 보수주의 복지국가에서 가장 심각하다[12]. 자녀가 있는 여성과 무자녀 여성의 고용률의 차이는 보수주의 복

---

11) 여성 비경제활동의 주요한 요인은 가족에 대한 책임 때문이라는 보고는(ONS, 2002b, Taylor-Gooby and Larsen, 2004 재인용) 영국의 신사회위험에 대한 정책대응이 효과가 없음을 보여주는 대표적인 지표라고 할 수 있다.

12) 보수주의 복지국가에서 일과 가족생활과 관련된 사회위험은 자유주의 복지국가보다도 더 심각하다고 할 수 있다. 자유주의 복지국가의 경우 국가에서 일과 가족생활 양립을 위한 공적 지원은 미약하지만, 앞서 언급했듯이 시장을 통해 일과 가족생활 양립이 가능하게 되기 때문이다.

지국가들에서 가장 크게 나타나고 있어, 일과 가족 양립의 부조화가 빈곤, 불평등, 저출산 등 새로운 사회위험의 원인으로 지적되고 있다. 실제로 스웨덴, 핀란드 등에서 무자녀 여성과 유자녀 여성의 고용률의 차이가 1% 포인트 내외인 것에 반해 독일과 프랑스에서 각각 21.0% 포인트, 14.5% 포인트에 이르고 있다. 특히 빈곤, 불평등, 출산력 등이 해당 사회의 일과 가족 양립 지원 수준과 밀접히 연관되어 있다는 점을 고려한다면(OECD, 2005; Sleebos, 2003; Ferrarini, 2006), 보수주의 복지국가들이 사적 영역과 관련된 신사회위험에 적절히 대처하지 못함으로써 시민들의 복지에 커다란 위협을 가하고 있다고 판단된다.

보수주의 복지국가들의 사적영역과 관련되어 나타나는 특성을 살펴보면 유자녀 여성의 취업률이 상대적으로 낮은데, 이는 여성의 높은 빈곤율과 밀접한 관계를 갖는 것으로 보고되고 있다. 특히 일과 가족생활 양립 지원 정책의 미비로 인해 가장 위험에 노출된 집단은 남성 생계부양자가 없는 여성한부모 가구이다. 네덜란드와 독일 남성의 빈곤율은 각각 6.0%, 9.5%에 불과하지만 여성한부모의 빈곤율은 20.4%, 40.9%에 이르고 있다(Christopher, 2001). 프랑스의 경우 사정이 좀 낫기는 하지만 여성한부모 가구의 빈곤율은 12.9%로 남성 5.5%보다 두 배 이상 높다[13].

보수주의 복지국가의 신사회위험에 대한 정책 대응의 핵심은 일과 가족생활 양립을 위한 부분적인 지원과 조세를 통한 지원으로 집중된다. 독일의 경우를 보면 가족 내 돌봄의 필요가 제기될 경우 여성의 위치는 가족으로 돌아가고 돌봄의 필요가 해소되면 노동시장으로 재진입하는 순차적(sequential) 양립정책을 취하고 있다(Aust & Bönker, 2004). 1990년대에 들어서 독일에서는 3~6세 아동의 유치원 이용권리가 도입되고, 2002년 사민당과 녹색당(적녹) 연합정권이 등장하면서 아동양육시설의 확대

물론 시장을 통한 일과 가족생활 양립을 위한 서비스 구매가 중산층 이상의 가구를 중심으로 이루어지고 있기 때문에 저소득 가구의 경우 보수주의와 자유주의 국가의 차이가 크게 나타나지 않는다. 그러나 여성의 노동시장 참여율이 보수주의 국가들보다 자유주의 국가들에서 높다는 점은 자유주의 복지국가에서 일과 가족생활 양립의 가능성이 보수주의 국가들보다 상대적으로 수월하다는 주장을 뒷받침하고 있다.

13) 이러한 결과는 독일과 네덜란드의 경우 아동양육시설의 대부분이 반일제로 운영되는 것과 낮은 영아 보육률과 밀접한 관련이 있다[14]. 프랑스는 앞선 두 국가보다 상황이 조금 낫기는 하지만 사민주의 국가들과 비교하면 영아에 대한 보육률은 여전히 낮은 수준이다. 프랑스의 3세 미만 아동의 보육률은 보육시설을 이용하는 경우와 보모를 고용하는 경우 모두 포함해도 25.0%에 그치고 있다(Palier& Mandin, 2004).

14) 1998년 서독 지역의 0~3세 아동의 아동수 대비 보육시설의 공급률은 2.8%에 그치고 있다(BMFSFJ, 2002; Aust & Bönker, 2004에서 재인용). 네덜란드는 1999년 현재 3세 미만 아동의 보육률은 19.0%이다(OECD, 2002).

가 가족정책의 가장 중요한 목표로 설정되었다. 이러한 결과 1996년 이후 3~6세 아동을 둔 여성의 취업률은 7.5% 포인트 이상 증대했지만 실제적 돌봄은 여전히 여성의 책임으로 인식되고 있다.

프랑스의 경우 독일과 비교하면 일과 가족의 양립 지원이 상대적으로 잘 이루어지고 있는 국가이다. 1970년대부터 강력한 아동정책(공적 시설 중심)을 추진했으며 남성 생계부양자모형은 거의 폐기된 것으로 보여진다(Gregory & Windebank, 2000; Lewis, 1992). 그러나 1980년대부터 가시화된 실업문제로 인해 사적영역에서 발생하는 신사회위험에 대한 대응방식이 변화한다(Morgan, 2002). 아동양육정책은 1980년대와 1990년대 실업에 대한 대응 정책으로 기능하게 된다. 대표적인 정책으로 1986년 보수당 집권 시기에 도입된 아동양육수당(APE)으로 부·모가 직장을 그만 두고 집에서 아동을 양육할 경우 지급되는 수당이다(Fagnani, 1999). 아동양육수당의 효과는, 1994년 자격 기준을 두 자녀로 확대하자 즉각적으로 나타났다. 1994년 3월부터 1997년까지 두 자녀를 둔 모의 수급자 비율이 3배가 되는 동시에 노동시장 참여율이 69%에서 53%로 격감한 것이다(Morgan, 2002)[15]. 이로써 프랑스에서는 지난 20년간 여성의 노동시장 참여를 지원하기 위해 취해졌던 전통적인 공적 보육시설 확대 정책에서 아동양육을 부·모의 자유선택에 맡기는 방식으로의 전환이 이루어졌다. 정리하면 아동양육으로 대표되는 일과 가족 양립 정책에서 독일은 가족책임에서 돌봄을 사회화하는 사민주의적 정책으로 방향을 선회한 반면 프랑스는 전통적인 사민주의 방식에서 부모의 자유선택을 강조하는 자유주의적 방식에 좀 더 가까이 다가갔다고 할 수 있다.

그러나 보수주의 복지국가들의 사적영역과 관련된 신사회위험에 대한 정책대응의 성과에 대한 판단은 유보적이다. 왜냐하면 여성의 노동시장 참여가 본격화되면서부터 가족정책은 이미 노동시장 정책과 밀접한 연관을 가지고 있는데(Liljestrom, 1978) 노동시장 정책에서 여성의 고용상의 지위는 개선되기보다 더욱 악화되고 있기 때문이다. 독일의 경우 기혼 여성, 학생 등에게 선호되는 저임금 일자리(Mini-job, Geringfügige Beschäftigung) 수백만 개를 만들어 이들이 노동시장에 참여할 수 있도록 하였지만(Aust & Bönker, 2004)[16] 사회보험 기여금이 면제되는 이러한 일자리는 독일

---

15) 이러한 문제로 인해 2001년부터 여성이 일자리를 찾는 것을 돕기 위해 첫 두 달 동안 임금노동 수행이 가능하도록 개정되었다(Palier & Mandin, 2004).
16) 소위 미니잡(mini job)은 1990년 초 4백만 개에서 1990년 말 6백만 개로 증가했다.

사회보장의 핵심인 사회보험의 사각지대를 확대함으로써 오히려 사회적 위험을 확대하는 결과를 초래했다.

한편 프랑스는 여성의 재가족화(양육 담당)와 이에 대한 보상을 제도화(APE)함으로써 성간불평등이라는 신사회위험을 확대시켰다. 더 나아가, 아동양육수당(APE) 수급자의 대다수가 저소득 여성노동자에게 집중되는 반면 보모고용에 대한 지원(AFEMA)은 중산층 이상이 주 대상자가 됨으로써 여성 내부의 불평등을 심화시켰다. 즉, 저소득여성은 전통적 역할로 회귀하고 중상층 이상 여성은 노동시장에 남게됨으로써 성간불평등과 함께 계층적 불평등을 심화시켰다. 결국, 새롭게 제기되는 사회적 위험에 대해 사회적 포섭(inclusion)전략으로 대응하려 했던 프랑스는 실제 정책에서 사회적 배제를 가속화시키는 모순을 낳았다. 신사회위험에 대한 보수주의 복지국가들의 대응방식은 북유럽의 사민주의 방식과 영미식 자유주의 방식이 혼재됨으로써 신사회위험에 대한 정책 대응의 불확실성을 확대하고 있다.

(3) 사민주의 국가

사민주의 국가들에서 복지국가의 발전은 초기부터 남성 생계부양자가 노동시장에서 직면하는 실업, 질병, 노령이라는 사회적 위험뿐만 아니라 가족 내에서 발생하는 임신, 출산, 양육이라는 사회적 위험을 함께 대응하면서 발전해 왔다. 이러한 결과 북유럽 사민주의 국가들에서 사적영역과 관련된 일과 가족생활 양립과제는 신사회위험이기보다 구신(舊新)사회위험으로 간주되고 있다(Timonen, 2004). 이는 북유럽 사회에서 남녀 모두 생계부양자로서 지위를 가지고 있으며, 동등한 복지정책(적극적 노동시장 정책을 포함해서)의 대상이 되어 왔음을 의미한다.

그러나 북유럽사회 또한 자본의 다국적화, 노동시장의 유연화, 지식기반 사회로의 이전 등과 같은 세계적인 변화에 대해 자유로울 수 없다는 점에서 다른 국가들과는 질적으로 다르지만 사적영역과 관련된 사회적 위험이 확대되고 있음은 분명하다. 사적영역과 관련해서 북유럽 사민주의 국가들이 직면한 새로운 사회적 위험은 크게 네 가지를 지적할 수 있다.

첫째는, 노동시장의 유연화로 인해 비전형적인 근로시간이 확대되고 있다는 점이다(Timonen, 2004). 주말근로, 야간근로 등 비전형적인 근로시간의 확대는 정규 노동시간에 근거해 제도화된 아동양육시설들이 더 이상 시민들의 일과 가족생활 양립을 위한 효과적인 대안이 되지 못하고 있다.

둘째는, 돌봄서비스, 특히 아동보육의 민영화와 분권화가 진행되고 있다는 사실이다. 스웨덴의 경우를 보면 아동양육시설에서 민간부분은 1990년 5%에서 1999년 15%로 무려 3배 이상 증가했다(Bergqvist & Nyberg 2002)[17]. 이러한 변화는 최근 스웨덴에서 공식 노동시장에서 일하는 돌봄노동자의 숫자가 감소하고 있으며 돌봄의 책임이 지역사회(가족 내)로 환원되는 경향마저 보이고 있음을 주목할 필요가 있다(Ungerson, 2000).

셋째는, 사적영역에서 발생하는 사회적 위험에 대한 대응이 계층적으로 상이하게 나타날 가능성이 높아지고 있다. 중상계층은 좀 더 질 높은 민간서비스를 시장에서 구매하는 것을 선호하고, 분권화로 인해 자치정부가 제공하는 서비스의 상이성이 확대되고 있기 때문이다. 즉, 인구사회적 특성, 계층, 지역에 따라 서로 다른 이해를 갖게 됨으로써 전통적인 사민주의 복지국가를 지탱해 왔던 사회적 연대의 틀이 흔들리고 있다는 점이다.

마지막으로, 지난 1930년대에 이미 남성의 가족생활에 대한 참여와 여성의 노동시장 참여가 강조되었고(Henriken & Holter, 1978), 1970년대 중반 처음으로 부모 모두에게 권리가 부여되는 부모휴가를 도입하고, 1990년대 중반 최초로 부모휴가의 아버지 할당제를 도입한 북유럽사회에서도 대부분의 돌봄은 여전히 여성의 몫이라는 점이다(Leria, 2002). 즉, 북유럽사회는 다른 복지국가들과 비교했을 때 사적영역과 관련된 사회적 위험에는 잘 대응해 왔지만 그들 국가와는 질적으로 다른 신사회위험에 직면해 있다.

이에 대한 사민주의 국가들의 대응은 다양하다. 노동시장의 유연화에 대해서는 핀란드의 예에서 보듯 24시간 운영하는 보육시설이 등장하고 교대일을 하는 부모들이 새로운 보육 형태에 대한 정책이 모색되고 있다(OECD, 2005). 그러나 문제는 왜 돌봄(재생산) 과제가 항상 생산영역의 요구에 맞추어져야 하는가에 대한 비판이 제기되고 있다. 만약 라리아(Leria, 2002)의 주장처럼 일과 가족생활의 양립을 제도화함으로써 북유럽사회에서 재생산과제가 생산과제에 우선하게 되었다면 비전형적인 노동시장의 확대는 이러한 역전을 다시 원위치로 돌리는 역할을 하게 될 것이기 때

---

17) 다만 스웨덴에서 민영화를 영리목적으로의 전환으로 이해할 수는 없다. 순수영리를 목적으로 하는 아동양육시설은 1998년 기준으로 전체의 3.8%에 불과하고, 아동수를 기준으로 했을 때 민영화된 시설에 다니는 비율은 오히려 감소했다(Bergqvist & Nyberg 2002).

문이다.

민영화와 분권화의 문제는 현실세계에서 분권화와 민영화가 불평등을 야기하지는 않고 있기 때문에(Bergqvist & Nyberg 2002) 이를 자유주의 국가와 같이 민영화로 인해 불평등이 확대되고 있다고 이해하는 것은 적합하지 않다. 그러나 아동보육시설의 민영화는 북유럽사회에서도 부·모가 직접 아동을 돌보거나 민간에 위탁하는 비율이 확대되고 있다는 점이다(Borchorst, 2002)[18]. 결국 민영화는 보육시설 이용에 있어서 부모의 선택의 폭을 확대시킴으로써 계층간의 불평등을 강화시켜 북유럽 사회의 근간인 사회적 연대를 약화시킬 가능성이 상존하고 있는 것이다.

남성의 돌봄 참여를 위한 제도화는 1994년과 1995년 노르웨이와 스웨덴에서 각각 아버지 할당제를 도입하였다. 물론 이러한 제도를 통해 아버지의 양육 참여는 증가되었다. 그러나 노동시장에서의 보편적 생계부양자 가구의 대중성에 비해 사적영역에서 보편적 돌봄의 확산 정도는 미미하다. 분명한 것은 보편적 생계부양모델이 반드시 보편적 돌봄모델과 일치하는 것은 아니라는 점이다.

마지막으로 사회적 연대 대상의 변화다. 새로운 사회적 위험에 대한 대응은 복지자원이 전통적 사회위험으로부터 새로운 사회적 위험으로 이전되어야 하는데 완전고용과 보편주의에 입각한 기존의 사회정책에 대한 대중성으로 인해 복지자원의 재배치에 어려움을 겪고 있는 것이다(Timonen, 2004). 더욱이 복지자원의 이동은 새로운 사회적 연대를 필요로 하는데 아직까지 새로운 사회적 위험의 정치세력화는 파편화되어 있어 조직적인 정치적 힘의 발휘가 어렵다는 사실이다(Taylor-Gooby, 2004b). 실제로 고용주도 노동자도 신사회위험에 대한 단일한 대오를 형성하고 있지 못하고 있다. 더불어 여성의 시간제 고용과 노동시장의 성별분절은 여전히 사적영역과 관련된 주요한 사회적 위험으로 남아 있다.

4. 사적영역과 관련된 한국사회의 신사회위험과 정책 대응

복지국가의 초입에 들어선 한국에서 산업화된 복지국가들이 직면한 신사회위험

---

18) 물론 순수 영리목적의 아동양육시설은 1998년 기준으로 전체의 3.8%에 불과하고, 실제 아동 수용비율은 1980년대에 40%에서 1990년대 16%로 절반 이상 감소했다.

을 논의하는 것은 일견 적절해 보이지 않는다. 그러나 현재 한국사회가 직면한 저출산, 고령화, 비정규직의 증가, 여성의 점증하는 노동시장 참여, 복지다원화 등을 고려한다면 한국사회 역시 신사회위험에서 예외일 수 없다. 특히(사적영역과 관련된) 신사회위험의 주된 동인으로 지적되는 남성 일인생계부양자 가구에서 보편적 생계부양자 가구로의 전환이 이미 상당 정도로 진행된 사실을 고려한다며 신사회위험은 우리의 예상보다 훨씬 더 광범위하게 확대되어 있을 수도 있다. 결국 앞에서 언급한 것과 같이 신사회위험의 확산은 정규직 남성 생계부양자에 기반한 전통적 복지체제가 여성의 노동시장 참여로 대표되는 후기산업사회의 변화에 적절히 대응하지 못함으로써 발생하는 위험이다. 여성의 노동시장 참여로 인해 가구는 남성 생계부양자 가구에서 보편적 생계부양자 가구로 전환되고 있는데 반해 복지체제는 사적영역에서 발생하는 사회적 위험에 대해 적절히 대응하지 못하고 있는 것이다. 더욱이 신사회위험에 대한 대응은 단순히 사적영역과 사회적 위험을 넘어서 전통적인 사회정책의 핵심 과제인 빈곤, 불평등, 양극화 완화에 중요한 역할을 하고 있다는 점을 고려한다면 한국사회의 신사회위험에 대한 이해와 정책 대응에 대한 검토는 복지국가 초입에 들어선 우리에게 매우 중요한 과제가 아닐 수 없다.

(1) 사회적 돌봄의 부재: 아동양육을 중심으로

아동과 노인에 대한 돌봄 제공은 노동시간의 감소 또는 노동시장에서의 퇴출과 밀접한 관련성이 있으며, 더 나아가 돌봄에 대한 책임이 사라진 이후에도 돌봄 제공자의 노동시장 복귀가 이루어지고 있지 않다는 점이다(Barrow, 1999). 한국사회도 임신, 출산, 양육으로 인한 경력 단절이 여성 소득 저하의 주요한 원인으로 지적되고 있다. 실제로 한국보건사회연구원, 보건복지부 등이 주관해 실시한 '2005년도 전국 결혼 및 출산 동향조사'에 따르면 취업을 희망하고 있는 비취업 기혼 여성(20~24세) 중 66.2%가 소득 부족과 자녀양육비 부족 등 경제적 어려움으로 취업을 희망하고 있는데도 불구하고 이 중 89.0%가 여성 자신에게 부여된 돌봄 책임 때문에 취업을 하지 못하는 것으로 나타났다(이삼식 외, 2005)[19]. 또한 임신, 출산, 양육으로 인한

---

19) 제시된 수치는 다음과 같이 재계산되었다. 먼저 취업희망 사유는 이삼식 외(2005: 336-337)의 <표 16-5 비취업 기혼 여성의 취업희망 사유>에서 소득 부족 25.9%와 자녀양육 비용 40.3%를 더한 값이고, 취업을 하지 않는 사유는 <표 16-6>에서 일-가정 양립 곤란 25.3%와 자녀가 어려

경력 단절이 서구사회와 같이 여성의 임금소득에 부정적 영향을 미침으로써 경제적 어려움을 더하고 있다. 경력 단절을 경험한 기혼 여성과 계속 취업한 기혼 여성의 시간당 임금을 비교해본 결과 경력 단절을 경험한 여성의 시간당 임금은 6,300원으로 계속 취업한 여성의 8,400원의 75.0%에 불과한 것으로 조사되었다.

이상의 논의를 정리하면 가족 내 돌봄에 대한 책임이 기혼 여성의 노동시장 참여에 가장 중요한 어려움으로 지적되고 있는 현실에서 여성에게 일과 가족생활은 양자택일의 문제로 다가서게 될 것이다. 그리고 노동시장에서 여성의 노동력에 대한 수요가 증가하고, 가구 또한 추가적인 소득이 절실한 것과는 모순되게 여성에게 일과 가족생활의 양자택일을 강제하는 상황에서 가족생활(특히 양육)은 선택 가능한 대안이 될 수 없다. 결국 돌봄의 사회화의 부재는 한국사회의 중요한 당면 과제인 저출산과 고령화는 물론이고 불평등, 양극화, 빈곤을 가중시키는 주요한 원인으로 작용할 것이다.

사회적 돌봄에 대한 정책 대응을 아동돌봄을 중심으로 살펴보면 다음과 같다. 먼저 산전후휴가는 2001년 모성 관련 3개법(근로기준법, 남녀고용평등법, 여성발전기본법)을 통해 현재와 같은 모습을 갖게 된다. 2001년 남녀고용평등법 개정을 통해 산전후휴가는 60일에서 90일로 확대되었으며, 확대된 30일에 대해 통상임금에 해당하는 금액을 고용보험에서 지급하는 것을 명문화했다. 고용보험에서 지급하는 30일 분에 대해서 상한 액을 월 135만원으로 설정했다. 산전후휴가의 이용현황을 보면 산전후휴가자 수는 지속적으로 증가해 2002년 22,711명에서 2006년 48,972명으로 불과 4년만에 두 배가 넘는 115.6%나 증가했다(여성가족부, 2007). 그러나 2004년을 기준으로 보면 한 해 동안 출생한 아동수가 476,052명이고(통계청, 2004) 기혼 여성의 경제활동률이 44.1%인 점을 고려한다면(정밀성이 떨어지는 대략적인 추정이지만) 2004년 아동을 출산한 취업여성 중 단지 18.4%만이 산전후휴가를 사용했다고 추정된다. 더욱이 산전후휴가 급여 중 30일을 고용보험에서 지급하고 있다는 점을 고려한다면 소규모 사업장 종사자와 비정규직 종사자가 산전후휴가를 이용할 가능성은 더욱 낮을 것이라고 추정된다. 이처럼 아동양육과 관련된 가장 기본적인 지원정책이라고 할 수 있는 산전후휴가는 그 대상자가 상용직 근로자로 그 대상이 극히 제한적이며, 급여수준이 적절히 보장되지 못하는 문제를 안고 있다.

다음으로 육아휴직제도는 2001년은 육아휴직과 관련된 남녀고용평등법과 고용보

서 33.6%를 더한 값을 취업희망 사유 중 경제적 문제와 관련된 비율로 나누어 얻은 값이다.

헙법이 개정되어 현재와 같은 제도 형태를 띠게 된다. 개정을 통해 부모 모두 독립적인 육아휴직의 권리를 갖게 되었다는 점은 의미 있는 진전이라고 할 수 있다. 그러나 육아휴직 급여가 휴직 전 급여수준을 고려하지 않는(낮은 수준의) 정액급여로 정해져 육아휴직 활성화에 중요한 걸림돌로 작용하였다. 2004년을 기준(2007년부터 월 50만원 지급)으로 했을 때 월 40만원의 육아휴직 급여는 남녀노동자 평균 월 임금 총액의 22.9%에 불과하다. 다음으로 이용자수를 보면 2006년 이용자수는 13,670명으로 2002년 3,763명보다는 훨씬 증가한 것으로 나타났다(여성가족부, 2007). 그러나 이 역시 전체 출산아동수를 대비해 보면 육아휴직 이용자수는 극소수에 불과하다. 또한 남성노동자의 독립적인 수급권을 보장했음에도 불구하고 육아휴직자 중 남성 노동자의 이용 비율은 2.0% 내외로 매우 저조한 상황이다.

다음으로 6세 미만 아동보육과 관련된 사항을 보면 다음과 같다. 특히 아동보육서비스는 여성의 독립적인 가구 구성과 함께 보편적 생계부양자 가구로의 전환을 위한 핵심적 정책이라고 할 수 있다. 한국 보육정책은 1991년 영유아보육법이 제정됨으로써 확대 발전을 위한 기초적인 발판이 만들어졌다. 이후 보육시설 확대는 문민정부 시기인 1995년부터 1997년까지 진행되었던 보육사업 확충 3개년 계획의 결과 현재와 같이 민간 위주의 아동보육 체제가 구축된 것으로 보여진다. 2006년 6월말 저출산·고령사회 대책 연석회의를 통해 국공립시설을 시설 이용 아동수 대비 30%까지 확대(법인 포함할 경우 50%)를 계획하는 등 민간 보육시설 중심에서 국공립시설을 확대하려는 의지를 표명했지만 구체적 목표년도를 적시하지 않음으로써 정책실행 자체가 불투명해 보인다. 또 다른 문제는 아동수와 비교했을 때 보육 비율이 너무 낮아 부·모의 노동권을 적절히 보장할 수 없다. 특히 영아에 대한 보육수요가 낮게 나타나고 있는 것이 현실이지만 이는 반대로 영아를 맡길 만한 보육시설이 부재하기 때문에 나타나는 현상일 수도 있다.

(2) 사회안전망으로서의 결혼제도의 약화: 이혼의 증가

① 이혼의 증가로 인한 새로운 사회적 위험

이혼의 증가는 단순히 가족형태의 변화를 넘어 한국사회 기본 전제를 바꾸어 놓는 중요한 변화 요인이다. 한국 사회보장체제의 기본 전제는 남성 생계부양자와, 피부양자로 상정되는 여성과 아동을 상정하고 설계되어 있기 때문이다.

국민연금, 고용보험 등 사회보장체계는 남성 생계부양자가 공적영역인 노동시장에서 직면한 사회적 위험에 대응함으로써 남성 생계부양자 자신은 물론이고 피부양자인 여성과 아동이 직면할 사회적 위험에 대한 대응을 포괄하고 있는 것이다. 이러한 전제에서 이혼율이 높아진다는 것은 결혼관계가 남녀간의 평생계약에서 한시적 계약으로 전환된다는 것을 의미한다. 즉, 성별 분업에 근거한 평생계약을 전제한 결혼제도에 기반한 복지체제는 결혼관계가 한시적 계약관계로 변화하면서 근본적인 변화를 요구받고 있는 것이다. 결혼관계의 해체는 성별 분업에 근거해 가족 내에서 돌봄에 종사했던 여성들에게 노동시장의 참여를 통한 생계부양자의 역할과 돌봄 제공자의 역할을 동시에 요구하고 있다.

결국 한시적 계약관계로 결혼관계가 변화한다는 것은 성별 분업의 해체를 요구하며, 앞서 언급한 돌봄의 사회화에 대한 요구를 증대시키고 있다. 더불어 가구 생계부양자의 상실은(특히 여성) 한부모가구주의 노동시장 참여 필요성을 증대시키고 있다. 이혼으로 인한 신사회위험은 주요하게 빈곤의 여성화와 사회보장체계의 사각지대 확대로 나타나고 있다.

빈곤의 여성화는 두 가지 측면을 모두 고려해야 하는데, 첫째는 절대빈곤의 증가와, 둘째는 근로빈곤층의 증가이다. 사회보장체계의 사각지대 확대는 대다수 경력단절을 경험한 여성이 비정규직에 종사한다는 사실을 고려한다면 쉽게 짐작되는 부분이다.

이혼을 전후한 여성의 빈곤실태를 보면 <그림 6-1>과 같이 이혼한 여성이 속해 있는 가구의 절대빈곤 비율은 이혼 전 19.1%에서 이혼 후 29.0%로 무려 51.8% 증가한 것으로 나타났다. 특히 이혼 후 아동양육 여부와 관계없이 이혼으로 인해 여성은 심각한 경제적 위기에 직면하는 것으로 나타났다. 그러나 더욱 심각한 문제는 노동시장 참여(취업)가 이들의 빈곤문제를 완화시켜 주지 않는다는 점이다. 이혼 전 취업여부에 따른 이혼 전후 빈곤율 변화를 보면 이혼 전에 취업했던 여성의 빈곤 비율이 이혼 후 더 높은 것으로 나타났다. 결국 취업 여부, 아동양육 여부와 관계없이 전통적 성별 분업에 근거해 자신의 인적 자본을 재생산 노동에 투여한 여성은 결혼해체와 함께 빈곤이라는 참담한 현실을 직면해야 한 것이다. 특히 공적영역에서의 경험(경력)은 상품가치가 있는 인적 자원으로 인정되고 노동시장에서 임금상승, 승진 등 고용지위 상승의 주요한 판단 준거가 되는 반면, 재생산 노동에 대한 경험은 노동시

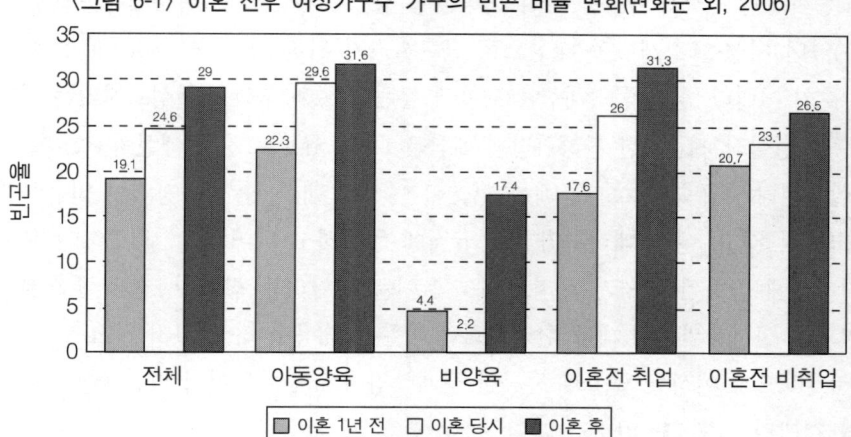

〈그림 6-1〉 이혼 전후 여성가구주 가구의 빈곤 비율 변화(변화순 외, 2006)

장에서 상품가치가 없는 인적 자원으로 평가되는 현실에서 결혼해체로 인한 여성의 빈곤화는 예상된 결과라고 할 수 있다.

② 정책 대응

결혼해체로 인해 야기되는 사회적 위험에 대해 한국사회의 대응은 전무하다고 할 수 있다. 2002년 개정된 모·부자복지법이 있지만 경제적 지원을 포함해 한부모가구가 적절한 수준에서 독립적인 가구를 유지·운영하기 위한 지원은 매우 미흡하다. 이혼 전후의 빈곤율을 비교했을 때 사회보험의 반빈곤효과는 없으며, 공공부조의 빈곤율 감소효과도 29.6%에 그치고 있다(변화순 외, 2006: 106). 아동양육비 지원이라는 사적소득 이전을 포함해 모든 이전소득을 고려해도 빈곤 감소비율은 37.5%에 그치고 있다. 실제로 사회보험의 경우 일정 기간 동안 노동시장에 참여를 전제로 하고 있고 대부분 정규직 근로자를 피보험자로 하고 있기 때문에 전업주부와 비정규직에 취업했던 여성에게는 안전망이 될 수 없다. 또한 최후의 안전망이라고 할 수 있는 국민기초생활보장제도도 불합리하고 엄격한 수급 기준으로 인해 최저생활을 보장받아야 할 여성 한부모가구의 다수를 사각지대에 방치하고 있는 실정이다. 실제로 기초생활보장 대상에서 탈락한 여성 한부모가구의 68.4%가 최저생계비 이하에 머물고 있다는 사실은 이 같은 현실을 반영하는 좋은 실례라고 할 수 있을 것이다(윤홍식, 2003).

노동시장과 관련해서는 적극적 노동시장 정책은 물론이고 비경제활동인구(전업주부)였던 여성을 경제활동 대상으로 전환시키기 위한 활성화(activation) 정책 등은 찾아보기 어렵다. 실업자에 대한 재교육과 훈련을 통해 구직을 활성화시키는 실업대책 중 여성실직자를 위한 활성화정책 예산은 140억 규모로 전체 예산의 0.2%에 불과한 실정이다(엄규숙, 2006). 문제는 단순히 여성에 대한 활성화 정책이 미흡하다는 데 그치지 않고, 여성 대다수가 비정규직에 종사하고 있어 취업자 중 고용보험의 사각지대에 방치된 규모가 무려 65.1%에 이르고 있다는 점이다. 결국 결혼해체로 야기되는 신사회위험에 대해 한국사회는 아무런 대응을 하고 있지 않고 있으며 이는 본질적으로 여성을 남성과 동등한 생계부양자로 받아들이지 않는 데서 오는 사회적 결과라고 할 수 있다.

(3) 여성의 비정규직화: 보편적 생계부양자 가구의 허상

① 보편적 생계부양자 가구의 실태

서구의 경험을 고찰하였을 때 일인생계부양자 가구에서 보편적 생계부양자 가구로의 전환과 이에 따른 복지체제의 재편이 한국사회에서 새롭게 확대되고 있는 사회적 위험에 대한 효과적인 대응책이 될 수 있을 것이라고 언급한 바 있다. 그러나 이러한 결론은 노동시장에서 공급되는 일자리를 통해 시민이 적절한 수준의 생활을 유지할 수 있다는 전제가 성립되어야 한다. 만약 이러한 전제를 충족시키지 못하고 있다면 보편적 생계부양자로의 전환은 근로빈곤층과 같은 새로운 사회적 배제를 양산시킬 뿐이다.

한국사회에서 보편적 생계부양자 가구로의 전환은 빠른 속도로 진행되고 있다. <표 6-2>를 보면 지난 1999년 가구주 또는 배우자가 임금소득이 있는 가구 중 남성 생계부양자 가구의 비중은 79.3%로 절대 다수를 점하고 있었다. 그러나 5년이 지난 2004년 자료를 보면 남성 생계부양자 가구의 비중은 50.6%로 무려 36.2%나 감소했다. 반면 보편적 생계부양자 가구의 비중은 동 기간 동안 20.7%에서 49.4%로 138.6%나 증가했다. 다른 사회현상과 같이 한국사회에서도 보편적 생계부양자 가구의 비중이 급격히 증가하고 있는 모습을 보여주고 있다. 또한 산업화된 서구 복지국가에서와 같이 보편적 생계부양 가구의 소득수준이 남성 생계부양자가구보다 높은 것으로

<표 6-2> 남성 생계부양자 가구와 보편적 생계부양자 가구의 빈곤실태[20]

	1999년(N=2,731)		2004년(N=1,620)	
	남성 생계부양 79.3(%)	보편적 부양 20.7(%)	남성 생계부양 50.6(%)	보편적 부양 49.4(%)
최저생계비 50% 이하	8(0.4)	1(0.2)	3(0.4)	2(0.3)
100% 미만	92(4.2)	19(3.4)	11(1.4)	8(1.0)
120% 미만	77(3.6)	18(3.1)	10(1.2)	8(1.0)
150% 미만	157(7.3)	28(5.0)	27(3.3)	13(1.7)
180% 미만	243(11.2)	36(6.4)	42(5.2)	45(5.6)
210% 미만	243(11.2)	59(10.4)	90(11.0)	50(6.2)
210% 이상	1345(62.1)	404(71.4)	637(77.7)	674(84.2)
소득대비 욕구 비율[21]	2.70	3.34	3.61	3.89

* 윤홍식·조막래·윤성호(2006)의 <표 1>과 <표 6> 참조.

나타났다. 그러나 욕구대비 소득 비율을 통해 본 격차는 1999년 0.64 포인트에서 2004년 0.27 포인트로 59.7%나 감소했다. 절대 빈곤율을 보면 일반적으로 보편적 생계부양자 가구의 빈곤율이 남성 생계부양자 가구의 빈곤율보다 낮은 것으로 나타났다. 서구의 경우 두 생계부양 형태 간 빈곤율의 차이가 대략 2~6배까지 차이가 난다는 점을 고려한다면 작은 차이라고 할 수 있다. 지금까지의 결과를 보면 서구의 경우보다는 미약하지만 보편적 생계부양자 가구로의 전환을 통해 시민들의 경제적 생활수준이 향상되고 있는 것으로 보인다.

그러나 이러한 변화의 내면에는 우리가 주목하지 못한 함의를 내재하고 있다. 생계부양 형태에 따른 빈곤실태를 연구한 다른 연구에 따르면 다른 변수들을 통제한 상태(logistic regression)에서는 일반적 기대와는 달리 보편적 생계부양 가구가 빈곤에 처할 가능성(odds ratio)이 남성 일인생계부양자 가구가 빈곤에 처할 가능성보다 무려 4.8배 높게 나타났다는 점이다(윤홍식·조막래, 2006). 이는 한국사회에서 여성의 노동시장 참여를 통한 보편적 생계부양자 가구로의 전환이 새로운 사회적 위험을 감

---

20) 가구주가 임금소득이 있는 경우로 분석 대상을 제한했기 때문에 빈곤율은 전체 빈곤율보다 낮게 나타났다.
21) 소득대비 욕구 비율(the income-to-needs ratio)은 가구소득을 해당 가구원수에 해당하는 최저생계비로 나눈 값이다. 만약 소득대비 욕구 비율이 1.0이면 가구소득이 당해 연도 최저생계비와 같다는 것을 의미하고 1.0보다 작으면 가구소득이 최저생계비보다 낮다는 것을, 크면 최저생계비보다 높다는 것을 의미한다.

소시키기보다 오히려 확산시킬 수 있는 가능성을 보여준다. 자유주의 국가에서 보편적 생계부양 형태가 지배적임에도 불구하고 빈곤율과 성별, 계층별 불평등이 높다는 점을 고려한다면 충분히 납득이 가는 결과이다. 결국 최근 급격히 진행되고 있는 노동시장의 유연화로 인해 비정규직이 확대되고 남성 생계부양자의 임금소득으로는 생활할 수 없는 가구에서 여성들이 노동시장에 참여하게 되는데 이들에게 주어지는 일자리가 주로 비정규직, 저임금 일자리라는 것에 주목할 필요가 있다. 실제로 한국비정규직노동센터의 자료에 따르면 지난 2002년 여성 중 정규직 고용비율은 29.3%에 불과한 것으로 조사되었다(이병훈·김유선, 2003). 또한 2002년 비정규직의 월 평균 임금 수준은 96만원으로 정규직 182만원의 52.7%에 불과했다. 결국 여성의 비정규직화를 통한 보편적 생계부양자 가구로의 전환은 근로 빈곤가구를 증대시킴으로써 한국사회에서 새로운 사회적 위험의 확대를 가속화하고 있다.

② 정책 대응

한국사회에서 노동시장 유연화는 지속적으로 진행되어 왔다. 특히 문민정부 하에서 신인력정책은 노동시장에서의 노동력의 수급 불균형을 비정규직 확대를 통해 해소하려 했던 대표적 정책이라고 할 수 있을 것이다(백진아, 2006a). 특히 신인력정책 하에서 이루어진 자유로운 고용과 해고, 변형근로제, 교대근무제 등 수량적 노동시장 유연화 정책은 노동시장에서 비정규직을 확산시키는 데 주요한 역할을 담당했다고 할 수 있다. 특히 한국사회에서 여성의 비정규직화는 특정 계층에게만 집중되어 나타나는 현상이기보다는 학력 수준 등과 관계없이 전계층에서 나타나고 있다는 점에 주목할 필요가 있다(백진아, 2006b).

이렇듯 비정규직 확대로 인한 사회문제가 확대되자 정부, 기업, 노동계는 2004년부터 비정규직 차별금지를 명문화한 비정규직 법안을 준비했지만 노동계의 핵심적 요구사항인 기간제(계약직) 노동자의 사용사유기한, 불법파견과 관련된 쟁점 등으로 2년 넘게 표류하다 2006년 11월 30일 국회 본회의를 통과했다. 이로써 소위 비정규직 3법이라고 불리던 "기간제 및 단시간근로자보호자법", "파견근로자법", "노동위원회법"이 법제화되었다. 이에 대한 노동계의 반응은 비정규직 문제를 해소하기 위한 법이 아니라 오히려 비정규직 근로자의 상황을 악화시켰다며 비판의 수위를 높이고 있다. 이처럼 한국사회는 비정규직 확산에 대해 적극적 고용창출 정책을 통해 좋은 일자리를 만들고, 활성화 정책을 통해 노동자의 인적 자본을 확대시키는 대안들은 아직까지 이루어지고 있지 않다. 다만 영국과 미국 등 주로 자유주의 복지국가들에서 활용되고 있는 근로장려세제(EITC 유형)의 도입을 추진하고 있다. 근로장려세제(EITC)의 전제는 노동시장의 구조적 문제를 완화하기보다는 임금소득에 대한 보존을 통해 (잠재적)복지의존층(?)에게 근로의욕을 고취시켜 복지의존으로부터 벗어나게 하기 위한 제도이다. 그러나 사회보장제도의 역할이 일천한 한국에서 복지의존이 심각한 문제가 아니며 더 나아가 근로장려세제의 대상이 매우 제한적이고 급여수준은 최대 월 6만 7천원에 불과하다는 점을 고려한다면 근로장려세제를 통해 근로빈곤층의 문제를 완화시킬 것으로 기대할 수는 없다. 즉, 근로장려세제는 노동시장의 구조적 문제를 근본적으로 해결하는 대안이 아니며 오히려 노동시장에서 저임금, 비정규직을 확대재생산할 우려마저 내재하고 있는 것이다. 근로장려세제를 실시한 영국과 미국의 경우도 근로연계복지제도가 저소득층의 고용안정과 빈곤완화를 달성했다는 증거는 부재하다(Ozawa & Yoon, 2005; 김종일, 2006).

5. 가족·여성정책 영역에서의 정책과제

가족영역과 관련된 신사회위험이 단순히 저출산·고령화 등 인구학적 위기에 대한 대응을 넘어 해당 사회의 불평등, 양극화, 빈곤 등과 밀접한 관련성을 가지고 있다는 점을 고려한다면 신사회위험에 대한 대응은 신사회위험뿐만 아니라 한국사회의 전통적 사회위험에 대한 효과적인 대응책이 될 것이다. 이 절에서는 앞서 언급한 서구의 경험과 한국사회에 나타나고 있는 신사회위험의 실태와 정책 대응을 통해 한국사회가 신사회위험을 넘어 시민의 복지를 증대시키기 위한 정책과제에 대해 검토하자고 한다. 돌봄의 사회화, 새로운 사회보장체계의 구축, 적극적 노동시장 정책과 활성화 정책에서는 정책 대응방안에 대해 언급할 것이고 마지막 사회투자의 확대에서는 앞서 언급한 정책과제를 달성하기 위해 한국사회가 나가야 할 원칙과 방향에 대해 논의할 것이다.

(1) 돌봄의 사회화

아동양육 관련 휴가와 관련된 정책 쟁점들은 다양한 측면에서 논의될 수 있으나 다섯 가지 쟁점으로 정리될 수 있다.

첫째, 무엇보다도 제도가 포괄할 수 있는 대상의 폭이 매우 제한적이라는 점을 근본적 문제로 지적할 수 있다. 지난 2006년 6월 20일 재계, 노동계, 시민사회, 정부가 참여하여 합의한 「저출산·고령화문제 해결을 위한 사회협약」에서 합의한 것과 같이 산전후휴가와 육아휴직 대상을 비정규직에게까지 확대하고 이후 자영업, 농어민 등 모든 시민들에게 보편적으로 확대할 수 있는 적극적 방안이 모색되어야 한다.

둘째, 유연한 육아휴직 사용이 노동시장에서 부·모의 경력 단절을 최소화하고 가족 내에서 아동양육을 효과적으로 수행할 수 있도록 지원하는 기제임을 고려한다면 (Smith, 2001), 육아휴직의 시간제와 분할 사용은 반드시 보장되어야 한다.

셋째, 낮은 급여수준은 정책의 실질적 대상을 낮은 급여를 받아도 생계가 가능한 여성, 즉 배우자(남성)에게 생계를 의존하는(할 수 있는) 여성으로 제한함으로써 성별 분업을 강화시키는 데 복무하고 있다. 그러나 다른 측면에서 휴직 전 소득에 비례하는 급여는 양육기간 동안에도 노동시장의 차이를 유지시킴으로써 보편주의에 부정적 영향을 미칠 수도 있다(Hiilamo, 2004). 그러므로 육아휴직(산전후휴가도 포함해서) 급여는 모든 휴직자가 아동과 함께 독립적으로 적절한 생활을 유지할 수 있는 급여의 기본선(기본정액급여)이 보장되어야 한다. 재원문제는 정책대상을 어디까지 확대할 것인가가 판단의 중요한 근거가 되어야 한다. 만약 휴가·휴직의 대상을 임금노동자로 제한한다면 직역이 통합된 건강보험보다는 임금노동자만을 대상으로 하는 고용보험이 더 타당하나 현재와 같이 대다수 비정규직이 고용보험에서 배제된 상황에서 새로운 대책이 요구된다고 할 수 있다. 반면 산전후휴가와 육아휴직의 대상을 비임금근로자(자영업, 농어민, 전업학생 등)로 확대하려고 한다면 임금노동자를 대상으로 하는 고용보험보다는 건강보험이 더욱 적합할 수 있을 것이다.

넷째, 남성(아버지)의 돌봄 참여는 단순히 남성이 부성휴가와 육아휴직을 이용하는 문제가 아니라 한국사회의 패러다임을 전환하는 본질적인 문제와 관련되어 있다(윤홍식, 2006). 남성의 육아휴직 이용률이 극히 저조한 한국사회에서 남성의 돌봄 참여를 증대시키기 위해서는 아버지할당제의 도입은 반드시 필요하다. 정책목적을 달성하기 위해서는 노르웨이와 같이 기간을 연장하는 방식을 검토해야 한다.

다섯째, 산전후휴가나 육아휴직 기간 동안 휴가자 또는 휴직자의 업무를 대신할 수 있는 인력을 확보하기 위해서는 '대체인력뱅크'와 같은 공식적 네트워크를 구성할 필요가 있다. 물론 대체인력이 확보된다고 해도 확보된 대체인력이 휴가자나 휴직자와 동일한 업무능력을 가지고 있다고 기대할 수는 없다. 그러나 장기적 관점에서 보면 대체인력의 사용은 노동시장에 처음 진입하는 인력에게 직업 경력의 기회를 갖게 함으로써 해당 노동자의 인적 자원을 상승시키고, 장래에 안정적 노동시장 지위 유지에 긍정적 역할을 할 것이다. 또한 이렇게 훈련된 노동인력이 증가할수록 전체 노동시장에 공급되는 인력의 질이 높아지고 이는 결국 기업의 생산력 증대에도 긍정적 역할을 할 수 있을 것으로 기대할 수 있을 것이다.

다음으로 아동보육과 관련된 과제는 아동보육서비스의 보편성과 공공성을 어떻게 확대할 것인가가 핵심적 과제라고 할 수 있다. 이를 위해서는 두 가지 과제가 필수적인데 하나는 공적 보육시설의 확대와 다른 하나는 부모부담을 경감시키기 위한 국가의 역할 강화다. 먼저 공적 보육확대 과제를 보면 저출산·고령사회 대책 연석회의에서 국공립보육시설을 30%까지 확대하기로 합의했지만 실행 전망은 불투명하다. 왜냐하면 중앙정부가 의지가 있더라도 자치단체가 협력하지 않는 상황에서 공적 보육시설의 확충은 불가능하기 때문이다. 이러한 문제로 인해 공적 보육서비스가 확대된 국가에서는 지방정부의 역할의 법제화를 통해 지방정부의 역할을 강제하고 있다. 덴마크의 경우 지방정부가 현재와 같이 아동양육 관련 서비스 제공에 적극적 역할을 할 수 있었던 계기는 1951년 국회에서 자치단체가 아동양육을 지원하고 운영하는 책임을 제도화시킨 이후이다(Borchorst, 2002). 스웨덴의 경우도 자치단체가 공적 보육시설 확대에 소극적인 정책을 일관함으로써 국가적 목표 달성에 실패하자 1995년 법률을 통해 지방정부의 의무와 책임을 제도화했다(Nyberg, 2004). 즉, 한국에서도 중앙에서 지방정부의 보육서비스 확충에 대한 책임을 법률 등과 같은 방법을 통해 제도화하지 않는 한 공적 보육서비스의 확대는 기대할 수 없을 것이다.

다음으로 부·모의 부담을 경감시키는 과제이다. 일반적으로 지방정부의 경우 아동양육시설 이용에 대한 부모의 부담을 증대시키려는데 반해 중앙정부는 이에 반대하고 있기 때문이다. 스웨덴에서는 1990년대 많은 자치단체들이 보육비용을 부모에게 전가하려고 하자 중앙정부에서 부모가 부담하는 비율의 상한선을 정해 보육비용의 통제장치를 마련했다(Bergqvist & Nyberg, 2002). 즉, 부모부담의 상한선을 설정하고 이를 스웨덴과 같이 부모소득에 비례해 일정한 비율을 정함으로써 현재 차등보육료 등이 갖고 있는 역진성의 문제와 부모부담의 절대적 수준을 경감시키는 방안을 동시에 모색해야 할 것이다.

그러나 중요한 것은 한국사회에서 아동보육과 관련해 부·모의 자유선택을 어떻게 이해하고 있는가에 대한 근본적인 합의가 필요하다. 모든 시민이 일하는 노동자인 것을 전제로 서로 다른 가족환경에서 자라고 있는 아동들이 공적 보육시설에서 동일한 보육서비스를 받음으로써 동일한 출발을 할 수 있는 조건을 만들어주는 것을 자유선택으로 이해하고 있는지 아니면 다양한 아동양육 형태에 대한 부·모의 자유선택을 보장할 것인지에 대한 사회적 합의가 필요하다. 즉, 양육 형태에 대한 자유선택을 어떻게 이해하는가가 한국사회에서 공적 보육 확대에 대한 정당성과 부·모 부담 수준을 결정하는 준거가 될 수 있기 때문이다.

(2) 신사회위험에 대한 사회보장체계의 구축

산업화된 서구의 복지국가가 그랬듯이 한국사회보장은 주로 공적영역인 노동시장에서 발생하는 실업, 질병, 노령 등의 위험으로 인해 임금노동을 하지 못할 때 발생하는 위험에 대비하게 설계되어 있다. 이에 반해 아동양육과 관련된 휴가제도와 공적 보육시설 등은 소위 사적영역이라 지칭되는 가족 내에서 발생하는 위험에 대한 사회적 대응 정책이다. 그러므로 현재와 같이 공적영역에서 발생하는 위험에 대응하기 위해 설계된 사회보험 체계로는 재생산 영역에서 발생하는 위험을 효과적으로 대처할 수 없다. 즉, 재생산 영역에서 발생하는 위험인 임신, 출산, 양육 등 돌봄을 수행함으로써 발생하는 사회적 위험에 대비하기 위한 새로운 사회보장체계가 요구되는 것이다. 물론 어떠한 방식으로 사회보장체계를 설계할지는 이후 구체적인 연구가 진행되어야겠지만 원칙적인 내용을 짚어보면 다음과 같다.

첫째, 재생산 영역에서 발생하는 임신, 출산, 양육의 과제가 특정한 성에게 국한되는 위험이 아닌 남녀 모두에게 발생하는 위험이라는 사회적 합의를 도출해야 한다. 둘째, 새로운 보험체계는 특정 계층만을 위한 제도가 아닌 모든 계층을 대상으로 하는 보편주의 관점에서 설계되어야 한다. 새로운 보험체계는 비정규직 임금노동자는 물론이고 자영업자와 농어민까지 포괄하는 보편주의를 지향해야 한다. 셋째, 국가의 책임을 강화하는 방안으로 설계되어야 한다. 임신, 출산, 양육의 문제가 미래에 세금과 사회보장 기여금을 납부할 인구규모와 관련 있다는 점에 동의한다면 국가의 역할을 재정적 기여를 포함하여 좀 더 적극적으로 모색될 필요가 있다. 특히 임금노동자가 아닌 자영업자와 농어민을 제도 내로 포괄하기 위해서는 국가의 재정적 기여가 반드시 필요하다.

한편 여성의 노동시장 참여가 비정규직으로 집중되는 상황에서 전통적 사회보장의 사각지대와 불평등의 확대는 필연적이다. 예를 들어, 2002년 기준으로 국민연금(직장)에 가입한 비정규직의 비율은 21.5%에 불과하고 건강보험, 고용보험도 각각 24.8%, 23.2%에 불과한 실정이다(김연명·윤정향, 2003). 이러한 문제로 인해 산업화된 복지국가에서는 1980년대 이미 사회보험제도의 보완 장치를 마련해 유연하게 사회보험을 적용하기 시작했다(Pfarr, 2000; Doring, 2000; 엄규숙, 2006 재인용). 핀란드와 스웨덴에서 사회보험(연금)의 급여조건을 비정규직 종사자들을 위해 작은 기여를 포함하는 방식으로 전환했다(Timonen, 2004)22). 노동시장 유연화가 진행되고 있고, 절대 다수의 여성이 경력 단절을 경험하고 비정규직에 종사하고 있는 상황에서 상용직 노동자를 중심으로 설계된 사회보장제도의 자격은 생애주기에서 경력 단절을 경험하고 단기 계약에 근거한 고용 형태에 적합하도록 변화해야 한다. 다만 이러한 변화는 상용직 노동자를 전제한 완전고용의 과제를 한국사회에서 어떻게 이해할 것인가라는 측면에서 본다면 매우 논쟁적인 과제가 아닐 수 없다.

(3) 적극적 노동시장 정책과 활성화 정책

안정적 고용보장이 주요한 사회문제를 완화하는 가장 핵심적인 정책이라는 데는 이론의 여지가 없다. 그러나 현실적으로 신케인즈안적 수요 중심의 완전고용 정책이 한계에 직면한 상황에서 공급 측면에서 노동시장을 접근하는 것 또한 매우 유의미하다고 판단된다. 서구의 산업화된 복지국가를 보면 노동시장과 관련된 정책 방향은 크게 3가지로 나눠지고 있다.

첫째는 미국과 영국의 방식으로 복지급여를 낮추고 노동시장 참여에 대한 재정적 동기를 부여(EITC, WTC, CTC)하는 것을 통해 복지로부터 노동시장으로 이전시키는 정책이다(Taylor-Gooby & Larsen, 2004; 김종일, 2006). 그러나 이들 정책의 주요 목적은 시민의 노동권을 보장해 주기 위한 것이기보다는 복지 의존을 경감시킴으로써 복지에 대한 정부지출을 최소화하는 것에 집중되어 있다. 이들 국가들이 직면한 근본적 문제는 시장에서 비경제활동 집단이 일할 수 있는 적절한 소득이 보장되는 일자리가 있는가이다. 현재까지의 결과를 종합했을 때 이들 국가들은 복지수급자 규모

---

22) 또한 핀란드에서는 주당 28시간 미만의 일자리를 구한 노동자에게 임금과 함께 최대 36개월 동안 실업조정수당을 받을 수 있도록 하고 있다(Timonen, 2004).

를 줄인 것은 사실이지만 일을 통해 시민 삶의 질이 향상되었다는 객관적 자료는 없다.

둘째는 독일과 프랑스와 같은 방식이다. 이들 국가들도 북유럽국가들과 같이 이미 오래 전부터 직업교육과 훈련 등 활성화 정책을 시행해온 것은 사실이다 (Taylor-Gooby, 2004ab). 그러나 고실업으로 야기된 복지국가 위기에 대한 핵심적 대안은 조기은퇴를 통한 실업 규모 감소로 모아졌다. 지난 수십 년 동안 진행된 이와 같은 정책으로 인해 이들 국가들은 전체 노동규모가 감소함으로써 경제성장이 둔화되고 다시 실업률이 증가하는 현상에 직면하게 되었다(Palier & Mandin, 2004; Aust & Bönker, 2004). 현재 이 국가들은 활성화 정책에 따른 지출 증가와 노동시장에서 저임금 일자리를 창출함으로써 이에 대응하고 있다. 그러나 독일의 저임금일자리 (Mini-job)와 같이 사회보험 기여가 면제된 일자리는 노동자들을 다시 사회보험의 사각지대에 방치함으로써 사회적 배제를 확대하는 문제를 야기하고 있다. 마지막으로 북유럽국가들의 경우 이들 복지국가의 근간이었던 적극적 노동시장 정책에 대한 지출은 감소하고 있지만 활성화 정책을 확대하면서 인적 자본에 대한 투자를 배가시키고 있다(Taylor-Gooby, 2004b; Timonen, 2004). 더불어 비전형적 일자리에 종사하는 시민이 증대하고 있는 현실에서 전통적 사회보험의 자격 기준을 완화시킴으로 새롭게 변화하는 노동시장에 유연하게 적응시켜 나가고 있다. 그러나 비전형적 고용 형태에 맞추어 복지체제를 재편하는 것은 사민주의 복지의 근간인 완전고용에 근거한 보편적 사회보장을 약화시킨다는 모순에 직면해 있다.

이러한 상황을 종합했을 때 일자리 창출에 대한 한국사회의 정책목표는 첫째, 적극적 노동시장 정책을 통해 좋은 일자리를 만들어 내는 것이다. 둘째는 이렇게 만들어진 일자리에 노동력이 조응할 수 있도록 교육과 훈련에 대한 투자를 통하여 인적 자본의 확대와 강화를 이루어 내야 한다. 마지막으로 불가피하게 비전형적 일자리의 확대가 후기산업사회의 상수라면 기존의 복지체제를 새로운 고용형태에 맞도록 유연화해야 할 필요가 있다. 이렇게 노동시장의 수요측면을 강조하는 적극적 노동시장 정책과 공급측면을 강조하는 활성화정책이 동시에 수행되어야 하고 이러한 노동시장 변화에 조응하도록 사회복지체제를 재편하는 과제를 안고 있는 것이다.

(4) 인적 자본 확대를 위한 투자

질병, 실업, 노령에 대한 사회보장에서도 사각지대가 양산되고 있는 현실 속에서 사적영역이라고 일컬어지는 가족 영역과 관련된 새로운 사회적 위험의 확대는 복지국가를 향한 한국사회의 발걸음을 더욱 무겁게 하고 있다. 저출산과 고령화로 대표되는 미래 부양가능 인구의 감소가 구사회위험에 대응하기 위한 전통적 복지체제에 위협을 가하고 있고 이 위협이 다시 새로운 사회적 위험을 확대시키고 있는 현실을 고려한다면 한국사회가 직면한 과제는 어쩌면 우리가 감당할 수 없는 무게로 다가오고 있는지도 모른다.

산업화된 복지국가에서 신사회위험에 대한 정책 대응을 둘러싼 핵심적 장애는 어떻게 구사회위험에 대한 복지지출 감소의 정당성을 확보하면서 새롭게 확산되고 있는 사회적 위험에 대응을 합리화할 수 있는가에 대한 답을 내오는 것이다. 반면 한국사회는 구사회위험으로부터 신사회위험으로 복지자원을 이전시키는 문제가 아니다. 지금까지 시민의 복지를 가족에게 의존하고 국가와 사회의 공적 복지지출을 최소화했던 한국사회에서 핵심적 과제는 어떻게 절대적 복지자원의 양을 증대시키는가에 집중된다고 할 수 있다. 그러나 복지자원의 절대적 규모 증대에 대한 사회적 정당성은 전후 서구 복지국가 확대에서와 같이 사회적 연대의 강화와 불평등의 해소라는 명분을 통해서만 찾을 수는 없다. 경쟁의 세계화로 인한 국가 단위의 정책집행 능력이 약화되고 있고 사민주의의 전통적인 높은 수준의 세금, 공적 지출, 완전고용이 심각하게 제한되고 있는 상황에서 복지국가의 출발선상에 선 한국사회는 사회적 동의를 위한 새로운 정당성을 요구받고 있다. 그리고 그 길은 한국사회를 구성하고 있는 시민들에 대한 투자를 보편적으로 확대함으로써 인적 자본을 확대하는 것이 유력한 대안이 될 수 있다. 식상할지 모르지만 복지가 소비가 아니라 인적 자본 확대를 위한 투자라는 인식의 전환이 필요한 것이다. 지식기반 경제사회에서 요구되는 높은 질의 인적 자본이 단순히 학교교육과 같은 공식적인 제도화된 틀만을 통해서는 충족되지 못하고 있음에 동의한다면 사회 각 분야에서 개인의 다양한 욕구와 특성에 상응하는 적합한 투자는 반드시 요구된다고 할 수 있을 것이다. 사회복지와 관련된 노동시장의 확대 또한 이러한 관점에서 이해되어야 할 것이다. 사회적 자본 확대를 위한 사회적 투자는 결국 현금급여 중심의 복지체제에서 사회서비스로 복지의 중심이 이동하는 것을 의미한다. 그리고 아동과 노인 돌봄, 직업훈련 등의 서비스 확충은 직접적으로 사회복지 인력에 대한 수요를 증대시킬 것이다.

그러나 한국사회에서 사회투자 전략의 적용 문제는 그리 간단하지 않다. 복지의 확대와 발전을 바라는 많은 시민들에게 현재 한국사회의 상황은 논리적으로 납득되지 않는 경우가 많다. 명백히 서민들을 위한 정책제안에 대해서도 '세금폭탄'이라는 이데올로기 공세에 묶여 서민들로부터 비난받고 외면당하는 현실이다. 관념적인 이해에 그치고 있을지 모르지만 후기 산업사회로의 변화는 특정 사회적 과제에 대한 대안이 개별 정책의 완성도와 현실성 여부로 해소되지 않는다는 점을 이해한다면 우리는 기존의 사고의 틀로부터 벗어나야 한다. 분명한 것은 현재 한국사회의 과제와 문제는 하나의 분명한 원인에 의해 규정되기보다 다층적이며 다양한 원인들과 유기적 연관관계에 놓여 있음을 받아들여야 한다. 즉, 그동안 예산상의 제약이라는 근거로(우리는 이것을 지금껏 정책의 현실성이라고 불러왔다) 과학적이지도 객관적이지도 않은 정책 우선순위에 근거해 슬며시 내려놓았던 정책들을 다시 들어올려야 한다. 왜냐하면 사회문제가 하나의 원인에 근거하지 않는 것이라면 그 문제는 다양한 정책대안 없이는 해소·완화될 수 없기 때문이다. 만약 예산상의 제약과 현실성을 이유로 주요한 복지정책들을 하나 둘씩 내려놓는다면 결코 한국사회가 직면한 사회적 과제를 해결할 수 없다. 그리고 특정 복지정책이 특정한 사회적 문제를 완화하지 못할 때, 시민들은 이러한 현실을 복지정책의 실패로 받아들일 가능성이 높다. 이러한 결과는 결국 복지정책에 대한 부정적 인식을 확대시킬 뿐이며 복지 확대를 반대하는 정당성만을 확대시켜 줄 뿐이다. 그리므로 사회적 투자의 확대를 통한 사회적 위험의 해소는 특정한 몇 가지의 정책을 선별적으로 제안하고 제도화하는 노력을 기울이기보다는 사회적 과제와 관련된 복지정책들의 전방위적 제도화를 요구해야 하며 한국 사회복지계는 이를 현실적으로 견인해 내야 하는 과제를 안고 있는 것이다. 결론적으로 한국사회에 놓여있는 과제는 복지자원의 이전이 아니라 복지자원의 확대에 있음을 분명히 인식해야 한다.

참고문헌

김연명·윤정향(2003), 「비정규직 노동자의 사회복지 배제와 그 대책」, 『노동시장 유연화와 노동복지』, 정이환·이병훈·정건화·김연명 편, 인간과복지, pp.391-424.

김종일(2006), 『서구의 근로연계복지: 이론과 현실』, 집문당.

변화순·김혜영·윤홍식·한지숙(2006), 『이혼 후 여성의 사회경제적 지위변화 연구』, 한국여성 개발원.

백진아(2006a), 「1990년대 여성노동정책의 형성과 담론: 남녀고용평등법과 모성보호관련법을 중심으로」, 『한국젠더 정치와 여성정책』, 심영희 외 편, 나남출판, pp.53-81.

백진아(2006b), 「여성노동정책의 패러다임 전환을 위한 시론」, 『한국젠더 정치와 여성정책』, 나남출판, pp. 253-283.

엄규숙(2006), 「여성실업, 고용보험과 복지정책담론」, 『한국젠더 정치와 여성정책』, 심영희·김경희·백진아·양현아·엄규숙·이혜경 편, 나남출판, pp.179-215.

여성가족부(2007), 「여성들이 안심하고 아이를 기르며 직장에 계속 다닐 수 있는 환경이 조성되고 있습니다」, 2007년 국민과 함께하는 업무보고.

이병훈·김유선(2003), 「노동 삶의 질 양극화에 관한 소고」, 『노동시장 유연화와 노동복지』, 정이환·이병훈·정건화·김연명 편, 인간과복지, pp.391-424.

윤홍식(2006), 「부성·부모휴가를 통해본 남성 돌봄노동참여 지원정책 비교: 경제협력개발기구 15개국을 중심으로」, 『한국사회복지학』 58(2), pp.223-249.

윤홍식(2003), 「저소득 모자가구에 대한 기초생활보장제도의 빈곤감소 효과」, 『상황과 복지』 16: 131-172.

윤홍식·조막래(2006), 「생계부양형태에 따른 가구특성과 빈곤실태: 일인생계부양가구와 이인 생계부양가구의 비교」, 『한국사회복지학회 2006년도 추계학술대회』 발표문, 청주대학교/라마다 플라자 청주호텔.

윤홍식·조막래·윤성호(2006), 『정보화로 인한 미래의 가족의 경제적 기능 변화에 대한 전망』, 한국정보통신정책연구원.

이삼식·신인철·조남훈·김희경·정윤선·최은영·황나미·서문희·박세경·전광희·김정석·박수미·윤홍식·이성용·이인재(2005), 『저출산 원인 및 종합 대책 연구』, 저출산·고령사회위원회, 보건복지부, 한국보건사회연구원.

통계청(2002), 「사회통계조사」

_____(2004), 「구시군 및 발생월별 출생」 인구동태.

_____각 년도, 「경제활동인구연보」

Aust, A. & Bönker, F., 2004. "New social risks in a Conservative welfare state: the Case of Germany" in *New Risks, New Welfare*, ed. by P. Taylor-Gooby, New York: Oxford University Press, pp. 29-53.

Barrow, L., 1999. "An analysis of women's return-to-work decisions following first birth", *Economic Inquiry 37(3)*: 432-451.

Bergqvist, C., & Nyberg, A., 2002. "Welfare state restructuring and child care in Sweden" in *Child care policy at the crossroads: Gender and welfare state restructuring*, ed. by S. Michel & R. Mahon, New York: Routledge, pp. 287-308.

Borchorst, A., 2002. "Danish child care policy: Continuity rather than radical change", in *Child care policy at the crossroads: Gender and welfare state restructuring*, ed. by S. Michel & R. Mahon, New York: Routledge, pp. 267-286.

Bradshaw, J. & Finch, N., 2002. "A comparison of child benefit packages in 22 countries", *Department for Work and Pensions Research Report No. 174*. Department for Work and Pensions: UK.

Bryson, L., 2000. "Citizenship, caring and commodification" in *Gender and Citizenship in Transition,* ed. by B. Hobson, Great Britain: MaCmillan Press. pp.220-244.

Christopher, K., 2001. "Single motherhood, employment, or social assistance: Why are U.S. women poorer than women in other affluent nations?", *Luxembourg Income Study Working Paper No. 285*. Maxwell School of Citizenship and Public Affairs Syracuse University.

Esping-Andersen, G., 1999. *Social foundations of postindustrial economics*, New York: Oxford University Press.

Esping-Andersen, G., 2002. "A new gender contract" in *Why we need a new welfare state,* ed. by G. Esping-Andersen, G. Duncan, A. Hemerijck and J. Myles. New York: Oxford University Press. pp.68-95.

Fagnani, J., 1999. "Parental leave in France" in *Parental leave: Progress or pitfall*, ed. by P. Moss & F. Deven, Brussels: NIDI/CBGS Publications, pp.69-84.

Ferrarini, T., 2006. "Families, States and Labour Markets: Institutions, Causes and Consequences of Family Policy" in *Post-War Welfare States*. Northampton, MA: Edward Elgar.

Gornick, J., & M. Meyers, 2003. *Families that work: Policies for reconciling parenthood and employment*, New York: Russell Sage Foundation.

Henriken, H. & H. Holter, 1978. "Norway" in *Family policy: Government and families in fourteen countries*, ed. by S. B. Kamerman & A. J. Kahn, New York: Columbia University Press. pp.49-67.

Hiilamo, H., 2004. "Changing family policy in Sweden and Finland during the 1990s", *Social Policy and Administration 38(1)*, pp.21-40.

Kapustina, M., 2005. "The decline of the male breadwinner gender contract in the Norwegian welfare state: Evidence from time use data", *Paper prepared for ESPAnet Annual Conference, September 22-24, 2005*. Fribourg, Switzerland.

Kilkey, M., 2003. "Dual-earning couples in Europe: Towards gender equality?", *Paper for the session 'Work and family arrangements in a flexible economy'*, ESPAnet conference "Changing European Societies-The role for social policy" organized by the Danish National Institute of Social Research Copenhagen, 13-15 November 2003.

Leria, A., 2002, *Working parents and the welfare state: Family change and policy reform in Scandinavia*, NY: Cambridge University Press.

Lewis, J., 1992. "Gender and the development of welfare regimes", *Journal of European Social Policy 2(3)*, pp.159-173.

Liljestrom, R., 1978. "Sweden" in *Family policy: Government and families in fourteen countries*, edited by S. B. Kamerman & A. J. Kahn. New York: Columbia University Press, pp.19-48.

Moreno, L., 2004. "Spain's transition to new risks: A farewell to 'superwomen'" in *New Risks, New Welfare*, ed. by P. Taylor-Gooby, New York: Oxford University Press, pp. 133-156.

Morgan, K., 2002. "Does anyone have a 'Libre Choix'? Subversive liberalism and the politics of French child care policy" in *Child care policy at the crossroads: Gender and welfare state restructuring*, ed. by S. Miche & R. Mahon, New York: Routledge, pp. 143-167.

Nyberg, A., 2004. "Parental leave, public childcare and the dual earner/dual carer-model in Sweden", Discussion Paper. *Peer Review Program of the European Employment Strategy*, April 19-20, 2004. Stockholm, Sweden.

O'Connor, J., Orloff, A., and Shaver, S., 1999. "States, markets, families: Gender, liberalism and social policy" in *Australia, Canada, Great Britain and the United States*, the United Kingdom: Cambridge University Press.

OECD, 2003. *Babies and Bosses: Reconciling work and family life. Vol. 2: Austria, Ireland and Japan*. Paris, France: OECD.

OECD, 2004. *Babies and Bosses: Reconciling work and family life. Vol. 3: New Zealand, Portugal and Switzerland*. Paris, France: OECD.

OECD, 2005. *Babies and Bosses: Reconciling work and family life. Vol. 4: Canada, Finland, Sweden and the United Kingdom*. Paris, France: OECD.

Ozawa, M. N. & Yoon, H. S., 2005. "Leaver from TANF vs. AFDC: How do they fare economically", *Social Work 50(3)*, pp.239-249.

Palier, B., & Mandin, C., 2004. "France: A New world of welfare for new social risks?" in *New Risks, New Welfare*, ed. by P. Taylor-Gooby, New York: Oxford University Press. pp.111-131.

Pandey, S., Poeterfield, S. Choi-Ko, H., and Yoon, H. S., 2003. "Welfare reform in rural Missouri: the Experience of families", *Journal of Poverty 7(3)*, pp.113-138.

Rank, M., Yoon, H. S., and Hirschl, T., 2003. "American poverty as a structural failing: Evidence and arguments", *Journal of Sociology and Social Welfare 30(4)*, pp. 3-29.

Sleebos, J., 2003. "Low fertility rates in OECD countries: Facts and policy responses", *OECD social, employment and migration working paper*.

Smith. A., 2001. "Parental leave: Supporting male parenting? A Study using longitudinal data of policy variation across the European Union", *Paper given at the EURESCO Second Demographic Transition in Europe*, Bad Herrenalb, Germany 23-28 June 2001.

Surender, R., 2004. "Modern challenges to the welfare state and the antecedents of the third way" in *Welfare state change: Towards a third way?* ed. by J. Lewis, and R. Surender. New York: Oxford University Press. pp.3-24.

Taylor-Gooby, P., 2004. "New Risks and Social Change" in *New Risks, New Welfare*, ed. by P. Taylor-Gooby. New York: Oxford University Press, pp.1-28.

Taylor-Gooby, P. & Larsen, T., 2004. "The UK-A Test Case for the Liberal Welfare State?" in *New Risks, New Welfare*, ed. by Taylor-Gooby, P. New York: Oxford University Press, pp.55-82.

Timonen, V., 2004. "New risks—Are they still new for the Nordic Welfare States?" in *New Risks, New Welfare*, ed. by P. Taylor-Gooby, New York: Oxford University Press, pp. 83-110.

Ungerson, C., 2000. "The Commodification of Care: Current Policies and Future Politics" in *Gender and Citizenship in Transition*, ed. by B. Hobson. Great Britain: MaCmillan Press, pp. 173-200.

7

보육정책의 쟁점과 과제

김종해[*]

1. 들어가는 말

최근 우리나라의 보육정책은 커다란 변화를 보이고 있다. 지난 2004년 영유아보육법이 전면 개정되고 보육업무가 보건복지부에서 여성가족부로 이관된 이후 보육정책의 강조점이 변화되고 있는 것처럼 보인다. 주요한 정책목표로 '보육의 공공성 강화 및 보육서비스의 질적 수준 향상'이 제시되고, 이를 위한 구체적인 실천 목표와 계획들이 제1차 중장기보육계획(2006~2010)인 새싹플랜, 제1회 저출산고령사회 기본계획인 새로마지플랜, 저출산·고령화문제 해결을 위한 사회협약 등에 제시되고 있다.

이러한 계획들에 담겨있는 보육서비스의 공공성을 강화하기 위한 정부의 정책을 크게 둘로 구분하면 하나는 국공립시설의 확충이고 다른 하나는 정부의 보육비용 분담 수준의 확대로 나눌 수 있다. 이에 따라 정부는 국공립시설 확충을 위한 여러 대안을 마련하고 있으며 또 보육예산도 빠른 속도로 증가되고 있다.

그러나 이러한 변화에도 불구하고 여전히 보육서비스에 대한 만족도는 높지 않은 것으로 보인다(이는 '믿고 맡길 만한 어린이집이 없다'는 부모의 말로 대변된다). 그 이유는 정책의 변화에도 불구하고 기존의 정책에 따른 문제점을 충분히 해결하지

---

[*] 가톨릭대학교 사회복지학과 교수, 참여연대 사회복지위원회 위원장

못하였기 때문으로 보인다.

1991년 영유아보육법 제정 이후 우리나라의 보육정책의 기조는 이중성을 유지하여 왔다. 추상적인 목표 수준에서는 공보육을 지향하기는 했지만 구체적인 정책 실천에서는 저소득층 가정의 자녀에 대한 보육만 정부가 재정을 부담하고 그 외의 가정의 자녀에 대해서는 보호자가 보육비용을 부담하는 선별주의를 유지하여 왔다.

그 결과 보육서비스를 필요로 하는 부모들이 적정한 부담으로 적절한 서비스를 이용할 수 있는, 양적 보편주의와 질적 보편주의의 문제는 해결하지 못한 채로 남아 있다.

다시 말해 우리나라의 보육 정책은 초기 정책이 가졌던 민간시설 중심의 공급확대와 정부 책임의 제한, 그리고 보호자 우선 책임이라는 특징들로 인해 보육서비스의 공급 확충에도 불구하고 이를 실제로 이용하는 데 있어서는 비용 부담과 관련하여 형평성과 이용가능성 등의 문제를 야기하고 있으며, 우리 사회의 변화로 인해 새롭게 대두되고 있는 보육서비스에 대한 욕구를 충분히 충족시키지 못하고 있다고 할 수 있다.

이에 비해 최근의 보육정책은 보육의 공공성을 강조하면서 보육예산을 확충하는 등 정책 변화를 보이고 있다. 그러나 과거에 선별주의적 정책에 입각한 지원 정책을 실행하면서 보육시설이 민간(개인)보육시설 위주로 구축된 상태에서 정책의 변화는 새로운 논쟁을 일으켰다.

이러한 논쟁들은 보육서비스의 성격을 바라보는 관점을 바탕에 두고 보육서비스의 전달체계를 어떻게 구축하는 것이 바람직한가-국공립보육시설과 민간보육시설의 쟁점-의 문제와 보육비용 지원의 문제-기본보조금 제도의 도입과 보육료 부분자율화의 쟁점-에 대한 논쟁으로 진행되었다고 할 수 있다.

이에 따라 여기에서는 보육서비스의 성격에 대한 관점을 구분하고 이를 바탕으로 하여 전달체계에 대한 논쟁과 보육비용 지원에 관한 논쟁을 다루기로 한다.

2. 보육서비스의 성격에 대한 논쟁

보육서비스에 대한 정책 대안은 보육서비스를 사유재로 간주하는가, 아니면 공공재적 성격이 강한 서비스로 바라보는가에 따라 달라진다.

보육서비스를 사유재로 간주하는 관점에 따르면 보육서비스는 공공재의 기본적 특징인 비배타성, 비경합성을 가지지 못하기 때문에 사적 재화라고 주장한다. 다시 말해 특정 영유아가 보육서비스를 소비할 때 타인의 소비를 배척할 수 있고 또한 다른 영유아의 소비를 제한할 수 있다는 것이다. 그러므로 보육서비스는 공공재화가 아니고 사적 재화라고 주장한다. 즉 보육서비스를 시장에서 거래하는 많은 사적 재화와 같은 성격을 가지고 있다고 주장한다(현진권, 2005).

김현숙(2005) 또한 같은 맥락에서 반드시 무임승차 문제를 발생시켜야 공공재라고 정의할 수 있는데 보육서비스의 한계비용은 0이 아니므로 보육서비스는 사적 재화 혹은 서비스라고 정의할 수 있다고 한다.

다만 보육서비스는 외부성의 발생, 수요자와 공급자 간의 정보의 비대칭성, 또는 저소득계층에 대한 자본 시장의 불완전성 등으로 시장실패의 요인이 상당히 내재되어 있는 사적 재화로 간주하고 있다.

이에 따르면 보육서비스의 질이 낮은 것은 시장(또는 보육료) 규제에 있으며, 양질의 보육서비스의 공급을 위해서는 보육시설의 시장 진입이 필요하다고 주장한다. 또한 보육정책에 있어서 적절한 정부의 역할을 정부와 시장이 경쟁관계가 아닌 보완관계를 가지고 역할분담이 이루어져야 한다고 하면서 정부의 개입은 시장실패의 원인을 교정하고 형평성 차원에서 저소득층이나 어려움에 처해 있는 취약계층의 영유아에게 보육서비스를 직접 제공하거나 보조하는 형태로 이루어지는 것이 바람직하다고 주장한다[1]. 다시 말해 제한된 재원을 효율적으로 사용하기 위해서는 비용부담이 어려운 저소득층에게만 지원하고 그 이상의 계층은 가격 규제의 철폐(보육료 자율화)를 통해 시장방식에 위임하자는 것이다. 이렇게 함으로써 저소득층에게도 적은 비용으로 양질의 서비스를 제공할 수 있고 그 이상의 계층은 시장에서의 경쟁을 통해 보육서비스의 질을 향상시킬 수 있다고 주장하고 있는 것이다.

이러한 관점은 출산과 양육의 문제를 사적영역의 문제로 간주하고 있으며, 기존의 선별주의적 정책과 같은 맥락을 가지고 있다. 이러한 주장은 본질적으로 출산과 양육이 사적영역에 속하는 문제이며, 재원이 제한되어 있을 경우에는 선별주의에 의해 급여대상자의 수를 줄이면 1인당 급여의 양과 질을 높일 수 있다는 점에서 논리적으로는 일면 타당성을 가진 것처럼 보인다.

그러나 선별주의는 열등처우의 원칙과 결합함으로써 앞의 주장처럼 취약계층에

---

[1] 보육서비스를 사적 재화로 바라보는 관점에 대해서는 현진권(2005), 김현숙(2005)을 참조.

게 양질의 서비스를 제공하는 것이 아니라, 부담 능력에 따라 서비스에 차이가 나는 이원화 현상이 발생하게 된다. 그리고 보육서비스에서의 외부효과, 정보의 비대칭성 등으로 인한 시장의 실패는 취약계층에서만 나타나는 것이 아니라 계층과 무관하게 나타나고 있다.

또한 출산과 육아의 문제는 사적영역에서 발생하지만 산업화, 후기산업화 사회에서의 보육서비스는 사적인 문제, 사적 재화가 아니라 사회적으로 대처해야 하는 문제로 대두되고 있다.

먼저 보육서비스의 성격을 살펴보면 <그림 7-1>과 같이 여성, 노동, 가정, 아동의 영역이 중첩된 부분에서 출산과 육아의 문제가 발생하며, 그 일부로서 보육의 문제가 위치하고 있다. 그렇기 때문에 보육의 문제가 해결되지 않으면 그 아동의 문제뿐만 아니라 여성, 노동, 가정의 영역에까지 부정적인 영향을 미치게 된다. 따라서 보육의 문제는 단순한 보육만의 문제로 해결할 수 없으며 포괄적인 대책이 필요하며, 계층에 관계없이 대안을 모색할 필요가 있다.

〈그림 7-1〉보육서비스의 성격

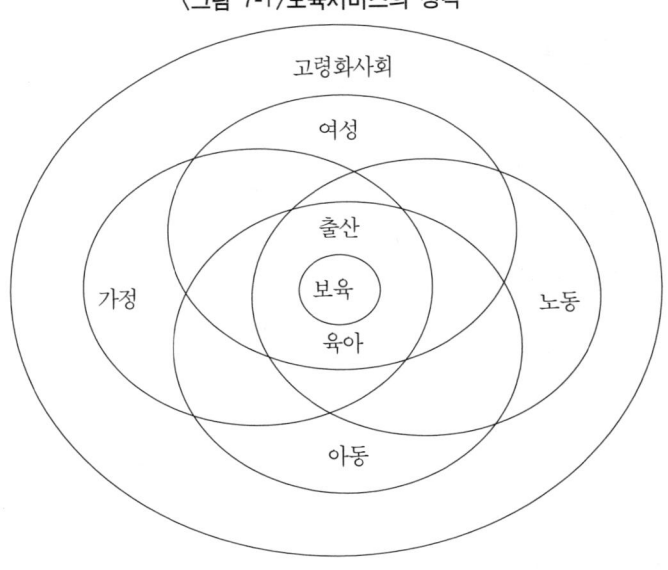

또한 보육서비스에 대한 욕구는 계층에 관계없이 사적인 이유에 의해서 발생하는 것이 아니라 사회의 변화로 인해 발생하고 있다[2]. 첫째로는 핵가족화, 가족형태의

변화로 인해 돌봄노동과 관련된 가족 기능이 약화되어 과거에는 생활의 사적 공간에 해당되었던 부분들이 이제는 공적 공간에 속하게 된 것이다. 이에 따라 육아도 가정 내에서만 해결할 수 없게 되어 이미 육아의 사회화가 이루어졌다. 그러나 육아, 보육서비스의 문제를 시장 방식으로 해결할 경우 현재의 불평등이 미래의 불평등을 재생산한다는 점에서 바람직하지 않다. 시장은 구매력-경제적 능력에 따라 질이 다른 서비스를 제공한다는 특성으로 인해 부모의 부담능력에 따라 아동의 인적 자본 축적에 차별을 가져오게 되고 이것이 미래의 불평등으로 연결되는 것이다.

둘째로는 세계화된 경제에서 표준적인 가족이나 생애주기가 변화되어 여성의 경제활동 참여가 더 높게 요구되고 있다는 것이다. 산업사회의 표준적인 가족이란 남성세대주의 소득에 가족의 생계를 의존하는 형태의 가족을 의미하며, 이러한 가족체계에서 여성의 주된 사회적 역할은 가족 부양이다. 이때 여성은 결혼하기 전의 일정 기간 동안 경제활동을 하다가 결혼 후에는 출산, 육아, 가족의 부양 등을 담당하는 것이 일상적인 생애주기에 따른 사회적 역할이 된다. 그러나 탈산업화사회에서는 더 이상 이러한 표준적인 생애주기나 가족형태가 불가능해지며 여성의 경제활동 참가로 인한 이인생계부양자 가구가 증가하게 된다.

셋째로는 고령화사회의 대비 문제이다. 우리 사회는 이미 노령화사회로 돌입하였으며, 앞으로도 노인인구의 비율은 급속히 증가하여 현재의 경제활동 인구가 은퇴할 무렵인 2020년경에는 노인인구가 14%를 넘는 고령사회가 될 것으로 전망되고 있다. 인구 노령화는 낮은 출산율과 장수에의 기대가 복합되어 발생한 문제로서 항상 저출산의 문제가 복합되어 있다.

이상의 논의를 요약한다면 사회변화에 의해 한편으로는 여성의 경제활동에 대한 요구가 발생하면서 다른 한편으로는 출산과 육아에 대한 요구가 동시에 발생하고 있다는 것이다. 문제는 일반적으로 여성의 사회참여에 대한 요구와 출산과 육아에 대한 요구는 서로 모순되는, 역의 관계로 알려져 있다는 데 있다.

이러한 모순을 완화시켜 줄 수 있는 해결책의 하나가 바로 돌봄노동의 사회화와 보육서비스이다. 실제 유럽의 경험을 보면 여성의 사회참여율과 출산율은 역의 관계가 아니라 정의 관계로 나타난다. 이탈리아나 스페인 등은 여성 취업도 낮고 출산율

2) 보육서비스의 공공성에 대해서는 유희정(2006)의 「보육시설과 유치원의 공공성 제고 방안 모색」(육아정책개발센터 창립 1주년 기념 세미나, 『육아정책의 통합적 접근(1)』 中), 김종해(2006)의 「보육서비스의 공공성 평가와 전망」(한국보육학회 2006 추계학술대회 자료집), 윤홍식(2006)의 「새로운 사회적 위험과 한국사회복지의 과제」(한국사회복지학회 2006 추계 공동학술대회 자료집) 등을 참조.

도 낮다. 반대로 스칸디나비아 국가들은 여성 취업과 출산 모두 높다. 문제는 여성의 취업, 경제활동과 출산과 육아를 병행할 수 있도록 하는 사회제도들—출산 및 육아를 위한 휴가나 휴직, 수당제도와 보육서비스—이 어느 정도 수립되었는가이다. 다시 말해 출산과 육아를 위한 사회서비스가 공공부문에서 적절히 공급되는 국가에서는 여성의 사회참여와 출산율이 같이 높게 나타나고 있으며, 반대로 서비스가 적절히 공급되지 않고 출산과 육아를 사적인 해결 방식에 의존하고 있는 나라에서는 여성의 사회참여와 출산율이 같이 낮게 나타나고 있다[3].

결국 보육서비스에 대한 욕구는 여성의 노동과 출산, 육아의 사회적 중요성이나 필요성은 증가시키면서 다른 한편으로는 가족 기능의 약화로 인해 발생했다고 할 수 있다. 따라서 보육서비스에 대한 욕구가 개인적인 필요성에 의해 발생한 것이 아니라 사회 변화, 사회의 요구에 의해 발생했다고 할 수 있으며 그렇기 때문에 보육서비스를 공공서비스로 해결할 필요가 있는 것이다.

3. 보육서비스 전달체계의 쟁점 – 국공립보육시설 대 민간보육시설

보육서비스와 관련된 또 다른 쟁점은 보육서비스의 전달체계를 어떻게 구축할 것인가의 문제로 좀 더 구체적으로 이야기하면 국공립보육시설 확충의 문제이다.

현재의 보육시설은 민간보육시설 위주로 설치되어 있다. <표 7-1>은 현재의 보육시설 및 보육아동 현황이다. 이 표를 보면 보육시설과 보육아동의 구성비에서 민간이 차지하는 비율이 월등하게 높은 것을 알 수 있다. 전국 기준으로 보육시설은 국공립이 5.6%에 불과하다. 이에 비해 민간시설과 가정 보육시설은 그 합이 88.2%를 차지하고 있다.

보육아동수에 있어서는 국공립과 법인시설의 아동비율은 11.0%이며, 민간과 가정시설이 약 75.8%를 차지한다(현원 기준). 이러한 수치는 우리의 보육서비스가 시설수나 아동수에 있어 절대적으로 민간시설에 의존하고 있음을 보여주는 것이다.

---

3) 이에 대해서는 한국사회복지학연구회역(1999)의 『변화하는 복지국가』(인간과 복지)와 유연규(2005)의 「복지국가의 탈가족화와 출산율의 관계에 대한 비교 연구」(서울대 박사학위 논문)를 참조.
  공적 서비스로서의 보육서비스에 대한 또 다른 관점으로는 윤홍식(2006)의 「OECD 21개국의 가족정책의 비교연구」(전라북도, 참여자치연구소, 『저출산고령사회에 대한 지방자치단체의 정책대응 포럼』 자료집, 2006. 12)를 참조.

〈표 7-1〉 보육시설 및 보육아동 현황(2006년 12월말 현재)

구 분		계	국·공립	법인	민간			부모 협동	가정	직장
					소계	법인 외	민간 개인			
시설수	개소	29,233	1,643	1,475	13,930	1,066	12,864	59	11,828	298
	(비율)	100.0%	5.6%	5.0%	47.7%	3.6%	44.0%	0.2%	40.5%	1.0%
아동수	정원	1,280,156	128,677	146,737	783,213	69,685	713,528	1,609	201,046	18,874
	(비율)	100.0%	10.1%	11.5%	61.2%	5.4%	55.7%	0.1%	15.7%	1.5%
	현원	1,040,361	114.657	120,551	641,137	58,808	582,329	1,238	148,240	14,538
	(비율)	100.0%	11.0%	11.6%	61.6%	5.7%	56.0%	0.1%	14.2%	1.4%

* 여성가족부, <보육통계>.

그리고 이러한 결과가 나타나는 이유는 보육정책이 정부는 저소득층 가정의 자녀만 담당하고 나머지는 민간시설에 의존해 이루어져 왔기 때문이다.

이처럼 보육시설이 민간시설 위주로 설치되어 있는 상태에서 시민사회단체들은 국공립시설의 확충을 지속적으로 요구하여 왔으며, 여성가족부 역시 보육서비스의 공공성을 강화하기 위한 정책 수단의 하나로 국공립시설의 확충을 제시하였다.

2004년 당시 여성가족부의 국공립보육시설 확충방안 보고 자료에 따르면 매년 400개소씩의 국공립보육시설을 확충하겠다는 계획이 있었으며, 1차 중장기 보육계획인 새싹플랜에 의하면 현재 1,350여 개소인 국공립보육시설을 2010년까지 현재의 두 배 수준인 2,700개소까지 확충하는 것으로 되어 있다. 한편 저출산·고령화문제 해결을 위한 사회협약에는 국공립보육시설 아동수 대비 30%로 국공립시설을 확충할 것을 명시하고 있다.

이러한 국공립보육시설의 확충에 대해 몇 가지 이유에서 논란이 있다. 첫째는 보육시설의 수요, 공급의 관점이며, 둘째는 국공립보육시설의 역할에 관한 관점에서 국공립보육시설의 확충에 반대하는 입장이 있다.

첫째, 보육시설의 정원 충족률이 낮은 상태에서 추가의 보육시설 확충은 필요하지 않다는 입장이다. 2004년도에 시행된 전국 보육 실태조사의 결과에 따르면 전체 보육시설의 정원 충족률이 89.1%로 나타났다. 이러한 낮은 정원 충족률과 지속적으로 낮아지고 있는 출산율을 고려한다면 추가의 국공립보육시설 확충은 필요하지 않으며, 특히 민간보육시설의 운영에 어려움을 가중시킬 수 있다는 점에서 국공립시설의 확충은 필요하지 않다는 입장이 이에 해당된다.

〈표 7-2〉 보육시설 설립유형 및 지역별 정원충족률

구 분	정 원	현 원			정원 충족률
		남	여	계	
전체	664,738	314,340	278,202	592,542	89.1
설립유형					
국·공립	90,336	45,643	41,075	86,718	96.0
사회복지 법인	107,052	51,308	45,051	96,359	90.0
기타 법인	42,204	20,376	17,891	38,267	90.7
단체	10,931	5,074	4,621	9,695	88.7
민간 개인	331,017	155,601	137,854	293,455	88.7
직장	8,496	3,867	3,525	7,392	87.0
가정(놀이방)	73,745	32,053	27,838	59,891	81.2
공동육아	957	418	347	765	79.9
지역					
대도시	269,668	127,147	112,924	240,071	89.0
중소도시	240,276	113,876	99,833	213,709	88.9
읍면 지역	154,794	73,317	65,445	138,762	89.6

* 여성부(2005), <2004년도 전국 보육·교육 실태조사 2 - 보육시설 실태조사 보고서>, p.76.

둘째, 국공립시설의 역할에 대한 관점의 차이에서 국공립시설 확충을 제한하여야 한다는 주장이다. 이는 앞에서 이야기한 보육서비스를 사적 재화로 보는 관점에서 '정부의 역할은 저소득층이나 어려움에 처해 있는 취약계층의 영유아에게 보육서비스를 직접 제공하거나 보조하는 형태로 이루어지는 것이 바람직하다'고 보기 때문에 국공립시설은 취약 지역에 대해서만 설치하는 것이 적절하다고 주장한다.

셋째, 국공립시설의 역할에 대한 관점의 또 다른 형태는 민간시설이 다수를 차지하고 있는 현실을 고려해야 한다는 현실론적 접근이다. 김심환(2005)은 전체 보육시설에서 국공립보육시설의 낮은 비율을 지적하면서 '전체 아동에 대한 공보육이 이루어지지 못한다면 국공립보육시설은 민간보육시설이 책임지지 못하는 특수보육이나 취약보육으로 설립계획을 추진해야 한다'고 주장하면서, 같은 맥락에서 '공보육에 접근하지 못하는 민간보육시설의 아동들을 위해 국공립 설치 비용을 민간보육시설에 분배한다면 이는 대단한 시너지 효과를 가져오며, 결과적으로 공보육을 실현할 수 있을 것'이라고 주장한다.

이러한 반대와 몇 가지의 이유로 인해 확충 계획에도 불구하고 실제 국공립시설의 확충은 잘 이루어지지 않고 있다. <표 7-3>을 보면 최근 5년간 전체 보육시설은 8천7백여 개소가 늘어난 것에 비해 국공립시설은 단지 200여 개소만 증가하였으며 그 비율은 오히려 감소한 것을 알 수 있다.

〈표 7-3〉 유형별 보육시설 증가 추이 (단위: 개소)

연도	국공립	국공립비율	법인	민간	가정	직장	계
2001	1,306	6.5%	1,991	9,803	6,801	196	20,097
2002	1,330(+24)	6.0%	1,633	11,046	7,939	199	22,147
2003	1,329(-1)	5.5%	1,632	12,012	8,933	236	24,142
2004	1,349(+20)	5.0%	1,537	13,191	10,583	243	26,903
2005	1,473(+124)	5.2%	1,495	13,790	11,346	263	28,367
2006.6	1,507(+34)	5.2%	1,484	13,904	11,575	291	28,761
2006.12	1,643(+136))	5.6%	1,475	13,930	11,828	298	29,233

이처럼 국공립시설 확충이 부진한 이유는, 하나는 예산부처의 협조 부족(또는 시장 방식의 선호)을, 다른 하나는 지방자치단체의 협조 부족을 들 수 있다. 예산 부처는 (1) 기본적으로 과거의 국공립시설 확충 실적이 미비한 상태(기 배정된 확충 예산을 전부 사용하지 못한 상태)에서 추가의 예산을 배정할 수 없으며(특히 2005년도 예산에 400개소의 신축 예산을 확보하였으나 실제로는 134개소의 예산만 배당되고 나머지는 보육료 지원으로 전용된 경험으로 인해 국공립시설 확충 예산에 대해서 부정적이다), (2) 국공립시설을 확충할 경우 인건비 지원 등으로 보육예산이 급격히 증가할 것을 우려하면서, 3) 보육서비스를 국공립시설을 통해 제공하는 것보다는 보육료 자율화를 통해 민간부문을 통해 제공하는 것이 더 바람직하다고 판단하기 때문에 국공립시설 확충을 위한 예산 배정에 반대하는 것으로 보인다.

지방자치단체가 국공립시설에 협조적이지 않은 이유도 비슷한데, (1) 이미 민간시설 위주로 짜여 있는 보육서비스 전달체계에서 국공립시설의 필요성 또는 필요한 이유에 대해 이해하지 못하고 있으며, (2) 시설 신설을 위한 중앙정부의 예산 지원이 제한되어 있는 상태에서 토지구입과 건축을 위한 재원이 부족하고 국공립시설을 확충했을 경우 예산되는 운영비 지원 증가에 따른 재원의 부족을 우려하고, (3) 원아 모집에 어려움을 겪고 있는 기존 시설, 특히 민간시설들의 반대 때문에 국공립시설의 확충에 적극적으로 나서지 않고 있다.

그러나 추가 보육수요가 존재하고 있는 상태에서 정원 충족률을 이유로 국공립보육시설의 확충 필요성을 부정하는 것은 몇 가지 문제가 있다. 2004년 보육 실태조사에 의하면 잠재 보육수요가 존재하고 있으며 이 수요는 보육비용 부담과 보육서비스의 질의 문제가 해결되면 현재화될 가능성이 높다. 다시 말해 보육시설 이용률이 26.0%(여성부, 2005)에 불과한 상태에서 정원 충족률을 논의하는 것은 의미가 없으며 추가 보육수요를 고려하면 약 20만명 이상의 추가 수요가 있는 것으로 추계된다.

〈표 7-4〉 2010년 **추가 보육수요 아동 추계**

연령	2006년 현원*	보육수요율**	2010년 수요	추가 수요 아동수
0세	32,065	13.5	62,204	30,139
만1세	86,123	32.6	150,180	64,057
만2세	187,367	60.0	277,273	89,906
만3세	226,705	64.8	301,004	74,299
만4세	220,373	48.7	227,997	7,624
만5세	204,604	32.8	154,927	-49,677
만5세 이상	49,605		50,000	395
계	1,006,842	42.1	1,223,585	216,743

※ 2010년 수요는 통계청 연령별 인구추계에 보육수요율을 곱한 추정치임.
 * 2006년 6월말 현재 기준으로 6세 이상의 아동은 제외하였음.
** 보육수요율은 2004년 보육 실태조사 결과를 이용하였음.

또한 2004년 영유아보육법, 2005년 영유아보육법 시행규칙을 개정하면서 영유아 1인당 면적을 3.63㎡에서 4.29㎡로 강화하였으나 시행규칙 부칙 2조에 '보육시설 및 보육실의 영유아(장애아를 포함한다) 1인당 면적에 대한 부분은 종전의 규정에 의하고, 2층 또는 3층에 보육실이 설치되어 있는 보육시설에 대하여는 1층에 보육실을 설치하도록 한 부분을 적용하지 아니한다'고 명시함으로써 법 개정 이전에 설치된 시설과 법 개정 이후에 설치된 시설 간에 1인당 면적이 2원화되어 적용되고 있다. 이 '보육시설 설치기준에 관한 경과 조치'를 폐지하여 1인당 면적 기준을 통일시키면 정원은 약 20% 정도 감소할 것으로 추정된다.

이러한 논의는 국공립보육시설에 대한 수요가 있음을 보여준다. 다만 보육시설은 총량의 문제보다는 생활권 내에서 해결할 수 있어야 한다. 다시 말해 보호자들이

지리적으로 쉽게 접근할 수 있는 범위 내에 보육시설이 설치되어 있어야 한다. 따라서 세분화된 생활권별로 보육수요를 측정하여 국공립보육시설 확충 계획을 수립하고 시행할 필요가 있다.

다음으로는 국공립시설과 민간시설의 역할 구분의 문제이다. 서비스 전달체계를 구축할 때 쟁점으로 등장하는 것 중의 하나는 공공과 민간, 영리영역과 비영리영역 간의 관계와 구조를 어떻게 배열할 것인가의 문제이다. 현재 민간보육시설 위주로 전달체계가 구축되어 있는 상태에서 추가의 국공립시설의 필요성에 대한 논란이 있는 것은 이러한 쟁점에 있어서 국공립시설이 가지는 특성에 대한 이해 부족 때문이라고 할 수 있다.

첫째는 보육서비스를 전달하는 데 있어서 국공립보육시설과 민간시설의 관계에 대한 문제이다. 흔히들 수적으로 민간시설이 많기 때문에 민간시설이 보육서비스 제공에서 중심의 역할을 담당하고 국공립시설의 보완적인 역할을 수행해야 한다고 주장한다. 그러나 앞에서 살펴본 것처럼 공공서비스의 성격이 강하면서, 공적 재원에 의해 생산·제공되는(물론 보호자의 부담도 있지만 현재 계획대로라면 보호자 부담보다 정부 부담, 즉 공적 재원의 비율이 더 높아질 것이다) 보육서비스는 민간이나 영리영역보다는 공공영역에서 기본적인 역할을 수행하고 민간영역이 보완적인 역할을 수행하는 것이 더 바람직하다. 따라서 이러한 역할을 수행하기 위해서는 국공립시설의 비율을 일정 수준 이상으로 높일 필요가 있다. 다시 말해 국공립보육시설은 공공서비스로서의 보육서비스를 위한 기본적 전달체계로서 필요한 것이다.

둘째, 서비스의 표준화, 소비자의 능력, 규제 환경 등의 측면에서도 보육서비스는 공적영역에서 담당하는 것이 더 적절하다[4]. 대체적으로 서비스의 생산 과정이나 생산물 자체를 표준화하는 것이 어렵고, 소비자의 선택 능력에 한계가 있어서 경쟁이나 소비자의 선택을 통해 서비스의 생산을 규제하는 것이 어려울 경우에는 공공부문에서 서비스의 생산과 제공을 담당하는 것이 더 적절하다.

보육서비스는 이러한 경우에 해당된다고 할 수 있다. 보육서비스가 가지는 긍정적 외부효과, 소비자의 불완전한 정보로 인한 보육시설 또는 보육서비스에 대한 합리적 선택(정보의 비대칭성)과 자발적 선택의 제한, 영유아에 대한 인적 투자로서의 보육서비스가 가지는 전체 사회에 대한 집합적 효용 등을 고려한다면 보육서비스는

---

4) 전달체계의 선택 기준에 대해서는 길버트와 테렐(N. Gilbert & P. Terrel)의 *Dimensions of Social Welfare Policy*(5th, 2002: 162)를 참조하시오.

공공재(또는 준공공재나 가치재)로서의 성격이 강하며[5] 따라서 공적 서비스로 제공하는 것이 더 적절하다. 특히 정보의 불균형, 즉 보육시설이나 보육서비스의 내용과 과정에 대한 정확한 정보의 부족으로 보육시설 선택에 한계가 있는 보육서비스를 민간 중심의 전달체계로 구축할 때 생기는 문제를 예방 가능하다.

셋째, 국공립보육시설에 대한 현실적 수요가 있다. 민간시설에 비해 국공립시설에 대한 보호자의 신뢰가 높으며, 이는 단순히 비용의 문제뿐만이 아니라 시설의 운영, 서비스의 질에 대한 사회적 신뢰를 의미한다. 최근의 한 자료에서 서울시 공공보육시설에 대기 아동이 5만여 명이 있다는 것은 이를 잘 보여주는 것이다[6].

넷째, 보육서비스의 질과 비용의 통제가 가능하며, 전체 보육비용 부담을 낮추기 위한 필요성에서도 국공립시설이 필요하다. 표준보육비용에 보육시설의 설치비를 포함시키면 그 비용은 올라갈 수밖에 없고 이 경우 정부 지원이 이루어진다 하더라도 보호자의 부담 역시 증가할 수밖에 없고, 반대로 보호자의 부담을 억제하기 위해서는 정부의 비용 지원이 증가하게 된다. 단기적으로는 현재의 시설을 이용해 보육료를 지원하는 것이 비용이 적게 들지 모르지만 장기적으로는 시설의 설치 비용을 보육비용(또는 보육료)에서 제외하는 것이 비용 효과적이라 할 수 있다. 이 점에서 국공립시설의 설치가 필요하다.

4. 보육비용 지원의 쟁점 – 기본보조금과 보육료 자율화

보육비용 또는 보육료 지원의 쟁점은 보육재정에서 정부의 분담비율을 높이고 정부 지원시설과 비지원시설 간의 보육료 비용 부담의 차이가 나는 것을 어떻게 해결할 것인가의 문제에서 비롯되었다.

현재 정확한 보육비용의 추계와 보육재정에서 정부의 분담비율이 어느 정도인지를 추계하기는 어렵다. 그 이유는 보육료가 시도별로 별도로 고시되고 있으며, 실제 민간 개인시설이나 놀이방의 경우에는 기타 비용까지를 포함한 실제 보육료를 파악하기 어렵기 때문이다. 그러나 최근의 조사 결과에 따르면 총 보육비용 중 국가가

---

5) 이에 대해서는 김태성의 『사회복지정책입문』(청목출판사, 2003: 37-57)을 참조하시오.
6) <오마이뉴스> 기사 참조(http://www.ohmynews.com/articleview/article_view.asp?at_code=37044 서울시 내 공공보육시설 대기 아동 5만명: 2007.6.다운로드).

부담하는 비율은 30~40% 내외 정도로 추산된다[7].

이러한 조사 결과에 의하면 보육비용의 60% 이상을 보호자가 부담하는 것으로, 이는 다른 나라들의 보육비용 분담 비율에 비해 정부의 분담 비율이 현저히 낮다는 것을 보여준다.

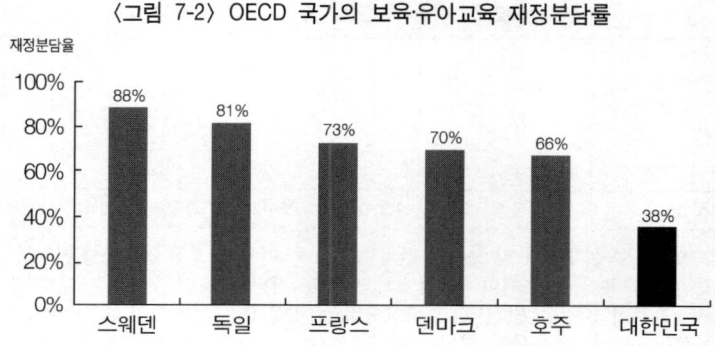

〈그림 7-2〉 OECD 국가의 보육·유아교육 재정분담률

이는 앞에서도 언급했듯이 기본적으로 육아, 나아가 보육서비스의 비용 부담을 보호자 부담을 원칙으로 하는 정책에서부터 기인하는 것이다. 구 영유아보육법 제1 조 목적에, 대상을 '보호자가 근로 또는 질병 기타 사정으로 인하여 보호하기 어려운 영아 및 유아'로 한정하는 것이나 구 영유아보육법 제3조 2항에 '국가와 지방자치단 체는 보호자와 더불어 영유아를 건전하게 보육할 책임을 진다'고 규정하였음에도 불구하고 구 영유아보육법 제21조 '비용의 부담'에서 '보육에 필요한 비용은 보호자 가 부담하는 것을 원칙'으로 하고 정부는 일부 빈곤계층에 대한 전부 또는 일부를 보조하도록 규정하였기 때문에 정부의 보육비용 분담률이 낮아진 결과를 가져온 것 이다.

같은 맥락에서 보육비용 지원을 시설별 지원과 아동별 지원으로 구분하여 아동별 지원은 보육시설의 유형에 관계없이 보호자의 소득수준에 의해 차등 지원을 하였지 만 인건비 등의 시설별 지원은 국공립보육시설과 법인보육시설 등 일부 시설에만 지원함으로써 정부지원시설과 비지원시설 간에 보육료가 차이나는 형평성의 문제 가 파생되었다.

---

7) 서문희 외(2006), 「사회적 격차 해소를 위한 육아비용 적정 분담방안 연구」(육아정책개발센터, p.40) 에서 인용한 내용임.

보육료는 2005년도까지는 시설유형별로 달리 책정되어 있다. <표 7-5>에서 보는 것처럼 정부지원시설과 비지원시설 간에는 최저 45,000원(3세 이상)부터 최고 166,000원(2세, 경기)의 보육료 차이가 있다.

〈표 7-5〉 **보육비용의 국가와 보호자의 분담: 2002-2005**　　　　　　(단위: %, 백만원)

구 분	2002. 6	2003. 6	2004. 6	2005. 6
보육료*				
- 부모부담	74.6	69.5	65.8	59.8
- 정부지원**	12.3	12.2	14.6	19.3
인건비 운영비 지원***	13.1	18.3	19.6	20.9
계(총비용 추정액)	100.0 (1,693,214)	100.0 (2,088,284)	100.0 (2,392,071)	100.0 (2,975,698)

* 보육료는 2002년 보육실태조사 및 2004년 전국보육·교육 이용 및 욕구실태조사 자료를 이용하였음.
** 아동별 지원은 영유아, 만 5세아 및 장애아 보육료 지원금 등임.
*** 운영비 및 인건비 지원은 인건비, 교재교구비, 차량운영비 지원금임.
※ 서문희·이상헌(2002), 「보육사업 평가」, 보건복지부, 한국보건사회연구원.
　서문희 외(2003), 「보육료 지원제도 개선방안 연구」, 보건복지부·한국보건사회연구원.
　서문희 외(2005), 「보육·교육 이용 및 욕구 실태조사 보고」, 여성부.

이러한 보육료의 차이에 따라 인건비를 지원받는 시설을 이용하는 아동(보호자)과 인건비를 지원받지 않는 시설을 이용하는 아동(보호자) 간에 비용부담이 다른 시설 간 형평성의 문제가 발생하게 된다. 실제 보육시설 유형별로 보육비용 부담액을 보면 민간시설을 이용하는 경우 지원시설을 이용하는 경우보다 4만 1천원(만2세), 4만 5천원(만3세 이상), 5만 1천원(1세 이하)을 더 많이 부담하고 있다(<표 7-6> 참조)[8]. 결국 인건비 지원시설을 이용하는 경우 보육료는 적게 내면서도 상대적으로 양질의 서비스를 이용하게 되며, 반면 인건비를 지원받지 않는 시설을 이용하는 경우 보육료는 좀 더 많이 부담하면서도 양질의 서비스를 이용할 수 없는 문제가 발생했던 것이다.

이러한 문제를 해결하기 위하여 여성가족부는 한편으로는 아동별 지원(차등보육료 지원)을 확대하였다. 2003년까지는 보육료 지원을 법정소득층과 차상위계층까지만 지원하던 것을 2006년에는 도시근로자 평균소득의 70%까지 확대하여 4계층으로 구분하였으며, 2010년까지는 이를 도시근로자 평균소득의 130%까지 확대하여 6계

---

8) ibid.

층으로 세분할 계획으로 있다.

<표 7-6> 서울, 경기의 보육료 (단위: 천원)

		2005년			2006년				2007년			
		정부지원시설	민간	가정	정부지원시설	민간	가정	기본보조금	정부지원시설	민간	가정	기본보조금
0세	서울	264	350(86)	362(98)	350	350	350	249	361	361	361	292
	경기	299	383(84)	413(114)	350	350	350		361	361	361	
1세	서울	264	350(86)	362(98)	308	308	308	104	317	317	317	134
	경기	299	383(84)	413(114)	308	330(22)	350(42)		317	317	317	
2세	서울	217	288(71)	362(145)	254	254	254	69	262	262	262	86
	경기	247	315(68)	413(166)	254	280(26)	330(76)		262	262	317(55)	
3세	서울	153	198(45)	225(72)	158	204(46)	231(73)	×	180	226(46)	231(51)	×
	경기	153	198(45)	234(81)	158	210(52)	241(83)		180	250(70)	256(76)	
4세 이상	서울	153	198(45)	225(72)	158	204(46)	231(73)	×	162	225(63)	231(69)	×
	경기	153	198(45)	234(81)	158	210(52)	241(83)		162	230(68)	256(94)	

* (   ) 안은 정부지원시설과의 차액

<표 7-7> 시설유형별 아동 1인당 보육비용 분담(2005년 기준)

구 분	국공립·법인			민 간		
	정부지원*	부모부담(비율)	계	정부지원*	부모부담	계
1세 미만	434,868	299,000(39.5)	733,868	150,000	350,000(70.0)	500,000
만1세아	267,174	299,000(51.6)	566,174	90,000	350,000(79.5)	440,000
만2세아	195305	247,000(55.8)	442,305	60,000	288,000(82.8)	348,000
만3세아	53,541	153,000(74.0)	206,541	-	198,000(100.0)	198,000
만4~5세아	44,064	153,000(77.6)	197,064	-	198,000(100.0)	198,000

* 국공립 및 법인보육시설 정부지원은 시설장, 보육교사 5호봉 인건비와 시설장 인건비 5호봉을 기준으로 산출하였고, 부모부담은 정부지원 단가 및 서울시 민간시설 보육료 상한선을 적용한 것임. 취사부 인건비 미적용.
* 여성가족부(2005), <내부자료>.

이러한 보육료 지원의 확대에 따라 보육예산도 급증하게 되었다. 2007년도 보육예산을 보면 2003년도 예산에 비해 거의 3.3배 이상으로 증가하였으며, 인건비 지원 등의 시설별 지원의 증가에 비해 아동별 보육료 지원 예산, 특히 차등보육료 지원 예산이 약 5.1배로 크게 증가하였다.

〈표 7-8〉 차등보육료 지원 방안

구분	소득수준	지원 비율							
		2003	2004	2005	2006	2007	2008	2009	2010
1층	법 정	100%	100%	100%	100%	100%	100%	100%	100%
2층	차상위	40%	60%	80%	100%	100%	100%	100%	100%
3층	도시근로자 평균소득 50%까지		40%	60%	70%	80%	80%	80%	80%
4층	도시근로자 평균소득 70%까지			30%	40%	50%	60%	60%	60%
5층	도시근로자 평균소득 100%까지			-	-	20%	30%	30%	30%
6층	도시근로자 평균소득 130%까지			-	-	-	-	30%	30%

* 도시근로자 가구 평균소득 100%('05년, 4인 기준): 월 340만원.
  2005년도 4층은 평균소득 60%까지.
  2008년 이후 지원대상은 저출산종합대책안이 확정되면 변동될 수 있음.
* 여성가족부(2006), 「새싹플랜: 제1차중장기보육계획(2006-2010)」, p. 21.

이러한 보육료 지원 대상의 확대와 보육예산의 증가가 계획대로 추진되면 보육재
정에서 정부의 분담률은 2005년 35.8%에서 2010년 60.0%로 높아지며, 보육료 지원

〈표 7-9〉 보육예산 추이
(단위: 백만원)

구 분	2003년	2004년	2005년	2006년	2007년
계	312,012(100)	404,997(129.8)	600,091(192.3)	791,275(253.6)	1,043,474(334.4)
○ 보육시설 운영 지원	185,645(100)	227,848(122.7)	273,754(147.5)	218,915(117.9)	261,171(140.7)
- 종사자 인건비	181,489(100)	218,693(120.5)	262,243(144.5)	202,991(111.8)	247,158(136.2)
- 인건비 지원 외	4,156	9,155	11,511	15,924	14,013
○ 기본보조금 지원				94,203	135,606
○ 보육료 지원	117,143(100)	152,444(130.1)	267,088(228.0)	438,554(374.4)	593,605(506.7)
- 0-4세 차등보육료	61,191(100)	93,693(153.1)	169,858(277.2)	273,284(446.6)	409,004(668.4)
- 5세아 무상보육료	50,903(100)	53,449(105.0)	76,895(151.1)	128,430(252.3)	130,307(256.0)
- 장애아 무상보육료	5,049	5,302	14,221	27,720	32,403
- 두 자녀 보육료	-	-	6,114	9,120	21,891
○ 보육시설 기능 보강	6,587	20,821	50,420	34,628	41,729
○ 보육인프라 구축	2,540	3,884	8,829	5,335	11,363

* (   ) 안은 2003년 대비 비율임.

은 보육시설 이용 아동의 80.8% 정도가 보육료 지원 대상에 포함될 전망이다[9].

이처럼 보육료 지원 대상을 확대하면서 정부지원시설과 비지원시설 간의 형평성의 문제를 해결하기 위해 여성가족부는 시설별 지원과 아동별 지원을 통합하기 위한 논의를 시작하게 된다. 그 일환으로 여성가족부는 2005년에 시설별 지원 중 인건비 지원 비율을 조정하였다.

인건비 지원의 경우 원장은 90% 지원에서 80%로 하향 조정되었으며, 교사의 경우 영아반 교사(2개반 이상 보육시설로 한정, 단 농어촌지역은 24개월 미만 영아반 1개반부터 지원)에 대해 90%를 지원하던 것을 80%로, 유아반 교사 인건비의 45%를 지원하던 것을 30%로 하향 조정하였다. 취사부나 치료사의 경우 90%에서 100%로 상향 조정되었으나, 전체적으로는 인건비 지원 비율은 하향 조정되었다고 할 수 있다.

그러나 이러한 인건비 지원 비율의 조정은 다음과 같은 이유로 반대에 부딪혔으며 이로 인해 시설별 지원과 아동별 지원을 통합하기 위한 논의는 중단되고 민간보육시설에 대한 지원을 확대하는 방안이 논의되기 시작하였다.

〈표 7-10〉 종사자 인건비 지원 비율의 조정

	2004년	2005년
인건비 지원 비율	○ 원장: 90% ○ 보육교사: 90% 또는 45% ○ 취사부: 90% ○ 치료사: 90%	○ 원장: 80% ○ 보육교사: 80% 또는 30% ○ 취사부: 100% ○ 치료사: 100%

① 보육시설의 정원 충족률에 따라 시설의 재정 수입이 크게 영향을 받으므로 원아 모집에 대한 과도한 경쟁이 발생할 수 있다.

② 원아모집에 대한 경쟁이 과열될 경우 보육교사와 아동 간의 돌봄 관계에 왜곡이 발생할 수 있다.

③ 정부지원시설이 기존에 가지고 있던 상대적으로 저렴한 보육비용이라는 장점이 없어진다.

④ 표준보육비용의 적용과 지원방식의 통합이 특히 민간시설 보육교사의 처우 개선 효과를 가져온다는 보장이 없다.

---

9) 여성가족부(2006), 「새싹플랜: 제1차 중장기 보육계획(2006-2010)」, 주요지표변화 참조.

민간보육시설에 대한 지원을 확대하기 위한 방안으로는 기본보조금[10]의 도입이 논의되었다. 기본보조금은 정부지원시설과 비지원시설의 보육비용과 보육료 부담의 차이를 해소하면서 부모의 보육료 부담을 경감하기 위한 방안으로 논의되기 시작하였다[11]. 2006년 현재 영아에 대해서는 기본보조금이 지급되고 있으며 유아에 대해서는 10월부터 3곳의 지역에서 시범사업이 시행중이다.

기본보조금의 개념은 <그림 7-3>과 같으며 이에 대해서는 민간시설에 대한 지원이라는 점(표준보육비용의 적용과 기본보조금의 지원이 민간보육시설의 서비스 질의 향상과 보육교사 처우 개선을 보장하지 않는다는 것이 반대 주장의 요지임)에서 찬반에 대한 논쟁이 심하다.

〈그림 7-3〉 기본보조금의 개념(2006년 기준)

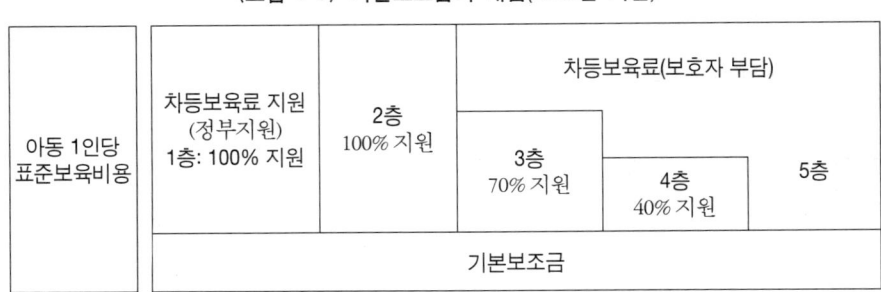

* 1층 법정 저소득층
* 2층 최저생계비의 120% 수준(차상위계층)
* 3층 도시근로자 가구 평균소득 50% 수준
* 4층 도시근로자 가구 평균소득 70% 수준

이러한 기본보조금의 도입으로 앞에서 언급한 시설 간 형평성의 문제에 변화가

---

10) 원래 기본보조금은 민간보육시설에 대한 지원을 확대하기 위한 방안보다는 시설별 지원과 아동별 지원을 통합하여 정부지원시설과 비지원시설 간의 지원을 통일함으로써 보육비용 및 보호자의 보육료 부담을 동일하게 하기 위한 방안으로 논의되기 시작하였으며, 명칭도 처음부터 기본보조금이라 하지 않았고 서비스 개선 비용 등 여러 명칭이 고려되었으나 민간보육시설에 대한 지원 확대 방안으로 논의되면서 기본보조금이라는 명칭이 사용되기 시작하였다.

11) 그렇기 때문에 새싹플랜에서도 기본보조금의 도입이 공보육의 기반 조성과 부모의 육아 부담 경감 방안으로 동시에 논의되고 있다. 민간시설에서 제공되는 보육서비스의 질을 향상시키고 보육교사의 처우를 개선하기 위해서는 표준보육비용을 민간시설에도 적용해야 하나 이 경우 부모의 보육료 부담이 증가하기 때문에 기본보조금 제도를 도입하여 완충효과를 기대하고자 한 것이다.

나타났다. 정부지원시설의 경우에는 2005년과 동일한 방식으로 지원하기 때문에 변화가 없지만 민간시설의 경우 영아에 대해서는 기본보조금의 지원 수준을 표준보육비용의 80% 선에서 결정(3개년에 걸쳐 표준보육비용 수준으로 인상 예정)하여 기본보조금을 지원하면서 보육료를 정부지원시설과 동일한 수준으로 결정하도록 유도하였다. 그 결과 서울의 경우 영아는 정부지원시설과 비지원시설 간에 보육료에 차이가 나지 않아 부담 비용액에 있어서는 시설 간 형평성의 문제가 해결되었다고 할수 있다. 그러나 유아는 기본보조금이 지원되지 않고 있기 때문에 여전히 지원시설과 비지원시설 간에 형평성의 문제가 남아 있다고 할 수 있다.

보육료 지원방식의 변화와 같이 논의되는 의제 중의 하나는 '정부지원 예외시설'로 표현되는 보육료 자율화(또는 부분 자율화의 도입 문제이다[12]. 이는 '차별화된 고급 보육서비스에 대한 수요층이 존재하고, 고소득층에까지 기본 보조금을 지원할 필요가 없다'는 주장에 따라 보육시설이 선택에 의해 정부가 책정하는 표준보육료 이상을 수납하는 것을 허용하고 이 시설을 이용하는 아동에 대해서는 정부 지원을 하지 않는다는 것이다. 이러한 방안은 육아의 문제는 가정과 보호자의 책임이 우선이라는 인식이 밑받침하고 있는 방안이라는 점에서 보육재정의 확충으로 강화된 공공성을 다시 후퇴시킬 것으로 예상된다.

예외시설 또는 보육료 자율화와 같은 시장방식의 서비스 제공이 가지는 문제는 선별주의와 사회적 덤핑의 문제로 귀결된다는 것이다. 다시 말해 비용부담 능력의 차이에 따른 서비스의 계층화(1국가 2계급)의 문제를 가져온다는 것이다. 혹자는 경제적 능력에 따른 서비스의 차이를 형평한 또는 정당한 것으로 생각할 수도 있으나 이로 인한 계층갈등의 문제는 사회통합이나 유지에 부정적 영향을 미친다는 것도 주지의 사실이다.

보육료 자율화를 지지하는 사람들은 경제적 능력이 있고 자신의 부담에 의해 고급의 보육서비스를 이용하고자 하는 사람들에게는 기본보조금을 지원하지 않는 예외 시설을 통해 보육욕구를 충족하도록 함으로써 보조금 예산을 절약할 수 있고 이

---

12) 원래 기본보조금 논의 과정에서는 시설 간 형평성의 문제를 해결하기 위한 방안의 하나로 아동별 지원방식을 논의하였으며(기본보조금이라는 명칭은 후에 붙여졌다), 보육료 자율화 또는 예외시설의 문제가 동시에 논의되지 않았다. 그러나 예산부처가 재원 확보의 이유로 보육료 자율화를 기본보조금의 전제 조건(또는 동시 시행)으로 거론하면서 예외시설의 인정이 기본보조금의 전제 조건처럼 논의되기 시작하였다. 다시 말해 기본보조금을 도입하기 위해 반드시 예외시설을 도입할 필요는 없다는 것이다.

재원을 사회적 취약계층에게 집중적으로 지원함으로써 재원 사용의 효율성을 높일 수 있다고 주장한다[13]. 그러나 이러한 주장은 선별주의를 지지하는 입장과 동일한 주장으로서 이론적으로는 가능할지 모르나 경험적으로는 입증되지 않는다. 서비스를 이용할 수 없는 조세 부담자의 입장에서는 자신들이 시장에서 구매하는 서비스의 질적 수준보다 높은 공공서비스를 수용하지 않는다는 것이 역사적 경험이다. 이에 따라 공공부조 또는 선별주의에 입각한 방식은 서비스의 계층화를 가져오게 한다[14]. 현재 우리나라에서 공공서비스의 질적 수준이 민간(영리가 되었건 비영리가 되었건)보다 우수한 것은 보육서비스가 유일하다고 할 수 있다. 그러나 보육료 자율화는 이마저도 후퇴시킬 우려가 있는 것이다.

5. 결론

지금까지 국공립보육시설의 확충, 기본보조금 제도의 도입과 보육료 부분 자율화의 쟁점에 대해 살펴보았다. 각각의 논쟁들은 서로 다른 표현으로 주장되고 있으나 근본적으로는 보육서비스를 어떻게 바라보는가의 차이에서 입장이 달라지고 있다.

한편으로는 출산과 육아의 문제를 사적인 문제로 보면서 보육서비스를 사적 재화로 간주하여 정부의 지원은 취약계층으로만 제한하고 부담 능력이 있는 계층에 대해서는 시장방식으로 해결하는 것이 적절하다는 입장이 있다. 다른 한편으로는 출산과 육아의 문제를 사적인 영역에서 발생하는 신사회위험으로 간주하여 보육서비스를 공적인 영역에서 해결해야 하며, 따라서 보육서비스의 공공성이 중요하며 보편주의적 정책이 필요하다는 입장이 있다.

그러나 현재 우리가 처해 있는 사회의 변화와 요구들—고령화사회와 탈산업사회로의 진전과 이에 따른 요구들—은 출산과 육아의 문제와 보육서비스를 사적 방식, 시장방식보다는 공적 방식에 의해 해결하는 것이 더 적절한 것처럼 보인다.

경험적으로 사회복지서비스의 발달단계를 보면 양적 선별주의에서 양적 보편주의를 거쳐 질적 보편주의(다양성)의 단계로 변화하여 왔다. 현재 우리나라의 보육서

---

13) 일반적으로 공공부조를 지지하는 사람들이 동일한 이유로 선별주의를 선호한다.
14) 이에 대해서는 김영순의 『복지국가의 위기와 재편』(서울대출판부, 1996) 제5장을 참조.

비스는 양적 보편주의의 문제도 해결하지 못한 상태에서 다양성의 문제까지 동시에 해결할 것을 요구받고 있다. 그러나 다양성의 문제는 보편주의의 단계를 생략하고서는 불가능하며, 단지 그 시간을 단축하는 것은 가능하다. 따라서 보편주의와 다양성의 문제를 해결하기 위해서는 우선적으로 보육서비스의 공공성을 확대함으로써 보편주의의 문제를 해결해야 할 것이다.

참고문헌

김심환(2005), 「서울시 보육정책 현황과 개선 방안에 관한 토론문」, 『서울지역 보육정책 대토론회』 자료집.

김종해(2005), 「보육료 지원 방식 변경의 효과 평가」, 『이경숙 국회의원 정책자료집 ⑦』

김태성(2003), 『사회복지정책입문』, 청목출판사.

김현숙(2005), 「영유아 보육·교육과 정부의 역할」, 『한국조세연구원 정책토론회』 자료집.

박기백 외(2005), 「2004년도 전국 보육·교육 실태조사 Ⅳ — 표준보육·교육단가 및 적정 부담 수준에 관한 연구」, 여성부.

서문희·이상헌(2002), 「보육사업 평가」, 보건복지부·한국보건사회연구원.

서문희 외(2003), 「보육료 지원제도 개선 방안 연구」, 보건복지부·한국보건사회연구원.

서문희 외(2005), 「2004년도 전국 보육·교육 실태조사 Ⅰ- 보육·교육 이용 및 욕구 실태조사 보고」, 여성부.

서문희 외(2006), 「사회적 격차 해소를 위한 육아비용 적정 분담 방안 연구」, 한국육아정책개발센터.

여성가족부(2006), 「새싹플랜: 제1차 중장기 보육계획(2006-2010)」

여성가족부, <각 년도 보육통계>

여성가족부, <각 년도 보육사업안내>

유연규(2005), 「복지국가의 탈가족화와 출산율의 관계에 대한 비교 연구」, 서울대 박사학위논문.

유희정 외(2006), 「보육정책의 전망과 과제에 관한 연구」, 한국육아정책개발센터.

윤홍식(2006), 「OECD 21개국의 가족정책의 비교연구」, 『저출산고령사회에 대한 지방자치단체의 정책대응 포럼 자료집』(2006. 12), 전라북도, 참여자치연구소.

이미화 외(2005), 「2004년도 전국 보육·교육 실태조사 Ⅰ- 보육시설 실태조사보고」, 여성부.

참여연대 사회복지위원회(2006), 「더 나은 미래를 위한 사회적 투자 - 사회적 돌봄을 위한 정책 토론회 자료집」

참여연대·한국여성단체연합(2004), 「보육재정의 공공성 확대 방안 마련을 위한 토론회 자료집」

한국사회복지학연구회역(1999), 『변화하는 복지국가』, 인간과복지.

현진권(2005), 「보육에 관한 인식의 오류와 새로운 정책 방향 모색」, 『보육정책 방향의 재정립을 위한 공개 토론회 - 보육정책 패러다임의 전환 - 정부와 시장의 역할』 자료집, 김애실 편.

8

아동수당의 제도적 특성 및 도입의 쟁점

김수정[*]

1. 서론

저출산·고령화에 대한 정부계획에서 아동수당은 도입이 예정되었다가 다시 철회되고 또 다시 도입이 검토되는 부침을 보이고 있다. 세계 최저의 합계출산율이라는 저출산 충격이 닥친 이래 아동수당은 출산인센티브 차원에서 거론되기 시작했는데, 2006년 6월 '저출산·고령화 기본계획' 시안에서는 제외되었다가, 6월 20일 저출산·고령화 문제해결을 위한 사회협약에는 '검토한다'라고 언급되었다. 그 후, 7월 14일 <새로마지플랜 2010>에서는 도입 예정이라고 밝혔지만 구체적인 시기와 대상은 불투명한 상태로 남겨 놓았고, 이에 대해 7월 21일 기획예산처는 효율성과 재원을 이유로 '반대'를 표명했다. 8월 30일 최종적으로 발표된 '비전2030'의 사회복지 선진화 과제에는 아동수당에 대한 언급이 포함되지 않았다. 아동수당 논의는 연기만 무성한 채 미결정의 상태로 지속되고 있는 것이다(첨부1 참조).

현재 아동수당에 대한 논의는 지지부진한 상태를 면치 못하고 있는데, 아동수당이 논의되기 시작한 것이 저출산 국면이었기 때문에 정부기관, 언론, 시민단체, 지식인들의 논의조차 아동수당이 현재의 저출산 국면에서 얼마나 효과적인 대책인가, 출산율을 어느 정도로 높여줄 것인가를 중심으로 이루어지고 있다. 즉, 아동수당의

---

[*] 동아대학교 사회·사회복지학부 교수, 참여연대 사회복지위원회 실행위원

도입 여부는 출산 결정에 미치는 효과에 논의가 집중되어 있는 것이다. 그러나 출산율은 복합적인 사회·경제적, 심리적 요인에 따라 변동하는 것이기 때문에 아동수당 자체가 단기적으로 미시적 수준의 출산 결정을 뒤바꾸고 이를 통해 출산율이 높아질 수 있을 것이라는 것은 지나친 낙관이다. 비단 아동수당뿐 아니라, 저출산 국면에서 고려되고 있는 개별 정책들이 세계 최저 수준의, 바닥에 도달한 출산율을 단기간 내에 변화시킬 것이라는 기대는 조급한 것이다. 자녀양육 및 부양과 관련된 시간적·경제적·심리적 부담을 덜어주고, 자녀 여부에 크게 충격받지 않고 개인의 삶의 질이 안정적으로 보장될 수 있도록 하는 포괄적인 정책기획, 아울러 우리 사회에 태어나는 모든 아동이 건강하고 행복하게 성장할 수 있을 것이라는 '희망적인 기대'를 만들어 낼 수 있는 전방위적인 정책프로그램만이 장기적이고 점진적인 효과를 드러낼 것이다. 이는 저출산과 관련된 상식이며, 저출산 문제의 해법을 추구하는 출발점이라고 할 것이다.

그렇다면 현재의 국면에서 아동수당은 왜 필요한가? 우선 현재의 저출산 '징후'는 집합적 수준에서 다음 세대의 성장과정과 우리의 미래에 대한 어두운 전망과 결부되어 있다는 점에 주목할 필요가 있다. 단지 저출산 지표를 '해결'하는 것이 목표가 아니라 사회의 재생산과 미래에 대한 투자라는 점에서 다음 세대의 복지에 대한 정책프레임워크를 새로 검토해야 하는 시점에 와있는 것이다. 세계의 복지패러다임은 다음 세대를 부양하고 교육시킴에 있어 '가족책임 패러다임'으로부터 '사회투자 패러다임'(Giddens & Esping-Andersen, 2002)으로 이동하고 있다. 그간 아동에 대한 책임을 가족에 미뤄 놓았던 자유주의 국가들일수록 이런 목표를 추구하는 데 더 열성적이다(영국의 사회투자국가, 캐나다의 아동투자국가). 우리 사회가 안고 있는 '저출산·고령화'의 문제를 장기적으로 적절하게 해결하려면, 고령에 대한 대비도 중요하지만 아동기에서부터 적절한 보호와 교육을 받음으로써 생애주기의 첫 단추를 잘 출발시킬 수 있도록 하는 것이 근본적인 고령화대책일 것이다. 따라서 아동과 관련하여 부모투자가 아닌 사회투자를 더욱 증가시킬 필요가 있으며 사회복지분야에서도 세대간 투자의 형평을 이뤄나갈 필요가 있다. 이와 같은 맥락에서 본다면, 아동수당은 그간 가족책임으로 전가되었던 아동양육에 대한 사회적 책임을 분명히 하고 새로운 사회투자 국가의 초석을 다지는 프로그램으로 자리매김할 수 있으며, 생애주기에서 보장받아야 할 시민권의 영역을 아동기로 확대 보장하는 의의를 갖는다.

이 글은 아동수당이 과연 어떤 제도이며, 왜 도입이 필요한가, 도입을 둘러싼 쟁점은 어떤 것이 있는가를 검토하고자 한다. 서구사회에서 아동수당이 최초로 도입된 것은 1930년대로 거슬러 올라갈 수 있으며, 2차 대전 후 대부분의 국가에서 도입을 완료하였다. 미국만이 예외적으로 아동수당을 도입하지 못했다. 한편, 우리 사회에서 아동수당에 대한 제도적 인식과 사회적 공감의 수준은 낮은 편이며, 아동에 대한 사회정책으로 상대적으로 먼저 의제화된 보육정책과 경합하는 프로그램으로 틀 지우는 경향이 있다. 이 글은, 첫째 아동수당에 대한 제도적 특성을 살펴보고, 둘째 먼저 아동수당을 실시하고 있는 국가들에서 아동수당의 규모를 살펴보고, 셋째 아동수당에 대한 오해를 불식하기 위해 반대논리를 검토함으로써 아동수당의 도입 필요성을 명확히 하고자 한다.

2. 아동수당의 제도적 특성

(1) 아동수당의 정의와 범위

아동수당(child allowance)은 아동이 있는 가족에 대한 '보편적' 현금급여이다. 그러나 현대 복지정책에서는 아동이 있는 가족에 대한 경제적 지원이 다양하게 마련되어 있는 만큼 아동이 있는 가족에 대한 다양한 방식의 소득보충적 현금급여, 즉 넓은 의미의 아동급여(child benefit)를 모두 통칭해서 아동수당으로 번역해 사용하고 있기도 하다. 또 아동수당은 때로는 가족수당과 호환되어 사용되기도 하는데, 20세기 중반 아동수당이 여러 국가들에서 입법될 당시의 명칭이 가족수당(family allowance)이었기 때문이다. 하지만 아동과 관련된 지원의 성격을 분명히 하고, 가족과 관련된 여타 급여와의 차별성을 분명히 하기 위해 점차 아동수당(child allowance)으로 급여의 내용과 용어가 한정되게 되었다.

아동수당이 출발할 당시의 역사적 유제는 국제기구의 아동수당 집계방식에도 그대로 남아 있다. 국제노동기구(ILO)의 'Cost of Social Security' 집계는 아동수당이라는 명칭 대신 가족수당이라는 표현을 사용하고 있는데, 이 때 가족수당은 보편급여인 'child allowance'이다. 반면, 미국 사회보장청에서 출간되는 'SSPTW'(Social Security Programs Throughout the World)의 가족수당(family allowance) 범주에는 출산장려금, 결혼장려금, 보편적 아동수당, 소득평가형 아동수당 등등 가족에게 지급되는 다양한 형식의 현금급여가 모두 포함되어 있다. 이 경우 다양한 가족 관련 급여를 모두 가족수당에 포함한 것이고, 아동수당은 그 일부분을 구성한다.

명칭으로만 본다면 우리나라에도 가족수당은 이미 존재하고 있다. 이때 가족수당은 임금패키지에 포함된 수당인데, 가족을 부양하고 있는 임금노동자에게 일정 범위의 부양가족에 대한 부양수당 명목으로 기업에 의해 지급되고 있다. 물론 이는 사회보장형이 아니고, 임금계약의 영향을 받는 임금보충형이라는 점에서 구분되어야 한다. 본 논의에서 주요하게 검토하고 있는 바는 보편적 급여로서 '아동수당'이다[1].

(2) 아동수당의 제도적 '예외성'

아동수당은 산재, 실업, 의료, 노령연금과 더불어 5대 사회보장 프로그램 중의 하나이지만, 다른 사회보장 프로그램들과는 다른 독특한 특징을 가지고 있다. 아동수당의 제도적 '예외성'은 크게 두 가지 측면으로 나누어볼 수 있다.

첫째, 아동수당은 명시적인 목적에서 노동자계급의 사회적 위험(social risk) 보호라는 특징이 약하다는 점에서 다른 사회보장 프로그램과 구분된다. 다른 사회보험 프로그램들이 노동자계급의 사회적 위험을 사회적으로 보호하는 수직적 재분배의 성격을 띠고 있다면, 아동수당은 아동이 있는 기혼 노동자가족과 아동이 없는 독신 노동자 간의 소득재분배라는 수평적 재분배(horizontal redistribution) 기획의 성격을 갖는다.

아동수당과 관련하여 계급라인과는 다른 분할선이 작동하고 있다는 점은 아동수당의 초기 도입 및 전개과정에서 노동시장 및 계급과 관련된 주요 행위자인 노동조합이나 좌파정당이 아동수당에 대해 모호한 입장을 취했거나 자주 입장을 번복하였으며, 적어도 적극적으로 아동수당을 추진한 행위자는 아니었다는 점에서도 드러나는 사실이다. 이러한 점에서 아동수당은 상대적 성격이지만 다른 프로그램들과는 다른 특성을 갖고 있다.

이러한 성격 때문에 아동수당이 명시적·직접적인 측면에서는 수직적 재분배 성격이 약하다. 하지만 아동이 있는 가족의 빈곤 위험이 높다는 측면에서 결과적으로

---

1) 연령제한을 두거나 출생순위에 따라 적용의 차이를 두더라도, 자산평가 형태로 배제되거나 선택되는 것이 아니다. 특정 범주에 속할 경우 모든 아동이 급여대상이 되는 경우 보편성을 갖는다.

소득재분배 효과를 낳는다. 가족수당의 정치경제학적 공간은 무엇보다도 임금과 가족부양 비용 사이의 구조적 격차, 그 간격이라고 할 수 있다. 노동자는 고용주와의 계약관계에 따라 노동의 대가로 임금을 받고, 이는 그의 가족 모두를 부양하는 (대개의 경우) 유일한 원천이다. 하지만 노동시장 동학에 의존하는 임금은 가족을 부양하기에는 늘 불충분하다. 이 괴리는 저임금의 노동자일수록 더욱 크며, 결과적으로 가족형성을 지연시키거나 불가능하게 만드는 요인이 되거나, 아동이 있는 가족의 빈곤 위험을 크게 증가시킨다. 이런 점에서 본다면, 아동수당은 아동에 대한 보편주의적 데모그란트(demogrant)이지만 그 효과는 저임금, 저소득층 가족에 유리한 재분배 효과를 낳는다.

둘째, 아동수당은 기존의 세금공제 방식의 가족부양 지원이나 공적 부조 형식의 가족지원과도 다르다. 세금공제 방식의 지원은 개인의 소득세 중 가족부양 부분을 일정 정도 공제해줌으로써 피부양자가 있는 노동자의 경제적 부담을 덜어주는 방식이다. 이 방식은 납세 의무가 없는 저소득의 노동인구층을 수혜범위에서 제외하는 동시에 고소득 가족을 지원하는 역진적 성격을 띠고 있다. 한편 아동수당 제정 이전 많은 서구 국가들이 빈곤가족에 대해 공적 부조 형식의 지원을 하고 있었는데, 이러한 공적 부조 방식은 종종 자산평가뿐 아니라 도덕평가(moral test)와 결합되어 낙인적 성격을 띠고 있었다[2]. 이와 같은 두 선행제도와 비교할 때 아동수당은 납세유무와 자산평가를 자격 기준에서 폐지한 보편주의적 데모그란트로서, 아동이 있는 가족에게 사회적 권리를 부여하는 파격적인 성격을 띠고 있다.

3. OECD 국가의 아동수당 지원 규모

1930년대 최초의 아동수당이 도입된 이래, 대부분의 국가들에서는 아동수당을 도입, 발전시켜오고 있다. 현재 아프리카를 제외한 130개국에서 아동수당이 도입된 국가는 68개국이다. 유럽 44개국 중에서 아동수당을 도입하지 않은 국가는 안도라공화국(인구 8만), 산마리노(인구 2천명)와 같은 소규모 도시국가밖에 없다. 한편, 남·북

---

2) 미국의 피부양 아동을 위한 가족부조(AFDC: Assistance to Families with Dependent Children. 현재 요보호 가족을 위한 임시부조(TANF: Temporary Assistance to Needy Families))와 같은 제도가 이와 같은 성격을 갖고 있다.

아메리카 36개국 중에서는 아르헨티나, 볼리비아, 브라질, 캐나다, 칠레, 코스타리카, 쿠바, 멕시코, 니카라과, 트리니다드 토바고, 우루과이와 같은 국가들은 모두 아동이 있는 가족을 지원하는 수당 형태의 급여를 제공하고 있다. 아시아, 오세아니아 지역 50개국의 경우 아르메니아, 아제르바이잔, 호주, 뉴질랜드, 홍콩, 일본, 이라크, 이스라엘, 카자흐스탄, 스리랑카, 태국, 이란, 레바논 등 13개국이 아동수당을 이미 도입, 실시하고 있다(SSPTW, 2004).

OECD 25개국을 중심으로 아동이 있는 가족에 대한 현금지원 규모가 <표 8-1>에

〈표 8-1〉 OECD 국가의 아동수당 규모

	총임금소득	DPI	CB	TC	화폐	달러환율	아동2인월급여($)
AUS	51,169	45,567	6688		AUD	1.3096	425.6
AUT	33,624	28,009	4517	610.8	EURO	0.8	470.5
BEL	36,396	28,324	2997		EURO	0.8	312.2
CAN	40,341	35,393	2805		CAD	1.22	191.6
CZE	221,886	218,510	26812	12000	CZK	23.91	93.4
DEN	328,390	117,645	21768		DKK	5.97	303.9
FIN	32,722	25,006	2526		EURO	0.8	263.1
FRA	30,219	25,051	1319		EURO	0.8	137.4
GER	41,074	31,916	3696		EURO	0.8	385.0
IRE	31,663	32,333	3338		EURO	0.8	347.7
ITA	22,759	19,637	1339		EURO	0.8	139.5
JAP	4,953,747	4,193,368	10000		YEN	109.34	7.6
LUX	40,500	40,383	5529	1562	EURO	0.8	575.9
MEX	79,997	73,672	0		MXN	10.91	0.0
NET	37,759	29,554	1716		EURO	0.8	178.8
NZL	40,949	35,011	2445		NZD	1.4189	143.6
NOR	379,934	302,462	23320		NOK	6.42	302.7
POR	13,299	12,086	666		EURO	0.8	69.4
SLO	216,780	210,194	12960	10000	SKK	30.96	34.9
SPA	20,701	18,005	0		EURO	0.8	0.0
SWE	309,854	236,508	22800		SEK	7.43	255.7
SWI	71,595	64,728	5246		CHF	1.24	352.6
UK	28,571	23,036	1481	3696	POUND	0.55	224.4
USA	31,666	30,081	0	2000	USD	1	0.0
KOR	28,729,826	26,248,417	0		WON	1024.37	0.0

1. 소득기준: APW(average production work)의 연간소득
2. 아동수당 액수는 아동2인 기준(연령), 월 급여액을 달러로 환산한 것이다.
3. 미국은 저소득층을 대상으로 한 공적 부조형식의 프로그램만을 갖고 있다. 따라서 보편적 아동수당이 도입되어 있다고 볼 수 없지만 위 표에는 이 프로그램 급여의 상대적 가치가 제시되어 있다.
4. CB: child benefit; TC: Tax Credit(세제혜택); DPI: Disposal Personal Income(가처분 소득)
5. 자료: OECD(2006), "Taxing Wages".

제시되어 있다. 원화로 환산했을 때 아동 2인에 대한 아동수당 지급액이 40만원을 상회하는 국가는 오스트리아, 호주, 룩셈부르크 등이고, 가처분소득 대비 지원 규모로 보았을 때 가장 높은 지원을 하는 국가는 덴마크(18.5%)로 나타났다. 여기에서는 아동 관련 세제혜택(TC: Tax Credit) 지원 규모는 생략하고 순수한 아동수당 금액만을 포함시켰는데, 세제혜택을 포함할 경우 지원규모는 더 증가할 것으로 보인다(영국, 캐나다, 호주, 미국 등에서는 평균적 노동(APW) 소득 규모에서 아동이 있을 경우 세제혜택을 받을 수 있다). 스페인, 멕시코 등은 자산평가형 아동수당제도를 운영하고 있기 때문에, 평균적 노동 소득 규모에서는 받을 수 있는 아동수당 금액이 없다. 일본 역시 자산평가형 아동수당제도를 운영하고 있는데, 저소득층만을 대상으로 하는 것이 아닌 상위소득자를 제외하는 방식으로 적용하고 있다. 2006년 4월부터 적용되고 있는 아동수당에 따르면, 부부와 아동2인 세대인 경우 연간소득 860만 엔 이하의 소득자(자영업자는 780만 엔)는 월 1만 엔의 아동수당 급여를 받을 수 있다[3].

현대사회로 올수록 아동부양과 관련된 경제적 위험은 증가한다. 즉, 아동이 있는 가족의 경제적 부담은 이 가족유형에 속하는 집단의 빈곤율을 증가시키는데, 아동수당은 이들 가족의 빈곤율을 낮추는 데 기여하는 효과가 있다. 물론, 아동의 빈곤율이 아동수당의 정책적 효과로만 설명될 수는 없지만, 아동이 있는 가족에 대한 지원의 지표로서 아동수당은 적절한 지표가 될 수 있다. <그림 8-1>은 OECD 국가의 아동빈곤율 지표인데, 북구 국가일수록 아동빈곤율이 낮고, 아동수당이 도입되지 못했거나 급여액이 낮은 국가일수록 빈곤율이 높음을 알 수 있다. 한국의 경우 전국가계조사(2004) 자료를 통해 아동빈곤율을 추정해 보면, 개인균등화 중위 소득(1,323,700원)의 50%인 661,850원을 빈곤선으로 설정하였을 때, 아동빈곤율은 14.4%로 추정된다.

아동수당 급여액 규모와 아동빈곤율의 관계를 그림으로 나타내면 <그림 8-2>와 같다. 멕시코나 미국과 같이 아동수당이 도입되지 않은 국가의 아동빈곤율은 OECD 국가에서 최악의 수준을 보여준다. 즉 20~25% 아동이 빈곤 상황에 처해 있음을 알 수 있다.

한국의 경우, 아동빈곤율과 관련하여 중위권 정도의 지표를 보이고 있다. 아동과 관련된 지원이 매우 낮다는 점에서 한국의 아동빈곤율 지표는 예외적이라고 할 수 있는데, 한국의 경우 한부모가족과 같이 아동빈곤에 취약한 집단의 규모가 상대적으로 적기 때문에 아동빈곤율을 억제하는 효과가 있다. 즉 한국의 경우 미혼모, 이혼모

---

3) 일본의 경우 아동수당 급여 연령은 초등학교 졸업연령인 12세까지이다.

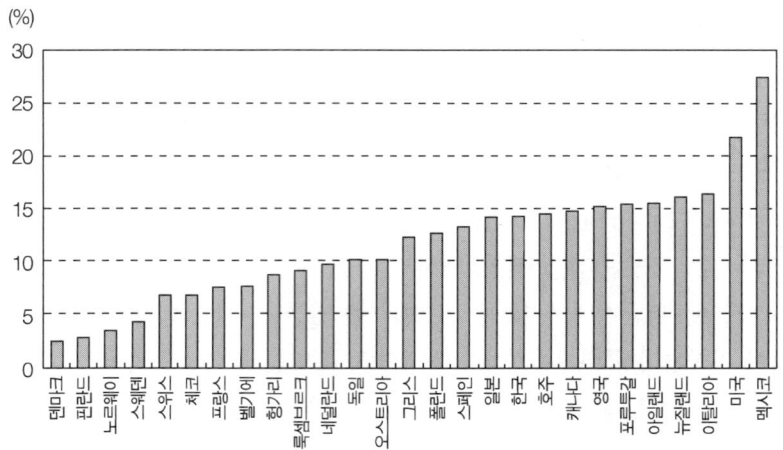

〈그림 8-1〉 OECD 국가의 아동빈곤율

* OECD 아동빈곤율: 0~17세 아동빈곤율, 중위 소득 50% 기준임(LIS 최근 시점 2000년 전후).
  한국의 빈곤율 지표는 전국 가계조사(2004) 자료로 추정함.
* UNICEF(2005), "Child Poverty in Rich Countries, 2005".

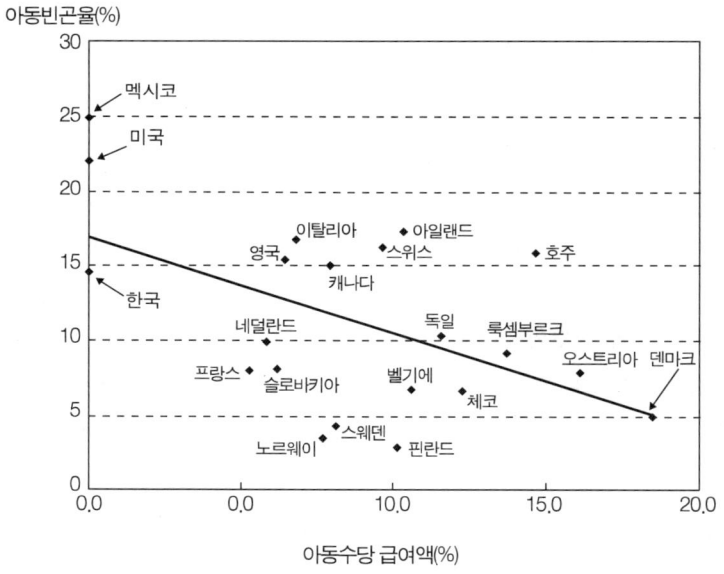

〈그림 8-2〉 아동수당 급여액과 아동빈곤율의 관계

등의 비율이 상대적으로 낮기 때문에 아동빈곤의 규모가 낮다고 할 수 있다. 인구학
적으로 가족구성의 효과가 빈곤율을 낮추고 있지만, 양부모가족의 빈곤율 규모만

추정한다면 한국의 경우 아동빈곤율은 <그림 8-1>의 지표보다 더 증가할 것으로 기대할 수 있다. 또 한국의 경우 역설적이게도 저출산이 아동빈곤율 규모를 낮추고 있다고 할 수 있다. 즉 태어난 아동의 빈곤에 앞서, 경제적 부담으로 인한 무자녀, 출산의 회피가 아동빈곤율의 폭등을 억제하는 효과를 갖는다고 할 수 있다. 따라서 현재 한국의 아동빈곤율이 OECD 중위 수준이라는 것은 정책의 긍정적 효과라고 볼 수 없으므로, 사회의 지속가능한 재생산을 위해서는 적극적인 정책적 대응이 요구된다. 일본의 적용례를 고려한다면 한국의 1인당 아동수당액은 약 4~5만원 정도로 계산될 수 있으며, 아동에 대한 투자에 비중을 두어 복지 전략을 추진하고 있는 영국의 경우를 기준으로 한다면, 아동 1인당 약 10만원의 수당액이 가능한 금액으로 고려될 수 있다(2005년 기준 한국의 평균적 노동(APW) 소득은 연간 약 2,900만원 (₩28,729,825))[4]. 한국에서 아동수당이 도입되어 18세 이하의 모든 아동에게 10만원씩 준다고 가정했을 때 아동빈곤율은 10.4%로 감소함으로써 아동의 빈곤 상황이 크게 개선될 수 있다(참여연대 사회복지위원회 자체 추정).

4. 아동수당 도입의 쟁점

아동수당의 도입과 관련하여 중요한 것은 도입의 필요성을 무엇으로 정의하고 제도를 어떠한 의미로 자리매김할 것인가 하는 문제이다. 이는 제도의 장기적인 발전 및 기능과 관련하여 중요한 의미를 갖는다. 이런 '의미'에 대한 공유가 어렵기 때문에, 현재 한국의 아동수당은 난항을 거듭하고 있다. 아동이 있는 가구의 부양부담을 사회적으로 분담할 필요가 있는가, 그것을 현금급여 방식을 통해서 실현한다는 것은 어떤 의미를 갖는가에 대한 사회적 합의와 정책 정당화 논리 등이 마련되어야 한다. 적어도 한국사회에서는 아직까지 합의가 형성되어 있지 않은 것으로 보인다. 그 결과 아동수당은 늘 예산, 재원문제로 인해 도입이 곤란하거나 장기적으로 검토할 수 있는 사항으로 미루어지고 있다.

역사적으로 아동수당을 도입한 국가들의 선례를 고려했을 때 아동수당 도입의 장점은 다음과 같다.

---

4) 영국의 경우는 아동수당뿐 아니라 'Tax Credit', 즉 아동이 있는 저소득층 가구에 대한 공공부조가 병행되고 있다.

① 아동의 권리를 보장하고 아동에 대한 사회적 책임이라는 대의를 추구할 수 있다.

② 아동에 대한 투자로서 근본적이고 장기적인 사회복지 효과를 낳는다.

③ 제도적 효율성: 아동수당은 아동이 있는 가구에 대한 조세적 지원 방식보다 형평성이 높다. 과세대상액 공제방식(tax allowance)은 면세점 이하의 가구나 저소득층 가구가 세제혜택을 적게 받고, 고소득층이 혜택을 많이 받을 수 있다는 점에서 역진적이다.

④ 양성평등: 아동공제는 중복공제가 되지 않음으로 인해 홑벌이 가정에 상대적으로 유리하고 맞벌이 가정의 2차 소득자에게는 불리하다. 아동에 대한 경제적 보호의 수준을 높이고 여성의 노동시장 참여에 불리한 영향을 미치지 않는 방법으로서 서구사회는 아동공제를 폐지하고 개별과세와 아동수당을 도입하였다.

⑤ 한부모가정의 복지: 한부모가정의 경우 아동을 부양하는 소득활동에 제약이 있다. 빈곤의 여성화와 관련하여 독신모(single mother)의 빈곤이 심각한 것을 고려할 때, 노동시장 참여 여부에 상관없이 지급되는 아동수당은 낙인 없이 이들 가정의 경제적 상황을 개선할 수 있다.

아동수당은 이와 같은 장점을 갖고 있지만, 사회보험이나 공공부조 프로그램이 갖는 재분배적 성격이 약하기 때문에 기존의 사회보장 패러다임과 쉽게 조화될 수 없는 것이 사실이다. 뿐만 아니라 아동수당이 주로 입법되었던 시대의 가족구성과 성별 분업구조를 고려한다면, 변화한 환경에서 아동수당과 같은 현금급여가 과연 가장 적절한 가족지원 방법인가에 대한 회의도 있다. 아동수당에 대한 주요한 반대 논리를 정리하면 다음과 같다.

① 보편적 급여형식을 띠고 있기 때문에 자원의 비효율적 배분이다.

② 빈곤완화 효과를 기대하기 어렵다.

③ 여성을 가정으로 회귀시키는 보수적 프로그램이다.

④ 여성의 사회적 진출과 노동시장 참여를 지원할 수 있는 정책의 시급성에 비하면 정책우선성이 떨어진다.

⑤ 출산율에 미치는 영향이 미미하다.

다소 거칠게 정리하자면, ①번과 ②번은 서구사회에서 아동수당과 관련된 개혁을 추진할 때 고려되었던 주요한 논리였으며, 사회보장의 오래된 논쟁, 즉 보편주의/선별주의 논쟁과 연관된다. 반면 우리 사회의 논의에서는 ①번에서 ⑤번까지의 반대논리가 모두 제기되고 있다. 이들 반대논리들을 차례로 검토해보기로 하자.

① 반대논리 1 : "보편적 급여형식을 띠고 있기 때문에 자원의 비효율적 배분이다"

보편적 급여형식의 비효율성은 '보편성'과 관련된 것이다. 즉, 경제적 보충급여가 불필요한 부자에게도 지급되기 때문에 예산 '낭비'를 낳는다는 것이고, 이것은 다시 ②번의 논의와 연관되어 경제적 급여가 빈곤층에 집중된다면 좀 더 효과적으로 빈곤을 축소할 수 있을 것이라는 논리로 연결된다.

재정적·경제적인 측면만을 고려한다면 '보편성'은 매우 비효율적인 원칙이다. 그럼에도 불구하고, 현대 사회에서 교육이나 환경이 빈부의 차이를 넘어 모든 국민이 기본적으로 누릴 수 있는 권리이듯이, '보편성'은 사회가 어떤 것을 공통적으로 책임져야 하는가와 관련된 합의와 결정에 따라 그 적용이 달라지는 가변적인 것이며, 사회적 논리의 영향을 받는다.

아동수당은 자산평가형으로 지급되는 경우도 있지만 대부분의 선진복지국가에서는 보편적인 형식으로 도입되었고, 현재에도 그와 같은 형식을 유지하고 있다. 1990년대 중반 이후 프랑스와 같은 나라에서 고소득층을 제외하는 입법안이 채택되었지만, 다음 세대에 대한 사회적 책임과 투자라는 관점에서 갖는 상징적 효과를 고려하여 현재는 다시 전체 아동을 대상으로 하는 것으로 되돌아왔다. 고소득층을 제외하는 것이 관건이라면, 수당액을 과세대상 소득으로 포함하여 세금과 연동하여 역진성을 줄이는 방식도 고려해 볼 수 있을 것이다. 또, 예산부담을 고려한다면, 점진적이고 단계적인 확대 방안을 고려할 수 있을 것이다. 그러나 아동수당이 '보편적'이기 때문에 반대한다는 것은 순수히 경제적 논리만을 고려한 것이며 화폐화될 수 없는 무형적인 사회통합이라는 더 큰 효과와 이익을 보지 못하는 것이다.

② 반대논리 2 : "직접적인 빈곤 완화 효과를 기대하기 어렵다"

①번의 논리가 고소득층을 제외하는 것과 관련된다면 ②번의 논리는 저소득층만

을 대상으로 해야 한다는 것이다. 저소득층을 타깃으로 한다면 저소득층의 가구빈곤율과 아동빈곤율이 감소되는 효과를 가질 것이지만, 이것은 본질적으로 아동수당이 아니라 공공부조에 아동과 관련된 요소를 포함시키는 방식의 제도를 의미한다[5]. 이 경우 아동과 관련된 부조형태의 급여는 공공부조와 관련된 제도의 전반적인 조정을 필요로 하게 될 것이고, 공공부조제도가 갖는 낙인효과 및 2차 소득자의 소득제한 효과(benefit reduction rate)를 발생시키게 된다(③과 관련하여 뒤에서 좀 더 자세히 다룰 것임). 공공부조 형식을 띨 경우 자원을 좀 더 효과적으로 분배하는 이점이 있겠지만 아동수당의 목적, 즉 현대사회의 공공재로서 아동에 대한 사회적 책임의 문제는 빈곤의 문제로 다시 축소, 환원되게 된다.

아동빈곤율을 줄이기 위한 방법은 부모의 소득을 증가시키는 방법과 복지급여를 통해 아동의 빈곤을 직접적으로 줄이는 방법으로 대별된다. 부모, 혹은 양육자의 소득을 증가시키는 방법으로 자녀가 있는 여성이 노동시장에서 퇴장하지 않도록 하거나 노동시장 진입을 용이하게 할 수 있는 정책적 지원을 제공함으로써 가구의 총소득을 증가시킬 경우 아동빈곤율이 줄어들 수 있다. 이것은 고용 및 노동시장 정책을 통해 성취할 수 있는 복지효과이다. 좀 더 직접적인 해법이 아동수당인데, 아동이 있는 가구의 경우 양육의 시간적 부담으로 인해 추가소득 발생이 어렵고 아동과 관련된 추가경비가 증가한다는 점에서 상대적으로 빈곤에 취약한 집단이다[6]. 현재 한국사회 아동빈곤율은 10%에서 15%로 추정되고 있는데(서울대사회복지연구소, 2005; 최현수·류연규, 2003; 한국보건사회연구원, 2006), 아동수당(모든 아동에 대해 10만원)을 도입할 경우 아동빈곤율을 4% 정도 줄이는 효과가 있을 것으로 예상되고 있다(참여연대 사회복지위원회, 자체 추정자료)[7].

---

5) 현재의 저출산 국면과 관련하여 보았을 때, 이와 같은 자산평가형 프로그램은 저소득층의 출산을 장려하는 기형적인 프로그램이라는 비판이 예상된다. 서구 국가들에서는 보편적인 아동수당을 1층으로 하고 그 위에 아동이 있는 저소득층 가구에 대한 공공부조형 급여를 2층으로 포개서 아동이 있는 가구의 빈곤문제에 대처하고 있다.

6) 현재 우리 사회에서 가장 빈곤율이 높은 집단은 노인단독가구이다. 국민연금을 비롯한 노인과 관련된 소득보장 정책을 통해 빈곤을 완화시키려는 노력이 필요하다.

7) 현재 한국 아동빈곤율 통계는 2004년 전국가계조사 자료를 이용한 아동복지백서의 자료와 보건사회연구원이 국민생활실태 자료를 이용한 추계(김미숙, 2006)가 있다. ① 전국가계조사 자료는 중위 소득 40% 기준으로(최저생계비 기준) 11%로 추계하였고, ② 국민생활실태 자료는 중위 소득 50%를 기준으로 15%로 추정하였다. 한편, 2002년 도시가계연보를 기준으로 할 경우 9.8%로 추정되고 있는데(최현수·류연규, 2003) 도시가계연보의 샘플링 한계를 고려한다면, 국민생활실태 자료가 좀 더 현실에 가까운 추정치라고 할 수 있다. OECD 국가의 아동빈곤율 규모는 9%∼27% 수준이며, 15%이면 평균을 약간 상회하는 수준이다. 그러나 외국의 아동빈곤율이 미혼모나 이혼 한부모가정의 빈곤으로

아동수당이 도입된 국가에서 아동빈곤율이 상대적으로 낮다는 점은 널리 알려진 사실이다(<그림 8-2> 참조). 이것이 아동수당이라는 하나의 프로그램 효과는 아니지만, 아동수당을 포함한 아동가족에 대한 정책 지원 패키지가 아동빈곤율을 줄일 수 있음을 보여준다. 직접적이고 수직적인 분배효과는 약하지만, 보편적 급여로서 아동수당은 동일 계층 내에서 아동이 있는 가구의 상대적인 경제적 불리함을 줄이고, 전체 인구에서 아동가구의 상대적 불리함을 줄이는 효과가 있다. 물론, 이렇게 아동수당을 통해 빈곤율을 줄이기 위해서는 초기 도입단계에서는 막대한 비용이 투입되어야 한다. 아동수당의 대의를 유지하면서도 예산제약을 합리적으로 고려한다면, 연령을 한정하여 단계적으로 도입함으로써 예산부담을 분산하거나 상층을 제외하는 방식으로, 즉 자산평가의 문제점을 최소화하면서 보편주의의 대의를 살리는 방식의 절충이 가능할 것이다.

③ 반대논리 3 : "여성을 가정으로 회귀시키는 보수적 프로그램이다"

아동수당의 도입을 우려하는 측에서는 아동수당의 '정신'이 여성을 가정주부로 간주하거나, 혹은 가정으로 돌려보내는 가부장적이고 성차별적인 것이라고 주장한다(조순경, 2003). 현재의 저출산 국면에서 아동수당이 출산수당과 동일한 것으로 프레이밍되었기 때문에 이와 같은 우려가 근거 없는 것은 아니다. 그러나 이와 관련하여서는 두 가지 오해를 지적할 필요가 있다.

첫째, 아동수당의 형식이 어떤 것인가에 따라 아동수당은 여성의 노동시장 참여와 관련하여 여성에게 불리한 효과를 낳을 수 있다. 이와 관련하여 아동수당을 노동시장에 참여하지 않는 어머니에게만 지급할 경우를 고려할 수 있다. 우리 사회에서는 아동과 관련된 별도의 급여체계가 없기 때문에 이것을 아동수당으로 부를 수는 있겠지만, 이는 아동수당에 대한 오해에 기초한 것이며, 노동시장에 참여하지 않는 어머니에게 지급하는 것은 "아동양육수당"이다. 역사적으로 존재해 온 제도적 형태에 대한 객관적 분석에 기초하고, 현재의 정책전문가들에 의해 합의된 정의에 따른다면, 아동수당은 여성의 노동시장 참여 여부와는 관계가 없는 프로그램이다.

둘째, 소득·자산평가를 통해 저소득층에게만 지급할 경우 여성의 노동시장 참여를 억제하는 효과를 낳을 수 있다. 이 경우 아동수당은 이차소득자(대개의 경우 여

인해 크게 증가한 것을 고려했을 때 양부모가정(Children in two-parent families)으로 국한하여 빈곤율을 분석할 경우 한국의 아동빈곤율은 더욱 심각해질 것으로 예측된다.

성)의 소득을 제한하는 효과를 가질 수 있다. 현재의 공공부조 체계는 추가소득이 발생할 경우 급여가 삭감되는 구조를 갖고 있기 때문에, 이차소득자(여성)의 소득행위에 영향을 미치고 제한하게 된다. 또, '보편적'이지 않을 경우 아동수당은 수급자(혹은 수급대상 아동이 있는 가족)에 대한 낙인을 포함하여 공공부조제도가 갖는 문제점을 모두 노정할 우려가 있다.

여성을 가정으로 돌려보내는 보수적인 이데올로기에 기초해 있다는 논의는 위 두 가지 경우라면 충분히 근거가 있는 논의이고 경계해야 마땅하다. 그러나 아동이 있는 가구에 대한 보편적인 사회보장 급여로서 아동수당이 여성의 노동시장 참가에 부정적인 영향을 미친다는 점은 역사적인 사례 속에서 찾아볼 수 없으며 계량적인 모델이 시도된다고 할지라도 모델의 부정확한 가정에 대해 의심을 가질 수밖에 없다.

비교국가적으로 보았을 때 아동수당의 급여액이 높은 스웨덴, 핀란드의 경우 여성의 노동시장 참가율이 높다. 한편 아동수당이 없는 미국 역시 여성의 노동시장 참가율이 높다. 여성의 노동시장 참가율과 아동수당의 관계는 일의적으로 설정할 수 없는 것이다. 아동수당이 어떤 정책적 내용을 갖기 때문에 여성의 노동시장 참가와 부정적인 관계를 맺는다는 논리가 분명히 제시되지 않는다면, 비교국가적인 단순 수치 비교로는 판단의 정당한 근거가 제시되기 어렵다. 또, 일단 아동수당이 도입된 국가의 경우 부침은 있었지만 아동수당이 폐지된 국가는 없으며 일정 수준의 소득 대체율을 유지하고 있고, 여성의 노동시장 참가율이 속도의 차이는 있지만 모든 국가에서 점진적으로 증가하고 있다고 했을 때, 아동수당의 급여액 수준과 여성의 노동시장 참가율의 관계를 직접적으로 설정하는 것 역시 무리한 가설이다.

또 다른 반대논리에 따르면, 아동수당의 (여성)노동시장 퇴장효과는 여성의 기회비용과 관련하여 설명되고 있는데, "여성이 임노동에 참여하지 않더라도 소득을 얻을 수 있게 될 경우 기회비용을 감소시켜서 여성의 고용률을 감소시킨다"라는 방식으로 주장되고 있다. 이 경우 양육수당이 아니더라도 가족 중에 아동이 있는 경우 지급되는 아동수당이나 가족원의 수에 따라 지급되는 가족 관련 현금지급은 모두 여성고용률에 대해서는 부정적인 영향을 미치는 것으로 가정된다. 이 논리를 좀 더 밀고 나가면 가구에 대한 현금급여가 증가할수록 여성고용률은 감소한다는 주장으로 연결된다. 그러나 예를 들어, 저소득층 가족에서 아동수당 급여로 10만원을 받는다고 할 때, 어머니가 노동시장에서 퇴장할 효과는 얼마나 될까? '퇴장을 조건으로 지급하는' 급여가 아닌데도 .복지급여로 인한 추가소득의 증가는 노동시장 퇴장을 낳을 것이므로 지급해서는 안 된다는 논리는 가혹한 시장논리이다. 복지급여는 근로 동기를 약화시키기 때문에 반대해야 한다는 공공부조에 대한 반대논리와 다를 바 없다. 최저임금에도 못 미치는 10만원 급여가 여성의(혹은 남성의) 노동시장 퇴장을 낳는다면, 그것은 복지를 탓할 것이 아니라 노동시장 조건을 향상시키는 대책을 마련하는 것이 올바른 해결책일 것이다.

무엇보다도 위 반대 주장의 핵심은 아동수당 도입의 정책 '논리', 즉 기본 가정이나 이데올로기가 여성의 양육자 역할을 보상·강화할 것이고, 양육자 역할을 보상하는 것은 시대착오적이라는 것이다. 아동수당이 '양육자 보상' 역할을 하기 때문에 여성 개인에게는 가정 내에서의 '안주'를 부추기고 사회적으로는 여성이 양육자라는 이데올로기를 강화할 것이라는 우려는 한국사회에 독특한 것이다. 한국사회에서 복지에 대한 사회적 합의의 수준이 낮고, 여성에 대한 노동시장 차별과 성별 분업 이데올로기가 엄존하는 상황이기 때문에 개인별 지원이 아닌 가족과 관련된 지원에 대한 민감성이 지나치게 높아져 있다.

여성이 가족 내 돌봄 역할을 맡고 있기 때문에 아동이 있는 가족에 대한(아동이 있기 때문에 제공되는) '경제적' 지원은 모두 성차별적이라는 주장은 논리적 비약이다. 만일 아동수당의 도입이 반여성적인 내용으로 포장되고 선전된다면, 그것에 대해 비판의 화살을 겨누면 된다. 그러나 아동수당 자체가 문제라면, 아동수당의 반여성적 효과를 역사적인 사례를 통해 입증하고, 그 결과가 어떠했기 때문에 경계해야 하는지에 대해 좀 더 정교한 설명을 제시할 필요가 있다.

④ 반대논리 4 : "여성의 사회적 진출과 노동시장 참여를 지원할 수 있는 정책의 시급성에 비하면 정책 우선성이 떨어진다(아동수당의 재원은 보육확대에 사용되어야 한다)"

③번의 주장이 아동수당 자체가 '반여성적'이라고 보는 이념적·이데올로기적 반대를 대변한다면, 네 번째 입장은 정책 '우선성'을 고려한 실용적 관점에서 반대이다. 이 관점에서 본다면, 서구사회와 우리 사회는 다른 역사적 경험을 갖고 있고, 정책 우선성에서도 이와 같은 차이가 고려되어야 한다는 것이다.

아동수당을 도입한 다른 국가들은 주로 1940~1950년 기간에 도입하였고 1970년대 이후 보육과 관련된 정책을 병행 추진하고 있다. 이들 사회에서 아동수당은 우선 전후 재건과 사회통합의 목적을 추구하는 사회적 합의의 수준이 높은 상황에서 다른 복지프로그램들의 정비 및 팽창과 더불어 큰 저항 없이 도입될 수 있었다. 또한, 여성노동에 대한 고려로부터 상대적으로 자유로울 수 있었고, 보육서비스 도입과 시기적 차이가 있었으므로 예산 충격이 분산될 수 있었다. 그러나 우리나라의 경우 보육서비스 도입과 아동수당 도입의 문제가 거의 동시에 고려되고 있기 때문에 예산부담이 비중 있게 거론되고 있다. 즉, 아동양육과 관련된다는 점에서 두 프로그램을 중복적이거나 보완적인 것으로, 예산상의 제로섬게임처럼 사고하는 경향이 있다.

여성노동과 관련하여 보육과 관련된 프로그램들의 공공성을 높이고 공보육이 속히 확대될 수 있도록 지원하는 것은 매우 중요하고 이것은 점차 사회적 정당성을 얻고 있다. 그에 비해 아동수당은 여성노동과 관련된 직접적 효과를 갖기 어렵다는 점에서 홀대를 받고 있는 것이 사실이다. 여성의 노동시장 참여와 노동시장 평등은 중요한 목표이지만, 그렇다고 해서 아동수당이 이 목적을 위한 최적의 프로그램이 아니라는 이유로 시급하지 않다는 결론을 내릴 수 있는 것은 아니다. 서구 국가들의 경우를 살펴볼 때 이 둘을 경합하는 프로그램으로 간주하는 것은 여성주의자들의 논리가 아니라 반복지적 시장주의자들의 논리이다. 보육정책이 필요하다고 해서 공공부조의 재원을 사용하자는 논리가 타당하지 않듯이 아동수당을 늘리는 것이 보육정책을 삭감하는 것으로 연동될 이유가 없는 것이다.

아동양육은 어린이집에 보내는 것이 전부가 아니며, (가구경제에서 개별적으로 아동과 관련된 요소를 분리하기 어렵지만) 아동과 관련된 식료품비, 의복비, 교육비 등의 제반 경비지출이 만만치 않은 것이 사실이다. 또 아동에 대한 비용 부담은 5세 이후 오히려 증가하는 경향을 보인다. 아동을 양육하는 것은 사회의 재생산을 위해 현세대가 다음 세대에 지는 집단적 책임이라는 점에서 보육서비스와 아동수당은 그 책임을 상징적으로 표현하고 경제적으로 실현하는 전체 패키지의 일부로 자리매김될 필요가 있다.

요컨대, 여성의 노동시장 참여를 촉진하는 것과 관련하여 아동수당은 직접적인 연관이 없다. 다시 말하여, 여성의 인적 자원의 적절하고 정당한 실현과 직접적인 연관은 없다. 그러나 아동의 인적 자원에 대한 사회적 투자라는 의미에서는 중요한 의미를 갖는다. 뿐만 아니라, 현재의 저출산이 개별 부모가 자녀양육을 전적으로 책임을 져야 하는 부담에서 비롯된 것이라는 진단에 기초한다면 아동수당은 단지 경제적 소득보충에 국한되는 것이 아니라 사회의 미래에 대한 '집단적' 책임을 인지하고 실천하는 성격을 가지고 있다. 보육서비스 정책의 공공성을 높이는 과제와 더불어 아동수당의 보편적 실현은 아동과 관련된 한국 복지체계의 패러다임을 "가족책임"으로부터 "사회책임"으로, 아동에 대한 사회의 방임에서 "아동에 대한 사회적 투자"로 바꾸는 신호탄이 될 수 있다.

⑤ 반대논리 5 : "출산율에 미치는 영향이 미미하다"

가족지원 프로그램들이 출산율 증가에 미치는 효과에 대해서는 여러 연구가 이루어졌지만, 하나의 결론에 도달하지는 못하고 있다. 출산율과 관련하여 가족정책이 효과가 있다는 분석도 있으며, 자료와 분석방법에 따라 상이한 결론이 도출되기도 한다. 분석 결과에서 효과를 무엇으로 지표화했는가, 상관관계가 아닌 인과적 연관을 설정할 수 있는가, 그 효과가 단기적인 것인가 장기적인 것인가에 따라서 여러 가지 결론이 가능하다.

기존 연구를 통해 살펴보았을 때, 아동수당을 포함하는 가족지원 프로그램들은 자녀의 수가 아니라 출산의 시기에 영향을 미치는 것으로 나타난다. 이 때 출산의 시기 변화 자체가 합계출산율(Total Fertility Rate)을 변화시킬 수 있다는 점에서 지표 개선효과는 나타나겠지만, 그것이 완결출산율을 바꾸는 것은 아니라는 점도 고려해야 한다. 출산율과 관련된 변화는 거시적·사회문화적 변동을 반영하고 있다는 점에서 아동수당은 물론 여타 저출산 대책프로그램들도 직접적이고 단기적인 효과를 미칠 것이라고 판단을 내리는 데는 신중할 필요가 있다.

아동이 있는 가구의 부담에 비한다면 아동수당 지원액은 턱없이 부족하기 때문에 아동수당의 도입과 증액을 통해 저출산 경향이 역전될 수는 없다는 비판은 타당하다. 그러나 인구의 양이 아니라 인구의 질을 향상시키고, 현재 태어난 아동들과 앞으로 태어날 아동들이 건강하고 능률적인 인적 자원으로 성장하도록 하는 목표와 관련된 것이라면 아동수당은 이러한 목표를 현실화시키는 데 기여할 수 있다.

⑥ 반대논리 6 : "막대한 재원이 필요하다? 어떻게?"

아동수당은 보편적 프로그램이기 때문에 도입 초기에 비교적 많은 초기 재원을 요구한다. 아동수당을 위한 재원 부담이 적지 않은 점을 고려했을 때 재원을 어떻게 마련해 갈 것인가? 우선, 소득파악률을 높이고, 탈루율을 줄임으로써 재원 확보가 가능하다. 이와 같은 과제는 재원 마련을 위해서가 아니라 조세제도의 투명성, 형평성을 위해 그 자체로 추진되어야 하는 과제이기도 하다. 둘째, 아동과 관련된 세제지원 방식의 지원을 포괄적으로 재검토하여, 형평성을 높일 수 있는 방식으로 통합·재조정이 필요하며 이를 통해 아동수당을 위한 추가 재원 마련이 가능하다.

기본공제, 다자녀공제, 양육비공제, 교육비공제로 흩어져 있는 현행 소득공제 방식은 ① 면세점 이하의 가구나 저소득층 가구에는 혜택이 적고 고소득층에 유리한 역진적인 제도라는 점에서 아동이 있는 가구에 대한 지원으로는 부적절하다. 점진적으로 소득공제 방식을 직접급여방식의 아동수당으로 전환해 가는 것이 바람직하다. ② 현재의 소득공제(tax allowance) 방식은 홑벌이 가구에 상대적으로 유리하고 단신/여성노동자에게는 불리한 방식이다. 소득세 방식에서 아동수당으로 전환할 경우 임금, 소득세 체계에서 개별 노동자 간 형평을 제고할 수 있는 장점이 있다. 서구사회에서는 소득공제 방식의 아동지원을 폐지하면서 그 재원을 아동수당으로 돌려 재원을 확보하는 동시에 개별과세제도를 도입함으로써 아동에 대한 부양부담을 임금·조세체계에서 복지체계로 이전하였다. 일본의 경우에도 아동수당의 확대는 배우자공제제도와 같이 조세제도에서 불합리한 점을 축소, 개선함으로써 이루어지고 있다. 장기적으로 아동에 대한 지원은 아동수당 방식으로 일원화하는 것이 임금 및 조세제도의 형평성을 높이고 아동복지 이념을 추구하는 데 있어 바람직하다.

5. 결론

아동이 있는 가족의 경제적 안정을 통해 아동들이 미래의 주역으로 건강하고 바람직하게 자라나는 것은 개별 가족의 책임일 뿐 아니라 국가의 책임이기도 하다. 저출산·고령화 시대를 풀어가는 근본적인 해법, 즉 미래의 불투명성과 불안정성을 줄여가는 첫 걸음은 우리 사회에 태어나는 모든 아동들이 적절한 교육과 보호를 받을 수 있도록 보장하는 데서 출발해야 한다. 이와 같은 미래 기획과 약속이 없다면 저출산 문제의 해결은 요원한 것이다. 이와 관련하여 국가의 책임을 분명히 하기 위해 모든 아동을 대상으로 하는 보편적 아동수당이 조속히 도입되어야 하지만, 복지와 관련된 요구가 한꺼번에 폭발하고 있고 예산부담이 급증하고 있다는 점을 고려하여 아동수당의 적용 대상 및 적용 기간을 현실화하는 방향으로 대안을 모색할 필요가 있다. 아동수당 제도는 긍정적 의미만큼 많은 재정을 필요로 하기 때문에 도입을 확실히 한 위에서 재정적 현실을 고려하여 연령에 따라 단계적으로 확대해 나가는 방식이나 고소득층을 제외하는 방식을 고려할 수 있을 것이다.

　일부에서 보육예산 중 일부를 아동수당으로 대체하자는 주장이 있으나, 아동수당은 보육재정과 경합하거나 대체관계에 있는 정책이 아님을 다시 한 번 분명히 짚고 넘어갈 필요가 있다. 주지하듯이 보육은 아동뿐 아니라 아동양육과 관련된 여성의 사회·경제적 희생을 줄이는 결정적인 제도이다. 보육에 대한 지원은 지속적으로 확충될 필요가 있다. 그럼에도 불구하고, 연구결과에서 나타나듯이 아동이 독립적인 성인으로 자랄 때까지 가족이 부담해야 할 비용을 고려한다면 보육비용은 일부분에 불과하다. 보육비용만으로는 0~5세 아동과 관련된 비용들이 적정 수준에서 사회적으로 분담되었다고 말하기 어려운 것이다. 또, 아동이 건강하게 자라날 수 있기 위해서는 그 이후의 학령기 아동에 대한 지원(방과후 보육과 아동수당)도 병행될 필요가 있는 것이다. 아동수당과 사회서비스가 양 날개가 되는 방식으로, 아동에 대한 사회적 투자를 기획하고 확충해 감으로써만 현재의 저출산의 저균형(low equilibrium: 낮은 출산율, 낮은 여성 노동시장 참가율, 낮은 가족복지 수준)을 돌파할 수 있다.

　아동수당은 아동양육을 위해 가족이 부담해야 할 수밖에 없는 기본적인 비용에 대한 사회적인 분담을 위한 것이며, 미래세대의 재생산을 위한 기존 세대의 사회적 연대의 제도적 표현이다. 현실적인 예산부담을 고려하더라도, 현재의 저출산 국면에서 아동수당의 의미는 과소평가된 측면이 있다. "10만원을 주면 아이를 낳을 것인가"라는 질문에 집착한다면 아동수당의 의미를 왜곡하고 출산 결정을 하는 부모들에게도 모욕적인 것이 될 것이다. 진정한 의미의 저출산·고령화 해법으로서 아동수당 도입의 의미에 대한 사회적 공감대를 확산시켜 나갈 필요가 있다.

참고문헌

김미숙(2006), 「지역사회 빈곤아동지원정책 고찰」, 『보건복지포럼 2006-4』, 한국보건사회연
    구원.
김수정(2002), 「가족수당의 제도정치와 여성의 사회적 권리: 영국의 사례」, 『페미니즘 연구』
    2호, 한국여성연구소.
조순경(2003), 「출산·아동수당 지급은 반여성적 정책: 2조 1천억을 성별 분업 유지하는 데
    쓰려고?」, 『일다』 2003. 9.12.
최현수·류연규(2003), 「우리나라 아동빈곤율 수준과 변화경향: 1982～2002년 도시근로자가구
    를 중심으로」, 『한국아동복지학』 16권.

Esping-Andersen. G.(ed.), 2002. *Why we need a new welfare state*, Oxford University Press.
OECD, 2006, "Taxing Wages".
UNICEF, 2005. "Child Poverty in Rich Countries".
US Social Security Administration, 2004. *Social Security Programs throughout the World*; 한국보건사회연
    구원, 2003, 「국민생활실태조사」.
통계청, 2005, <전국가계조사>.

〈첨부 1〉 아동수당 도입 논의 일지

※ 2006년
- 8월 30일 기획예산처 '비전 2030 함께 가는 희망한국' 아동수당 포함되지 않았음.
- 7월 21일 기획예산처는 반대
  "저출산은 종합적 시스템의 문제, 수당을 준다고 출산율은 높아지지 않음"(기획예산처장관)
  "기획예산처는 아동수당제 도입에 반대한다" "도입을 검토한다고 했지 도입이 기정사실화된 것은 아니다. 아동수당은 막대한 재원이 들어가는 효과는 불분명하다."
- 7월 14일 제1차 저출산·고령화 기본계획(새로마지플랜 2010) 당정 협의
  "저출산 고령화 대책 연석회의 사회협약에 따라 아동수당 제도 도입 검토"
  "일단 0~5세 아동에게 월 10만원 정도의 아동수당을 지급하는 게 적절하다는 결론, 늦어도 2010년까지는 도입할 예정이지만, 구체적인 시기와 대상 등은 논의가 필요"(김용현 저출산고령사회 본부장)
  "2007년 하반기부터 기초생활보장 대상자, 차상위 계층에 우선 시행 뒤 중산층 및 모든 가구로 확대 방침"(복지부)
  "기초생활보호대상자, 저소득층, 도시근로자가구 평균소득 130% 이하(4인 가족 기준 월 평균소득 400만원 이하) 계층을 대상으로 시행될 예정" "두 자녀 이상을 가진 가정에 대해 첫째 아이를 제외한 둘째 아이부터 월 10만원을 지급한다"(열린우리당 강기정 보건복지위간사 <해럴드경제> 2006.7.14)
- 6월 20일 저출산·고령화 문제해결을 위한 사회 협약
  "정부는 아동이 있는 가정의 양육비 부담 경감을 위한 아동수당 제도의 도입시기, 방안, 재원 등을 검토한다."
- 6월 7일 "저출산·고령화기본계획" 시안
  아동수당은 제외
- 4월 27일 여성가족부 제1차 가족정책기본계획(2006~2010) 공청회
  보육시설이나 유치원 등을 이용하지 않는 저소득층에 '자녀양육 지원수당'을 지급하는 방안 검토

- 1월 여성가족부 제1차 가족정책기본계획안(2006~2010)
  아동수당제 도입 검토, 보편적 아동수당의 도입을 추진하되 저소득층부터 점진
  확대. 시행방안 검토

※ 2005년
- 1월 20일 "저출산의 영향과 대응방안" 토론회
  "아동수당제도 단계별 도입"(김승권 보건사회연구원)
  "둘째 아기를 낳을 경우에 신생아 수당 등 아동수당제 도입 등을 검토"하며 "내
  달 대통령 업무보고 때 구체적인 내용을 제시할 계획"(복지부 관계자)

※ 2004년
- 11월 19일 "저출산에 대해 지금이라도 긴 호흡을 갖고 대책을 마련할 필요" 아
  동수당은 "필요하지만 아직은 엄두가 안 난다"(김용익 '고령화 및 미래사회위
  원회' 위원장)<한국경제>
- 9월 6일 저출산 기본법(한나라당)
  아동수당 및 의료비 지원
- 7월 2일 "빈곤대물림차단을 위한 희망투자전략"(정부)
  6세 미만의 저소득 편부모가정에 대한 양육비 인상. 아동수당으로 확대되는 기초.
- 1월 19일 저출산고령사회 대응을 위한 국가실천전략(정부)
  출산축하금 20만원. 아동수당은 중장기 검토 과제(도입 시기는 2008년 이후) 도
  시근로자 평균소득 미달 가정 2006년 이후 출산한 둘째 아동 월 5만원, 셋째
  아이는 7만원, 5세까지.

※ 2003년
- 10월 31일 참여연대 "신빈곤대책 3대 개혁입법" 아동수당 도입 요구
- 9월 21일 '아동복지법 개정안'(한나라당 이원형 등 복지위)
  "출산장려를 위해 출산가정에 50만원 출산수당. 만 4세 이하 아동 1인당 월 5만
  원"
- 8월 12일 "출산안정법안"(한나라당 백승홍 등 의원 공동발의)

아동양육 관련 휴가 및 휴직제도의 쟁점:
산전후휴가·육아휴직·남성의 양육참여

윤홍식[*]

1. 문제 제기

산업사회를 거치면서 자녀양육과 관련된 가족의 주요한 기능의 상당 부분은 가족 밖의 기관으로 이전되었다. 이를 두고 많은 사람들은 시민의 삶에서 가족의 역할이 감소했다고 주장하고 있다. 그러나 우리는 가족이 산업사회 이전보다 더 깊이 개인의 삶에 영향을 미치고 있다는 역설적 현실에 직면해 있다. 베커(Becker, 1991)의 주장과 같이 고소득 부·모는 자녀에게 더욱 많은 투자를 함으로써 아동의 인적 자본을 향상시키고 이를 통해 부를 다음 세대에까지 이어간다. 반면 저소득 부·모는 자녀에게 투자할 자원이 제한됨으로써 타고난 재능 여부와 관계없이 저소득 부·모의 자녀는 고소득자가 될 가능성이 매우 적다(Esping-Andersen, 2002). 즉, 부·모의 사회적 배경이 세대를 넘어 이전되는 현실에서 가족은 그 어느 때보다 시민의 현재의 삶과 미래의 삶의 질을 결정하는 중요한 요소로 등장하고 있는 것이다. 특히 우리가 맞이해야 할 지식기반 사회는 높은 임금과 고용안전성을 보장해 주는 좋은 일자리와, 낮은 임금과 고용불안정성이 높은 서비스 일자리로 양분되고 있다는 점을 고려한다

* 전북대학교 사회복지학과 교수, 참여연대 사회복지위원회 실행위원

면 개인의 인적 자본은 개인의 경제적 삶의 수준을 결정하는 가장 핵심적인 요인이 될 것이다. 실제로 지난 2000년부터 2005년 사이 한국 노동시장에 창출된 여성 일자리를 보면 총 일자리는 757천 개가 만들어졌는데 그 중 고위임직원 및 관리자, 전문가 등 고임금과 고용안정성이 보장되는 직종과 단순노무 종사자, 서비스 직종 등 고용 불안정성을 수반한 저임금 일자리가 동시에 증가한 것으로 나타났다(김영옥·민현주·김복순, 2006: 26).

인적 자원이 시민의 삶의 수준을 결정하는 주요한 요인이 되고 이러한 인적 자원 발달과 가족의 경제지위가 밀접히 관련되어 있는 현실에서 아동양육과 관련된 휴가 정책은 중요한 사회적 함의를 갖는다. 에스핑 앤더슨(Esping-Andersen, 2005)은 이러한 인적 자원의 발달은 아동의 인지능력 발달과 밀접한 관련성을 갖는데 이는 아동의 출생 후 첫 해 동안의 감정적 안정이 특히 중요하다고 주장한다. 그래서 출생 후 영아기 동안 부·모가 직접 아동을 양육할 수 있도록 제도화한 산전후휴가(maternity leave)와 육아휴직(parental leave) 제도가 높은 수준의 인적 자본을 요구하는 지식기반 사회에 필수적인 정책으로 제기되고 있다. 이처럼 아동양육과 관련된 휴가 정책은 어린 자녀가 있는 가족에게 부·모가 직접 아동을 양육할 수 있는 권리를 보장함으로써 아동의 인지능력과 인적 자원 발달에 중요한 역할을 하고 있다. 더욱이 관대한 산전후휴가와 육아휴직은 어린 자녀가 있는 가구의 경제적 안정을 보장할 수 있다는 측면에서 인적 자본을 중시하는 사회투자전략의 핵심적 정책 중의 하나로 등장하고 있는 것이다. 더욱이 아동양육과 관련된 휴가 정책은 전통적으로 일과 가족생활 양립의 핵심적 정책으로서의 역할과 함께 복지국가의 주요한 현안인 낮은 출산력, 고령화, 불평등, 빈곤 등의 사회문제 완화와 밀접한 관련성이 있는 것으로 밝혀지고 있다(Aust and Bönker, 2004; Ferrarini, 2003; Sleebos, 2003). 특히 육아휴직의 관대한 급여는 어린 자녀가 있는 젊은 부·모와 자녀의 경제적 안정에 긍정적 역할을 하는 것으로 보고되고 있다. 이처럼 아동양육과 관련된 휴가 정책은 단순히 일과 가족생활의 양립과제를 넘어 복지국가의 재편과 지속 가능한 발전을 위해 그 중요성이 점점 더 강조되고 있다.

이러한 문제의식을 근간으로 본 글에서는 아동양육과 관련된 휴가정책을 산전후휴가, 육아휴직, 남성의 양육참여정책을 중심으로 검토할 것이다. 먼저 다음 절에서는 아동양육과 관련된 휴가정책을 산전후휴가와 육아휴직을 중심으로 개발하고, 이들 제도를 둘러싼 쟁점을 정리할 것이다. 이어서 남성의 양육참여와 관련 과제를 아버지할당제를 중심으로 살펴볼 것이다. 마지막 절에서는 한국에서 아동양육과 관련된 휴가제도의 바람직한 정책방향에 대한 논의로 글을 정리할 것이다.

2. 아동양육 관련 휴가정책 현황

(1) 산전후휴가

① 산전후휴가의 도입과 변화 과정: 1953년부터 현재까지

산전후휴가의 제도화는 1953년에 제정된 근로기준법으로 출발한다. 1953년에 제정된 근로기준법은 아동출산을 전후해 여성노동자에게 60일간의 유급보호휴가를 제공하도록 규정했다. 전후 한국 상황을 고려했을 때 실행 여부를 떠나 법률적으로 여성노동자에게 60일간의 출산휴가를 보장하는 것은 매우 획기적이었다고 평가할 수 있다. 이후 1961년 근로기준법이 1차 개정되면서 산후 30일간의 강제휴가 규정이 첨가되었다(정혜선, 1995). 그러나 취업여성의 대부분이 비상용직 노동자였던 당시의 상황과 상용직에 취업했더라도 결혼·출산 이후에 퇴직하는 관행을 고려한다면 실제로 산전후휴가를 이용한 여성노동자의 수는 극히 제한적이었을 것으로 판단된다. 실제로 1952년 3월말 현재 여성 취업자의 80.8%가 농수산업에 종사했으며, 산전후휴가를 이용할 가능성이 높은 공공업무 종사자는 1.4%, 공업(제조업)은 1.5%에 불과했다(대한민국 공보처 통계국, 1953; 강이수·신경아, 2001재인용). 이렇듯 실제 적용대상이 매우 적음에도 불구하고 재계의 이해와 요구를 대변하는 경제단체(대한상공회의소, 전국경제인연합, 한국경영자총협회 등)들은 산전후휴가 등의 축소를 1960년대부터 1980년대까지 지속적으로 요구했다(정혜선, 1995).

산전후휴가는 2001년 모성 관련 3개법(근로기준법, 남녀고용평등법, 여성발전기본법)이 개정되기 전까지 1953년 제정 당시의 기본 골격을 유지했다. 2001년 8월 14일 남녀고용평등법 개정을 통해 산전산후휴가는 60일에서 90일로 확대되었으며, 확대된 30일에 대해 통상임금에 해당하는 금액을 사회보험(고용보험)에서 지급하는 것을 명문화했다(남녀고용평등법 제18조, 고용보험법 제55조의 7, 8). 그러나 2000년 국제노동기구(ILO)의 권고 191번과 같이 모성휴가 기간을 최소 18주로 확대할 것을

<표 9-1> 출산휴가와 육아휴직 기간과 급여수준의 변화: 1990-2004

연도	출산휴가		육아휴직		남성참여 여부
	기간(주)	급여수준(%)	기간(주)	급여수준(%)	
1990	9	100	43	0	불가
1991	9	100	43	0	불가
1992	9	100	43	0	불가
1993	9	100	43	0	불가
1994	9	100	43	0	불가
1995	9	100	43	0	가능
1996	9	100	43	0	가능
1997	9	100	43	0	가능
1998	9	100	43	0	가능
1999	9	100	43	0	가능
2000	9	100	43	0	가능
2001	13	100(133.0)*	43	15.5%(20만원)**	가능***
2002	13	100(121.7)	43	13.0%(20만원)	가능
2003	13	100(111.9)	43	18.2%(30만원)	가능
2004	13	100(105.0)	43	22.9%(40만원)	가능

* 괄호 안의 수치는 여성노동자의 평균 월급여 총액을 135만원(2001년 고용보험법 개정 당시 출산휴가의 급여의 최상한선)으로 나눈 값이다. 통계청에서 제공한 여성노동자의 평균 월급여 총액은 2001년 1,015,178원, 2002년 1,112,457원, 2003년 1,206,802원, 2004년 1,286,258원이다.
** 육아휴직 급여는 정액인 급여를 해당 연도의 남녀 임금노동자 평균 월임금 총액으로 나눈 값이다. 통계청 자료에 따르면 남녀노동자의 평균 월임금 총액은 2001년 1,393,059원, 2002년 1,532,750원, 2003년 1,651,100원, 2004년 1,750,421원이다.
*** 2001년부터 남성노동자에게 육아휴직 사용의 독립적 수급권이 보장되었다.
※ 윤홍식(2006a), <표 3 출산휴가와 육아휴직 기간과 급여수준의 변화: 1990-2004> 참조.

권고하고 있는 것과 비교해 보면 보장기간은 여전히 불충분하다고 할 수 있다. 실제로 2001년 출산휴가를 90일로 확대한 것은 국제기준으로 보았을 때 1952년 ILO 조약 103번에서 출산휴가 기간을 12주로 확대할 것을 적시한 이후 거의 반세기가 지난 이후에서야 한국에서 제도화한 것이다. 급여의 측면에서 보면 ILO는 최소 휴가를 실시하기 이전 임금의 2/3 수준을 보장하고, 가능하다면 100%를 권고하고 있다. 개정된 고용보험법 시행령 제68조의8은 산전후휴가 급여는 100%의 임금을 보존하되, 고용보험에서 지급하는 30일분에 대해서 상·하한액을 설정했다. 이에 따르면 상한선은 통상임금이 월 135만원을 초과하는 경우 월 135만원이다. 하한선은 피보험자가 휴가 시작 당시의 최저임금액을 지급하는 것으로 되어 있다. 여기서 통상임금이란 근로기준법상 임금 보존을 목적으로 한 수당을 포함한 기본급(제 수당제외)에 해당하는 부분을 지칭하는 것인데, 실제 월급여에서 기본급의 비중이 낮은 한국 상황을 고려한다고 했을 때 산전후휴가를 이용하는 대부분의 여성노동자는 실질임금보다 낮은 급여를 제공받을 가능성이 높다. 또한 상한액이 정액으로 고정되어 있어 시간이 지남에 따라 휴가를 이용하는 점점 더 많은 여성노동자가 평균 월임금보다 낮은 수준의 급여를 받게 되는 문제를 야기했다. <표 9-1>에서와 같이 2001년 개정 당시 급여의 최상한선인 135만원은 여성노동자의 평균 월급여 총액의 133.0%로 여성노동자의 평균 월임금 수준보다 33.0%포인트 높았으나 2004년에는 105.0%로 낮아졌다. 불과 4년만에 여성노동자의 평균 월급여 총액에 대해 출산휴가의 최상한 급여액이 21.1%나 감소한 것이다. 특히, 노동조합이 있는 사업장의 경우 단체협약에 의해 이미 100%의 실질임금이 보존되고 있던 상황에서 2001년 법개정은 평균임금 이상 여성노동자에게는 출산휴가를 이용할 때 실질급여가 감소되는 것을 의미할 수도 있기 때문이다.

② 산전후휴가의 실시 현황

2002년 이후 산전후휴가 실시 현황을 보면 <표 9-2>와 같다. 산전후휴가자수는 지속적으로 증가하고 있는 것으로 나타나고 있다. 2002년 22,711명인 산전후휴가 이용자는 2005년 40,504명으로 불과 3년만에 78.3%나 증가했다. 이러한 현상은 2006년

〈표 9-2〉 산전후휴가 및 육아휴직 실시 현황

	산전후휴가	육아휴직				산전후휴가자 육아휴직 비율
		계	여성	남성	남성 비율	
2002년	22,711	3,763	3,685	78	2.1%	16.6%
2003년	32,133	6,816	6,712	104	1.5%	21.2%
2004년	38,541	9,303	9,122	181	1.9%	24.1%
2005년*	40,504	10,561	10,357	204	1.9%	26.0%
2006년 2월까지	6,943	1,869	1,827	42	2.2%	26.9%

* 2005년도 수치는 노동부에서 발표한 2005년도 1월부터 10월까지 산전후휴가 및 육아휴직을 이용한 노동자의 총수에 11월과 12월 사용자수를 추정하여 계산한 것이다. 예를 들어, 2005년도 산전후휴가자 이용자 총수는 다음과 같이 계산되었다. 2005년 1월부터 10월까지 총 이용자수 33,753명에 근거해 33,753 + (33,753 × 0.2) = 40,504.

※ 노동부(2006a), 「산전후휴가급여·육아휴직급여 지원」; 노동부(2006b), 「산전후휴가급여 및 육아휴직급여 지원 실적」. 남성의 육아휴직 비율과 산전후휴가자 중 육아휴직자 비율은 재계산한 수치임(윤홍식, 2006a에서 재인용).

통계에도 반영되고 있다. 비록 현재 이용 가능한 자료가 2006년 2월까지로 제한되어 있지만 2005년도 2월 누적 이용자 6,116명보다 13.5% 증가한 수치이다. 그러나 2004년 한 해 동안 출생한 아동수가 476,052명이고(통계청, 2004) 2004년도 기혼 여성의 경제활동률이 44.1%인 점을 고려한다면(정밀성이 떨어지는 대략적인 추정이지만) 출생아 중 209,939명의 여성이 자녀출산 전 경제활동을 하고 있었다고 추정할 수 있을 것이다. 즉, 2004년 아동을 출산한 취업여성 중 단지 18.4%만이 산전후휴가를 사용했다고 추정된다. 더욱이 산전후휴가 급여 중 30일을 고용보험에서 지급하고 있다는 점을 고려한다면 소규모 사업장 종사자와 비정규직 종사자의 경우 산전후휴가를 이용할 가능성은 더욱 낮을 것이라고 추정할 수 있다. 비록 소규모 사업장 종사자의 산전후휴가 이용 비율이 지속적으로 증가하고 있는 것은 사실이지만 산전후휴가 이용 비율은 종업원 수가 4인 이하인 사업장 종사자가 가장 낮게 나타났다고 보고되고 있다(김태홍·김난주, 2003). 또한 앞서 언급한 것과 같이 산전후휴가 급여의 상한선이 135만원으로 고정되어 있는 상황에서 통상임금이 135만원 이상인 이용자의 비율이 점차 증가할 것으로 예상된다. 실제로 노동부의 고용보험 DB분석에 따르면 산전후휴가자 중 산전후휴가 전 통상임금 수준이 135만원 이상인 비율이 2002년 3월에서 4월 사이 18.6%에서 2003년 3월에서 4월 사이에는 23.8%로 증가했다(이규용·남재량·박현·김은지, 2004). 즉, 산전후휴가 급여의 상한선이 고정되어 있어 점차 다수의 휴가자가 휴가 전 통상임금을 산전후휴가 기간 동안 보장받지 못하는 결과를 초래하고 있다.

(2) 육아휴직

① 육아휴직제도의 도입과 변화과정: 1987년부터 현재까지

육아휴직제도는 1987년 남녀고용평등법이 제정되면서 제도화되었다. 육아휴직제도화의 배경은 몇 가지로 추론할 수 있는데 먼저 경제적 상황을 보면 1970년대까지 제조업 분야에 값싼 노동력을 제공하던 미혼 여성노동자의 규모가 인구증가율 감소 등으로 인해 상대적으로 감소했다는 점이다(김영옥, 1991). 육아휴직의 제도화는 이러한 노동시장의 변화로 인해 기혼 여성의 노동시장 참여가 미혼 여성노동력을 대신할 대안으로 인식된 점과 관련이 있다. 즉, 기혼 여성들로부터 노동력을 안정적으로 제공받기 위해서는 (부분적이지만) 아동양육과 직장생활을 병행할 수 있는 제도적 조건을 만들어 주어야 했기 때문이다. 두 번째는 1980년 후반 민주화 운동의 성과로 1987년 후반 노동자 대투쟁과 민주노조 설립의 과정에서 모성보호와 같은 여성과 관련된 정책과제가 주요한 쟁점으로 등장하게 되었다는 점이다(이옥지, 2001). 마지막으로 1984년 12월 27일 유엔 여성차별철폐협약을 비준함으로써 협약이 국내법과 동일한 효력을 갖게 되어 이를 구체적으로 이행하는 것이 한국정부의 의무가 된 점(이규용 외, 2004)과 제6차 경제사회발전 5개년 계획에 여성개발 부분이 포함되었다는 점을 들 수 있다(류임량, 2003). 그러나 제도 도입 당시 육아휴직제도는 무급이었기 때문에 경제적 생활을 이유로 노동시장에 참여하고 있는 많은 여성노동자의 모성권리를 실질적으로 보장해준 정책이라고 할 수 없다. 더불어 육아휴직제도를 여성노동자만이 사용할 수 있다는 점에서 육아휴직제도가 가족 내 성별 분업을 강화시키는 한계를 노정하고 있었다.

이후 1987년 대선을 앞두고 여성 유권자들의 표를 의식해 민주정의당(현재 한나라당의 전신)에서 졸속으로 성안된 남녀고용평등법은(최미정, 1989) 여성단체 등의 지속적인 요구에 힘입어 시행 1년만에 부분적 개선을 이루어 낸다. 비록 재계의 반대가 있었지만 1989년 남녀고용평등법 1차 개정을 통해 육아휴직 기간을 근속기간에 포함시키게 된다(이규용 외, 2004; 김엘림, 1999). 이후 1994년 고용보험법이 제정되고 출산노동자의 육아휴직으로 인한 기업의 부담을 줄이고 제도를 활성화시키기 위해 휴직자가 있는 사업장에 대해 1995년 5월부터 육아휴직 장려금을 지급하게 된다. 1995년에는 육아휴직의 대상이 여성노동자에게 제한됨으로 인해 젠더역할을 강화하고 있다는 비판에 대해 육아휴직 대상을 '여성노동자'뿐만 아니라 '여성노동자'의 배우자까지로 확대하는 남녀고용평등법 2차 개정이 이루어진다. 남녀고용평등법 2차 개정은 남성이 육아를 담당할 수 있는 기회를 열어 놓음으로써 명목상으로 전통적인 '젠더역할'을 벗어났다는 긍정적 의의가 있다. 그러나 남성노동자의 육아휴직 권리가 여성노동자의 권리에 근거했다는 점과 여전히 무급이었다는 점으로 인해 양육에 대한 책임은 여전히 여성에게만 부과되고 있었다. 특히 무급인 육아휴직제도는 일반적으로 가구의 생계부양을 주로 담당하고 있던 남성노동자의 육아휴직 사용을 원천적으로 봉쇄한 것이라고 할 수 있을 것이다.

2001년에 육아휴직과 관련된 남녀고용평등법과 고용보험법이 개정되어 육아휴직 제도가 현재와 같은 모습을 띠게 된다. 남녀고용평등법은 4차개정[1]이 이루어졌는데 육아휴직 대상의 확대가 이루어진 점은 주목할 만하다. 먼저 대상 사업장은 기존의 5인 이상 사업장에서 1인 이상 사업장으로 확대되었다. 또한 여성의 노동시장 지위에 따라 자격을 부여받던 남성노동자가 배우자(여성)의 노동시장 지위와 관계없이 육아휴직 권리를 갖게 되었다는 점은 의미 있는 진전이라고 할 수 있다. 그러나 많은 논란 끝에 육아휴직 급여가 남녀노동자 월 평균 임금 총액의 15.5%에 불과한 월 20만원의 정액으로 정해짐으로써 낮은 휴직급여수준이 여전히 육아휴직 활성화에 중요한 걸림돌로 작용하고 있다. 여성노동자는 물론이고 특히 남성노동자에게 육아휴직이 가능한 선택이 되기 위해서는 아동을 돌보기 위해 임금노동을 중단해도 적절한 생활을 유지할 수 있도록 임금소득이 보존될 때 가능하다. 실제로 서유럽 각국의 남성 육아휴직(parental leave) 이용 실태를 보면 육아휴직 급여가 정액이고 소득대체율이 낮을수록 이용률은 매우 저조한 것으로 나타나고 있다(윤홍식, 2006b). 이후 육아휴직 급여는 2003년 30만원, 2004년 40만원으로 상향 조정되었고, 2007년부터는 50만원으로 조정될 전망이다. 그러나 2004년을 기준으로 했을 때도 육아휴직 급여는 남녀노동자 평균 월임금 총액의 22.9%에 불과해 처음 여성단체 등이 주장한 70%에 훨씬 못 미치는 수준이다(류임량, 2003).

② 육아휴직 실시 현황

현행 육아휴직 급여 지원 대상은 고용보험에 6개월 이상 가입하고, 육아휴직을 30일 이상 사용하는 노동자에게 월 40만원의 육아휴직 급여를 지급하고 있다(노동부, 2006). 육아휴직 급여 신청은 육아휴직 개시 1개월 이후부터 휴직 종료일 이후 12개월 이내에 거주지 또는 사업장 관할 고용안정센터에 신고해야 지급받을 수 있다. 육아휴직 이용실태를 살펴보는 데 있어서 주목해야 할 점은 세 가지 정도인데, 첫째는 출산여성 중 육아휴직을 이용하고 있는 비율이다. 물론 출산여성 모두가 취업자가 아니고, 취업한 여성 중 앞서 언급한 특정 요건을 갖춘 고용보험의 피보험자만이 육아휴직의 대상이 되기 때문에 출산 여성수와 육아휴직 이용자를 단순 비교하기에는 무리가 있다. 그러나 육아휴직이 일과 양육(가족생활)을 함께 할 수 있는 유력한 제도라는 점을 고려한다면 육아휴직이 포괄하고 있는 범위를 검토하는 것은 임신, 출산, 양육이라는 가족 내에서 발생하는 새로운 사회적 위험에 대한 한국사회

---

1) 1999년 2월 8일에 국회를 통과한 남녀고용평등법 3차 개정은 육아휴직에 관한 법률 개정을 포함하지 않았다(이규용 외, 2004).

의 대응 정도를 이해하는 데 매우 유의한 지표가 될 것이라고 판단된다. 둘째는 남성의 참여에 대한 문제이다. 아무리 육아휴직이 제도적으로 젠더통합적으로 설계되어 있어도 남녀 모두가 육아휴직을 이용하지 않는다면 육아휴직제도는 젠더분리를 강화하는 역할을 수행할 수 있기 때문이다(윤홍식, 2005). 특히 남성 참여문제는 육아휴직의 소득 대체수준과 밀접한 관련성이 있는 것으로 나타나고 있다(윤홍식, 2006b). 마지막으로는 육아휴직 이용자들의 원 직장 복귀율이다. 육아휴직이라는 제도가 제한된 기간 동안 일하는 부·모의 노동력을 탈상품화하여 가족 내에서 어린 자녀를 돌볼 수 있도록 부·모의 노동력을 가족화시키는 정책인 점을 고려한다면, 휴가기간 이후 원 직장으로 복귀 여부는 육아휴직 정책의 성패를 가르는 매우 중요한 지표라고 할 수 있기 때문이다.

먼저 2004년 현재 육아휴직 이용 현황을 보면 <표 9-2>에 제시된 것과 같이 육아휴직 이용자는 9,303명이다. 많은 선행연구에서 육아휴직 이용자의 비율은 단순히 산전후휴가자 중 육아휴직자 비율을 추산한다(최숙희·김정우, 2006; 이규용 외, 2004). 그러나 산전후휴가 대상 자체가 매우 제한적이기 때문에 이러한 수치를 통해서 육아휴직 이용 비율을 추정하는 것은 적절하지 않다. 2004년 현재 출생아수는 476,052명이고(통계청, 각 년도), 기혼 여성의 48.7%가 경제활동을 하고 있다고 했을 때 대략 231천명의 아동은 취업한 여성으로부터 태어난 것으로 추정할 수 있다. 즉, 2004년 현재 출산한 취업 여성의 단지 3.9%만이 육아휴직을 이용하고 있다는 추론이 가능하다. 물론 취업한 여성의 대략 26.4% 정도만 고용보험의 피보험자이기(노동부, 2005) 때문에 고용보험 피보험자인 출산여성 중 육아휴직을 이용했다고 추정할 수 있는 비율은 3.9%보다는 높은 15.2% 내외가 될 것이다[2]. 고용보험 피보험자로 제한하든, 아니면 취업자 전체로 확대하든 분명한 것은 한국사회에서 자녀를 출산한 취업 여성의 절대 다수가 육아휴직이라는 일과 양육을 병행할 수 있는 제도로부터

---

2) 3.9%는 다음과 같은 방식으로 추정되었다. 먼저 2004년 출생아수(476,052)를 구하고 여기에 기혼 여성의 경제활동 참가율(0.487)을 곱하여 231천명 정도가 경제활동을 하는 여성으로부터 출산했다고 추정했다. 다음으로 2004년도 육아휴직 이용자 9,122명(남성 204명은 제외)을 앞서 구해진 231천명으로 나누어 3.9%라는 수치를 산출했다. 출산여성 중 고용보험 피보험자 비율은 여성 고용보험 피보험자수인 2,556,648명을 기혼과 미혼 경제활동 여성수(9,668천명)로 나누어 26.4%를 구했다. 고용보험 피보험자인 출산여성의 육아휴직 이용 비율인 15.3%는 전체 출산아동수에 기혼 여성의 경제활동 비율을 곱하고 다시 고용보험 피보험률을 곱해서 출산한 고용보험 피보험 여성수를 61,205명으로 추정했다. 다음으로 2004년도 육아휴직 이용자수를 61,205명으로 나누어 15.2%라는 수치를 추정한 것이다.

배제되어 있다는 점은 분명한 사실이다. 스웨덴의 경우 취업 여성과 학생 등 대부분의 여성이 정액급여 또는 소득비례 형태로 육아휴직을 이용하고 있다는 점과는 대조적이라고 할 수 있을 것이다(Leria, 2002).

둘째, 더욱 문제가 되는 점은 2001년 남녀고용평등법 4차 개정을 통해 남성노동자의 독립적인 수급권을 보장했음에도 불구하고 <표 9-2>에서와 같이 전체 육아휴직자 중 남성노동자의 이용 비율은 2.0% 내외로 매우 저조한 상황이다. 즉, 명목적으로는 양육의 책임이 남녀 모두에게 부과되고 있지만 실제로는 여성에게만 부과되고 있는 것이다. 이러한 원인은 다양하게 언급되고 있지만 육아휴직 급여가 월 40만원으로 제한되어, 남녀노동자의 평균 월급여 총액의 22.9%에 불과하기 때문인 것으로 보인다. 외국의 경험을 비추어보면 육아휴직의 소득대체율이 낮을 때 거의 모든 국가에서 남성노동자의 참여는 매우 저조한 것으로 나타나고 있다(윤홍식, 2006b). 마지막으로 이규용 외(2004)의 연구를 보면 여성 육아휴직 비이용자의 원직장 복귀율은 71.4%인데 반해 육아휴직 이용자의 원직장 복귀율은 이보다 낮은 65.2%에 그치고 있다. 한편 노동부 자료를 인용한 다른 연구에서는 2003년 현재 여성 이용자의 육아휴직 후 원직장 복귀율이 89.0%로 상당히 높게 나타났다(김태홍·김난주, 2003). 이러한 결과를 종합해 보면 육아휴직 이용자 중 많게는 34.8%에서 적게는 11.0%가 육아휴직 후 원직장에 복귀하지 않는 것으로 보인다.

3. 아동양육 관련(육아휴직) 휴가정책을 둘러싼 쟁점과 과제

아동양육 관련 휴가와 관련된 정책 쟁점들은 다양한 측면에서 논의될 수 있으나 여기서는 네 가지 쟁점으로 정리했다. 첫째는 아동양육 관련 휴가의 대상을 어디까지 포괄할 것인가와 관련된 사항이고, 둘째는 아동양육 관련 휴가의 기간과 제도의 탄력적 운영과 관련된 쟁점이다. 셋째는 휴가 또는 휴직 기간 동안의 급여수준과 이에 따른 재원에 관련된 쟁점이다. 마지막으로는 육아휴직의 활성화를 위해 반드시 요구되는 대체인력과 고용복귀에 관한 쟁점이다. 남성의 양육참여에 관한 이슈는 별도의 장에서 다루었다.

(1) 정책 대상과 관련된 쟁점

산전후휴가(모성휴가)와 육아휴직(부모휴가)에 관련된 논의들을 보면 산업화된 유럽국가와 한국제도 비교를 통해 한국에서 산전후휴가와 육아휴직(특히 육아휴직)의 정책 방향에 대한 논의를 전개하고 있다(장지연 외, 2005; 홍승아, 2005; 윤홍식, 2006). 그러나 이러한 정책 제안들은 한국의 출산휴가와 육아휴직의 대상이 매우 제한적이라는 사실을 간과하고 있다. 앞서 언급했듯이 출산한 취업여성의 3.9%만이 육아휴직을 이용하고 있는 현실을 고려했을 때 사실상 산업화된 서구 복지국가와 한국의 제도를 직접 비교하는 것은 많은 문제를 사상시킬 우려가 있다. 스웨덴의 경우 육아휴직을 이용하는 여성이 전체 여성의 90%에 이르는 현실과 한국과 같이 4%에 그치고 있는 경우 육아휴직제도를 급여수준, 기간 등만으로 비교하는 것은 적절하지 않다[3]. 즉, 한국제도의 문제점은 무엇보다도 제도가 포괄할 수 있는 대상의 폭이 매우 제한적이라는 것을 근본적 문제로 지적할 수 있다. 제도가 출산한 취업여성 전체를 포괄하지 못할 때 해당 제도는 보편적이기보다는 특정 계층에게 우호적인 조건을 강화함으로써 사회적 연대와 통합에 위해가 될 수 있기 때문이다. 실제로 일부 유럽국가들은 자영업자, 학생, 실업자 등에게도 육아휴직을 이용할 권리를 부여함으로써 육아휴직의 대상을 보편적으로 확대하고 있다. 스웨덴에서는 학생과 주부에게도 정률이지만 육아휴직 수당(부모휴가 급여)을 제공하고 있으며(Bergqvist & Jungar, 2000), 2001년부터는 실업자도 정책 대상으로 포괄하고 있다(Hoorens, Parkinson, and Grant, 2005)[4].

그러므로 한국에서 산전후휴가와 육아휴직제도의 과제는 정책의 대상을 자영업, 농어민, 비정규직을 포함한 전체 시민으로 실질적 확대를 이루어 내는 방안을 모색하는 것이라고 할 수 있다. 먼저 2006년 6월 20일 재계, 노동계, 시민사회, 정부가 참여하여 합의한 「저출산·고령화문제 해결을 위한 사회협약」 제1장 1-3의 3항 "노사와 정부는 부담의 사회화 수준을 높이고 출산휴가와 육아휴직이 비정규직에게도 확

---

[3] 물론 육아휴직이 전체 출산 부·모의 어느 정도를 포괄하고 있는지에 대한 정확한 비교 수치를 구하는 것은 현실적으로 매우 어려운(불가능한) 과제임에는 분명하다.

[4] 스웨덴에서 학생, 실업자 등에게 정률의 육아휴직 급여를 제공함으로써 노동시장에 참여하는 육아 이용자에게 제공되는 소득 비례 육아휴직 급여에서 배제되고 있는 것이 문제로 지적되고 있다 (Duvander, Ferrarini, and Thalberg, 2004). 더불어 2001년부터 부모휴가의 대상으로 실업부모를 포괄한 결과 여성의 고용률이 3~4% 증가한 것으로 보고되고 있다(Pylkkänen and Smith, 2004).

대될 수 있는 방안을 마련한다"와 같이 산전후휴가와 육아휴직 대상을 비정규직에게까지 확대하고, 이후 자영업, 농어민 등 모든 시민들에게 보편적으로 확대할 수 있는 적극적 방안이 모색되어야 할 것이다. 삼성경제연구소(최숙희·김정우, 2006)에서 발간한 보고서에서도 산전후휴가와 육아휴직이 한국사회의 저출산과 여성고용률을 높이기 위한 주요한 정책 대안으로 제시하고 있는 마당에 산전후휴가와 육아휴직의 보편적 확대는 한국사회의 각 주체가 새롭게 합의할 사항이 아니라 사회협약에 따른 당위적 과제인 것이다.

(2) 기간과 탄력적 운영에 관한 쟁점

아동양육과 관련된 적절한 휴가 기간에 대해서는 다양한 의견이 개진될 수 있다. 먼저 어린아동은 부모(실제로는 모)가 양육해야 한다는 전통적 믿음이 있고, 이를 차이와 평등의 관점에서 바라본다면 어머니에게 충분한 양육시간을 보장해 주는 것은 여성의 특성을 반영하는 것이라고 평가될 수도 있을 것이다. 또한 네덜란드, 영국, 독일, 오스트리아와 같이 여전히 남성 생계부양자모델이 강하게 잔존해 있는 국가들에서는 어린 자녀의 양육은 가족 내에서 모가 담당해야 할 중요한 의무로 간주되기도 한다(Sainsbury, 1996; Morgan & Zippel, 2003). 그러나 분명한 사실은 여성이 아동양육과 관련된 휴가 기간을 오래 쓰면 쓸수록, 휴가 기간 이후 노동시장에 진입하기가 어렵고 노동시장의 지위가 불안정해진다는 것은 경험적으로 입증된 사실이다(윤홍식, 2006c). 실제로 현실세계에서 휴가 기간이 상대적으로 긴 국가의 경우 여성의 역할이 가족 내로 고착화되는 위험이 존재하는 것으로 보고되고 있다(Ferrarini, 2003; OECD, 2005). OECD 국가들의 육아휴직을 비교해 보았을 때 상대적으로 여성의 경제활동 참여율이 높으면서 육아휴직에 관대한 지원을 하는 국가들은 대략 1년 내외의 육아휴직 기간을 부여하고 있다(윤홍식, 2006c). 이렇게 보았을 때 한국의 육아휴직 기간은(산전후휴가 기간을 제외했을 경우) 40주로 북유럽국가들과 비교해 보면 핀란드 32주(Sutela, 2004), 덴마크 32주(OECD, 2003)보다는 길고 스웨덴의 62주(OECD, 2005)보다는 짧은 것으로 나타났다. 즉, 기간은 현재 40주가 적절하다고 판단된다. 다만 이후 아버지할당제의 도입을 고려할 경우 4~8주 정도 연장할 필요성이 제기된다. 실제로 스웨덴의 상대적으로 긴 부모휴가가 젠더불평등을 야기하고 있다는 주장도 제기되고 있음을 기억할 필요가 있다(Nyberg, 2004).

한국 육아휴직제도는 기간의 확대 문제보다는 육아휴직 사용의 유연성이 주요한 과제라고 할 수 있다. OECD 21개국의 부모휴가의 유연성, 즉 육아휴직을 시간제와 분할사용 여부를 비교한 자료에 따르면 한국은 뉴질랜드, 캐나다, 포르투갈, 호주 등과 함께 육아휴직의 시간제와 분할 사용 모두가 불가능해, 육아휴직 사용의 유연성이 매우 낮은 국가로 분류되고 있다(윤홍식, 2006c). 유연한 육아휴직 사용이 노동시장에서 부모의 경력 단절을 최소화하고 가족 내에서 아동양육을 효과적으로 수행할 수 있도록 지원하는 기제임을 고려한다면(Leria, 2002; Smith, 2001), 육아휴직의 시간제와 분할 사용은 반드시 보장되어야 한다. 현재 논의를 보면 육아휴직을 분할해서 사용하는 문제는 정책적으로 합의되어 현실화될 가능성이 높은 반면 시간제 사용에 대해서는 국내기업 환경의 차이를 이유로 재계에서 강력한 반대의견을 내놓고 있는 상태이다. 그러나 최근의 연구들을 보면 육아휴직제도를 유연하게 운영하는 것이 출산력과 여성의 노동시장 참여율을 높이는 데 긍정적이라고 지적하고 있다. 더욱이 2001년 멕켄지 보고서(McKinsey and Company, 2001)에 따르면 여성의 노동시장 참여를 증대시키는 것이 한국 국가경쟁력 강화의 핵심적 과제라고 지적하고 있다.

더불어 <표 9-2>에서 보는 바와 같이 산전후휴가자 중 육아휴직 이용자의 비율이 26.9%에 그치고 있는 현실에서 산전후휴가와 육아휴직을 노르웨이와 스웨덴과 같이 통합하는 방안도 적극적으로 검토해볼 만하다. 이때 급여수준의 상이함이 문제가 될 수 있지만 급여수준을 기간에 따라 차등 적용하는 것은 얼마든지 가능하기 때문에 통합에 장애가 될 것으로 보이지 않는다. 더욱이 2006년 1월 1일부터 산전후휴가의 급여를 육아휴직 급여와 같이 모두 고용보험에서 지급하고 있는 상황에서 산전후휴가와 육아휴직의 통합의 객관적 조건은 더욱 우호적이라고 판단된다. 이를 통해 행정절차를 간소화하고 제도의 효율적 운용을 증대시킴으로써 육아휴직의 이용을 더욱 활성화시킬 수 있을 것이다.

(3) 급여수준과 재원과 관련된 쟁점

① 급여수준

임금대체 수준은 아동양육과 관련된 휴가정책의 핵심 쟁점 중에 하나이며, 현재 한국사회에서 아동양육 관련 휴가가 활성화되지 못하는 주요한 원인이기도 하다.

먼저 산전후휴가의 임금대체 수준을 보면 명목적으로 통상임금의 100%를 보존해 주는 것으로 되어 있다. 그러나 통상임금이란 것이 노동자의 실제 월급여 총액과는 상당한 차이가 있는 것이 현실이므로 산전후휴가 기간 동안 지급되는 급여는 실제 월급여 총액보다 낮은 수준이다. 더불어 문제가 되는 것은 산전후휴가의 월급여 상한선이 135만원으로 고정되어 있다는 점이다. <표 9-1>에서 보는 바와 같이 135만원의 상한선은 2001년 도입 당시 여성노동자의 월 평균급여 총액의 133.0%이었다. 그러나 상한액이 물가나 소득수준 상승에 연동하지 않음으로써 산전후휴가 급여의 상한선은 불과 3년만에 여성노동자의 평균 월급여 총액과 비교했을 때 21.1%나 급감했다. 더욱이 2005년 현재 산전후휴가 급여는 여성노동자 월 평균임금 1,395,979원의 96.7% 수준으로 떨어졌다(노동부, 2006; 여성가족부, 2007 재인용). 즉, 시간이 지남에 따라 여성노동자가 산전후휴가를 이용함으로써 치러야 할 기회비용이 점점 상승하게 되고 이는 여성노동자가 산전후휴가를 사용하는 것을 어렵게 하거나, 이용기간을 최소화시킴으로써 모성권리 보장이라는 본래의 취지에 반하는 결과를 초래할 가능성이 증대될 것이다.

육아휴직 급여는 이보다 더욱 심각한 상황이다. 2001년 육아휴직을 유급화시켰을 당시부터 매우 낮은 수준으로 정해져 휴직자의 실제 임금대체 수준과는 거리가 멀었다. 2005년 현재 남녀노동자 평균 월급여 총액의 21.2%(월 40만원, 남녀노동자 월 평균임금 1,887,508원)에 불과한 수준이다(여성가족부, 2007). 이렇듯 육아휴직제도의 임금대체 수준이 낮음으로 인해 많은 노동자들이 육아휴직 이용을 단념하게 될 가능성이 높아진다고 할 수 있다. 실제로 산전후휴가 이용자 중 육아휴직을 사용하지 않은 노동자 분석에 따르면 '경제적 이유'가 주된 원인으로 지목되고 있다(이규용 외, 2004). 더 나아가 낮은 임금대체 수준은 남성의 육아휴직 사용 가능성을 원천적으로 봉쇄하고 있다. 서구 복지국가의 사례를 보면 일반적으로 육아휴직 기간 중 임금대체 수준이 높을수록 남성의 육아휴직 이용률이 높은 것으로 조사되고 있다(Smith, 2001). 그러나 낮은 급여수준 문제의 심각성은 단순히 육아휴직 이용자의 대다수가 여성이라는 것이 아니다. 그 이면에는 육아휴직을 이용하는 여성은 낮은 수준의 육아휴직 급여를 받아도 생계가 가능한 여성으로 제한됨을 의미한다. 이러한 낮은 수준의 육아휴직 급여는 제도의 대상을, 배우자(남성)에게 생계를 의존하는(할 수 있는) 여성으로 제한함으로써 결국 남성 생계부양자모형을 강화시키는 결과를 초래할 수도 있다(할 것이다). 즉, 한국의 육아휴직제도는 안정적인 소득이 있는 남성과 결혼한 여성만을 정책 대상으로 포괄함으로써 소위 성별 분업에 근거한 핵가족 가구를 강화하는 기제로 작용할 가능성이 높다.

그러나 노동자의 임금소득에 비례하는(또는 100% 보존해주는) 육아휴직 급여는 낮은 급여수준이 유발하는 문제와는 상이한 사회적 문제를 야기할 수도 있다. 육아휴직 전 소득에 비례하는 급여는 아동을 집에서 양육하는 기간 동안에도 노동시장에서의 소득 차이를 유지시키는 문제를 야기한다(Hiilamo, 2004). 그러므로 육아휴직(산전후휴가도 포함해서) 급여는 단순히 육아휴직 기간 동안 임금 수준을 충실히 보상하는 문제가 아니다. 결국 육아휴직 기간 동안의 급여수준은 모든 휴직자가 아동과 함께 독립적으로 적절한 생활을 유지할 수 있는 급여의 기본선(기본 정액급여)이 보장되어야 하는 동시에 기본선 이상의 수준에서는 소득에 비례하는 급여가 제공되어야 한다. 기본 정액급여의 수준을 어떻게 정할 것인가는 한국사회의 사회적 합의가 필요하지만 통상적으로 한부모 가구주와 영아가 독립적인 경제생활을 유지할 수 있는 수준에서 결정되어야 할 것이다.

② **재원**

육아휴직 급여는 2001년부터, 산전후휴가는 2006년부터 모두 고용보험에서 지급하고 있다. 이러한 변화는 늦은 감은 있지만 모성보호에 관한 ILO의 협약을 이행하는 것이다. ILO 협약에 따르면 산전후휴가 급여 등을 기업에게 부담시킬 경우 기업이 여성고용을 기피할 가능성이 높아져 장기적으로 여성의 노동시장 지위에 부정적 영향을 미칠 것이라고 판단하고 있기 때문이다. 실제로 한국의 경우 여성노동자의 70% 가까이가 비정규직에 종사하고 있는 상황에서 산전후휴가 급여를 기업주에게 부과한다는 것은 영세사업장을 모성보호의 사각지대로 만드는 것과 같다(장지연·정혜선·류임량·김수영·장은숙, 2004). 이러한 측면에서 본다면 육아휴직 급여가 사회보험에서 제공되는 것은 타당하다고 할 수 있다.

그러나 문제는 현재 산전후휴가와 육아휴직의 대상이 일정한 요건을 충족하는 고용보험의 피보험자로 제한되어 있는 데 있다. 이러한 문제를 완화하기 위해, 일각에서는 대상 범위가 가장 포괄적인 건강보험으로 육아휴직 급여의 재원을 전환해 사각지대를 최소화해야 한다고 주장한다. 육아휴직 급여의 사각지대를 해소하고 육아휴직제도의 보편성을 강화하기 위해서는 설득력 있는 주장이다. 이처럼 재원을 둘러싼 논쟁은 산전후휴가와 육아휴직제도의 대상을 어디까지 확대할 것인가와 밀접히 관련되어 있다. 만약 산전후휴가와 육아휴직의 대상을 임금노동자로 제한한다면 직역이 통합된 건강보험보다는 임금노동자만을 대상으로 하는 고용보험이 더 타당하나 현재와 같이 대다수 비정규직이 고용보험에서 배제된 상황에서 새로운 대책이 요구된다고 할 수 있다. 반면 산전후휴가와 육아휴직의 대상을 비임금근로자(자영업, 농어민, 전업학생 등)로 확대하려고 한다면 임금노동자를 대상으로 하는 고용보험보다는 건강보험이 더욱 적합할 수 있다. 다만 한국 건강보험에는 현금급여(상병급여)가 없기 때문에 건강보험에서 휴가휴직 급여를 지출하는 문제는 다른 측면에서 현실 가능성에 대한 검토가 필요할 것으로 본다.

외국의 경우를 보면 <표 9-3>과 같다. 여기서 다수의 국가들이 재원을 건강보험에서 출원한다고 해서 건강보험이 적합하다는 식의 논의는 해당 사회의 사회·제도적 특성을 간과한 것이기에 논의의 적절한 근거가 될 수 없다. 중요한 것은 어떤 보험에서 재원을 출원하는가가 아니라 누가 재원을 부담하는가이다. 대부분의 국가에서 고용주, 피고용주, 정부 3자가 재원을 분담하는 형태를 취하고 있다. 다만 스웨덴의 경우 고용주와 정부가, 영국의 경우 고용주와 피고용주가 재원을 분담하고 있다. 스웨덴처럼 실업자, 학생 등을 정책대상으로 포괄할 수 있는 이유는 재원 마련에서 있어서 정부가 적극적인 역할을 수행하고 있기 때문일 수도 있다. 또한 벨기에와 같이 산전후휴가와 부모휴가의 재원이 반드시 일치할 필요도 없다. 즉, 한국사회의 현실에 적합한 방안을 창조적으로 모색할 때 제도의 사각지대를 최소화할 수 있을 것이다.

우선 지난 6월에 있었던 '저출산·고령화대책을 위한 사회협약'에 따라 일차적으로 정책 대상을 임금근로자인 비정규직으로 확대하고 그 재원은 고용보험으로 충당하는 것이 타당할 것으로 보인다. 이를 위해서는 무엇보다도 임금노동자 중 고용보험의 사각지대에 방치되어 있는 노동자에 대해서 고용보험의 피보험자 자격을 부여하는 정책 방안을 모색해야 할 것이다. 그리고 정책 대상을 비임금노동자로 확대할 경우 산전후휴가와 육아휴직 급여의 재원은 임금노동자와 비임금노동자를 함께 포괄하고 있는 건강보험으로 전환하는 것이 타당할 것으로 보인다. 물론 이러한 전환 전에 필요한 것은 건강보험에서 현금급여를 어떠한 방식으로 제도화할 것인가에 대한 논의가 필요하다. 또 다른 대안은 각각의 사회보험에 일정 비율을 출원하여 기금을 조성하고 이를 통해 산전후휴가와 육아휴직 급여를 지급하는 것이다. 예를 들면, 고용보험에서는 임금노동자에 대한 부분을 담당하고 건강보험에서는 비임금노동자

부분을 담당하되 건강보험의 경우 임금노동자와 비임금노동자 모두를 포괄하고 있으므로 재원 부담의 형평성의 문제에 대해서는 국가의 책임을 강화하는 방식으로 형평성의 문제를 담보하면 가능할 것으로 판단된다. 즉, 이러한 방식은 임신, 출산, 양육이라는 새로운 사회적 위험에 대한 새로운 보험체계를 제도화하는 방식이 될 수 있을 것이다.

〈표 9-3〉 OECD 10개국의 모성·부성휴가(산전후휴가·아버지출산휴가)와 부모휴가(육아휴직)의 재정 분담 현황

	모성·부성휴가		부모휴가
	재정 구조	재정 부담 주체	
덴마크	고용주와 정부부담	고용주는 1, 2주차 부담, 지방정부는 3주차부터 부담	고용주, 피고용자, 정부
핀란드	질병보험(sickness insurance fund)	고용주, 피고용주, 정부	모성·부성휴가와 동일
노르웨이	사회보험(global social insurance fund)	고용주, 피고용주, 정부	모성·부성휴가와 동일
스웨덴	질병보험(sickness insurance fund)	고용주와 정부	모성·부성휴가와 동일
벨기에	사회보험(global social insurance fund)	고용주, 피고용자, 정부(질병과 장애기금)	고용주, 피고용자, 정부(실업급여기금)
프랑스	건강보험(health care insurance fund)	고용주, 피고용자, 정부	모성·부성휴가와 동일
독일	건강보험(health care insurance fund)	고용주, 피고용자, 정부: 고용주가 가장 주요한 역할 담당	연방정부(전체 비용)
룩셈부르크	질병보험(sickness insurance fund)	고용주, 피고용자, 정부	정부(전체 비용)
네덜란드	일반실업기금(general unemployed fund)	고용주, 피고용자, 정부	무급
영국	사회보험(global social insurance)	고용주, 피고용자	무급

* European Commission(2000), ISSA(2000), Jordan(1999), Rostgaard and Fridberg(1998), LIS(2003) "family policy databases"에서 재인용.

(4) 대체인력과 고용보장과 관련된 쟁점

한 기업출연 연구소의 보고서에 따르면 중소기업의 경우 노동자 1인이 포괄적인 업무를 담당하고, 유관부처와의 협력이 중요하기 때문에 육아휴직자가 발생했을 때 대체인력을 찾는 것이 쉽지 않다고 지적하고 있다(최숙희·김정우, 2006). 실제로 육

아휴직으로 인한 업무 지장 여부에 대해 54.7%가 '그렇다'(그런 편이다 46.8%, 매우 그렇다 7.9%)라고 응답했다(이규용 외, 2004; 장지연 외, 2004). 더불어 대체인력에 대한 인건비에 대해 부담스럽다고 응답한 사업체 수도 절반에 가까운 45.3%로 조사되었다. 그러나 육아휴직으로 인한 업무 공백을 처리하기 위한 대체인력 사용 여부에 대해 조사대상 기업의 65.5%가 대체인력을 사용하고 있지 않는 것으로 나타났다. 대체인력을 사용하지 않는 이유를 보면 '내부적으로 해결할 수 있는 정도의 업무여서'라고 응답한 경우가 절대 다수인 71.4%이고, '적당한 사람을 구하기 어려워서'와 '다른 사람이 대신할 수 있는 일이 아니라서'라는 응답은 각각 4.5%와 11.3%에 그쳤다(이규용 외, 2004). 정리하면 육아휴직자가 있는 사업장의 절반에 가까운 46.8%가 내부인력으로 육아휴직자의 업무를 대체하고 있는 것으로 나타났다. 반면 절반이 조금 넘는 53.2%의 사업체가 육아휴직의 업무 공백으로 인해 어려움을 겪는 것으로 보인다. 즉, 다수의 노동현장에서 육아휴직으로 인한 업무 공백이 임금노동자의 육아휴직 이용에 중요한 장애요인으로 작용하고 있는 것으로 추정된다. 이러한 현실에 비추어볼 때 육아휴직자에 대한 대체인력 확보와 이에 수반되는 인건비 보존은 육아휴직제도를 활성화하기 위한 중요한 과제인 것으로 판단된다. 즉, 제도적으로 기업의 대체인력 확보를 용이하게 할 수 있는 제도적 장치를 마련해야 한다. 산전후휴가나 육아휴직 기간 동안 휴가자 또는 휴직자의 업무를 대신할 수 있는 인력을 확보하기 위해 '대체인력뱅크'5)와 같은 공식적 네트워크를 구성할 필요가 있다. 물론 대체인력이 확보된다고 해도 확보된 대체인력이 휴가나 휴직자와 동일한 업무능력을 가지고 있다고 기대할 수는 없을 것이다6). 현장에서는 대체인력에 대한 추가적인 업무훈련과 재교육이 요구되고 이것이 기업의 부담으로 작용할 가능성 또한 배제할 수 없다. 그러나 장기적 관점에서 보면 대체인력의 사용은 노동시장에 처음 진입하는 인력과 상용직에 진입하지 못한 노동인력에게 직업경력의 기회를 갖게 함으로써

---

5) 산전후휴가, 육아휴직 등으로 노동자가 일시적으로 업무를 중단하게 되면 이를 대처할 수 있는 인력풀을 확보해서, 확보된 인력으로 하여금 산전후휴가, 육아휴직자의 업무를 대신하도록 하는 제도이다. 공공 부분에서는 2005년 중앙인사위원회에서 공무원임용령 개정 및 부분근무 및 업무대행 공무원과 대체인력 운영지침을 제정해서 시행하고 있는 제도이다(<한겨레신문>, 2005. 3. 11). 이에 따르면 대체인력 수요가 예상되는 업무에 대해 대체인력 수요 발생 전에 미리 인력을 모집한 후 휴가자 및 휴직자가 발생하면 즉시 투입할 수 있게 하는 제도이다.

6) 익명의 팀장급 공무원은 휴직자의 업무 공백은 단순히 대체인력으로 해소될 수 있는 부분이 아니라고 지적한다. 해당 부서에서 필요한 인력은 현재 휴직자이지 다른 제3의 인력을 원하는 것이 아니기 때문이다. 이런 의미에서 현실적으로 휴직자로 인해 발생하는 업무에 대해 대체인력이 휴직자와 동일한 수준의 업무를 수행할 것이라고 기대할 수는 없을 것이다.

해당 노동자의 인적 자원을 상승시키고, 장래에 안정적 노동시장 지위 유지에 긍정적 역할을 할 것이다. 또한 이렇게 훈련된 노동인력이 증가할수록 전체 노동시장에 공급되는 인력의 질이 높아지고 이는 결국 기업의 생산력 증대에도 긍정적 역할을 할 수 있을 것으로 기대할 수 있을 것이기 때문에 장기적 관점에서 대체인력에 대한 직업훈련과 재교육은 기업 자신을 위한 투자가 될 수 있을 것이다.

또 다른 과제는 산전후휴가자와 육아휴직자의 고용안정에 관한 것이다. 실제로 육아휴직을 사용하지 않은 노동자의 31.0%가 육아휴직 이후 직장에 복귀하기가 어려울 것 같아서 육아휴직을 사용하지 못한다고 응답하고 있다(장지연 외, 2004). 또한 16.3%는 직장 내에서 승진 등과 관련하여 불이익을 받을 것을 우려해서 육아휴직을 사용하지 않았다고 응답하고 있다. 이러한 우려는 비단 한국사회만의 문제는 아니다. 가장 가족 친화적인 정책을 펴고 있다는 스웨덴에서조차 부모휴가(육아휴직과 산전후휴가)를 이용한 전문직 여성의 30%가 임금인상에서 불이익을 받았으며, 10%가 승진 기회를 놓쳤다고 주장하고 있다(Nyberg, 2004). 반면 부가 사용하는 육아휴직 기간이 길수록 모의 직장복귀 시기가 빨라지며, 휴가 전 노동시장에서의 지위가 휴가자의 직장 복귀율과 밀접한 관련성이 있는 것으로 나타났다(Pylkkänen & Smith, 2004). 즉, 휴가자와 휴직자의 고용안정성 문제는 단순히 산전후휴가와 육아휴직과 관련된 문제이기보다는 노동시장에서의 지위와 젠더문제와 상호관련성이 있는 것으로 추정된다. 결국 남성의 양육참여를 제도화하는 '아버지할당제' '아버지출산휴가제' 등의 정책 실현을 통해 사회적으로 성 평등한 양육책임이 확산되고, 비정규직의 확대가 아닌 노동시장에서 안정적 일자리가 보장될 때 휴가자와 휴직자의 고용안전성은 보장될 것이다. 특히 한국사회에서 어린 자녀가 있는 노동자에 대한 일상적 차별이 강하게 남아있는 이유는 남녀 모두가 아닌 여성만이 아동양육의 책임이 있는 노동자로 상정되기 때문이다. 그러므로 남성과 여성노동자 모두를 가족 내 돌봄의 책임이 있는 노동자로 받아들일 때 휴직과 휴가 사용으로 인한 불합리한 차별은 사라질 것이다. 왜냐하면 성별에 관계없이 모든 노동자는 가족 내 돌봄의 책임이 있는 노동자이기 때문이다.

4. 남성의 양육휴가 참여

남성의 양육참여 과제를 아동양육 관련(육아휴직) 휴가정책의 쟁점에서 분리해 별도의 절에서 논의하는 것은 남성의 양육참여가 보편적 생계부양과 돌봄이라는 가족정책의 궁극적 과제를 실현할 수 있는 핵심적 과제이기 때문이다. 실제로 지금까지 가족여성정책의 방향은 주로 어떻게 하면 여성의 노동시장 참여를 강화할 수 있을 것인가에 집중되었던 것이 사실이다. 그러나 영국과 프랑스의 비교연구에서 보듯이 여성의 노동시장 참여가 남성의 가사육아 참여를 동반하지 않는다는 것이다. 여성의 노동시장 참여는 오히려 여성의 유급노동과 무급노동에 대한 책임을 강화시킬 뿐이기 때문이다(Gregory and Windebank, 2000).

특히 한국사회에서 남성의 양육참여는 한국사회에 커다란 변화를 예고하고 있다. 급격한 산업화과정에서 아버지는 아내와 자식들을 배불리 먹이기 위해 열심히 일하는 사람이었다. 경제성장이 최고의 선이라고 간주되던 시기에 가족에 대한 아버지의 역할은 생계부양자로서 가족의 경제적 안정을 책임지는 것으로 대체되었다. 한국의 아버지들에게 자녀를 돌보는 일이란 밖에서 열심히 일해서 돈을 버는 것이라고 믿었다. 권위주의 발전국가 하에서 이루어진 급속한 경제성장과 강력하게 강제된 (남성)노동력의 상품화는 돌볼 자녀가 있는 남성노동자로서 아버지의 정체성을 해체시켰다. 아버지들은 가족구성원에 대한 생계부양의 대가로 자녀를 돌보고, 집안청소와 빨래 등의 양육과 가사노동이 면제되는 특권(?)을 누렸다. 경제발전 시기에 아버지는 한국사회에 없어서는 안 될 산업역군이었으며, 가족구성원에게는 자신의 모든 것을 바쳐 생계를 부양하는 가족의 영웅이었다.

그러나 아버지의 소득만으로는 높아만 가는 가족구성원의 생활수준에 대한 요구를 더 이상 감당하지 못하게 되었고, 제조업의 쇠퇴는 영웅적 산업역군으로만 간주되던 우리 아버지의 모습에 대해 의문을 갖게 했다. 더욱이 1997년 찾아온 경제위기로 인한 대량 (반)실업사태는 아버지가 가족의 생계를 책임지는 유일한 사람이라는 기대가 무너지기 시작했다. 경제성장 논리에 근거해 철저히 아버지 노동력을 상품화시킴으로써 아버지를 가족과 자녀로부터 소외시켜 한국사회의 자녀들을 아버지 없는 아동들로 자라나게 했다. 결국 아버지는 가족 내에서 설자리를 잃고, 여성은 생계부양과 돌봄이라는 이중적 책임에 힘겨워하며, 아이들은 아버지 없이 자라나고 있는 것이 현재 우리가 직면한 현실이다. 더욱이 급격한 출산력의 감소와 고령화는 우리

시대의 아버지 역할에 대한 진지한 성찰을 요구하고 있다. '세계적'이라는 수식어가 따라다니는 낮은 합계출산율(1.08)과 급격한 인구고령화는 성별 분업에 근거한 전통적 한국사회의 근본적 변화를 요구하고 있는 듯하다. 서구사회의 경험을 돌아보면 상대적으로 전통적 성별 분업이 강한 이태리, 스페인 등에서 출산율이 낮다는 사실에 주목할 필요가 있다. 더욱이 생계부양자로서 여성의 역할이 점점 확대되고 있는 가운데 가족 내 돌봄과 보살핌의 책임을 여성에게만 강요한다는 것은 받아들이기 힘든 일이다. 많은 학자들이 여성의 증대되는 노동시장 참여가 현재 복지국가를 재활성화시키는 핵심적 기제라고 지적한 사실을 고려한다면(Esping- Andersen, 2002), 가족 내 돌봄노동을 남녀가 함께 공유하는 문제는 우리 사회의 핵심적 과제 중 하나라고 할 수 있다(Mahon, 2002; Bergqvist & Nyberg, 2002).

(1) 남성의 양육참여를 위한 정책 유형: 육아휴직을 중심으로

산업화된 서구 복지국가에서도 육아휴직(부모휴가; parental leave: 이후 부모휴가는 육아휴직이라는 용어를 사용한다7))은 성 중립적으로 제도화되어 있지만 현실에서 육아휴직의 대부분을 여성이 사용하고 있기 때문에 육아휴직은 여전히 성 분리적인 제도라고 할 수 있다(윤홍식, 2005). 이러한 문제로 인해 1970년대부터 스웨덴, 노르웨이 등 북유럽국가들에서 부의 육아휴직 이용을 강제할 수 있는 정책제안들이 제기되었다. 육아휴직 기간 중 일정 기간 이상을 특정 부 또는 모가 모두 이용할 수 없도록 하는 아버지할당제는 1970년대 스웨덴에서 가장 먼저 논의되었으나 최초로 제도화한 국가는 노르웨이다(Leria, 2002). 1993년 노르웨이에서 제도화된 부모휴가는 1995년 스웨덴, 1999년 덴마크8)와 아이슬란드에서 제도화된다.

아버지할당제를 제도화하는 방식은 <표 9-4>와 같이 크게 세 가지로 나눌 수가 있는데 첫 번째는 스웨덴과 노르웨이 같이 육아휴직 기간 중 특정 기간을 부·모 각각의 개별적 권리로 부여하는 방식이다(윤홍식, 2006b). 그리고 이렇게 할당된 기간

---

7) 스웨덴과 노르웨이의 경우 모성휴가(산전후휴가)와 육아휴직이 부모휴가로 통합되어 있기 때문에 부모휴가를 우리나라의 육아휴직으로 표현하는 것은 다소 무리가 있지만 대부분의 국가에서 모성휴가와 부모휴가가 분리되어 있어 본 논의에서는 부모휴가를 육아휴직이란 용어로 대체해서 사용했다.

8) 덴마크는 2002년 인센티브 방식의 아버지할당제를 폐지하고 육아휴직 기간을 대폭 확대하는 조치를 취한다.

은 다른 부 또는 모에게 양도할 수 없도록 제도하였다. 현재 노르웨이는 부모휴가를 4주 연장하면서 연장된 4주를 부에게 할당하고 있고(Leria, 2002), 스웨덴은 1995년 도입 당시는 기존의 육아휴직 기간 내에서 4주씩 각각의 부·모에게 할당하였다가, 2002년 육아휴직 기간을 4주 연장하면서 부·모 각각에게 8주씩 할당하고 있다 (Eriksson, 2005). 특히 노르웨이는 아버지에게 할당되는 기간을 육아휴직(부모휴가) 기간을 연장하는 방식으로 도입함으로써 남성의 육아휴직 참여율을 비약적으로 증가시켰다(Leria, 2002). 1986년 당시 25%의 아버지만이 부모휴가를 이용한데 반해 아버지할당제를 시행한 이후 무려 70~80%의 아버지가 부모휴가를 이용한 것으로 집계되었다. 그러나 2002년 육아휴직 기간을 4주 연장하는 방식으로 아버지 할당기간을 4주에서 8주로 확대한 스웨덴이 노르웨이와 같이 비약적인 남성의 참여를 이끌 수 있을지는 향후 검증이 필요한 과제로 남아 있다.

두 번째 방식은 오스트리아, 이태리, 핀란드 등과 같이 부모휴가 또는 아동양육휴가의 일정 기간을 부가 사용했을 때 유급 부모휴가 기간을 연장해 주는 방식이다. 오스트리아의 경우 아동양육휴가 중 일정 기간을 아버지가 사용하면 유급 아동양육휴가가 6개월 연장되는 포지티브 인센티브 방식의 아버지할당제를 도입하고 있지

⟨표 9-4⟩ 아버지할당제의 유형

종 류	기간 할당형	인센티브형	균등분할형
할당 방식	부모휴가 기간 중 특정 기간을 부에게 할당하는 방식	부모휴가 기간 중 일정 기간을 부가 이용하면 부모휴가 기간이 연장되는 방식	부모휴가 기간을 부모 각각에게 균등하게 분할 할당하는 방식
시행 국가	노르웨이, 스웨덴	핀란드, 이태리, 오스트리아, 벨기에, 덴마크(2001년까지)	영국, 네덜란드 등

* 오스트리아의 '아버지할당제'라는 명시적 제도는 존재하지 않지만 부모휴가 기간의 일정 기간 이상을 부가 사용했을 때 추가적으로 유급 부모휴가가 6개월간 연장된다(Moss & Deven, 1999: 311). 핀란드의 경우 아버지가 부모휴가를 사용했을 때 1~12일 사이에서 유급 부모휴가가 연장된다. 1999년부터 2001년까지 아버지할당제를 운용했으나, 2001년 2주간의 아버지 할당제(father quota)가 폐지되면서(OECD, 2002: 129) 부모휴가가 32주로 확대되었다(Pylkkanen & Smith, 2004). 네덜란드의 경우 유급 부모휴가는 없고, 모성휴가 이후 무급으로 시간제 근무만을 허용하고 있다. 모성휴가 이후 6개월간 반일근무가 가능하고, 전일제 근무 시의 임금의 75%를 보상한다(25%의 임금을 추가적으로 지급하고 있다: OECD, 2002). 스웨덴의 부모휴가는 처음 390일(56주)은 80%의 소득을 보존해 주는 반면 나머지 90일(13주)은 정률로 급여가 제공된다. 정률로 지급되는 급여의 수준은 평균 근로소득의 9% 정도에 해당한다(OECD, 2005). 벨기에, 이태리의 자료는 하스(Haas, 2003)를 참고했다.

만(Moss & Deven, 1999: 311)[9] 1995년 현재 남성의 이용 비율은 전무한 실정이다
(Bruning & Platenga, 1999). 이태리의 경우도 10개월의 아동양육휴가 중 3개월 이상을
아버지가 사용하면 기간이 11개월로 연장되는 인센티브 방식의 아버지할당제를 도
입하고 있으나 이용하는 남성은 거의 없다(Moss & Deven, 1999: 327). 현실에서 이러
한 방식은 남성의 부모휴가 이용을 증대시키지 못한 것으로 평가되고 있다. 마지막
으로 균등분할 방식인데 대부분의 국가에서 급여수준이 낮거나 무급이어서 명목적
인 할당의의를 제외하고는 남성의 돌봄노동 참여를 제도화하는 데 전혀 기여하고
있지 못하고 있다(윤홍식, 2006b).

    <표 9-5>는 기간할당형과 인센티브형을 실시하고 있는 주요 국가들의 정책 비교
를 통해 아버지의 육아휴직 참여를 제도화한 국가들의 특성을 좀 더 구체적으로 살
펴본 것이다. 노르웨이, 스웨덴, 벨기에, 핀란드를 주요국가로 선택한 이유는 이들
국가들에서 실행하고 있는 제도들이 현재 산업화된 복지국가에서 실시하고 있는 아
버지의 육아휴직 참여를 제도화하기 위한 방식을 대표하고 있기 때문이다. 노르웨이
의 경우는 앞서 언급했듯이 최초로 아버지할당제를 도입한 국가로 도입 당시부터
부모휴가 기간을 연장하는 방식을 취해 경이적인 남성참여를 이끌어낸 국가로 평가
받고 있다. 개인권리에 기반한 할당기간은 4주이고 소득대체율은 100%로 비교국가
들 중 가장 높은 수준이다. 스웨덴은 1995년 도입 당시는 기존 부모휴가에서 할당하
는 방식을 취했으나 2002년 부모휴가를 확대하면서는 노르웨이와 같은 방식을 취했
다. 남성의 육아휴직 이용률은 대략 70%에 이르는 것으로 보고되고 있다. 기간은
8주로 가장 긴 할당기간을 적용하고 있으며, 소득대체율은 80%로 노르웨이보다는
낮지만 다른 국가들에 비해서는 높은 편이라고 할 수 있다. 노르웨이와 같이 개인권
리에 기반하고 시간제 또는 기간을 나누어 사용할 수 있도록 하는 등 제도 이용의
유연성을 보장하고 있다.

    노르웨이와 스웨덴이 기간할당형 아버지할당제를 실시하고 있다면 벨기에와 핀
란드는 인센티브형 방식으로 아버지의 부모휴가 이용을 제도화하고 있는 국가들이
다. 먼저 벨기에는 유일하게 네거티브 동기(動機)부여 방식을 통해 아버지의 육아휴
직 이용을 제도화하고 있다. 만약 아버지가 부모휴가를 이용하지 않으면 법정 부모
휴가 기간을 90일 축소하는 방식을 채택하고 있다. 그러나 아버지의 부모휴가 이용

---

9) 이태리의 경우도 10개월의 부모휴가 중 3개월 이상을 아버지가 사용하면 부모휴가가 11개월로 연장
되는 인센티브 방식의 아버지할당제를 도입하고 있다(Moss & Deven, 1999: 327).

〈표 9-5〉 아버지할당제를 실시하고 있는 주요 국가의 실시현황: 기간할당형과 인센티브형을 중심으로

국가	노르웨이(Norway)	스웨덴(Sweden)	벨기에(Belgium)	핀란드(Finland)
권리 성격	개인권리	개인권리	가족권리	가족권리
기간	4주	8주 (2002년 전 4주 2002년 후 8주)	네거티브 인센티브 방식 (90일 축소)	포지티브 인센티브 방식 (1~12일 연장)
소득대체 비율	100%	80%	37%	66%
유연성	보장	보장	보장	보장
남성이용 비율	70~80%	70%	0%	4%
제도 도입 특징	1993년 도입 당시 기존 부모휴가에서 4주를 확대하는 방식	·1994년 도입 방식: 기존 부모휴가에서 4주를 할당하는 방식 ·2002년 도입 방식: 기존 부모휴가에서 4주를 확대하는 방식	만약 부가 부모휴가를 이용하지 않으면 부모휴가 기간 90일 축소	부가 부모휴가를 12일 이상 이용할 경우 1~12 내에서 부모휴가 확대

* 노르웨이(Leria, 2002; Moss & Deven, 1999), 스웨덴(OECD, 2005; Leria, 2002; Moss & Deven, 1999), 벨기에(Haas, 2003), 핀란드(OECD, 2005; Leria, 2002; Moss & Deven, 1999).

권리는 가족권리에 근거하고, 소득대체율은 37%로 매우 낮은 편이다. 제도 사용의 유연성을 보장하고 있지만 실제로 남성(아버지)이 육아휴직을 이용하는 경우는 거의 없다. 핀란드는 노르웨이, 스웨덴과 더불어 사민주의 복지국가이며 상대적으로 일과 가족의 양립과 여성의 노동시장 참여가 매우 높은 국가이다. 그러나 아버지의 부모휴가 이용을 활성화하기 위한 제도화 방식은 앞선 두 국가와 상이하고 그 결과 또한 다르다. 일명 포지티브 동기부여 방식을 사용해 아버지가 부모휴가를 12일 이상 이용하면 1~12일 내에서 부모휴가를 연장해 주는 방식을 사용하고 있다. 소득대체율은 66%로 노르웨이와 스웨덴보다는 낮지만 유급으로 부모휴가를 제도화한 국가들과 비교하면 중간 수준은 넘는다. 또한 유연성을 보장하고 가족권리로서 부여하고 있다. 그러나 포지티브 동기부여 방식을 사용하고 있는 핀란드에서 남성의 육아휴직 참여는 4%에 불과하며 이는 성별 분업이 강조해 온 보수주의 복지국가로 분류되는 독일 등과 유사한 수준이다. 실제로 핀란드의 이러한 특성으로 인해 남성의 양육참여를 제도화하기 위한 정책지원 수준은 스웨덴, 노르웨이 등 사민주의 복지국가들과 유사하기보다는 포르투갈, 영국 등의 국가와 더 유사한 특성을 갖는 것으로 분석되고 있다(윤홍식, 2006a). 이러한 관점에서 본다면 핀란드는 공적영역에서 남성과 여

성의 보편적 생계부양 역할에 대한 분담은 상대적으로 평등하게 이루어지고 있다고 평가할 수 있지만 사적영역인 가족 내에서의 돌봄노동에 대한 분담은 전통적 성역할을 강조하는 국가들과 같이 여성의 역할이 강조되고 있는 사회로 이해할 수 있을 것이다.

(2) 남성참여와 관련된 쟁점

남성(아버지)의 돌봄노동 참여는 단순히 남성이 부성휴가와 육아휴직을 이용하는 문제가 아니라 한국사회의 패러다임을 전환하는 본질적인 문제와 관련되어 있다(윤홍식, 2006b). 다시 말해 노동시장에서의 유급노동과 가족 내 무급 돌봄노동에 대해 한국사회가 동등한 가치를 부여함으로써 보편적 돌봄과 생계부양을 제도화하는 출발점이 될 수 있다는 것이다. 그러나 아버지할당제로 대표되는 남성의 양육노동 참여는 합의되지 않은 몇 가지 주요한 쟁점들을 내재하고 있다(윤홍식, 2006b).

첫째, 대상과 관련된 문제이다. 최근의 유럽사회의 정책 경향을 보면 육아휴직 대상을 단순히 임금노동자로 한정하지 않고 실업자, 학생 등을 포괄하는 등 제도의 대상 범위를 확대하고 있다. 특히, 대상과 관련된 문제는 한국사회에서 매우 중요한 문제이다. 현재 육아휴직자는 고용보험에 가입한 피보험자로 제한되기 때문이다. 여성의 경우도 2004년 현재 출산한 여성의 3.9%만이 육아휴직을 이용한 것으로 보고되고 있다. 이를 고용보험 피보험자로 제한한다고 해도 이용수치는 대략 15.2%에 불과하다[10]. 즉, 현재 대상자가 고용보험 가입자로 제한되어 있기 때문에 제도의 사각지대에 방치되어 있는 사람들을 어떻게 대상자로 포괄할 것인가가 주요한 쟁점이 된다.

둘째, 아버지할당제의 도입은 계층간 불평등을 강화할 수 있다. 복지국가 유형에 관계없이 대부분의 국가에서 남성의 양육참여는 소득 및 교육수준과 정의 관계에 있는 것으로 보고되고 있다. 실제로 덴마크, 핀란드, 스웨덴 등에서 가구소득수준이 높을수록 아버지가 부모휴가를 이용하는 비율이 높은 것으로 나타났다(Leria, 2000). 즉, 아버지할당제의 도입은 상대적으로 고학력이고 안정적 직장을 가진 남성의 양육

---

10) 윤홍식(2006c), 「한국가족정책의 동학, 1990-2004: 노동권과 부모권을 중심으로」: 제2회 사회보장국제학술대회(第二回社會保障國際論壇) 발표문. 중국 북경 인민대학교. 주최: 중국인민대학교중국사회보장연구중심(中國人民大學校中國社會保障研究中心). 2006. 9. 9.~10.

참여를 지원할 수는 있지만 저숙련·저임금 남성노동자에게는 상대적 박탈감을 증대시킬 수 있다. 실제로 '아버지할당제' 도입을 주제로 토론을 진행하던 KBS라디오의 '열린 토론' 시간에 한 청취자가, "지난 12년 동안 한번도 휴가를 가지 못했는데 아버지할당제를 도입하면 나 같은 사람의 소외감만 커질 것"이라고 하소연하였는데, 이것이 아버지할당제 도입을 둘러싼 논의에 전달하는 정책적 함의는 매우 크다고 할 수 있다.

셋째, 첫 번째와 두 번째 문제로 인한 불평등을 완화하기 위해서는 휴직기간 동안 지급되는 급여의 재원과 수준에 대한 대안을 고민해야 한다. 일반적으로 아버지의 육아휴직 이용 정도가 소득대체율 수준과 일정 정도 비례한다는 점을 고려했을 때, 아버지할당제의 급여수준은 휴직 전 남성의 임금소득을 충분히 보장해 줄 수 있어야 한다. 그러나 앞서 언급했듯이 소득수준에 따른 급여는 노동시장에서의 차이가 휴직기간 동안에도 유지된다는 문제를 야기한다. 그러므로 임금대체율 문제는 단순히 임금소득 대체 수준을 높이는 문제를 넘어 다양한 쟁점을 던져주고 있다(윤홍식, 2006b). 저소득층 남성의 참여를 높이기 위해서는 육아휴직 급여의 최소보장 수준을 높여야 하는 반면 고소득층 남성의 참여를 높이기 위해서는 급여의 상한선을 높이고 최대한 노동시장의 임금 수준을 보장해야 하기 때문이다(Duvander, Ferrarini, and Thalberg, 2005)[11]. 즉, 육아휴직 급여는 육아휴직을 이용하는 모든 부 또는 모에게 육아휴직 급여만으로도 적절한 수준의 생활을 보장해줄 수 있는 정도가 되어야 하며, 임금소득에 비례하는 급여는 이 같은 기본적 보장 위에서 그 수준을 결정해야 한다.

마지막으로, 가족 내 무급 돌봄노동이 노동시장에서 수행되는 유급노동보다 높은 사회적(적어도 동등한) 가치를 갖기 전에는 남성의 양육참여를 기대할 수 없다는 점이다. 고닉과 메이어즈(Gornick & Meyers, 2003)는 보편적 돌봄 실현을 위한 중요한 전제는 부·모(특히 부)가 노동시간을 줄일 수 있는 선택권을 가지고 있는지 여부에 달려 있다고 주장한다. 그러나 노동시간을 감축하는 것이 일과 가족 양립 가능성을 높일 수 있다는 가정에 대한 현실정책의 효과는 논쟁적이다. 덴마크와 스웨덴에서의 노동시간 감축은 젠더불평등을 완화하는 역할을 하는 것으로 평가되고 있다(Gornick

---

11) 실제로 스웨덴에서 부모휴가를 이용하는 부모 중 임금대체 수준의 상한선을 넘는 경우는 대략 36% 정도이고 이중 75%가 남성인 것으로 조사되었다(Sociadepartementet, 2000; Nyberg, 2004 재인용).

and Meyers, 2003). 반면 프랑스에서는 그 효과가 개별노동자의 노동시장의 지위에 따라 상이하게 나타나고 있는 것으로 평가되고 있다 (Fagnani & Latablier, 2004). 프랑스는 유럽연합 국가 중 유일하게 정부가 법률제정(1998년 Aubry 1, 2000년 Aubry 2)을 통해 주당 평균 노동시간을 35시간으로 감축한 국가이다. 결과는 중상층 관리자의 노동시간에는 변화가 없었고, 사무직은 1시간 20분, 제조업 종사자(manual workers)는 노동시간이 2시간 감축된 것으로 보고되고 있다. 그러나 가족 양립을 위한 조건이 갖추어진 가족친화적인 환경에서 노동시간 감축은 노동자의 양육참여에 긍정적으로 나타났으며 기계적으로 노동시간을 감축하는 것은 아동이 있는 부모의 일과 가족 양립에 긍정적 영향을 미치지 않는 것으로 나타났다.

5. 양육과 관련된 휴가제도 발전을 위한 정책 방향

산전후휴가제도, 육아휴직, 남성의 양육참여를 중심으로 한국의 아동양육과 관련된 휴가정책을 살펴보았다. 이를 통해 본 논의는 한국의 아동양육 관련 휴가정책의 발전을 위해 다음과 같은 정책 방향을 제시하고자 한다. 첫째는 아동양육 휴가가 가지는 사회적 의미에 대한 공감대를 확산시킬 필요가 있다. 산전후휴가와 육아휴직으로 대표되는 아동양육 휴가는 부·모가 임금노동을 일시적으로 중단하고 가족 내에서 자녀를 돌볼 권리를 보장한다는 것은 가족 내에서 행해지는 돌봄노동에 노동시장에서의 생산노동과 동등한 사회적 가치를 부여하는 것이다. 이를 통해 한국 복지국가는 보편적 생계부양과 돌봄을 구현할 수 있는 토대를 구축할 수 있을 것이다.

둘째는 보편적 생계부양과 돌봄 사회를 구현하기 위해서 가장 필요한 전제는 모든 시민이 일할 수 있는 사회를 구현하는 것이다. 성별, 가족형태 등에 관계없이 모든 시민은 일할 권리가 있는 동시에 어린 자녀를 가족 내에서 돌볼 권리를 보장받아야 한다. 이를 위해서는 산전후휴가와 육아휴직의 대상을 전체 취업자로 확대할 필요가 있다. 단기적으로는 사회보험(고용보험)의 자격조건을 완화함으로써 기존에 고용보험에서 배제된 노동자를 고용보험 제도 내로 포괄할 필요가 있다. 그리고 장기적으로는 자영업자, 농어민, 실업자, 학생 등을 제도 내로 포괄해야 한다. 이를 위해서는 가족 내에서 발생하는 임신, 출산, 양육을 새로운 사회적 위험으로 인식하고 이에 대한 새로운 사회보장체제를 구축할 필요가 있다. 기존의 사회보험을 활용할 수도 있고, 새로운 사회보험 체계를 만들 수도 있을 것이다. 다만 분명한 원칙은 국가, 고용주, 피고용주의 적극적인 역할이 제도 내에서 고민될 필요가 있다는 것이다. 더불어 대상을 실업자, 학생 등으로 확대한다는 의미는 산전후휴가와 육아휴직이 단순히 일과 가족생활 양립을 위한 제도를 넘어 가족생활과 교육훈련의 양립이 가능하게 하는 제도로 복무할 수 있게 하는 제도가 될 수 있다는 점이다. 특히 복지국가의 지속 가능한 유지와 성장이 해당 사회의 인적 자본의 지속적 발달에 좌우된다는 점을 고려했을 때 (장기적으로)아동양육과 관련된 휴가의 대상은 비취업자로 확대될 필요가 있다.

셋째, 적절한 수준의 산전후휴가와 육아휴직 급여를 지급할 필요가 있다. 일반적으로 급여수준이 낮을 경우 제도가 정책 목표(일과 가족생활 양립과 아동의 인지발달)를 달성 못하고 명목적 선언에 그치고 말기 때문이다. 특히 아동의 인적 자본의 중요한 토대가 되는 인지발달을 위해 출생 후 첫 해의 감정적 안정이 중요과제로 인식되고 있기 때문에 관대한 산전후휴가와 육아휴직 급여는 현재 복지국가의 지속 가능한 발전에 필수적인 정책이다(Esping-Andersen, 2005). 구체적으로 급여를 어느 정도 수준에서 결정해야 하는지에 대해서는 논란이 많겠지만 최소한 한 부모가 자녀와 함께 독립적인 생활을 할 수 있는 정도는 보장되어야 한다. 이러한 기초보장 위에 노동시장에서 임금소득에 비례하는 급여를 보장하는 것이 타당할 것으로 판단된다.

넷째, 휴직자를 대신할 수 있는 대체인력에 대한 확보가 필요하다. 앞서 언급했듯이 대체인력뱅크를 구성해 육아휴직자로 인해 인력 공백이 발생할 때 신속하게 해당 인력을 대신할 수 있는 네트워크를 구성할 필요가 있다. 더불어 고용주의 입장에서도 사업장 내 항상적으로 육아휴직 또는 산전후휴가자가 생길 수 있다는 전제하에 인력배치와 고용규모를 결정할 필요가 있다. 즉, 산전후휴가와 육아휴직을 직장 내에서 일상적으로 일어나는 일로 받아들이고 준비할 필요가 있다. 대체인력 문제는 개별 사업자의 입장에서는 휴직자의 업무를 대신할 임시인력을 충원하는 문제이지만 사회 전체적으로 보면 새로운 고용기회를 창출함으로써 해당 사회의 인적 자원의 질을 높이는 유력한 방안 중 하나가 될 것이다.

다섯째, 아동양육과 관련된 휴가제도의 유연성과 다양화를 모색할 필요가 있다. 현재 한국사회에서 제도화된 산전후휴가와 육아휴직 이외에 자녀가 성인이 될 때까지 발생할 수 있는 다양한 필요에 조응할 수 있는 휴가제도의 도입이 필요하다. 특히 취학 자녀를 둔 부·모가 자녀의 학교생활과 건강의 필요에 따라 일시적으로 자녀와 함께 할 수 있는 시간을 보장해 주는 제도가 필요하다. 실제로 아동이 초등학교에 입학하면 자녀의 다양한 학교생활에서 부·모의 참여를 요구하고 있다는 점을 고려한다면 이에 대한 제도적 지원이 필요하다. 현재 외국에서 도입하고 있는 가족휴가 제도의 도입을 적극 검토할 필요가 있다. 이 제도를 통해 자녀의 학교생활에서 요구되는 필요와, 자녀가 아플 때 부·모가 자녀를 돌볼 수 있는 권리를 보장해 주어야한다. 더불어 기존 제도의 유연성이 확보되어야 한다. 자녀출생 1년 이내로 제한되었던 육아휴직 이용 기간을 자녀출생 3년까지로 확대한다는 방침은 긍정적인 제도변화이다. 이에 더해 육아휴직 기간 동안 전일제 휴직을 상정하지 말고 반일제 휴직, 시간제 휴직 등 다양한 가능성을 열어 두어 휴직자의 개별적 조건에 맞게 제도를 이용할 수 있도록 유연성을 보장할 필요가 있다. 물론 반일제와 시간제 휴직은 아직까지 시간제 노동이 가능한 일자리가 거의 없다는 조건을 고려했을 때 당장 제도의 실효성을 기대할 수는 없을 것이다. 그러나 장기적으로 노동시장의 변화와 함께 적극적으로 검토될 필요가 있다.

여섯째, 남성의 양육참여를 위해 적극적인 조치를 취할 필요가 있다. 모든 시민이 일하고 돌보는 사회는 여성의 노동시장 참여와 함께 남성의 양육참여가 수반될 때에 실현 가능하다. 또한 서구 복지국가의 역사를 천착했을 때 국가의 적극적인 제도적 개입 없이 남성이 자발적으로 양육으로 대표되는 돌봄노동에 참여한 예는 없다. 그러므로 유급 아버지출산휴가와 육아휴직 제도 내 아버지할당제의 제도화에 대한 적극적 검토가 필요하다. 아버지출산휴가 제도와 아버지할당제의 도입은 모든 시민이 돌봄의 책임이 있는 노동자로 전제되고 이를 바탕으로 노동시장이 재구조화되는 조건을 창출할 수 있을 것이다.

마지막으로 아버지의 양육참여의 제도화를 통한 보편적 돌봄모형의 실현은 단순히 전통적인 여성의 일을 남성이 도와준다는 차원을 넘어 한국복지 체제 전반을 재편하는 것이다. 여성들의 생계부양 역할이 확대되면서 한국사회가 대응해야 할 위험은 생계를 부양하는 아버지가 직면할 사회적 위험에 그치지 않고 임신, 출산, 양육 등으로 인해 어머니가 임금노동을 수행하지 못함으로써 야기되는 소득감소 등과 같은 새로운 사회위험(new social risk)으로 확대되고 있다. 그리고 새로운 사회적 위험에 대한 한국사회의 대응은 단순히 국가의 역할을 가족 내 돌봄 문제까지 확대하자는 것이 아니다. 새로운 사회적 위험에 대한 대응은 한국 복지국가의 역할이 (소득분배에서 사회서비스로의 전환이 아닌)사회서비스 영역으로 확대되어야 한다는 것을 의미한다. 그리고 사회서비스의 확대는 현재 산업화된 복지국가의 주요 과제로 지적되는 사회투자국가로의 전환을 위한 핵심적 기반으로 이해되고 있다. 사회서비스의 확대를 통해 사회투자국가로의 전환은 한국사회의 인적 자본의 질을 높일 것이며 이는 하이-로드(high-road) 전략을 통해 한국사회 발전이 지속 가능하게 되는 데 복무할 것이다12). 이처럼 아버지의 돌봄노동 참여의 제도화를 위한 노력은 한국사회의 모든 시민이 높은 수준의 인적 자본을 바탕으로 함께 일하고 함께 돌보는 활력 있고 평등한 사회를 만들어가고, 이를 바탕으로 지속 가능한 발전을 이루기 위한 중요한 출발점이 될 것이다.

---

12) 경제발전의 전략 중 하나로 로우-로드(low-road) 전략과 대별되는 것이다. 장하준과 정승일에 따르면(2005: 147) 로우-로드 전략이 저임금과 노동시장의 수량적 유연화를 통해 비숙련, 저임금 노동자로 하여금 저부가가치 상품을 생산하게 하고 가격우위를 획득함으로써 국제경쟁에 임하는 전략인데 반해 하이-로드 전략은 안전적 고용과 노사 신뢰를 바탕으로 기업에 대한 노동자의 높은 수준의 충성도를 통해 노동자들이 (자발적으로)숙련기술을 높여 부가가치가 높은 상품을 생산함으로써 국제경쟁에서 우위를 점하는 전략이라고 할 수 있다.

참고문헌

강이수·신경아(2001), 『여성과 일: 한국여성 노동의 이해』, 동녘.

김엘름(1999), 『남녀고용평등법 시행 10년의 성과와 과제』, 한국여성개발원.

김영옥(1991), 「제6공화국의 여성노동정책」, 『사무직여성』, 한국여성민우회.

김영옥·민현주·김복순(2006), 『여성노동시장의 양극화 추이와 과제』, 한국여성개발원.

김태홍·김난주(2003), 『우리나라 모성보호제도의 실시 현황 분석과 개선방안』, 여성개발원.

노동부(2005), 「고용보험통계연부(1998-2005)」

노동부(2006), <육아휴직 근로자와 사업주 모두에게 지원합니다>: 리플렛.

류임량(2003), 「모성보호정책의 변화에 관한 연구」, 숙명여자대학교 석사학위논문.

여성가족부(2007), 「월평균 임금 및 임금격차」, 『여성가족통계연보』(2호: 2. 인권복지, 경제활
     동), 여성가족부.

윤홍식(2005), 「가족정책의 성통합적 재구조화: 노동 주체의 관점에 근거한 일과 가족의 양립
     을 중심으로」, 『한국사회복지학』 57(4), pp.291-319.

윤홍식(2006a), 「한국가족정책의 동학, 1990-2004: 노동권과 부모권을 중심으로」: 제2회 사회
     보장국제학술대회(第二回社會保障國際論壇) 발표문. 중국 북경 인민대학교. 주최: 중
     국인민대학교중국사회보장연구중심(中國人民大學校中國社會保障研究中心). 2006. 9.
     9. ~ 10.

윤홍식(2006b), 「부성·부모휴가를 통해본 남성 돌봄노동 참여지원 정책 비교: 경제협력개발
     기구 15개국을 중심으로」, 『한국사회복지학』 58(2), pp.223-249.

윤홍식(2006c), 「일-가족 양립정책을 통해본 OECD 21개국의 가족정책: 부모휴가와 아동보육
     을 중심으로」, 『한국사회복지학』 58(3), pp.341-370.

이규용·남재량·박현·김은지(2004), 「육아휴직 활용 실태와 정책과제」, 한국노동연구원.

이옥지(2001), 『한국여성노동 운동사』, 한울.

장지연·이정우·최은영·김지경(2005), 「일-가족 양립체계의 선진국 동향과 정책과제」, 한국노
     동연구원.

장지연·정혜선·류임량·김수영·장은숙(2004), 「여성근로자 모성보호의 현황과 정책 방안」,
     한국노동연구원.

장하준·정승일(2005), 『쾌도난마 한국경제』, 부키.

정혜선(1995), 「모성보호의 기업 내 제도화에 관한 연구: 제조업 생산직 여성노동자의 경우를
     중심으로」, 이화여자대학교 박사학위 논문(미간행).

최미정(1989), 「남녀고용평등법에 관한 연구」, 이화여자대학교 석사학위 논문.

최숙희·김정우(2006), 「획기적인 출산율 제고 방안」, 삼성경제연구소.

통계청(2004), 「구시군 및 발생월별 출생」, 인구동태.

한겨레신문(2005), 「대체인력뱅크제·부분근무 공무원제 도입」, 2005. 3. 11.

한국여성개발원(2004), 「2004 여성통계연보」, 한국여성개발원.

홍승아(2005), 「복지국가 모성정책의 유형과 결정 요인에 관한 연구: OECD 18개국을 중심으
     로」, 연세대학교 사회복지학과 박사학위 논문.

McKinsey and Company, 2001. 『우먼코리아보고서』 매일경제신문사.

Aust, A. & Bönker, F., 2004. "New social risks in a conservative welfare state: The case of Germany" in *New Risks, New Welfare*, ed. by P. Taylor-Gooby. New York: Oxford University Press, pp.29-53.

Becker, G., 1991. *A treaties on the family*. Cambridge, MA: Harvard University Press.

Bergqvist, C. & Jungar, A., 2000. "Adaptation or diffusion of Swedish gender model?" in *Gendered policies in Europe: Reconciling employment and family life*, ed. by L. Hantrais. New York, NY: St. Martin's Press, pp.160-179.

Bergqvist, C. & Nyberg, A., 2002. "Welfare state restructuring and child care in Sweden" in *Child care policy at the crossroads: Gender and welfare state restructuring*, ed. by S. Michel & R. Mahon. New York: Routledge, pp.287-307.

Bruning, G. & Plantenga, J., 1999. "Parental leave and equal opportunities: Experiences in eight European countries", *Journal of European Social Policy 9(3)*, pp.195-209.

Duvander, A., Ferrarini, T. and Thalberg, S., 2004. "Swedish parental leave and gender equality: Achievements and reform challenges in a European perspective", *Institute for Futures Studies*, 2005: 11.

Eriksson, R., 2005. "Parental leave in Sweden: the Effects of the Second Daddy month", *SOFI Working Paper 9/2005*, Swedish Institute for Social Research, Stockholm University.

Esping-Andersen, G., 2002. "Towards the good society, once again" in *Why we need a new welfare state*, ed. by G. Esping-Andersen, D. Gallie, A. Hemerijck, and J. Myles, New York: Oxford University Press, pp.1-25.

Esping-Andersen, G., 2005. "Education and equal life-chances: Investing in children" in *Social policy and economic development in the Nordic countries*, ed. by O. Kangas & J. Palme. England: Palgrave Macmillan, pp.147-163.

Ferrarini, T., 2003. "Parental leave institutions in eighteen post war welfare states", *Swedish Institute for Social Research Doctoral Dissertation Series No. 58*.

Gregory, A. & Windebank, J., 2000. *Women's work in Britain and France: Practice, theory and policy*, Great Britain: MaCmillan Press LTD.

Haas, L., 2003. "Parental leave and gender equality: Lessons from the European Union", *Review of Policy Research 20(1)*, pp.89-114.

Hiilamo, H., 2004. "Changing family policy in Sweden and Finland during the 1990s", *Social Policy and Administration 38(1)*, pp.21-40.

Hirdman, Y., 1998. "State policy and gender contracts: the Swedish experience" in *Women, work and the family in Europe*, ed. by E. Drew, R. Emerek and E. Mahon. New York, NY: Routledge, pp.36-46.

Hoorens, S., Parkinson, A. and Grant, J., 2005. "Sweden's varying success in offsetting low fertility", *International Conference on low fertility and effectiveness of policy measures in OECD*. Korea Institute for Health and Social Affairs, pp.207-256.

Leria, A., 2002. *Working parents and the welfare state: Family change and policy reform in Scandinavia*. NY: Cambridge University Press.

Leria, A., 2000. "Combining work and family: Nordic policy reforms in the 1990s" in *Gender, welfare state and the market: Towards a new division of labour*, ed. by T. Boje, and A. Leria. London: Routledge, pp.157-174.

Luxemburg Income Study, 2003. "Family Policy Database, Version 2: Family Leave Policies" downloaded from http://www.lisproject.org

Mahon, R., 2002. "Gender and welfare state restructuring: through the lens of child care." in *Child care policy at the crossroads: Gender and welfare state restructuring*, ed. by S. Michel and R. Mahon. New York: Routledge, pp.1-27.

Morgan, K. and Zippel, K., 2003. "Paid to care: the Origins and effects of care leave policies in Western Europe", *Social Politics 10*, pp.49-85.

Moss, P. and Deven, F., 1999. "Parental leave in context", pp.1-24. in *Parental leave: Progress or pitfall*, ed. by P. Moss and F. Deven. Brussels: NIDI/CBGS Publications.

Nyberg, A., 2004. "Parental leave, public childcare and the dual earner/dual carer-model in Sweden"(Discussion Paper), *Peer Review Program of the European Employment Strategy April 19-20, 2004*. Stockholm, Sweden.

OECD, 2002. *Babies and Bosses: Reconciling work and family life, Volume 1: Australia, Denmark and the Netherlands*. Paris, France: OECD.

OECD, 2003. *Babies and Bosses: Reconciling work and family life. Volume 2: Austria, Ireland and Japan*. Paris, France: OECD.

OECD, 2005, *Babies and Bosses: Reconciling work and family life, Volume 4: Canada, Finland, Sweden and the United Kingdom*. Paris, France: OECD.

Pylkkänen, E. & Smith, A., 2004. "The impact of family-friendly policies in Denmark and Sweden on mothers' career interruptions due to childbirth", *IZA Discussion Paper No. 1050*. Institute for the Study of Labor.

Sainsbury, D., 1996. *Gender, equality, and Welfare States*. Great Britain: Cambridge University Press.

Sleebos, J., 2003. "Low fertility rates in OECD countries: Facts and policy responses", *OECD social, employment and migration working paper*.

Smith, A., 2001. "Parental leave: Supporting male parenting? A study using longitudinal data of policy variation across the European Union", *Paper given at the EURESCO Second Demographic Transition in Europe*, Bad Herrenalb. Germany 23-28 June 2001.

Sutela, H., 2004. "Finland", *Peer Review: Parental Insurance and Childcare: Statements and Comments*.

Taylor-Gooby, P., 2004a. "New Social Risks and Welfare States: New Paradigm and New Politics?" in *New Risks, New Welfare*, ed. by P. Taylor-Gooby. New York: Oxford University Press. pp.209-238.

Taylor-Gooby, P., 2004b. "New Risks and Social Change" in *New Risks, New Welfare*, ed. by P.

Taylor-Gooby. New York: Oxford University Press, pp.1-28.

Timonen, V., 2004. "New risks—Are they still new for the Nordic Welfare States?" in *New Risks, New Welfare*, ed. by P. Taylor-Gooby. New York: Oxford University Press, pp.83-110.

10

노인장기요양보험의 쟁점과 과제

최혜지[*]

노인보살핌의 문제는 모든 고령(화)사회가 안고 있는 공통과제이다. 우리 사회의 전통과 문화적 특성에 따라 노인요양은 최근까지 가족의 사적영역으로 인식되어 왔다. 그러나 노인보살핌에 대한 현대가족의 한계로 인해 노인요양에 대한 사회적 지원의 필요성이 부각되었다. 이와 같은 배경에서 탄생한 제도가 노인장기요양보험이다.

노인장기요양보험은 고령이나 노인성 질병으로 인하여 일상생활을 독립적으로 수행하기 어려운 사람에게 신체활동 또는 가사지원 등의 요양급여를 사회적 연대원리에 의해 제공하는 사회보험제도이다. 노인장기요양보험은 노후의 생활안정을 도모하고 그 가족의 부담을 덜어줌으로써 국민의 삶의 질을 향상시키고자 함을 목적으로 한다(보건복지부, 2006a).

노인장기요양보험은 노인요양에 대한 사회적 책임을 제도화했다는 점에서 중요한 의의를 갖지만 제도를 바라보는 다양한 시각에 따라 적지 않은 문제점 또한 지적되고 있다. 이 장에서는 노인장기요양보험의 배경, 의의, 내용을 살펴보고 노인장기요양보험의 주요 쟁점들을 노인요양의 원칙에 비추어 논의하고자 한다.

---

[*] 서울여자대학교 인간개발학부 사회사업전공 조교수

1. 노인장기요양보험의 이해

(1) 제도 도입의 배경

노인장기요양보험은 의존적 노인인구의 증가와 가족의 보호기능 약화를 배경으로 등장한 노인보살핌 문제에 대한 한국적 해법이다. 출산율 저하와 평균수명의 증가로 65세 이상 노인 인구비는 2000년 7.2%에서 2006년 9.5%로 빠르게 증가해 왔다. 출산율에 큰 변화가 없는 한 노인인구비의 증가 추이는 2010년 10.9%, 2020년 15.6%로 가속화될 것으로 전망된다(통계청, 각해년도). 노인의 신체·심리·사회적 특성상 노인인구의 증가는 의존적 인구의 증가를 의미한다. 우리나라 65세 이상 노인의 90.9%가 하나 이상의 만성질환을 앓고 있으며 노인인구의 9%가 기능성 장애를 경험하고 있다는 실태는 노인인구의 증가가 요양을 필요로 하는 의존적 인구의 증가와 직계되어 있음을 보여준다(정경희·오영희·석재은·도세록·김찬우·이윤경·김희경, 2005). 노인인구 중에서도 특히 85세 이상 초고령 노인인구의 증가 추이가 두드러져 노인요양에 대한 사회적 욕구는 더욱 확대될 것으로 전망된다.

노인인구의 증가로 노인보살핌에 대한 사회적 욕구는 확대되었지만 노인보살핌에 대한 가족의 기능은 오히려 약화되고 있다. 전통적으로 노인에게 신체·심리·사회적 보살핌을 제공해 온 가족은 핵가족화와 여성의 사회진출 증가로 가족이 필요로 하는 적절한 보살핌을 제공하는 데 한계를 갖게 되었다. 예를 들면, 노인이 혼자 생활하는 노인 단독가구는 1995년 13%에서 2000년 16%로 증가했으며 노인부부 가구 역시 동기간 동안 23%에서 29%로 증가했다. 반면 3세대 이상 동거가구는 40%에서 31%로 감소하여 노인들의 거주형태가 자녀 동거형에서 돌보아줄 가족구성원이 없는 부부 또는 단독 거주로 변화되고 있다는 것을 알 수 있다(통계청, 각해년도). 여성의 경제활동 참가율 역시 2000년 48.6%에서 2005년 50.1%로 꾸준한 증가세를 유지하고 있다(통계청, 각해년도). 특히 기혼 여성의 경제활동 참여율 증가와 중년 여성의 노동시장 재진입이 두드러져 노인보살핌을 가족에게 전적으로 의존해 온 전통적 접근의 한계와 노인보살핌에 대한 대안적 접근의 필요성이 부각되고 있다.

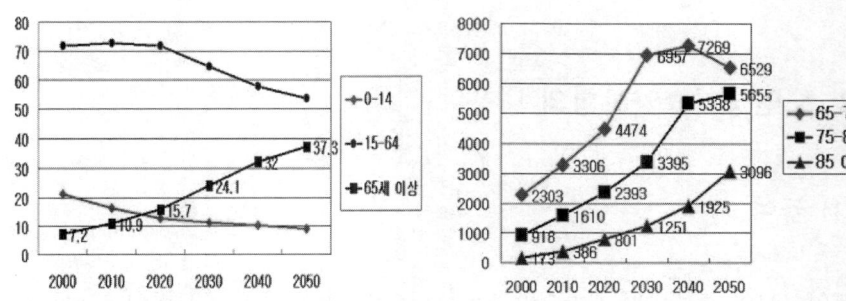

〈그림 10-1〉연령대별 인구증가 추이   〈그림 10-2〉 노인 연령대별 인구증가 추이

(2) 제도 도입의 의미

원자화된 현대가족은 노인이 필요로 하는 적절한 보호를 제공할 기능을 상실하였으며, 노인요양에 대한 가족의 도덕적 의무감은 산업사회의 교환 논리에 밀려 가족의 부담감으로 인식되고 있다. 인구 고령화에 따른 노인인구의 증가로 노인요양에 대한 수요는 크게 증가한 반면 가족구조와 가치의 변화로 노인에게 적절한 요양을 제공할 가족의 공급력은 크게 약화되었다. 노인보살핌에 대한 수요와 공급의 간극이 확대되면서 가족을 대리하여 노인에게 보살핌을 제공할 지원체계에 대한 필요성이 공유되었으며 이에 따라 노인장기요양보험이 제도화되었다.

노인요양을 가족에게 전적으로 의존해 온 전통적 접근법이 의존적 노인인구의 확대와 가족의 보살핌 기능 약화라는 구조적 특성에 의해 그 실효성을 상실함에 따라 노인요양의 대안적 해결책으로 제시된 것이 노인장기요양보험이다. 노인은 신체적·심리적·사회적 노화로 인해 단순한 일상생활의 수행에도 외부의 도움을 필요로 한다. 따라서 적절한 요양에 대한 노인의 욕구는 선택적 또는 보충적 욕구가 아닌 생존에 관한 기본 욕구로 이해될 수 있다. 노인요양이 연장자에 대한 가족의 도덕적 의무로 간주되었던 과거에는 노인의 일상생활 지원에 관한 기본적 욕구의 해결은 철저히 가족의 사적이고 고유한 영역으로 인식되었다.

그러나 노인장기요양보험의 제도화를 통해 과거, 가족의 고유한 영역으로 간주되어 온 노인보살핌이 공적 서비스를 통해 완전히 또는 부분적으로 대치될 것으로 기대된다. 따라서 노인장기요양보험의 제도화는 인구 고령화로 인한 노인요양의 보편적 필요성에 따라 노인요양을 사회재로 규정하고 '적절한 요양에 대한 권리'를 노인의 사회권적 기본권으로 인정하는 사회적 변화로 이해할 수 있다.

2. 노인장기요양보험의 내용

(1) 급여

요양급여의 종류에는 재가요양급여, 시설요양급여, 그리고 특별현금급여가 있다. 재가요양급여에는 수급자의 가정을 방문하여 신체활동과 가사활동을 지원하는 방문요양, 목욕설비 장비를 갖추고 수급자를 방문하여 목욕을 시켜주는 방문목욕, 수급자의 가정을 찾아가 요양상의 간호, 진료의 보조 또는 상담을 제공하는 간호요양, 하루의 일정 시간 동안 요양기관에서 수급자를 보호하는 주·야간보호, 일정 기간 동안 요양기관에서 보호하고 기본적인 요양급여를 제공하는 단기요양보호 등이 있다. 시설요양급여는 노인전문병원을 제외한 노인의료복지시설에 수급자를 입소시켜 신체활동 지원과 기능회복 훈련 등을 제공하는 시설입소요양이다. 특별현금급여는 가족요양비[1], 특례요양비[2], 요양병원간병비 등 세 종류의 급여가 있다(보건복지부, 2006a).

〈표 10-1〉 요양급여의 종류(보건복지부, 2006a: 8)

종 류	내 용	운영기관
재가요양급여	방문요양 방문목욕 간호요양 주·야간보호 단기보호	요양기관 요양기관 방문간호기관 주·야간보호시설 단기보호시설
시설요양급여	시설입소요양	노인의료복지시설
특별현금급여	가족요양비 특례요양비 요양병원간병비	

1) 가족요양비는 특별한 이유로 가족 이외의 자가 노인에게 요양을 제공하기 어려운 경우, 가족이 노인에게 요양을 제공하고 이에 상응하는 현금급여를 가족에게 지급하는 것
2) 특례요양비와 요양병원간병비는 요양인정시설이 아닌 곳 또는 요양병원으로부터 요양을 받고 이의 비용을 노인이나 가족이 부담한 경우 가족이 지급한 요양비용을 환급해주는 것

(2) 대상

노인장기요양보험은 65세 이상의 노인 또는 64세 이하인 자로서 치매 또는 뇌혈관성 질환 등의 노인성 질병을 가진 자를 대상으로 한다. 대상자 중 요양보험 가입자와 그의 피부양자, 그리고 의료급여법에 의한 의료급여 수급권자가 노인장기요양보험 급여를 신청할 수 있다. 그러나 실질적인 노인장기요양보험의 급여대상자는 6개월 이상의 기간 동안 일상생활을 독립적으로 수행하기 어렵다고 인정된 자로 제한된다(보건복지부, 2006a).

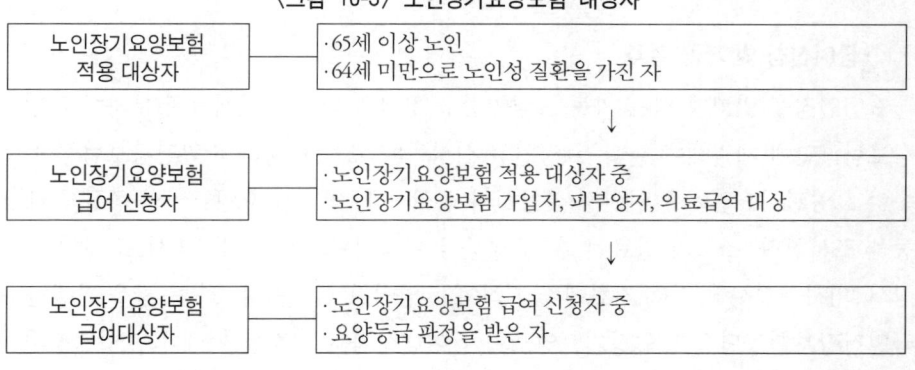

〈그림 10-3〉 노인장기요양보험 대상자

노인장기요양보험 적용 대상자	·65세 이상 노인 ·64세 미만으로 노인성 질환을 가진 자
노인장기요양보험 급여 신청자	·노인장기요양보험 적용 대상자 중 ·노인장기요양보험 가입자, 피부양자, 의료급여 대상
노인장기요양보험 급여대상자	·노인장기요양보험 급여 신청자 중 ·요양등급 판정을 받은 자

(3) 재원

노인장기요양보험의 재원조달은 사회보험방식으로, 재원은 노인장기요양보험료, 중앙·지방정부 부담금, 본인 일부부담금의 세 출처를 통해 마련된다. 노인장기요양보험료는 건강보험료액에 노인장기요양보험료율을 곱하여 산정하며, 노인장기요양보험료와 건강보험료는 통합하여 징수하나 각각 독립회계로 관리된다. 국가는 예산의 범위 안에서 노인요양사업 비용의 일부를 부담토록 규정하고 있다. 노인장기요양보험법은 요양 비용의 15%에서 20%를 이용자가 부담하되, 국민기초생활보장법에 의한 수급자는 본인 일부부담금이 면제되며 의료급여 수급자와 저소득자는 본인 일부부담금을 경감받을 수 있다(보건복지부, 2006a).

(4) 전달체계

① 관리운영

노인장기요양보험법은 국민건강보험공단을 노인장기요양보험 사업의 관리·운영 기관으로 정하고 있다. 국민건강보험공단은 가입자·피부양자·의료급여 수급권자의 자격관리, 보험료의 부과·징수, 신청인에 대한 조사와 요양등급 판정 등의 업무를 관장한다. 국민건강보험공단은 공단 내에 노인요양사업 수행을 위한 별도의 조직을 두어야 하며, 노인요양사업에 대하여는 독립회계를 설치·운영토록 규정하고 있다 (보건복지부, 2006a).

② 급여신청 및 제공 절차

요양인정을 받고자 하는 자는 요양인정 신청서에 의사 소견서를 첨부하여 국민건강보험공단에 제출해야 한다. 요양인정 신청인의 요청에 따라 국민건강보험공단 소속의 요양관리요원이 요양인정 신청인의 심신상태, 필요한 요양급여의 종류와 내용 등을 조사한다. 조사가 완료된 후, 요양등급 판정위원회는 조사결과서, 요양인정 신청서, 의사소견서와 기타 자료에 근거하여 요양인정 신청인의 요양등급을 판정한다. 국민건강보험공단은 노인장기요양보험 급여대상자로 인정된 자에게 요양인정서와 함께 표준장기요양이용계획서를 제공해야 한다(국민건강보험관리공단, 2006).

3. 노인장기요양제도의 원칙

노인장기요양제도의 원칙으로 유엔이 제시한 노인을 위한 정책이 지향해야 할 원칙과 노인장기요양보험법이 제시한 본 제도의 원칙들을 살펴보았다.

(1) 노인을 위한 유엔 원칙

유엔은 노인의 독립, 참여, 요양, 자아실현, 존엄에 관한 세부원칙들을 제시하고 각 정부는 노인을 위한 정책과 사업에 채택된 원칙들을 반영하도록 권고하고 있다. 노인을 위한 유엔원칙은 노인요양에 관한 정책과 사업이 준수해야 할 세부원칙으로 다음의 다섯 가지 원칙을 제시한다.

첫째, 노인은 각 사회의 문화적 가치체계에 따라 가족과 지역사회의 요양과 보호를 받아야 한다(United Nations Department of Public Information, 1991). 이 원칙은 노인에게 적절한 요양이 제공되어야 하며 노인요양의 주체는 가족과 지역사회여야 함을 의미한다. 또한 노인이 가능한 한 지역사회 내에서 적절한 요양을 받을 수 있어야 하는 재가요양우선의 원칙과도 상응하는 것으로 이해할 수 있다.

둘째, 노인은 신체적·정신적·정서적 안녕의 최적 수준을 유지하거나 되찾도록 도움을 받아야 하며, 질병을 예방하거나 그 시작을 지연시키는 건강보호에 접근할 수 있어야 한다(United Nations Department of Public Information, 1991). 이 원칙은 노인의 신체적·정신적·정서적 기능 유지와 회복을 위해 적절한 서비스가 제공되어야 함을 의미하는 것으로 급여 적정성의 원칙과 관련된다. 또한 신체적·정신적·정서적으로 최적의 상태에 있지 못한 노인은 누구나 최적의 상태를 유지하거나 회복하기 위한 도움을 받아야 한다는 보편성의 원칙과도 상통한다.

셋째, 노인은 노인의 자율과 보호를 고양시키는 사회적, 법률적인 서비스에 접근할 수 있어야 한다(United Nations Department of Public Information, 1991). 이 원칙은 노인요양의 영역이 신체적 지원을 벗어나 일반적인 사회적 지지와 법률적인 지원이 병행하여 이루어져야 함을 의미한다.

넷째, 노인은 인간적이고 안전한 환경에서 보호, 재활, 사회적·정신적 격려를 제공하는 적정 수준의 시설보호를 이용할 수 있어야 한다(United Nations Department of Public Information, 1991). 이 원칙은 지역사회 내에서 적절한 보호를 받을 수 없는 노인의 경우 시설보호를 통해 노인에게 포괄적이고 적정한 수준의 서비스가 제공되어야 함을 강조한다.

다섯째, 노인은 보호시설이나 치료시설에서 거주할 때도 그들의 존엄, 신념, 욕구와 사생활을 존중받으며, 자신들의 건강보호와 삶의 질을 결정하는 권리도 존중받는 것을 포함하는 인간의 권리와 기본적인 자유를 향유할 수 있어야 한다(United Nations Department of Public Information, 1991). 이 원칙은 시설에서 노인의 존엄성이 존중되어야 하며 시설 내에서의 서비스와 생활에 관한 자유 선택권이 보장되어야 함을 의미한다.

(2) 노인장기요양보험법상의 원칙

노인장기요양보험법은 노인요양의 기본 원칙을 세 가지로 제시한다. 첫째 포괄적이고 적정한 수준의 급여제공을 원칙으로 한다. 노인장기요양보험법은 제3조의 1에 "요양급여는 노인 등의 심신상태 및 생활환경과 노인 등 및 그 가족의 욕구와 선택을 종합적으로 고려하여 실시하되, 필요한 범위 안에서 적정하게 실시되어야 한다"고 정하고 있다(보건복지부, 2006a). 둘째 재가급여 우선의 원칙이다. 동법 제3조의 2는 "요양급여는 노인 등이 가족과 함께 생활하면서, 가정에서 요양을 받는 재가요양급여가 우선적으로 실시되어야 한다"고 밝히고 있다(보건복지부, 2006a). 셋째, 의료서비스 연계의 원칙이다. 동법 제3조의 3은 "요양급여는 노인 등의 심신상태나 건강 등이 악화되지 아니하도록 의료서비스와 연계하여 실시하여야 한다"고 정하고 있다(보건복지부, 2006a). 노인장기요양보험법이 제시하는 요양급여의 기본 원칙은 유엔이 제시한 노인요양에 관한 원칙과 상당 부분 유사하다. 노인을 위한 유엔 원칙과 노인장기요양보험법이 공통으로 표방하는 노인요양의 원칙은 급여 적정성의 원칙, 급여 포괄성의 원칙, 재가서비스 우선의 원칙, 그리고 의료서비스 연계의 원칙으로 정리될 수 있다.

〈표 10-2〉 노인요양의 원칙

노인을 위한 유엔의 원칙	노인장기요양보험법
·재가요양우선 ·적정성 ·대상자 보편성 ·서비스 포괄성 ·의료서비스 연계 ·적정한 시설보호 제공 ·시설에서의 인권존중 ·자유 선택권	·재가요양우선 ·급여 적정성 ·서비스 포괄성 ·의료서비스 연계

4. 노인장기요양보험의 쟁점

노인장기요양보험에 대한 쟁점은 급여관련 쟁점, 대상자관련 쟁점, 재원관련 쟁점, 그리고 전달체계관련 쟁점으로 정리될 수 있다. 본 절에서는 노인장기요양보험의 각 쟁점을 앞서 살펴본 노인장기요양제도의 원칙에 근거하여 살펴보았다.

(1) 급여 관련 쟁점

노인장기요양보험에서 제공하는 급여의 종류와 양에 대한 적정성의 문제이다. 다섯 가지 종류의 재가급여, 네 가지 종류의 시설급여, 그리고 현금급여로 이루어진 노인장기요양보험의 급여종류와 양은 급여대상 노인과 가족의 욕구를 충족하기에 제한적이다. 재가요양급여 중 방문요양은 단순한 일상생활 지원에 집중되어 있다. 노인의 영양관리, 운동지도, 재활치료 등 노인의 기능유지와 향상을 위한 서비스는 방문요양에서 제외되어 있다(국민건강보험관리공단, 2006). 각종 재활치료와 영양관리는 주·야간보호와 단기보호에서만 제공된다. 따라서 주·야간 보호기관과 단기보호기관을 이용하지 않고 방문요양에 의존하는 노인의 경우 적절한 재활 서비스와 영양관리 서비스를 제공 받기 어렵다. 간호요양 역시 투약관리, 검사, 상담 등 단순 서비스로 제한되어 있으며 통증 간호조차 간호요양에서 제외되어 있다(국민건강보험관리공단, 2006). 따라서 통증 간호 욕구가 있으나 통증 간호를 받을 수 있는 주·야간보호소나 단기보호소를 이용하지 않는 대상자의 경우, 가정에서 간호요양을 통해 통증 간호를 받는 것이 불가능하다.

시설입소급여를 받을 수 있는 시설의 종류도 노인요양원, 노인전문요양원, 소규모요양시설, 가정형노인공동시설로 제한되어 있다. 노인주거형태와 요양시설이 다양화되어야 한다는 점과 미국, 독일, 스웨덴 등이 노인홈, 노인보호주택, 노인요양병동, 노인병원 등 다양한 유형의 노인주거 및 요양시설을 통해 시설입소요양을 제공하고 있다는 점에 비추어 볼 때 시설요양급여를 제공할 수 있는 대상 기관 역시 제한적으로 정의되고 있다. 또한 휠체어, 보행 보조기 등 복지용구의 지원과 노인요양을 위한 주택 개조비 지원 등 노인의 일상생활 지원에 직접적이고 기초적인 급여마저 부분적으로 제공되고 있어 급여 제한성의 문제를 드러낸다.

시범사업의 노인장기요양보험 수가를 적용할 경우, 요양 1등급 판정을 받은 대상자는 연간 97만원의 범위 내에서 요양급여를 이용할 수 있다. 방문요양의 시간당 수가 3만원을 적용할 경우, 요양 1등급의 대상자는 방문요양서비스만을 이용한다고 해도 매일 약 1시간 정도의 방문요양을 받을 수 있다. 요양 1등급 판정을 받은 대상자는 매일 최소한 90분 이상의 요양을 필요로 하는 최중증 의존상태임을 고려할 때,

현 노인장기요양보험의 급여 양은 대상자의 최소 수준의 요양욕구도 충족하지 못하며 여전히 요양의 대부분을 가족에게 의존할 수밖에 없다는 것을 알 수 있다.

이와 같은 급여의 종류와 양의 제한성으로 노인이 최적의 기능을 유지하거나 회복하도록 포괄적이고 적정한 급여가 제공되어야 한다는 급여 포괄성과 적정성의 원칙이 도전받게 된다. 뿐만 아니라 재가 서비스의 급여제한으로 가족의 노인요양부담이 유의미한 수준으로 완화되지 못하는 경우, 노인장기요양보험 시행에 따른 시설요양이용의 재정적 부담완화가 유인책으로 작용하여 가족이 가정에서의 노인요양을 포기하고 노인을 시설에 입소시키는 사례가 증가할 것으로 우려된다. 이 같은 우려가 현실화된다면 이는 동 제도가 노인장기요양보험법에 명시하고 있는 재가요양우선의 원칙과 달리 오히려 시설요양을 장려하는 역효과를 초래할 수 있다.

(2) 대상자 관련 쟁점

노인장기요양보험의 대상자에 관한 쟁점은 노인 외에 요양욕구를 지닌 타 인구집단의 배제와 노인 집단 내의 요양인정 대상자 범위에 관한 문제로 정리된다.

① 집단 간 배제의 문제

노인장기요양보험은 노인만을 제도적용의 대상으로 제함으로써 노인과 유사한 요양욕구를 지닌 장애인은 제도적용에서 제외하고 있다. 독일의 장기요양보험제도가 장애인을 포함하고 있는 것과 달리 우리나라의 노인장기요양보험은 노인과 노인성 질환을 가진 64세 이하만을 제도의 대상으로 제한하고 있다.

이와 같은 적용 대상의 배타성 문제는 장애인 단체를 중심으로 제도 수립의 초기부터 쟁점화되어 왔다. 2000년 현재 우리나라의 장애인 인구는 145만명으로 3.1%의 장애인 출현율을 보이고 있다(변용찬, 김성희, 윤상용, 최미영, 계훈방, 권선진, 이선우, 2006). 타인의 도움 없이 일상생활을 독립적으로 영위하기 어려운 장애인은 35.4%로 장애인의 요양 요구도[3]는 매우 높게 나타난다. 실제로 가사 도우미 서비스의 필요성에 대한 질문에 54.9%가 매우 필요하다, 36.2%가 대체로 필요하다고 답해 장애인의 높은 요양욕구를 뒷받침 한다(변용찬 외, 2006). 따라서 장기요양서비스에

---

3) 일상생활 수행에 타인의 도움을 필요로 하는 장애인 수/전체 장애인 수

<표 10-3> 장애인 가사도우미 서비스의 필요성

구분	매우 필요	대체로 필요	별로 필요 없음	전혀 필요 없음
전체	54.9%	36.2%	7.9%	1.0%

* 출처: 변용찬 외. 2006. p.262

대한 장애인 단체의 요구는 지속될 것으로 예측된다.

② 집단 내 배제의 문제

노인요양서비스를 제공 받을 수 있는 요양인정 등급의 제한은 집단 내 배제의 문제를 낳고 있다. 노인장기요양보험 정부 계획안에 의하면, 제도 시행의 첫 해인 2008년 요양서비스를 제공받을 수 있는 요양인정 등급은 1등급과 3등급으로 제한된다. 요양서비스 제공 대상을 최중증 노인인 1등급과 3등급으로 제한할 경우, 2008년 65세 이상 노인인구의 3.3%에 해당하는 16만 7천명으로 제한될 것으로 추정된다(이규식, 2005). 그러나 전국 노인 생활 실태 조사(정경희 외, 2005) 결과에 의하면, 일상생활 수행능력에 제한이 있는 기능성 장애노인은 전체 노인인구의 8.2%로, 노인장기요양보험 급여대상자 추정치와 요양욕구를 지닌 기능성 장애노인 수치 사이에 차이가 크다. 따라서 노인장기요양보험의 실시에도 불구하고 적지 않은 노인이 적절한 요양을 받기 어려울 것으로 예측된다.

노인장기요양보험은 '적절한 보살핌에 대한 권리'를 사회권적 기본권으로 전제한다. 따라서 노인장기요양보험의 급여는 사회권적 기본권으로서 적절한 보살핌에 대한 욕구가 있는 모든 국민에게 욕구의 원인과 관계없이 보편적으로 보장되어야 한다. 그러나 노인장기요양보험은 보살핌에 대한 욕구가 노령으로 인해 발생한 경우만을 제한적으로 인정하고 있다. 즉 노인장기요양보험은 노화, 장애, 질병 등 욕구의 원인에 따라 사회권적 기본권의 수급대상자를 선별하고 제한함으로써 보편성의 원리를 위배한다. 노인장기요양보험의 대상자 선별성은 덴마크, 노르웨이, 스웨덴이 조세를 통해, 독일이 사회보험을 통해 전국민에게 보살핌에 대한 권리를 보장하는 것과 차이를 보인다.

또한 노인장기요양보험은 요양욕구를 지닌 노인 중에서도 기능성 장애의 정도가 최중증에 해당하는 요양등급 1등급부터 3등급까지의 노인만을 요양인정 대상으로

〈표 10-4〉 노인장기요양보험 요양인정 대상 노인 추계

	노인장기요양보험	의료급여	합계
2008	76000	9000	85000
2009	79000	9000	88000
2010	149000	17000	167000
2011	155000	18000	172000
2012	161000	18000	179000

출처: 이규식, 2005. p.16

제한함으로써 최적의 기능수준을 유지하기 위해 도움이 필요한 노인에게 서비스를 제공해야 한다는 보편성 원칙을 준수하지 못하고 있다.

(3) 재원 관련 쟁점

① 국고 부담률

노인장기요양보험의 재원과 관련해, 국고 지원의 임의성과 높은 본인 부담률을 중심으로 논쟁이 이루어지고 있다. 요양서비스의 지속적이고 만성적인 특성으로 인해 요양보험의 재정부담은 지속적으로 증가할 것으로 예측된다(김진수, 2005). 제도 도입의 초기에 요양보험료는 직장 가입자의 경우 2,230원, 지역 가입자의 경우 2,106원으로, 보험료 부담은 높지 않을 것으로 예상되나(보건복지부, 2006a) 수급자 증가와 함께 보험료의 상향 조정은 불가피할 것으로 보인다. 노인장기요양보험 재정에 대한 국가의 기여는 당해년도 장기요양보험 예상수입의 20%에 해당하는 금액으로 한정되어 있어 노인장기요양보험료 증가에 따른 재정적 부담은 보험료 납부자와 지방자치단체에 편중될 것으로 예측된다. 특히 요양보험료가 지속적으로 증가하는 경우 보험료 납부 능력이 없는 저소득층을 중심으로 노인장기요양보험의 사각지대가 확대될 것으로 우려된다.

② 본인 부담률

노인장기요양보험은 서비스 이용자의 본인 부담률을 일반노인의 경우 재가이용액의 20%, 시설급여의 15%, 그리고 차상위 계층 노인의 경우 서비스 이용액의 10%로 정하고 있다. 요양욕구의 특성상 요양서비스를 받기 시작한 노인은 사망 전까지

지속적이고 장기적으로 요양서비스를 이용하게 된다. 이는 요양서비스 이용에 따른 본인 부담률이 장기적 지출로 이어져 가계에 부담이 될 수 있음을 시사한다. 따라서 경제적 자원이 제한적인 저소득 노인을 중심으로 본인 부담률에 따른 재정적 부담으로 노인요양서비스의 이용 기피 현상이 발생하여 노인장기요양보험의 제도내 사각지대를 확대할 가능성이 높다(이규식, 2005). 본인 부담률이 제도 남용의 도덕적 해이를 견제하려는 제도적 장치이기는 하나 월 이용 한도액 제도를 병행하고 있는 만큼 제도 남용 방지의 긍정적 효과보다 서비스 이용 기피에 따른 사각 지대 확대의 부정적 기제로 작용할 가능성이 높다.

노인장기요양보험 재정에 대한 국고 지원의 임의성과 높은 본인 부담률은 요양서비스 이용의 재정적 장애물로 작용하여 노인이 적절한 서비스를 받지 못하고 보호가 중단되는 상황을 초래할 수 있다. 이는 요양서비스의 이용이 노인의 경제력에 따라 선별적으로 이루어짐으로써 보편성의 원리와 충돌하는 문제를 낳는다. 일본의 경우 본인 부담률을 10%로 낮게 책정하여 경제적 부담으로 인한 서비스 이용의 기피를 최소화하고 있다는 점은 참고할 만하다.

(4) 전달체계 관련 쟁점

① 관리·운영의 주체

노인장기요양보험 관리·운영의 주체로 국민건강보험관리공단이 적합한가 또는 지방자치단체가 적합한가의 논의가 뜨거웠다. 국민건강보험관리공단은 건강보험료 부과, 징수, 지급 업무를 수행해 온 만큼 보험 관리·운영에 관한 행정수행 능력이 견고하다. 노인장기요양보험료를 건강보험료에 일괄 부과·징수하도록 설계되었다는 점에서 국민건강보험관리공단의 보험료 부과·징수에 관한 행정력은 노인장기요양보험제도의 관리·운영을 위한 주요한 장점으로 작용할 수 있다. 그러나 준중앙행정 기관으로써 중앙집권적 성격이 강한 국민건강보험관리공단이 노인장기요양보험의 지역적 욕구를 얼마나 민감하고 효과적으로 해결할 수 있을지에 대해 회의적인 시각이 지배적이다(정재욱, 2006).

노인장기요양보험은 지역 밀착형 서비스를 필요로 한다는 이유에서 노인요양제도를 시행하고 있는 다수의 국가들은 지방자치단체를 관리·운영의 주체로 하고 있다. 덴마크, 핀란드, 스웨덴, 노르웨이, 영국, 이태리, 스페인 등 대부분의 유럽국가와 일본은 노인요양제도를 지방자치단체가 운영하고 있다. 그러나 노인요양제도의 관리·운영자를 지방자치단체로 두고 있는 유럽국가들은 노인요양보장제도가 사회보험방식이 아닌 조세방식에 의해 운영되고 있어 사회보험 운영에 요구되는 행정력을 필요로 하지 않는다. 사회보험방식을 취하는 일본의 경우, 지방자치단체가 건강보험의 관리·운영자로 보험 운영 경험과 행정력을 갖추고 있다는 점에서 한국적 상황과 차이를 보인다(김찬우, 2004). 따라서 지역 밀착성과 대상자 욕구 민감도에 한계가 있는 국민건강보험관리공단이 제도의 관리·운영을 담당하게 됨으로써 노인이 지역사회 내에서 다양하고 포괄적인 서비스를 적정하게 제공받아야 한다는 급여 포괄성의 원칙이 어느 정도 보장될 수 있을지 우려된다.

② 방문조사, 등급 판정, 요양 계획 작성 업무

등급판정을 위한 방문조사, 욕구조사, 요양등급판정, 그리고 표준장기요양이용계획서 작성 모두 국민건강보험관리공단에 의해 수행되고 있다. 방문·욕구조사, 요양등급판정, 표준요양이용계획서 작성 업무를 국민건강보험관리공단이 작성하게 됨에 따라 노인이 필요한 서비스를 포괄적으로 이용하는 데 한계가 있을 것으로 전망된다. 국민건강보험관리공단은 계속적으로 변화하는 노인의 서비스 욕구와 등급 상태를 신속하게 파악하고 이를 표준장기요양이용계획에 반영할 수 있는 전문성이 부족함에 따라 노인들의 다양한 욕구에 근거한 포괄적 서비스의 제공에 한계가 있을 것으로 우려된다.

③ 시설 인프라 부족

노인장기요양보험과 관련된 시설 인프라 문제는 공적 인프라 부족, 시설 유형간 불균형, 지역간 불균형으로 정리될 수 있다. 노인장기요양보험의 적용 대상을 중증 노인으로 제한했을 경우 2008년 입소시설은 1만 5천명, 재가시설은 4천명의 공급량 부족이 예측된다(보건복지부, 2006a). 재가시설의 경우 우리나라의 전국 평균 재가보호률[4]은 0.76%로 OECD 평균 3.2%와 비교해 상대적으로 매우 낮다(김찬우, 미간행). 가정봉사원파견 시설이 없는 지방자치단체가 72개, 주간보호시설이 없는 지방

---

4) 재가서비스 이용 노인의 수/전체 노인의 수

자치단체가 101개, 단기보호시설이 없는 지방자치단체가 174개, 이상의 재가시설을 단 하나도 보유하지 못한 지방자치단체가 50개로, 시설 인프라 부족의 문제는 재가시설을 중심으로 더욱 심각하게 나타난다(보건복지부, 2006b).

정부는 노인요양시설 부족 문제를 해결하기 위해 다양한 인프라 확충계획을 수립하고 있다. 그러나 정부의 인프라 확충계획은 시설 유형간 불균형을 오히려 심화할 것으로 우려된다. 우선 재가시설을 중심으로 살펴보면, 기존 시설은 가정봉사원파견시설이 80%, 주간보호시설이 15.7%, 그리고 단기보호시설이 3.8%를 차지해 주간보호시설과 단기보호시설의 확충이 요구된다. 그러나 정부는 신규 시설의 76.3%를 가정봉사원파견 시설, 17%를 주간보호시설, 6.7%를 단기보호시설로 확충할 것으로 계획하고 있어 주간보호시설과 단기보호시설의 공급량 부족이 개선되기 어려울 것으로 보인다. 가정파견봉사원 시설이 재가시설의 45%, 주간보호시설이 36%, 단기보호시설이 10%를 차지하는 일본의 재가시설 분포와 비교할 경우, 재가시설이 가정봉사원파견 시설에 집중해 있는 우리나라 재가시설의 시설 유형간 불균형은 더욱 명확해진다(김찬우, 미간행).

노인요양시설의 지역간 불균형은 지역간 재가시설 분포를 통해 더욱 명확히 드러난다. 재가 보호률이 최고인 지역은 2.0%로 재가 보호률이 최저인 지역의 0.4%와 5배의 차이를 보인다(보건복지부, 2006b). 노인장기요양보험법은 요양시설 확충을 지방정부의 의무로 규정하고 있어 지방자치단체의 재정 상태에 따라 요양 인프라 구축의 지역 차가 심화될 것으로 예측된다. 특히 시설 신축과 시설 운영비 지원에 대한 재정적 부담으로 재정 자립도가 낮은 지방자치단체를 중심으로 요양시설의 확충을 기피하는 문제가 나타날 것으로 우려된다.

노인요양을 위한 공적 인프라의 부족, 시설 유형간 불균형, 지역간 불균형 등 노인요양 인프라 문제는 다양한 서비스에의 접근을 차단하여 포괄적 서비스 제공의 원칙을 위협한다. 또한 시설 유형간, 지역간 편차로 인해 주·야간요양과 단기요양서비스 접근이 용이하지 않은 지역을 중심으로, 방문요양서비스에 의존해 노인을 요양해야 하는 어려움으로 인해 재가요양에서 시설요양으로 선회하는 사례가 증가할 수 있다. 이와 같은 우려가 현실화되는 경우, 재가요양을 장려할 목적으로 제도화된 노인장기요양보험이 시설요양 촉진에 기여하는 기형적 결과를 낳고 재가요양우선의 원칙을 무색케 할 수 있다.

5. 노인장기요양보험제도의 과제

　노인장기요양보험제도가 해결해야 할 과제는 다음의 네 가지로 정리된다.

　우선, 노인장기요양보험의 적용 대상자를 질병, 장애, 노화 등으로 인해 기능적 장애를 경험하는 모든 국민으로 확대하여 요양의 욕구에 보편적으로 대처해야 한다. 보편적 욕구를 선별적으로 접근하는 오류를 범함으로써, 제도에서 배제된 대상자를 위한 유사 후속제도가 난립하여 서비스의 단편성과 중복성의 문제가 반복되지 않도록 제도 적용의 대상자가 확대되어야 한다.

　적정한 수준의 급여 제공을 위해 국가는 노인장기요양보험의 재정확보와 재정 안정화에 주력해야 한다. 노인요양시설 확충에 대한 재정적 부담을 안고 있는 지방정부와 국민의 부담을 초래할 보험료 인상에 기대할 수 있는 재정적 한계가 명확한 만큼 적극적 국고지원을 통한 보험 재정확보와 안정화로 적정한 수준의 급여를 보장해야 한다.

　노인장기요양보험 관리·운영 주체의 전문성과 지역 밀착성을 증진해야 한다. 노인과 가족의 요양욕구를 신속하게 파악하고 욕구를 해결하기 위한 포괄적 서비스 지원이 체계적으로 이루어질 수 있도록 관리·운영 주체의 전문성이 강화되어야 한다.

　또한 노인요양을 위한 제도적 환경 조성에 국가가 적극적으로 개입해야 한다. 노인요양서비스 공급에 대한 공공과 민간의 역할이 적절히 조화될 수 있도록 국가는 공적 인프라 확충의 책임을 다하고, 효과적인 유인책을 통해 민간의 참여를 적극적으로 이끌어 낼 수 있어야 한다.

　인구 고령화에 대한 성공적 대처는 우리 사회 발전의 필요조건이다. 인구 고령화는 복합적 욕구를 지닌 노인인구의 증가를 의미한다. 사회복지 정책의 대상인 국민의 다수가 다원적이고 복합적인 욕구를 지닌 노인인구로 대체된 만큼 특정 욕구를 지닌 대상만을 제한적으로 고려해온 과거의 선별주의적 접근은 인구 고령화사회의 문제 해결에 많은 한계를 가질 것으로 예견된다. 특히 우리나라는 국가 경쟁력이 상대적으로 제한된 상태에서 충분한 준비기를 갖지 못한 채 고령사회에 진입하고 있다. 따라서 과거의 문제해결중심의 소극적·단기적 접근에서 벗어나 사회 전반의 역량증진에 초점을 둔 적극적이고 장기적인 접근이 요구된다. 개별적이고 파편화된 정책의 양적 생산에 주력해온 과거의 고립적 접근을 지양하고 좀 더 광위적(廣位的)

이고 장기적인 총체적 비전속에 단위 정책들을 위치시키는 통합적·연대적 접근이
추구되어야 한다.

참고문헌

국민건강보험공단(2006), 『노인요양보험 2차 시범 사업 매뉴얼』.

김진수(2005), 「노인요양보장제도 관련 토론문. 정형근 의원실」, 『정책 토론회 자료집』, 서울: 12월.

김찬우(2004), 「노인요양보장제도 도입에 따른 서울시 요양시설의 기능 재편 방안」, 『고령화 사회에 대응하는 서울시 노인복지정책의 방향』, 서울: 11월.

김찬우(미간행), 「노인복지서비스와 통합적 사회서비스 투자 국가」

변용찬·김성희·윤상용·최미영·계훈방·권선진·이선우(2006), 『장애인실태조사』, 서울: 보건사회연구원.

보건복지부(2006a), 『노인수발보험법 제정안 설명 자료』 과천: 보건복지부.

보건복지부(2006b), 『노인복지시설 현황』, 과천: 보건복지부.

이규식(2005), 「노인요양보장제도의 문제점과 정책 방향」, 『정형근 의원실 정책 토론회 자료집』, 서울: 12월.

정경희·오영희·석재은·도세록·김찬우·이윤경·김희경(2005), 『전국 노인생활실태 및 복지욕구조사』, 서울: 보건사회연구원.

정재욱(2006), 「한일간의 고령자 장기요양보험제도의 구조적 특징에 관한 비교평가」, 『한국행정학회 춘계학술대회 발표 논문집』, 서울: 4월 435-453.

통계청, 「각 해당년도. 인구추계」

United Nations Department of Public Information, 1991. "International plan of action on ageing and United Nations principles for older persons", *http://www.un.org/esa/socdev/ageipaa.htm*

노후소득보장을 위한 국민연금의 개편 방향

김연명[*]

"역설적이게도 미국의 국민연금제도(OASDI)에 대한 유일한 실질적 위협은 재정적
불안정이나 인구학적 압박에서 오는 것이 아니라 '개혁가'를 자처하는 사람들이 이
제도를 정치적으로 공격하는 데서 온다(Baker and Weisbrot, 1999: 3)."

1. 노후빈곤과 연금개혁의 근거

2006년에 65세 이상 노인인구는 약 459만명으로 전체 인구의 9.5%를 차지하고 있
다. 이 세대는 강력한 농업사회적 전통이 지배하던 시대에서 태어나 성장하고 청장
년기를 산업화 시대에 보낸 사람들이다. 당시에는 공적 연금이란 개념이 없었고, 자
신들의 노후를 자식들이 챙겨줄 것이라고 믿던 시절이었다. 하지만 경제성장을 위해
일생을 바쳤던 이 세대들의 노후는 그다지 행복하지 않다. 최근의 한 조사에 의하면
65세 이상 노인 가구주가 전체 가구에서 차지하는 비중은 2006년 6.69%이지만 빈곤
가구 내에서 노인가구주 가구의 비율은 20.67%에 달하는 것으로 보고되고 있다(이
현주 외, 2006: 113). 즉, 노인가구주 가구는 전체 가구의 평균 빈곤율보다 3배 이상

---

[*] 중앙대 사회복지학과 교수

높아 산업화 시대에 청춘을 보낸 상당수의 노인들이 노후빈곤에 시달리고 있다는 것을 보여주고 있다. 노인들이 겪는 가장 어려운 문제 중 경제적 어려움이 45.6%로 1위를 차지한 것도 바로 이 세대들이 겪고 있는 노후소득의 불안정을 보여주고 있다 (통계청, 2006: 489).

우리나라의 국민연금제도 같은 산업사회 단계에서 만들어진 공적연금제도의 본질적 목적은 노후빈곤의 예방에 있다(Gillion et al., 2000: 399)[1]. 즉, 산업사회에서 노동력이 고갈된 노인들이 약화된 가족의 복지기능 속에서 빈곤에 빠지지 않도록 예방하는 것이 공적연금제도의 일차적인 목적이다. 이런 점에서 보면 어떤 연금개혁도 공적연금제도가 노후의 빈곤 예방이라는 일차적 목적을 훼손하지 않아야 그 정당성을 확보할 수 있다. 2003년부터 시작된 우리나라의 국민연금 개혁을 주도하는 집단이 주장하는 연금개혁의 근거는 대략 세 가지로 정리할 수 있다 (국민연금발전위원회, 2003; 보건복지부, 2006a). 첫 번째 근거는 국민연금 보험료율을 올리거나 연금액을 낮추지 않으면 국민연금기금이 2040년대 후반에 고갈되고 연금 지급이 어려워지니 빨리 개혁을 하자는 논리이다. 즉 국민연금의 중장기적 재정안정화를 위해 국민연금을 개혁하자는 것이다, 두 번째 논리는 지금 국민연금을 개혁하지 않으면 기금고갈로 후세대가 막대한 보험료를 부담하게 되니 후세대의 부담을 줄이기 위해 연금을 개혁하자는 논리이다. 세 번째는 연금을 못 받는 연금 사각지대에 놓인 국민들이 너무 많으니 사각지대 해소를 위해 연금을 개혁할 필요성이 있다는 것이다. 그러나 사각지대 해소를 위해 연금을 개혁해야 한다는 논리 외에 첫 번째와 두 번째 근거인 기금고갈과 이로 인한 과중한 후세대의 부담을 줄이기 위해 연금을 개혁해야 한다는 논리는 국민연금 개혁의 근거가 될 수 없다는 것이 이 글의 핵심적 주장이다. 기금고갈론과 후세대 부담론이 왜 연금개혁의 근거가 될 수 없는지 살펴보기로 하자.

---

1) 1994년 'Averting the Old Age Crisis' 라는 보고서를 발간하여 전세계 연금개혁 논의의 파란을 불러 온 세계은행(World Bank)조차도 최근에 발간한 보고서를 통해 공적연금제도의 형태는 매우 다양할 수 있으나 연금제도의 일차적 목적은 노후빈곤의 예방에 있다는 대 명제를 수용하고 있다(Holzman and Hinz, 2005: 55-56).

2. 국민연금기금 고갈론의 문제점

(1) 재정안정화 논리의 문제점

2007년 7월 국민연금법이 개정되기 이전에는 평균적인 소득을 가진 사람이 40년 동안 9%의 보험료(본인 4.5%, 사용주 4.5%)를 내고 60%의 연금액을 받는 구조였다. 기존의 국민연금이 그대로 존속했다면 2040년대 후반에 국민연금기금은 고갈된다 (국민연금발전위원회, 2003). 재정추계에서 가정한 가정치를 좀 바꾼다 하더라도 기금이 고갈되는 시점은 다를지언정 기존 국민연금제도의 기본 골격을 유지하는 한 특정 시점에서 국민연금기금이 고갈된다는 점은 일종의 사실이다. 여기서 단순한 질문을 던져보자. 연금기금이 고갈되면 연금 지급이 중지되는가? 혹은 근로자의 입장에서 연금을 못 받게 되는가? 그렇지는 않다. 제대로 된 국가모습을 갖춘 나라치고 세상에 그런 나라는 없다. 하나의 국가가 지구상에서 완전히 사라지지 않는 한 어떤 방식으로든 노인을 부양해야 한다. 기금이 고갈되면 미래세대는 노인부양을 위해 보험료에 더하여 모자라는 부분을 세금으로 충당하게 될 것이다. 서구의 모든 나라들이 다 이런 방식으로 노인을 부양해 왔고 별도의 연금기금이 모두 소진된 현재의 상황에서도 이런 방식으로 노인에게 연금을 지급하고 있다(Bonoli and Shinkawa, 2005). 따라서 문제의 핵심은 공적연금기금이 고갈되는 것이 아니라 연금으로 지급되는 재원의 총량(보험료와 조세를 합한 지출 금액)이 한 사회가 부담 가능한 수준인가 아닌가에 있다.

기금고갈론(다른 말로 표현하면 국민연금의 재정불안정)은 국민연금 개혁을 정당화하는 가장 핵심적 논거이다. 통상적으로 쓰이는 국민연금의 '재정안정화'라는 개념은 들어오는 돈과 나가는 돈의 균형을 맞추자는 '보험수리적' 개념에 입각해 있다. 즉 기존의 기여율 9%와 급여수준 60%를 그대로 유지하면 들어오는 보험료 수입보다 지급되는 연금급여액이 크기 때문에 구조적으로 특정 시점(2040년대 후반)에서 기금이 고갈되므로 국민연금의 재정이 불안정하다는 것이다. 이런 상황에서 기금고갈이 국민연금에 대한 부정적 인식을 확산시키기 때문에 적어도 60~70년 뒤까지 기금고갈이 되지 않는 방향으로 보험료를 높이거나 혹은 연금액을 인하하자는 것이 정부와 상당수의 학자들이 주장하는 국민연금 재정안정화론의 주된 내용이었다.

재정안정화에 대한 보험수리적 접근의 종착점은 낸 돈만큼만 연금을 받아가는 싱가포르나 칠레 같은 나라에서 시행하는 개인계좌방식이다[2]. 이들 국가에서 시행하고 있는 '개인계좌방식'의 장단점은 논외로 하더라도 정부가 이 방식을 최종적인 목적지로 생각하는 것 같지는 않다. 정부가 생각하는 개혁안은 '기금고갈' 자체를 막는 것이 아니라 기금고갈 시점을 연장하는 것이다. 하지만 기금고갈 시점을 연장하는 전략이 어느 정도 국민을 설득할 수 있을지 의문이다[3]. 더욱이 의도하지는 않았겠지만 보험수리적 재정안정화를 강조하면 할수록 오히려 '기금고갈'이라는 연금제도의 공적 신뢰를 갉아먹는 무서움(!)을 홍보하는 역효과를 낳게 된다.

(2) 노인부양의 총부담이 문제의 핵심

보험수리적 재정안정화 논리에 기반한 연금개혁은 노인부양의 총부담 수준이라는 관점에서 연금개혁 문제를 인식하지 못하는 맹점을 갖고 있다. 거의 모든 국민을 하나의 제도에 포괄하고, 사회연대성에 기반한 사회보험방식의 국민연금제도의 본질은 노인부양의 세대간 연대성에 있다. 즉, 자기가 낸 돈만큼 자기가 가져간다는 사보험이나 개인계좌방식과는 본질적 원리가 다른 제도이다. 하지만 유감스럽게 보험수리적 재정안정화를 강조하는 대부분의 국민연금 개혁 방안은 결과적으로 국민들에게 국민연금을 자꾸 사보험으로 인식하게끔 만들어 세대간 노인부양의 분담이라는 국민연금의 본질적 측면을 왜곡시키는 효과를 발휘하고 있다[4].

---

2) 칠레가 1980년대 초반 부과방식의 공적연금제도를 개인계좌방식으로 혁신적으로 바꾼 이후 많은 라틴아메리카 국가에서 유사한 제도 도입을 단행하였다. 세계은행이 연금개혁의 실제 사례로 주목한 이 방식에 대한 자세한 평가는 길 등(Gill et al., 2005)을 참조하시오.

3) 물론 기금고갈 시점을 연장하는 것이 연금제도의 신뢰성을 어느 정도 높일 수는 있을 것이다. 하지만 문제는 반복될 뿐이다. 1998년의 연금개혁을 상기할 필요가 있다. 당시 2030년 초반에 연금기금이 고갈될 것이라고 예측되었고 논란이 불거져 2040년대 후반으로 기금고갈 시점을 연장하는 개혁을 단행하였다. 하지만 여전히 기금고갈 논란은 국민연금 문제의 핵심으로 작용하였다. 기금고갈 시점을 2070년으로 연장한다고 해서 연금의 신뢰성이 확보될 수 있을 것이라는 가정은 연금 관련 정보가 정확히 유통되기가 불가능한(!) 한국적인 현실에서는 성립하기 어렵다.

4) 국민연금을 사회적 연대가 아닌 사보험으로 생각하기 시작하면 방어하기 어려운 문제에 봉착하게 된다. 예를 들어 보자. 40년 동안 총 5천만원의 보험료를 낸 부부가 65세에 은퇴하고 2달치 연금 120만원을 받고 여행 중에 둘 다 사망했다고 하자. 그럼 이 사람에게 나머지 잔액인 4천8백80만원을 돌려줘야 하는가? (아마도 이 문제로 상당한 논란이 장차 벌어질 것이다). 반대로 동일한 부부가 백세까지 살았다고 하자. 그러면 낸 보험료보다 최소 2~3배의 연금을 탈 것이다. 그럼 5천만원 이상 받았던 연금을 도로 뺏어야 하는가? 공적연금의 기본원리는 노후생활이라는 위험에 노출될 확률이 비슷한 사람

한국의 국민연금은 처음부터 기금고갈을 전제로 하여 설계된 것이다. 이런 설계는 농업사회에서 산업사회로의 전환기에 노인부양의 과도적 특수성을 반영한 것이다(또한 뒤에서 보겠지만 이는 노인부양의 세대간 형평성을 달성하기 위한 것이기도 하다). 따라서 국민연금의 기금고갈 자체는 제도 설계시부터 예정되었던 것이며 특별히 이상한 것은 아니다. 국민연금기금이 고갈되면 큰 문제가 생기니 빨리 연금을 뜯어 고쳐야 한다는 논리도 보험수리적 재정안정화 개념의 연장선상에 있는 것이다. 공적연금제도의 본질은 특정 시점에서 젊은 세대가 생산한 부의 일부를 노인세대에게 배당하는 것이다. 이것은 부과방식이건 부분적립방식이건 그리고 완전적립방식이건 본질적인 차이가 없다(Thompson, 1998). 국민연금기금이 고갈되는 것은 노인을 부양하는 여러 가지 수단 중의 하나인 국민연금의 기금이 고갈된다는 것이지 노인을 부양할 수 있는 경제적 총량이 없어지는 것은 아니다. 여기서 중요한 것은 특정 시점에서 노인들을 부양하기 위해 소비되는 경제적 총량이 그 사회에 어떤 수준의 경제적 부담을 주는가에 있다. 기금고갈이 발생하더라도 보험료와 세금으로 충당하는 연금지급 총량을 경제가 무리 없이 부담할 수 있다면 국민연금은 재정적으로 안정적이라 볼 수 있다. 이렇게 보면 국민연금기금의 고갈을 막는 것이 연금개혁의 본질이 아니라 노인부양에 소요되는 재원의 총량을 사회 전체가 부담 가능한 수준으로 통제하는 것이 연금개혁의 본질이 되어야 한다.

경제적으로 부담 가능한 노인부양의 총량(즉, 국민연금지출 + 조세부담)은 어느 정도 되어야 하는가? 물론 정답은 없다. 하지만 유추해 볼 수는 있다. 연금발전위원회의 보고서에 따르면 9%의 보험료와 60%의 급여수준을 고정시키더라도 44년 뒤인 2050년에 국민연금의 지급총량은 GDP의 7%에 수준에 불과하다고 서술되어 있다(국민연금발전위원회, 2003: 113)[5]. 그리고 "대략 2050년경에 우리나라 GDP(잠정치) 대비 연금급여 지출 비중은 현재 (2000년 초반)의 OECD 국가 수준에 도달할 것으로

들이 더 많은 위험에 노출될 사람, 즉 오래사는 사람을 위해 공동의 기금을 조성하는 것이다. 이런 연대적 사고방식으로 생각하면 사망한 부부에게 못타간 돈을 지급하지 않고, 백세까지 산 부부에게 낸 돈보다 훨씬 많은 연금을 주는 것은 논리적으로 정당한 것이다. 현행 국민연금의 본질적 측면은 노인부양의 세대간 연대에 있다. 이에 대한 자세한 설명은 김 등(Kim & Kim, 2005)을 참조하시오.

5) 물론 이 수치를 절대화시키는 것은 아니다. 하지만 국민연금의 총지출 규모가 과연 어느 정도나 되고 경제사회적으로 부담을 어느 정도나 줄 것인지에 대해 사회적으로 합의된 수치가 없다는 점이 강조되어야 한다. 즉 연금개혁에서 중요한 잣대는 기금고갈 시점보다는 연금지출의 총량이 경제사회적으로 주는 부담의 크기를 사회적으로 합의할 수 있을 정도로 측정하는 것이다. 불행히도 이 점에 있어서는 우리 사회 전체가 해답을 주지 못하고 있다.

전망하고 있다6). 현재의 급여수준 60%를 유지해도 2050년경에 한국이 1990년대 후반의 유럽 수준의 연금급여비 지출을 보이는데 이것이 한국 경제에 치명적인 영향을 미칠까? 그렇다고 판단할 만한 근거는 없으며 충분히 경제적으로 감당할 수 있는 수준이라고 보는 것이 더 타당하다. 즉 연금기금고갈 때문에 연금을 개혁해야 한다는 논리는 노인부양의 총부담이라는 관점에서 보면 연금개혁의 논리가 될 수 없다.

3. '후세대의 과중한 부담' 논리의 허구성

기금고갈이 되면 후세대의 연금보험료 부담이 높아져 후세대에게 너무 과중한 부담을 주게 되므로 보험료를 더 내고 연금을 덜 받는 개혁을 해야 한다는 논리도 연금개혁의 중요한 근거로 사용되고 있다. 언뜻 매우 간단 명쾌해 보이는 이 논리는 연금개혁의 논리가 되기에는 여러 가지 문제점을 갖고 있다. 이 논리에 따르면 국민연금에 가입한 초기세대(아마도 1988년에서 현재까지 가입한 사람들)는 1.5%에서 4.5%의 낮은 보험료를 내고 급여수준은 70%~60%를 받는 반면 후세대들은 4.5% 이상의 보험료를 내고 연금액도 적게 받게 되므로 세대간의 불공평성 문제가 생긴다는 것이다. 즉, 후세대가 너무 과중한 부담을 하게 된다는 것이다. 후세대의 부담이 과중해진다는 주장의 문제점을 보기로 한다.

(1) 보험료율이 40%까지 올라간다?

후세대 부담이 과중하다는 지표로 많은 문헌과 언론에서 인용하는 것 중의 하나가 기금고갈 시점에서 연금을 지급하기 위해서는 후세대의 보험료 부담이 40%까지 올라간다는 주장이 있다. 이 주장은 기여율 9%, 급여수준 60%를 유지할 경우 2040년 후반에 기금이 고갈되고, 고갈 이후 연금가입자에게 연금을 지급하기 위해서는 가입자의 보험료율이 21.5%(본인 + 사용주 부담금)까지 오르고, 2070년에는 39.1%까지 상승되어 보험료 부담이 어렵고 경제적 충격이 너무 크다는 것이다. 대부분의 언론과 정부에서도 국민연금 재정안정화를 정당화하는 강력한 논리로 인용하였던 이 수

---

6) 2000년대 초반 유럽의 주요국가의 연금지출 총액은 GDP의 10% 정도에 해당된다.

<표 11-1> 연도별 총부과대상 소득 대비 총급여지출액 비율 변화   (단위: 십억원, %)

구분	총부과대상소득(A)	총급여지출(B)	B/A
2010	342,633	10,921	3.2
2020	613,791	34,701	5.7
2030	967,960	110,576	11.4
2040	1,341,389	288,329	21.5
2050	1,869,968	560,567	30.0
2060	2,440,472	892,859	36.6
2070	3,280,327	1,283,095	39.1

* 자료: 국민연금발전위원회(2003: 73)

치는 보험료 9%, 급여수준 60%로 고정하였을 때 기금고갈 시점에서 부과방식으로 전환될 경우 '총급여지출/총연금보험료 부과대상 소득'의 비율을 단순하게 본 것이다(<표 11-1> 참조).

물론 이 수치는 보험료를 올리지 않는다는 전제를 한 '가상적 상황'이다. 하지만 국민연금은 단계적으로 보험료를 인상하는 것을 전제로 설계되었기 때문에 보험료를 9%로 고정시킨다는 가정과 이를 근거로 40%까지 보험료가 올라간다는 것은 설득력이 없는 가정이다(그리고 뒤에서 보겠지만 세대간 형평성을 달성하려면 보험료를 점차적으로 인상하는 것이 타당하다). 국민연금발전위원회(2003: 116)의 추계에 의하면 19.85%까지 보험료를 인상할 경우 2070년까지 적립금을 2배 정도 유지할 수 있다. 보험료율을 20% 가까이 올리는 것이 타당한지에 대한 논란은 접어두더라도 40%까지 올라가기 때문에 연금개혁을 해야 한다는 논리 역시 가상적 상황에 기반한 허구적 논리에 가깝다.

그리고 <표 11-1>은 매우 단순하기 짝이 없는 추정에 근거하고 있다. 부과대상 소득과 급여비 지출 추이는 기존의 수치를 단순히 연도별로 확장하여 계산한 수치이다. 이 표에는 각 년도별로 노동소득과 자본소득, 그리고 토지소득의 비율(GDP의 구성비)이 제시되어 있지 않고 노동소득에만 보험료를 매긴다는 가정을 갖고 있다. 30년, 50년 뒤에 노동소득과 자본소득의 비율이 어떻게 바뀔지에 대한 기초적인 자료도 없다. 유럽의 어느 나라에서도 근로소득에만 연금 보험료를 매기는 나라는 거의 없다. 많건 적건 일반 세금을 통해 연금재원을 보충적으로 조달하고 있다. 한마디로 보험료율이 40%까지 올라가기 때문에 연금개혁을 해야 한다는 논리는 타당성이 극히 의심스럽다.

(2) 세대간 부담이 불공평하다?

세대별로 보면 연금가입 초기세대보다 후세대들이 보험료를 더 많이 부담하고 연금의 수준이 낮은 것은 사실이다. 그렇다면 이것이 세대간의 불공평을 조장하는 것이고, 이 문제를 해결하기 위해 현세대가 더 내고 덜 받는 쪽으로 연금개혁을 해야 하는가? 그러나 이 논리 역시 세대간 노인부양의 역사적 관점을 보지 못하는 단견이다. 국민연금의 초기 가입세대는 분명 후세대보다 보험료를 적게 낸다. 하지만 이는 국민연금보험료에 한정된 것이고 가족단위에서 이루어지는 사적 노인부양비(즉 부모에게 개인적으로 주는 생활비)를 합쳐서 보면 현세대의 노인부양 부담이 미래세대에 비해 결코 적다고 볼 수 없다. 언뜻 이해하기 어려워 보이는 이 논리는 국민연금을 포함하여 노인부양을 역사적 관점에서 보아야 이해할 수 있다.

한국의 국민연금은 한국사회가 농업사회에서 산업사회로 가는 과도기에서 노인부양 문제를 어떻게 사회적으로 해결할 것인가라는 시각에서 설계된 제도임을 염두에 두어야 한다. 농업사회에서 태어나고 성장한 지금의 60대 이상 노인들은 노후를 위해 사적연금이나 공적연금에 가입해야 한다는 생각이 없었다(지금의 60대 이상 노인들이 활발한 경제활동을 할 때에는 국민연금제도가 시행되지 않았다). 왜냐하면 늙으면 자식들이 돌봐줄 것으로 생각했기 때문이다. 농업사회의 노인부양 방식에 익숙한 그 세대에게는 그것이 당연한 생각이었다. 하지만 지금의 30~50대는 산업사회로 이행하는 과정에서 태어났거나 성장하였고 자식들이 더 이상 자기들의 노후를 챙겨주지 않을 것이라는 것을 알고 있다. 이 세대들은 공적연금이나 사적연금에 의존하여 자신들의 노후소득을 확보해야 한다. 하지만 이 세대는 농업사회의 마지막 세대인 지금의 노인들을 자신들의 소득으로 부양해야 하는 문제를 동시에 갖고 있다. 대부분의 30~50대가 부모에게 자신의 월급에서 생활비를 보내주는 것이 바로 이런 것이다. 즉, 지금의 30~50대 세대들은 현재의 노인세대를 사적으로 부양해야 하고, 공적연금 혹은 사적연금을 통해 자신의 노후도 준비해야 하는 '이중부담' (double payment)의 문제를 갖고 있다.

<표 11-2>는 도시가계연보 2005년도 자료를 이용하여 세대간 이중부담 문제를

대략적으로 살펴본 것이다. 이 표에서 공적연금 지출은 국민연금 등 공적연금의 보험료 지출을 의미하며 사적이전 지출은 다른 가구의 생활보조금으로 지출되는 돈을 의미한다. 물론 이 돈의 전부가 부모에게 보내는 돈은 아니지만 대부분이 부모 생활비로 보내지는 돈으로 보아도 큰 무리는 없다. <표 11-2>가 보여주는 것은 가구주의 연령별로는 차이가 있지만 30대에서 50대의 가구주 세대들은 공적연금으로 지출되는 보험료 수준과 비슷한 수준의 돈을 노인부양에 대한 사적이전 지출로 하고 있다는 것이다. 소위 현재의 30~50대 세대들이 이중부담 문제에 노출되어 있다는 것을 의미한다.

〈표 11-2〉 세대별 공적연금과 사적 이전지출의 크기(2005년)

	30세 미만	30~39세	40~49세	50~59세	60세 이상	65세 이상
경상소득(A)	2,291,809	2,824,330	3,305,890	3,220,860	1,873,867	1,372,455
취업인원(명)	1.5	1.4	1.6	1.9	1.6	1.4
공적연금 지출(B)	59,527	77,414	85,862	87,193	17,757	8,746
사적이전 지출(C)	64,465	71,854	57,466	106,466	82,123	71,884
D=B+C	123,992	149,268	143,328	193,659	99,880	80,630
E=D/A (%)	5.4	5.3	4.3	6.0	5.3	5.9

* 자료: 통계청, 「2005 가계조사」 원자료.
* 비고
  1) 경상소득은 가구소득 중 정기적이고 재현가능성이 있는 소득으로, 근로소득, 사업소득, 부업소득의 합계를 말함.
  2) 사적이전은 교육비 목적의 송금을 제외한 다른 가구를 위한 생활보조금을 의미함.

하지만 지금의 10대나 아직 태어나지 않은 세대들은 나중에 지금의 30~50대를 사적으로 부양할 부담은 크게 줄어든다. 왜냐하면 30~50대 세대들은 국민연금에서 어느 정도 수준의 노후생활 비용을 충당받기 때문이다. 즉 국민연금의 보험료는 높아지겠지만 사적부양 부담이 줄어들기 때문에(노인인구가 팽창된다 하더라도) 후세대의 노인부양 부담이 현세대보다 현저하게 커질 것이라고 단정하기 어렵다. 이렇게 보면 후세대의 부담을 덜어주기 위해 현재의 30~50대 세대들이 보험료를 더 내고, 연금을 덜 받자는 논리는 지금의 30~50대 세대에게 과중한 부담을 지우는 것이다.

다시 말하면 현행 국민연금에 내재되어 있는 보험료의 점차적 인상계획은 미래세대에게 막대한 짐을 지우는 것이 아니라 미래세대가 노인을 부양해야 할 당연한 역사적·도덕적 부채이며, 농업사회에서 산업사회로 이행하는 과정에서 노인부양의 세대간 공평성을 확보하는 장치이다. 따라서 후세대의 부담을 완화하기 위해 보험료를 높이고, 연금액을 줄이자는 것은 노인부양의 세대간 공평성을 확보하는 것이 아니라 오히려 세대간 불공평성을 악화시키는 것이다.

또한 1998년 국민연금법 개정으로 급여수준을 70%에서 60%로 낮춘 점을 기억해야 한다. 10%의 급여수준 인하는 후세대의 연금보험료 부담을 장기적으로 4~5% 정도 낮추어 주는 효과가 있다. 즉, 1998년 연금법 개정으로 이미 후세대 부담은 충분히 낮추어 주었다. 그리고 현재 국민연금 적립금 200조원 중 약 1/3에 달하는 약 60조원 이상이 현세대가 낸 보험료를 투자하여 벌어들인 수익금이라는 점도 상기할 필요가 있다. 이 수익금이 없다면 후세대는 더 많은 보험료를 부담해야 한다. 현세대의 보험료로 이 정도 수익금을 올렸으면 후세대의 부담은 그만큼 경감된 것이다. 요약하면 현행 연금제도는 후세대에게 일방적으로 과중한 부담을 지우는 제도가 아니라는 것이다. 따라서 후세대의 부담 과중을 이유로 급여수준을 낮추는 연금개혁을 해야 한다는 논리는 세대간 노인부양의 관점에서 보면 설득력이 없으며 연금개혁의 근거가 되지 못한다.

4. 재정안정화 논리의 역효과

(1) 노후빈곤 예방 기능의 붕괴

앞에서도 언급했듯이 국민연금의 일차적 목적은 노후빈곤을 예방하는 것이며 재정운영방식은 일종의 수단이다. 국민연금제도가 처음부터 부분적립방식으로 기금을 적립하는 방식을 택한 것은 1980년대 중반 당시 한국의 경제·사회적 상황을 고려한 수단이다. 그러나 보험수리적 재정안정화론에 입각한 연금개혁론은 국민연금의 근본 목적이 노후빈곤예방이라는 점을 망각하게 만든다. 공적연금은 노후빈곤을 예방하는 것이지 재정안정화를 위해서 존재하는 것이 아니라는 점을 명확히 해야 한다. 광범위한 노후소득 빈곤이 예상되는 상황에서 국민연금의 재정이 아무리 안정적이면 무슨 의미가 있는가? 연금을 위한 연금이지 노후빈곤 예방을 위한 연금이라고 보기 어렵다.

현행 국민연금은 60%의 연금을 보장한다고 하지만 이것은 40년 동안 보험료를 납부한 경우에 해당된다. 대부분의 가입자가 40년의 보험료 납부 기간을 채우지 못하기 때문에 상당수의 국민들에게 60%의 연금수준은 불가능한 수치이다. <표 11-3>에서 보는 것처럼 20년을 가입 기간으로 볼 경우 평균소득자의 실질 연금액은 40만원 수준에 불과하여 2003년 1인가구 최저생계비 35만 5천원을 겨우 넘는 수준이다. 현행 60%보다 급여수준을 더 인하하여 50% 혹은 40%로 연금액을 인하하면 가장 평균적인 소득을 가진 가입자의 연금액조차도 최저생계비 이하 수준으로 떨어지게 된다. 국민연금은 '용돈 연금'으로 전락되어 말 그대로 '기초연금'이 될 것이다. 즉, 공적연금제도의 일차적 목적인 노후빈곤 예방 기능이 치명적인 손상을 입게 될 것이다.

〈표 11-3〉 60% 소득대체율/20년 가입 시 평균소득자의 급여액 (2002년 가격기준, 단위: 만원)

사업장 가입자	1988	1998	2004	2010	2030
	44	40	40	40	40
지역 가입자	1995	1999	2004	2010	2030
	41	40	40	40	40

* 자료: 국민연금발전위원회(2003: 116)
* 비고: 연도는 가입자의 최초 가입년도를 의미함.

(2) 너무 큰 국민연금기금

보험수리적 재정안정화에 입각한 연금개혁안은 또 다른 중요한 문제를 야기시킨다. 현행 보험료 9%와 급여수준 60%를 그냥 두면 2030년 초반에 최고 GDP의 50% 가까운 연금기금이 적립된다. 정부의 처음 안대로 보험료율을 12.9%로 인상하고, 급여수준을 50%로 낮출 경우 수입은 많아지고 지출이 줄어들기 때문에 기금 규모는 더 커지게 되어 GDP 80% 정도가 적립되게 된다[7]. 국가가 운영하는 단일 연금제도의 기금이 GDP 대비 80%를 적립하는 것은 세계적으로 유례가 없는 일일뿐만 아니라 경제적으로 다양한 부작용을 불러일으킬 가능성이 너무나 농후하다(한성윤, 2007). 몇 가지 예를 보자.

현재대로 국민연금기금의 투자방식을 고수하게 되면 국민연금기금의 규모가 너무 크기 때문에 한국 내의 우량주식과 우량채권의 상당 부분을 국민연금이 독식하게 된다. 이미 200조원이 축적되어 있는 국민연금기금은 우리나라 총채권 발행액의 19%를 차지하고 있다. 좀 더 극단적으로 표현하면 국민연금기금이 대기업의 투자자금화되는 측면이 나타나고 있다. 안정적인 수익을 올리기 위해 우량주와 우량채권에 투자하는 것은 국민연금기금이 국민의 돈을 모아 대기업의 투자자금을 대주는 결과로 나타나고 있다. 물론 나쁘다는 의미는 아니다. 하지만 지금처럼 대기업과 중소기업의 양극화가 발생하고, 중소기업의 활성화가 한국경제 활성화의 핵심적인 정책으로 부각되는 시점에서 기존의 투자방식이 국민연금기금의 올바른 투자방향인지 대대적인 토론을 해보아야 한다.

나중에 기금을 현금화할 때도 경제적으로 감당할 수 없는 문제점이 발생된다. 가령 연금을 주식이나 채권으로 줄 수는 없으니 연금관리공단은 연금을 지급하기 위해 주식이나 채권 혹은 부동산을 현금화해야 한다. 현금화는 다른 사람들이 주식이나 채권을 구매해야 가능하다(즉 다른 경제주체가 주식이나 채권을 구입하여 저축을 해야 한다). 그런데 어떤 방식으로 연금을 개혁하든 GDP의 50% 이상 쌓이는 돈을 10~20년 사이에 모두 현금으로 전환하여 연금을 지급하는 것이 가능한 일인지 극히 의심스럽다. 주식시장에서 수천억원의 매물이 아닌 수조원의 매물이 한꺼번에 쏟아져 나오는 현상이 단기간이 아닌 10여 년에 걸쳐서 발생한다고 생각해 보자. 상식적으로 수용하기 힘든 상황이 된다. 보험수리적 재정안정화 개념은 이러한 문제점을 완화시키기보다는 더욱 크게 만들게 된다.

---

7) 국민연금기금의 규모도 사회적으로 공감을 얻을 수 있는 정확한 추계치가 없고 들쭉날쭉이다. 가장 중요한 판단의 근거가 없는 셈이다. 최근 정부자료에 의하면 현행 제도하에서 최대 GDP의 48.7%가 적립되고, 정부안대로 하면 GDP의 83.3%가 적립되는 것으로 나타나고 있다(보건복지부, 2006b). 연금개혁과 관련하여 사회적으로 공감할 수 있는 정확한 데이터의 산출과 이 수치에 대한 합의가 없으면 연금개혁 논의는 아전인수식 주장만 난무할 뿐이다. 보통 정부 추계치는 추계의 가정치와 방법론 등이 공개되고 검증되는 과정이 생략되어 신뢰성 있는 수치로서 논의하기 어려운 경우가 많다. 연금개혁의 사회적 합의를 중시하는 국제노동기구에서는 연금개혁의 필수조건 중의 하나로 사회적으로 신뢰할 만한 연금 관련 통계의 제공을 들고 있다(Reynaud et al., 2000).

5. 국민연금 개편안의 검토

(1) 국민연금의 개편과 노후의 불안 증가

2003년 국민연금발전위원회에서 제안한 국민연금법 개정안은 정치권에서의 우여곡절을 겪은 이후 상당한 수정을 거친 이후 2007년 4월 정부여당 안으로 국회에 제출되었다. 이 안은 국민연금의 보험료율을 12.9%까지 인상하고, 급여수준은 50%(장기적으로 40%로 인하)로 인하한다는 국민연금법 개정안과, 소위 사각지대 해소를 명분으로 전체 노인인구의 60%에 월 8만 7천원 정도(국민연금 전체 가입자 평균소득의 5%)의 기초노령연금을 지급한다는 내용을 담고 있었다. 그러나 국회 본회의에서 국민연금법 개정안은 부결되었고, 기초노령연금법안만이 통과되었다. 그러나 2007년 7월에 열린 국회 본회의에서는 보건복지위원회 법안심사 소위원회에서 열린 우리당과 한나라당이 합의한 국민연금법 개정안과 기초노령연금법안 수정안이 통과되었는데 그 주요 내용은 <표 11-4>에서 보는 것처럼 국민연금의 보험료율은 9%를 유지하되, 급여수준은 2028년까지 40%로 인하하며, 기초노령연금액을 국민연금 가입자 평균소득의 5%에서 2028년까지 10% 수준으로 인상한다는 것이다.

이러한 국민연금법 개정안은 노후빈곤 예방이라는 공적연금제도의 목적에 비추어 볼 때 너무나 큰 후퇴이다. 즉 재정안정화론과 후세대부담론에 근거하여 연금액을 무려 34% 포인트나 인하시킨(60%에서 40%) 이번 국민연금법 개정안은 세계적으로 유례를 찾기 어려운 '무지막지한' 연금축소일 뿐만 아니라 국민연금의 노후소득보장 기능을 현저히 약화시켰다. 가령 개정국민연금법에 의하면 2007년 현재 가치로 신규 가입한 월 180만원 소득자가 20년간 보험료를 납부한 경우[8] 월 36만원 정도의 연금을 받게 되는데 이는 2007년 1인가구 최저생계비 435,921원에 현저히 미달하는 액수이다. 때문에 대다수의 가입자들이 그야말로 용돈 수준의 연금을 받게 되어 국민연금 전체가 그야말로 '기초연금'으로 변해 버렸다. 결국 노후빈곤예방이라는 국민연금의 근본적 목적이 설득력 없는 재정안정화론(기금고갈)에 밀려 결정적으로 훼손된 것이다.

---

[8] 우리나라 국민연금 가입자의 평균가입기간은 40년이 아니라 21.7년 정도에 불과하다. 이 수치는 2003년 국민연금발전위원회에서 공식적으로 사용한 수치이다.

〈표 11-4〉 국민연금법 및 기초노령연금법 개정안 내용(2007년 7월)

국민연금법 개정안 내용

1. 국민연금의 보험료율은 현행대로 9%를 유지한다.
2. 국민연금의 급여대체율은 현행 60%에서 2008년 50%로 인하하고, 2009년부터 2028년까지 매년 0.5%p씩 낮추어 2028년 이후 40%로 한다.

기초노령연금법 개정안 내용

1. 기초노령연금의 지급액을 현행 가입자 평균소득의 5%에서 2028년까지 10%로 단계적으로 인상하되, 연금지급액의 조정에 따른 소요재원대책, 상향조정 시기와 방법, 기초노령연금과 국민연금의 통합 등을 논의하기 위하여 2008년 1월부터 연금제도개선위원회를 국회에 설치·운영한다.
2. 본인 및 배우자가 모두 기초노령연금을 수령하는 경우 각각의 지급액에 대한 감액률을 현행 16.5%에서 20%로 높인다.
3. 공적연금제도의 기반이 약화되지 않도록 기초노령연금의 병급조정 규정을 삭제한다.
4. 연금액 지급에 따른 계층간 소득역전 현상과 근로의욕 및 저축유인 저하가 초래되지 않도록 최대한 노력한다.
5. 2009년 1월 1일 당시 기초노령연금수급자가 65세 이상인 자의 70%가 되도록 한다.
6. 중증장애인을 위한 사회보장 강화를 위한 법률안을 조속한 시일 내에 따로 마련한다(부대결의).

2007. 6. 29.
보건복지위원회 법안심사소위원회

이번의 국민연금법 개정으로 보험수리적 의미의 연금재정은 약간 좋아지겠지만 그렇다고 기금고갈이 완전히 없어진 것도 아니다. 정부에 의하면 이번 개정안에 따라 기금고갈 시점이 2040년대 후반(2047년)에서 2060년으로 13년 정도 연장되는 것이다(보건복지부, 2007: 3). 재정 고갈 시점을 13년 정도 연장했다는 의미에서 재정안정화의 계기가 되었다고 평가할 수는 있으나 기금의 규모가 GDP의 50%에서 65% 내외로 더욱 커지게 되기 때문에 앞에서 서술한 막대한 기금이 가져오는 여러 가지 문제점들이 더욱 확대되어 나타날 것으로 예상된다.

(2) 기초노령연금: 불명예스러운 공공부조 혹은 기초연금의 맹아?

정부의 국민연금 개편안은 기초노령연금제도의 도입과 쌍을 이루어 나온 것이다. 때문에 전체적인 노후소득보장 개혁의 평가는 이 안을 동시에 검토해야 한다. 공적연금제도의 유형을 단순화시켜 보면 ① 사회보험방식의 소득비례연금(예: 독일), ② 조세방식의 기초연금(예: 호주), 혹은 보험료 방식의 기초연금(예: 영국) ③ 소득비례와 기초연금이 혼합된 방식이 있다(예: 일본). ①의 방식은 노동시장에서의 생활수준을 은퇴 이후에도 유지시키겠다는 생활수준 유지가 연금제도의 주목적이며, ②의 방식은 생활수준 유지보다는 노후의 최소한의 삶을 유지시키는 방빈이 주목적이고, ③의 방식은 생활유지 기능과 방빈기능을 혼합시키는 것이다. 이렇게 보면 한국의 국민연금은 ③의 방식과 가장 유사하다. 이번에 재개정된 기초노령연금법은 ③의 방식에서 방빈기능을 강화하는 기능을 할 것으로 보인다.

2007년 4월 국회에서 통과되고 7월에 재개정이 이루어진 기초노령연금법은 전체 노인 60%에게 국민연금 전체 가입자 평균소득의 5%를 지급하되, 그 금액을 점차 늘려 2028년까지 평균소득의 10%를 지급하겠다는 것이 골자이다. 몇 가지 핵심적인 문제점을 지적하면 다음과 같다. 첫째, 향후에 연금대상자를 늘려 제대로 된 기초연금 형태로 발전시켜 방빈기능을 강화시키겠다는 것인지, 아니면 지금 수준을 그대로 유지하여 소액의 현금을 나누어주는 방식으로 한정하겠다는 것인지 불분명하다. <표 11-4>의 합의안에 따르면 2009년에는 기초노령연금 대상자가 70%로 되어 있으나 2009년 이후에도 계속 70%의 노인에게 연금을 지급한다는 것인지 불분명하다. 복지부의 최근 자료에 의하면 2009년에만 70%의 노인에게 기초노령연금이 지급되고 그 이후에는 국민연금 대상자가 성숙함에 따라 대상자가 축소될 수 있다는 점을 부정하지 않고 있다(보건복지부, 2007). 따라서 기초노령연금 대상자가 지속적으로 확대되어 보편적인 기초연금 형태로 제도가 진화될 것이라는 개념이 정부안에는 없다. 대상자가 현행 수준을 유지하거나 혹은 축소된다면 기초노령연금은 확실한 방빈 기능이 없는 어정쩡한 제도로 남아 노인들에게는 '불명예스러운 공공부조'적 성격의 수당으로 고착될 가능성이 높다. 그리고 국민연금의 사각지대 해소를 위한다는 제도 도입의 명분도 색이 바라게 된다.

둘째, 기초노령연금 지급을 위해서는 대규모의 재원이 필요한데, 재원 배분의 효과성이라는 측면에서 문제가 제기될 수 있다. <그림 11-1>은 전체 노인을 소득수준에 따라 분류한 개념도 있다. A 집단은 극빈층 노인으로 현재 기초생활보장법에 의해 생계보호를 받는 노인이고, B 집단은 극빈층이지만 부양기준 등에 의해 기초법 수급자에서 제외된 노인집단이다. C 집단은 기초법 수급자 소득의 120%에 해당되는 소득을 가진 집단이며 D 집단은 소득이 어느 정도 있으나 전체 노인의 60% 이하에 해당되는 집단이다. 이번에 개정된 기초노령연금법은 E 집단을 제외한 전체 노인에게 약 9만원 정도 (2007년 현재 가치)의 연금을 지급한다는 것이다9). 문제는 기초노령연금법에 소요될 재원을 실질적인 극빈층이지만 아무런 생계보호를 받지 못하는 B 집단과 C 집단에게 집중적으로 지원하는 것이 나은지 아니면 현행처럼 소액이라도 60%의 노인에게 지급하는 것이 나은지에 대한 자원배분의 효과성(방빈의 측면에서)에 대한 논란이 일어날 가능성이 높다[10].

〈그림 11-1〉 기초노령연금제도의 포괄 범위 개념도

	E 집단	
전체 노인의 60% 선		
	D 집단	
최저생계비	C 집단(차상위 계층)	
극빈층 노인집단 →	A 집단(기초법 수급자) 노인 36만 7천명	B 집단(기초법 미수급자)

셋째, 기초노령연금은 공공부조로 이해될 가능성이 높고 노인의 60%를 선정하는 과정에서 행정적 과부하가 걸릴 가능성이 있다. 즉, 왜 60%인가에 대한 해답이 궁색하다. 60%는 공공부조도 아니고 보편적 수당도 아닌 어정쩡한 형태이다. 80%이면 보편주의적 수당적 성격이 강화된 제도라고 볼 명분이 있으나 60%는 이도 저도 아니다. 내용적으로 이미 공공부조 형태로 보는 것이 타당해 보이며 이 경우 기초노령연금은 노인이 받는 보편적 공적연금이 아니라 소득이 충분치 못한 노인이 받는 '명예롭지 못한 공공부조 수당'으로 이해되고, 받는 노인의 심리적 만족도와 저항감이 클 수도 있다. 60%의 노인을 선정하는 절차와 행정능력에서도 여러 문제가 발생될 수도 있다. 기초노령연금법에는 기초법의 소득인정액 기준을 기본으로 하여 대상자를 선정할 것으로 보이는데 대상자 선정 과정에서 상당한 논란이 벌어질 것이다.

---

9) 물론 이미 생계보호를 받거나 혹은 국민연금을 받고 있는 노인이 상당수인 D 집단에는 동일한 액수가 지급되지 않고 차등지원이 될 가능성이 높다.

10) 여기서도 행정적으로 복잡한 논란이 벌어질 수 있다. 가령 기초법 수급자에게 월 9만원이 지급되면 기초노령연금을 소득으로 인정할지 말지의 문제가 발생된다. 만약 기초법 수급 노인 중 일부가 기초노령연금으로 소득이 높아지면 기초법 대상자에서 제외되어 의료급여 등 여러 가지 혜택이 박탈되는 논란이 벌어질 수도 있다.

넷째, 국민연금의 소득대체율이 40%로 인하된다 하더라도 기초노령연금 10%가 부부 각자에게 제공되므로 총 노령연금액이 그렇게 낮지는 않으며 최저생계 수준을 보장할 수 있다고 주장할 수도 있다. 하지만 기초노령연금 대상자가 60%에서 더 축소될 가능성이 높고 국민연금을 수령하는 상당수의 노인이 기초노령연금 대상자에서 제외되거나 혹은 대상자가 되더라도 감액된 기초노령연금을 받게 되기 때문에 국민연금과 기초노령연금액을 합친 총연금액이 충분한 수준이 될 가능성은 그리 높지 않다.

6. 기초소득보장제도 도입의 필요성

(1) 기초소득보장제도의 의미

가입자의 1/3정도가 기여금을 납부하지 않고 평균 가입기간도 21.7년 정도로 추정되는 사회보험방식의 현행 국민연금에서, 소득대체율 60% 수준이 높다거나 낮다는 논란은 생각보다 의미가 없을 수 있다. 사회보험방식의 연금제도는 기여 기간과 급여수준이 비례하기 때문에 기여 기간이 실제 연금액의 상당 부분을 결정한다. 따라서 40년 가입을 기준으로 한 명목대체율 60%는 사실상 허구의 수치이다. 2/3 의 노인인구에게 명목대체율 60%를 보장하는 제도보다는 전체 노인인구에게 40%의 실질적 대체율을 제공하는 제도가 연금의 목적에 더 부합될 수 있다. 즉, 연금의 보편성과 실질대체율을 높이는 방향으로 제도 개편이 이루어진다면 60%의 명목대체율을 고집할 근거가 약화된다는 것이다. 조세 혹은 공적재원으로 지급되는 보편주의적 기초연금이나 보편주의적 노령수당 등은 기여방식에 기초한 사회보험제도보다 실질대체율을 높이는 데 더 유리한 방향임은 물론이다.

양극화로 상징되는 한국의 노동시장구조의 변화는 사회보험방식의 국민연금제도의 정당성을 점점 위협하고 있다. 국민연금은 경제활동 인구의 대략 2/3를 포괄하고 있고, 나머지 1/3은 제외시키고 있다. 연금에 들어와서 보험료를 내는 사람은 정규직 근로자, 소득이 어느 정도 파악되는 일정 규모 이상의 자영업자와 농민들이다. 빠져 있는 사람은 비정규직, 영세자영자, 실업자 등 우리 사회의 취약계층이다. 즉 비교적 사회적으로 안정적인 인구는 연금에 들어서 나중에 연금의 혜택을 받고, 현재 고용 상태가 극히 불안하거나 저임금 직종은 연금에서 제외되므로 나중에 연금을 못 받을 가능성이 매우 높다. 국민연금의 노후생활의 양극화를 조장하는 형국이다.

이 상황을 돌파하기 위해서는 기여와 급여의 연계를 약화시키거나 단절시키는 연금제도의 도입은 거의 불가피하다. 즉 연금 지급의 근거가 시민권이나 거주기간 등에 연계되는 제도의 도입이 불가피하다. 기여능력과는 무관하게 일정액의 연금을 지급하는 방식을 기초소득보장제도로 이해하면 다양한 형태가 나올 수 있다. 물론 조세방식의 기초연금이 가장 유력한 방안이고 설득력이 있다[11]. 기초연금이 도입된다는 것은 공적연금의 재정운용이 부분 '적립방식'에서 부분 '부과방식'으로 이행한다는 것을 의미한다. 즉 부분적으로 부과방식을 도입한다는 것을 의미한다. 이것은 경제의 불확실성이 증가하는 상황에서 미래에 닥칠 위험을 분산시키는 효과도 있다. 즉 연금 전체가 완전부과방식 혹은 완전적립방식으로 운영되는 것보다는 부과방식과 적립방식을 혼용하는 것이 경제적 위험에 대비하는 좀 더 적절한 방식일 수 있다. 즉, 기초연금 도입은 공적연금의 재정운용의 리스크를 줄여준다는 의미도 있다.

(2) 기초연금제도의 다양한 유형[12]

기초연금제는 국가별로 다양한 형태를 유지하고 있다. 기초연금제도는 수급자격 요건과 재원조달 방식에 따라 크게 조세방식형과 사회보험형으로 나누어 볼 수 있다. 조세방식형은 선정 기준에 따라 보편주의형과 자산조사형으로 나누어 볼 수 있다. 호주에서 시행되고 있는 자산조사형은 자산 및 소득조사를 전제로 연금급여가 지급되는 것이며, 캐나다에서 시행되고 있는 보편주의형은 거주기간이 연금급여의 지급 기준이 된다. 호주의 자산조사형은 사실상 보편주의에 가깝고 최소한의 생활을 보장해 준다는 점에서 보편적 기초연금이라고 할 수 있지만, 일본이나 영국은 기초연금의 재원조달방식이 기여를 전제로 지급이 되는 사회보험형 방식으로 조세방식의 기초연금과는 차이가 있다. 하지만 일본과 영국에서도 일정 기간 기여기간이라는

---

11) 물론 두고 보아야겠지만 최근 도입된 기초노령연금제도의 포괄범위가 확대된다면, 즉 공공부조의 성격보다는 보편주의적 수당의 의미가 더 부각된다면 나름대로 기초소득보장의 기능을 할 수도 있다.

12) 이 부분은 별도의 각주 없이 각국의 연금 관련 웹사이트 등의 조사를 통해 작성된 것이다. 웹사이트 주소 등은 논문 뒷부분의 참고문헌에 제시하였다.

전제조건을 충족하지 못할 경우 연금크레디트와 같은 제도를 통해 가능한 급여의 보편성과 적정성을 확보하려고 한다.

⟨표 11-5⟩ 기초연금 유형별 사례

구 분	조세방식형		사회보험형	
	캐나다	호주	영국	일본
적용 기준	거주기간 10년 이상, 65세부터	- 거주기간 10년 이상일 경우 수급권 부여 - 소득 및 자산조사로 결정	- 최소 11년 이상 가입(최대 44년 가입 시 완전연금지급)	보험료 납부기간 + 보험료납부 기간의 1/3이 40년이면 완전 기초연금액 지급
재정 방식	조세		보험료	
소득대체율 (완전기초연금 기준)	근로자 월평균소득의 17%	근로자 평균소득의 25%	근로자 평균소득의 16%	후생연금가입자 월평균소득 대비 21.3%
노후보장체계	기초연금 + 소득비례연금 + 사적연금	기초연금 + 퇴직연금 보장(민영연금)	기초연금 + 소득비례연금 + 민간연금	기초연금 + 후생보험
수급자 규모 (65세 이상 노인 대비)	99.5%	82%	92%	약 78%

* 자료: SSA(2004, 2003)

기초연금제의 수급자 포괄범위는 꽤 광범위하여 조세방식형 기초연금제를 실시하는 캐나다의 경우 65세 이상 노인 전체가 수급자이고 다른 나라의 경우도 대략 80% 내외의 노인인구를 포괄하고 있다. 소득대체율은 근로자 월평균소득의 17%~25%까지 다양하다. 보험방식으로 운영되고 있는 영국의 기초연금은 충분한 기여를 수급조건으로 하고 있다. 즉, 연금수급을 위해서는 근로기간의 25% 이상 공적연금에 가입해야 하며, 완전연금의 전제조건은 전체 노동기간의 10분의 9 이상 가입이력이 있어야 한다. 가입이력이 근로기간의 90%에 미달하는 경우에는 비례적으로 감액된 연금을 지급한다. 급여액은 가입기간에 비례하도록 설계되어 있다.

일본은 기초연금에 20세 이상 60세 미만의 모든 국민이 의무가입을 해야 하며, 수급개시 연령은 65세부터로 정액보험료를 25년 이상 납부해야 수급자격이 주어진다. 기초연금의 정액보험료는 월 13,300 엔(2001년 후생연금가입자 평균소득의 4.4%)으로 부과되며, 소득수준과 무관하게 정액의 연금이 지급되는데 평균연금액은

49,000 엔이었다(2001년 기준). 기초연금재정에 투입되는 국고부담의 비율은 1/3로 2009년까지 1/2로 인상할 예정이다. 기초생활보장대상자 등 보험료 납부가 어렵거나, 실직자 등 일시적으로 보험료 납부가 곤란한 자의 경우 보험료면제 기간을 두고 가입기간 산정시에는 포함시키나 급여산정 시 1/3만 인정된다. 완전기초연금의 경우 가입기간에 비례하여 감액된다. 일본의 기초연금은 수정부과방식으로 운영되고 있다. 일본과 영국은 보험방식의 기초연금이면서도 일본은 정액제며, 영국은 정률제라는 차이가 있다. 정액부과의 경우 저소득층의 부담이 늘어나 소득분배의 역진성 문제가 나타나며 사각지대 문제를 해소하기 위해 국고부담이 늘어나는 경향이 있다.

조세방식으로 운영되는 캐나다의 기초연금은 65세부터 지급되는데 18세 이후 최소한 10년 이상 캐나다에 거주해야 수급자격이 주어진다. 완전노령보장연금을 받기 위해서는 40년 이상 거주해야 하며, 퇴직전 소득의 약 15%가 노령보장연금으로 지급된다. 40년에 미달하는 거주기간에 따라 감액되며, 소득조사에 의해 감액되거나 고소득층의 경우 지급이 정지될 수도 있다. 호주의 경우 기초연금은 일반조세를 재원으로 하는 정액급여로서 과거의 노동시장 참여 여부와 상관없이 소득과 자산조사를 통해 대상자를 선정한다. 연금수급 개시연령은 남성 65세, 여성 60세이며 연금액은 물가지수에 연동되어 조정된다. 호주도 캐나다와 마찬가지로 일정소득이나 자산규모 이상인 경우 감액되거나 지급이 정지된다.

기초연금은 유형에 따라 각각 장단점이 있는데, 수급권의 보편성 측면에서는 조세방식의 기초연금이 보험방식에 비해 유리하다. 보험방식 기초연금의 경우 소득파악 문제나 보험료 부담의 형평성 문제, 사각지대 문제가 해결이 안 되는 등 현행 국민연금체계에서 노출되는 문제점을 그대로 떠안게 될 가능성이 크다. 조세방식의 기초연금 도입 시 가장 우려되는 부분은 두말할 필요도 없이 재원조달 문제이다.

(3) 기초연금제도 방안의 비교 검토

우리나라 기초연금제 도입에 관한 논의는 1997년 연금제도개선 기획단에서 논의가 시작되었으나 보험방식 기초연금제도의 한계점 때문에 사장되었다(국민연금제도개선기획단, 1997). 2004년 17대 총선을 전후로 국민연금 구조개혁 방안으로 한나라당과 민주노동당에서 기초연금제도 도입을 제안한 것이 최근의 논의이다. 한나라당이 제안했던 기초연금안은 현행 일원형 국민연금을 기초연금과 소득비례연금 2원형으로 전환하자는 것이다. 한나라당은 전국민을 가입대상으로 하고, 소득대체율은 전체가입자 평균소득의 20% 수준을 보장하자고 제안했다. 재원조달에 관해서는 부가가치세가 논의되었으나 아직 공식적인 입장은 없다. 민주노동당의 경우 '무기여 기초연금제도', 최근에는 '단계적 기초연금'(민주노동당, 2006)을 제시하고 있다. 이는 기존의 거주기간을 적용기준으로 하던 방안에서 65세 이상 국민의 80%를 대상으로(상위 20% 노인 제외) 최저생계비 수준의 급여 지급을 골자로 한다. 기초연금의 최종 소득대체율은 15% 수준으로 잡고, 2008년 도입 시에는 8% 수준에서 시작하며 매년 0.5%씩 점진적으로 인상하여 2028년에 15% 수준에 이르게 하자는 것이다. 재원은 역시 전액 조세에 의해 조달하는 방안이다. 각 정당별 기초(노령)연금 비교는 <표 11-6>과 같다.

〈표 11-6〉 각 정당별 기초(노령)연금 비교

	열린우리당	민주노동당	한나라당
명칭	기초노령연금	기초연금	기초연금
지급대상(65세 이상)	노인 60%	노인 80%	노인 100%
연금액(도입년도)	7~10만원 (2007년)	8만 3천원 (2008년)	14만원 (2006년)
급여율	5%(?)	5%에서 15%로 점진 상향	9%에서 20%로 상승
기초연금 비용 (공제 전 비용)	2조 2천억(2조 7천억)	2조 9천억 (3조 7천억)	8조 1천억 (9조 3천억)
2030년 필요 재정 (GDP 대비)	0.3%	2.9%	5.5%

* 이 표는 2007년 7월 국민연금법 개정안과 기초노령연금법 개정안이 통과되기 이전의 각 당의 제안을 정리한 것임.

기초연금제도의 도입은 여러 가지 방안이 있을 수 있으나 지금까지 논의되었던 각 정당의 안에서 크게 벗어나기 어렵다는 현실적인 조건이 있다. 이번에 통과된 기초노령연금법안은 전술한 것처럼 기초연금의 목표가 보이지 않기 때문에 사실상 기초연금의 의미가 극히 약하다. 때문에 민주노동당 안과 한나라당의 안이 현실적으로 택할 수 있는 안이다. 위의 방안을 중심으로 볼 경우 몇 가지 원칙을 제시할 수 있다.

첫째, 가족단위의 사적인 노인부양 부담을 고려하여 기초연금 수준을 낮게 출발하여 점진적으로 높이는 것은 타당하다.

둘째, 전체적인 명목대체율이 낮아진다 하더라도 기초연금의 도입으로 실질대체율이 높아지면 긍정적 의미를 갖는다.

셋째, 기초연금과 소득비례연금의 소득대체율의 합이 소득비례 부분에 평균적으로 기여한 기간을 가진 중간소득자의 경우 최저생계비 이하로 떨어지지 않아야 한다.

넷째, 기초연금의 목표 대체율을 어느 정도 설정할지는 소득비례 부분(국민연금의 B 부분)의 소득대체율과 연동하여 결정되어야 한다.

다섯째, 기초연금 부분의 재정운용이 부과방식으로 이행할 경우 소득비례 부분의 재원조달방식은 가능한 한 완전 적립방식으로 운용될 필요가 있다.

(4) 기초연금의 재원조달 문제

기초연금이 노동시장구조 변화, 사각지대 해소, 여성의 연금 수급권 제고에 대응할 수 있는 유일한 대안이라면 문제는 재원을 어디에서 충당할 것인가의 문제가 핵심이다. 수조원의 돈이 들어가는 기초연금의 재원을 완전히 조세에서 충당한다는 것은 적어도 지금의 현실에서는 상당히 어려운 문제이다. 하지만 국민연금기금의 일부를 기초연금의 재원으로 쓰면 재원문제가 해결될 수 있다. 2005년에 국민연금보험료는 18조 5천억원이 징수되었다. 이 금액 중의 일부, 가령 25%에서 30% 수준의 보험료를 기초연금의 재원으로 쓴다고 가정하면 연간 4조 5천억원에서 5조 5천억원의 재원이 마련된다. 이처럼 국민연금보험료의 일부를 기초연금의 재원으로 쓰고, 여기에 일반재정에서 약간의 재원을 충당한다면 기초연금은 현실적인 재원마련 대책이 마련되는 것이다. 물론 연금보험료의 나머지 부분은 기존대로 계속 적립하면 된다.

국민연금기금의 일부를 기초소득보장의 재원으로 쓰면 일정한 수준의 연금기금도 유지할 수 있고, 과도하게 기금이 축적되는 데서 나오는 부작용도 현저하게 줄일 수 있다. 즉, 기금의 과도한 축적문제도 동시에 해결할 수 있다. 국민연금기금을 현세대의 노인들에게 지급하면 돈을 낸 사람들이 반발할 것이라고 생각할 수 있다. 전형적 사보험 논리에 입각한 이 의문은 국민연금의 본질에 대한 생각 자체를 바꾸어야 풀린다. 국민연금기금은 세대간의 노인부양을 위한 사회연대성의 원리에 기초해 있기 때문에 반드시 돈을 낸 사람이 연금을 타가야 하는 것은 아니다. 지금 연금보험료를 낸 사람은 국가가 완전히 소멸되지 않는 이상 나중에 후세대의 누군가에 의해 그것이 보험료를 통해서이건 아니면 조세를 통해서이건 다시 부양을 받게 된다는 확신을 심어주는 것이 연금제도의 신뢰성을 높이는 길이다. 기금고갈을 들먹이면 들먹일수록 공적연금제도의 앞날은 더욱 험난해질 수밖에 없다.

7. 결론

2007년 7월에 국회에서 통과된 국민연금법 개정안은 '품위 있는 노후'는 고사하고 공적연금제도의 본질적 기능인 노후빈곤 예방마저 심각하게 훼손한 개악이다. 기초노령연금제도가 연금액 인하를 보완할 수 있다는 주장도 희망사항일 뿐 현행 제도를 고수한다면 불명예스러운 공공부조의 한계를 벗어나지 못할 것이다. 이번 개정안이 노후빈곤예방이라는 본래적 목적에 충실하게끔 다시 개정되지 않는다면 노인인구가 1천만명을 넘어서는 20년, 30년 뒤에 우리 사회에 노인빈곤이라는 상당한 후유증을 불러올 것이다. 국민연금 '개혁'이 정치권에서 끝난 현재 시점은 역설적이게도 다시 공적연금제도의 정상적 기능 회복을 위한 개혁의 필요성을 제기하고 있다. 한국의 노동시장 구조의 변화는 엄격한 사회보험방식인 현행 국민연금제도의 한계를 갈수록 더욱 더 노출시킬 것이다. 비교적 안정된 사람들만의 노후를 챙겨주는 현행 국민연금의 한계를 극복하기 위해서는 기초연금제도의 도입은 불가피하다.

공적연금의 재원문제에 대해서도 사고의 전환이 필요하다. 공적연금의 본질은 경제활동인구가 창출한 부의 일부를 공적제도를 통해 노인세대에게 배분하는 것이다. 이 경우 경제·사회적으로 부담이 되지 않는 연금 재원의 총량을 정하는 것도 중요하며, 이것이 재정안정화의 본질적 측면이 될 수 있다. 노인인구가 늘어나도 연금지출이 경제·사회적으로 결정적 부담이 되는 방향은 바람직하지 않다. 경제·사회적으로 결정적 부담을 주지 않는 수준에서 공적연금의 지출 총량에 대한 사회적 합의가 이루어진다면 재원의 출처와 모인 재원을 배분하는 급여산출방식은 기술적으로 다양하게 만들 수 있다. 급여산식에 인구슬라이드제를 결합시킬 수도 있고(일본), GDP 성장률이나 임금성장률과 연계시켜 총량을 규제할 수 있다(스웨덴). 좀 더 본격적인 논의를 해야 되겠지만 '현재 우리 사회가 갖고 있는 지식의 범위 안에서 판단해 보면' 공적연금제도가 어떻게 바뀌든지 간에 연금제도가 성숙한 시점에서 공적연금의 지출총액을 GDP의 10% 내외로 잡는 것이 현재의 단계에서 사회적으로 합의할 수 있는 가능성이 있는 수치이다.

참고문헌

고령화 및 미래사회위원회(2005), 「노후소득보장체계의 재구축」

국민연금발전위원회(2003), 「2003 국민연금 재정계산 및 제도 개선방안」

국민연금제도개선기획단(1997), 「전국민연금 확대적용에 대비한 국민연금제도 개선」

민주노동당(2006), 「사각지대 해소와 연금 공공성 강화를 위한 국민연금개혁과 기초연금 도입 방안」, 공청회 자료집.

보건복지부(2006a), 「국민연금 개혁에 대한 국민보고서」

보건복지부(2006b), 「국민연금, 거대기금의 의미를 밝힌다」, 보도자료.

보건복지부(2007), 「복지위 법안 소위 의결 내용: 국민연금법 및 기초노령연금 개정」

영국의 노동연금부(Department for Work and Pensions) 홈페이지(2006. 11. 방문).

오건호(2006), 「국민연금, 공공의 적인가 사회연대 임금인가」, 책세상.

이용하(2006), 「기초연금제도의 가능성과 한계」(요약본), 미발간 자료.

이현주 외(2006), 「우리나라 빈곤 실태와 정책적 함의」, 한국보건사회연구원.

일본사회보험청 홈페이지 www.sia.go.jp, 2006. 11. 방문.

일본후생성통계협회(2003), 「보험과 연금의 동향」

캐나다 사회개발부(Social Development Canada) 홈페이지(2006. 11. 방문)

통계청(2006), 「2006 한국의 사회지표」

한성윤(2007), 「국민연금기금의 경제·자본시장 파급효과 분석 및 개선방안」, 안상훈 외, 『미래 한국의 경제사회정책의 쟁점과 과제』, 한국노동연구원.

호주 가정 및 지역서비스부(Department of Family and Community Services) 홈페이지 (2006. 11. 방문).

Baker, D., & Mark Weisbrot, 1999. *Social Security: the Phony Crisis*, The University of Chicago Press.

Bonoli, Giuliano & Toshimitsu Shinkawa eds., 2005. *Ageing and Pension Reform Around the World: Evidence from Eleven Countries*. London: Edward Elgar.

Gill, Indermit, Truman Packard et al., 2005. *Keeping the Promise of Social Security*, The World Bank, Stanford University Press.

Gillion, et al. eds. 2000. *Social Security Pension: Developments and Reform*, International Labour Office.

Holzman, Robert & Richard Hinz, 2005. *Old Age Income Security Support in the 21st Century*, The World Bank.

Kim, Yeon-Myung & Kim, Kyo-Seong, 2005. "Pension reform in Korea: Conflict between social solidarity and long-term financial sustainability". In Giuliano Bonoli & Toshimitsu Shinkawa eds. *Ageing and Pension Reform Around the World: Evidence from Eleven Countries*. London: Edward Elgar.

Reynaud, Emmanuel ed., 2006. *Social Dialogue and Pension Reform*, International Labour Office.

SSA, 2003. *Social Security Programme Throughout the World: Asia and Pacific*.

SSA, 2004. *Social Security Programme Throughout the World: Europe*.

Thompson, L., 1998. *Older and Wiser: the Economics of Public Pensions*, The Urban Institute Press.

제 **3** 부

사회적 약자의 인권과 사회복지

아동청소년복지 쟁점과 과제

이용교[*]

1. 시작하며

한국의 아동청소년복지는 광복과 한국전쟁을 계기로 하여 그 틀이 잡혔다. 갑자기 생긴 수많은 전쟁고아를 보호하기 위해서 아동복지시설이 설립되면서 한국의 아동복지는 제도화되었고, 혼혈아동을 미국으로 입양시키면서 국외입양이 시도되었다. 산업화와 도시화를 거치면서 청소년복지가 점차 제도화되었고, 1997년 외환위기를 계기로 이혼이 늘어나면서 보호자가 있지만 도움이 필요한 아동과 청소년을 위한 급식, 방과 후 지도, 위기상담, 공동생활가정 등이 더욱 필요하게 되었다.

한국사회에서 아동과 청소년을 둘러싸고 있는 환경은 급변하였지만, 아동청소년복지의 틀은 크게 바뀌지 않았다. 아동복지시설은 한때 고아원으로 불린 '아동양육시설'이 주류이다. 아동양육시설에는 고아가 별로 없지만 여전히 대표적인 아동복지시설이고, 대안이 되는 아동복지시설이나 사업은 별 주목을 받지 못하고 있다.

아동청소년복지가 발전하기 위해서는 아동과 청소년을 복지의 대상자로만 볼 것이 아니라, 모든 아동과 청소년이 가장 행복하게 살 수 있는 방법을 찾아야 한다. 특히 보호가 필요한 아동과 청소년이 자신의 삶을 선택하고 삶의 질을 최대한 누릴

[*] 광주대학교 사회복지학부 교수, 참여연대 사회복지위원회 실행위원

수 있도록 대안을 모색해야 한다. 아동과 청소년 혹은 그 부모나 보호자가 우선 가정에서 보호를 받을 수 있는 지지적 서비스를 개발하고, 좀 더 특별한 보호가 필요한 자를 위한 보충적 서비스를 확충하며, 대안의 가정을 제공하는 대리적 서비스를 설계해야 한다.

아동복지시설이나 청소년복지시설을 유지하기 위하여 아동과 청소년을 시설에 입소시키는 기존의 방식을 과감히 탈피하여, 이들이 가정에서 혹은 대안의 가정에서 좀 더 행복하게 살 수 있도록 해주어야 한다. 이러한 선택은 사회적 약자인 아동과 청소년의 인권이 존중받는 복지를 모색하기 위해서도 필요하고, 21세기 새로운 한국 사회복지의 지평을 열기 위해서도 시도해야 한다. 이렇게 하기 위해서는 보호가 필요한 아동과 청소년을 일찍 발견하고, 체계적으로 개입해서, 필요한 경우에 적절한 대안가정을 제공해야 할 것이다. 또한 위기상황에 있지만 자립을 앞둔 청소년은 자립할 수 있도록 도움을 주어야 할 것이다. 이 글은 위기상황에 있는 아동과 청소년이 좀 더 행복하게 살 수 있는 방안에 대해서 논의하고자 한다.

2. 아동청소년의 복지욕구를 조기에 발견하는 복지체계 구축

아동청소년복지를 체계적으로 시행하려면 가장 먼저 아동과 청소년의 복지욕구를 일찍 발견할 수 있어야 한다. 보호가 필요한 아동과 청소년이 생기지 않도록 예방사업을 잘 하면 더 좋겠지만, 문제가 없는 상황에서 개입을 하기는 쉽지 않기 때문에 보호가 필요한 아동과 청소년을 조기에 발견하는 체계를 구축하는 일이 시급하다.

한국사회에서 아동과 청소년의 복지욕구를 어떻게 발견할 것인가? 아동복지법상 보호가 필요한 아동은 "보호자가 없거나 보호자로부터 이탈된 아동, 또는 보호자가 아동을 학대하는 경우 등 그 보호자가 아동을 양육하기에 부적당하거나 양육할 능력이 없는 경우의 아동"이다.

보호가 필요한 아동에 대한 범주는 점차 확대되어 왔다. 당초에는 보호자가 없거나 보호자가 있어도 보호할 능력이 없는 경우의 아동으로 고아, 기아, 미아, 가출아 등이 거의 전부였다. 아동복지법의 개정으로 학대받는 아동과 보호자가 아동을 양육하기에 부적당한 경우까지 확대되었다.

하지만 한국의 아동복지사업은 고아, 기아, 미아, 가출아 등 보호자가 없거나 보호자가 있어도 보호할 능력이 없는 아동에 집중되어 있다. 전국에 있는 270여 개의 아동복지시설은 주로 아동양육시설, 아동일시보호시설, 아동보호치료시설인데, 그중 고아와 기아, 그리고 해체가정 아동을 중·장기간 보호하는 아동양육시설이 대부분을 차지한다. 아동양육시설은 "보호를 필요로 하는 아동을 입소시켜 보호, 양육하는 것을 목적으로 하는 시설"이다. 현재 보호를 필요로 하는 아동을 조기에 발견하여 문제행동을 수정하고 적절한 복지서비스를 제공하여 조기에 가정으로 복귀시킬 수 있는 시설은 거의 갖추어져 있지 않다.

한국사회에서 아동과 청소년복지의 대상은 흔히 부모의 이혼, 사망, 별거 등으로 인한 해체가정에서 발생된다. 2005년 한 해 동안만도 12만 8천 쌍이 이혼을 하였으며, 이혼가정에 20세 미만의 미성년인 아동과 청소년은 20만여 명으로 추산된다. 보호가 필요한 아동의 다수가 해체 가정에서 비롯되지만, 이혼 시 아동의 양육권자의 지정은 법적으로 의무화되어 있지 않고, 아동과 함께 살지 않는 부 혹은 모가 아동양육비를 지불하지 않아도 법적 처벌은 없다.

따라서 부모의 이혼 후에 어린 자녀는 적절한 양육을 받지 못하고, 조부모 혹은 외조부모에 의해서 양육되는 경우가 많다. 조부모와 손자녀가 함께 살면서 조부모가 주된 양육자인 가정은 흔히 '조손가족'이라고 불리지만, 그 가족이 국민기초생활보장법에 의한 수급자가 되기는 쉽지 않다. 그 아동과 청소년에게는 부 혹은 모가 생존하여 법적인 양육권자가 있기 때문이다.

보호가 필요한 아동과 청소년은 빈곤가정에서 비롯된다. 흔히 가정해체는 사업실패로 인한 경제적 파탄 혹은 금융기관에 빚을 갚지 못하여 신용불량자가 된 사건과 연계되어 있다. 경제적 파탄으로 가족이 해체되거나, 이혼과 별거 등 가족해체 후에 생활비의 부족으로 인한 과도한 차입으로 신용불량 등 경제적 파탄으로 이어지기도 한다.

가족해체와 경제적 파탄 등은 함께 살고 있는 아동과 청소년에게 위기를 주고, 위기 가족에서 사는 아동과 청소년은 결국 보호가 필요한 자가 되지만 한국의 복지서비스는 이들이 가정에서 이탈되어 기아가 되거나 최저생계비 이하의 소득을 가진 빈곤 가족이 될 때에만 제공된다. 아동과 청소년이 위기 상황에 있을 때 개입하여 문제를 줄이기보다는 문제가 커져서 극단적인 상황에 도달할 때 도움을 제공하는 방식이다. 이는 한국의 아동복지가 아동과 가족을 포괄적으로 돕는 지지적 서비스와 보충적 서비스 중심으로 개발되지 않았고 아동양육시설에서의 보호와 같은 대리적 서비스를 중심으로 개발되었기 때문이다.

또한 보호가 필요한 아동은 결혼하지 않은 어린 엄마(미혼모)가 출산한 경우에도 발생된다. 2005년 보건복지부가 파악한 보호가 필요한 아동 1만여 명 중에서 미혼모의 자녀로서 '입양동의'된 아동이 3,562명이다. 어린 엄마의 발생만 예방해도 전체 보호가 필요한 아동의 40% 가량을 줄일 수 있지만, 현재 아동과 청소년복지는 문제가 발생된 이후에 개입하는 체계이기에 보호가 필요한 아동을 조기에 발견하지 못한다.

2000년부터 한국은 전국에 아동학대예방센터(현 아동보호전문기관)를 설치하여 부모가 자녀를 신체적으로 학대하거나 성적으로 학대한 경우 정서적 학대 그리고 교육적/의료적 방임 등을 하는 경우에 개입하고 있다. 아동보호전문기관의 설치로 과거에 비해 보호를 필요로 하는 아동을 발견할 수 있는 체계가 더욱 발달했다. 하지만 대부분의 아동보호전문기관은 대도시에 설치되어 있어서 중소도시나 농어촌지역에 사는 아동과 청소년은 도움을 받기가 어렵다.

보호가 필요한 아동과 청소년은 지역사회에 있는 일반 가정에서 발생하기 때문에 상시적인 발견체계가 도입되어야 한다. 현행 아동복지법도 학대받는 아동을 발견한 사회복지사, 교사 등은 신고의무가 있다고 명시하고 있지만, 신고가 체계적으로 이루어지고 있다고 보기는 어렵다. 따라서 보호가 필요한 아동과 청소년을 좀 더 조기에 발견하기 위해서는 영유아보육시설의 보육교사, 초·중·고등학교의 교직원, 사설학원의 교사, 읍·면·동사무소의 공무원 등이 위기 개입이 필요한 아동을 발견할 때에는 반드시 신고하도록 해야 한다.

또한 보호가 필요한 아동과 청소년이 신고 접수된 후에는 생계급여, 교육급여, 의료급여, 학습지도, 생활지도 등 실질적인 보호조치가 제공되어 신고의 효과가 이루어져야 할 것이다. 신고를 좀 더 편리하게 하기 위하여 면접이나 전화를 통한 신고뿐만 아니라 인터넷을 통한 접수를 활성화시키고, 경찰서 지구대, 119구급대 등과 연계하여 신속한 개입과 실질적인 보호조치가 갖추어져야 한다. 이를 위해서는 보호가 아동과 청소년에 대한 위기 개입을 아동보호전문기관에만 맡길 것이 아니라, 읍·면·동사무소와 시·군·구청의 사회복지사가 좀 더 적극 개입할 수 있도록 사회복지전담공무원의 역할을 조정해야 할 것이다.

3. 아동청소년의 복지욕구에 체계적으로 개입하는 복지

보호가 필요한 아동과 청소년이 발견되면 아동복지법, 청소년복지지원법 등에 의해서 보호조치가 이루어진다. 2005년 청소년복지지원법이 시행되기 전까지는 주로 아동복지법령에 의해서 보호가 필요한 아동에 대한 보호조치가 이루어졌다.

아동복지법상 보호조치는 상담, 보호자에게 귀가조치, 아동양육시설에 입소조치, 소년가정으로 지정, 가정위탁, 입양 등이 있지만, 아동에 대한 개입은 체계적이지 못하였다. 유사한 상황에 있고 욕구가 비슷한 아동이라도 초기 개입을 어떤 기관이 하느냐에 의해서 아동에게 주어진 복지서비스는 매우 달라진다.

부모의 이혼으로 부 또는 모가 아동을 양육하기를 기피하는 경우에 어떤 아동이 '아동일시보호시설'에 의뢰된다면, 그 아동은 아동양육시설에 입소될 가능성이 높다. 만약 이 아동이 '가정위탁지원센터'에 의뢰된다면 그 아동은 위탁가정에서 살 확률이 높다. 이 아동이 교회나 성당을 통해서 의뢰된다면 공동생활가정에 입소될 가능성이 높다. 이처럼 아동이 처음 어떤 기관에 의뢰되느냐에 의해서 아동양육시설, 위탁가정, 공동생활가정 등에 배치될 수 있는 것은 아동복지서비스의 개입이 체계적이지 못하기 때문이다.

아동을 체계적으로 양육하기 위해서는 모든 시도에 1개소 이상의 아동상담소(혹은 아동복지센터)가 설립되어서 관내의 보호가 필요한 모든 아동을 일시보호하면서 초기상담, 사정을 거쳐서 가장 적합한 아동복지시설로 배치해야 한다.

하지만 현행 아동복지사업의 전달체계를 보면, 크게 아동상담소(아동복지센터), 아동보호전문기관, 가정위탁지원센터로 나누어져 있고, 각 전달체계 간 의뢰가 체계적으로 이루지지 않고 있다. 서울특별시의 경우에는 시립아동복지센터가 아동보호전문기관을 함께 운영하기에 아동을 비교적 체계적으로 분류하고 있지만 다른 시도의 경우에는 아동상담소(아동복지센터)가 없거나 있더라도 종합적인 서비스를 제공하지 못하고 있다.

대부분의 시도는 보호가 필요한 아동이 발생되면 시·군·구청의 아동복지 담당 공무원이 상담을 하고, 시장·군수·구청장의 승인을 받아서 아동양육시설 등에 입소조치를 한다. 아동은 가급적 본디 가정에서 자라는 것이 좋고, 불가피한 경우에도 대안 가정에서 자라도록 하는 것이 바람직하다고 말하지만, 현실은 아동양육시설의 입소로 종결된다.

아동청소년복지를 좀 더 체계적으로 수행하기 위해서는 모든 시도에 아동복지센터를 설치하여 이 센터가 관내의 모든 아동복지시설에 대한 종합적인 지원 기능을 수행해야 한다. 관내에서 보호가 필요한 아동이 발생되면 아동복지센터가 개입하여 초기상담을 하고, 해당 아동에게 가장 필요한 서비스를 고려하여 아동보호전문기관, 가정위탁지원센터, 아동양육시설 등에 의뢰해야 한다. 아동복지센터를 신설하는 것이 어렵다면, 시·군·구청과 아동보호전문기관의 아동복지서비스 조정 기능을 대폭 강화시키고 아동복지시설의 서비스에 대한 평가를 지속적으로 실천해야 한다.

현재처럼 아동상담소(혹은 아동복지센터)나 시·군·구청이 아동양육시설 등 아동복지시설에 아동을 보호조치한 이후에 전반적인 사항을 아동복지시설장에게 위임할 것이 아니라, 특정 아동에 대한 서비스가 아동의 가족상황과 욕구에 비추어서 재조정될 수 있어야 할 것이다.

보호가 필요한 아동과 청소년에 대한 개입은 지지적·보충적·대리적 서비스가 종합적으로 고려되어야 한다. 최근 아동양육시설에 입소되는 아동의 대부분은 이혼 등으로 인한 해체가정에서 비롯되는데, 한국의 아동복지는 대리적 서비스인 아동양육시설의 입소, 위탁가정에 의뢰, 입양 등에 중점을 두고 있다. 이혼 후에 빈곤으로 자녀 양육에 어려움을 겪고 있는 가정에 대한 경제적 지원, 자녀 양육에 어려움을 겪고 있는 부모에 대한 상담과 부모교육, 위기 가정의 아동과 청소년을 단기간 보호하는 지지적·보충적 서비스의 개발에는 역점을 두지 않고 있다.

아동을 아동양육시설에서 보호하기 위해서는 생계비 등 아동에게 직접 필요한 비용과 직원 인건비 그리고 시설운영비를 고려하면, 한 아동당 연간 평균 1천만원 가량이 소요된다. 보호가 필요한 아동을 아동양육시설에서 양육하는 것은 결코 경제적으로도 효율적이지 않기에 이들을 예방하기 위한 사업에 좀 더 역점을 두어야 한다.

보호가 필요한 아동과 청소년을 예방하기 위해서는 아동과 청소년복지의 체계를 혁신해야 한다. 아동상담과 청소년상담을 좀 더 체계적으로 시행하고, 어린 자녀를 키우는 데 어려움을 겪는 가족을 위한 복지를 획기적으로 확충해야 한다. 그 점에서 최근 국가가 적극 추진하는 지역아동센터는 더욱 활성화되어야 한다. 2006년 전국에는 약 2천여 개의 지역아동센터가 있고, 그 중 약 1천여 개소는 월 200만원씩의 지원을 받았다. 2007년부터 지역아동센터에 대한 지원은 2천여 개소로 확대되는데, 향후 그 수를 늘리고 시설당 지원액수도 증액해야 할 것이다. 한 지역아동센터의 정원이 평균 20명이면, 연간 2,400만원으로 20명의 아동을 보호할 수 있다. 이는 아동양육시설에서 2.4명의 아동을 양육하는 비용에 불과하다.

아동과 청소년을 위한 복지서비스가 확충되고 있지만 그 효과가 낮은 이유는 시설 간의 협력관계가 형성되어 있지 않기 때문이다. 아동복지서비스는 크게 입양, 시설보호, 가정위탁, 학대아동의 보호 등으로 분절되어 있다. 예컨대 지방에 있는 가정위탁지원센터와 중앙가정위탁지원센터는 연계되어 있지만, 지역사회에서 아동복지서비스를 수행하는 입양기관, 가정위탁지원센터, 아동보호전문기관 등은 법적으로 독립된 실체인 개별 사회복지법인이 독자적으로 사업을 수행한다. 상호 연계와 의뢰가 있지만, 체계적이지는 못한 편이다.

향후에는 시·군·구청과 시도청이 관내의 전체 아동복지와 청소년복지 상황을 점검하고 변화되는 상황에 맞는 복지서비스를 체계적으로 설계할 수 있어야 한다. 노인복지를 위하여 원스톱서비스 기관이 필요하듯이 보호가 필요한 아동을 원스톱으로 지원할 수 있는 체계가 시도 차원에서 기획되고, 시·군·구 차원에서 집행되어야 한다.

보건복지부에서 아동복지시설 유형별로 지침을 만들어서 보급하는 방식을 넘어서서 지방자치단체가 아동과 청소년을 위해서 어떤 복지서비스가 필요한지에 대한 종합적인 설계를 해야 한다. 인구가 줄어드는 상황에서도 기존의 아동양육시설을 계속 운영하게 하는 것은 아동의 욕구보다는 행정적 편의를 위한 것일 수 있다. 아동의 대부분은 고아가 아닌데도 고아원을 운영하던 방식으로 아동양육시설을 운영하는 것도 개선되어야 한다. 아동과 청소년을 위한 복지가 무엇인지에 대한 진지한 성찰을 통하여 아동복지와 청소년복지를 혁신해야 한다.

4. 공동생활가정과 소규모 아동복지시설의 활성화

아동과 청소년을 본디 가정에서 행복하게 살 수 있도록 해주는 것이 최상의 복지이지만, 부득이 원가족과 헤어져서 살 수밖에 없다면 적절한 대안 가정을 만들어주는 복지를 해야 한다.

그런데 한국의 아동복지는 대규모 아동복지시설을 운영하는 방식에서 1980년 중반부터 소년가정 지원사업이 병행되었다. 공동생활가정이 도입되기 전까지만 해도 보호가 필요한 아동은 대부분 아동양육시설에 입소되고 18세에 이를 때까지 시설보호를 받았다.

아동이 아동양육시설에 입소하기는 쉽지 않았지만, 일단 양육시설에 입소된 후에는 생계급여, 교육급여, 의료급여 등은 무료로 제공되었다. 아동양육시설에 입소하는 아동의 80% 이상에게는 부 또는 모가 있었지만 아동양육시설은 친부모와 별 관계없이 운영되었다.

또한 1985년부터는 부모의 사망, 이혼 등으로 사실상 보호자가 없고 소년소녀만으로 구성된 가족을 정부는 '소년소녀가장세대'로 지정하여 보호하였다. 소년가정을 생활보호대상자로 지정하고(현행 국민기초생활보장 수급자) 학용품비 등을 추가로 주는 방식이었다. 이러한 보호방식은 소년이 어떻게 가장이 될 수 있느냐는 국제사회의 비판으로 점차 축소되고 있다.

가정위탁제도는 위탁가정이 보호가 필요한 아동을 그 가정에서 돌보는 방식이다. 하지만 위탁가정의 상당수는 친인척위탁으로 과거 소년가장 중에서 조부모나 외조부모와 함께 사는 경우에 친인척위탁으로 명칭만 바꾼 사례가 많다. 진정한 의미에서 가정이 필요한 아동과 청소년에게 대안 가정을 주는 가정위탁이 아니라, 소년가장지원사업을 무늬만 가정위탁으로 바꾼 것이다.

친인척 관계가 없는 위탁가정이 아동을 양육하는 사례가 늘어나고 있지만, 아동과 청소년에게 안정적인 가정을 제공하는 사업은 좀 더 체계적으로 개발되어야 한다.

현재 정부가 아동양육시설에서 아동을 키울 경우에는 아동 1인당 연간 1천만원가량을 투자하지만, 위탁가정에서 양육할 경우에는 위탁부모에게 84만원만을 지급할 뿐이다. 위탁가정이 국민기초생활보장 수급자일 경우에는 생계급여 등을 추가로 지급하지만, 매우 싼값으로 복지를 실현하려고 할 뿐 위탁가정을 적극 육성하려는 전략이 미흡하다.

이제 보호가 필요한 아동과 청소년에게 대안 가정을 제공하는 대리적 서비스를 근본적으로 재구조화시켜야 한다. 대리적 서비스를 필요로 하는 아동을 발생시키는 큰 요인인 '어린 엄마'(미혼모)에 대한 근본적인 성찰과 요보호아동에 대한 지원정책을 혁신시켜야 한다.

먼저 어린 엄마가 출산한 아동을 직접 키울 수 있는 제도를 만들어야 한다. 정부는 어린 엄마가 출산한 아동을 대부분 국외와 국내로 입양을 시켰다. 2005년 한 해 동안만도 3,562명이 입양되었는데, 그 중 59%인 2,101명이 외국으로 입양되고, 나머지

41%는 국내로 입양되었다. 어린 엄마가 아동을 직접 양육할 경우에도 국가가 양육비를 지급하고, 국내입양을 활성화시키기 위해서 입양수수료에 대한 지원을 좀 더 일찍 제도화시켜야 했다. 다행히 국가는 2007년부터 국내 입양에 필요한 수수료를 양부모에게 지원하고, 입양아동이 18세가 될 때까지 의료급여, 교육급여를 주기로 정책을 수립하였다.

더 나아가서 국외입양을 획기적으로 줄이고, 가까운 장래에 국외입양을 중단해야 한다. 국외에 입양된 아동은 모두 15만명이 넘었고, 매년 외국으로 입양되는 아동이 2천명이 넘는데, 이는 그 해 태어난 아동의 약 0.4%이다. 저출산·고령사회에 대한 다양한 대책을 모색하면서도 한국에서 태어난 아동이 이 땅에서 자라지 못한 것은 잘못된 정책의 결과이다.

최근 늘어나는 해체가정에서 발생된 보호가 필요한 아동은 가정위탁을 획기적으로 발전시켜서 아동복지시설이 아닌 가정에서 자랄 수 있게 해야 한다. 위탁가정에 대한 지원을 아동이 아동복지시설에서 살 경우에 소요되는 사업비의 수준으로 높여야 한다. 최소한 월 50만원 상당의 수당을 위탁부모에게 지급하고, 위탁아동에게 의료급여, 교육급여 등을 제공할 것을 제안한다. 위탁가정의 경제적 수준과 상관없이 보호가 필요한 아동을 키우는 데에 대한 적절한 보상을 해야 한다.

또한 대규모 아동복지시설을 소규모 아동복지시설로 분산시키고, 공동생활가정을 활성화시켜서 대규모 아동복지시설을 대체해야 한다. 전쟁고아에게 피난처를 제공하는 방식의 아동복지를 크게 혁신시켜서 아동에게 가정을 주는 방식으로 바꾸어야 한다. 정원이 100명 내외인 시설을 바꾸어서 10명 내외를 키우는 소규모 아동복지시설, 5명 내외를 키우는 공동생활가정으로 분산시킨다. 기존 아동복지시설이 기본 재산을 처분하여 아파트나 단독주택 등을 구입하게 하고, 기본 재산의 가치를 실질적으로 보전하게 한다. 기존 아동복지시설 중에서 접근성이 좋고 전문인력을 갖춘 곳은 아동복지센터로 변경시켜서 문제행동을 하는 아동의 행동을 수정시키는 전문적인 기관으로 발전시킨다.

최근 늘어나고 있는 공동생활가정, 소규모 아동복지시설에 대한 지원을 대규모 아동양육시설에 대한 지원 수준으로 늘려서 보호가 필요한 아동이 가정이나 가정과 매우 유사한 아동복지시설에서 살 수 있도록 환경을 바꾸어야 한다. 시범사업으로 시행되고 있는 공동생활가정에 대한 지원을 늘리고, 대규모 아동복지시설을 공동생활가정과 소규모 아동복지시설로 대체하면 한국의 아동복지는 한 단계 성숙하게 될 것이다.

5. 위기청소년의 보호와 자립을 위한 복지

한국의 아동과 청소년복지는 아동복지를 중심으로 발달되었고, 청소년복지는 단편적으로 실천되었다. 1987년 청소년육성법의 제정과 1991년 청소년기본법의 제정으로 청소년복지는 조금씩 구현되었는데, 1997년 외환위기를 계기로 청소년쉼터가 확충되고 위기청소년에 대한 사회적 보호가 강조되었다.

가출청소년에게 일시적인 거처를 제공하고 상담과 생활지도를 통해서 청소년을 가정으로 되돌려 보내려는 청소년쉼터는 1992년에 처음 설립되었다. 당초 가출청소년에게 일시적으로 의식주를 제공하고 이들이 유해환경에 빠지는 것을 예방하기 위해서 만들어진 쉼터는 외환위기 이후 해체가정의 증가로 사실상 돌아갈 집이 없는 청소년이 늘어나면서 중장기보호의 필요성이 증대되었다. 따라서 청소년쉼터는 단기쉼터, 중장기쉼터로 세분되고 24시간 이내만 보호하는 일시쉼터도 시범적으로 운영되고 있다.

최근 청소년쉼터에 입소하는 청소년은 가출청소년에 국한되지 않고, 가정에서 신체적·성적으로 폭력을 당한 청소년, 학교에서 집단따돌림을 받거나 폭력의 피해를 받은 청소년, 성매수 대상자가 되었거나 성매매 경험이 많은 청소년, 지능의 저하로 사회에 적응 능력이 떨어진 청소년 등 매우 다양하다. 따라서 청소년쉼터의 전문화와 특성화가 매우 절실하게 되었다.

가출청소년의 유형에서 보는 바와 같이 보호가 필요한 청소년이 다양해지기 때문에 청소년복지 서비스도 매우 다양하게 개발되어야 한다. 또한 서비스의 목적도 일시적 혹은 단기적으로 청소년을 보호한 후에 가정으로 귀가시키는 서비스만으로는 부족하고 이들이 자립할 수 있도록 상당 기간 동안 보호하고, 가르치고, 취업을 알선하여 돕는 서비스가 확충되어야 한다.

이 점에서 정부가 2005년부터 복합적인 문제를 가진 위기청소년을 위한 안전망 구축을 위하여 동반자사업을 수행하는 것은 바람직한 개입이다. 이 사업은 복합적인 문제를 가진 청소년의 안전망 구축을 위하여 시도 청소년상담지원센터가 중심이 되어서 유관기관들과 협력하여 사례관리로 역량강화를 도모하려는 것이다. 예컨대, 학업을 중단하고 가출한 청소년이 아르바이트를 하면서 임금을 받지 못한다면, 동반자는 노동부 지방사무소를 통해서 임금을 받을 수 있게 하고, 청소년쉼터에 입소시켜 보호를 받으면서 학교를 다닐 수 있도록 지원하는 방식이다. 하지만 시도 단위에 있는 청소년상담지원센터가 적게는 수십만명 많게는 수백만명의 청소년을 포괄하기는 어렵기 때문에 청소년의 생활권별로 청소년상담지원센터(혹은 청소년지원센터)를 늘려야 할 것이다.

청소년의 복지욕구는 단순히 경제적인 욕구나 교육과 의료에 한정되어 있지 않고, 활기찬 여가생활을 위한 문화적 욕구, 정보통신의 발달로 인한 정보욕구 등 매우 다양하다. 따라서 미래의 청소년복지는 청소년이 생활양식에 맞는 다양한 청소년문화를 즐기고, 최저한의 문화생활을 누릴 수 있는 문화복지가 강조되어야 할 것이다. 선진 외국에서 청소년에게 적합한 정보를 제공하고, 청소년이 스스로 사회에 참여할 수 있도록 제도적 장치를 마련하고 있다. 향후 한국의 청소년복지는 청소년수련관을 청소년이 다양한 활동에 참여할 수 있는 청소년센터로 바꾸고, 청소년이 주도적으로 온라인/오프라인 활동을 기획할 수 있도록 기회를 제공해야 할 것이다. 청소년복지에 청소년의 관점이 반영되고, 청소년을 위한 복지만이 아닌 청소년에 의한 복지를 추구해야 한다.

6. 아동청소년복지와 가족복지의 연계

광복과 한국전쟁 이후 60여 년 동안 한국의 아동청소년복지는 전쟁고아를 응급구조하고 이들에게 의식주를 제공하는 수준에서 출발하여 점차 소득, 보건, 교육, 노동, 문화 등에서 최저수준을 확보하도록 변화되었다.

아동양육시설의 운영, 국내외 입양, 소년가장제도 등으로 위기 상황에 있는 아동에게 대안 가정을 제공하였다. 최근에는 학대받는 아동을 보호하기 위한 보호전문기관의 설치, 가정위탁지원센터의 운영, 가출청소년을 위한 청소년쉼터의 전문화와 특성화, 위기청소년을 위한 사회적 안전망 구축사업 등으로 확대되었다.

하지만 한국의 아동복지는 아직도 고아원으로 불린 바 있는 아동양육시설을 중심으로 하면서 입양, 가정위탁 등 대리적 서비스가 주류이다. 초등학교 저학년생의 방과 후 학습지도와 생활지도를 위하여 지역아동센터를 확대하고 있지만, 일부 저소득

아동만 혜택을 받고 있다.

향후 아동청소년복지는 보호를 필요로 하는 소수의 아동을 선별하여 제한적으로 복지서비스를 제공하는 선별적 서비스가 아닌 모든 아동의 삶의 질을 높일 수 있는 제도적 복지를 추구해야 한다. 모든 아동이 가정과 지역사회에서 적절한 생계, 교육, 의료 등 문화적인 최저 생활을 보장받고, 비록 부모의 사망, 이혼, 별거 등으로 가정이 해체되더라도 적절한 사회적 보호를 받을 수 있어야 한다.

100여 명의 아동이 아동양육시설에서 대규모로 보호를 받기보다는 어린 엄마라도 스스로 자녀를 양육할 수 있도록 환경을 조성하고, 국내입양을 활성화하여 국외입양을 중단시키며, 가정위탁을 활성화시켜 대규모 시설보호를 대체해야 한다. 부득이 대리적 서비스가 필요한 경우에도 10명 내외의 소규모 아동복지시설에서 보호를 받을 수 있게 하여 대규모 시설을 개혁해야 한다.

보호가 필요한 아동이 발생되지 않도록 예방사업에 주력하면서도 일단 발생된 아동의 욕구와 자원을 사정하여 가장 적절한 서비스를 조기에 제공해야 한다. 아동이 성장하면 청소년이 되고, 청소년은 아동에 비해 소득과 의료보다는 교육과 노동 그리고 자립에 대한 욕구가 강하기 때문에 그들의 욕구에 맞는 서비스가 설계되어야 한다.

아동청소년복지를 설계하고자 할 때, 아동과 청소년 당사자와 함께 가족에 대한 개입이 이루어져야 하고, 아동과 청소년이 살기에 적합한 지역사회를 만들지 않으면 안 된다. 사회복지사는 개인과 집단을 변화시킬 뿐만 아니라 지역사회와 세상을 바꾸어야 하는데, 아동과 청소년의 삶의 질을 위하여 행복한 세상을 열어가는 것은, 곧 부모와 어른을 위한 복지이기도 하다. 이 점에서 아동청소년복지는 가족복지, 지역복지 등 다른 사회복지 영역과 깊은 연관성을 지니고 있다.

참고문헌

미국아동복지시설연맹 편, 차인홍·송경옥 역(2004), 『아동복지시설 서비스 기준』, 은평천사
　　원 출판부.
이용교(2006), 『디지털 청소년복지』, 인간과복지.
이용교 외(2005), 『청소년쉼터』, 광주대학교 출판부.
이용교 외(2006), 『한국의 아동청소년권리』, 인간과복지.
이용교 외(2006), 『아동복지시설 인권평가지표』, 광주대학교 출판부.
이용교 편(2005), 『세계의 청소년과 내가 할 일』, 학현사.

장애인권과 장애인복지의 과제

유동철[*]

1. 들어가며

2차 세계대전 이후 복지국가는 서구 자본주의 국가의 국가발전 모델이 되어 왔다. 그러나 이러한 복지국가의 발전은 특정한 집단을 중심으로 이루어져 왔다는 비판이 제기되고 있다. 이러한 비판은 주로 페미니스트 진영에서 제기한 것이나, 장애인에 있어서도 마찬가지이다. 2005년 장애인실태조사에 따르면 장애인들의 50%에 가까운 사람들이 생계보장이 가장 시급하다고 지적하고 있으며, 장애인들의 평균 교육 수준은 중학교 졸업 정도의 학력에 불과하고 장애인들의 실업률은 일반인의 6배가 넘는 실정이다. 또한 장애인의 참정권도 투표소의 고층 배치와 수화, 점자 홍보물의 부족으로 크게 제한되고 있으며, 이동권도 크게 제약되고 있다.

이러한 현상이 발생한 주요 원인은 한국의 장애인복지 접근 시각에서 찾아볼 수 있다. 지금까지 한국의 장애인복지는 이른바 의료적 모델에 기초해 왔다. 의료적 모델은 장애인을 '일반인들이 충분히 행하는 일상생활을 수행할 수 없게 만드는 신체적·정신적 손상을 가진 사람'이라고 바라본다. 따라서 장애인은 일반인과 차이가 있는 다른 그룹으로 취급되고 장애인에게는 일반인과 다른 처우가 행해진다. 사회의 제도와 시설은 '일상생활에 제약이 없는' 다수의 일반인들을 중심으로 계획되고 설

---

* 동의대학교 사회복지학과 교수

계되며, 장애인에게는 별도의 보호조치가 행해진다. 이와 같은 시각으로 인해 장애인은 외딴 시설에서 '보호'받게 되고, 분리된 작업장에서 '보호'받게 되거나 취약한 장애인에 대한 사회적 양심을 발현시키기 위한 의무고용제라는 '보호'조치를 받게된다.

이와 같은 보호적 조치들은 장애인이 인간으로서 일반인과 동등한 권리를 보장받으면서 사회에 참여하는 것을 불가능하게 만들었다. 이와 같은 이유로 최근에는 장애인의 '인권'에 대한 주장들이 매우 큰 목소리로 들려오고 있다. 가로막힌 장애인의 인권을 되찾는 것이 최대의 목표이자 가치라는 것이다. 결국 인간의 존엄성을 지키면서 평등하게 사회참여 기회를 가지는 것이 장애인복지 최대의 목표라는 것이다.

본 글에서는 인권의 관점에서 장애인의 삶의 실태를 살펴보고 이에 대한 과제를 정책적·법적 영역으로 구분해 논의해 보고자 한다.

2. 장애인권의 현실과 과제

(1) 생존권

20005년 장애인 실태조사에서 재가장애인의 복지욕구를 조사한 결과, 13개로 분류된 복지욕구 중 생계보장에 대한 욕구가 48.9%로 가장 크게 나타났으며, 그 다음이 의료혜택의 확대로 전체 응답자의 19.0%였다(변용찬 외, 2006). 그리고 장애와 관련하여 충분한 치료를 받지 않은 이유도 '경제적으로 어려워서'라는 응답이 47.4%로 1순위를 차지했으며, 충분한 보장구를 구입하지 않은 이유도 '구입비용 때문'이 전체의 68.3%를 차지했다. 반면에 '장애로 인해 연금이나 일시금 등의 경제적 보상을 받은 적이 있느냐'라는 질문에 83.4%의 장애인이 '받은 적이 없다'고 응답했다(변용찬 외, 2006).

매슬로우(Maslow)는 보존의 욕구에 해당하는 생리적 욕구를 인간의 가장 기본적이고 강력한 욕구라고 언급한 바 있다. 생계보장은 의료혜택과 더불어 생리적 욕구의 대표적인 것이다. 그러나 이상의 상황을 통해 볼 때 우리나라 장애인들의 생계보장에 관한 욕구는 매우 크지만 그 보장수준은 매우 저열하다는 것을 알 수 있다. 우리나라의 경우 장애인 가구의 가구소득은 비장애인 가구의 가구소득의 62%에 그쳐 OECD 국가 내에서 가장 낮은 수준을 보이고 있다. 또한 임금소득과 급여소득이 모두 없는 장애인의 비율이 49.5%로서 멕시코를 제외한 OECD 국가 중 가장 높은 것으로 나타났다(변용찬 외, 2004).

우리나라에서 장애인의 생존권을 보장하기 위한 중추적인 제도로는 국민기초생활보장제도와 장애 관련 수당제도가 있다. 국민기초생활보장제도는 최저생계비의 부족분을 보충적으로 급여함으로써 최저생계를 보장하기 위한 것이다. 최저생계비가 낮게 책정되어 있다는 일반적인 지적 외에 장애인에게 있어서 더욱 큰 문제점은 장애인의 특수성이 반영되어 있지 않다는 것이다.

장애인의 생존권이 일반인과 동등하게 적용되기 위해서는 최저생계비가 합리적으로 책정되어야 한다. 현행 국민기초생활보장제도에서는 장애인의 특성을 고려하지 않고 획일적인 최저생계비를 책정하고 있다. 동법에서 밝히고 있는 바와 같이 최저생계비는 여러 기준에 따라 다양해질 수 있다. 특히 장애인, 노인 가구, 한부모 가정 등과 같이 가구유형에 따른 생계비의 차이는 매우 중요한 요소이다. 이러한 집단에서는 표준가구에 비해 추가로 소요되는 경비가 꽤 존재할 것이기 때문이다. 일례로 이익섭 등(1997)의 연구에 따르면 장애아동이 있는 가구에서 추가로 소요되는 비용은 장애아동 1인당 월 700,548원이나 되는 것으로 나타났다(<표 13-1> 참조).

〈표 13-1〉 장애로 인한 추가비용(이익섭 외, 1997)

구 분	추가비용 범주 구분	평균 추가비용 (1개월/원)	전체 추가비용 구성(%)
자본재 비용	특수자본재 비용	47.152	6.7
	일반자본재 비용	183.510	26.2
소비재 비용	특수소비재 비용	262.696	37.5
	일반소비재 비용	207.190	29.6
총 추가비용		700,548	100.0

정부의 공식적인 통계치를 제공하고 있는 2005년 장애인실태조사에 따르더라도 장애로 인해 월 1,554,000원이 추가로 소요되는 것으로 나타나 무시하지 못할 수준임을 알 수 있다(<표 13-2> 참조).

<표 13-2> 재가장애인의 장애로 인한 추가 소요비용(변용찬 외, 2006)　　　(단위: 천원)

구분	교통비	의료비	교육비	보호·간병비	재활기관이용료	통신비	재활보조기구	부모사후대비비	기타	계
추가비용	22.9	90.2	6.1	11.8	2.1	1.2	6.4	8.8	6.0	155.4

이와 같이 추가적인 비용이 발생함에도 불구하고 현행 정부의 공식적인 최저생계비는 가구규모별로만 최저생계비가 책정되어 있어 가구유형별 최저생계비는 알 수 없도록 되어 있다. 국민기초생활보장법의 법이념을 지키고 집단 간 형평성을 유지하기 위해서는 최저생계비가 가구유형별로 책정되어 이에 따라 최저생계를 보장하는 방향으로 제도가 설계되어야 할 것이다.

빈곤한 장애인에게 지급하고 있는 장애수당도 마찬가지의 한계를 내포하고 있다. 장애수당은 장애인복지법 제44조 및 시행령 25조에 따라 국민기초생활보장 수급자로서 장애로 인한 추가적 비용보전이 필요한 장애인에게 지급할 수 있도록 되어 있다. 2007년 현재 장애수당은 1, 2급 장애인 또는 중복 3급 정신지체인 및 자폐장애인에게 월 130,000원(차상위 120,000원), 경증장애인에게는 월 30,000원을 지급하고 있다.

현행의 장애수당은 그 성격이 불명확하다는 것이 무엇보다도 큰 특징이라고 할 수 있다. 일반적으로 장애수당이 지급되는 원인은 크게 두 가지로 볼 수 있다. 먼저 '특별한 비용에 대한 보상'이다. 이는 특별한 지출이 일어나는 경우에 이를 보상하기 위하여 급여를 제공하는 것이다. 이것은 소득수준을 고려하는 경우도 있으나 일반적으로는 특별한 지출이 일어났거나 일어날 것이 예상되는 경우 소득수준에 상관없이 지급되는 것이 일반적이다. 영국의 장애생계수당(Disability Living Allowance), 개호수당(Attendance Allowance), 호주의 이동수당(Mobility Allowance)과 장애아동수당(Child Allowance) 등이 대표적이다(김용득·유동철 외, 2002).

장애수당이 지급되는 또 다른 이유는 "소득 능력 결핍에 대한 보상"이다. 이 성격이 가미되면 장애수당은 장애인 모두에게 지급되는 것이 아니라 장애로 인해 소득 획득 능력이 떨어지는 사람에게만 지급된다. 소득 획득 능력이 떨어진다고 해서 반드시 소득이 낮은 것은 아니다. 따라서 소득이나 자산조사를 하지는 않고 중증장애인에게만 지급될 수도 있다. 영국의 중증장애수당(Severe Disablement Allowance)이 대표적이다. 또한 소득 능력의 상실은 소득의 상실로 이어진다고 보고 소득이나 자산조사를 통해서 수당이 제공되기도 한다. 이러한 제도에는 영국의 자립생활기금(Independent Living Fund)이나 장애노동수당(Disability Working Allowance), 호주의 장애지원연금(Disability Support Pension)과 보호자급여(Carer Payment) 등이 대표적이다. 소득이나 자산수준을 조사한다고 하더라도 그 기준은 공공부조를 받는 기준보다는 높다. 이 수당을 받지 않으면 생활비의 추가지출로 인해 공공부조 대상자 기준보다 낮아질 가능성이 높기 때문이다.

우리나라의 장애수당은 장애인복지법 제44조에 의해 '장애정도와 장애인의 경제적 생활수준을 고려하여 장애인의 소득보전을 위해' 지급될 수 있다고 되어 있어 앞의 두 가지 성격을 함께 고려하고 있음을 알 수 있다. 반면, 동법 시행령 제25조에는 수급자에 한해 '장애로 인한 추가적 비용보전이 필요한 자'에게 지급한다고 되어 있어 이 또한 두 가지 성격을 동시에 고려하고 있다.

장애수당에서는 앞서 언급한 급여의 원칙 중 어떤 원칙에 입각해 시행할 것인지를 명확히 해야 한다. 추가적 비용보전은 국민기초생활보장제도에서 행하도록 하여 추가지출 비용 때문에 최저생계를 누리지 못하는 사람이 없도록 해야 할 것이며 장애수당은 소득 능력 결핍에 대한 보상적 성격으로 지급되는 것이 합리적이라고 생각된다. 따라서 중증 장애인들에게 소득의 수준에 상관없이 지급하는 것이 원칙적으로는 바람직하나 차츰 적용대상을 넓혀 나가는 것이 현실적일 수 있을 것이다.

장애수당 외에 현재 시행되고 있는 장애 관련 수당으로는 장애아동부양수당이 있다. 이 제도는 1999년 장애인복지법 개정 시 보호수당과 함께 신설되었으나 보호수당은 시행되지 못하고 있으며 장애아동부양수당은 2002년부터 시행되고 있다. 지급 대상은 18세 미만의 장애아동의 보호자이며, 중증장애인의 경우 기초수급자는 1인당 월 200,000원(차상위 150,000원), 경증장애인은 1인당 월 10만원을 지급하고 있다.

일상생활이 곤란한 장애인이 있는 가구는 해당 장애인을 지원하기 위하여 다른 활동을 포기하고 돌봄 활동에 전념해야 하는 사람이 필요하다. 이럴 경우 그 보호자는 다른 소득 활동을 할 수 없을 뿐만 아니라 자신의 시간을 전혀 가질 수 없다. 장애아동부양수당이나 보호수당이 사회적으로 적절한 수준에서 지급되면 개호자를 고용함으로써 항시적인 부양과 보호의 부담에서 벗어날 수 있을 뿐만 아니라 소득 활동을 할 수 있는 기회도 생긴다. 개호자를 고용하는 경우 장애인 당사자가 스스로에게 필요한 서비스를 요구할 수 있어 의존감에서 탈피할 수도 있다. 이런 의미에서 이와 같은 수당은 장애인의 자립생활과 밀접하게 연관되어 있다. 이와 같은 면을 감안했을 때 현행의 장애아동부양수당의 급여수준은 여전히 매우 낮다는 평가를 할 수밖에 없다. 개호자를 고용할 수 있는 정도의 금액으로 현실화할 필요가 있으며, 보호수당도 하루속히 시행하도록 하여야 할 것이다. 물론 이는 2007년 5월부터 시행된 활동보조인사업의 보장 범위를 고려해서 결정해야 할 것이다.

이상과 같은 문제점이 지속되자 장애계에서는 장애연금제도 도입을 주장하고 있다. 애초에는 장애기초연금 도입을 주장하였으나 장애기초연금의 경우 국민연금의 새로운 개편으로 이어지는 부담이 있다는 현실적 이유를 토대로 사회수당식 장애연금 도입을 주장하고 나섰다. 그러나 사회수당식 장애연금이 국민연금의 제도개혁이라는 현실적 부담을 피할 수는 있으나 국민연금 사각지대[1]에 머물고 있는 광범위한 저소득층을 고려한다면 사회수당식 장애연금보다는 2층 연금제도를 토대로 한 장애기초연금제도를 도입하는 방안이 적극적으로 고려되어야 한다고 생각한다. 그래야만 사회보험료를 부담할 수 없는 장애인뿐만 비장애인 빈곤층들도 함께 혜택을 받을 수 있을 것이다.

(2) 노동권

노동을 협의의 취업의 영역으로 국한한다면 노동권은 곧 생존권과 결부되어 있다고 볼 수 있다.

한국보건사회연구원의 조사에 따르면 2005년 현재 만 15세 이상 장애인구 대비 취업자 비율은 34.1%에 불과했으며, 실업률은 약 23.06%에 이르고 있어, 전체 실업률 3.3%(2005년 6월)에 비해 약 7배나 높은 수준으로 나타나 장애인들이 노동권 영역에서 상당한 불이익을 당하고 있는 것으로 나타났다(<표 13-3> 참조). 물론 이러한 이유가 반드시 차별 때문이라고는 말할 수 없다. 장애인의 생산성이 떨어져 나타나는 현상일 수도 있기 때문이다. 이에 대해서는 다시 언급하기로 하겠지만, 하여튼 드러나는 수치에 따르면 장애인은 취업률이 상당히 저조하여 사회생활과 생계에 상당한 어려움을 겪고 있는 것으로 짐작할 수 있다.

---

1) 지난 2월말 현재 국민연금의 납부예외자는 465만명으로 지역가입자(922만명)의 50.4%, 전체 가입자 (1690만명)의 27.5%를 점하고 있다. 납부 예외가 된 이유는 실직, 퇴직이 73%로 대부분이고 주소지 불명(11.0%), 사업 중단(9.4%), 기초생활 곤란(3.3%) 등이 뒤를 잇고 있다(한국경제신문, 2005. 5. 12).

〈표 13-3〉 재가 장애인의 경제활동 상황(미취업 원인 고려 시)(변용찬 외, 2006) (단위: 명)

계	경제활동 인구			비경제활동 인구
	소계	취업자	실업자	
2,306,788	903,269	694,955	208,314	1,133,519
	(100%)	(76.94%)	(23.06%)	
(100%)	(44.35%)	(34.12%)	(9.23%)	(55.65%)

15세 이상 장애인(생산가능 연령)

한편, 장애인은 일반인에 비해 노동환경이 열악한 2차 노동시장에 주로 취업하고 있다(이선우, 1997; Berkowitz & Hill, 1989; Barnes, 1991; Kirnan & Schalock, 1989; Doyle, 1995). 장애인은 일반인에 비해 자영업 종사자나 일용직 노동자 비율이 월등히 높다. 장애인의 경우처럼 한 사회에서 불리한 위치에 있는 집단은 사회의 편견이나 차별이 심하기 때문에 임금고용보다는 자영업에 종사할 가능성이 높으며(이선우, 1997: 290), 근로조건이 좋지 않은 일용직과 같은 2차 노동시장에 종사할 가능성이 높다. 실제 장애인실태조사 결과 나타난 취업장애인의 취업 분야는 주로 단순노무직 (27.6%), 농어업(19.0%), 서비스업(16.1%) 등 상대적으로 열악한 업종으로 나타났다 (<표 13-4> 참조).

〈표 13-4〉 재가 취업장애인의 경제활동 분야(변용찬 외, 2006) (단위: %)

구 분	의회의원·관리자	전문가	기술공·준전문가	사무종사자	서비스·판매종사자	농·어업	기능원·관련기능근로자	장치·기계조작·조립원	단순노무직	계
장애인비율	1.0	2.6	5.4	6.3	16.1	19.0	12.3	9.7	27.6	100.0
전국비율	2.6	8.1	10.1	14.2	24.4	8.1	10.6	11.1	10.8	100.0

다른 한편, 취업장애인의 월평균 소득은 114.9만원으로 상용종업원(2005년 6월)의 월평균임금 258.0만원의 44.5%에 불과한 수준으로 나타나, 임금 수준에서도 상당한 저소득에 머물고 있음을 알 수 있다(<표 13-5> 참조). 실제로 사업체를 대상으로 한 실태조사 결과에 따르면 사업주는 장애인 근로자들의 생산성이 비장애인 근로자들의 생산성에 비해 약 87.9% 정도의 생산성이 있다고 답변하고 있다(인제대학교,

〈표 13-5〉 재가 취업장애인의 월평균 소득(변용찬 외, 2006) (단위: 만원)

구분	지체장애	뇌병변장애	시각장애	청각장애	언어장애	정신지체	발달(자폐)	정신장애	신장장애	심장장애	호흡기	간장애	안면장애	장루요루	간질	계
월평균 소득액	125.5	99.9	115.5	83.8	81.4	47.5	70.0	54.8	153.8	74.1	81.6	176.6	112.2	124.1	43.5	114.9

2003: 13).

이러한 생산성에 비해 임금의 수준이 일반 근로자들의 절반에도 미치지 못한다는 것은 상당한 임금 차별이 존재하고 있음을 시사한다고 하겠다.

1991년 장애인고용촉진법이 시행되면서 장애인 의무고용제가 시작되어 장애인고용의 획기적인 전환점이 마련된 것으로 평가됐었다. 그러나 아직까지 장애인 고용률은 밑바닥을 돌고 있다. 2004년말 장애인 의무고용률은 1.37%(민간부문 1.31%, 정부부문 2.04%)에 불과하다. 이와 같은 문제가 발생하는 것은 장애인고용에 대한 종합적인 그림 없이 접근했기 때문이다. 장애인고용전략에 대한 체계적이고 종합적이며 지속가능한 모델을 구축하는 것이 매우 시급한 과제이다.

일반 경쟁노동시장에서의 장애인 고용확대 전략은 크게 세 가지로 나눌 수 있다. 고용할당제, 장애인차별금지, 고용평등프로그램이 그것이다. 우리나라에서 현재 본격적으로 시행하고 있는 전략은 고용할당제뿐이다. 장애인차별금지법은 2007년 3월에 제정되었지만, 고용평등프로그램은 체계적으로 시행되지 않고 있다. 후자는 기업이 ① 장애인의 고용현황 분석 및 고용평등계획 수립 ② 고용평등계획의 이행 ③ 고용평등 이행실적 제출을 하면, 정부는 ④ 고용평등계획 및 이행실적 적정성 평가 ⑤ 평가결과 행·재정적 인센티브 활용 등 일련의 과정으로 운영되는 것이다.

한편 고용할당제는 장애인을 고용하지 않고 고용부담금으로 대체할 수 있기 때문에 장애인고용의 실질적인 증대에는 한계가 있다. 더욱이 정부부문은 고용부담금 적용에서 제외되므로 정부부문에 대한 강제력이 없다는 근본적인 한계가 있다.

따라서 장애인 고용확대를 위해서는 장애인 의무고용제를 일부 보완하고, 장애인 차별금지법을 제정함과 동시에 고용평등 프로그램을 시행하는 것이 가장 핵심적인 것으로 생각된다.

우선적인 과제는 정부부문에서 장애인 의무고용제와 고용평등 프로그램을 결합하는 것이다. 정부는 고용부담금으로부터 자유롭기 때문에 강제할 수단이 사실상 부재하다. 이를 고용평등 프로그램을 통해 어느 정도는 극복할 수 있을 것이다. 장애인고용촉진및직업재활법상의 장애인 의무고용 기준을 충족시키지 못하는 경우 고용평등 프로그램을 실시하도록 하는 것이다. 고용평등 프로그램은 노동부에서 추진하는 일정에 장애 영역을 하나 추가하면 될 것이다. 다만, 노동부의 경우 정부부문에서 정부공기업에 대해서만 적용하고 있으나 장애인에 대해서는 정부부처에도 확대해서 시행해야 할 것이다. 장애인고용촉진및직업재활법과 연계해서 시행하는 프로그램이기 때문이다. 그런데 이 또한 정부부처에 대해서는 특별한 벌칙이나 인센티브를 주기가 어렵다는 한계는 있다. 그러나 고용평등 프로그램을 통해 구체적인 계획을 수립하고 집행하게 하는 효과는 분명히 있을 것으로 생각된다. 유럽연합(EU)에서도 최근 이러한 전략을 매우 높게 평가하고 있다.

그런데 현재와 같이 노동수요에 비해 노동공급이 많은 상황에서 장애인고용은 근본적으로 매우 어려울 수밖에 없다. 장애인은 가장 나중에 고용되고 가장 먼저 해고되는 그룹이기 때문이다. 이와 같은 상황에서 장애인고용을 확대하기 위해서는 보호된 일자리를 창출하는 방법이 가장 효과적이다. 보호된 일자리를 창출하는 전략은 크게 두 가지가 있다. 하나는 보호작업장을 활용하는 전략이고 또 다른 전략은 유보고용을 실시하는 것이다. 이 둘 모두 사회적 일자리 창출이라는 맥락에서 접근하고 있는 것이다.

보호된 일자리를 창출하는 방법은 미국의 굿윌 인더스트리(Good-will industry)나 영국의 렘플로이(Remploy), 스웨덴의 삼할(SAMHALL) 등과 같은 장애인다수고용기업을 만드는 방법이 대표적이다. 그러나 이러한 방식은 많은 비용이 소요되고 기존의 여러 장애인근로시설을 사양화할 수 있는 단점이 있다. 따라서 장애인근로시설(보호작업장 포함)을 통합하여 새로운 사회적 기업을 만드는 것을 고려해 볼 필요가 있다. 즉, 생산공장은 여러 군데로 분산되어 있으나 경영과 마케팅은 일괄적으로 처리하는 방식이다. 필요에 따라서는 기존의 시설 중 일부를 폐쇄하고 자본을 모아 큰 규모의 사업체를 만들 필요도 있다. 이를 추진하기 위한 부처간 조정추진기구를 만드는 것이 필요하다고 생각된다.

그리고 매점이나 자판기 등의 운영권의 일부를 장애인에게 할당하는 유보고용형태의 전략도 필요하다고 생각된다.

(3) 교육권

　교육을 받을 권리도 장애인에게는 제대로 보장되어 있지 않다. 장애인실태조사에 따르면 전체 장애인의 21.5%가 무학이었고, 초등학교 30.1%, 중학교 24.1%, 고등학교 14.2%의 순이었다. 이것은 우리나라 전체 국민의 교육수준이 초등학교 26.6%, 중학교 15.7%, 고등학교 38.0%, 대학교 이상 19.7%로서 전체 국민의 57.7%가 고등학교 졸업 이상의 큰 학력을 지닌 것과는 큰 차이를 보여주고 있다(변용찬 외, 2001).

　장애인 스스로도 교육과정에서 인권침해나 차별을 당했다고 보는 비율이 36.1%에 달하고 있다. 특히 정신지체장애인의 경우 어린이집이나 유치원에서 부당한 대우를 당했다고 보고한 응답자가 65.7%로서 전체의 36.6%에 비해 두 배 가까운 경험률을 보여주었으며, 초등학교 취학 시 특수학교 진학을 강요당하는 비율도 전체 장애인이 46.1%인데 반하여 정신지체장애인은 70.3%로 높게 나타남으로써 교육에 있어서 정신지체장애인의 차별은 특히 심한 것으로 드러났다. 전체 응답자의 42.0%가 적절한 학교가 없어서 진학하지 못했다고 응답하여 학교 편의시설의 부재 및 특수학급의 공급이 매우 부족함을 보여주고 있다(한국장애인단체총연맹, 2000).

　이상과 같은 장애인의 교육권 침해를 방지하기 위해 마련된 법이 특수교육진흥법이다. 동법에 따르면 특수교육의 대상자는 시각장애, 청각장애, 정신지체, 지체장애, 정서장애(자폐성을 포함한다), 언어장애, 학습장애 중 특수교육을 필요로 하는 사람들이다. 그런데 특수교육의 문제점은 무엇보다도 특수교육기관의 수가 매우 부족하다는 것이다. 2006년 장애아동의 특수교육 수혜율은 64%에 불과하다. 그리고 장애유아를 위한 교육기관이 부족하다는 점과 고등학교에 특수학급이 설치되어 있지 않아 문제가 매우 심각한 실정이다. 또한 특수교육기관이 장애의 특성에 따라 다양화되어 있지 않다는 것도 큰 문제이다. 예를 들어, 자폐 아동의 특수교육 수혜율은 약 8%에 불과한 실정이다.

　무엇보다도 통합교육이 제대로 이루어지지 않고 있다는 문제점은 매우 심각하게 지적되고 있다. 우리나라 특수교육법이 통합교육을 지향한다고 하지만 실제로 특수학급이 부족할 뿐만 아니라 특수학급에 있는 학생의 약 72.5%가 전면 통합교육이 아닌 시간제 통합교육을 받고 있는 실정이다(정대영, 2001).

(4) 접근권

접근권이란 장애인이 사회 전 분야에 걸쳐 기회의 균등과 적극적 사회 참여를 목적으로 교육, 노동, 문화생활을 향유할 수 있는 근본적 권리를 말하는 것으로서 크게 이동권, 시설이용권, 정보접근권으로 나눌 수 있다. 접근권이 제한되면 결국 고용, 교육, 문화, 사회활동 등 생활 전반에 걸쳐 소외되고 참여가 제한되는 차별을 받을 수밖에 없다는 점에서 매우 중요하다.

장애인의 접근권 향상을 목적으로 1997년 장애인·노인·임산부등의편의증진보장에관한법률(이하 편의증진법)을 제정하여, 주요 주요공공시설에는 편의시설을 설치하게 하고 의무화된 편의시설을 설치하지 않을 경우, 시정명령과 이행강제금을 부과할 수 있도록 하였다.

그러나 편의증진법은 다중이용시설이나 교육시설과 같이 대중이 이용하는 시설임에도 불구하고 기존의 건물들을 의무적용 대상에서 제외시킨 것도 문제점으로 지적되고 있으며, 편의시설 중 임의 적용 사항이 많다는 문제점도 계속 지적되고 있는 사항이다.

보건복지부의 자료에 의하면, 2003년 10월 현재 전체 편의시설 설치율은 지난 1998년보다 28.4%가 높아진 75.8%로 나타났다. 이 설치율은 '편의증진법'에 의하여 전국 153,093개소 대상 시설을 조사한 것으로서, 편의시설 설치율이 가장 크게 증가한 것은 도로(89%), 공공건물 및 공중이용시설(74.3%), 공원(59.1%)으로, 1998년도에 비해 각각 36.5%, 28.8%, 25% 증가한 것으로 나타났다. 대상시설별로 보면, 도소매점(74.1%), 공중화장실(73.7%), 종교집회장(73%), 전시장(72.6%) 등의 설치율이 높았으며, 편의시설 종류별로는 욕실(91.5%), 접수대·작업대(87%), 주출입구 접근로(81.8%), 관람석·열람석(76.6%) 등의 설치율이 높았다(보건복지부, 2004).

하지만 이러한 보건복지부의 발표와는 달리 실제로 장애인들이 실생활에서 느끼는 접근성은 매우 낮았다. 전체 장애인의 24.8%가 집밖 활동 시에 매우 불편을 느끼며, 약간 불편을 느끼는 장애인도 30.2%나 되었다. 결국 55%의 장애인들이 집밖 활동에 불편을 느끼고 있는 것으로 나타났다.

장애인의 집밖 활동 시 불편한 이유로는 '장애인 관련 편의시설이 부족해서'가 35.6%로 가장 많아 장애인의 집밖 활동을 위해서는 편의시설의 확충이 절실함을 알 수 있다(변용찬 외, 2006). 이와 함께 '외출 시 동반자가 없어서' 27.9%, '주위 사람들의 시선 때문에'가 13.9%로 나타났다.

한편 편의증진법에는 대중교통과 관련된 부분에서도 일반적으로 가장 많이 이용하는 버스와 택시 등에 대한 규정이 없다는 것도 문제로 지적되었다. 이러한 문제제기로 인해 2005년 1월에는 교통약자의 이동편의증진법(이하 이동편의증진법이라 함)이 제정되었다. 이동편의증진법은 동법 3조에 규정한 이동권을 중심으로 5년 단위의 이동편의증진계획을 마련하도록 의무화하고 이동편의시설 설치기준이 지켜지고 있는지 지도감독하도록 하며, 이를 어길 경우 시정명령을 내리고, 명령에 따르지 않을 경우 1천만원 이하의 벌금을 부과할 수 있도록 하고 있다. 이 외에도 저상버스의 의무 도입 및 특별교통수단 도입을 의무화한 것도 큰 특징 중의 하나이다.

그렇지만 이동권에 관해서도 체계적인 접근은 부족해 보인다. 이동권을 보장하기 위한 방법은 크게 네 가지가 있다. 보행, 대중교통수단, 특별교통수단, 자가운전이 그것이다. 장애인의 보행권은 전동휠체어로써 대표될 수 있다. 전동휠체어에 건강보험 적용 한도액을 높이는 것이 필요하며 전동휠체어가 다닐 수 있도록 보도를 정비해야 한다. 대중교통수단에 대해서는 정부의 예산지원이 먼저 이루어져야 한다. 특별교통수단으로는 장애인콜택시나 순회이동수단 등이 있으나 장애인의 욕구가 많은 장애인콜택시에 대해서 중앙정부 차원의 추진실적은 거의 없다.

정보접근권에 있어서는 사실상 체계적인 접근이 없다. 편의증진법에 의한 정보통신 부분은 공중전화와 우체통의 정비가 전부이다. 하지만 커뮤니케이션이라는 측면에서 보면, 시각장애인 유도 및 안내 설비, 청각장애인 경보 및 피난설비 등도 이에 해당된다고 볼 수 있다. 그러나 이 역시 설치율이 매우 낮아 시각장애인 및 청각장애인의 정보 접근에 별다른 도움을 주지 못하고 있다(박종운 외, 2004).

텔레비전 자막방송 역시 부분적으로 시행이 되고 있으나 모든 텔레비전에 수신기가 내장되어 있는 것은 아니어서 청각장애인이 개인적으로 자막수신기를 구입해야 하며, 그 밖에 비디오 등에도 자막(캡션) 삽입이 의무가 아니어서 한국 영화의 경우 자막이 삽입된 비디오 테이프를 찾아보기 힘들다. 따라서 아직도 청각장애인들이 방송이나 매스컴에 접근하기는 매우 어려운 형편이다(배융호, 2001: 22). 이러한 문제점을 해소하고자 2006년에 발표된 장애인지원종합대책에서 이에 대한 대책을 수립하였다고 하니, 추진상황을 지켜볼 일인 것 같다.

(5) 자기결정권

자기결정권이란 일상적인 활동의 결정권을 장애인 당사자가 행사하겠다는 것이다. 자기결정권은 자립생활운동의 핵심적인 가치이다. 자립생활이란 장애인 당사자가 스스로 자신의 삶의 방식을 결정하고 그 생활 전반에 걸쳐 스스로의 삶을 주체적으로 이끌 뿐만 아니라 사회활동에 적극적으로 참여함을 의미한다.

장애인에게 있어 자신의 삶의 방식을 결정하고 주체적으로 의사결정이나 일상생활 중의 활동에 참여하기 위해서는 타인에 대한 의존도를 최소화시키는 것이 필요하다. 타인에 대한 의존도를 최소화시키는 방법으로서 자신이 속해 있는 장애인 집단의 정체감을 형성하고 자신의 생활양식에 대한 선택을 주장하며, 이와 관련된 장애인 당사자에 의한 역량강화 서비스를 제시하게 된다. 이러한 서비스로 대표적인 것이 활동보조 서비스, 동료상담, 이동편의제공, 자기결정권 기술 훈련, 정보제공 및 의뢰 등이다.

이 중 최근에 가장 논란이 되고 있는 것이 활동보조 서비스이다. 활동보조서비스의 목적은 자신이 할 수 없는 일들을 타인에게 위임함으로써 자신이 성취할 수 있는 일들에 시간과 에너지와 잠재력을 활용할 수 있도록 하는 것이다. 활동보조 서비스는 자원봉사 서비스와는 달리 장애인이 선택권과 결정권을 가지고 서비스를 구매하는 소비자의 입장에서 서비스 시간, 용도 등을 결정한다. 정부에서는 2007년 5월부터 활동보조 서비스에 대한 시범사업을 본격적으로 시행한다고 하고 있으나, 서비스를 받을 수 있는 시간의 제한(월 20~80시간, 특례의 경우 180시간 인정), 서비스의 유료화 문제(본인 부담금), 전달체계의 미정립(자립생활센터의 부족) 등으로 어려움을 겪고 있는 상황이다.

3. 장애인권과 법체계 정비 방안

(1) 기본권과 장애관련법의 현황

장애인의 기본권을 보장하기 위해서는 다음과 같은 법률적 정비가 필요하다고 생각된다. 먼저 마샬의 논의를 토대로 우리나라 헌법에 보장된 기본권을 정리해 보면 <표 13-6>과 같이 나타날 수 있다.

〈표 13-6〉 기본권의 유형

기본권의 성질	기본권의 유형	기본권의 내용
포괄적 기본권	목적론적 포괄적 기본권	인간의 존엄성과 가치, 행복추구권
	방법론적 포괄적 기본권	법 앞에서의 평등
공민권적 기본권	자유권적 기본권	○인신(人身)의 자유권: 생명권, 신체의 자유 ○사생활 자유권: 사생활의 비밀과 자유, 거주·이전의 자유, 통신의 자유 ○정신적 자유권: 양심의 자유, 종교의 자유, 언론·출판·집회·결사의 자유, 학문과 예술의 자유
	경제적 기본권	재산권, 직업선택의 자유, 소비자의 권리
정치권적 기본권	정치적 기본권	정치적 자유, 참정권
사회권적 기본권	사회권적 기본권	인간다운 생활권(생존권), 근로권, 근로3권, 교육받을 권리, 환경권, 건강권
도구적 기본권*	청구권적 기본권	청원권, 재판청구원, 국가배상청구권, 국가보상청구권, 범죄피해구조청구권

* 도구적 기본권이라는 용어는 사용된 예가 없으나 청구권적 기본권이 다른 기본권을 보장하기 위한 기본권으로서 수단이 된다는 점에서 도구적 기본권이라 칭했다.
자료: 윤찬영(1998: 251)에서 마샬의 논의를 참조하여 수정 재인용.

인간의 존엄성과 행복추구권은 헌법 제10조에 규정되어 있는데, 포괄적인 기본권의 최고 가치로서 작용하고 있다. 생존권이나 생명의 자유, 정신적 자유, 평등권 등모든 권리가 이와 같은 인간의 존엄성으로부터 나온다고 보아야 한다. 그리고 인간의 존엄성을 실현하고자 하는 개인적 노력들이 행복을 추구할 권리가 되므로 이 또한 포괄적 기본권으로 보아야 한다. 따라서 국가는 이의 보장을 궁극적 목적으로하여 이를 보장할 의무가 있는 것이다. 이를 위해 국가는 헌법에 규정되지 아니한기본권도 행복 실현을 위해 필요한 경우에는 기본권으로 인정하고 있다(헌법 제 37조 제1항). 따라서 인간의 존엄성과 행복추구권은 결국 국가가 실현해야 할 목적으로 볼 수 있다. 그러므로 이와 같은 기본권은 목적론적 포괄적 기본권이라고 규정할수 있다.

인간의 존엄성과 행복추구권이 목적론적 포괄적 기본권이라면 헌법 제11조[2]에 규정된 평등권은 방법론적 포괄적 기본권이라고 할 수 있다. 평등권에 대해 포괄적 기본권의 지위를 부여하는 것에 대해서는 이론이 있을 수도 있으나 평등권의 내용이 개별적 기본권은 모든 사람에게 동등하게 적용되어야 한다는 법앞의 평등이라는 성격을 띠고 있는 점을 볼 때 포괄적 기본권으로 규정하는 것이 올바르다고 생각한다.

한편 인간의 존엄성과 행복추구권이 국가가 실현해야 할 목적이라면 평등권은 인간의 존엄성과 행복추구를 위해 필요한 도구적인 방법을 제공한다고 볼 수 있다. 즉, 존엄성 실현을 위해 개별 기본권을 보장하려고 하는 경우 이에 대해서는 평등한 방법과 내용을 적용하여야 한다는 것이다. 따라서 평등권은 방법론적 포괄적 기본권이라고 부를 수 있을 것이다.

이와 같이 인간적 존엄성과 행복추구권이 기본권의 토대가 되는 기본권인 만큼 장애 관련법 또한 이들 가치가 목적론적 토대가 되며, 평등권은 방법론적 기초를 제공해 주고 있다. 그리고 이들 가치를 토대로 해서 구체적인 권리가 개별법률에 의해 구체화되는 것이라고 할 수 있다.

이와 관련하여 이흥재(1989: 14-15)는 인간으로서의 존엄과 가치 및 행복추구권의 보장은 사회적 장애관에 입각하여 볼 때, 더욱 그 가치가 있는 것이고, 평등권의 보장은 장애인의 완전한 참여와 평등을 확보하기 위한 실질적 기초이다. 한편, 장애인 기본권의 직접적인 법이념적 근거가 되는 것은 인간다운 생활권(생존권)이지만, 인간다운 생활권은 그 하층구조인 근로권과 사회보장수급권의 상호연대적 보장을 통하여서 그 구체적인 내용을 획득하는 것으로 파악하고 있다.

이상과 같이 기본권은 포괄적 기본권을 토대로 구체적인 기본권의 내용으로 구성되어 있다. 그렇다면 이와 같은 기본권과 장애관련법의 구조는 어떻게 파악할 수 있는가? 장애관련법으로서 대표적인 법률로 꼽는 것이 장애인복지법, 특수교육진흥법, 장애인고용촉진 및 직업재활법, 장애인·노인·임산부 등의 편의증진 보장에 관한 법률, 교통약자의 이동편의증진법 등이다. 기본권과 개별 장애인법의 관계를 나타내면 <그림 13-1>과 같다.

---

2) 헌법 제11조 제1항은 '모든 국민은 법 앞에 평등하다. 누구든지 성별, 종교, 또는 사회적 신분에 의하여 정치적·경제적·사회적·문화적 생활의 모든 영역에 있어서 차별을 받지 아니한다'고 규정하고 있다.

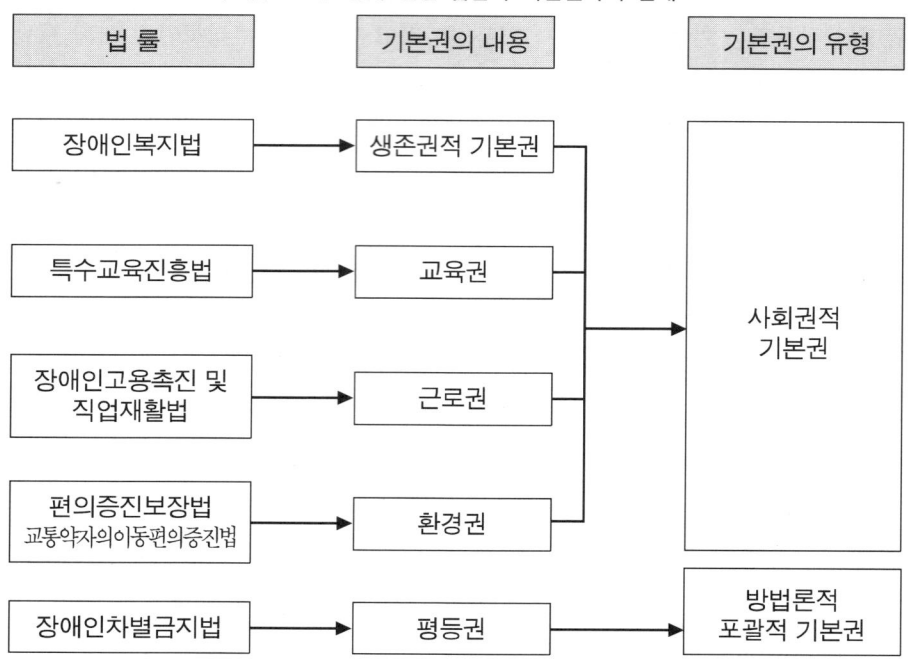

〈그림 13-1〉 장애 관련 법률과 기본권과의 관계

<그림 13-1>과 같이 장애인복지법은 생존권적 기본권에 관한 법률이라 할 수 있으며 특수교육진흥법은 교육권, 장애인고용촉진 및 직업재활법은 근로권, 장애인·노인·임산부 등의 편의증진 보장에 관한 법률 및 교통약자의 이동편의증진법은 환경권[3]에 관한 내용임을 알 수 있다. 그리고 이들 법령들은 사회적 기본권에 관한 내용을 규정하고 있는 법령임을 알 수 있다. 반면에 장애인차별금지법은 평등권에 관한 법률로서 평등을 달성하기 위한 방법론적인 포괄적 기본권을 다루고 있다고 규정할 수 있다.

---

3) 장애인·노인·임산부 등의 편의증진보장에 관한 법률을 환경권으로 해석하는 데는 이견이 있을 수 있다. 그러나 환경권은 좁게는 생명과 건강에 침해를 받지 않는 깨끗한 자연환경 속에 살 수 있는 권리를 의미하지만 넓게는 인공적·사회적 환경까지를 포함하여 쾌적한 환경 속에 살 권리를 의미한다 (김문현, 2000: 73-74). 이와 관련하여 핀켈스타인(Vic Finkelstein, 1991)은 장애인에 대한 사회적 지원을 환경(environment)의 맥락에서 바라보아야 한다고 주장한 바 있다.

(2) 법체계 정비방안

이상에서 살펴 본 바와 같이 장애인차별금지법은 방법론적인 포괄적 기본권에 해당한다고 볼 수 있다. 그리고 나머지 개별 법률들은 개별적 사회권을 다루고 있다고 볼 수 있다. 장애계에서 장애인차별금지법에 상당한 기대를 하였으나 장애인차별금지법만으로는 장애인의 사회권을 모두 보장할 수는 없다. 따라서 장애인차별금지법은 방법론적인 포괄적 기본권의 성격으로 규정하고 나머지 개별 사회권들은 앞서 언급한 법률들을 강화하는 방향으로 진행되어야 한다.

그런데 앞의 <표 13-6>과 <그림 13-1>에서 보는 바와 같이 우리나라에서는 목적론적 포괄적 기본권을 다루면서 하위 법률들을 규율할 수 있는 일반법적 지위를 가진 장애 관련 법률이 부재하다는 것을 알 수 있다. 장애계에서는 장애인차별금지법을 이러한 목적에 맞추어 제정하고자 하는 요구가 있었으나 장애인차별금지법은 본질상 절차법적인 성격을 지니지 않을 수 없다. 따라서 목적론적 포괄적 기본권에 관한 내용을 규율하는 법률을 제정할 필요가 있다고 생각된다. 그것이 '장애인기본법'이다.

따라서 장애인의 사회권을 보장하기 위해서는 장애인차별금지법을 포함하여 장애인기본법이 필요하고 다른 법률들도 새롭게 정리될 필요가 있다고 생각한다.

① 장애인기본법

장애인기본법은 장애인의 권리를 보장하기 위해 권리를 선언하고 장애인의 정의, 장애인의 권리 실현을 위한 국가의 정책 조정기구 설치 및 장애인 정책 5개년 계획, 조사, 연구, 장애인 등록, 장애인단체, 장애인 시설 등에 대해 포괄적으로 규정하는 내용으로 구성되어야 할 것이다.

먼저, 장애인의 권리는 장애인복지법상의 권리선언 내용과 자기결정권의 권리 등을 총망라하여 선언하는 내용으로 구성되어야 할 것이다. 이 내용은 현행 장애인복지법의 총칙 일부와 2장의 기본시책 강구에 포함되어 있는 내용들을 권리를 함축하는 용어로 대체하여 명문화하면 될 것으로 보인다.

둘째, 정책 조정기구로서는 현재 장애인복지법상에 규정되어 있는 장애인복지조정위원회를 장애인정책위원회로 이름을 바꾸고 상설기구화하며, 실무위원회를 복지, 고용, 교육, 사회참여 등의 영역별로 구성하여 실질적인 활동이 가능하도록 하여야 할 것이다. 물론 지방의 위원회도 포함되어야 할 것이다.

셋째, 현재 법적 근거 없이 시행되고 있는 장애인복지발전 5개년 계획을 장애인정책발전 5개년 계획으로 이름을 바꾸어 명문화하여 장애인정책 계획 수립과 집행에 대한 법률적 근거를 만들고 체계화할 필요가 있다. 지방장애인정책 5개년 계획도 마찬가지이다.

다섯째, 조사·연구에 있어서는 현행의 장애인복지법 제26조에 의해 재단법인으로 규정되어 있는 한국장애인복지진흥회를 한국장애인정책연구원으로 확장하여, 장애인정책 5개년 계획의 이행 실태를 점검하게 하는 일 외에도 장애인 실태조사, 편의시설 실태조사, 여론조사, 특수교육과 직업재활 연구 등을 망라할 수 있는 연구원으로 전환해야 할 것이다.

다만 한 가지 주의할 점은 이러한 법률이 하위 법률을 추동하고 지도할 수 있도록 실질적인 효력이 있는 법률이 되어야 한다는 점이다. 그렇지 못할 경우 일본의 경우처럼 실효성이 떨어지는 법률이 될 가능성이 매우 클 수밖에 없다.

② 장애인복지법

장애인복지법은 현행 법체계에서 장애관련법의 기본법적 지위를 유지하고 있으나 기본법은 장애인기본법에서 그 역할을 할 수 있도록 정리하고, 장애인복지법은 장애와 관련된 급여와 서비스 및 전달체계에 대한 규정을 좀 더 뚜렷이 하는 방향으로 정리되어야 한다고 생각한다. 장애인의 삶은 비장애인의 삶과 마찬가지로 모든 영역에 걸쳐서 이루어지고 있으며, 이는 보건복지부 소관 법령인 장애인복지법으로 해결할 수가 없다. 따라서 보건복지부 소관 법령인 장애인복지법은 보건복지부의 업무 성격과 일치하는 내용으로 재규정될 필요가 있다.

따라서 기본법적 성격을 지니고 있는 장애인복지법의 규정들은 장애인기본법으로 옮겨 새롭게 정리하고 장애인복지법에서는 급여와 서비스에 관한 내용들을 좀 더 충실히 하는 방향으로 개정할 필요가 있다.

③ 장애인차별금지법

2007년 3월 장애인차별금지 및 권리구제에 관한 법률이 국회를 통과하였다. 7년에 걸친 장애계의 요구에 의해 장애인차별금지법이 제정된 것이다. 장애인차별금지법은 다음의 4가지 요소가 핵심적인 부분이다. 장애의 정의, 장애인 차별의 정의, 권리구제 기구, 권리구제 방법 등이 그것이다.

먼저, 장애의 정의에 대해서는 원칙적으로 사회적인 여건의 미비로 일상생활의 어려움을 겪게 되는 신체적·정신적 특징들이 모두 장애의 개념에 포함되어야 한다. 예를 들어, 현재의 신체적·정신적 특징으로 인해 일상생활에 곤란을 겪는 경우뿐만 아니라, 과거의 기록 때문에 사회참여를 배제당할 가능성이 있는 사람들도 장애인의 정의에 포함시켜야 하는 것이다. 시민권과 차별을 문제삼는 기본권 모델에서는 이와 같이 차별의 가능성이 있는 대부분의 경우를 장애인으로 규정하고 있다. 그러나 장애인차별금지법은 기존의 장애 개념에서 크게 벗어나지 못하고 있다고 판단된다. 이는 앞으로도 지속적인 논란이 될 전망이다.

둘째, 차별적 처우에 대해서는 직접차별, 간접차별, 정당한 편의 제공의 거부가 모두 차별에 해당하는 것으로 규정되어 있다. 직접차별은 장애인에게 서비스를 제공하지 않거나 참여를 제한하는 경우가 될 것이며, 간접차별은 명시적으로 장애인을 차별하지는 않으나 해당 조치의 결과 장애인이 주로 불이익을 당하게 되는 경우를 말한다. 정당한 편의제공의 거부는 저상버스를 도입하지 않거나 작업편의시설을 설치하지 않는 경우 등 장애인의 권리실현을 위해 필요한 부가적인 서비스를 제공하지 않는 경우를 말한다. 이 외에도 광고에 의한 차별, 장애를 이유로 한 폭력 등이 차별로 규정되어 있다.

셋째, 권리구제기구는 장애인이 차별받았을 경우 신속하게 권리구제 신청을 할 수 있는 기구의 설치를 말한다. 법 제정 당시 장애계에서는 국무총리 직속의 장애인차별금지위원회를 주장했으나, 정부의 방침대로 국가인권위원회 내에 소위원회를 구성하는 것으로 결론이 났다. 권리구제기구를 두고 다투었던 이유는 국가인권위원회가 시정권고 외에 강력한 권리구제 방법을 지니지 못하고 있기 때문이었다. 따라서 다음과 같은 권리구제 방법이 중요해진다.

장애인차별금지법에 도입된 권리구제 방법으로 핵심적인 내용은 입증책임의 분배, 시정명령, 법원의 권리구제 등이다. 입증책임의 분배란 차별받았다는 것을 장애인이 일정한 근거를 들어 입증하면 차별하지 않았다거나 차별에 합리적인 이유가 있었다는 것을 상대방이 입증해야 한다는 원칙이다. 소송에 있어 가장 중요한 승패의 갈림길 중의 하나가 '누가 입증할 것인가'이다. 일반적으로는 피해자가 가해자의 고의·과실이나 위법성 등을 입증해야 한다. 그러나 정보의 독점으로 인해 피해 당사자가 정보를 확보하기 어렵거나 당사자의 입증 능력이 현저히 떨어지는 경우 입증 책임을 분배하거나 전환할 수 있도록 하고 있다. 장애인이 차별을 받았을 경우 차별에 관한 구체적인 정보를 얻기가 어려운 경우가 많고, 특히 지적 장애인의 경우 차별을 입증하기가 매우 곤란하다. 이와 같은 이유로 입증책임의 상당 부분을 가해자에게 배분할 필요가 있는 것이다.

시정명령은 시정권고나 합의·조정이 받아들여지지 않았을 경우 내리고 이를 따르지 않을 경우 이행강제금이나 과태료를 부과하는 제도이다. 현재 국가인권위원회가 가진 최고의 시정권한은 시정권고이다. 그러나 시정권고는 그 효력이 매우 제한적이다. 아무런 후속제재가 없기 때문입니다. 이럴 경우 피해장애인은 다시 지긋지긋한 행정소송이나 민사소송을 시작해야 한다. 그러나 시정명령은 다르다. 권고에 비해 가해당사자에게 미치는 심리적인 영향력과 법적 구속력이 훨씬 강하다. 그리고 명령에 불복하면 가해자가 불복의 소송을 제기해야 하고, 불복의 소송을 제기하지 않으면 명령이 확정되고, 명령을 따르지 않으면 이행강제금이나 과태료가 부과된다. 또한 앞서 밝힌 바와 같이 시정권고가 받아들여지지 않으면 피해 장애인이 다시 소송을 제기해야 하지만, 시정명령에 불복하는 경우는 가해 당사자가 소송을 제기해야 한다. 현재의 사회여건상 장애인은 매우 열악한 위치에 있기 때문에 차별을 당한 장애인이 직접 자신의 비용으로 소송을 수행하는 것을 기대하기는 어렵다. 따라서 소송의 부담을 가해자 쪽으로 넘겨야 하며, 이렇게 될 경우에는 차별을 당한 피해자가 현실적으로 보호받을 수 있다.

이번에 제정된 장애인차별금지법에는 국가인권위원회가 시정권고를 한 경우 이를 법무부에 통보하고 이것이 중대한 차별이라고 생각되는 경우 법무부장관이 시정명령을 내릴 수 있도록 하고 있다. 이는 국가인권위원회가 옴부즈맨 기능을 하고 있는 기구이므로 시정명령권을 가지기가 어려운 상황에서 장애계의 요구를 거절할 수 없어 일부를 수용하는 과정에서 다소 어정쩡한 모습으로 나타난 결과이다.

법원의 구제조치는 법원이 소송제기 전이나 소송제기 중에 피해자의 신청에 따라 차별로 인정되는 경우에 본 안 판결 전에 임시조치를 명하는 것이다. 임시조치를 이행하지 않으면 일정한 배상을 하도록 명할 수 있다. 법원의 구제조치는 차별이 명백해 보이고 차별시정이 시급히 필요한 사안에 적용된다. 그리고 법률관계를 최종적으로 판단하는 법원에 의해 이루어진다는 면에서 차별시정기구의 긴급구제조치에 비해 훨씬 권위가 있는 조치라고 할 수 있다.

권리구제 수단으로 장애계에서 강력하게 요구하였으나 채택되지 않은 것이 있다. 징벌적 손해배상 제도이다. 징벌적 손해배상은 전보적 손해배상에, 추가적으로 가해자나 제 3자가 다시는 같은 행위를 되풀이하지 않도록 하기 위한 처벌적 성격이 가미되어 있다. 따라서 이에 의한 배상액은 전보적 손해배상액에 재산상의 큰 부담을 느낄 정도의 금액이 추가된다[4]. 징벌적 손해배상은 기본적으로 고의나 악의 또는 부주의한 잘못으로 손해를 입히는 경우나 공공의 안전을 고의로 또는 명백하게 무시하는 경우에 인정된다. 장애인 차별로 법원의 판결이 있는 경우 일반적으로 배상액은 몇 십만원에서 200만원 정도 범위 내에서 이루어진다. 그런데 이런 금액은 일반적인 소송의 경우 변호사 비용에도 미치지 못한다. 결국 소송을 제기하는 경우 피해 당사자의 금전적인 부담이 더 커지게 되는 것이다. 이런 상황에서는 대부분의 장애인이 소송을 제기하여 침해된 권리를 보상받으려 하지 않을 것이다. 따라서 현재 장애인을 위한 소송은 대부분 공익소송의 성격으로 이루어지고 있다. 변호사들이 무료로 봉사하는 것이다. 이런 이유로 변호사들의 소송 참여도 매우 어려운 상황이다. 그렇지만 징벌적 손해배상이 도입되는 경우 장애인의 적극적인 권익구제 움직임이 활발해질 수 있고, 변호사들도 적극적으로 나서게 될 것이다. 이런 이유로 장애계에서는 징벌적 손해배상제도 도입을 주장하였지만, 끝내 성사되지는 못하였다. 앞으로의 과제라고 할 수 있다.

(4) 기타 법률

장애인기본법 제정에 따라 각 분야별로 새로 제정되거나 추가 규정이 필요한 영역들이 많이 발생하고 있다. 예를 들어, 체육과 스포츠, 정보통신, 문화예술 등 다양한 영역들에 대한 규정이 있어야 할 것이다. 이와 같은 내용들을 별도의 법률을 제정하면서 해결하는 방안도 있을 것이고 기존의 법률에 장애 관련 조항을 추가하는 것도 가능하다. 장애인의 정상화와 사회통합이라는 명제를 생각한다면 가급적 기존 법률에 장애 관련 조항을 추가하는 것이 바람직하지만 실효성 확보를 위해 많은 법률 조항들을 신설할 경우에는 별도의 입법이 필요할 것이다.

---

[4] 1985년 미국법원은 성추행을 당해 정신장애를 겪고 있는 소년에게 모두 75만 달러를 지급하라는 판결을 내렸다. 여기에는 치료비와 위자료 외에 40만 달러의 징벌적 손해배상액이 포함되어 있었다(강태원, 1998).

4. 글을 맺으며

이상과 같이 장애인의 인권 보장 실태를 살펴보고 이를 해소하기 위한 입법 상황을 살펴보았다. 여기에서 장애인에 대해서는 아직도 시민권적 접근이 이루어지지 않고 있음을 구체적인 영역별 실태를 통해 알 수 있었다.

이러한 문제점을 해소하기 위해 개별 영역별로 구체적인 정책들이 정비되어야 할 필요성을 제기했고 또한 시민권적 접근을 가능하게 만드는 법률들을 만드는 것이 필요하다고 주장하였으며, 그러한 법률의 대표적인 두 가지가 장애인기본법과 장애인차별금지법이라고 주장하였다. 장애인기본법은 시민권이라는 맥락에서 장애인의 권리에 대한 포괄적인 선언과 이를 실현하기 위한 국가의 정책기구 및 정책계획을 규정하고 장애인 관련 실태조사나 연구 등 포괄적인 내용을 다루는 것이 되어야 하며, 장애인차별금지법은 차별을 해소하기 위한 권리구제 기구 및 권리구제 방안 등이 포함되어야 한다고 주장하였다.

앞으로의 과제는 이러한 논의를 바탕으로 체계적인 서비스 시스템을 만들고 실효성 있는 시민권적 법률들을 강화할 수 있는 대안을 구체적으로 고민하는 것이다. 그리고 이러한 노력들은 장애인 당사자들뿐만 아니라 각 영역별 전문가들과의 소통과 연대를 통해 이루어져야 할 것이다.

참고문헌

김문현 외(2000), 「현대 사회의 기본권 보장」, 『법과 사회정의』, 이화여대출판부.
박종운·배융호·유동철·안선영·이인영(2004), 『장애인차별과 법의 지배』.
배융호(2001), 「편의시설의 정의와 편의증진법의 이해」, 『2001 편의시설 시민대학 자료집』.
변용찬 외(2001), 『2000년 장애인실태조사』, 한국보건사회연구원.
_____(2004), 『장애인 연금제도 도입방안 연구』, 한국보건사회연구원.
_____(2006), 『2005년 장애인실태조사』, 한국보건사회연구원.
보건복지부(2004), 「2003 장애인편의시설 실태조사 결과 보도자료」.
윤찬영(1998), 『사회복지법제론 I 』, 나남출판.
이선우(1997), 「장애인의 취업 및 취업형태에 미치는 요인에 대한 분석」, 『한국사회복지학』
        33, 한국사회복지학회.
이익섭 외(1997), 「소득보장정책의 근거를 위한 장애아동가정의 추가비용에 관한 연구」, 『재
        활복지연구』 1권 1호.
이흥재(1998), 「장애인 인권의 사회법적 보장」, 『장애인복지법제-법무자료』제122집, 법무부.
인제대학교(2003), 「장애인 고용 부담기초액 결정을 위한 실태조사」.
장애우권익문제연구소(2003), 「장애와 차별-장애인인권침해에 관한 장애인 여론조사」.
정대영(2001), 「아태장애인 10년 평가: 장애인의 교육」, 한국장애인재활협회, 「아태장애인 10
        년 평가 및 한국장애인 10년 행동계획안 수립」.
한국장애인단체총연맹(2000), 『1999년 한국장애인 인권 백서』.

Barnes, Colin, 1991. *Disability People in Britain and Discrimination*, Hurts & Company.
Berkopwitz, M & Hill, M. A., 1989. *Disability and the Labor Market*, ILR Press.
Doyle, Brian, 1995. *Disability, Discrimination and Equal Opportunities*, Mansell.
Finkelstein, Vic, 1991. "Disability: An Administrative Challenge?", Etd. Michael Oliver, *Social Work
        - Disabled People and Disabling Environments*, Jessica Kingsley Publishers.
Kirnan, W. E & Schalock, R. L., 1989. *Economics, Industry and Disability*, Brookes Publishing Co.
Marshall, T. H., 1952. *Citizenship and Social Class*, Cambridge University Press.
_____, 1963. *Sociology at the crossroads*, Heinemann.

14

노숙인 복지의 쟁점과 과제

신원우*

1. 머리말

흔히 1997년 'IMF'라 부르는 경제위기 이후 우리 사회에 많은 변화가 있었다. 무엇보다도 사회복지분야에서 새로운 사회문제와 복지욕구가 출현하고 그에 따른 국가적 대책이 마련되어 경제 '위기'가 역으로 사회복지의 '기회'가 되었다. 특히 사회취약계층에 대한 사회적 관심이 증대되고 사회복지제도와 서비스가 만들어지는 과정에서 우리 사회가 국내외 변화 요구에 대해 발 빠르게 대응할 수 있는 역량을 가지고 있음을 발견하게 되었다. 이러한 변화 과정 속에서 '노숙인'[1] 복지 또한 경제위기 이전과는 다른 양상과 대응 방식으로 전개되어 왔다.

이러한 노숙인 복지의 전개 과정은 시기적으로 응급구호 집중 지원 단계(1998-99년), 자활지원 도입 단계(2000-2002년), 노숙인 지원사업 제도화 도입 단계(2003년 이후) 등으로 나눌 수 있다. 이는 노숙인 집단에 대한 이해를 바탕으로 정책 목표가

---

* 협성대학교 사회복지학과 교수
1) 흔히 노숙인을 '노숙자', '노숙인', '홈리스(homeless)' 등으로 혼용하여 지칭하고 있다. 그러나 2003년 7월 사회복지사업법의 개정에 따라 '노숙인보호'가 제도화되면서 '노숙인'이란 용어가 공식화되었기 때문에 이 글에서는 '노숙인'으로 쓰고자 한다. 단, 선행연구의 제목 및 내용에서 사용된 '노숙자' 혹은 '홈리스'라는 표현은 원문 그대로 옮겨 적고자 한다.

변화하면서 노숙인 집단의 욕구와 노숙인 지원기관의 사정을 고려하여 정책이 바뀌어 왔음을 알 수 있다. 또한 이는 응급구호에서 자활지원으로, 비전문적 사업에서 전문적 사업으로, 거리에서 거리 및 쉼터로 변화되거나 확대되어 왔음을 보여주고 있다.

응급구호 집중 지원 단계에서는 우리 사회에서 노숙인 문제가 본격적으로 등장한 경제위기 직후인 1998년부터라고 할 수 있다. 당시 경제위기 이후 서울역 등 도심에 노숙인들이 모여들기 시작하면서 노숙인 문제가 사회적 문제로 급부상했으며, 당시 새롭게 출범된 정부로서도 더 이상 방치할 수 없는 긴급 과제로 대두되었다. 경제위기 이전에도 비슷한 집단인 부랑인들이 존재해 있었지만 주로 이들은 상습적인 음주 상태에 있으면서 사실상 노동의지와 능력을 상실하여 집에서 더 이상 거주하지 못하고 거리를 배회하는 단속의 대상으로만 여겨졌다. 하지만 경제위기 이후 출현한 노숙인들은 이러한 부랑인과는 다른 특성을 보이는 것으로 알려졌는데, 주로 연령이 젊고 노동능력과 의지가 있으며 경제위기와 함께 노숙을 시작하였기 때문에 경기가 회복되면 조만간 가정으로 복귀할 것으로 예상되었던 사람들이었다. 따라서 정부는 종교시민단체 및 사회복지단체와 더불어 이러한 노숙인들에게 응급보호적인 차원에서 숙식과 임시적인 일자리 제공을 통해 노숙인 문제가 단기간에 해결될 것으로 기대하였다. 이 시기의 성과는 짧은 기간 동안 노숙인 문제가 새로운 사회문제로서 사회적 관심을 크게 받으면서 정부와 민간이 발빠르게 대응하여 초기 응급구호사업으로 정착하게 된 점이라고 할 수 있다. 하지만 1999년 후반기부터 경기회복의 경향으로 노숙인이 조금씩 감소하고 있지만 큰 변화는 발견되지 않아 노숙인 문제 발생 초기의 전망은 맞아 떨어지지 않는 것으로 밝혀졌다. 이에 대한 반성과 근본적인 노숙인 문제 해결을 위해 재활 및 자활을 강조하기 시작한 시기가 바로 자활지원 도입 단계이다. 이 시기에는 학계와 현장에서 노숙인을 대상으로 하는 재활 및 자활 프로그램의 개발에 대한 필요성이 강하게 제기되고 이에 따라 정부에서 거리 노숙인과 쉼터 노숙인을 대상으로 다양한 재활 및 자활지원 사업을 지원하기 시작하게 되었다. 이 시기의 성과로는 노숙인 복지가 응급구호 성격에서 탈피하여 서비스 대상자로서의 노숙인에 대한 지원이 강화되었다는 점을 들 수 있다. 더 나아가 서울시에서 2000년 '쪽방거주자 지원대책'을 수립하는 등 잠재적 노숙인들인 쪽방 거주자들까지 포괄하여 관심을 가지게 된 점은 노숙인 복지의 진일보된 성과라고 할 수 있다. 이러한 초기 성과로 인해 2003년 사회복지사업법 개정에 따라 노숙인이 법적으로 사회복지사업의 공식적 틀 내에 편입하게 되고 노숙인 관련 시설과 종사자가 일반 사회복지시설과 동등한 지위를 갖게 되어 노숙인 지원사업의 제도화 단계에 들어섰다고 할 수 있다. 이로 인해 노숙인 문제에 대한 국가적 대처는 이전에 임시지원사업의 성격에서 벗어나게 되어 노숙인에 대한 지원과 관련시설들의 운영이 법적 근거를 갖게 되었다는 의의를 찾을 수 있다.

하지만 여전히 우리의 현실에서 노숙인 문제는 해결되지 않고 있다. 역사와 지하보도에서는 많은 거리 노숙인들이 생활하고 있고 여성 노숙인과 같이 새로운 노숙인 집단이 증가하고 있고 노숙인들이 경험하는 사회적 배제와 인권 침해 사례는 증가하고 있다. 노숙인 지원사업에 대한 제도화가 이루어졌지만 사회적 관심이 줄어든 현실에서 경제위기 직후보다도 노숙인 지원사업은 역동성이 감소된 채 현상 유지로 이어져 오고 있다.

이러한 노숙인 복지의 현실이 노숙인 문제에 대한 본질 파악과 근본적 해결 제시를 하지 못하는 데서 비롯되었다고 할 수 있다. 즉, 노숙인 문제는 단순히 경기 불황기에 나타났다가 경기 회복기에 사라지는 일시적인 신드롬이 아니라는 점은 그동안의 경험을 통해 밝혀진 것이다. 그렇다면, 근본적인 노숙인 문제를 해결하기 위하여 무엇이 필요한 것인가. 그동안 노숙인 복지의 해결책으로 전개해온 재활 및 자활지원 사업과 법제화 결과의 한계는 무엇인가. 즉, 초기 응급구호 정책의 성과에도 불구하고 노숙인 복지는 어떠한 측면에서 한계점에 도달하였는가. 이러한 질문들에 대한 해답은 결국 노숙인 문제의 근본적인 해결을 위한 방향을 재설정하도록 도움을 줄 것이다. 따라서, 이 글에서는 노숙인 문제 및 복지의 현황을 살펴 본 후 노숙인 복지를 둘러싼 쟁점을 비판적 시각에서 검토하여 노숙인 복지의 방향을 제도적 차원에서 제시하고자 한다.

2. 노숙인 복지의 현황

(1) 노숙인의 정의 및 규모

노숙인을 어떻게 정의하느냐 하는 문제는 곧 노숙인 정책의 대상과 범위를 규정하는 데 있어 기초가 된다는 점에서 중요하다. 노숙인(homeless)은 말 그대로 집(home)이 없는 사람들이다. 일반적으로는 '일정한 숙소가 없이 거리에서 자는 사람'을 일컫지만, 국가나 단체에 따라 다양하게 정의된다. 미국의 경우 노숙인 지원법인 맥킨니법(McKinney Act)에서는 (1) 정규적이고 고정된 적절한 주거가 없는 사람, (2) 주된 거주지가 민간 또는 정부에서 운영하는 임시보호시설인 사람, (3) 원래 숙박 목적으로 사용되지 않는 장소에서 숙박하는 사람으로 규정하고 있다. 영국은 주택법(Housing Act)에서 노숙인을 '영국이나 점유권이 인정되는 기타 장소에서 거처할 곳을 가지지 못한 사람'으로 규정하고 있다. 이러한 선진국의 법적 정의는 비록 노숙인 집단을 옹호하는 NGO의 포괄적 정의에 도달하지는 못하지만 적어도 거리 노숙 위기에 있는 잠재적 계층들을 그 정의에 포함하고 정책 대상으로 규정한다는 점에서 범위가 넓다고 볼 수 있다.

이에 반해 우리나라의 노숙인 정의는 매우 제한적이다. 법적으로 노숙인은 "일정한 주거 없이 상당한 기간, 거리에서 생활하거나 그에 따라 노숙인쉼터에 입소한 18세 이상의 자"를 의미한다(보건복지부, 2005). 노숙인의 조건으로 '거리 생활' 혹은 '노숙인쉼터 입소'가 들어가 있어 거리 노숙인과 쉼터 노숙인만을 포괄하고 있다. 따라서, 현재 우리나라에서는 거리 노숙인, 쉼터 노숙인, 그리고 잠재적 거리 노숙인이라 할 수 있는 쪽방 생활자의 일부를 노숙인 복지의 정책 대상으로 포함하고 있다. 하지만 친지나 이웃에 거주하거나 비닐하우스에 거주하는 사람들은 실질적인 주거 상실계층이지만 정책 대상으로서의 노숙인의 범위에 포함되지 않는다. 한편, 흔히 노숙인과 부랑인[2]을 구분하여 지칭하는데, 같은 법령 안에서는 거의 구분이 없다. 단지 현상적으로 노숙인은 '경제위기'로 인한 '실직'에 의해 쉼터나 거리에 생활하는 인구로 이해하는 정도이지만 안정적인 주거가 없다는 면에서 차이가 없다.

노숙인 문제를 가장 정확하게 파악하는 것은 노숙실태를 정확하게 집계하는 것에 달려 있다. 일반적으로 정부는 노숙인의 수를 최소 수치로 공식 발표하는 경향이 있지만, 언론매체나 민간기관은 이를 최대인원으로 집계하는 경향이 있다고 한다(Hewitt, 1996; Jencks, 1994; 김유경 2001 재인용). 노숙인 수는 노숙인 정의 및 범위, 노숙발생의 요인, 계절 등에 따라 변동된다.

우리나라 노숙인 인원 추이를 분석해 보면 크게 두 가지 경향을 보인다. 첫째, 노

---

2) 같은 법령에서 부랑인은 "일정한 주거와 생업수단 없이 상당한 기간, 거리에서 배회 또는 생활하거나 그에 따라 부랑인복지시설에 입소한 18세 이상의 자"로 정의하고 있다.

숙인 보호사업이 시작된 1998년 6월 2,593명으로 점점 증가하면서 1999년 2월 6,312
명으로 정점을 이루었다가, 이후 2001년 12월 4,838명, 2003년 5월 4,300명으로 감소
하다가 최근 경기불황으로 인해 증가 추세에 있다. 노숙인 실태의 가장 최근 수치는
2006년 9월 「전국실직노숙인대책종교시민단체협의회(이하 전실노협)」에서 집계 발
표한 5,107명이다[3]. 지역적 현황은 <표 14-1>과 같다.

〈표 14-1〉 전국노숙인원의 지역적 현황 (단위: 명)

구분	쉼 터			거 리			응급잠자리	계
	남성	여성	계	남성	여성	계		
서울	1,913	227	2,140	667	26	693	357	3,190
강원	63	1	64	24	2	26		90
경기	296	15	311	119	0	119	15	445
인천	22	6	28	28	2	30		58
대전	72	14	86	49	3	52	23	161
대구	128	27	155	128	7	135	20	297
부산	340	0	340	318	20	338	0	678
울산	27	0	27	32	0	32		59
경북	0	0	0	0	0	0		0
충남	27	0	27	13	2	15		42
충북	12	0	12	0	0	0		12
전북	32	0	32	9	0	9		41
전남	20	0	20	1	0	1		21
계	2,952	290	3,242	1,388	62	1,450	415	5,107

자료: 전실노협(2006). "2006년 전국노숙인원 현황", 인터넷 홈페이지(www.homeless.or.kr) 통계자료

이는 노숙인 쉼터 3,242명, 거리 1,450명, 상담보호센터 응급잠자리 이용자 415명
을 합한 수치이며, 동절기인 동년 1월의 5,252명보다는 적은 수치이지만 큰 차이는
보이지 않고 있다. 이러한 수치는 집계기준이 되는 정의와 조사방법의 차이로 인해
실태조사결과를 국가간 비교하기에는 무리가 있지만 인구 1,000명당 미국의 경우
11.7명, 독일 11명, 영국 12.2명 등 선진국의 노숙인 규모에 비해 우리나라는 0.2명으

---

3) 전실노협의 노숙실태 수치는 쉼터, 거리, 상담보호센터(전국 9개소) 응급잠자리 이용 인원, 임시주거
   지원사업의 이용자와 상담보호센터를 중심으로 특별자활근로에 참여하는 대상자 중 쪽방 및 고시원
   등에 거주하고 있는 인원을 집계한 결과이다.

로 매우 낮은 규모임을 알 수 있다. 하지만 쪽방이나 만화방 등 노숙과 거의 다를 바가 없는 불안정주거 거주자의 제외, 노숙인이 밀집해 있는 선별된 특정지역만의 집계, 시점(point) 집계방식[4]으로 인한 노숙인원 전체를 포괄하지 못하는 한계점으로 인해 하향 집계될 가능성이 높은 것으로 알려져 있다(김유경, 2001).

둘째, 쉼터 거주가 줄어드는 반면 거리 노숙인이 꾸준히 증가하고 있다는 것이다. 일부 계절적 요인이 있지만 <표 14-2>에서 보는 바와 같이 2006년 1월에서 9월까지 의 쉼터 및 거리 노숙인 인원 추이를 보면 거리 노숙인이 꾸준히 증가하고 있음을 알 수 있다. 특히 1월 1,000명에 비해 7월에는 1,376명으로 40% 가깝게 증가한 것으 로 나타나 계절적 차이를 감안하더라도 거리 노숙인이 급증한 것으로 볼 수 있다. 무엇보다도 이러한 거리 노숙 증가는 최근 경기불황과 더불어 쉼터 생활자들의 거 리 유입으로 나타난 결과로 분석할 수 있다.

〈표 14-2〉 2006년 전국 노숙인원 현황 추이   (단위: 명)

구 분	1월	2월	3월	4월	5월	6월	7월	8월	9월
쉼터	3,609	3,548	3,542	3,511	3,375	3,375	3,185	3,241	3,242
거리	1,000	1,087	1,060	1,041	1,145	1,141	1,376	1,351	1,450
응급 잠자리	643	521	474	466	468	475	454	461	415
계	5,252	5,156	5,076	5,018	4,988	4,991	5,015	5,053	5,107

* 자료: 전실노협(2006). "2006년 전국노숙인원 현황", 인터넷 홈페이지 (www.homeless.or.kr) 통계자료

(2) 노숙 발생 원인

어떤 문제의 원인에 대한 관점은 학술적인 의미뿐만 아니라 실천적 의미에서 그 문제의 해결을 위한 대응 방법을 반영한다. 노숙인 문제 역시 빈곤 문제가 그러하듯 그 문제의 특성상 정책 형성과 전개 과정에서 끊임없이 발생 원인에 대한 논란과 토의가 전개되어 왔다(신원우·김소영, 2005).

일반적으로 노숙인 문제의 발생원인은 개인적 관점과 사회구조적 관점으로 언급

---

4) 노숙인구를 집계하는 방법은 시점에 따라 기간(period) 집계방법과 시점(point) 집계방법으로 나눈다. 일반적으로 기간 집계방법을 사용하는 유럽은 1년을 기준으로 매년 노숙하는 전체인원을 집계하는 반면, 시점 집계방법을 사용하는 미국이나 우리나라의 경우 특정 시점을 잡아 각 지역에 노숙하는 인 원을 일제 조사하는 방법을 활용한다(김유경, 2001).

되고 있다. 개인적 관점은 주로 개인의 노숙 경로와 과정에 초점이 맞추어져 있다. 개인적 요인으로 많이 언급되고 있는 것은 개인이 가지고 있는 질병 및 장애, 정신질환, 알코올 및 약물의존, 가정폭력 및 해체, 비행 및 범죄, 사회적 관계망의 붕괴 등이다. 이러한 요인들은 우리나라의 경우 경제위기 직후 새로운 사회 현상으로서 노숙인 문제를 탐구하고 이해하기 위한 기술적인 수준의 연구나, 노숙인 개인의 심리사회적 역동과 다양한 노숙 경험적 특성에 대해 좀 더 전문적인 이해와 분석을 제공했던 연구에서 밝혀진 것이다. 이러한 관점에서 볼 때 노숙문제의 해결은 개인의 역기능을 변화시키거나 자활의지 및 능력을 고취하기 위한 상담, 교육, 사례관리 등을 중심으로 이루어진다.

한편, 노숙인 문제의 사회구조적 요인에 주목하는 관점은 후기 자본주의의 빈곤화 과정의 연장선상에서 설명하고 있다(Daly, 1996; Robertson & Greenblatt, 1992; Burrows et al., 1997; 김수현, 2002 재인용). 이러한 요인은 산업구조의 고도화와 신자유주의에 의한 소득의 양극화와 빈곤화 과정, 고용의 불안정성과 실업률의 증가, 저소득 주택의 감소 등을 포함한다. 사회구조적 관점에서의 노숙문제 해결은 국가 빈곤 대책, 노동시장 개입, 공공임대주택 공급 확대 등 거시적 차원의 사회정책을 통해서 이루어진다.

특히 노숙인 문제를 다룬 여러 연구에서는 노숙을 발생시키는 주요한 사회경제적 요인은 빈곤과 노동기회의 상실이라고 밝히고 있다(김수현, 1998; 정원오 외, 1998; 노대명, 2004). 이러한 주장의 근거로서 노숙인다시서기지원센터(2005)의 노숙 시작 년도 개별 집단의 노숙 원인을 비교한 조사 결과를 예로 들 수 있다. <표 14-3>의 2003년 이전 노숙과 2003년 이후 노숙을 비교해 볼 때, 노숙인의 절반 이상(54.2%)이 실직이나 사업 실패로 인해 노숙을 경험하게 되었다고 응답하여 노숙의 직접적인 원인으로 실직 및 사업 실패를 지적하고 있다. 또한 2003년 이후 노숙 원인으로서 부채 등 신용불량의 비중이 갑자기 늘어났는데, 이것 역시 실직 후 돈을 빌리거나 카드를 사용해서 생계를 유지하다가 부채가 증가해서 생긴 문제로 추정할 수 있다면 이 역시 실직 및 사업 실패와 관련이 있다. 이러한 추측은 2003년 이전과 2003년 이후의 비율 변화를 보면 더 잘 알 수 있는데, 2003년 이전에 비해 2003년 이후 부채 등 신용불량의 비율이 급격히 높아진 것은 실직으로 인해 카드나 빚 등으로 생계를 버티다가 채무가 가중하여 노숙으로 이르게 되는 비율이 높아지고 있다고 보아야 할 것이다. 이러한 조사결과는 실직을 비롯한 빈곤 심화가 노숙의 주요 원인이 된다

〈표 14-3〉 노숙 시작 연도별 노숙원인 비교   (단위: 명, %)

구 분	2003년 이전	2003년 이후
부채 등 신용불량	11(7.0)	15(16.4)
실직 및 사업실패	84(54.2)	45(48.9)
이혼 등 가족해체	44(28)	14(15.2)
질환이나 장애	13(8.3)	13(14.1)
기타	4(2.5)	5(5.4)
합계	156(100.0)	92(100.0)

* 노숙인다시서기지원센터(2005). 『2004년도 사업백서』.

〈그림 14-1〉 개인의 생애사를 통해 살펴본 노숙에 이르는 경로

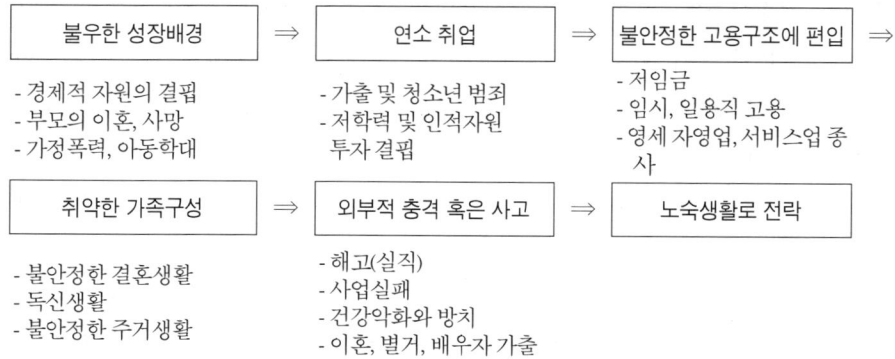

* 김수현·서종균(1999). 『노숙자 재활 프로그램 개발 연구』, 서울시정개발연구원, p.8.

는 것을 뒷받침하고 있다.

지금까지의 주요 연구들은 결국 노숙발생원인으로 개인적 관점과 사회구조적 관점이 복합하여 나타났다는 점에서 이견이 없다. <그림 14-1>과 같이 비록 노숙의 사회구조적 주요 요인인 빈곤과 실직의 문제는 IMF 경제위기로 인해 촉발되었지만 그 이전부터 개인이 가지고 있는 성장배경, 저학력, 저임금 취업, 불안정한 결혼생활 등 개인적 취약성이 발현되어 노숙으로 나타난 현상으로 볼 수 있다. 이러한 노숙 발생의 사회구조적 요인과 개인적 요인에 대한 균형적인 시각은 노숙인 문제의 예방 및 근본적인 해결을 모색하는 데 매우 중요하다고 할 수 있다. 왜냐하면 어느 한쪽에 입각한 관점은 노숙인 문제에 대한 편향적 시각을 제공하여 근본적인 문제

해결에 장애가 되기 때문이다.

(3) 서비스 및 대책

노숙인 문제를 해결하기 위한 사회복지서비스는 노숙인 집단의 욕구에 기초하고 있다. 이미 여러 연구에서 알려진 바와 같이 노숙인의 출신 배경, 직업, 신체 및 정신 건강(알코올문제 포함), 신용상태 등 다양성으로 인해 노숙인 집단의 욕구 또한 다양 하다. 김수현(2002)은 남기철 외(2001)의 연구를 기초로 노숙인의 유형을 독립생활지 원대상자, 자활지원대상자, 재활지원대상자, 시설입소대상자 등 욕구 및 서비스를 중심으로 분류하였다. 독립생활지원대상자는 조기 사회복귀를 위하여 취업 및 창업 지원, 가족과의 재결합을 지원할 수 있는 주거알선, 상담, 기초생활보장 수급자 선정 등의 욕구가 있는 노숙인으로 분류된다. 자활지원대상자는 신체적으로는 근로활동 이 가능하지만 심리적으로 불안정하며 자기관리가 취약한 사람으로서, 지속적인 상 담, 자기관리 훈련 및 교육, 경제활동 지원, 지지집단 형성, 각종 직업훈련을 필요로 한다. 재활지원대상자는 집중적인 보호서비스가 필요한 사람으로서 알코올의존 해 결이나 정신건강 문제 해결을 위한 전문 쉼터를 필요로 하며 치료환경 조성과 자조 집단 결성, 사회기술훈련 및 사회적응 프로그램, 직업재활 프로그램 등 다양한 재활 프로그램에 대한 욕구가 높다. 마지막으로 시설입소대상자는 노숙인 쉼터에서 생활 하는 것이 부적절한 사람들로서 노인, 장애인, 정신요양, 병원 등 각각의 욕구에 맞 는 시설보호 서비스를 필요로 한다.

이러한 욕구를 기초로 하여 정부의 노숙인 사회복지서비스의 기본 방향[5]은 크게 쉼터 노숙인 보호사업, 거리 노숙인 보호사업, 쪽방상담소 운영 등 세 가지로 나누어 볼 수 있다. 쉼터 노숙인 보호사업은 실직 등으로 발생한 노숙인들에게 일차적으로 숙식을 해결할 수 있도록 쉼터를 제공하고 사회복귀에 필요한 의료 및 자활프로그 램 등을 지원하는 서비스를 말한다. 2006년 12월 현재 전국적으로 95개의 노숙인 쉼터가 있다. 거리 노숙인 보호사업은 거리에 거주하는 노숙인들 대상으로 상담보호 센터라는 이용편의 시설을 제공하고 전문상담 및 응급 잠자리 등 일시보호를 제공 할 수 있도록 지원되는 서비스를 말한다. 상담보호센터는 현재 전국적으로 대도시를

---

5) 우리나라 노숙인보호사업의 주요 내용은 보건복지부(2006)의 『2006년도 노숙인보호사업 운영관련 업무처리 요령안내』의 내용을 참고하였음을 밝힌다.

중심으로 9개소(서울 5, 대전 1, 대구 1, 부산 1, 성남 1)가 설치되어 있다. 쪽방상담소는 잠재적 노숙인이라 할 수 있는 쪽방 거주자들을 대상으로 취업알선과 목욕, 세탁, 이미용 등 각종 편의 제공과 기초생활보장 대상자 편입 등 서비스를 제공한다. 이러한 정부 지원 시스템은 <그림 14-2>의 체계도와 같다.

한편, 각 시설 및 상담소에서 제공되는 서비스를 살펴보면, 노숙인 자활사업, 정신보건 및 알코올재활 프로그램, 의료서비스 사업, 자활의 집 사업 등이 있다. 노숙인 자활사업은 시장에 진입하여 소득을 얻기 어려운 노숙인을 대상으로 자활공동체사업을 중심으로 추진되고 있다. 사업유형으로는 자원재활용, 숲가꾸기, 건축수리, 자활농장, 청소용역, 가내수공업, 차량청소, 건설용역, 소규모 창업 등이다. 정신보건 및 알코올재활 프로그램은 정신질환 노숙인의 조기발견, 진단 및 치료 프로그램, 사례관리 등 적절한 정신보건서비스 부족으로 자활 가능성의 저하, 안전사고, 정신질환의 만성화, 노숙기간의 장기화, 노숙인에 대한 사회적 편견 등의 문제를 해결하

<그림 14-2> 노숙인 보호사업 체계

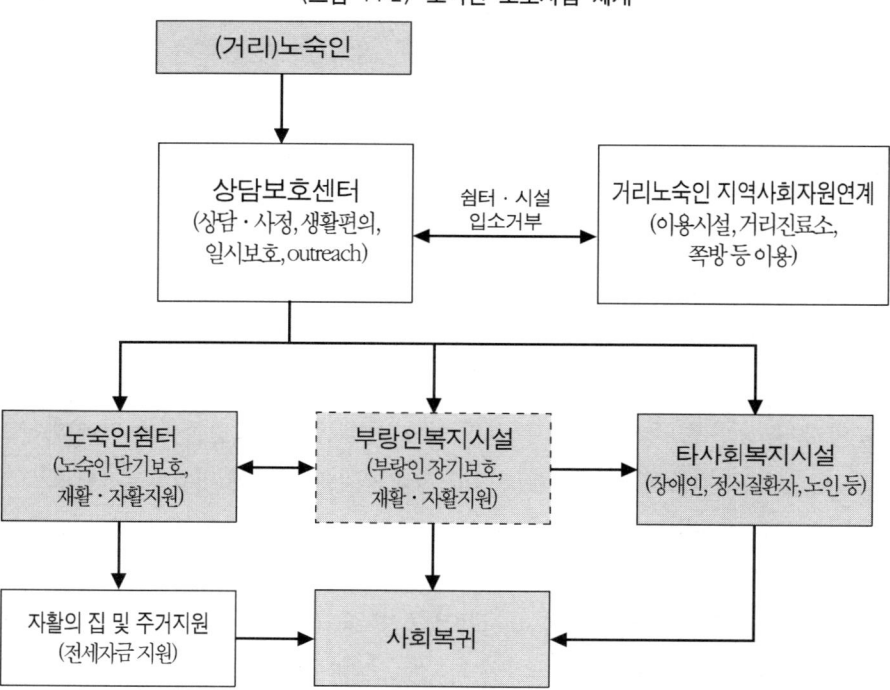

* 자료: 보건복지부(2006). 『2006년도 노숙인보호사업 운영관련 업무처리 요령안내』, p. 21

기 위하여 쉼터 중심형 프로그램과 정신보건센터 연계형 프로그램으로 진행되고 있다. 전자의 경우 정신분열증, 우울증, 알코올남용 및 중독 등 정신건강문제를 갖고 있는 노숙인들을 대상으로 치료공동체 운영, 사례관리, 정신사회재활프로그램, 외부 정신보건의료기관과의 연계 등을 통해 정신질환 및 알코올문제의 완화 및 회복에 중점을 두는 프로그램을 말하며, 후자의 경우 쉼터의 인근 지역 정신보건센터와의 연계를 통해 진단, 상담, 약물치료 등 전문적인 정신보건의료 서비스의 개입을 통한 개인 및 소집단 차원의 문제해결에 초점을 맞춘 프로그램을 말한다. 의료서비스는 서울, 부산, 대구, 대전 등 4개 대도시를 중심으로 지역별 무료진료소를 설치하고 의사, 간호사, 사회복지사 등 기본 인력을 배치하여 기본적인 진료 및 거리현장에서의 건강문제에 대한 사정과 필요시 2, 3차 의료기관으로의 환자의뢰 등을 주요 서비스 내용으로 하고 있다. 자활의 집 사업은 자활의지가 높고 객관적으로 자활할 수 있는 여건이 갖추어졌다고 판단되는 노숙인을 대상으로 전세금을 마련할 수 있는 일정 기간 동안 주거공간을 지원해 줌으로써 노숙의 악순환을 방지하고 조속한 사회복귀를 도모하기 위하여 1999년부터 서울지역부터 실시한 사업이다. 자활의 집 입주조건으로, 2년 거주 조건의 계약서를 작성하고 있으며 2회까지 연장 가능하여 최장 4년까지 거주가 가능하다. 2001년부터 3,000만원까지의 전세자금을 지원하고 비품구입, 개·보수비, 전세권설정 및 중개수수료 등의 부대경비로 100~300만원을 지원하고 있다. 노숙인 쉼터에서 자활의 집을 운영할 경우 실무자 1인 이상을 자활의 집 입주자에 대한 사례관리자로 선정하고 적어도 월 1회 이상 입주자와 면담하여 입주자의 경제활동, 저축활동, 기타 생활상의 문제를 파악하고 필요한 도움을 제공하는 사례관리 서비스를 제공하도록 하고 있다.

3. 노숙인 복지의 쟁점

노숙인 복지는 앞서 설명한 바와 같이 경제위기 직후인 1998년부터 시작하여 2003년 사회복지사업법 개정에 따른 제도화로 정착하게 되어 사회복지의 다른 분야에 비해 신속한 제도의 도입을 이룬 분야라 할 수 있다. 하지만 초기에 비해 사회적 관심이 줄어든 상황에서 노숙인 복지의 지원체계가 미비하고 아직까지 그에 따른 정책 효과도 잘 나타나지 않는 것으로 보여진다. 어떤 분야든 제도가 정착되고 안정화를 찾기까지는 어느 정도 시간이 걸리게 마련이다. 하지만 우리 사회의 최하의 한계계층인 노숙인 문제를 해결하기 위해서는 이전의 과정이 그러했듯이 단기적으로는 시급한 문제들을 처리해 나가면서 장기적으로는 제도를 제대로 정착해 나가야 하는 이중의 과제가 있다고 할 수 있다. 이러한 측면에서 현행 노숙인 복지가 가지고 있는 한계를 제도적 쟁점들을 중심으로 살펴봄으로써 시행착오를 줄이고 장기적인 제도 안정화에 기여하는 것은 매우 중요할 것이다. 이 글에서는 주로 정책 목표와 지원체계 등 제도적 측면을 중점으로 이전에 제기되었던 노숙인 복지의 한계를 크게 다섯 가지로 나누어 살펴보고자 한다.

(1) 노숙인 복지의 정책 방향의 모호성

첫째, 현 시점의 노숙인 복지 수준을 감안할 때 과연 정책 방향이 무엇에 초점을 맞추어져 있는지에 대한 것이다. 즉, 노숙인 복지의 목표가 노숙인의 자활과 사회복귀인가, 아니면 거리에서 노숙인이 보이지 않게 하는 수용인가에 대한 것이다. 아동, 장애인, 노인 등 여타의 사회복지정책의 목표는 명목상으로는 전자로 설정하지만 그에 따른 구체적 정책과 서비스는 충분성과 포괄성 면에서 부족한 실정이며 실질적으로 최소한의 기초생활을 보장하는 수준에 그치고 있다. 노숙인 복지도 예외는 아니다. 정책 목표를 전자로 둘 경우 노숙 발생의 예방에서부터 쉼터 및 거리에서의 보호, 그리고 실질적 자립을 위한 주거지원까지 포괄적이고 종합적인 정책과 지원체계가 구성되어야 할 것이다.

그러나 실질적으로 노숙인 복지의 초기 단계에서부터 노숙인들의 의식주 문제를 해결하기 위한 쉼터 중심의 정책은 큰 변화없이 지속되고 있어 후자의 정책 목표를 벗어나지 못하고 있다. 쉼터의 환경은 개인의 사생활이 보장되지 않을 정도로 여전히 열악한 수준이며 쉼터에서 실시하고 있는 재활 및 자활사업의 내용 또한 2000년 초반이나 크게 다르지 않다. 오래 전부터 제기되어온 쉼터의 전문화 추진은 여전히 커다란 성과없이 정책 과제의 단골 메뉴가 되어 오고 있다.

물론 제도화 초기 단계인 현 시점에서 장기적으로 이러한 문제점들이 보완될 계획으로 잡혀있지만 노숙인에 대한 사회적 관심이 과거 경제위기 직후에 비해 크게 줄어든 현실에서 과연 이러한 정책 목표를 이룰 수 있는 정책 변화가 생길 것인지에 대한 의구심이 강하다. 이러한 문제 의식 배경에는 그동안 보건복지부 및 지자체의 노숙인 관련 정책이 종합적인 계획에 의한 것이라기보다는 그때그때의 사안에 수동적으로 대응하였던 양상에 기인한다(남기철, 2005).

(2) 자활 목표에 대한 재검토

둘째, 명목상으로도 노숙인 복지 정책의 목표가 '자활'이라는 점에서 과연 적절한가에 대한 쟁점이 있을 수 있다. 실질적으로 쉼터 퇴소 후 취업을 통하여 사회복귀에 성공하더라도 재노숙에 빠지는 노숙인이 20~30% 정도 되는 것으로 알려져 있다. 적어도 노숙인을 근로빈곤층(working poor)으로 규정하고 있다면 우리나라 근로빈곤층의 빈곤 탈출 정책의 연장선상에 노숙인 복지의 목표를 두어야 할 것이다.

문제는 신자유주의적 복지정책이 자활을 거의 강박적으로 강조하고 있지만 실제로 빈곤 탈출의 효과는 매우 미미한 수준이라는 점이다. 노동시장 재진입을 통한 '자활'과 이에 대한 개인적 장벽을 없애려는 '재활'을 강조한 노숙 탈피 시도는 노숙인 문제 해결방안으로서 응급구호를 넘어선 진일보의 측면이 있지만, 이러한 강조에는 개방적이지 않은 사회구조 속으로 들어가기 위해 개인의 변화만을 강조하는 한계가 드러나 있다. 그 기저에는 노숙인의 출신배경이 이미 노숙 이전부터 고용불안정과 실직, 빈곤의 위험에 가까운 사회적 취약계층이라는 것과 노숙인 문제가 1990년대 이후 신자유주의적 노동시장 재편에 따라 발생되는 빈곤화 과정을 부추기는 사회구조적 문제라는 사실이 자리잡고 있다. 이러한 전제조건 하에 신자유주의적 세계화로부터 시작하여 기업의 노동유연화와 외부화 전략, 제조업 쇠퇴와 서비스업의 증가로 대표되는 산업구조의 변화, IMF 경제위기와 경제불황 등으로 구체화된 노동시장 변화가 바로 빈곤층의 일자리 상실과 불안정한 고용 상태를 지속시켜 노숙인 증가의 사회구조적 요인이 된 것이다(신원우·김소영, 2005). 즉, 이러한 신자유주의적 노동시장 정책의 한계는 노숙인을 비롯한 근로빈곤층의 자활 목표가 매우 제한적인 수준에서 이루어질 수밖에 없다는 데 있다.

(3) 주거지원 정책의 미비

셋째, 주거지원 정책과 관련하여 자활의 집 사업 외에는 근본적인 주거 문제 해결을 위한 정책이 부재하다는 점을 들 수 있다. 노숙의 문제에는 주거 빈곤 문제가 본질적으로 개재되어 있다. 특히 노숙인 쉼터 거주 후 지역사회로 복귀할 수 있는 통로가 마땅치 않고 후속적인 주거지원 프로그램의 빈약성 때문에 자립할 수 있는 기회가 제한되는 문제를 갖고 있는 것이다(남기철, 2005). 최근 주택 가격 및 전세금 상승이라는 주택시장의 불안 요인으로 인해 기본적인 생계비 중 주거비용이 매우 높아졌음에도 불구하고 이에 대한 주거복지에 대한 대책은 매우 미약한 실정에 있다.

이는 좀 더 근본적으로는 국민기초생활보장제도 하의 비현실적인 주거급여 제도와 공공임대주택의 재고 부족 및 입주자격 제한 문제 등과 연관되어 있다(남원석, 2004). 한 예로 공공임대주택 입주자격을 살펴보면 저소득층을 대상으로 시장가격보다 저렴하게 주택을 공급한다는 측면에 있어서 대표적인 주거빈곤층인 노숙인을 지원대상으로 포함시키는 명확한 규정이 없다(남원석, 2004). 즉, 서울만 해도 영구임대주택의 입주대기자가 2만 가구를 상회하고 있는 상황에서 노숙인 중 수급자로 선정되어 영구임대주택을 신청할 경우, 수개월에서 많게는 수년 동안 대기하여야 하기 때문에 취업을 통해 일자리를 얻는다고 하더라도 적시에 주거를 얻지 못해 사회복귀를 하지 못하는 문제가 발생한다. 이러한 문제들은 결국 자활과 사회복귀라는 노숙인 복지의 정책 목표가 명목적인 것에 그쳐 취업과 주거안정을 통한 실질적 자립을 위한 서비스와 유기적으로 연결되지 못하기 때문이다.

(4) 노숙인 지원체계의 기능 및 역할 재검토

넷째, 노숙인 쉼터와 상담보호센터, 무료진료소 등 노숙인 지원체계의 기능과 역할 면에서 모호하다는 점을 들 수 있다. 앞서 살펴본 바와 같이 노숙인 복지는 쉼터와 상담보호센터에서 주로 이루어지고 있다. 그런데 노숙인 쉼터와 상담보호센터의 구체적인 기능면에서 많은 문제점이 지적되고 있다. 쉼터의 경우 쉼터 입소와 거주에 따른 혜택이 매우 제한적이며 쉼터 기능의 정체로 말미암아 충분한 제 역할을 하고 있지 않다는 문제가 제기되고 있다. 즉, 쉼터 이후의 뚜렷한 주거 정책이 제시되지 않기 때문에 지속적으로 쉼터의 기능이 약화되어 가고 있다. 또한 앞서 서술한 바와 같이 다양한 문제와 욕구를 가진 노숙인들이 필요로 하는 전문적 서비스를 제공하는 전문화 쉼터가 거의 없다는 것도 쉼터 체계가 가지고 있는 한계이다. 이로 인해 쉼터 노숙인은 지역사회로의 복귀에 성공하지 못하고 다시 거리생활로 빠져드는 이차적 문제를 파생시키고 있다.

현장보호체계로서의 상담보호센터는 이전의 수용 중심의 노숙인 복지에서 진일보한 것으로 평가할 수 있다. 하지만 상담보호센터가 거리 노숙인에 대한 생활지원과 쉼터 및 각종 사회복지시설과 서비스 체계로의 연결을 위한 의뢰체계로 기능해야 함에도 불구하고 '이용하기 쉬운 쉼터'로서의 기능에 더 치중되어 있어 기본적 기능이 취약해져 있다(남기철, 2005). 쉼터에 비해 상대적으로 자유로운 이용으로 인해 급속한 쉼터화가 될 우려가 높기 때문에 이에 대한 기능의 명확화가 필요한 실정이다.

무료진료소는 빈약한 무료진료소(치료) 중심의 제공 체계, 체계적인 환자의뢰체계의 부재, 거리현장에서의 건강문제에 대한 사정(assessment) 기능 부재 등의 한계를 가지고 있다(주영수, 2005). 특히 다양한 유병경험을 가지고 있는 노숙인들의 건강관리체계에 있어서 본래 의료적 기능을 하는 단위 기관(clinic)으로서의 시설이나 설비가 제대로 갖추어져 있지 못하고 중증 질환(만성 간질환, 중증의 뇌심혈관질환이나 심한 당뇨 등)을 가지고 있는 노숙인이나 반복되어 결핵에 이환된 노숙인들의 경우는 일회적인 진료로는 해결되지 않음에도 불구하고 체계적인 관리나 의뢰가 되지 않는다는 점은 매우 심각한 수준이다. 이러한 문제는 결국 건강관리를 통해 노숙인의 자활이라는 목표를 이루지 못하는 결과를 낳게 되는 것이다. 무엇보다도 쉼터, 상담보호센터, 무료진료소 등의 지원체계가 최소의 자원으로 최대한의 인원에게 서비스를 제공하는 방식으로는 정책 목표인 노숙인의 자활을 성취하기 어려운 한계를 가지고 있다.

(5) 노숙 발생의 근원적 예방 대책 부재

다섯째, 노숙 발생의 근원적인 예방 대책이 부재하다는 점이다. 주지하다시피 현재 우리 사회의 소득양극화로 인해 저소득층의 빈곤 심화 문제가 심각해지고 있다. 이러한 빈곤 심화 과정은 사회적 취약계층의 일부를 노숙 상태로 끌어당기는 주요 인이 되고 있다(신원우·김소영, 2005). 이와 관련하여 김수현(2002)은 노숙인 발생의 조건 중 사회구조적 요인으로서 한계계층의 누적, 필수적인 사회복지시설의 부족, 저렴한 주택의 재고 감소, 공공정책으로서의 사회안전망의 실효성 미약 등을 들고 있다. 이러한 요인들은 한마디로 외부의 충격을 완충할 수 있는 사회적 안전망의 취약이라고 할 수 있다. 그런데 이러한 안전망 취약의 문제는 결국 국가 복지정책의 잔여적 특성이 가지고 있는 근본적 한계와 연관된다. 이러한 잔여적 특성은 사회복지 제공에 있어서 일차적으로 가족의 책임을 강조하는 가족주의에 기초하고 있다. 특히 노숙인 중 상당수가 어린 시절부터 가족이 없거나, 중년의 경우에도 미혼이거나 이혼 상태인 것을 감안하면, 가족을 통해 노숙의 위험을 방지할 수 있는 안전망은 애초부터 존재하지 않거나 매우 취약한 상태인 것이다[6]. 게다가 사적영역의 복지기능이 붕괴되는 곳에 공적인 영역이 개입한다는 잔여적 특성과 관련하여, 공공부조정책은 빈곤층의 규모에 비해 소득을 보장받고 있는 수급자 규모는 매우 작은 수준에 머물고 있다.

또한 다양한 욕구를 가진 사회복지 대상자들이 서비스를 받을 수 있는 체계가 미비되어 있다. 즉, 신체 및 정신 장애(각종 알코올의존 및 도박중독 포함) 등 개인적 취약성이 강한 노숙인들에 대한 쉼터에서의 재활 프로그램 제공은 한계가 있다. 문제는 이러한 욕구를 가진 인구들이 기존의 사회복지시설 및 지역사회보호 체계 내에서 충분한 서비스를 받지 못하고 거리로 나오게 된다는 점이다. 결론적으로 빈곤심화와 경제위기 충격을 완충할 수 있는 개인적 및 사회적 안전망의 취약으로 인해 노숙 상태로 편입되었음을 알 수 있다. 결국 이러한 한계계층의 노숙 유입을 예방하기 위해서는 좀 더 근원적인 빈곤 해결 및 사회복지서비스 강화가 필요할 것이다.

4. 노숙인 복지의 과제

그렇다면 이러한 노숙인 복지의 한계를 극복할 수 있는 과제는 무엇인가. 무엇보다도 노숙인 복지 정책 및 서비스 지원체계를 종합적인 계획 하에 재정비하는 것이 필요하다. 우선적으로 노숙인 복지의 명목상의 정책 목표인 '자활과 사회복귀'를 실질적인 정책 목표로 전환할 수 있는 포괄적이고 종합적인 시스템이 필요할 것이다. 이러한 시스템은 노숙을 야기하는 사회구조적 원인을 차단하고, 이미 발생한 노숙문제를 종합적 지원으로 해결하는 대책, 즉 예방적이며 종합적인 지원대책이어야 한다

---

6) 정원오 외(1998)의 연구에서, 경제적 도움을 받는 형제, 자매가 없는 경우가 조사대상자의 86.4%로 나타나 이를 뒷받침하고 있다.

(이태진 외, 2002). 앞으로 노숙인 복지 관련 제도가 정착되고 각 지원체계의 유기적 연결을 통한 정책 목표 효과를 가져오기 위해 필요한 과제는 노숙인 복지 정책 및 서비스 지원체계의 종합적인 계획이 필요하다는 전제 하에 노숙 발생 예방적 차원과 사후 지원 차원으로 나누어 볼 수 있다.

노숙 발생 예방과 관련하여 구체적으로 노숙을 야기하는 고용문제, 주택문제, 포괄적 사회복지서비스의 부족에 대처할 필요가 있다. 그런데 노숙 발생 예방 대책은 단순히 노숙인 복지에만 국한되는 대책으로 해결될 사안이 아니라는 데 문제가 있다. 무엇보다도 국민기초생활보장제도의 자격요건 완화와 급여수준의 인상을 통해 노숙 위기에 있는 개인 및 가족의 노숙 진입을 예방하는 것이 중요하다. 뿐만 아니라 사회복지서비스의 확충을 통해 다양한 사회복지 욕구를 가진 사람들이 충분한 사회복지서비스를 받지 못해 거리로 내몰리는 사례가 발생하지 않도록 하는 것도 노숙 발생 예방의 중요한 조건이 된다. 이는 현재의 노숙인 쉼터의 기능을 감안할 때 쉼터 보호서비스의 정책 목표를 효과적으로 달성할 수 있는 조건이기도 하다. 또한 이러한 종합적인 제도의 전제조건으로 민관협력체계의 적극적 도입이 필요하다(남기철, 2005). 이를 통해 주거지원과 자활지원 프로그램이 실효성을 얻을 수 있는 민간협력을 충분히 끌어올 수 있는 환경이 조성되어야 한다.

또한, 이러한 종합적인 대책에는 쉼터 및 거리에서의 각종 지원사업과 쉼터 퇴소 후 주거지원에 이르는 다양한 서비스가 실질적인 자활을 목표로 할 수 있도록 재정비되어야 한다. 쉼터 서비스와 관련하여 아직까지 미약하지만 노숙인 쉼터의 전문화와 노숙인에게 맞는 일자리 창출 등 자활사업의 개발은 계속적으로 추진되어야 한다. 쉼터 전문화와 관련하여서는 정부의 정책방향에서 제시한 대로 알코올재활, 정신재활, 자활전문쉼터와 여성 및 가족노숙인을 보호할 수 있는 쉼터 서비스가 지속적으로 강화되어야 한다. 노숙인 쉼터에서 생활하고 있는 노숙인의 노동력은 각 개인별 편차가 매우 크다. 노동시장에서 경쟁력을 가지고 있는 경우에는 일정 기간 취업 후 자립할 수 있도록 다양한 주거지원 정책이 연계되어야 할 것이다. 그러나 노동시장에서 경쟁력을 갖기 어려운 노동능력 취약자의 경우에는 보호노동을 통하여 노동력을 증대시키고, 직업훈련 등 취업 준비가 가능한 경우에는 이와 관련된 적극적인 취업지원 정책이 필요하다(서정화, 2005). 한편, 거리 보호서비스와 관련하여 앞서 서술한 대로 노숙인 현장보호체계의 핵심적 거점으로서 상담보호센터의 기능을 정비하는 것이 필요하다. 상담보호센터의 기능은 크게 거리 노숙인에 대한 생활지원서비스, 상담 및 의뢰 기능, 적극적 아웃리치(outreach)와 현장보호 및 옹호활동으로 볼 수 있다. 잠자리 제공 등 쉼터 기능에 대해서는 필요시 최소한으로 제공하되, 지역사회의 노숙인 쉼터나 사회복지시설자원과의 연계 속에서 지원되어 상담보호센터가 생활시설화되지 않도록 유의할 필요가 있다(남기철, 2005).

한편, 쉼터 퇴소 후 주거지원 대책이 매우 불충분한 현실에서 기존의 주거복지정책 역시 노숙인을 비롯한 최빈곤집단을 배제하는 기능을 하고 있어 이에 대한 근본적 대책이 필요하다. 노숙 문제가 주거빈곤 문제임에도 불구하고 기존에 노숙인의 주거지원사업은 자활의 집 사업이나 월세지원사업에 국한되어 있다. 아직까지 이러한 사업들의 정책 효과가 긍정적으로 나오지 않고 있어 이에 대한 평가와 검토가 필요한 실정이다. 하지만 이보다는 좀 더 근원적인 노숙인의 주거보장을 위한 실천적 방안이 필요하다. 주거지원과 관련하여 건설교통부를 정책파트너로 설정하여 공공임대주택 관련 정책 및 주거복지와 관련한 다양한 프로그램 시행에 있어서 정책적 협력을 도모하는 것이 필요하며, 노숙인에 대한 특수한 형태로 이루어지기보다는 기존 주거복지정책에 통합되는 방향으로 이루어질 필요가 있다. 또한 정부의 정책변화는 시간적으로 일순간에 이루어질 수 없기 때문에 외국의 사례처럼 민간단체들이 직접 주택을 제공하여 우리나라에 적합한 주거지원모델을 마련하고 이를 실천해 나갈 필요가 있다. 이러한 민간의 적극적 참여는 현재 노숙인의 주거보장을 앞당길 수 있는 정부정책 변화를 유도할 수 있는 계기가 될 것이다(남원석, 2004).

5. 맺음말

지금까지 노숙인 복지의 현황과 쟁점을 통해 우리 사회에서 노숙인 복지가 실질적 정책 목표를 달성하기 위한 과제를 살펴보았다. 이미 노숙인 문제를 겪고 있는 선진국의 경험에 비추어 볼 때 경제위기로 인한 노숙인 문제는 단순히 경기회복으로 '자연스럽게' 해결될 사안이 아니다. 앞서 살펴본 바와 같이 노숙인들은 빈곤한계계층 출신으로서 개인적 취약성 및 공사의 사회안전망 부재와 경제위기 같은 사회구조적 충격에 의해 가장 우선적이고 치명적으로 영향을 받은 결과로 볼 수 있다. 결국 이러한 특성을 가진 노숙인 문제를 해결하기 위해서는 개인의 변화뿐만 아니라 사회구조적 변화를 가져오는 정책 및 서비스가 전제되어야 하는 것이다. 그동안 노숙인 복지가 응급구호 수준을 넘어서 노숙인의 실질적인 자립 및 사회복귀라는 정책 목표를 이루기 위해 다양한 시도와 노력을 경주해 왔다. 이러한 과정에서 앞서 쟁점에서 제기한 바와 같이 제도적 차원의 한계들로 인해 그 효과를 보지 못하고 있는 실정이다.

노숙인 복지가 실질적인 정책 목표를 달성하기 위해서는 정부와 일반 시민들의 인식변화가 전제되어야 한다. 시민사회가 성숙해 가면서 과거와 달리 노숙인에 대한 사회적 인식이 긍정적으로 변해가고 있다. 하지만 서울역을 이용하는 일반 시민들이 역사에 앉아 있는 노숙인을 회피나 동정의 대상으로 보는 시각은 여전히 존재한다. 노숙인 복지에 대한 정부 지원은 늘 잔여적인 수준을 넘어서지 못하는 것도 같은 맥락이다. 하지만 다른 한편으로는 공권력에 의한 노숙인 인권 침해에 대해 부당하다고 생각하고 함께 고민하는 시민들도 많아졌다. 일시적인 사회적 관심이 아닌 지속적인 참여와 실천으로 노숙과 같이 사회구조적 문제를 고민하는 사람들도 많아졌다. 이러한 시민들의 인식변화와 참여는 실질적인 노숙인 보호사업의 변화를 가져올 것으로 기대한다. 아울러 정부와 각계의 시민사회단체, 사회복지시설은 노숙인을 시혜와 동정의 대상이 아닌 국가가 보장하는 권리를 충분히 보장해야 하는 국민으로 생각하는 인식의 대전환을 통해 실질적 사회복귀를 지원하는 정책과 서비스가 구축되어야 할 것이다.

참고문헌

김수현(1998), 「영국 노숙자의 실태와 대책」, 『영국·일본·미국의 홈리스 실태와 대책』, 노숙자다시서기지원센터.

김수현(2002), 『서울시 중장기 노숙자정책 연구』, 서울시정개발연구원.

김수현·서종균(1999), 『노숙자 재활 프로그램 개발 연구』, 서울시정개발연구원.

김유경(2001), 「노숙자에 대한 지역사회 태도 연구」, 서울대학교 석사학위논문.

남기철(2005), 「서울시 노숙인복지서비스 체계의 쟁점」, 『2005 서울시 노숙인 사업 종합계획 수립을 위한 토론회』 자료집, 노숙인다시서기지원센터.

남기철·황운성·최성남·김문기(2001), 『자활의 관점에서 본 노숙인의 이해와 지원 체계』, 노숙인다시서기지원센터.

남원석(2004), 「홈리스 주거문제와 주거보장」, 『제6회 노숙인다시서기지원센터 심포지엄』 자료집, 노숙인다시서기지원센터.

노대명(2004), 「노숙자의 유형, 발생경로 그리고 정부정책」. 최장집 편, 『위기의 노동: 한국 민주주의의 취약한 사회경제적 기반』, 후마니타스.

노숙인다시서기지원센터(2005), 『2004년도 사업백서』

보건복지부(2005), 『부랑인및노숙인보호시설설치·운영규칙』

보건복지부(2006), 『2006년도 노숙인보호사업 운영관련 업무처리 요령안내』

서정화(2005), 「노숙인 자활을 위한 일자리 창출 방안」, 『2005 서울시 노숙인 사업 종합계획 수립을 위한 토론회』 자료집, 노숙인다시서기지원센터.

신원우·김소영(2005), 「1990년대 이후 한국노동시장 변화와 노숙인 문제의 등장」, 『아세아연구』 120호, pp. 29-58.

이태진·노대명·서동우·주영수·위정희·석희정·김선미(2002), 『노숙자 자활지원체계 개선방안 연구』, 한국보건사회연구원·보건복지부.

정원오·김수현·주영수(1998), 『노숙의 원인과 양상: 누가, 왜, 어떻게 노숙자가 되는가』, 서울시 노숙자 다시서기지원센터 연구보고서.

주영수(2005), 「노숙인 의료지원체계의 고찰 및 개선방안」, 『2005 서울시 노숙인 사업 종합계획 수립을 위한 토론회』 자료집, 노숙인다시서기지원센터.

전국실직노숙인대책종교시민단체협의회 인터넷 홈페이지(www.homeless.or.kr)

Burrow, R., R. Green & D. Quilgars. eds., 1997. *Homelessness and Social Policy*. London: Routledge.

Daly, G., 1996. Homeless. London: DOE.

Hewitt, C., 1996. "Estimating the number of homeless: Media misrepresentation of an urban problem", *Journal of Urban Affairs, 18(4)*, 431-447.

Jenks, C., 1994. *The homeless*. Cambridge: Harvard University Press.

Robertson, M. & M. Greenblatt. eds., 1992. *Homelessness: A National Perspective*. New York: Plenum Press.

15

군사회복지의 현황과 개혁과제

조흥식[*]

1. 머리말

우리나라는 현재 자주국방이 주요한 국정과제의 하나로 되어 있다. 핵실험이라는 무기로 불안을 조장하는 북한과의 관계 속에서 새로운 한미관계의 모색과 전시 작전권 환수라는 자주국방의 기조는 우리 군의 중요성을 그 어느 때보다도 더 높이고 있다. 더구나 군대 폭행, 자살 문제가 지속되면서 사병들의 인권문제도 강하게 부각되고 있다.

21세기 정보지식기반사회에서 다른 조직과 마찬가지로 군도 무기체계의 첨단화와 국방관리의 과학화·전문화를 지향함으로써 장기적 차원에서 군 인력을 어느 정도 감축할 수밖에 없게 된다. 이런 추세에 비추어 볼 때 앞으로 우수한 직업군인에 대한 요구가 더욱 강해질 것이다. 따라서 국가가 이에 대해 미리 대비하지 않으면 안 되며, 또한 의무복무를 이행하는 장병들의 다양한 복지욕구에 대해서도 국가적 차원에서 관심을 가지고 대응하지 않으면 안 될 것이다.

오늘날의 현대적인 군(軍)이 창설된 것은 지난 1948년 대한민국 정부 수립 이후로서 벌써 60년이 다 되어 가고 있다. 그동안 군이 우리 사회에서 차지한 위상은 결코 가볍지 않다. 한국 남성이라면 누구든지 군 복무과정을 겪게 되고 군 생활이 남은

---

[*] 서울대 사회복지학과 교수, 참여연대 사회복지위원회 실행위원

인생을 좌우할 정도로 군대 내의 정신적 문제에 대한 복지서비스는 절대적으로 필요하다. 그러나 군대라는 곳이 일반인들이 쉽게 접할 수 없는 제한된 공간이라 연구 등과 관련하여 접근하기가 쉽지는 않다. 미국의 경우 1차 세계대전 이후 꾸준히 군의 종합적인 복지시스템을 충분히 연구, 발전시켜 오고 있다. 일본의 경우에도 2000년도에 방위청에서 실시한 군인 정신건강 검토회의를 통해 주기적인 멘토링과 상담, 복지제도의 개선을 추진하고 있다.

따라서 우리나라의 주요한 사회구성체의 하나인 군 조직에 대한 것뿐만 아니라, 군을 책임지고 있는 군인과 그 가족의 복지 및 퇴역에 대해 연구하는 일은 대단히 중요하다. 그런 점에서 한국군사회복지학회가 창립된 2006년 9월 1일은 한국 군 역사에 중요한 한 페이지를 장식할 일이라 할 수 있다.

우리나라에서 본격적인 군사회복지 프로그램은 1968년 1월 육군이 다목적 경력관리 제도를 채택하면서 의정장교 직능에 사회사업 장교를 설정(직능부 764)하여 직능화 조치를 취한 것을 시초로 하고 있다. 그 후 1973년 9월 수도통합병원에서 개최된 대한 군진의학학술대회에서 "현대 사회에 있어서 사회사업가의 역할" 이라는 연구논문이 발표되고, 군사회사업 도입을 검토한 비공식 토의가 있었다.

1974년 2월에는 육군본부 회의실에서 주한미군 병원 사회사업 과장인 이부덕 대위를 초빙하여 30여 명의 의무병과 중견 장교들이 모인 가운데 미 육군의 사회사업 실적과 의료사회사업을 주제로 한 영화 2편을 소개한 바 있다. 동시에 의무감실의 하호욱 대령과 김영수 장군의 지원을 받아 제1기 수련생으로 영관급 장교 2명(소령 송창로, 김용)과 제2기 수련생(소령 함호용)을 26주 동안 파견 훈련시킴으로써 육군에 의료사회사업제도를 실시할 수 있는 기초를 마련하였다.

이 후 1977년까지 6명의 사회사업 장교를 배출하여 각 통합병원에서 사회사업 업무를 수행토록 하였고, 1977년 이후 각 부대는 대학 사회사업학과를 졸업한 ROTC 장교를 선발하여 임무를 수행토록 하였다. 1980년에는 국군의무학교에서 간부반 새마을 교육에 최초로 "군 의료사회사업"에 대한 교육이 실시되면서 1981년에 고등군사반과 간호 관리반에 정규과정으로 채택되었고, 1982년부터는 장교 양성과정과 보수 교육과정에까지 확대, 실시되었다. 현재 우리 군에는 500여 명의 사회복지사가 직업군인으로 각자의 병과에서 임무를 수행하고 있으며, 군 의료사회복지사 52명도 의정장교로서 활동 중에 있다(이홍윤, 2006; 하호욱, 2006).

이 글은 아직은 생소한 군사회복지는 무엇인가에 대한 개념 정립과 함께 구체적인 군사회복지의 내용을 고찰한 후, 군사회복지가 우리 사회에서 왜 필요하며, 군사회복지의 현황과 문제는 무엇인가를 살펴봄으로써 이러한 문제를 해결하기 위한 구체적인 과제를 제시하고자 한다.

2. 군사회복지는 어떠한 것인가?

(1) 군과 사회복지

군대는 외부의 침략으로부터 국가를 보호하고, 국민의 안전과 생명과 재산을 방어하기 위하여 일정한 지휘체계 아래서 군사력을 행사하는 국가의 한 기관이다. 이러한 군도 21세기 정보지식 기반 사회에서는 다른 조직과 마찬가지로 변화하지 않을 수 없다. 무기체계의 첨단화와 국방관리의 과학화·전문화를 지향함으로써 장기적 차원에서 군 인력을 어느 정도 감축할 수밖에 없으며, 양보다는 질을 추구하게 되는 것이다.

이런 추세에 비추어 볼 때 앞으로 우수한 직업군인에 대한 요구가 더욱 강해질 것이기 때문에 국가가 이에 대해 미리 대비하지 않으면 안 되며, 그 가족들의 삶의 질에 대해서도 관심을 갖지 않으면 안 된다. 또한 한 민족의 아픔인 남북 대치 상황에서 의무복무를 이행하지 않을 수 없는 일반 사병들의 다양한 복지욕구에 대해서도 국가적 차원에서 대응하지 않으면 안 될 것이다.

일반적으로 사회복지에 대한 국가의 개입은 공여(provision), 보조(subsidy) 및 규제(regulation)의 세 가지 방법을 통해 이루어진다. 공여란 공공재원에 기초하여 사회복지 재화와 서비스를 직접 급여하는 방식을 말하는데, 사회복지제도 중 가장 규모가 큰 사회보험제도나 공공부조가 직접 공여의 방법을 통한 국가개입이다. 한편, 국가는 민간기관이 급여하는 사회복지재화나 서비스에 대해 공공재원을 통해 보조하는 방법을 통해 개입하기도 하는데, 오늘날 많은 수의 민간 사회복지기관들이 국가로부터 보조를 받는다. 국가개입의 세 번째 형태는 민간이 제공하는 사회복지재화나 서비스의 질, 양, 가격 등을 여러 법률적 장치를 통해 규제하는 것이다(Le Grand & Robinson, 1985).

군사회복지의 영역에서도 국가공여나 보조, 규제의 방식을 통해 국가가 개입하는 제도나 프로그램이 다양하게 존재한다. 즉, 군사회복지는 매우 다양한 방식을 통해 조직화되는데, 특히 국가가 행하는 사회복지의 대부분은 군 조직을 매개로 이루어지기 때문에, 그 재정이나 급여의 과정에 군이 참여하는 경우가 대부분이다.

한편, 전국민의 복지를 증진하기 위한 사회복지정책과 서비스의 기획은 해당 인구집단의 인구학적 특성이나 생활실태 및 이들의 욕구로부터 출발하게 된다. 전국민을 대상으로 실시되는 정책이라 하더라도 그 기술적인 운영방식은 특수한 인구집단의 생활방식에 따라 탄력적으로 운영되어야 소기의 목적을 가장 효과적·효율적으로 달성할 수 있다(조흥식·남세진, 1995). 물론 직업군인과 그 가족, 그리고 의무복무를 이행하는 장병들을 위한 사회복지정책이 타 산업 종사자와 비교하여 형평에 맞아야 하고 삶의 질 향상과 인권신장을 목표로 함은 기본적인 전제이다.

사회복지정책의 분야는 개인의 욕구뿐만 아니라 그 개인이 가질 수 있는 욕구의 예방적 측면까지 포함하여 매우 다양하다. 일반적으로 사회복지정책은 소득보장, 건강, 교육, 주택, 개별적 사회서비스(사회복지서비스)로 구성되어 있는데, 이를 적절히 활용하여 종합적인 삶의 질을 보장하는 것이다(김상균·조흥식 외, 2005). 그러나 우리나라에서 군인과 가족들의 삶의 질을 보장하는 사회복지정책은 아직도 미흡한 게 사실이다.

(2) 군사회복지의 개념

군사회복지의 개념을 한마디로 정의하기란 쉽지 않다. 군을 바라보는 시각이나 이데올로기가 다양하고, 국가와 시대에 따라 다양하게 변화되어 왔기 때문이다. 그리고 직업군인과 가족, 일반을 위한 사회복지에 대해서도 다양한 의견이 있기 때문에 군사회복지의 개념을 한마디로 정의하기란 쉽지 않은 것이다.

그럼에도 불구하고, 군 직업이 갖는 특수성이 있다. 즉, 군인은 생명을 담보로 임무수행을 충실히 하는 집단이며, 군의 임무수행은 국가 안보에 직접적인 영향을 끼치게 되는 것이다. 그러다보니 다른 직업과 달리 빈번한 이사와 불안정한 생활, 그리고 훈련, 대기, 야간근무 등 근무시간의 무정량성 등을 감수할 수밖에 없는 직업적 여건을 갖는다.

이러한 여건들을 감안해 볼 때, 군사회복지란 한 마디로 말해서 전국민의 안전과 관련된 국방을 위한 군 전투력의 향상과 유지를 목표로, 모든 군인들이 인간다운 삶의 질을 영위하고, 제반 욕구나 문제를 해결할 수 있도록 사회구성원들이 공공 차원에서 행하는 공동체적 노력을 의미한다고 할 수 있다. 좀 더 구체적으로 말해서 군사회복지는 군인의 사회적 기능수행(social functioning)의 활성화, 개인적인 문제의 해결과 예방, 생활의 질적 향상 등에 직접적으로 관심을 갖는 국가의 사회복지서비스와 정책을 포함한다. 따라서 군사회복지는 군인에 대한 직접적인 서비스뿐만 아니라 법이나 사회제도, 문화 등의 적극적인 보완과 개혁에 대한 노력까지 포괄하는 것이다.

이렇게 볼 때, 군사회복지는 누구나 뜻만 갖고서 할 수 있는 것이 아니라 군에서 전문적인 능력과 자격을 갖춘 전문가인 사회복지사 등이 제공하는 사회서비스를 의미한다. 다시 말하면, 군사회복지란 사회복지의 한 실천분야로서, 일차적으로는 군의 고유한 목적이 최대한 달성될 수 있도록 원조하는 것이며, 나아가 군의 구성원인 군인과 그 가족의 복지를 증진시키는 전문적 활동이라고 할 수 있다. 또한 군사회복지는 다른 분야와는 달리 군대라는 특수한 조직에서 발생하는 문제와 이슈에 관심이 있을 뿐만 아니라, 이러한 문제에 대처하기 위해 사회복지의 전문 지식과 실천방법을 활용하는 특징이 있다(김만두 외, 1998; Daley, 2003).

이상으로 볼 때 군사회복지란, 첫째 목적 면에서 전국민의 안전과 관련된 국방을 위한 군 전투력의 향상과 유지를 위하여 군인의 생활보장이라는 복지권의 기본 이념에 입각하여 군인의 삶의 질을 유지시키고자 하는 것이며, 둘째 주체 면에서 국가가 주가 되며, 셋째 대상 면에서 직업군인뿐만 아니라 그 가족, 그리고 일반을 포함한 군조직 구성원 전체가 되며, 넷째 수단 면에서 제도적·정책적·기술적 서비스 등 조직적인 제반 활동이 되며, 다섯째 범위 면에서 사회복지의 한 분야가 되고 있음을 알 수 있다.

따라서 군사회복지는 대내적으로는 국방을 충실히 수호하는 데 따른 전국민의 관심과 사랑을 표출하는 수단이자, 대외적으로는 강한 국가 주권을 드러내는 상징적 기능을 수행한다고 할 수 있다.

(3) 군사회복지의 내용

일반적으로 국가가 시행하는 군사회복지는 크게 두 가지의 내용으로 구분할 수 있다. 국가가 공여라는 방식으로 조직화하는 사회보험제도가 있으며, 국가가 보조나 규제라는 방식으로 조직화하는 법정지원 관련 복지이다.

① 사회보험제도

건강보험이나 연금, 산재보험, 고용보험제도에 대한 기여의 형태는 국가마다 다양하지만, 군조직에 고용되어 있는 직업군인이 적용 대상인 경우에는 어느 국가를 막론하고 군조직의 기여가 필수적으로 따른다. 사회보험제도는 국가가 공여하는 군 복지의 핵심을 이룬다고 할 수 있다.

② 법정지원

군조직은 급여 말고도 연금, 재해보상, 귀향여비 등의 현금급여와 연·월차 휴가, 생리휴가, 산전·후 휴가 등의 각종 휴가와 병가, 직업훈련 따위의 비물질적 급여를 군인에게 제공한다. 국가가 공여하는 급여인 사회보험과 마찬가지로, 법정지원 급여 역시 국가가 조직화하는 군사회복지를 구성하는데, 오늘날 직업군인과 가족, 그리고 장병 모두에게 물질적 지원뿐만 아니라 사회심리적 지원이 중요시되고 있다.

특히 이러한 물질적 지원 및 사회심리적 지원과 관련하여 전문가인 군사회복지사가 이미 선진국에서는 존재하고 있다. 이러한 사회복지사의 구체적인 역할을 정리하면 다음과 같다(박미은, 2006).

첫째, 군사회복지사는 자발적으로 혹은 의뢰를 통해 도움을 요청한 군인과 가족을 면접한다.

둘째, 문제를 파악한 후 전문적 도움이 필요한 경우에는 군인과 가족에게 전문적인 상담 및 치료서비스를 제공한다.

셋째, 군인과 가족의 정신건강 및 대처능력을 향상시키는 심리사회적 서비스를 제공한다.

넷째, 군인과 가족의 대인관계상 갈등과 폭력을 조절하고 이를 예방하는 서비스를 제공한다.

다섯째, 군인과 가족을 위한 사회적 서비스 및 복지정책의 필요성을 옹호하고 개발한다.

여섯째, 군인들의 전투수행 능력을 증진시키고 또한 전투 이후의 회복을 돕는 서비스를 제공한다.

이상의 군사회복지의 법정지원 내용을 보면 군 사회복지사는 원칙적으로 상당히 다양한 영역의 활동을 한다고 할 수 있다. 그러나 군사회복지사가 군대 내에서 실천하게 되는 가장 기본적인 법정 지원 영역과 주요 프로그램을 보면 <표 15-1>과 같다.

〈표 15-1〉 군대 내 군사회복지사의 기본적인 법정지원 영역과 주요 프로그램

영 역	주요 프로그램
주거지원 사업	기숙사, 사택, 주거비용 융자, 주거관리비용 보조, 주택조합 결성, 민간아파트 매입 시 특별분양
생활지원 사업	생활용품 염가제공, 자녀학자금 보조, 탁아, 급식, 공공시설 이용 시 현역우대, 임무특성이 반영된 수당지급, 군매점/복지시설 설치
공제·금융지원 사업	공제조직운영지원, 융자, 단체보험가입, 특소세 부과품목의 면세,
건강 관련 사업	의무실, 체육시설, 정기건강진단, 현역 민간병원 이용지원, 군인가족 의료지원, 장애복지시설/장례식장 설치,
사회심리적 지원 사업	전문상담(군사회복지사 제도), 고충처리제도, 휴양소
가족생활지원 사업	자녀교육지원, 배우자교양교육, 부부관계상담, 대학특별전형, 영유아시설/학교 설치

3. 군사회복지는 왜 필요한가?

군사회복지는 우리 사회에서 과연 필요한가? 다시 말하여 군 조직의 유지와 발전에 반드시 필요한 것인가? 이에 대해 설명하자면 다음과 같다(조흥식, 2006).

첫째, 군사회복지는 국가 안보에 기여한다. 군사회복지가 군 조직에서 필요한 이유는 군인에 대한 지원이 단순히 군인 개인과 가족의 혜택에 그치는 것이 아니라 사회, 나아가 국가적으로 안보라는 중요한 의미를 내포하고 있기 때문이다. 특히 군사회복지정책은 국방력 강화와 밀접한 연관이 있다. 국민의 생명과 재산을 지키는 국방과 안보는 거저 주어지는 것이 아니며 반드시 대가를 지불해야 하는데, 국토방위에 공헌하는 군인에 대한 국가 차원의 배려는 군의 사기를 증대시킬 것이며 이는 곧 국방력의 강화로 이어지기 때문이다.

둘째, 군사회복지는 사회통합에 기여한다. 군인은 근무 특성상 장기간 격리·통제된 상태에서 생활하므로 사회적응 능력이 다소 떨어지기도 한다. 특히 국토방위에 젊음을 바친 제대군인과 직업군인 가족의 경우에는 국가가 원활한 사회복귀를 도와

야 하고, 사회안전망을 지원함으로써 사회통합을 도모하여야 한다.

셋째, 군사회복지는 국가 경쟁력 강화에 도움이 된다. 군사회복지 정책은 군 인적자원의 개발과 활용을 통한 국가 경쟁력 강화에 도움이 된다. 군사회복지를 잘 지원함으로써 군인이 보유하고 있는 경험과 지식을 필요로 하는 사회의 각 부문에 이들 인적자원을 적절히 연계하는 범국가적 연계 체제를 구축한다면 인적 자본에 바탕을 둔 경제 발전의 원동력이 될 것이며, 나아가 국가 경쟁력 강화에 큰 보탬이 될 것이다.

넷째, 군사회복지는 군인, 특히 사병의 인권향상에 기여한다. 최근 들어 군대 내 가혹행위 및 폭행, 자살 문제가 대두되면서 군인들의 인권문제가 제기되고 있으며, 이에 따라 군사회복지의 필요성 또한 크게 부각되고 있다(박영란 외, 2001). 군 복무 과정은 제대 후의 인생까지 좌우할 정도로 그 심리적, 정신적 영향이 크므로, 군인들에 대한 사회복지서비스가 제대로 시행된다면, 이들의 인권 향상에 크게 기여할 수 있을 것이다.

다섯째, 군사회복지는 군인과 그 가족의 고충처리와 고민거리를 해소시켜 준다. 군사회복지는 상관과 부하들의 원활한 관계 유지와 갈등을 조정하며, 사병들의 가정문제나 개인의 여러 문제들에 대한 해결 노력을 도와준다.

여섯째, 군사회복지는 건강한 군인과 군인가족을 위해서 필요하다. 특히 우리나라 군병원에서 군의료사회복지제도가 조기도입 되어야 할 이유는 다음과 같다. (1) 의료법에 의한 사회복지사 보직 및 활용이다. 의료법 시행규칙에 의하면 "종합병원에는 사회복지사업법의 규정에 의한 사회복지사 자격을 가진 자 중에서 환자의 갱생·재활과 사회복귀를 위한 상담 및 지도업무를 담당하는 요원을 1인 이상 둔다."라고 명시되어 있다. 따라서 군 병원도 의료법에서 지정한 인력을 운영해야 할 것이다. (2) 군에서는 이미 1968년에 육군장교 경력관리 제도를 도입하여 주특기를 분류 제정할 당시 의무부대에서 환자 진단치료 및 처리를 용이케 하기 위해 정신과적 또는 일반의학적 사회복지사업 기능을 수행시킬 목적으로 의정장교 직능에 사회사업특기(직능부호 764, 현재 1481 심리/사회사업)를 부여하였다. 1977년도 이후부터 각 대학 ROTC 및 학사장교 중 사회복지학과 졸업생을 의정장교로 선발하였으며 현재 의정장교 중 80여 명이 복무하고 있다. 이러한 자원을 제도적으로 활용할 필요가 있다. (3) 치료적 측면이다. 민간병원에서는 오래전부터 환자의 질병치료에 있어서 의사 및 간호사뿐만 아니라 의료사회복지사에 의한 심리·사회적 치료도 함께 이루어지고 있다. 군 병원에서는 이러한 치료뿐 아니라 환자들의 퇴원 후 자대 적응 및 재활 등을 위한 지원도 이루어 져야 한다. (4) 사고예방 측면이다. 병원 입원과, 퇴원과정 에서 많은 장병들이 적응의 문제를 경험하게 되고, 이때 부적응은 질병 악화와 또 다른 사고를 유발하는 요인이 된다. 이를 예방하기 위해 의료 사회복지제도가 조기 에 도입되어야 하겠다(이대식, 2006).

4. 군사회복지의 현실은 어떠하며, 문제는 무엇인가?

군사회복지의 현황을 파악하기 전에 우선 직업인으로서 갖는 장기복무 군인과 민 간인의 근무조건을 비교하면, 직업군인(국방의무를 맡는 사병은 제외)은 일반사회와 직무연계성이 없는 일을 수행하며 일반 민간인이 생각하는 것과 달리 직업안정성 측면에서도 짧은 정년 제도를 가지고 있다. 즉 진급을 하지 못할 경우 40대 중반에 실직할 수밖에 없다.

또한 평시에는 실제 전투와 같은 훈련을 실시함으로써, 항상 위험에 노출되어 공 무원보다 1.8배, 기업보다 2.3배의 높은 재해가 발생한다. 무정량 근무시간과 각종 훈련으로 인해 정상적인 출퇴근이 보장되지 않으며, 잦은 이사와 더불어 격오지 위 주의 근무환경은 군직업을 어렵게 한다. 자녀 교육문제로 인한 별거생활과 그에 대 한 추가비용의 부담도 존재한다.

직업군인과 민간인의 구체적인 근무조건은 <표 15-2>와 같이 비교해볼 수 있다.

사실상 군사회복지의 현황과 문제들을 정확히 파악할 수 있는 실태자료가 아직 갖추어져 있지 않다. 그러나 현재 가장 시급한 대표적인 정책과제를 중심으로 몇 가지 군사회복지 문제를 제시하면 다음과 같다(조흥식, 2005).

(1) 사회보험 내용의 미흡

제1차 사회안전망으로서의 기능을 하는 연금, 건강보험, 고용보험, 산재보험 등 4대 사회보험 가운데 현역 군인의 경우 군인연금, 건강보험 및 국가유공자예우법에 따른 급여, 그리고 재해에 대한 군인보험 등이 있으나 고용보험은 적용되지 않는다.

〈표 15-2〉 직업군인 및 민간인의 근무조건 비교

요소	직업군인	민간인	
		공무원	일반기업
이사 횟수	16.2회	연고지 지속근무	
근무지역	읍·면 : 47.8% (격오지 : 41.8%)	읍·면 : 33.5%	주로 도시지역
노사협의	불가	부분적 가능	노사협의체
업무내용	군사작전(초긴장)	공공서비스	상품생산
활동의 제한	매우 많음	보통	매우 낮음
재해율	0.081	0.041	0.036
정년	장군 56~61세 대령 56세, 중령 53세 소령 45세, 원사 55세 상사 53세, 중사 45세	6급이하 : 57세 5급이상 : 60세	55~58세
재취업률	28.7%	불필요	양호함
근무량(시간)	24(무정량 근무)	8(정량근무)	8(정량근무)
자녀교육	잦은 전학 / 별거교육	근무지교육	

* 전성진 외 2명(2002), 『미래지향적 군복지 발전 방향』

사회보험 중 대표적으로 군인연금은 일반국민 대상의 국민연금과 퇴직금을 통합하여 운영하는 연금제도로서 '군인연금법'이 제정되기 전인 1959년 이전 기간에 대하여 기여금 납입 없이 연금기간에 포함하였으며, 6·25전쟁, 월남전 등 전투에 종사한 기간에 대하여 그 기간을 3배로 계산하고, 군 조직 특성에 따른 조기전역으로 타 연금수급자에 비하여 연금 수혜기간이 장기간인 점 등의 사유로 시행초기부터 적정 기금을 확보하지 못한 상태에서 연금수급자가 발생하였다. 이로 인하여 1973년부터는 연금운영에 재정적자가 발생하여 국가에서 부족분을 보전하고 있는 실정이다. 이에 정부에서는 군인연금 재정적자를 해소하고 연금재정의 안정화를 위해 2000년도에는 군인연금법을 개정하여 개인 및 국가부담률을 각각 7.5%에서 8.5%로 인상하였고, 연금인상 방식을 재직자보수 인상률에서 소비자물가 변동률로, 연금산정기준을 최종보수월액에서 3년 평균 보수월액으로 변경하였으며 또한, 연금지급을 위한 예산이 부족할 경우에는 국고로 지원토록 하고 연금재정의 안정을 위한 책임준비금도 적립할 수 있도록 법제화하는 등 연금재정 안정화를 위한 제도적 장치를 마련하였다(국방부, 2004). 그러나 아직 국가의 재정충당에 의해 급여수준이 다른 연금, 즉 국민연금, 공무원연금, 사학연금보다 높게 설정되어 있으며, 다른 연금과는 달리 급여지급 개시연령 제한이 없이 20년이 지나면 무조건 지급받게 되는 이점을 갖고 있다. 그러나 20년을 채우지 못하고 중간에 퇴직하는 제대군인의 경우 군인연금을 전혀 받지 못한다.

대표적인 사회적 위험(social risks)인 빈곤, 질병, 실직, 재해 등에 대한 사회안전망으로서 일반국민을 대상으로 하는 4대 사회보험이 현역군인과 제대군인에게는 어떻게 적용되고 있는가를 비교하면 <표 15-3>에 있듯이 군인들에게는 4대 사회보험이 모두 적용되고 있지 않다.

〈표 15-3〉 사회적 위험에 대한 일반국민, 현역군인, 제대군인의 사회보험 내용

사회적 위험	일반국민	현역군인	제대군인
빈곤	국민연금, 공무원연금 등	군인연금	공적연금간 연계제도 부재
질병	건강보험/의료급여	건강보험(휴가)/통합병원	
실직	고용보험	-	
재해	산재보험	국가유공자예우법	군인보험(중사이상/10년)

(2) 군인가족 복지정책 수립의 미흡

① 군인가족의 체계적 영유아 보육정책의 부족

전체 14만여 명의 장교, 부사관 중 기혼자는 5만 9천여 명(42%)이고 이들의 자녀 중 6세 미만의 영유아수는 33,624명('03기준)이다. 그런데 군에서 시설관리비를 지원하고 있는 보육시설은 총 34개소(육군14, 해군8, 공군12)로 현재 수용인원은 3,430여 명에 불과하다. 그리고 직영 21개소, 위탁 13개소 모두 기존의 종교 및 사회 시설을 이용하여 시설운영비만을 군에서 부담하고 보육비는 부모가 부담하는 형태이다. 수용 영유아도 군 자녀와 인근지역의 민간 영유아를 같이 수용하고 있어서 몇 명의 군 자녀가 보육시설을 이용하고 있는지조차 파악되지 않은 상태이다. 그러나 격오지에는 보육시설이 한 곳도 없고 군단본부, 사령부급의 대도시에 위치하고 있다. 군의 업무특성상 간부들의 격오지 근무가 41.8% 수준임을 감안하면 군 자체의 보육시설

은 매우 열악한 상태라고 볼 수 있다.

그럼에도 불구하고 기존의 군인아파트와 신설 예정인 군인아파트에도 보육시설 관련 권고기준이 없는 상태이다. 특히 부부군인의 경우 순환보직의 특성상 동거현황이 매우 낮은 상태이기 때문에 별거 군가족의 경우 출산과 자녀양육, 보육여건이 더욱 어렵다고 할 수 있다.

오늘날 사회 전반적으로 저출산·고령화 추세에 대응하여 출산과 보육 관련 정책 지원의 중요성이 증대하고 있다. 군의 경우 점차 증가되고 있는 여군 인력은 물론 남성 기혼군인도 여성의 사회진출 확대와 맞물려 맞벌이 부부가 증가되는 추세여서 특히 안정적인 복무여건 조성을 위해 군 가정 영유아에 대한 보육정책 지원 수립이 시급하다고 할 수 있다.

② 군인가족의 별거에 따른 주거문제와 자녀 교육문제

다른 직업과 달리 직업군인은 빈번한 이사와 불안정한 생활, 그리고 훈련, 대기, 야간근무 등 근무시간의 무정량성 등을 감수할 수밖에 없는 직업적 여건에 처해 있음에도 불구하고 그 복지대책은 아직 미흡한 편이다.

③ 여군의 체계적인 모자보건, 출산 및 보육정책 수립 미흡

여군은 국방의 의무를 지고 있는 군인임과 동시에, 여성으로서 출산과 양육을 통해 우리 사회의 근간을 유지해야 하는 권리와 의무를 수행하고 있다. 여군인력의 역량이 최대한 보장되는 근무여건 조성과 함께 모성보호 차원에서도 이에 대한 정책적 배려가 필요하다. 그러나 이에 대한 기초조사 자료도 없는 상태이다.

현재 여군인력의 구성은 20, 30대에 몰려있어서 대다수가 임신, 출산기를 맞고 있다. 평균연령 28세인데 2003년 초, 3,321명 중 20대가 77%, 30대가 19.5%, 40대가 3%, 50대가 0.05%였다. 그리고 전체 여군 3,600여 명 중 기혼자가 31%, 그 중 57%가 부부군인(육군 55%, 공군 81%, 해군 77.5%)인데, 여군의 경우 남성에 비해 조기 전역이 월등히 높다.

그리고 현재 공무원, 지방공무원, 경찰, 교육공무원 모두 법적으로 '육아휴직기간을 승진소요 최저연수에 산입'한 것으로 법령이 정비되어 있으나 아직 '군 인사법'상 '육아휴직기간(1년 이내)의 진급최저복무기간 산입'이 이루어지지 않아 기혼 여성들의 출산이 진급에 불리하게 작용함으로써, 육아휴직 활용률이 낮은 게 사실이다.

(3) 사병복지의 열악성

군인가족에 대한 복지정책 못지않게 중요한 문제가 사병복지이다. 사병복지와 관련해서는 전체 장병들의 인권, 즉 구타, 성폭력 등 모든 폭력을 받지 않음으로써 한 성인으로서 제대로 대우받는 것과 최소한의 인간다운 생활이 가능한 병영시설이 갖추어져 있어야 한다는 점이다.

특히 신세대 병사들의 가치관, 정서적 환경지각, 군 생활 적응에 필요한 부분에 따라서 이를 위한 다양한 프로그램 개입이 절실히 요구되고 있는 실정이다. 신세대 병사들의 자기존재와 확인을 통해 자기를 긍정적으로 바라볼 수 있는 프로그램 또는 군내의 동료나 상사간의 관계를 원활하게 하기 위한 연구나 프로그램이 거의 없는 실정이다(서혜석, 2006).

뿐만 아니라, 병사들이 병영생활에서 야기되는 다양한 심리적 문제를 감소시키고 건강하게 군 복무를 마친 후 사회에 나가 잘 적응할 수 있도록 심리적 환경을 개선하는 정신건강의 문제가 심각한데도 불구하고 신세대 병사들을 위한 예방 차원의 여러 가지 적절한 의료체계, 상담체계, 사고대처체계가 제대로 이루어지지 않고 있다(한인영, 2000).

한편, 편의시설과 관련해서는 현재 대다수 군부대가 대변기 1대당 12인 정도로 상당히 열악한 상황이다: 소변기 1대/16인, 대변기 1대/12인, 세면기 1대/10~8인, 샤워기 1대/20~13인. 이러한 수치도 최근에 상향조정된 것으로서 신축 시 우선 적용되므로 대다수 일선부대는 훨씬 열악한 상태에 있을 것으로 보인다. 그리고 사병들, 특히 신병교육대의 경우 일과 편성상 세면장과 화장실을 이용할 수 있는 시간은 아침 30분 내외로서 단시간 내 집중적인 동시사용이 불가피한 실정이다.

(4) 중·장기적인 군사회복지정책 플랜의 미비

현재 군인 주거 및 병영 시설, 자녀양육 및 교육, 의료, 복지시설 지원 등 군인 근무여건 및 특성에 따른 기준, 표준화 근거 마련과 제도화가 체계적으로 갖추어져 있지 않으며 장기적인 군사회복지정책 플랜이 미비하다. 군복지정책은 주거, 교육 등 군인과 가족의 경제 및 가정생활에 요구되는 기본적인 분야에 대한 지원은 물론 장기적으로는 사회 여타 분야의 발전과 환경 변화에 따라 스포츠, 여가활용 등 문화적인 욕구를 충족시킬 수 있는 수준까지 발전되어야 함은 당연하다. 특히 군의 우수 정예인력의 확보와 유지를 위해 이러한 분야에 대한 복지정책의 선진화는 필수적이다(육군본부, 1998; 김통원, 2003).

이러한 관점에서 볼 때 주5일제 근무제도 시행과 군인의 특성상 작전지역 내 대기 등을 고려하여 현재 운영되고 있는 체육·복지시설 확충 등 전반적인 군 숙소와 시설 개선을 위한 BTL(Build Transfer Lease)사업 추진 등 법적·제도적 장치 구축에 대한 중·장기적인 군사회복지정책 플랜이 필요하다.

(5) 군사회복지 행정체계의 비연계성

현재 우리나라에서 실시되고 있는 군사회복지는 사회보장적 성격이 강한 제도로서 군사회복지 관계 기구로는 국방부와 각 군 본부의 인사참모부 인사근무처 예하의 복지과, 근무과, 제대군인지원과 직업보도과 등에서 국방인력의 복지후생에 관한 전반적인 역할을 수행하고 있다. 그리고 군인공제회에서는 군인 및 군무원의 생활안정 및 복지증진을 목적으로 하여 대부사업, 주택공급, 재해부조, 전역장성 및 대령의 군사연구비 지원 등 현역은 물론 전역군인 및 군무원을 위한 복지사업을 수행하고 있다.

국가보훈처에서는 전역군인의 생활안정 기금마련을 위하여 군인보험업무를 관장하고 전역군인에 대해 각종 대부사업을 벌이고 있으며 국가유공자 예우에 관한 법률 및 제대군인 지원에 관한 법률에 근거하여 미취업 전역 부사관의 중고생 자녀 학비지원 업무를 수행하고 있다. 군인가족 및 연금 수급자에 대한 의료보험 업무는 보건복지부 산하 국민건강보험관리공단에서 관장하고 있다.

이와 같이 직업군인에 대한 복지정책 수립 및 집행체계가 여러 기관에 산재해 있기 때문에 통합적이며 종합적인 복지정책을 추진하기가 어려운 실정이며 기존의 사회보장적 성격이 강한 제도의 시행 수준에 머무르고 있어 시대에 따른 구성원의 욕구 변화에 효과적으로 대처하지 못하고 있는 실정이다.

(6) 군사회복지 활동의 기본 재원인 군인복지기금의 열악성

군인복지기금은 PX판매, 복지시설 운용 등을 통해 군인복지에 활용하도록 되어 있으나 복지시설에 대한 연료/공공요금 지원 중단, 근무원 채용비용 증가 등으로 인해 기금이 고갈되어가는 상태에 있다. 이러한 군의 사회복지사업을 위한 법적 근거는 복지기금법이 유일한데, 현재 복지기금법은 기금의 운용을 위한 기본적인 근거만을 제공하고 있으므로 사실상 군의 복지사업을 통합적으로 일관성 있게 추진하기에는 미비하다. 따라서 군인의 생활의 질 향상을 위한 체계적인 복지정책 구현을 위해 총체적 법률로서 군사회복지기본법의 제정이 필요하다.

(7) 군사회복지 관련 기초통계자료 미흡

현재 군사회복지 관련 통계·지표 종류의 적절성, 통계품질, 향후 보강해야 할 국방부문 통계의 수와 종류 등, 양적 질적인 점검이 제대로 이루어지지 않고 있는 형편이다. 따라서 정확하고 풍부한 기초통계자료는 바로 국방정책 선진화의 첫 걸음이자 지표이기 때문에 이에 대한 기초조사연구가 시급하다고 할 수 있다.

5. 군사회복지는 어떻게 개혁되어야 하는가?

군사회복지의 문제들을 해결하려면 무엇보다도 군사회복지체계 정립이 필요하다. 국가 사회복지정책 방향에 따른 군사회복지체계 정립의 방향과 구체적인 과제들을 제시하면 다음과 같다(조흥식, 2005).

(1) 방향

첫째, 군의 하드웨어적 속성인 장비나 무기 등과 비교하여 오히려 소프트웨어적인 차원에서 계급과 관계없이 군인 한 사람, 한 사람과 그 가족에 대한 국가와 사회 전체의 공동체 정신을 바탕으로 군사회복지체계를 확립해 나가야 한다.

둘째, 군사회복지는 군 인력에 대해 단순히 군목부 기간 동안만 국가가 책임지는 것이 아니라 퇴역 후의 생활에도 책임지는 방향으로 나가야 한다.

셋째, 생애주기(life cycle)를 고려한 군사회복지체계를 확립해야 한다.

넷째, 개별적인 군인 및 가족 개개인의 욕구에 따라 복지급여를 자유롭게 선택할 수 있는 선택적 복지플랜(cafeteria welfare plan)으로 전환해 나가야 한다.

다섯째, 군복무 환경개선을 위한 마스터플랜을 수립해야 한다.

여섯째, 직업군인뿐만 아니라 국민개병제에 의해 소집된 일반 사병복지에도 관심을 쏟아야 한다.

일곱째, 군사회복지 관련 국방통계 기초자료의 과감한 공개와 투명성 확보가 필요하다.

(2) 구체적인 과제

① 군사회복지의 법률체계 정비가 필요하다: 군사회복지기본법 제정이 시급하다

일반적으로 법체계는 헌법을 시작으로 하여 법률과 명령으로 이루어지는 체계를 취하고 있다. 국방관련 법령은 법률 44건, 명령 321건(대통령령 127, 부령 58, 훈령 136)으로 구성되어 있다. 그러나 현행 국방관계 법령에는 군사회복지 제도에 대한 내용을 포괄적으로 포함하지 못하고 있으며 주로 간부를 대상으로 하는 군인보수법, 군인연금법, 군인공제회법, 군인보험법 및 제대군인지원에 관한 법률 등이 마련되어 있다. 따라서 징집된 사병에 대한 정신건강 상담, 스트레스 관리, 인권침해 예방 및 장기복무 군인과 그 가족이 겪는 어려움 해소와 생활의 안정을 기할 수 있는 법적 근거가 미흡한 실정이다(유흥위, 2006). 그러므로 좀 더 체계적이고 효율적인 군사회복지 정책의 제도화와 재정적 안정화를 위해서는 통일적이고 포괄적인 법적 근거―가령 군사회복지기본법―를 마련해야 한다. 우리 사회 전체적으로 복지 수요는 급격히 증대되고 있으며, 군이 정예 우수인력을 유인·확보하기 위해서도 군의 복지인프라 확충은 매우 중요하다.

② 군사회복지 행정시스템을 체계적으로 정비해야 한다

현재 군인에 대한 사회복지정책 수립 및 집행체계를 통합적이며 종합적으로 정비해야 한다. 군사회복지와 관련된 각 부처의 정책을 조율하기 위한 정책협의체를 국방부에 설치하여 시행하는 것도 하나의 방법이 될 수 있다.

③ 직업군인을 위한 군인연금체계의 정비가 필요하다

현재 군인연금특별회계와 군인연금기금으로 이원적으로 운영하고 있는 연금체계를 기금으로 일원화하고, 중·장기적으로는 군인연금관리공단을 설립·운영하여 기금을 적극 증식함으로써 연금재정을 안정화시켜 나가야 한다. 아울러 20년 연금가입기간을 충족하지 못한 군인연금 가입자를 위한 공적연금 간 연계제도를 구축할 필요가 있다. 특히 군인연금과 국민연금 가입기간을 통산하는 방안의 검토가 필요하다.

④ 다양한 법정지원 프로그램을 개발하여 시행해야 한다

주거지원 사업, 생활지원 사업, 공제·금융지원 사업, 건강관련 사업, 사회심리적 지원 사업, 가족생활지원 사업 등 군사회복지의 법정지원 영역에 속하는 다양한 프로그램들을 개발하여 실시해야 한다. 특히 직업군인과 가족뿐만 아니라 전사병들의 고충처리 및 고민거리를 해소할 수 있는 방안으로서 이미 선진국에서 활성화되어 있는 군사회복지(military social work)제도의 도입은 시급하다.

군사회복지 제도의 도입과 관련하여 보훈병원, 통합병원과 야전병원에 정신보건 사회복지사나 군사회복지사를 배치하여 입원 중인 장병들이 인격적 대우를 받도록 해야 한다. 그리고 연대급 이상 부대에 현역 장교와 민간(군무원) 사회복지사를 배치하고, 대대급 이하에는 대학 졸업 사회복지사를 배치하는 방법도 생각해 볼 수 있다. 통상 군에서는 사고 발생 후 수습 차원을 중시하지만 전문 인력에 의해 교화성이 입증된 예방 프로그램을 적용하여 성과를 달성해야 한다. 현재 군대 내 사회복지사의 역할을 보면 주로 사단급 이상은 군종참모(장교)에 의해 비전 캠프 프로그램을 진행하나 임무 수행상 제한을 받고 전문성 또한 미흡하다. 연대급 이하는 고충상담관이라고 하는 부사관이 역할을 담당하는데 상담기법이나 사례관리가 소수에 지나지 않는 것이 현실이다(이윤수, 2000).

아울러 충분한 시설확보는 상당한 예산이 수반되는 일로서 단기간의 개선이 쉽지 않지만, 과학적인 연구에 근거한 편의시설 기준 마련과 시설확보 목표설정이 필요하다.

한편, 군 장병의 건강은 전투력의 주요 요소이고 따라서 급식의 질이 중요하다. 현재 군의 급식체계는 직접 운영체제이나, 앞으로 질적 향상과 군 자원 절감 등을 위해 외부 민간 전문급식 용역업체 위탁 방식, 즉 아웃소싱체제로 바꾸는 것에 대해 검토할 필요가 있다. 물론 전·평시 급식지원 대비, 안보 여건상 모든 부대를 위탁방식으로 변경할 수는 없을 것이나, 후방 예비지원부대나 수천명이 동시에 수용되어 있는 훈련소 등에서는 급식전문 위탁 방식을 검토해 볼 수 있을 것이다.

⑤ 군사회복지 활동의 기본 재원인 군인복지기금을 확대해야 한다

군인의 생활의 질 향상을 위한 군인복지기금을 확대하는 방안을 강구해야 한다. 아울러 군인복지기금에 대한 기획, 조정, 집행기능을 투명하고도 합리적으로 관리, 운영하도록 해야 한다. 이를 위해서도 총체적 법률로서 군사회복지기본법의 제정이 필요하다.

⑥ 제대군인 지원제도를 강화해야 한다

제대군인의 취업률 향상을 위해 정부는 2003년부터 국방취업지원계획을 수립 추진해 오고 있는데, 취업지원 정책방향은, 첫째 20년 이상 장기복무자에게 군내·외 취업 기회를 확대하여 취업을 보장토록 지원하고, 둘째 10년 이상 장기복무자는 직업보도교육을 통하여 취업 경쟁력을 강화시켜 군 관련 및 민간분야 직위에 제한된 취업을 지원하며, 셋째 10년 미만 중기 복무자는 구인·취업정보안내 등을 통하여 취업여건을 지원하는 것이다. 그리고 이를 위해 국무총리실 산하에 '제대군인 지원위원회'를 설치하여 운영하고 있고, 특히 '국방취업지원센터'는 구직 희망자들의 접근성과 관련 업체와의 업무 효율성을 증대시키기 위해 2003년 8월 용산역 부근으로 사무실을 이전하여 전역 및 전역 예정자들에게 정보제공 및 상담, 취업알선 등을 실시하고 있다. 또한 국방취업정보시스템을 구축하여 좀 더 유익하고 다양한 정보를 제공하고 있다. 이뿐만 아니라 민간업체에서 시행하고 있는 '전직지원 프로그램 제도'를 도입하여 개인별 적성 분석을 통해 취업 및 창업을 지원하고 있으나(국방부, 2004) 아직 효과 면에서 미흡한 실정이다.

또한, 보상금 등 소득보장제도를 생계비에 연동시키거나, 고령 제대군인에 대한 지원을 국가전체적인 노인복지와 연계해야 한다. 아울러 제대군인의 사회정착을 잘 하기 위해 제대 전(前) 교육훈련 프로그램을 전문적으로 개발하여 시행해야 하며,

제대군인을 고용하는 기업에게는 감세조치 등 특별히 우대하여 자진고용을 유도해 나가야 한다.

⑦ 군사회복지정책 수립을 위한 기초조사연구가 시급하다 : 군사회복지지표 개발이 필요하다

국방정책의 선진화의 첫 걸음이 되는 군사회복지정책 수립을 위한 기초조사연구를 시급히 시행해야 하며, 무엇보다도 군사회복지지표 개발이 요구된다.

6. 맺음말

현재 우리나라 사회복지계에서조차 군사회복지란 아직도 어색하기만 한 실정이다. 더구나 학문적인 연구도 몇 편의 석사학위 논문과 발표문이 있을 뿐이다. 앞으로 군대 사고 예방, 심리, 병영 문화, 전역군인 복지, 보훈 관리, 연금, 군인 가족복지에 이르기까지 군과 관련된 사회복지서비스와 사회복지정책 등에 관한 연구가 시급하다고 할 수 있다.

현재 사회복지 학자들과 현역 및 예비역 군인들이 머리를 맞대어 군사회복지에 관한 연구 활동을 왕성하게 진행해 나갈 분위기는 이미 무르익었다고 할 수 있다. 이를 위해 우선 외국의 군사회복지 실천 현장에서 수십 년 동안 연구 발전시켜 온 것을 우리 실정에 맞게 응용할 수 있도록 하며, 군에서 요구하고 있는 병사들의 관리와 상담에 대한 집중적인 적용 방법을 찾아내어야 할 것이다.

또한, 실제 군 현장에서 활용할 수 있는 전문 프로그램과 실용적인 군 문제 대책들을 마련하는 데 힘을 쏟을 필요가 있다. 다시 말하여 군의 사기를 높이고, 사회와 친밀감을 갖게 하는 강하면서도 부드러운 소프트웨어의 특성을 갖춤으로써 군과 민으로부터 인정받는 프로그램 개발에 노력해야 할 것이다.

그러나 무엇보다도 시급한 것은 사회에서 인정받는 데 필수적인 법적 기반을 갖추어 나가는 일이다. 우선 긴급한 '군사회복지사' 제도 구축은 법적 기반을 토대로 하기 때문에 국회와 국방부 등 여러 기관들과의 연계를 잘 갖추도록 해야 할 것이다. 우선 시범 사업을 하면서 군사회복지 제도를 도입할 수 있을 것이다.

현재 우리나라 군 내부에서 군사회복지 제도를 받아들이려는 분위기는 어느 때보다 성숙되어 가고 있다. 특히 수용가능성이 큰 것이 바로 군 병원에 대한 사회복지사의 배치이다. 정신보건사회복지사든, 의료사회복지사든 100병상 당 1명이라는 기준으로 볼 때 군 병원 중 1차적으로 4~5개 병원에 사회복지사를 배치하고, 앞으로 설립될 군 종합병원에는 처음부터 사회복지사를 배치하도록 힘을 모아야 할 것이다.

이렇게 볼 때, 사회복지사가 프로그램 기획자로서, 실천가로서 군사회복지를 수행하는 전문가가 되어야 하므로 이에 대한 만반의 준비가 필요하다. 우선 교육계의 노력이 중요하다. 대학에서 군 관련 과목 편성이 이루어져야 하며, 군에서의 실습 또한 요구된다. 그뿐만 아니라 사회복지현장에서의 도움도 역시 필요하다. 새로운 분야의 개척 과정 중에서 각 영역들 간에 교차하는 부분에 대한 이해가 필요하며, 전문화된 프로그램 개발에 도움을 주어야 할 것이다.

참고문헌

국방부(2004), 「국방백서」.

김만두 외 공역(1998), 『사회복지대백과사전』, 도서출판 나눔의집.

김명자(2005), 「253회 임시국회(2005. 4. 15) 국방위 질의 내용」.

김상균·조흥식 외 3인(2005), 『사회복지개론』(증보판), 나남출판.

김통원(2003), 「군인의 복지 중장기 발전방안」, 『미래선진육군건설을 위한 경상운영사업 발전세미나 자료집』, 육군본부.

박미은(2006), 「선진 병영문화를 선도하는 군사회복지사의 역할」, 『한국군사회복지학회 창립 자료집』 한국군사회복지학회.

박영란 외 5인(2001), 『한국의 사회복지와 인권』, 인간과복지.

육군본부(1998), 『육군복지의 현재와 미래』.

서혜석(2006), 「군 사회복지사 역할에 있어서 상담적 접근에 관한 고찰 - 신세대 병사들을 중심으로 -」, 『한국군사회복지학회 창립 자료집』, 한국군사회복지학회.

유흥위(2006), 「한국과 미국의 군사회복지환경과 군사회복지사의 역할과 기능」, 『한국군사회복지학회 창립 자료집』, 한국군사회복지학회.

이대식(2006), 「군 병원내 의료사회사업의 필요성 및 활성화 방안」, 『한국군사회복지학회 창립 자료집』, 한국군사회복지학회.

이윤수(2000), 「군생활 내 의사소통 증진을 위한 군사회사업 필요성」, 부산대 석사학위논문.

이흥윤(2006), 「한국군사회복지학회의 정체성과 추진 방향」, 『한국군사회복지학회 창립 자료집』 한국군사회복지학회.

전성진 외 2인(2002), 『미래지향적 군복지 발전방향』, 한국국방연구원.

조흥식(2006), 「군사회복지의 비전」, 『한국군사회복지학회 2006년 추계학술대회 자료집』, 한국군사회복지학회.

_____(2005), 「국가복지정책 방향에 따른 군복지 체계정립의 필요성」, 『열린 군복지 체계정립을 위한 법, 제도 개선방안 토론회 자료집』.

조흥식·남세진(1995), 『한국사회복지론』, 나남출판.

하호욱(2006), 「군 의료사회사업의 도입배경과 역사」, 『한국군사회복지학회 창립 자료집』 한국군사회복지학회.

한인영(2000), 「군사회복지사 도입의 필요성 고찰 - 미군의 군사회복지사 활동 내용을 중심으로-」, 『국방정책연구』 2000년(가을).

Daley, James G., 2003. "Military Social Work: A Multi-country Comparison", *International Social Work*. *46(4)*: 437-448.

Le Grand, J. & Robinson, R., 1985. *Privilegation and the Welfare State*. London: George Allen & Unwin.

제 **4** 부

새로운 사회서비스국가를 향하여

16

복지재정의 확대는 한계에 온 것인가?

이태수[*]

1. 들어가는 말

복지제도의 구현에는 항시 사회적으로 재원지출이 수반되기 마련이다. 사실 복지제도의 실질적 성과와 운영의 실체는 궁극적으로 투여되는 재원의 규모에 의해 규정되는 경우가 많다. 특히 공적인 복지제도를 운영하고 책임지고 있는 국가, 즉 중앙정부가 공식적인 재정을 얼마나 할애할 것인가와 지방정부 재정투여의 방법과 규모를 어떻게 견인하느냐는 매우 중요한 일이 아닐 수 없다. 특히 최근 들어 우리 사회가 직면한 심각한 사회·경제문제를 타파하기 위해 복지제도의 위상과 역할을 중요하게 인식하고 새로운 제도적 장치를 마련하는 한편, 기존의 제도들을 내실화하고자 하는 조짐을 보여주고 있는 바, 재정의 동원규모와 조달가능성에 대한 관심이 어느 때 보다도 큰 것이 사실이다.

우리나라는 현재 세계적으로 유례없는 심각한 저출산율(<그림 16-1> 참조) 및 고령사회 추세(<표 16-1> 참조)에 대해 정부차원에서의 대응이 매우 절실한 상태이다. 이에 정부는 「저출산·고령사회기본법」을 제정하여 대통령을 위원장으로 하는 「저출산·고령사회위원회」를 설치하고 범부처적 기구로 기능하게 하는 한편, 상당한 재원 투여가 요구되는 각종 저출산 대책을 수립하고 있다[1].

---

* 꽃동네현도사회복지대학교 교수, 참여연대 사회복지위원회 실행위원

〈표 16-1〉 국가별 고령사회 추세

구 분	도 달 년 도			소 요 년 수	
	고령화사회(7%)	고령사회(14%)	초고령사회(20%)	고령사회 도달	초고령사회 도달
한 국	2000	2018	2026	18	8
일 본	1970	1994	2006	24	12
독 일	1932	1972	2010	40	38
미 국	1942	2014	2030	72	16
프랑스	1864	1979	2019	115	40

* 통계청, 『장래인구특별추계』, 2005.
* ( )는 65세 이상 인구비율

〈그림 16-1〉 우리나라 출산율 변화 추이

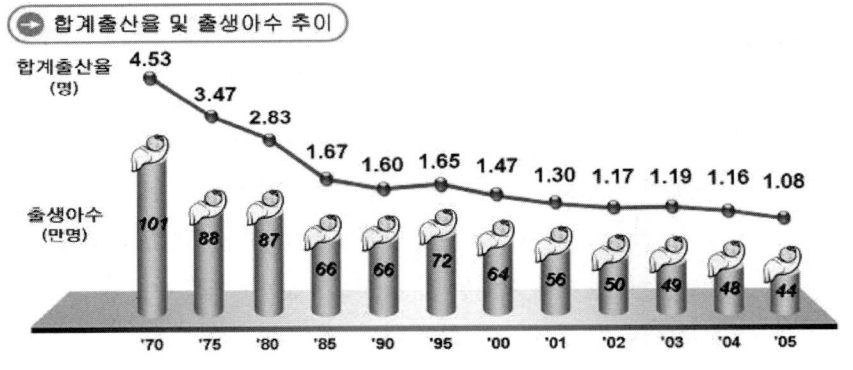

또한 사회양극화는 산업양극화, 기업양극화, 노동양극화를 비롯하여 소득의 양극화, 의료양극화, 교육양극화 등 각 분야에서 전면적이고 심각한 상태로 전개되고 있다. 이러한 양극화현상은 무엇보다도 국민기본선(national minimum)이 확보되지 않는 빈곤층을 양산하는 결과를 초래한다. 그러나 현재의 양극화현상은 경제성장과의 악순환 패턴을 고착화시켜 향후의 경제성장 전망을 매우 비관적으로 만들기에 충분하다. 더군다나 양극화 현상은 한국사회에서의 생존 여건을 악화시켜 후속세대 양육에 대한 희망을 줄임으로써 저출산·고령화사회를 유발시킨 동인(動因)인 동시에, 저출

---

1) 정부는 2006년 '새로맞이플랜'을 발표하여 2010년까지 32.1조원이 투여되는 저출산·고령사회대책을 제시한 바 있다.

산·고령사회에 대한 사회적 대응력을 떨어뜨림으로써 저출산·고령사회를 더욱 가속화시키는 한편, 저출산·고령사회로 진입할수록 노인인구와 아동양육가구의 양극화 경향이 심화·확대됨으로써 양극화와 저출산·고령화는 상승효과를 통해 더욱 심각한 폐해를 유발할 수 있다. 이러한 심각한 사회양극화를 해소하기 위해 마련된 정부의 대책에서도 막대한 재원 동원이 강조되고 있다2).

이처럼 현재 폭발적으로 늘어나는 필수적인 사회정책과 함께 사회양극화해소 및 저출산·고령화정책을 실행하는 데에 있어 막대한 예산 확보가 필연이 되고 있는 시점이다. 그러나 이러한 대규모의 재원조달 가능성에 대해 비관론도 만만치 않아 이러한 재원을 조달할 수 없다거나, 아니면 더 극단적으로는 바람직하지도 않다는 부정적 견해가 적지 않다. 이러한 시각을 극복하지 못한다면 우리 사회의 복지제도 발전은 심각히 제약을 받을 수밖에 없는 상황임은 자명하다.

따라서 우리의 재정소요가 어떠하며, 우리의 현 조세·재정구조에서 이러한 재원조달이 가능한지를 살펴보는 것이 이 글의 목적이다. 이는 진보진영을 포함한 사회개혁가들에게 있어 매우 중요하고도 핵심적인 과제의 하나가 아닐 수 없다.

2. 우리나라 복지지출의 현재와 미래

(1) 우리나라 복지재정의 현주소

① 재정지출과 수입의 저수준

우리나라의 경우 재정규모가 절대적으로 작은 상태이다. <표 16-2>에서 보는 바와 같이 OECD의 경우 GDP 대비 재정지출의 비중이 평균 40% 내외 수준을 유지하고 있으며 EU의 경우는 50% 수준까지도 넘나들고 있는 반면, 한국의 경우는 최근까지도 20% 후반대를 유지하는 상황이다.

이렇듯 선진국에 비해 매우 적은 재정지출의 비중은 그만큼 정부의 역할을 축소

---

2) 2005년 사회양극화 해소를 위해 총리실 주재로 세운 「Social Safety Plan」에서는 8조 6천억원의 예산확보가 필요하다고 제시하고 있으며, 2006년 기획예산처가 주도한 「비전 2030」은 2030년까지 GDP 대비 사회지출비의 비중을 OECD 평균 수준으로 높이는 계획을 보여주고 있으며 이를 위해 총 1,300조의 재원이 추가 투입되어야 할 것으로 보고 있다.

〈표 16-2〉 GDP 대비 재정지출 비중의 추이

	87	88	89	90	91	92	93	94	95	96	97	98	99	00	01	02	03	04
OECD	40.6	39.8	39.5	40.4	41.5	42.6	43.1	42.3	42.4	42.0	40.8	40.4	40.1	39.3	40.3	41.0	41.3	40.8
EU	48.8	48.4	47.8	48.6	50.1	51.3	52.9	51.8	51.4	51.5	50.1	49.3	48.9	47.1	48.2	48.5	49.0	48.6
한국	-	-	-	-	-	-	-	29.8	26.6	28.0	28.8	32.3	31.5	29.4	29.3	27.3	28.9	28.2

* 재정경제부, 내부자료.

〈표 16-3〉 GDP 대비 재정수입 비중의 추이

연도 구분	87	88	89	90	91	92	93	94	95	96	97	98	99	00	01	02	03	04
OECD	37.4	37.2	37.4	37.8	37.8	38.0	38.2	38.1	38.4	38.9	39.1	39.2	39.4	39.6	39.1	37.8	37.6	37.5
EU	44.3	44.0	44.1	44.1	45.1	46.2	47.2	46.7	46.3	47.2	47.5	47.0	47.6	47.1	46.4	46.1	46.2	45.8
한국	-	-	-	19.1	-	-	-	-	-	-	-	-	-	23.6	24.1	24.4	25.3	24.6

* 조세, 세외수입, 사회보장기여금 포함.

시키고 이것은 한국에서는 주로 국민서비스분야의 미발달과 축소의 결과로 나타나고 있다.

한편, <표 16-3>에서 보는 바와 같이 재정수입의 GDP 내의 비중은 OECD 평균이 30% 후반에, EU가 40% 중반에 머무르고 있는 상태이다. 재정수입에 있어서는 대부분의 선진국이 90년대 초 큰 폭의 재정적자를 만회하기 위해 2000년까지 증가하였다가 최근 들어 다소 감소하는 경향을 보이고 있으나, 우리나라의 비중은 OECD 국가 평균의 2/3, EU 국가 평균의 1/2 수준에 머물고 있다. 이 역시 현격한 차이를 보여주는 부분이다.

② 복지지출의 저수준

우리나라 재정구조의 문제점은 그 구성이 매우 왜곡된 형태라는 것이다. OECD Economic Survey 에 의하면, 한국은 국민계정상 일반정부(중앙+지방)의 지출에 있어 정부투자부문이 GDP대비 8.3%인데 비하여 소득이전의 비중은 3.6%에 불과하다. 특히 소득이전의 비중 측면에서 미국 13.7%, 영국 13.7%, 프랑스 17.8%, 독일 18.9%, 그리고 OECD 평균이 12.4% 인 점을 고려할 때 서구선진국가들과는 대조적이다. 즉, 우리나라 정부지출은 SOC나 특정산업에 대한 투자가 많은 반면 사회보장제도를 통

〈표 16-4〉 주요국의 사회지출비 규모 비교   단위: 경상 GDP 대비(%)

한국	스웨덴	프랑스	영국	독일	일본	미국
6.40(8.70)	31.47	28.82	25.07	33.2	15.05	14.96

* OECD, *Social Expenditure Database 1980-1998.* 3rd. ed.
* 한국의 (   ) 안의 수치는 퇴직금을 포함할 경우임. 한국은 2001년, 독일은 1996년, 기타는 1998년 자료임.

한 소득이전은 매우 인색하여 OECD 평균에 훨씬 못 미친다는 것이다.

현재 한국의 복지지출비 수준이 낮음을 극명하게 보여주는 지표는 OECD에 의해 정의된 사회지출비(Social Expenditure)[3]를 통해 본 국제비교표가 될 것이다. <표 16-4>에서 확인되는 것처럼 한국의 사회지출비 수준은 21세기에 들어섰음에도 불구하고 선진국의 1/5 내지 1/2 수준에 그치고 있다.

이러한 사회지출비 규모의 저수준이 혹 경제력의 차이에서 오지 않는가 반문한다고 하더라도 답은 달라지지 않는다. <표 16-5>에서는 서구선진국가들이 각기 일인당 GDP 1만 달러 및 2만 달러 시점을 취하여 복지지출비의 비중을 비교한 것인데, 1만 달러 시점을 비교하더라도 선진국가들과 현격한 차이를 나타내게 된다.

이러한 재정구조의 왜곡과 사회복지지출의 저수준이라는 우리나라의 재정 상 특징을 정리하여 보았는데, 특히 <표 16-5>를 볼 때 우리나라는 복지재정 규모가 경제규모에 비하여 월등히 높아 결코 투자자본 총량을 위축시킬 정도로 아님을 보여주고 있다.

우리나라는 오히려 부실한 복지제도로 인해 현재의 양극화와 저출산이 유발되었다고 본다면, 복지의 저수준이 드디어 성장잠재력을 훼손하는 결과를 초래했다고 보아야 하는 상황이다.

---

3) OECD에 의한 사회지출이란 "가구나 개인이 그들의 복지에 악영향을 미치는 특정한 환경에 처해 있을 때, 그들을 대상으로 공적인 기관(현재에는 사적 사회지출은 제외됨)을 통해 급여를 제공하고, 재정적인 기여를 하는 총비용"을 말한다. 그리고 이러한 급여와 재정적인 기여에는 특정 재화 및 서비스의 직접적인 지급(a direct payment for a particular good or service)과 개인적인 계약이나 이전(an individual contract or transfer)을 제외하고 있다.
이 사회지출비의 산출을 위하여 OECD에서는 다음과 같은 14개의 범주를 설정하여 놓고 있다. 첫째, 노령 현금급여, 둘째 장애 현금급여, 셋째 산업재해 또는 직업병, 넷째 상병급여, 다섯째 노인 및 장애인을 위한 서비스, 여섯째 유족급여, 일곱째 현금 가족급여, 여덟째 가족 서비스, 아홉째 적극적 노동시장 프로그램, 열 번째 실업급여, 열한 번째 보건, 열두번째 주택급여, 열세 번째 교육지출, 열네 번째 기타 상황 등이다.

〈표 16-5〉 1만 달러 시대와 2만 달러 시대 각국의 사회복지 지출비 비중

나 라	1만 달러 시대		2만 달러 시대	
	달성 연도	복지지출(%)	달성 연도	복지지출(%)
미국	1978	13.7	1988	14.1
일본	1981	10.4	1987	11.3
스웨덴	1977	27.8	1988	32.2
영국	1987	18.3	1996	22.8
독일	1979	25.7	1990	29.6
프랑스	1979	23.5	1990	30.1
호주	1980	11.7	1996	15.7
평균	-	18.7	-	22.3
한국	1995/2002	5.3/8.7	?	?

* LG 경제연구원, LG 주간경제, 2003. 7. 9.

③ 재분배 효과의 미미

우리나라 재정구조의 또 하나의 문제점은 소득재분배 효과가 미비하다는 점이다. 즉, 소득불평등도를 보여주는 지니계수는 시장소득의 경우 OECD 15개 국가 평균치보다 좋은 것으로 나타나나 조세와 사회보장제도의 효과를 고려한 가처분소득의 지니계수는 훨씬 높다. 결국 소득분배개선율은 OECD 평균이 41.6%로 나타나나, 한국의 경우는 6.5%(2004년)에 불과하여 OECD 평균치에 비해 대단히 낮은 수준에 그치고 있다(<표 16-6> 참조).

이렇게 조세·재정정책의 소득재분배기능이 약한 원인을 추적하자면, 첫째, 조세정책상 직접세 비율의 낮다는 것을 들 수 있다. 한국의 직접세 비중은 52%(2005년)로서, 미국 79%, 일본 68%에 비하여 낮다. 특히 소득세 비중이 12.8%(2002년)에 불과하고, 최고소득세율에 있어서도 스웨덴 59.6%, 미국 46.6%, 일본 50%에 비해 한국은 44.0%에 불과함으로써 고소득에 대한 조세각출효과가 적다.

둘째, 과세기반이 미비한 것도 소득재분배효과를 미미하게 만드는 중요한 원인이다. 2003년 현재 근로소득자의 44.2%(600만명), 자영업자의 48.8%가 면세자로서 일본의 근로자의 면세율 18.9%, 미국 27.2%에 비하여 현저히 높다. <표 16-7>은 자영업자의 경우 부가가치세의 납세인원의 구성이 어떠한 지를 자세히 보여주고 있다.

〈표 16-6〉 조세와 사회보장제도의 소득분배 개선 효과 비교

항목 \ 국가	스웨덴	영국	독일	미국	캐나다	한국	OECD평균
연도	2000	1999	2000	2000	2000	2004	1979-1988
조세·이전지출 전 지니계수	0.45	0.50	0.46	0.47	0.41	0.31	0.38
조세·이전지출 후 지니계수	0.25	0.35	0.26	0.37	0.30	0.29	0.27
개선율(%)	43.6	31.0	42.5	21.5	26.9	6.5	41.6

* OECD는 1979-1988년의 15개국 평균치임.
* 정부·민간합동작업단,『함께하는희망 - 비전 2030』, 2006.8., p.31과 유경준,『소득분배 국제비교를 통해 본 복지정책의 방향』, 한국개발연구원, 2003. 9에서 인용.

〈표 16-7〉 부가가치세 납세 인원(2003년)

구 분 \ 단 위	합계	일반과세자	간이과세자(연매출 4,800만 이하)		
			소계	납부대상자	납부면제자
천명	3,634	1,861	1,773	243	1,530
%	100.0	51.2	48.8	6.7	42.1

임금근로자의 경우도 <표 16-8>에서 보는 바와 같이 소득파악도가 매우 낮아 전체 임금근로자 1,440만명 중 26.3%에 이르는 380만명은 소득이 파악되지 않는 경우에 속한다. 특히 일용근로자 213만명에 대해서는 소득파악이 전혀 안 되고 있는 것으로 나타나고 있다.

〈표 16-8〉 임금근로자 소득파악 현황 (단위: 만명)

임금근로자			소득파악 여부	
			파악	미파악
전체 근로자		1,440	1,062(73.7%)	380(26.3%)
	·상시근로자	1,227		
	- 상용	727	1,060(86.6%)	167(13.4%)
	- 임시	500		
	·일용근로자	213	-	213(100.0%)

셋째, 자산소득에 대한 과세나 자산소득 자체에 대한 소득파악이 미비하고, 각종 조세감면제도나 면세점 제도를 통한 소득세 등 감면이 남발되고 있는 것도 소득재분배효과를 교란시키는 원인이 된다. 우리나라는 현재 금융자산에 대한 과세를 하고 있다고는 하나, 주식매매를 통한 이득에는 과세하지 않고 있으며 금융종합과세도 이자소득이 4천만원 이상인 경우만 과세대상이 되고 있어 금융자산에 대한 과세는 미흡한 상태이다. 부동산 등에 대한 과세는 최근 정부가 보유세를 강화하고 있는 추세에 있지만 아직도 부동산을 통한 자산증식에 대해 충분히 과세하고 있다고 보기 어렵다. 또한 중산층 또는 기업이 주된 수혜층인 조세감면제도에 따른 총액은 2006년 현재 22조원에 달하고 이는 전체 세수의 15%에 해당하는 것이다.

넷째, 소득재분배효과의 관건이 되는 사회보장지출비의 측면에서 볼 때 사회보장비의 규모가 절대적으로 작고 사회보장비의 구성 측면에서도 소득재분배 효과가 상대적으로 낮은 연금 및 건강보험 등의 재정 비중이 매우 큰 상태인 것도 소득재분배효과의 미약함에 결정적으로 기여하는 것이다(<표 16-9> 참조).

〈표 16-9〉 사회지출비의 부문별 구성

항목(2001)	금액(백만원)	비 율
기업의 퇴직금	12,992,877	27.1
건강보험	11,989,721	25.0
4대 공적연금	6,712,972	14.0
기초생보 및 의료급여	4,046,926	8.4
보건의료	3,505,870	7.3
산재보험	1,744,560	3.6
고용보험	1,360,845	2.8
국가보훈	1,140,008	2.4
적극적 노동시장 정책	1,076,986	2.2
보육, 아동, 복지관 사업	913,734	1.9
노인복지 서비스	542,099	1.1
기타	1,968,612	4.1
합계	47,995,210	100.0

* 고경환, 『한국의 사회복지지출 추계: 1990-2001』, 한국보건사회연구원, 2003.

(2) 미래 복지재정의 증대에 대한 전망

① 정부가 밝히는 미래 복지재정

참여정부는 출범시부터 복지와 경제의 선순환을 내걸어 상대적으로 복지부문의 재정팽창을 예고하였다. 결과적으로 200년 35조 2천억원이었던 복지재정 지출이 2007년도에는 61조 4천억원에 이르고 있다. 사회복지, 보건, 고용, 주택, 여성 등의 복지부문을 모두 포함한다고 정의할 때, 참여정부 책임하에 편성된 2004년-2007년까지의 재정 규모와 구성은 <표 16-10>과 같다.

〈표 16-10〉 복지재정의 추이(2004-2007)   (단위: 십억원, %)

구 분	연 도	2004	2005	2006	2007
기초생활보장	금액	3.831	4,356	5,343	6,583
	비중	8.8	8.9	9.5	10.7
	증가율	-	13.7	22.7	23.2
취약계층지원	금액	867	932	1,463	1,936
	비중	2.0	1.9	2.6	3.2
	증가율		7.5	57.0	32.3
보건의료·건강보험	금액	4,358	4,848	5,510	5,289
	비중	10.1	10.0	9.8	8.6
	증가율	-	11.2	13.7	△4.0
고용	금액	6,566	7,686	9,318	10,429
	비중	15.1	15.8	16.6	17.0
	증가율	-	17.1	21.2	11.9
여성·보육	금액	456	669	942	1,213
	비중	1.1	1.4	1.7	2.0
	증가율	-	46.7	40.8	28.7
국가보훈	금액	2,309	2,440	2,698	2,971
	비중	5.3	5.0	4.8	4.8
	증가율	-	5.7	10.6	10.1
공적연금	금액	13,976	16,127	17,202	18,995
	비중	32.2	33.1	30.7	31.0
	증가율	-	15.4	6.7	10.4
주택	금액	11,020	11,645	13,545	13,966
	비중	25.4	23.9	24.2	22.8
	증가율	-	5.7	16.3	3.1
사회재정 계	금액	43,381	48,706	56,025	61,384
	비중	100.0	100.0	100.0	100.0
	증가율	-	12.3	15.2	9.6

* 기획예산처, 「나라살림」, 각 년도.

<표 16-10>에서 보는 바와 같이, 2007년 현재 사회재정의 총규모는 61조 3,840억 원 규모이며, 이는 참여정부의 의지에 의해 예산이 책정된 2004년도 정부예산을 기준으로 할 때 총 41.5% 증가한 셈이다. 사회재정 가운데 가장 큰 비중을 차지한 것은 공적연금분야이며 2007년 현재 31.0%를 차지한다. 또한 주택분야가 22.8%, 고용 17.0%, 기초생활보장 10.7%로 비중상의 순위가 나타나고 있다.

그러나 참여정부에서 가장 큰 폭의 상승세를 보인 것은 여성·보육부문이며 2004 -2007년 동안 166.0%가 증가하였다. 이어서 아동, 노인, 장애인 등 취약계층에 대한 복지서비스 지원이 모두 123.3% 증가, 그리고 기초생활보장 부문이 71.8%, 노동분야 가 58.8%씩 증가하였다.

참여정부는 중앙정부의 재정 자체가 향후 지속적으로 증대할 것으로 전망하고 있는데, 일례로 참여정부는 「2006~2010년 국가재정운용계획」에서 이 기간 중에 총수입은 경상성장률보다 낮은 연평균 7.1% 증가하여 2010년에는 309조1,000억원, 총지출은 총수입 증가율보다 낮은 연평균 6.4%로 증가한 287조원에 달할 것으로 전망하고 있다. 특히 사회분야는 사회통합을 통한 복지와 경제의 선순환 구조를 형성하는 데 역점을 두어 교육복지, 고등교육 경쟁력강화를 위한 지원을 꾸준히 강화하고, 또한 사회안전망 확충, 저출산·고령화 추세에 대비한 복지분야 투자를 지속적으로 확대하고 국민문화 수요 충족, 문화·관광사업 육성 등 문화분야 투자에도 역점을 둔다고 한다. 동 기간 중 총예산의 연평균 증가율은 6.4%이지만, 복지부문은 9.7%, 교육부문 8.1% 등으로 평균을 상회하는 예산 증가를 예고한다.

다른 한편 참여정부의 저출산·고령화에 대한 대책에서도 막대한 재원조달의 필요성이 강조되기도 하였다. 대통령자문 고령화및미래사회위원회의 연구보고서 (2005)에 따르면, OECD 기준에 따라 1998년 우리나라의 총고령화관련지출액은 GDP

〈표 16-11〉 분야별 재원배분 계획(2006-2010)(기획예산처)   (단위: 억원, %)

분 야	2006	2007	2008	2009	2010	연평균 증가율
사회복지	505,153	562,926	611,757	668,411	730,471	9.7
보건	55,108	55,488	57,471	60,213	63,654	3.7
교육	287,650	308,890	337,104	363,788	392,565	8.1
합 계	2,241,082	2,385,033	2,538,482	2,699,447	2,870,463	6.4

의 2.11%이지만 자유주의국가모델(미국, 영국, 뉴질랜드 등)을 따를 때 2010년 6.52%, 2020년 7.56%, 북구국가모델(스웨덴, 핀란드, 노르웨이 등)을 따를 때 2010년 14.82%, 2020년 17.17%, 그리고 유럽대륙국가모델(프랑스, 독일 등)을 따를 때 2010년 14.98%, 2020년 17.02%로 각기 늘어나야 한다고 밝히고 있어 고령화 문제를 제대로 다루기 위해서 상당한 규모의 재정이 소요됨을 예상케 하고 있다.

그동안 복지와 경제의 선순환에 따른 동반성장 기조를 강조해 온 참여정부는 2006년 9월 향후 정부의 경제·사회정책의 구체적인 청사진이자 2030년까지의 국가발전전략 보고서인 「Vision 2030」을 발표하였다. 여기에서는 시대별 정부정책 기조를 분류하여 제시하면서 향후 동반성장패러다임을 통해 복지를 사회투자의 일환으로 강화해 나갈 것을 천명하고 있다. 이 보고서에서는 외환위기 이전의 정부는 경제개발에 중점 투자하여 복지를 상대적으로 소홀히 하였으며 경제성장과 소득증가에 따라 '선성장 후분배'의 메커니즘이 자연스럽게 작동되었고, 이에 따라 인위적인 소득재분배체계를 작동시키려는 노력을 소홀히 함으로써 공공서비스의 생산이 과소하게 이루어졌다고 진단하고 있다. 그러나 국민의 정부에서는 적극적 재정정책기조를 택하여 한편으로는 구조개혁을, 다른 한편으로는 외환위기 극복과정에서 사회안전망 구축을 적극적으로 실시하여 기초생활보장제도의 도입, 4대보험 전국민에 대한 적용 등을 달성하였다. 그렇지만 작고 효율적인 정부를 지향하면서 신자유주의적인 구조조정을 강도 높게 추진함으로써 정부의 복지정책을 적극적으로 구사하는 데에 한계를 스스로 노정하였다. 이어 등장한 참여정부에서는 성장의 동력을 확충하고 국가의 균형발전을 도모하는 동시에 인적자원을 고도화하고 사회복지를 선진화하여 복지를 사회투자의 개념으로 재정립하고 향후 이러한 기조를 지속해야 한다고 말하고 있다[4].

이러한 인식하에 2030년까지의 지속적인 재정확대를 통해 마침내 2030년 GDP 대비 사회지출비가 21%대에 올라섬으로써 2001년 기준의 OECD 평균수준에 도달하는 것으로 전망하고 있다. 이 과정에서 매년 GDP의 2% 가량의 재원이 추가적으로 소요되는 것으로 전망하고 있으며, 결과적으로 20년간 총 1,300조에 달하는 재원 투여액을 제시하고 있다[5]. 그러나 이 보고서는 재원의 조달과 관련하여 조세와 국채 발행 가운데 국민적 동의를 전제로 해법을 찾는다고만 언급함으로써 실현가능성에 대해

---

4) 정부-민간 합동작업반(2006), 『함께하는 희망한국-Vision 2030』, pp.24-27.
5) 정부-민간 합동작업반(2006), 위의 책, pp.72-74.

회의적인 시각을 불러 일으켰다.

② 사회적 요구에 기초한 미래 복지재정 전망

우리나라 재정지출의 기조는 근본적으로 개발재정에서 사회재정으로의 변환이 시급히 요구된다. 즉, 지금까지 '토목국가'를 뒷받침하는 SOC와 경제사업 위주의 재정운영기조를 '서비스국가'에 걸맞게 사람에 대한 투자로서의 사회재정으로 선회해야 한다. 현대 사회가 지식기반사회로 전환한 것을 상기할 때, 국가재정을 통해 물적 자본에 대한 직접적 투자를 행하는 것에서 인적자본 육성 및 공공서비스를 통한 시장실패의 보정에 국가 역할의 중심을 놓아야 한다. <표 16-12>에서는 정부지출 1조원을 현재와 같은 재정배분구조로 할 때와 공공행정과 국방을 제외한 나머지 분야에 지출할 때, 건설부문에만 집중할 때, 그리고 사회서비스의 전형인 교육 및 보건·복지부문에 집중할 때로 각기 나누어 경제성장에 미치는 효과를 보여주고 있다. 결국 정부지출 효과는 건설부문만 투여할 때 가장 낮고, 교육 및 보건·복지부문에 집중 투여할 때가 가장 높음을 알 수 있다.

〈표 16-12〉 정부지출 1조원 증가의 효과(KIET, 2005)

시나리오 \ 항목	국내소득 창출액(억원)		성장률 제고효과(% p)	
	최소	최대	최소	최대
동일한 배분구조	8.654	15.862	0.120	0.220
공공행정 및 국방제외시	8.500	15.569	0.118	0.216
건설부문에만 투입시	8.343	15.286	0.116	0.212
교육 및 보건·복지 부문에만 투입시	8.942	16.393	0.124	0.227

따라서 복지재정은 단순한 소비적 성격이 아니라는 전제하에 오늘날 한국사회가 직면한 각종 위기의 면모들을 해소하기 위해 적극적인 복지재정기조를 구사해야 할 것이다.

또 하나의 중요한 환경적 요소는 한·미 FTA체결 등 세계적 무한경쟁체제의 확산이라는 사실이다. 이러한 무한경쟁체제의 돌입이 매우 인위적이고 충격적인 요법으로 전개되므로 산업별·지역별·계층별 대응도가 판이하게 달라질 수밖에 없는데, 이때 각 부문별 수혜의 정도를 2차적으로 보정해주는 소득재분배효과가 앞의 <표

16-6>에서 확인한 것처럼 매우 미미하므로 양극화가 심화될 것은 명백하다. 따라서 2008년 이후의 복지재정은 한미 FTA 이전의 국면과는 한 차원 다른 각도에서 취급되어야 한다. 즉, 자유무역으로 인한 국부의 창출이 있다 해도, 부익부 빈익빈의 결과를 통해 사회양극화가 심화되고 급기야는 실직자와 가정해체가 급증하며, 소비구매력이 떨어지는 제2의 IMF 상황을 맞지 않기 위해 하나의 대비책으로서 사회정책을 강도 높게 재발진해야 하고 이를 뒷받침하는 사회재정이 마련되어야 할 것이다.

이를 위해서는 사회정책을 일자리와 교육, 사회복지 사이에 거시적으로는 정합적인 관계를 지니도록 설계되어야 하며, 미시적으로는 사회구성원 각자가 인간으로서의 품위를 지키며 양질의 노동생산력을 보지하고 이를 생산현장에서 발휘하도록 세밀한 사회적 연계망이 형성됨을 의미한다. 이를 'jobfare'(일자리복지), 'learnfare'(학습복지), 그리고 'welfare'(사회복지) 등 3자가 조합되는 '3-fares' 정책이라 명명할 수 있을 것이다. '3-fares'를 구성하는 각자 영역의 정책 핵심은 <표 16-13>과 같다.

〈표 16-13〉 3-fares 정책의 핵심 내용

구분 항목	Jobfare	Welfare	Learnfare
역할	일자리 보장	노동력 보존	일할 능력 신장
특징	노동시장에서의 일자리유지 및 일자리창출 및 적극적 노동시장정책	협의의 사회안전망으로서 직·간접적인 소득보전정책	평생학습체계 구축 등 인적자본 향상을 위한 정책
구체적인 수단	-직업교육 및 훈련강화 -취업정보제공 및 알선 -사회적 일자리창출 등	-기초생활보장제도 보완 -사회보험 사각지대 해소 -국민건강의 보장 -사회복지서비스 확충 등	-평생학습체계 구축 등을 통해 중소기업근로자 등의 경쟁약자에 대한 경쟁력 강화

이들 간의 상호 작용은 다음과 같다. 우선 welfare는 노동력의 보전기반을 확보하여 jobfare가 효과를 발할 수 있는 원천을 마련해 주는 동시에 노동자들이 학습기회에 참여하기 위한 기본 조건을 보장하는 것이기도 하다. learnfare는 노동력의 질과 전문성을 고양시켜 주며 welfare에 의존하려는 복지병의 원천적 제어 역할을 행한다. 또한 jobfare는 사회구성원의 삶의 안정적 영위를 가능케 하는 원천인 근로소득을 확보하는 효과를 지니면서 아울러 복지재원을 확보하는 동시에 지속적·안정적 학습기회를 제공하는 일터를 확보해주는 것이기도 하다. 이런 상호연계효과를 지니고 있는

3-fares정책이 근간이 되어 FTA의 확대에 따른 양극화 심화가능성을 차단하고 저출산 및 고령화에도 대처하여 여성 및 노인·장애인계층의 취업인구로의 편입을 담보하게 된다.

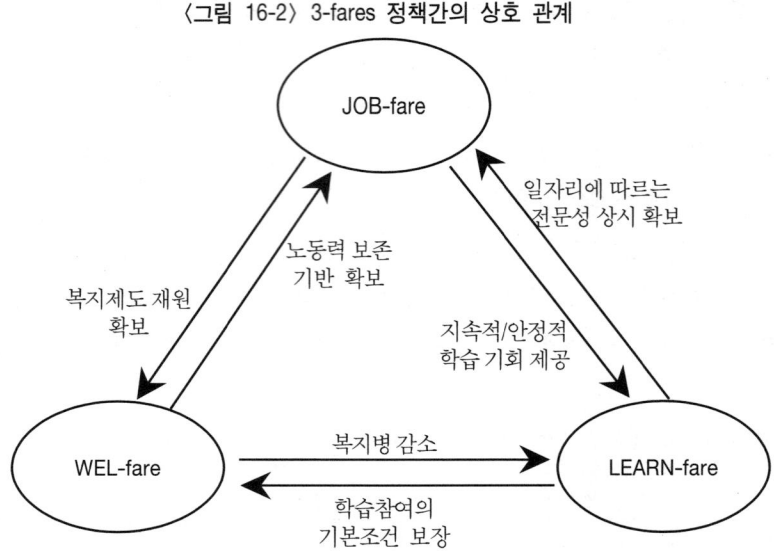

〈그림 16-2〉 3-fares 정책간의 상호 관계

이러한 정책구도하에 연간 조(兆) 단위의 예산이 투여되어야 하는 주요 정책만을 나열한다 해도 다음과 같다.

▷ 아동수당제
▷ 출산 및 육아휴직제 활성화 정책
▷ 노인요양보험 등 노인부양 지원
▷ 노후빈곤을 방지하기 위한 기초노령연금 정착
▷ 사회적 일자리
▷ 차상위계층에 대한 부분급여 확대
▷ 공공보건의료체계의 확충
▷ 사회복지서비스의 확충
▷ 직업교육 및 훈련의 강화

▷ 평생학습체계 구축

등등이 그러한 정책에 해당한다.

3. 복지재원의 조달 가능성과 과제

현재의 재정 및 조세 현황을 고려할 때 앞에서 살펴본 바와 같이 대규모의 소요재
원을 확보하는 것 자체가 가능하지도 않을 뿐더러 바람직하지도 않다는 입장이 제
법 강력한 설득력을 얻고 있다. 이러한 주장은 예산제약을 인정하자는 지극히 합리
적이고 당연한 전제를 유지하는 듯하지만, 문제는 현실적으로 불가피하고도 위급한
필요를 바탕으로 하고 있는 위의 재원수요처에 비해 재원동원에 대한 발상의 안이
함이 드러나 있다는 데에 있다.

작은 정부론에 입각하여 복지재정의 확대는 민간투자를 구축하기 때문에 바람직
하지 않다는 전통적인 보수주의자들의 주장에 대해서도 과연 한국의 경우 이러한
명제가 성립하는 것인지의 해명이 필요하지만, 현실적으로 대대적인 새로운 재원의
확충 자체가 불가능하다는 주장은 논리적인 이론과 이념의 영역이 아니라 조달 가
능성이라는 실제의 영역에 해당하므로 그 진위여부를 가리는 것이 좀 더 용이한 측
면이 있다.

그렇다면 현재의 여건 내에서 재원의 과감한 동원이란 정말 불가한 것인가?

(1) 재원 확보에 대한 총론적 접근

먼저 현재 국민의 추가적인 조세부담 능력이 있느냐를 검토해 볼 필요가 있다.
<표 16-14>에서 보듯이 현재 한국의 조세부담률 수준은 OECD 국가 중 하위에 속하
며, 동아시아권, 영미국가권, 북구국가권, 유럽대륙국가권 등 유형별 국가권으로 비
교할 때에도 같은 동아시아권 내의 일본을 제외하고는 타국가들과 현격한 차이가
존재함을 알 수 있다.

<표 16-14>의 결과를 고려할 때 한국의 경우 정부의 적극적 재정정책을 구사하
기 위해 최소 5~8%p의 추가적인 조세부담 능력이 있다고 보아야 한다. 현재 국민

<표 16-14> OECD 국가권별 조세부담률* 수준

조세부담률	동아시아		영미국가			북구국가			유럽대륙국가				OECD 평균
	한국	일본	미국	영국	평균	스웨덴	덴마크	평균	독일	프랑스	네덜란드	평균	
2002년	19.8	15.9	19.6	29.7	28.1	35.1	47.2	35.8	21.5	27.7	25.3	27.1	27.0
최근3개년 평균 (2000-2002년)	19.7	16.7	21.5	30.6	28.8	36.9	47.4	36.4	22.2	28.5	25.3	27.3	27.4

* 사회보장비를 제외하였으며 국세 및 지방세를 모두 포함한 것임.

들의 조세부담 증대에 대한 저항은 사실이지만, 이는 정부에 대한 불신과 경기 침체 가능성 두 가지에 기인하는 바이다. 따라서 정부에 대한 불신은 양극화해소 및 중산층 복지제도 확대로 국민들이 재정지출효과를 체감함으로써 서서히 저항을 완화시켜 나갈 수 있을 것이다. 또한 경기침체 가능성은 보수적 이념과 시장주의에 기초한 대표적인 반대 논거로서, 서구 선진국의 경험과 시장경제의 한계, 현재 위기상황의 가공할 사회해체 가능성 등에 대한 꾸준한 문제제기와 대응 담론 형성을 통해 대응해 나가야 할 부분일 것이다.

한편 <표 16-15>은 1인당 GDP가 1만 달러인 시기에 선진국가들의 조세부담률과 국민부담률 수준이 어떠한지를 비교한 것으로서, 우리나라는 일본과는 유사하지만, 유럽과 아메리카의 서구선진국가들에 비하여 조세부담률은 2% 포인트 내지 10% 포인트, 그리고 국민부담률은 3% 포인트 내지 15% 포인트까지 차이가 나고 있음을 보여주고 있다. 결국 낮은 조세부담이란 경제수준이 아직 선진국 수준이 아니어서 수용할 수밖에 없는 상황이 결코 아님을 알 수 있게 해준다.

<표 16-15> 1인당 GDP 1만 달러시대의 조세 및 국민부담률 국제비교

항목 \ 국가	미국	일본	독일	프랑스	영국	이태리	한국
연도	1978	1981	1978	1978	1986	1986	2000
조세부담률	21.6	19.3	25.1	23.9	30.8	22.6	19.6
국민부담률	26.8	25.8	34.3	37.5	38.2	35.9	23.6

* 시민경제사회연구소, 「시민경제상식」.

(2) 재원 확보에 대한 각론적 접근

앞에서 본 사실 미래의 복지재정의 팽창을 위한 해결책으로서의 여러 대안들을 분류해 보자면 다음의 여섯 가지로 정리할 수 있다.

첫째, 소득세 면제점 인하, 간이과세제도 폐지 등 공평과세 구현 방안

둘째, 법인세 및 소득세, 부동산세 등 세율 조정

셋째, SOC 투자 축소, 낭비재원 차단 등 세출 누수 방지 및 세출 절약 방안

넷째, 자영자소득 파악, 탈루·음성소득의 발굴 등 과세기반 확충 방안

다섯째, 소득역진적인 다양한 비과세 감면제도 개편 등 조세감면 축소 방안

여섯째, 국채발행을 통한 적자재정의 일시적 편성 등이 그것이다.

이러한 재원확보 방안들은 크게 나누어 두 가지인 바, '현재의 재정 총량 내에서의 재원확보'와 '새로운 재원발굴을 통한 재원확보' 등을 말한다.

이들 방안 중 선진복지국가 수준의 복지재정을 확보하는 데에 결정적인 역할을 담당할 핵심 방안을 살펴보기로 하자. 첫째, 과세기반 확충 방안으로서 자영자소득 파악, 탈루 및 음성소득의 발굴 방안이다. 이는 한 마디로 지하경제(underground economy)의 해소로 볼 수 있는데, 현대경제연구원(2005)은 2003년도 우리나라 지하경제규모를 GDP의 약 21%로 추산하고 있다6). 이 연구에 의하면, 우리나라의 지하경제 규모는 금융실명제 이후 감소하였다가 1999년 이후 증가추세에 있는 것으로 나타난다. 그러나 전태영·변용환(2005)은 슈나이더 등(Schneider & Klinglmaire)의 *Shadow economies around the world*(2004)를 인용하여 우리나라 지하경제의 규모를 27.5%로 보고 있기도 하다7). 미국의 지하경제 규모가 GDP의 8.7%8), 스웨덴 3.0-4.5%9)인 것에 비하여 매우 높은 수치가 아닐 수 없다. 이러한 지하경제를 양성화하는 가운데 GDP의 4~5%정도의 세입이 추가적으로 확보될 것이며, 이는 2007년 현재가격으로 하면, 40조원 내외의 규모에 달하는 것이다.

두 번째는 목적세 등의 새로운 재원 발굴 방안이다. 일반적으로 목적세의 도입에 대해서는 재정 일반의 관점에서 볼 때 세출과 세수의 연계성이 높아 수익자 부담원

---

6) 현대경제연구원, 『국내지하경제규모와 문제』, 2005.

7) 전태영·변용환, 「지하경제규모에 영향을 미치는 세무 및 비세무요인」, 『세무학연구』, 2005. 12.

8) 전태영·변용환, 상게서.

9) Swedish Tax Agency, *Taxes in Sweden 2004.*

칙에 따라 효율적으로 사용된다면 매우 유용한 효과를 내지만, 지출상의 경직성과 비효율성이 제거되기 쉽지 않아 바람직스럽지 않은 정책으로 평가되고 있다. 그러나 우리나라의 경우 교육세, 농어촌특별세 및 교통세 등과 같이 고유한 목적사업의 원활한 진행을 위해 목적세의 과감한 도입을 진행해 온 경험을 이미 지니고 있다.

교육세는 교육의 질적 향상을 위한 교육재정 확보를 위해 금융보험업 수익금액의 0.5%, 특별소비세액의 30%, 교통세액의 15%, 주류세액의 10% 또는 30%를 취하는 목적세로서 1991년부터 시행하여 왔다. 농어촌특별세는 농어업의 경쟁력 강화와 농어업산업기반시설 확충 등을 위해 1995년부터 시행하여 2014년까지 한시적으로 운용하는 목적세로서, 소득세·법인세 등 감면세액의 20%, 법인세 과세표준금액을 5억 원 이상 초과한 경우의 10% 등 다양한 세원을 발동하고 있다. 또한 교통세는 도로 및 교통시설물의 확충에 소요되는 재원을 확보하기 위해 휘발유에 630원, 경유에 404원을 부과하는 목적세로서 1994년 시행하여 2006년까지 한시적으로 운용되어 오다가 2007년부터 교통환경세로 전환되었다. 따라서 현재 긴박한 해결이 요구되는 저출산·고령화와 사회양극화를 위해 저출산세 또는 복지세를 도입하자는 것이 그리 무모한 발상으로 치부될 수는 없다.

구체적인 목적세 도입 방식에 대한 검토한다면 다음과 같은 세 가지 방식이 우선적으로 고려될 수 있다.

제1방안으로서는 소득세 및 법인세, 재산세의 세율 상향조정을 생각할 수 있다. 저출산·고령화 및 양극화의 문제는 사회 전구성원 모두가 책임져야 하며, 또한 이의 해소에서 오는 혜택도 누구나가 수혜대상이라는 점에서 가장 일반적인 세원을 통해 목적세를 부과하는 것은 설득력이 있다 할 것이다. 또한 이들 세액으로부터 거두어들이는 세액이 전체 세수의 50% 정도를 차지하므로 세율의 일정한 조정을 통해 일정 규모의 재원을 확보하는 것에는 용이성도 확보된다.

제2방안으로서는 교통환경세를 적절한 시기에 복지재원으로서의 목적세로 전환하는 것이다. 현재 교통환경세는 연간 10조원에 달하므로 이를 저출산세 또는 복지세로 전환한다면 이 재원을 통해 SOC에 대한 과도한 투자를 막을 뿐더러 미래의 복지재정 확보에 중요한 기반을 갖는 것이기도 하다.

제3방안으로서는 일부 상류층이 소비하는 사치재에 부과하는 방법으로서 사치·향락 소비품목의 억제와 함께 소득재분배효과를 동반할 수 있다. 특히 사치재에 대한 과세는 지출용도와 과세대상이 가장 일치한다는 점에서 복지세로서의 타당성을 지니나, 경기침체 논란 및 조세저항이 우려된다 할 것이다.

이러한 다양한 재원조달 방법은 향후 폭발적으로 증대될 복지재정을 충당할 재원을 확보하는 데에 유효한 수단들이 되는 데에 무리가 없다. 따라서 재원확보의 한계는 사실상 큰 의미가 없다 하겠다.

4. 나가는 말

결국 목적세를 포함한 과감한 조세개혁과 재정혁신을 통한 재원조달을 행함에 있어 정치권 및 국민 일반에게 받아들여지기 위해서는 다음과 같은 부분에 대해 적극적인 대응책이 추가적으로 이루어져야 한다.

첫째, 저출산 및 고령화, 양극화가 초래하는 미래사회의 치명적 미래상에 대한 사회적 공감대 제고를 통한 국민의 조세 저항 완화, 둘째 목적세 등에 대한 일반적인 부정론을 불식할 만한 논리적 근거 제시를 통한 여론주도층의 반발 완화, 셋째 조세 증대에 따른 정책효과 및 국민 편익 증진에 대한 근거와 청사진의 정확한 제시, 넷째 외국의 운영 사례에 대한 적극 검토를 통한 조세개혁의 당위성 확보 등이 그것이다.

결국 우리 사회는 그동안 40여 년에 걸쳐 경제성장제일주의의 이데올로기에 갇혀 정부의 재정구조마저도 심각히 왜곡되고 국민복리의 증진 및 시장실패의 보정 측면에서 볼 때도 정상적이지 않은 재정지출 구조를 지속시켜온 현실에 대한 국민적 자각이 절실하다. 그러나 현재 우리가 직면한 양극화, 저출산·고령화 등의 심각한 사회적 위기는 이러한 국민적 자각이 이루어질 수 있는 현실적 계기가 될 수 있다. 따라서 이러한 국면을 통해 조세 및 재정구조의 혁신을 성취해 낼 수 있다면 현재의 위기는 선진 복지국가로 가는 새로운 가능성을 현실로 전화시키는 기회가 될 수도 있다. 다만 우리 사회 내의 이념적 편향과 정책 상상력의 빈곤이 문제일 뿐이다.

참고문헌

고경환(2003), 『한국의 사회복지지출 추계: 1990-2001』, 한국보건사회연구원.

시민경제사회연구소(2005), 「시민경제상식」.

기획예산처, 「나라살림」, 각 년도.

LG 경제연구원, 「LG 주간경제」, 2003. 7. 9.

유경준(2003), 『소득분배 국제비교를 통해 본 복지정책의 방향』, 한국개발연구원.

전태영·변용환(2005), 「지하경제규모에 영향을 미치는 세무 및 비세무요인」, 『세무학연구』.

통계청, 「인구동태통계연보」, 각 년도.

통계청(2005), 「장래인구특별추계」.

현대경제연구원(2005), 『국내지하경제규모와 문제』.

OECD, *Social Expenditure Database 1980-1998*, 3rd ed.

Swedish Tax Agency, 2004. *Taxes in Sweden*.

17

사회복지 재정분권의 과제와 대안*

백종만**

1. 서론

지방자치가 지방의 사회복지 발달에 기여할 것인가에 대한 학계의 관심은 지방자치제도가 1980년대 중반에 부활되면서 점화되었다. 사회복지학계는 주로 이론적이고 이념적인 측면에 주목하면서 지방자치제도의 도입이 사회복지의 발전에 미칠 영향을 예측하는 데 관심이 있었으며(최일섭, 1993; 박병현, 1993; 윤찬영, 2003 등), 행정학계는 지방의회선거와 지방자치단체장의 선거 등이 지방정부의 사회복지 예산 증가에 어떤 영향을 미쳤는가를 실증적으로 밝혀보는 데 관심이 있었다(강윤호, 2000). 그동안의 경험적인 연구 결과들에 따르면 지방자치가 지방자치단체의 복지재정의 증감에 어떤 영향을 미쳤는가에 대해서는 일치된 어떤 경향성을 발견할 수 없었다.

한 연구에 따르면 지방자치단체 복지재정의 증감에 영향을 미치는 가장 영향력이 있고 일관된 경향성을 보이는 요인은 지방자치 관련 요인이 아니라 국고보조금이라고 한다(김교성·이재완, 2000). 지난 2004년에 국고보조금 사업의 일부가 지방자치단체의 사무로 이관되고, 이관된 사무의 재원을 보전하기 위한 분권교부세제도가 도

* 이 글은 필자의 글 「사회복지 지방분권 1년의 평가와 대안」(『상황과 복지』, 2007년 봄호)의 내용을 토대로 부분적으로 수정한 것임을 밝혀둔다.
** 전북대학교 사회복지학과 교수

입되면서, 이러한 변화가 지방자치단체의 사회복지의 발전에 미칠 부정적 영향에 대한 우려가 증폭되었고 현실화되었다. 이에 대해 중앙정부는 여러 가지 제도적인 보완책을 마련하고 대안을 제시하고 있으나 아직까지 뚜렷한 해결책을 마련하지 못하고 있는 현실이다. 이 글에서는 참여정부의 분권화 정책에 따른 국고보조사무의 지방이양과 그에 따른 분권교부세의 도입이 지방자치단체의 사회복지재정 투입에 미친 영향과 장래 예상되는 영향과 문제점을 분석하고, 개선 방향과 과제를 제시하고자 한다. 이를 위해 먼저 분권교부세의 도입 배경과 내용 및 운영 실태를 살펴보고, 그러한 변화가 사회복지서비스에 미치게 될 긍정적·부정적인 영향을 검토한다. 이어서 사회복지서비스 발전을 위한 재정분권제도의 개선방안에 대하여 논의한다.

2. 재정분권과 분권교부세제도

(1) 재정분권의 배경

참여정부는 중앙과 지방 간의 권한을 재배분하여 정치권력의 민주화와 행정운영의 효율성 확보를 추구할 목적으로 지방분권을 강력히 추진하였다. 이를 위해 국가사무의 지방이양을 추진하고, 행정개혁과 인사개혁을 단행하는 동시에, 이양된 권한을 수행하도록 하기 위해 지방재정의 건전성과 자율성을 증진시키는 재정·세제 개혁을 추진하였다(정부혁신지방분권위원회, 2005a).

지방분권의 핵심이라 할 수 있는 재정분권의 추진과제로 중앙과 지방의 기능조정과 재원이양, 자주재원확대 및 균형발전 촉진, 지방재정운영의 자주성 확보라는 3대 정책과제를 선정하였다. 정부는 지방재정조정제도의 국고보조금이 전체 이전재원의 20% 이상을 차지하면서 지방재정운영의 자율성을 제약한다고 보고, 재정분권의 첫 시작으로 '국고보조금 사업의 일괄 정비' 사업을 추진하였다. 지방재정조정제도를 통한 전체 이전재원 중 국고보조금[1]이 차지하는 비중은 매년 증가하는 추세에 있으며, 중앙정부의 우선순위에 따라 소액 분산투자가 지속됨으로써 지방의 재정운

---

1) 국고보조금 제도는 지방정부가 자유롭게 그 용도를 결정할 수 있는 이전재원인 지방교부금과는 달리 국가가 주요 국가사업을 촉진하기 위하여 보조금의 용도를 국가가 미리 정하고 있다는 점에서 끈이 달린 돈(money with string)이라 불린다.

영 자율성을 제약하며 비효율적이라는 문제가 지적되었다[2].

이를 해결하기 위하여 '국고보조금 사업의 일괄정비'를 추진하여 일부 국고보조 사업의 지방이양을 추진하고 분권교부세를 아래와 같은 일정으로 도입하였다.

· 국고보조사업의 일부를 지방으로 이양하고, 지방이양사업에 대한 재원 대책으로 「분권교부세」 도입 검토 지시(2003. 7. 22 국무회의)

· 정부혁신지방분권위원회에서 국고보조금 정비방안 보고(2004 7. 6)

· 지방교부세법 개정으로 분권교부세 신설(2004. 12. 30)

(2) 국고보조금 정비

국고보조금 정비는 보충성의 원칙, 포괄적 지원의 원칙, 성과지향적 자기책임의 원칙[3]에 따라 지방이양대상사업, 포괄적 국고보조대상사업, 그리고 국가균형발전특별회계대상사업 등 3가지로 분류하여 정비하였다[4]. 2004년도 기준 국고보조사업은

---

2) 첫째, 국고보조금은 기본적으로 지방재정의 자율성을 저해하는 것으로 그 비중이 점점 더 증가하고 있음.

* 이전재원에서 국고보조금의 증가 추이   (단위: 조원)

연도별	1991	1995	1997	1999	2001	2004
국고보조금(a)	2.0	3.9	5.9	8.6	10.6	12.7
전체 이전재원(b)	13.1	22.4	30.6	31.6	46.1	53.7
a/b (%)	15.3%	17.4%	19.3%	27.2%	23.0%	23.6

둘째, 국고보조금 제도 자체에 비효율 및 낭비요인이 상존. 국고보조금의 사업수가 '00년 384개에서 '04년 533개로 증가하는 등 계속 팽배하는 과정에 있고, 이에 따라 지방이 아닌 중앙의 우선순위에 따라 소액분산투자가 주를 이루는 동시에 지방비의 대응 예산확보 여부와 사용 보조금에 대한 사후 정산과정에서 경직적으로 운용되는 등 여러 가지 문제가 발생하여 국고보조금 사용에 대한 비효율이 존재함.

3) · 보충성의 원칙: 명백히 국가사무가 아닌 경우는 지자체가 우선 추진하기로 하고 이들 부분은 당연히 지방이양사업으로 전환시킴으로써 지방정부의 자율적 판단을 강화

  · 포괄적 지원의 원칙: 비효율성과 낭비요인을 제거하기 위해 보조금을 지급할 때에는 포괄보조 방식으로 일괄 지원함으로써 소액 및 다종 사업들에 대한 국가 감독의 통제요인 축소

  · 성과지향적 자기책임의 원칙: 중앙정부에서 지방정부로 재정에 대한 자율권이 넘어감에 따라 주민소송제 등 자율통제 시스템을 비롯하여 지방정부의 성과관리 강화 방식을 구비하자는 것

4) · 지방이양 대상사업: 명백한 지방 사무에 대한 국고보조(예: 지역특화사업, 지방문화재 보수정비 등), 반복적 집행성격의 시설물 경상운영비 지원사업(예: 장애인체육관 운영, 여성농업인센터 운영 등), 단순한 지방재원 보전성격의 보조사업(예: 공자기금의 이차보전사업), 그리고 국고보조 실익이 낮은 소액보조사업(예: 지방단위 소규모 문화관광 축제, 수산물위생안전 등)

  · 국고보조 대상사업: 사무성격상 명백히 국가사무인 경우(예: 여권발급업무, 국가안전관리시스템

총 533개 사업, 12조 7천억원 중에서 13개 부처의 149개 사업, 약 9,581억원을 지방으로 이양키로 결정하였다. 보건복지부가 67개 사업 약 5,959억원, 건설교통부가 7개 사업 약 1,331억원, 문화관광부가 24개 사업 약 356억원, 해양수산부가 16개 사업 약 157억원 등의 순서이다. 보건복지부가 지방이양사무 수기준으로 45%에 해당하는 67개 사무로 가장 많고, 금액기준으로도 지방이양 결정 규모인 약 9,580억원 중 약 62%인 5,959억원을 이양하는 등 가장 큰 규모로 지방이양을 하였다.

〈그림 17-1〉 국고보조금 정비내역

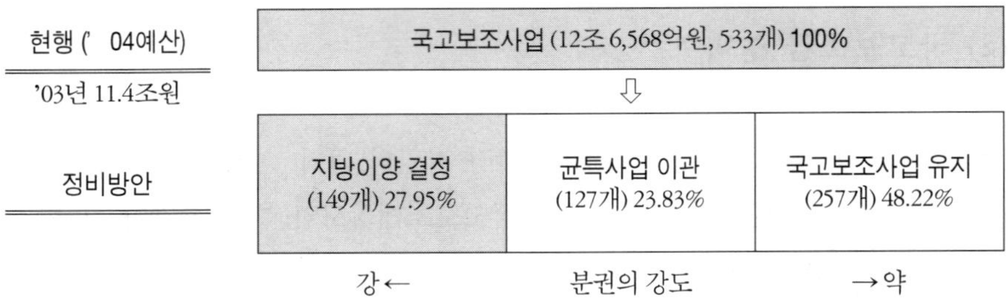

현행 ('04예산)
'03년 11.4조원

정비방안

국고보조사업 (12조 6,568억원, 533개) 100%		
⇩		
지방이양 결정 (149개) 27.95%	균특사업 이관 (127개) 23.83%	국고보조사업 유지 (257개) 48.22%

강← 　　분권의 강도　　 →약

또 지방이양 국고보조사업의 재원을 지방자치단체에 보존해주기 위해서 2004년 12월말에 지방교부세법을 개정하여 분권교부세를 신설하였다. 분권교부세의 규모는 내국세 총액의 0.83%로 정하고(모법에 비율 명시), 2005년부터 2009년까지 5년간 한시적으로 운용한 후 2010년부터는 보통교부세로 전환토록 하였다. 분권교부세제도의 적용 첫 해인 2005년에는 149개 이양사업에 대해 분권교부세 8,454억원을 교부하기로 결정하였다. 이 금액은 지방이양이 결정된 149개 사업의 예산규모 9,581억원의 88.24%로, 나머지 11.76%에 해당하는 1,127억원은 지방세인 담배소비세 수입 증가 예상액으로 충당하도록 결정하였다.

등), 국가적으로 꼭 필요한 사업이나 지방이양시 축소가 예상되는 사업(예: 환경, 산림, 보건의료 분야 보조사업 등), 그리고 중앙정부의 정책수립과 밀접히 연계되어 있고 대내외 환경변화에 국가적으로 대처해야 하는 사업(예: 국민기초생활보장, 농업구조조정지원 등) 등

· 국가균형발전특별회계 대상사업: 낙후지역·농산어촌 및 지역 SOC 개발관련 사업(도서종합개발, 농촌종합개발, 산촌개발 등), 지역의 문화·예술·관광자원 개발관련 사업(예: 공공도서관 건립, 지역문화회관 건립 등), 지역전략산업·문화관광클러스터 등 지역혁신 관련사업(지역산업 진흥, 지역문화산업기반조성, 지방과학기술혁신 등), 그리고 기타 국가균형발전특별법상 규정된 사업(농공단지, 개발제한지역 관리 등) 등이 포함된다.

(3) 분권교부세 도입과 변화

① 분권교부세의 성격과 규모

분권교부세는 교부세의 일종으로 지방예산의 편성과 운영에서 지방정부의 자율성을 보장하는 일반 재원의 성격을 갖지만 일반교부세와 다르다. 한시적으로 운영(2005년~2009년)된다는 점과 일정 공식에 입각하여 자치단체별로 교부하지만, 내용상으로는 국고보조금과 같이 용도를 제한하는 폐쇄적 성격을 가진 재원이라는 점에서 일반교부세와 성격이 다르다.

분권교부세의 재원은 2005년에는 내국세의 0.83%인 8,454억원에서 2006년에는 내국세의 0.94%인 1조 24억원으로 확대되었다. 이는 지방이양사업의 수요를 반영하지 못한 분권교부세율의 산정으로 지방정부가 예산 부족으로 복지사업예산을 세우지 못함에 따른 불만에 대한 대응책이었다[5]. 당초에 지방별 분권교부세율을 산정할 때 지방이양사업 대상인 국고보조사업의 5년간(2000년~2004년) 평균보조금액으로 산정하고 최근 3년간 담배소비세 세수실적을 고려한 조정률을 곱하여 산정함으로써 미래 수요를 반영하지 못하여 재원부족을 초래하였다.

② 분권교부세의 사업대상과 산정방식

가. 분권교부세 교부대상사업

분권교부세 교부대상사업은 지방교부세법시행령 제10조의2 제1항에서 경상적수요 대상사업과 비경상적수요 대상사업으로 구분하고 비경상적수요 대상사업을 다시 일반수요 대상사업과 특정수요 대상사업으로 구분하고 있다[6]. 분권교부세 교부대상사업은 2005년도에는 경상적수요 74개 사업, 비경상적수요 75개 사업(일반수요

---

5) 증가된 분권교부세율 0.11%는 중앙정부가 추가로 재정을 보전해 준 것은 아니며, 2004년도 분권교부세율 결정 당시에 지방자치단체에 떠넘겼던 담배소비세 인상분 예상액인 1,127억원에 해당하는 금액을 중앙정부가 부담하는 것으로 원상회복한 것으로 이해할 수 있다.

6) 경상적수요는 사업성격상 일정 수준의 재정수요를 필요로 하는 사업으로서 예산과 이양사업 관련 통계 등을 감안하여 객관적 산식화가 가능한 사업이며, 비경상적수요는 매년 관계부처의 심사 및 지원계획이 구체화되어 있는 사업으로서 경상적 수요와 같이 일정한 공식을 적용하기 어려운 사업이다. 비경상적수요는 일반수요와 특정수요로 구분되며, 특정자치단체에 지원계획이 구체화되지 않은 사업은 일반수요, 중앙부처의 지원계획이 구체화되어 있거나 일정 기간 지원이 필요한 사업은 특정수요로 구분된다.

39개, 특정수요 36개)이었으나, 2006년도에는 경상적수요 77개 사업, 비경상적수요 72개 사업(일반수요 41개, 특정수요 31개)으로 조정되었다(<표 17-1>참조).

〈표 17-1〉 분권교부세 대상사업 조정내용

사 업 명	2005년	2006년	사 유
장애인생활시설운영 정신요양시설운영	경상적 수요	비경상적 수요 (특정수요)	국정현안정책회의 결과의 취지를 반영
자전거도로정비	비경상적 수요 (일반수요)	비경상적 수요 (특정수요)	계획적 자전거도로망 확충 필요
장애인해피콜센타운영 시각장애인재활지원센터운영 자영농과생급식비 지자체종자공급 자영수산과급식비	비경상적 수요 (특정수요)	경상적 수요	사업성격 고려 경상적 수요로 분류
푸드뱅크운영장비지원 수산물위생안전 재활용기반시설이차보전	비경상적 수요 (특정수요)	비경상적 수요 (일반수요)	소규모사업 및 완료사업
장애인생활시설운영 정신요양시설운영	경상적 수요	비경상적 수요 (특정수요)	국정현안정책회의 결과의 취지를 반영
자전거도로정비	비경상적 수요 (일반수요)	비경상적 수요 (특정수요)	계획적 자전거도로망 확충 필요
장애인해피콜센타운영 시각장애인재활지원센터운영 자영농과생급식비 지자체종자공급 자영수산과급식비	비경상적 수요 (특정수요)	경상적 수요	사업성격 고려 경상적 수요로 분류
푸드뱅크운영장비지원 수산물위생안전 재활용기반시설이차보전	비경상적 수요 (특정수요)	비경상적 수요 (일반수요)	소규모사업 및 완료사업

나. 분권교부세 배분

분권교부세 배분은 총 재원 중 관계부처의 사업계획 등을 고려하는 비경상적수요 재원을 확정하고, 나머지를 경상적수요 재원으로 한다. 경상적수요 재원은 ① 2006 년도부터 재정수요액(전년도예산편성액), 통계, 재정력('05년도에는 국고보조금의 평균보조액)을 기준으로 11개 산정항목별 회귀분석을 실시하여 수요액을 산출한다. 사회복지분야는 노인복지비, 장애인복지비, 기타복지비의 3개 항목으로 구분하여

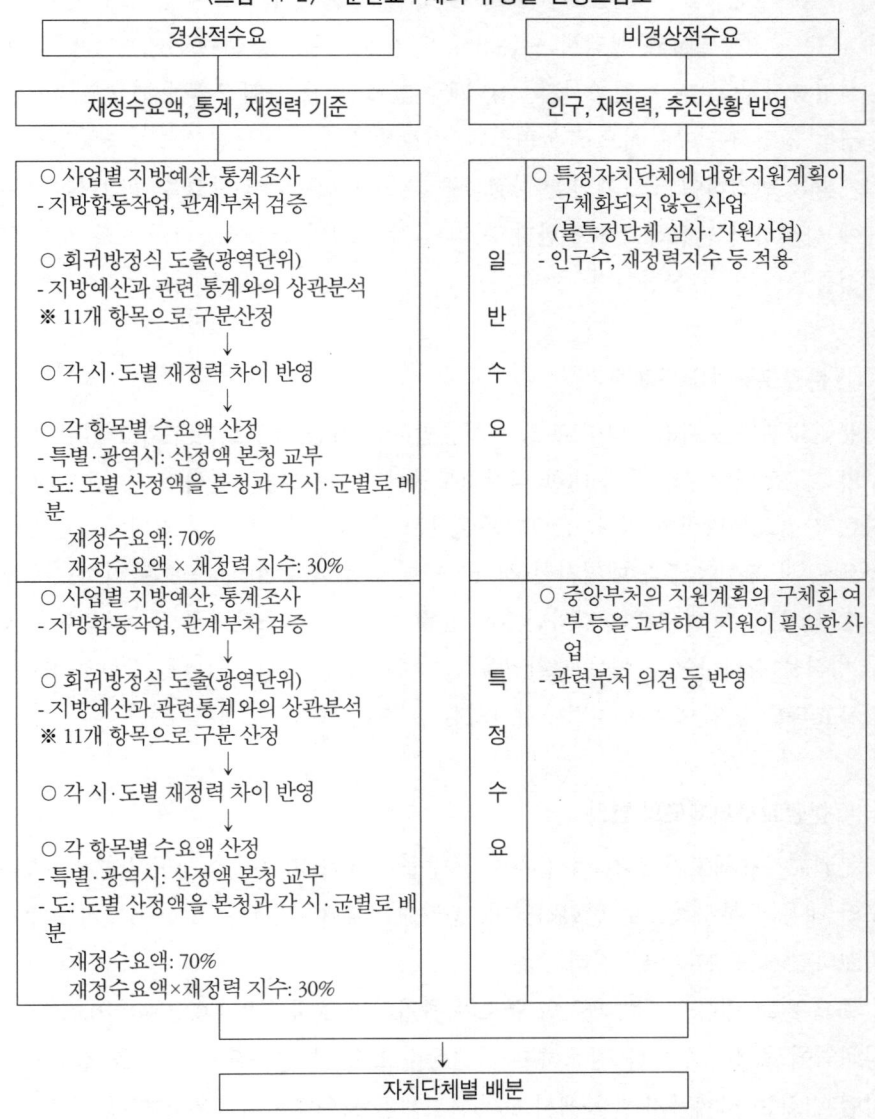

〈그림 17-2〉 분권교부세의 유형별 산정흐름도

경상적수요	비경상적수요
재정수요액, 통계, 재정력 기준	인구, 재정력, 추진상황 반영

일반수요

○ 사업별 지방예산, 통계조사
- 지방합동작업, 관계부처 검증
↓
○ 회귀방정식 도출(광역단위)
- 지방예산과 관련 통계와의 상관분석
※ 11개 항목으로 구분산정
↓
○ 각 시·도별 재정력 차이 반영
↓
○ 각 항목별 수요액 산정
- 특별·광역시: 산정액 본청 교부
- 도: 도별 산정액을 본청과 각 시·군별로 배분
　재정수요액: 70%
　재정수요액 × 재정력 지수: 30%

○ 특정자치단체에 대한 지원계획이 구체화되지 않은 사업
(불특정단체 심사·지원사업)
- 인구수, 재정력지수 등 적용

특정수요

○ 사업별 지방예산, 통계조사
- 지방합동작업, 관계부처 검증
↓
○ 회귀방정식 도출(광역단위)
- 지방예산과 관련통계와의 상관분석
※ 11개 항목으로 구분 산정
↓
○ 각 시·도별 재정력 차이 반영
↓
○ 각 항목별 수요액 산정
- 특별·광역시: 산정액 본청 교부
- 도: 도별 산정액을 본청과 각 시·군별로 배분
　재정수요액: 70%
　재정수요액×재정력 지수: 30%

○ 중앙부처의 지원계획의 구체화 여부 등을 고려하여 지원이 필요한 사업
- 관련부처 의견 등 반영

자치단체별 배분

산정한다. ② 산정항목별로 광역단위 배분액을 산정하고 ③ 도의 본청 및 시·군은 지방재정수요액과 재정력에 따라 배분한다. 비경상적수요 중 일반수요는 특정자치단체에 지원계획이 구체화되지 않은 사업으로 재가노인시설개보수, 장애인지역사회재활시설차량 등의 사업이 해당한다. ① 총배분금액을 특별시, 광역시분 30%, 도

분 70%(본청분 14%, 시·군분 56%)로 하여 인구, 재정력 등을 감안하여 전자치단체에 배분한다(특별시와 광역시는 본청에 일괄 교부함). ② 2006년에는 총인구(40%), 수산업종사자(25%), 농업종사자(5%), 재정력(30%) 등 사회경제적 변수를 반영하여 수평적 형평화를 부분적으로 고려한다. 비경상적수요 중 특정수요는 중앙부처의 사업계획을 반영하여 소요예산을 산정하는 수요이므로 당해 사업을 추진하는 자치단체에 한정하여 산정하고 교부한다. 따라서 각 부처의 산정액을 기준으로 시·도별로 일정률을 곱하여 산정한다.

① 분권교부세 교부체계

분권교부세는 사업유형별로 또는 계층별로 상이한 경로로 교부되고 있다. 중앙정부가 시·도 및 시·군·구에 대한 직접교부방식과 시·도를 경유하여 시·군·구에 교부하는 간접교부방식이 있다. 간접교부방식은 기존의 국고보조금 전달체계를 답습한 것으로 시·도보조금과 매칭하여 시·군·구에 교부한다. '05년도에는 직접교부 방식이 많았지만, '06년도에는 광역단체에 일괄교부하고 기초단체에 재교부하는 간접교부 방식을 강화하였다. 이는 생활권을 같이하는 광역단체의 역할을 강화하여 사업의 외부효과를 높임으로써 지방이양사업을 효율화하려는 조치이다.

② 분권교부세제도의 변화

분권교부세제도가 가진 여러 가지 문제들에 대한 비판이 커지면서 분권교부세제도의 내용이 부분적으로 변화하였다. 분권교부세제도의 내용을 2005년과 2006년을 비교하면 <표 17-2>와 같다.

주요 변화 내용으로는 재원의 규모가 증가하였고(내국세의 0.83% ⇒ 0.94%로), 산정내역에서 경상수요가 감소하고 비경상수요 중 특정수요의 반영을 강화하였다. 이런 변화는 사회복지 항목에서 2006년도에는 노인생활시설운영 외에 장애인생활시설운영과 정신보건시설운영이 특정수요로 분류됨으로써 분권교부세 배분에서 특정수요 재원의 비중이 커졌다. 즉 2005년 특정수요 비중 28.5%에서 2006년에는 51.4%로 증가하였다[7]. 수요산정 방법도 변화하였는데 2006년도는 전년도 사업별 예

---

7) 2006년 분권교부세 1조 24억원 중에서 노인, 장애인, 정신보건시설 운영 관련 특정수요 교부액이 3,416억원으로 2005년 대비 60.3%가 증가하였다. 2006년 특정수요의 증가분은 주로 이들 3개 사업 때문이다.

산편성액을 기준으로 하였으며, 교부액 산출에서도 2005년도에는 담배소비세를 반영했는데 2006년에는 담배소비세 반영을 폐지하고 재정력지수를 반영하여 재정력이 열악한 단체의 재정안정을 도모하고 경상적사업의 안정적 추진을 도모하였다. 교부체계도 조정되었는데, 2005년도의 직접교부 방식에서 2006년도는 직접교부와 간접교부를 혼합하여 사용하였다.

〈표 17-2〉 분권교부세제도의 변화내용

구분		2005년	2006년
재원	법정률	내국세의 0.83%	내국세의 0.94%
	규모	8,454억원	1조 24억원 (인상분 전액 사회복지 수요에 배정)
대상 사업	수요 조정	·경상적수요 74개 ·비경상적 수요 75개 (일반 39, 특정 36)	·경상적 수요 77개 ·비경상적 수요 72개 (일반 41, 특정 31)
	재원 비중	·경상적 수요 65.6% ·비경상적수요 34.5% (일반 6.0%, 특정 28.5%)	·경상적 수요 45.3% ·비경상적 수요 54.7% (일반 3.3%, 특정 51.4%)
수요 산정 방법 과 교부액 산출	수요산정	사업별 국고보조금 5년 평균	전년도 사업별 예산 편성액
	교부액 산출	각 자치단체 담배소비세로 조정	·담배소비세 조정률 폐지 ·재정력지수 반영(재정력 열악 단체 재정 변동 최소화 및 경상적 사업의 안정적 추진 도모)
	수요별 재원 배분	·경상적수요 - 광역: 11개 산정 항목 - 기초: 각 자치단체별로 국고 보조금 5년 평균교부액 비중	·경상적수요 - 광역: 11개 산정 항목 - 광역과 기초가 동시에 재정수요액 기준 70%, 재정력 기준 30%를 배분
		·비경상적 수요 -일반수요: 광역(20%), 기초(80%)	·비경상적 수요 - 일반수요: 특·광역시 30%, 도 70% (본청 14%, 시군 56%) - 기초단체 배분 기준 변동(인구비중 강화)
교부체계 조정		당해 자치단체에 직접 교부 (시·도, 시·군·구)	·특별·광역시: 본청으로 일괄 교부 ·도: 도 본청과 시·군으로 교부 ('05년도와 동일) ·노인·장애인·정신요양시설에 대하여는 광역자치단체의 역할 강화를 위하여 도 본청으로 교부

3. 사회복지 재정분권 실태와 문제점

(1) 사회복지 지방이양사업의 규모, 특성

① 지방이양사업과 국고보조유지사업 규모

가. 국고보조유지사업의 규모

현재 국고보조사업으로 유지되고 있는 사업은 71개로 기초생활보장분야 6개, 장애인복지분야는 15개이며, 노인복지분야는 5개, 아동복지분야는 8개이며, 여성복지 1개, 노숙인복지 2개, 소수자 및 한센인복지 6개, 보건의료분야는 26개, 기타 복지 2개이다(<표 17-3> 참조).

〈표 17-3〉 국고보조유지사업: 71개 사업(2004년 기준)

영 역		사 업 명
기초생활보장(6개)		(1) 국민기초생활급여 (2) 의료급여 (3) 자활근로사업 (4) 자활및사회적응프로그램 (5) 자활후견기관운영 (6) 자활지원제도 개선시험
취약계층지원	장애인복지 (15개)	(7) 장애인직업시설기능보강 (8) 권역별재활센터건립 (9) 재활보조기구교부사업 (10) 장애인의료비 (11) 장애인자녀학비 (12) 장애인수당지급 (13) 장애인아동부양수당 (14) 장애인등록진단비 (15) 장애인생산품시설보강 (16) 장애인생활시설기능보강 (17) 장애인생산품시설설치 (18) 장애인체육대회(경상) (19) 장애인체육대회(자본) (20) 장애인특별차량구입 (21) 장애인의료시설기능보강
	노인복지 (5개)	(22) 노인시설기능보강 (23) 노인치매요양병원 (24) 경로연금 (25) 노인인력센타설립운영 (26) 노인의치보철사업
	아동복지 (8개)	(27) 입양정보센터운영 (28) 입양아동양육보조금 (29) 아동시설기능보강 (30) 저소득모부자가정지원 (31) 건강가정지원센터운영 (32) 그룹홈형태아동보호 (33) 아동복지시설운영 (34) 취약가정사례관리시범사업
	여성복지 (1개)	(35) 모자복지시설기능보강
	노숙인복지 (2개)	(36) 부랑인시설운영 (37) 부랑인시설기능보강
	소수자복지 한센인복지 (6개)	(38) 사할린한인지원 (39) 한센병보호시설운영 (40) 한센양로시설운영 (41) 한센양로자생계비지원 (42) 한센시설 및 단체지원 (43) 한센병재활지원

보건의료 (26개)	(44) 임산부영유아 검진 (45) 선천성대사이상검사 (46) 미숙아동치료비 (47) 치아홈메우기사업 (48) 구강보건실설치 (49) 한방지역보건사업 (50) 국가조기암검진사업 (51) 소아백혈병의료비지원 (52) 원폭진료소운영 (53) 희귀난치성의료비 (54) 정신요양시설기능보강 (55) 사회복귀시설기능보강 (56) 성병관리 (57) 에이즈환자진료비 (58) 결핵사업 (59) 전염병관리자교육 (60) 전염병관리요원교육 (61) 감염질환역학조사 (62) 예방접종관리 (63) 전염병표본감시(경상) (64) 급성전염환자격리비 (65) 전염병표본감시(자본) (66) 생물테러관리(경상) (67) 농어촌보건소지원 (68) 지역암센터설치비 (69) 예방접종약품비
기타 (2개)	(70) 복지사무소시범운영 (71) 장사시설설치

나. 지방이양사업의 규모

지방이양된 보건복지부의 대상사업은 67개로 2004년 국고보조예산 기준으로 총액은 약 5,988억원이며, 사회복지서비스분야의 지방이양사업은 사업수 기준으로 41%, 이양재정 기준으로는 54%에 해당하는 것으로 사회복지분야가 핵심 이양 분야이다. 현재 지방이양사업으로 유지되고 있는 사업은 67개로 기초생활보장분야 2개, 장애인복지분야는 24개이며, 노인복지분야는 13개, 아동복지분야는 11개이며, 여성복지 3개, 노숙인복지 2개, 보건의료분야는 6개, 기타 복지 6개 사업이다<표 17-4> 참조).

② 사회복지분야 재정분권의 특성

첫째, 지방이양사업은 기초생활보장과 의료급여를 제외한 사회복지서비스 분야에 집중되었다. 사업수 기준으로 보건복지부의 국고보조사업 128개 중 67개 사업이 지방이양되었으며, 예산 기준으로 2004년 보건복지부 국고보조사업예산 4조 9,368억원 중 12.1%에 해당하는 약 5,959억원이 지방으로 이양되었다. 그러나 기초생활급여 예산 1조 6천 771억원과 의료급여 예산 1조 8천 807억원을 제외하고 보면, 사회복지서비스와 보건 관련 국고보조사업 예산액은 1조 3천 790억원으로 이 예산 중 거의 절반 수준인 43.2%가 지방으로 이양되었다(백종만 외 4인, 2005.11).

둘째, 국고보조유지사업으로 분류된 예산도 앞으로 "지방분권정부혁신위원회"가 제안한 포괄보조금으로 전환되게 된다면, 보조금 총액의 범위 내에서 해당 영역의 사회복지사업에 지출할 수 있게 됨으로써 지방정부의 재정사용에서의 자율성이 증대될 수 있다.

셋째, 지방이양사업 67개와 보조금유지사업 71개를 분류하는 기준이 일관되고 동일하게 적용되었는지 의문이다. 예를 들면 대부분의 복지시설 운영비는 지방이양사업으로 분류되었지만 아동복지시설과 부랑인시설운영비는 국고보조유지사업으로 존속되고 있다. 장애인복지시설과 사회복지관의 기능보강비는 지방이양사업이지만 장애인의료재활시설, 장애인직업재활시설, 노인시설, 아동복지시설 등의 기능보강비는 보조사업으로 분류되어 있는 등 기준의 설정과 적용에 문제가 있다(이태수, 2004a).

〈표 17-4〉 지방이양 대상 사회복지사업: 67개 사업(2004년 기준)

영 역		사 업 명
기초생활보장(2개)		(1) 지역봉사사업 (2) 사회복지전담공무원인건비
취약 계층 지원	장애인복지 (24개)	(3) 장애인복지관운영 (4) 장애인재가복지센터운영 (5) 장애인주간보호시설운영 (6) 장애인주간보호시설운영 (7) 공동생활가정운영 (8) 의료재활시설운영 (9) 장애인체육관운영 (10) 시각장애인심부름센터운영 (11) 시각장애인재활지원센터운영 (12) 청각장애인(수화통역센터운영 (13) 정신지체인(자립지원센터운영)(14) 장애인해피콜봉사센터운영 (15) 장애인특별운송사업 (16) 편의시설설치시민촉진단 (17) 청각장애아동달팽이관수술 (18) 여성장애인가사도우미 (19) 장애인생활시설운영 (20) 장애인직업재활시설운영 (21) 장애인복지관기능보강 (22) 장애인체육관기능보강 (23) 장애인지역사회재활시설차량 (24) 장애인생활시설치과유니트 (25) 지체장애인편의시설센터운영 (26) 장애인정보화지원센터운영
	노인복지 (13개)	(27) 경로당운영 (28) 경로당활성화 (29) 경로식당무료급식 (30) 저소득재가노인식사배달 (31) 노인건강진단 (32) 치매상담센터운영 (33) 노인일거리마련사업 (34) 지역사회시니어클럽운영 (35) 재가노인복지시설운영 (36) 노인시설운영 (37) 노인복지회관신축 (38) 노인복지회관운영 (39) 재가노인복지시설개보수
	아동복지 (11개)	(40) 아동시설운영 (41) 결연기관운영 (42) 입양기관운영 (43) 아동보호전문기관운영(44) 가정위탁지원센터운영 (45) 소년소녀가장지원 (46) 가정위탁양육지원 (47) 퇴소아동자립정착금 (48) 결식아동급식 (49) 아동보호전문기관설치 (50) 결연기관 PC구입비
	여성복지 (3개)	(51) 모자복지시설운영 (52) 모자복지시설퇴소자자립정착금 (53) 미혼모중간의집 운영
	노숙인복지 (2개)	(54) 노숙자보호 (55) 쪽방생활자지원
	기타(6개)	(56) 사회복지관운영 (57) 재가복지봉사센터운영 (58) 사회복지관기능보강 (59) 업무보조공익요원인건비 (60) 공익근무요원인건비 (61) 푸드뱅크 운영 장비 지원
보건의료(6개)		(62) 정신요양시설운영 (63) 사회복귀시설운영 (64) 중소도시보건소신축 (65) 공공보건인력개발 (66) 공공보건사업 (67) 대도시방문보건사업

(2) 사회복지 재정분권의 영향과 문제점

① 재정분권의 문제를 진단하는 두 가지 지점

사회복지사업의 지방이양에 대한 문제점들은 선험적으로 또 경험적인 증거를 토대로 여러 가지 측면에서 제기되고 있다. 문제제기는 두 가지 측면에서 제기되고 있다.

첫째는, 재정분권의 방식으로서 분권교부세에 대한 비판이다. 이는 주로 분권교부세 자체의 내재적인 한계와 분권교부세율이 과거의 국고보조금액을 기준으로 낮게 산정됨으로써 문제가 발생한다는 주장이다. 이런 문제제기는 노령화, 핵가족화에 따른 사회복지수요의 폭증과 사회복지서비스 인프라 구축이 미흡한 현실, 지역간 인프라 격차가 큰 현실, 지방정부의 재정력 격차가 큰 현실이 낮은 교부세율로 결정된 분권교부세 방식의 재정분권과 결합하여 사회복지서비스 발전을 지체시키고 지역간 서비스 격차를 확대시킨다는 것이다. 둘째는 재정분권의 방식이 개선되어 지방정부의 서비스 관련 재정문제가 해결 가능하다고 하더라도 지방정부 수준에서 공공부문과 민간부문의 사회복지서비스 기획 능력과 집행능력이 뒷받침되지 않는다면 서비스 발전을 꾀하기 어렵다는 주장이다. 이런 종류의 주장의 이면에는 충분한 복지 재정 확보를 전제로 복지재정복지서비스의 기획과 집행은 지방정부 수준에서 이루어지는 것이 바람직하다는 전제를 깔고 있다. 이런 전제는 사회복지서비스는 그 특성상 대상자 개개인의 개별적인 수요에 반응해야 하므로, 또 사회복지서비스 공급에서 민간이 중요한 공급자로서 역할을 수행하고 있는 현실을 고려할 때 서비스의 구체적인 기획과 집행에 민간의 적극적인 참여가 가능한 구조를 지방 수준에 만들 필요가 있다는 점을 근거로 한다. 지방이양에 대한 입장의 차이는 지방의 공공과 민간부문의 서비스 기획 집행능력에 대한 평가와 신뢰의 차이에 기인하는 바도 있다.

사회복지사업 재정분권의 문제점과 대응방안을 둘러싼 찬반의 논의는 바로 위 두 가지 지점을 둘러싸고 발생하고 있다. 복지서비스의 분권은 복지의 후퇴를 가져왔다는 서구의 역사적 경험을 근거로 복지의 지방분권을 원천적으로 반대하는 입장(박병현, 2006)도 있지만, 대체로 현재의 재정분권제도의 문제로서 분권교부세제도를 개선하고, 분권화가 가져올 수 있는 장점을 살릴 수 있는 방향에서 분권을 통한 사회복지의 발전이라는 이상을 달성하기 위한 다양한 대응 방안을 논의하고 있다(백종만 외, 2005; 이태수, 2004; 김영종, 2005; 감정기, 2005; 이인재, 2005; 이재원, 2004; 김수영, 2005).

재정분권이 초래한 문제(또는 예상되는 문제)를 정리함에 있어서 여러 선행연구를 토대로 분권교부세가 가진 내재적인 한계와 낮은 분권교부세율로 인하여 직접적으로 야기되는 문제와 재정분권 방식과 한국의 사회복지 현실과 맞물려 증폭되는 문제로 편의상 구분하여 서술하기로 한다.

② 분권교부세의 구조적 문제

가. 복지수요 폭증에 대비한 예산확보의 구조적 한계

분권교부세율은 지난 5년간의 국고보조금사업 예산 평균을 기준으로 확정하였다. 이는 사회복지수요가 급증하고 있는 현실여건을 고려하지 못하고 있어 내국세 증가율에 연동된 고정된 분권교부세율로는 폭증하는 사회복지수요를 충족시킬 수 없다는 내재적인 한계가 존재한다. 또 분권교부세율 산정기준 시점 이후인 2005년 이후 새롭게 시작되는 사업수요를 전혀 반영할 수 없으며, 또 기존 사업을 확대하여 운영할 경우에도 예산이 추가 반영되지 않는다. <표 17-5>는 사회복지사업예산의 연평균 증가율을 내국세 증가율로는 따라잡을 수 없음을 잘 보여준다.

〈표 17-5〉 지방이양된 사회복지사업 예산규모의 연평균 증가율

	평균	2001	2002	2003	2004	2005
지방이양된 67개 복지사업	20.5%	26%	22%	17%	18%	19%
내국세 증가율	연평균 8%					

* 자료: 보건복지부, 국정감사제출자료(2005. 9. 21)를 토대로 작성

보건복지부의 2005년 국감자료에 의하면, '05년 6월말 시점에서 지방이양된 67개 사회복지사업의 총 소요예산 1조 4,605억원 중 실제로 지방자치단체가 편성한 예산은 1조 3,474억원으로 예산확보율은 92.3% 수준이고, 부족액은 1,131억원으로 부족률은 7.7%인 것으로 나타났다. 정부는 예산 부족 문제에 대응하여 2005년 11월에

① 사회복지시설에 대하여 364억원을 교부세로 추가 지원하고, 2006년부터는 분권교부세율을 0.83%에서 0.11%p 증가시켜 0.94%로 상향 조정하고, ② 장애인복지시설운영비, 노인복지시설운영비, 정신요양시설운영비 등 3개 사업은 현재의 분권교부제도 하에서 재원조달의 문제점이 있으므로 분권교부세 재원 0.83% 중 0.21% 포인트가 이 사업들의 재원 비중이라고 보고 현행 제도 틀을 유지하되 그 안에서 별도로 재원을 배분토록 하였으며, 또한 분권교부세율 인상에 따라 확보되는 1,180억원 전액을 이들 3개 사업 등에 지원하기로 결정하였으며, ③ 지방이양사업에 대한 광역자치단체의 역할 강화를 위하여 생활권이 같은 특별·광역시는 분권교부세를 본청으로 일괄 교부하여 재원운영의 신축성을 높이도록 하였다. 그리고 기초자치단체가 기피하는 노인, 장애인생활시설과 정신요양시설운영에 대해서는 도(道)의 경우에도 분권교부세를 도 본청으로 일괄교부하고, 시·도비 지원의 가이드라인을 제시하여 시·도비를 확보토록 하였다. 또한 이들 사업의 안정적 지원을 위하여 분권교부세 내에 별도의 사업항목을 신설하여 재원의 일정 분 이상을 우선적으로 배분토록 하는 제도적 장치를 만들었다(백종만, 2005). 그러나 분권교부세제도의 틀 내에서의 이러한 개선방안은 분권교부세의 내재적인 한계를 극복할 수 없는 임시적 대응책으로 평가된다. 분권교부세의 교부세율을 0.11%p 증가시킨 것은 사실상 추가적인 중앙정부 재원의 지방이양이라기보다는 분권교부세 신설과정에서 지방자치단체에 전가시킨 재정책임을 사후에 바로잡은 것에 불과하다. 따라서 2006년에 분권교부세 교부율이 0.11% 포인트 증가하더라도 이것은 중앙정부 재원의 추가적인 지방이양이라기보다는 지방자치단체에 전가하였던 재정책임을 다시 중앙정부로 환원한 조치에 불과하다고 할 수 있다. 따라서 분권교부세 교부율의 상향 조정에도 불구하고 현행 사회복지사업의 지방이양과 분권교부세제도가 안고 있는 구조적인 문제점은 전혀 해소되지 않고 계속 남아있는 것이라고 할 수 있다. 여기서 분권교부세의 구조적인 문제라 함은 내국세의 일정 비율로 연동되어 있는 분권교부세로는 내국세의 증가율보다 더 가파르게 증가하는 복지서비스 재정수요를 충당하기 어렵다는 분권교부세제도가 안고 있는 내재적인 한계이다.

나. 중앙정부 부담 감소, 지방자치단체의 부담 증가(시·군 부담 폭증)

특별시·광역시의 경우, 전체 예산액 대비 시 본청 부담은 50.8%에서 56.2%로, 자치구 부담은 8.9%에서 11.3%로 증가했으나 도의 경우, 전체 예산액 대비 도 본청

부담은 20.6%에서 16.0%로 감소한 반면, 시·군 부담은 26.4%에서 45.6%로 대폭 증가하였다[8].

	'04 예산				'05 소요예산				'04~'05 증가율			
	계	국고보조	시도	시군구	계	분권교부세	시도	시군구	총예산	분권교부세	시도	시군구
전체	12,952 (100.0)	6,107 (47.2)	4,467 (34.5)	2,378 (18.4)	15,400 (100.0)	5,499 (35.7)	5,245 (34.1)	4,655 (30.2)	18.9	-9.9	17.4	95.8
특별·광역시	5,961 (100.0)	2,404 (40.3)	3,027 (50.8)	530 (8.9)	6,918 (100.0)	2,244 (32.4)	3,889 (56.2)	785 (11.3)	16.0	-6.7	28.5	48.1
도	6,990 (100.0)	3,703 (53.0)	1,440 (20.6)	1,848 (26.4)	8,481 (100.0)	3,255 (38.4)	1,357 (16.0)	3,870 (45.6)	21.3	-12.1	-5.8	109.4

③ 분권교부세제도와 지방정부의 현실이 맞물려 발생하는 문제

지방정부의 사회복지 기획능력의 부족, 도시와 농촌 간의 인프라 격차, 지방 간의 재정력 격차, 복지행정당국과 복지사업자 간의 밀착관계, 복지에 관한 정책결정에서 당사자와 전문가 및 민간부문의 복지공급자 참여의 형식성 등, 우리나라 지역사회복지서비스가 직면하고 있는 여러 가지 문제와 맞물려 발생하는 문제들로는 다음과 같은 것들이 지적되고 있다(민주노동당 정책자료, 2005; 이태수, 2004a; 백종만, 2005; 시도연찬회 건의사항, 2005).

가. 재정력의 격차가 지역간 복지예산, 복지수준의 격차로 연결 가능

지역별 재정력의 격차는 심각한 문제이다. 재정자립도가 높은 곳보다 낮은 곳이 일반적으로 사회복지 수요가 많기에 더 큰 문제점이 유발될 수 있다(민주노동당 정책자료, 2005; 이태수, 2004a; 백종만, 2005; 시도연찬회 건의사항, 2005; 김을식, 2005). <표 17-7>에서 보는 바와 같이 사회복지 관련 예산은 시·도별로 전체 예산의 10.9%에서부터 25.1%에 이르기까지 다양한 점유율을 보여주고 있다. 재정자립도가 높은 서울시의 경우 전체 예산에서 10.9%를 차지하는 반면에 재정자립도가 낮은 시·도일수록 20% 이상의 높은 점유율을 보이고 있다.

---

8) '지방자치단체경비부담의 기준 등에 관한 규칙(지방재정법시행령 26조1항)'에 의해 국고보조사업의 시·도 및 시·군·구 부담비율 기준 적용이 제외됨으로써 나타난 현상이다.

재정자립도가 낮은 단체들은 전체 예산 중에서 개발 등으로 쓰이는 예산의 비중이 낮고 복지분야에 높은 지출이 이루어지고 있다. 재정자립도가 낮은 자치단체일수록 오히려 개발 등의 수요가 많기 때문에 앞으로도 이러한 높은 비율의 예산을 복지분야에 계속하여 지출할 수 있을지 의문이다(김을식, 2005).

<표 17-7> 2005년도 시·도 복지·여성분야 예산 현황

시도	2005년 시·도 예산액(억원)			복지·여성 분야 예산액(억원)			
	계	일반회계	특별회계	계	일반회계	특별회계	비율
서울	14조 5,658	10조 1,500	4조 4,158	1조 5,923	1조 2,565	3,358	10.9%
부산	4조 7,580	3조 2,497	1조 5,083	7,150	4,891	2,259	15.0%
대구	3조 2,763	2조 162	1조 2,601	4,561	3,248	1,313	13.9%
인천	3조 9,334	2조 3,790	1조 5,544	5,381	4,347	1,034	13.7%
광주	2조 306	1조 3,450	6,856	3,167	2,335	832	15.6%
대전	1조 9,116	1조 2,396	6,721	2,396	1,714	682	12.1%
울산	1조 3,990	1조 679	3,311	1,749	1,395	354	12.5%
경기	8조 5,728	7조 817	1조 4,911	1조 2,035	8,355	3,680	14.0%
강원	2조 438	1조 9,055	1,383	3,335	2,149	1,186	16.3%
충북	1조 7,548	1조 3,142	4,406	3,185	2,168	1,017	18.2%
충남	2조 5,236	2조 555	4,681	4,787	3,284	1,503	19.0%
전북	2조 3,959	1조 9,697	4,262	6,018	4,097	1,921	25.1%
전남	3조 2,824	2조 5,649	7,175	6,895	4,440	2,455	21.0%
경북	2조 9,913	2조 3,638	6,275	5,869	3,634	2,245	19.7%
경남	3조 5,556	2조 9,589	5,967	6,478	4,308	2,170	18.2%
제주	1조 95	8,390	1,705	1,553	1,241	312	15.4%

나. 지방정부의 정책 우선순위에서 밀려나거나 왜곡 가능

지방정부는 경제성장을 최고의 목표로 중시하는 속성을 지니고 있어, 사회복지예산 수립과 집행의 자율성이 확대될 경우 복지정책이 우선순위에서 밀려날 가능성이 크다. 자치단체장은 주민 여론에 민감할 수밖에 없으며, 대중들의 사회연대의식이 부족하고 경제위기가 심화되는 과정에서 복지정책이 개발정책에 밀려날 가능성이 매우 크다. 장기적 계획 없이 보여주기 위한 생색내기로 복지예산을 집행할 가능성도 많다(민주노동당, 2005; 백종만, 2004a).

다. 취약계층에 대한 사회복지시설 신축이나 운영 등 사업 추진이 곤란하고 조건부시설의 양성화에 어려움이 예상됨

시설운영비 지원이 이양사업으로 전환됨에 따라 운영비를 확보하기 어렵다는 재정적 요인 외에 주민들의 님비현상과 맞물려 시설설치가 어려울 것이 예상된다(민주노동당 정책자료, 2005; 보건복지부·시도정책연찬회 건의사항, 2005). 2005년 7. 31일까지 신고시설로 전환하여야 하는 조건부 시설에 대한 운영비 등은 분권교부세율 산정에 전혀 반영이 되지 않았다. 조건부 시설들이 신고시설로 전환되었을 때 운영비를 지원하기 위하여 분권교부세 산정자료에 반영하여 배분하면 된다고 단순히 생각할 수 있는데, 분권교부세는 내국세 증가에 따라 일정액의 금액은 증가하겠지만 이는 기존 지방이양사업의 사업비 증가액을 반영하는 정도일 뿐이고, 조건부시설의 경우와 같이 일시에 시설이 증가할 때에는 이에 대한 대책은 없다(김을식, 2005).

라. 지방비로 추진하는 자체사업의 어려움

각 지방자치단체에서는 지방으로 이양된 67개의 사업 외에도 자체적으로 추진하는 사업들이 있다. '04년 전라북도의 경우 자체사업으로 총 531개 사업이 있는데 이 중 도에서 추진하는 사업은 79개이고, 시군 자체적으로 추진하는 452개 사업이 있다(김을식, 2005). 이는 큰 틀의 복지정책은 국비사업으로 추진하고 있고, 지역실정에 맞는 소규모의 사업들은 지방비의 부담으로 추진하고 있다. 지방이양사업으로 인하여 추가적인 지방비의 부담이 가중되면서 과연 지방이양사업과 기존의 자체사업을 동시에 계속할 수 있을지 우려된다. 예를 들어, 전라북도의 경우 복지예산이 전체 예산의 25.1%나 되는 상황에서 복지사업의 확대를 위한 추가적인 예산을 확보하기는 현실적으로 매우 곤란하다.

마. 사회복지 종사자의 인건비 현실화가 어렵고 지역간 격차가 더욱 커질 것임

보건복지부는 참여복지 5개년 계획에서 계획기간 내에 사회복지생활시설 종사자 보수를 공무원 수준으로 인상한다는 계획을 밝히고 있다. 분권교부세는 '04년 국고보조금 기준 88%가 교부되었고 부족한 운영비 12%는 담배소비세로 부담하게 하였다. '06년도에 분권교부세율을 인상하였다고 하지만, 시설 운영비의 80%~95%를 차지하는 인건비를 현실화한다는 정책은 중앙정부 부담이 아닌 지방정부의 부담으로 하겠다는 것이다9). 국고보조금으로 운영되던 시기에도 시·도 간의 재정력 차이에 따라 종사자들의 인건비 수준에도 차이가 있었던 문제를 더욱 확대시키게 된다(백종만, 2005).

4. 사회복지 재정분권의 대안 모색

(1) 대안의 검토의 기본전제

① 사회복지 분권의 목표 확인

국가의 정책은 정책목표가 명확히 문서로 규정되고 추진되는 경우가 있지만, 그렇지 않은 경우도 있고, 정책목표에 대한 합의가 어려운 경우도 있다. 국고보조금 정비과정에서 정책목표는 분권을 통한 지방발전이라는 추상적인 정책목표만이 존재하였고, 구체적이고 경험적인 수준에서 분야별로 가능한 정책목표에 대한 논의와 고려가 부족했다. 재정분권화 정책이 초래한 여러 가지 문제점들을 발전적으로 해소할 수 있는 대안을 모색하기 위해서는 사회복지 분권화 정책의 목표를 확인하는 작업이 선행되어야 한다.

사회복지 재정분권의 상위목표는 재정분권의 목표인 "지방의 자율성확대를 통한 지방의 발전"에서 연역적으로 추론할 수 있다. 즉 사회복지 재정분권화를 통해서 지방정부의 사회복지서비스 공급에 관한 의사결정에서 자율성을 증진시키고, 증진된 자율성을 통해서 지방자치단체가 지역의 실정과 주민의 욕구에 부합하는 서비스를 제공할 수 있도록 함으로써 지역의 사회복지를 발전시키자는 것으로 이해할 수 있다. 세부적인 하위 정책목표는 우리나라의 사회복지서비스 체계의 특성과 내용, 수준 및 지방자치단체의 행·재정역량을 포함한 자치역량을 종합적으로 고려하여야 한다. 이런 맥락에서 연구자는 재정분권정책을 통해서 정부가 달성하고자 하는 하위

---

9) 전라북도에서 파악한 자료에 의하면 시설(생활시설·이용시설)의 운영비 1%(2004년 결산액 대비)를 인상하기 위하여는 366백만원(도비 110, 시군비 256)이 소요되는 것으로 파악되고 있다. 기존 종사자의 호봉 상승분을 평균하면 약 2%의 인상요인이 발생하는데 인건비 5%를 인상하기 위하여 호봉 상승분 포함 7%의 인상요인이 발생한다. 이를 금액으로 환산하면 2,562백만원(도비 770, 시군비 1,792)의 지방비 부담이 발생한다. 이는 전라북도내 시설(생활시설·이용시설) 운영을 위하여 교부되는 추정 분권교부세 23,101백만원의 11.1%에 해당하는 금액으로서 담배소비세에 의하여 부담되는 12%의 금액까지 합하면 23.1%의 금액을 지방자치단체에 전가하는 셈이 된다(김을식, 2005).

의 세부 정책목표들을 다음과 같이 7가지로 제시하고자 한다(백종만 외, 2005). 즉, ① 사회복지서비스 지출 증대 ② 중앙정부의 적정 재정책임 분담 ③ 지방자치단체의 적정 재정책임 분담 ④ 보편적 서비스 확보 또는 지역간 형평성 확보 ⑤ 지방자치단체의 복지재정 선택(결정)의 자율성 제고 ⑥ 지역특성에 부합하는 서비스 공급 ⑦ 지역주민 등 지역공동체의 참여 증대 등이다.

② 가능한 대안들의 목록

가. (분권)교부세율의 인상

분권교부세율의 인상은 2010년 보통교부세로의 통합을 전제로 하여 지방의 복지서비스 재정을 보충해 준다는 소극적인 차원에서 논의할 수 있는 대안이다. 분권교부세율의 인상은 입법사항으로 정부가 지방재정을 보충해주기 위해서는 법을 개정해야 하기 때문에 탄력적인 재정운영이 어렵다. 또 분권교부세율은 내국세에 연계되어 있기 때문에 증가하는 복지수요를 충족하기에는 내재적인 한계가 있다는 점이 지적되고 있다. 또 2010년 일반교부세에 통합될 경우에는 사회복지분야에의 투입을 강제할 수 없는 완전히 자율적인 재원이기 때문에 이 대안은 신중하게 검토할 필요가 있다.

나. 수요산정방식 및 교부체계의 개선

수요산정방식의 개선에 초점을 두는 대안은 지방이양 대상사업의 분권교부세 수요산정 유형을 조정함으로써 지방정부의 해당 사업에 대한 재원조달을 합리화하자는 대안이다[10]. 이 대안은 분권교부세율의 인상을 통한 전체 교부세액의 증가에 목표를 두는 것이 아니라, 일정한 분권교부세율의 한계 내에서 대상사업의 특수성을 고려하여 사업별 배분을 합리화하는 데 목표를 두는 대안이다.

교부체계의 개선은 간접배분방식과 직접배분방식을 적절히 조화하자는 대안이다. 교부체계의 개선안은 기초자치단체에 직접 교부하는 방식에서 광역기초자치단체에 교부하고 기초자치단체에 재교부하는 방식을 혼합함으로써, 광역자치단체의

---

10) 앞에서 서술한 바와 같이 2006년도에 지방이양사업의 수요산정 방식의 조정이 있었다. 사회복지분야에서는 '장애인생활시설운영' '정신요양시설운영'이 2005년도 경상적 수요사업에서 2006년도에는 비경상적 특정수요사업으로 전환되는 등의 변화가 있었다(<표 17-1> 참조).

재정 분담역할을 강화하는 한편 외부효과가 큰 대상 사업에 대해서는 광역정부를 통하여 재정을 관리하는 것이 합리적이라는 이론에 근거하는 대안이다.

이들 두 가지 대안은 분권교부세 체제를 유지하면서 2010년 보통교부세로 통합하기 이전까지 분권교부세의 수요산정방식과 교부체계의 개선을 통하여 광역정부의 재정상의 책임을 강화하고, 외부효과가 큰 사업에 대한 광역정부의 조정역할을 강조하는 대안으로 평가할 수 있다.

다. 대상사업 조정 방안: 일부 사업의 국고보조사업으로 환원

분권교부세 대상사업 중에서 지방이양의 적절성 여부를 검토하여 국고보조사업으로 환원시킬 것은 환원시키고, 나머지 지방이양사업들은 분권교부세제도를 통하여 재원을 조달하고 2010년 보통교부세에 통합하자는 대안이다. 지방재정이 취약하고 동시에 사회복지시설 인프라가 부족한 상황에서 분권교부세 방식의 지방이양은 여러 가지 문제가 많기 때문에, 중앙정부가 재정책임을 주도하면서 체계적으로 인프라를 구축하도록 정책적으로 유도하는 것이 바람직하다는 것이다. 국고보조사업으로 환원하는 경우 환원사업의 선정기준을 마련할 필요가 있고 선정된 기준을 전문가의 검토를 거쳐서 타당하게 적용하는 것이 중요하다. 일부 사업의 국고보조사업으로의 환원을 주장하는 경우에도 국고보조사업을 개별보조사업으로 할 것인지 포괄보조사업으로 할 것인지에 대해서도 대안을 달리할 수 있을 것이다.

라. 포괄보조금제도 전면적 활용

교부세 방식의 재정분권은 이전된 재원의 사용 용도에 제한을 두지 않기 때문에 채택하기 곤란하며, 따라서 보조금제도라는 틀 안에서 이전 재원의 사용처를 사회복지분야에 제한하되, 이전재원의 사용에 대한 중앙정부의 규제정도를 완화함으로써 지방정부가 지방의 개별적이고 특수한 복지수요에 탄력적으로 대응하도록 해야 한다는 대안이다. 현재 우리나라의 국고보조금제도 운영은 개별보조금 방식으로서 중앙정부가 보조금의 사용 용도를 구체적으로 규제하기 때문에, 지방정부가 사업을 운영함에 있어서 중앙정부의 의도대로 타율적으로 운영하게 되어 사업예산의 투입이나 운영에서 지역의 특수한 사정이나 실정을 반영하지 못하였다. 이 대안은 현재 분권교부세 대상사업을 전면적으로 재검토하여 국고보조사업으로 전환할 것은 전환하되, 보조금 운영의 경직성을 줄이는 방향에서 포괄보조금으로 운영하는 것을 원칙으로 하면서 지방자치단체의 재정력과 복지수요를 반영하여 차등 보조율을 확대해야 한다는 대안이다.

마. 사회복지교부세 신설 방안

이는 한시적으로 운영되는 분권교부세를 보통교부세에 통합하는 대신에 사회복지사업분 분권교부세는 보통교부세에 통합시키지 않고 사회복지 전담교부세제도로 발전시키자는 방안이다. 즉 종전과 같은 범주별 국고보조금(categorical grants)으로 환원할 것은 환원하고, 나머지 사업과 관련한 재정들은 사회복지교부세로 전환하자는 것이다. 이는 분권교부세가 2010년 보통교부세에 통합될 경우에 사회복지에 대한 재정 투입이 대폭 축소될 가능성이나 우려를 해소할 수 있는 장점을 지닌 대안이다. 사회복지분야를 제외한 농업, 건설, 문화 분야 등의 지방이양사업 분권교부세는 예정대로 2010년 일반교부세에 통합하고, 사회복지분야의 지방이양사업들을 대상으로 별도의 사회복지교부세를 신설하여 2010년 이후까지 존치하자는 안이다.

사회복지교부세는 교부세로서의 성격을 갖는 재원으로 교부된 재원의 사용에 있어서 중앙정부의 정책의도가 반영될 가능성이 매우 적은 대안이다. 이 경우 사회복지교부세의 교부세율의 수준과 사회복지교부세의 지방자치단체별 교부방식과 교부수준은 지방재정력과 사회복지수요 등을 고려하여 별도로 정하면 될 것이다. 물론 사회복지교부세가 신설될 경우에 기존의 일반교부세의 교부율과 교부방식의 결정방식도 부분적으로 수정될 필요가 있을 것이다.

(2) 대안 선택의 이론적 배경

사회복지서비스 재정분권 정책의 여러 문제점들을 발전적으로 해소할 수 있는 대안을 선택하기 위해서는 우선 현실적으로 가능한 사회복지서비스 공급모델의 유형을 사회복지 재정분권의 정책목표에 비추어 평가하는 작업을 해야 한다. 이를 위해 서비스 공급모델과 중앙정부의 재정지원방식과의 관계를 살펴보고, 이들 서비스 공급모델과 재정지원 방식의 사회복지서비스 분권화 정책목표와의 정합성 정도를 평가한다[11]. 이러한 평가를 기초로 현재의 사회복지서비스 분권화 정책의 문제를 해

---

11) 여기서 평가의 기본 틀은 백종만 외(2005)의 보고서에 기초한다. 이 부분은 공동연구자인 전남대 곽채기 교수의 아이디어에서 출발하여 연구자와의 교신을 통하여 발전된 것임을 밝혀둔다.

소할 수 있는 정책 대안들을 제안하게 된다[12].

〈그림 17-3〉 사회복지서비스 공급모델

		사회복지서비스 공급(전달)책임의 분담체계	
		집권화	분권화
복지재정책임 분담체계	집권화	A	B
	분권화	×·	C

사회복지서비스 공급모델은 복지재정 책임과 서비스공급(전달) 책임의 집권화·분권화 여부에 따라 A, B, C의 세 가지 모델을 상정해 볼 수 있다. A모델은 중앙정부가 복지재정 조달책임과 서비스 공급(전달) 책임을 일차적으로 분담하는 서비스 공급모델로서 국고보조금 지원을 통한 사회복지서비스 공급 방식이다. B모델은 중앙정부가 복지재정 책임을 일차적으로 분담하는 가운데 지방자치단체는 서비스 재정책임과 서비스 공급(전달) 책임을 분담하는 방식이고, C모델은 지방자치단체가 일차적으로 복지재정 책임과 서비스 공급 책임을 모두 분담하는 방식이다. C모델에 있어서 중앙정부는 보충성의 원칙에 따라 복지재정 확충과 서비스 공급에 있어서 조정자 역할을 수행한다. 사회복지서비스 분권화 정책은 A모델에 의거한 서비스 전달체계를 B 또는 C모델로 전환하는 것이라고 할 수 있다.

그런데 어떤 사회복지서비스 공급모델을 선택하더라도 사회복지서비스 또는 사회복지사업의 특성상 중앙정부가 일정한 방식에 의거하여 복지재정을 지원하는 것이 불가피하다. 중앙정부가 사회복지서비스(또는 사회복지사업)를 제공하는 데 필요한 재원을 지원하는 방식으로는 국고보조금(categorical grant), 포괄보조금(block grant), 일반교부금(general grant) 등의 세 가지를 활용할 수 있다[13].

---

12) 이 연구는 세부적인 대안에 대한 논의보다는 고려 가능한 여러 가지 대안들의 패키지를 제안하고 구체적인 대안의 선택을 위해서 검토되어야 할 몇 가지 사항들을 제안하는 수준에서 대안을 검토하게 된다.

13) 여기서 국고보조금은 현재와 같은 개별보조방식의 국고보조금을 의미하는 것이고, 포괄보조금은 앞 절에서 대안으로 검토한 사회복지보조금 방식과 사회복지교부세 방식을 포괄하는 의미

〈그림 17-4〉 사회복지서비스 공급모델별 중앙정부의 재정지원 방식

		사회복지서비스 공급모델		
		A 모델	B 모델	C 모델
중앙정부 재정지원 방 식	국고보조금	○	×	×
	포괄보조금	○	○	○
	일반교부금	×	○	○

이 세 가지 재정지원 모델은 지원되는 재원의 지출용도 제한 여부, 공여되는 재원에 대응한 지방자치단체의 재원분담 의무부과 여부와 비용 분담 형태, 재원의 조성방식과 배분방식 등의 측면에서 차별화된다. 중앙정부가 사회복지서비스 공급을 위하여 지방자치단체에 동일한 규모의 재원을 지원하더라도 어떤 방식을 활용하느냐에 따라 그 경제적·재정적 효과는 물론이고 사회적 파급효과가 다르기 때문에 사회복지서비스 공급 과정에서 정부가 추구하는 정책목표에 가장 적합한 재정지원방식을 선택하는 것이 중요하다.

사회복지서비스 공급을 위해 A 모델을 선택한 경우에 중앙정부는 국고보조금이나 포괄보조금제도를 활용하여 지방자치단체에 복지재정을 지원하는 것이 가능하다. 그리고 사회복지서비스 공급을 위해 B 모델과 C 모델을 선택한 경우에는 중앙정부의 재정지원방식으로 포괄보조금이나 일반교부금을 활용하는 것이 가능하다.

① 서비스 공급모델과 정책목표와의 정합성 평가

사회복지서비스 공급모델과 앞서 논의한 사회복지서비스 분권화 정책목표와의 정합성 평가 결과는 <표 17-8>과 같이 정리될 수 있다.

A 모델은 재정분권의 이념을 희생하는 가운데 보편적 서비스 확보와 사회복지서비스 제공의 지역간 형평성을 확보하는 데 적합한 서비스 공급 방식이라고 할 수 있다. 반면에 모델 C는 지방자치단체와 지역공동체의 자기결정과 선택의 자율성 보장을 극대화할 수는 있으나, 전반적으로 복지지출 증대 효과가 약화되고 사회복지서

로 보면 될 것 같다. 그리고 여기서 일반교부금은 현재의 보통교부세의 의미로 이해하면 된다. 2005년 필자 외의 연구에서는 사회복지교부세라는 형식의 대안들을 미리 검토하지 못하였다. 그러나 2005년 연구의 기본 틀과 아이디어는 여전히 유효하다는 판단이다.

비스 제공의 보편성과 지역간 형평성 확보를 제약하게 될 것으로 평가된다. 이에 비해 모델 B는 사회복지서비스 공급에 있어서 지방자치단체와 지역공동체의 자기 결정과 선택의 자율성을 일정 수준 보장할 수 있으며, 지역특성을 반영한 서비스 공급이 가능하다. 또한 보편적 서비스 및 사회복지서비스 제공의 지역간 형평성을 보장하는 가운데 복지지출 증대 효과도 확보할 수 있는 모델로 평가된다.

〈표 17-8〉 사회복지서비스 공급모델별 정책목표와의 부합성

정책목표	A 모델	B 모델	C 모델
사회복지서비스 지출 증대	중앙정부 정책의지에 따라 복지지출 증대 가능	중앙정부 정책의지와 자치단체 재정책임 분담 확대에 따라 복지지출 증대	자치단체간 경쟁, 외부효과, 중앙정부 재정책임 약화 등으로 인해 재정지출 증대 제약
중앙정부 재정 책임 분담	중앙정부 재정책임 가장 높음	중앙정부 재정책임 높음	중앙정부 재정책임 약화
지방정부 재정 책임 분담	지방정부 재정책임 가장 낮음	지방정부 재정책임 낮음	지방정부 재정책임 가장 높음
보편적서비스 또는 지역간 형평성 확보	보편적 서비스 및 지역간 형평성 확보 가장 우수	보편적 서비스 및 지역간 형평성 확보 우수	보편적 서비스 및 지역간 형평성 확보 가장 취약
자치단체 복지재정 선택(결정) 자율성	자치단체 복지재정선택(결정) 자율성 제약	자치단체 복지재정선택(결정) 자율성 보장	자치단체 복지재정선택(결정) 자율성 보장 가장 우수
지역특성에 부합하는 서비스 공급	지역특성 반영 제약	지역특성 반영 우수	지역특성 반영 우수
지역주민 등 지역공동체의 참여 증대	지역공동체 참여 제약	지역공동체 참여 우수	지역공동체의 참여 우수

앞서 살펴 본 바와 같이 분권교부세 방식의 분권화는 전반적으로 복지지출 증대 효과 측면에서 긍정적인 결과를 초래하지 못하고 있는 것으로 나타나고 있으며, 오히려 복지지출을 감소시키는 효과를 가져오고 있다. 또한 복지재정의 분권화가 확대되면 자치단체의 재정력, 자치단체장의 인식과 마인드, 지역의 인구 및 소득특성 등에 따라 지역간 격차가 확대됨에 따라 보편적 서비스 확보를 제약하는 것으로 확인되고 있다. 현재 우리나라는 OECD 국가에 비해 사회서비스 지출이 매우 낮은 수준에 머무르고 있을 뿐 아니라 노인인구의 급속한 증가나 가족기능의 약화 등으로 인

해 사회복지수요가 급격하게 증가할 것으로 예상되는 국면에 진입하고 있다. 또한 사회복지 인프라 구축 수준은 취약한 가운데 지역간 격차가 큰 폭으로 존재하고 있다. 이러한 상황을 종합해 볼 때 현 단계에서 사회복지서비스 공급체계 개혁에 있어서 가장 중요한 정책목표는 "복지재정의 안정적 확충을 통한 사회복지서비스의 양적·질적 수준을 제고하는 것"이라고 할 수 있다. 이러한 정책목표를 효과적으로 달성하기 위해서는 사회복지서비스의 공급을 B 모델, 즉 사회복지서비스 공급(전달) 책임을 분권화하는 사무분권은 실시하되 재정책임은 중앙정부가 분담하는 방식을 채택하는 것이 바람직하다고 할 수 있다.

지방자치단체의 재정력이 취약하고 복지정책에 대한 실행의지가 미약하며 더구나 복지인프라 구축이 부족한 상황에서 지방자치단체에 사회복지서비스 공급책임과 재정책임을 모두 이양하는 것은 현 단계에서 요구되는 "복지재정의 안정적 확충을 통한 사회복지서비스의 양적·질적 수준 제고"라는 정책목표 달성에 반하는 결과를 가져올 것으로 예상된다. 서구 선진국의 예를 보아도 사회복지서비스의 공급은 지방이 책임을 지지만 그에 소요되는 재정은 중앙정부가 책임을 져 왔다. 서구 선진국에서 1980년대 이후 지방자치단체에 재정책임의 일부를 분담시킨 것은 사회복지서비스의 재정 규모가 높아졌고 동시에 지자체의 재정부담 능력이 충분한 가운데 이루어진 것이다.

한편, 사회복지서비스 공급모델에 따른 중앙정부 재정지원방식의 적합성도 상기한 정책목표의 달성도를 기준으로 판단해 볼 수 있다. <표 17-9>는 세 가지 공급모델에 따른 중앙정부 재정지원방식이 사회복지서비스 공급과정에서 추구하는 정책목표를 달성하는 데 어느 정도 기여할 수 있는가를 평가한 결과를 정리한 것이다.

A 모델에서는 정책목표에 따라 국고보조금과 포괄보조금 방식을 동시에 활용하는 것이 가능하며, B 모델에서는 포괄보조금방식을 선택하는 것이 B 모델에 의한 사회복지서비스 공급을 통해 추구하는 정책목표 달성에 더 크게 기여할 수 있을 것으로 평가된다. 또한 모델 C의 경우에는 포괄보조금보다는 일반교부금방식을 활용하는 것이 C 모델에 의거한 사회복지서비스 공급을 통해 추구하는 정책목표를 달성하는 데 더 크게 기여할 수 있을 것으로 평가된다. 보조금(補助金)의 경제적 효과에 관한 일반이론에 의하면 일반교부금보다는 포괄보조금이 사회복지서비스 지출 증대 효과 측면에서 더 비교우위가 있는 것으로 평가되고 있다. 따라서 사회복지서비스를 모델 B에 의거하여 공급하는 것이 모델 C에 의거하여 공급하는 경우에 비해 사회복

지서비스 지출 증대 효과가 더 큰 것으로 평가할 수 있다.

〈표 17-9〉 중앙정부 재정지원방식별 정책목표와의 부합성 평가

재정지원 방식	A 모델	B 모델	C 모델
국고보조금	보편적 서비스 및 지역간 형평성 확보에 유리	×	×
포괄보조금	보편적 서비스 정책목표를 추구하는 가운데 자치단체 재정결정 자율성 제고 가능	복지지출 증대, 중앙정부 재정책임 확보, 보편적 서비스 확보 등에 유리	복지지출 증대 효과, 보편적 서비스 확보에 유리하나 분권화를 지향하는 C 모델의 성격에 효과적으로 부합하지 않는 방식
일반교부금	×	자치단체 재정결정의 자율성 제고에 유리하나 복지지출의 증대 효과 및 보편적 서비스 확보 제약 가능	분권화를 지향하는 C 모델의 성격에 가장 부합하는 재정지원방식으로 자치단체 재정책임 제고, 복지재정결정의 자율성 제고 효과 극대화 가능

(3) 복지재정 분권화의 정책방안

중·단기 개선과제는 2009년까지의 운영방안으로 장기방안을 염두에 두고 그때까지 분권교부세의 교부세율을 인상하는 방안과 교부세 산정방식과 교부체계의 개선을 통한 대응방안이다. 장기개선과제는 2010년 이후의 운영방안으로 국고보조금 사업으로의 환원, 복지보조금 또는 복지교부세의 신설, 보통교부세에의 통합 등 다양한 정책 믹스를 통한 대응 방안에 대해서 논의한다.

① 복지재정 분권화에 따른 중·단기 정책방안

단기적으로는 분권교부세제도를 전면적으로 폐지하는 것이 어렵다면, 현 제도 내에서 문제점을 약화시킬 수 있는 대안을 개발할 필요가 있다. 그러나 분권교부세제도를 유지하는 가운데 문제점에 대응하는 방식으로는 교부세율의 상향 조정, 대상사업의 수요조정, 수요산정방식의 변경, 교부액 산출기준의 조정, 수요별 재원배분 기준의 변경, 교부체계의 변화 등 다양한 방식이 있을 수 있다. <표 17-2>에서 요약된 바와 같이 정부는 분권교부세제도를 유지하는 것을 전제로 나타나고 있는 문제점을

해결하기 위해서 여러 가지 대안들을 가지고 대응하고 있다.

현재 정부의 대응 중에서 지방으로 이전되는 재원의 총 규모를 증가시키는 유일한 대안은 분권교부세율 0.11%의 인상이다[14]. 수요조정과 수요산정, 교부액 산출기준의 변경, 수요별 재원 배분, 교부체계 조정의 방법들은 제한적인 유효성을 갖는 대안들이다(왜냐하면 내국세의 0.94%로 제한된 분권교부세 총액의 범위 내에서 지역간 사업간 배분비율이나 방법의 개선을 통해서 문제해결에 접근한다는 점에서 그 효과는 아주 제한적이다). 수요산정에서 전년도 예산 편성액을 기준으로 고려한 것은 복지에 대한 투입을 유도하고 현재의 복지수요를 반영하기 위한 조치이고, 교부액 산출에서 담배소비세 조정률을 폐지하고 재정력 지수를 반영한 것은 지방의 재정력 격차를 보정하기 위한 방안이다. 교부체계를 다원화하고 수요별 재원배분의 기준을 변화시킨 것은 이전 재원 총량을 정해진 상황에서 취할 수 있는 제한적인 정책수단일 뿐이다. 따라서 분권교부세율을 더 인상하고 기타의 분권교부세제도 운영의 개선 방안을 정책믹스로 활용한다면, 현재 나타나고 있는 문제점들을 상당히 완화시킬 수 있을 것으로 보인다.

② 복지재정 분권화를 위한 장기 정책방안

가. 국고보조금 제도로의 부분적인 환원의 준비

2005년의 필자의 연구에서는 ① 전국최저(소)수준(national minimum)이나 전국표준수준(national standardization)이 요구되는 사회복지서비스 ② 기초시설 인프라 구축이 요구되는 단계에 있는 사회복지서비스 ③ 외부효과 또는 지역간 누출효과로 인해 기초자치단체가 서비스 공급 책임을 분담할 경우 과소공급 또는 재원배분의 비효율성을 초래할 수 있는 사회복지서비스는 다시 국가사무로 환원하여 국고보조금 지원을 통해 중앙정부가 재정책임을 주도적으로 분담하는 방안을 단기개선과제로 제시한 바 있다. 그러나 국가 정책의 변화는 충분한 연구와 준비가 있어야 하고 어떤 사무를 국고보조사업으로 환원해야 할 것인가에 관한 충분한 논의와 연구가 부족한 상황에서 졸속으로 국고보조사업으로 환원하는 조치를 취하기보다는 2009년까지 남은 3년 동안 충분한 준비를 거치는 것이 오히려 타당하다는 판단에서 2005년과는

---

14) 0.11%의 증가는 이전의 국고보조금 지급액의 부족을 사후에 보정해 주는 수준에 지나지 않는다.

달리 국고보조금으로의 일부환원을 장기개선과제로 제안한다.

국고보조금으로 환원이 필요한 사업에 대한 구체적인 논의 대신에 몇 가지 선행연구를 제시하고 이를 바탕으로 심층적인 연구와 논의를 통하여 환원사업을 선정할 필요가 있다는 점을 강조한다.

보건복지부는 2005년 9월에 국정감사 자료에서 이양사업 중에서 환원이 필요한 사업으로 총 15개 사업을 제안하고 있다. 즉 노숙인 보호사업, 사회복지관운영, 사회복지관 기능보강, 재가복지봉사센터운영, 푸드뱅크운영지원, 아동시설운영, 아동급식지원, 장애인 복지시설운영(생활시설, 복지관, 직업재활시설), 사회복지전담공무원 인건비 보조, 노인복지시설운영, 재가노인복지시설 개보수, 재가노인복지시설운영, 정신요양시설운영사업 등이다. 보건복지부는 이 자료에서 노인요양보장제도의 원활한 도입을 위해서 특히 노인복지시설운영은 국고보조사업으로 전환할 것을 건의하고 있다. 또한 이 자료에서 시·도는 노인, 장애인, 아동, 정신요양시설의 운영은 국고보조사업으로 전환을 요구하고 있다고 밝히고 있다.

사회복지담당공무원에 대한 설문조사에서는(백종만 외, 2005) 국고보조사업으로 환원해야 한다는 의견이 50% 이상인 사업은 총 21개의 사업으로 나타났다[15]. 요약하면 주로 정신요양, 장애인, 노인, 아동, 모부자를 위한 생활시설이나 이용시설 운영사업을 국고보조사업으로 환원해야 한다는 내용이며, 그 외에 사회복지관의 운영과 기능보강 사업, 사회복지전담공무원 인건비 등을 다시 국가사무로 환원해야 한다는 것이다.

민주노동당 정책실은 정책자료집에서 8가지 기준을 가지고 각 사업을 종합적으로 분석하고 점검하여 국고보조사업으로의 환원 여부를 검토할 필요가 있다고 제안하고 있다. 8가지 기준은 ① 전국적 기준이 필요한 사업 ② 제도 도입 초기라서 당분간 국가 관리가 필요한 사업 ③ 지방이양 시 사업 축소가 우려되는 사업 ④ 전국적 인프라 구축이 필요한 사업으로 지역을 넘어서서 전국적인 인프라를 활용해야 하는 사업 ⑤ 지방이양 시 왜곡 가능성이 있는 사업으로 성과 도출에 많은 시간이 걸리므

---

15) 장애인생활시설운영(75.8%), 정신요양시설운영(75.2%), 장애인복지관운영(66.9%), 노인복지회관 신축(66.9%), 아동시설운영(61.1%), 사회복지관운영(65.6%), 노인복지회관운영(58.0%), 재가노인복지시설운영(58.0%), 장애인직업재활시설운영(59.2%), 사회복지관기능보강(59.9%), 노인시설운영(62.4%), 장애인체육관기능 보강(52.9%), 사회복지전담공무원 인건비(59.2%), 모자복지시설운영(51.0%), 정신지체인자립센터운영(53.5%), 장애인복지관기능 보강(56.7%), 장애인체육관운영(51.6%), 장애인재가복지센터운영(50.3%), 모자복지시설운영(56.7%), 아동보호전문기관 설치(50.3%), 사회복귀시설 운영(51.6%) 등이다.

로 본 사업보다 다른 사업에 치중할 가능성이 높은 사업. 생색내기로 인해 질적인 사업보다 양적인 사업으로 확대될 가능성이 있는 사업 ⑥ 고도의 전문성이 요구되는 사업 ⑦ 소외계층에 대한 사업 ⑧ 지속적인 안정성이 요구되는 사업을 기준으로 평가하고, 이 기준에 해당하는 사업을 국고보조금 사업으로 환원할 것을 주장하고 있다.

나. 포괄보조금제도의 활성화

현재 우리나라의 사회·경제적인 변화 양상과 사회복지서비스 발전단계에 비추어 볼 때 사회복지서비스 공급체계 개혁에 있어서 가장 중요한 정책목표는 "복지재정의 안정적 확충을 통한 사회복지서비스의 양적·질적 수준을 제고하는 것"이라고 할 수 있다. 그리고 이러한 정책목표를 효과적으로 달성하기 위해서는 사회복지서비스의 공급모델로는 사회복지서비스 공급(전달) 책임을 분권화하는 사무분권은 실시하되 재정책임은 중앙정부가 분담하는 방식을 채택하는 것이 바람직하다고 할 수 있다. 따라서 2010년에 분권교부세를 보통교부세로 통합하는 방안은 장기적으로 볼 때 사회복지서비스 공급체계 개혁 목표에 부합하지 않는 대안으로 평가된다. 앞으로 전국적으로 각 시·군·구별로 기본적인 사회복지 수요를 충족할 수 있는 기본시설(인프라)이 확충되고, 사회복지서비스가 성숙단계에 진입하는 단계까지는 중앙정부가 포괄보조금방식으로 복지재정을 지원하고 공급(전달) 책임은 분권화하여 지방자치단체와 지역공동체가 함께 지역거버넌스를 구축하여 지역특성에 부합하는 서비스를 공급하도록 하는 방안을 채택하는 것이 필요하다.

포괄보조금제도를 도입함에 있어서 구체적인 검토가 필요한 사항으로 다음과 같은 것들이 지적되고 있다(이태수, 2005).

첫째, 단기적으로는 포괄보조방식을 몇 개의 복지서비스를 묶어 주는 '미니포괄보조금(mini block grant)'으로 발전시키고, 중장기적으로는 복지서비스 전반을 망라하는 '복지포괄보조금'제도를 발전시켜 나가는 것이 합리적일 것이다.

둘째, 포괄보조금제도는 기존의 개별보조금 대상사업을 그대로 두고 단가도 개별적으로 계산하되, 일단 편성이 되고 나면 집행 단계에서는 사업간 전용을 가능하게 하는 '통합보조금' 방식보다는 유사사업을 통합하되 관련 보조금액을 계산할 때 개별사업들의 단가를 개별적으로 산정하지 않고 몇 개의 통계지표를 바탕으로 총괄적인 보조 금액을 결정하는 '포괄보조금' 방식을 채택하는 것이 바람직할 것이다.

셋째, 포괄보조금을 산정하는 과정에서 복지재정지출수요 관련 통계지표와 함께 개별 자치단체의 재정력 관련 지표를 활용함으로써 복지수요와 재정적 대응력을 감안하여 차등적으로 보조하는 방식을 채택하는 것이 필요하다.

다. 사회복지교부세 제도의 도입 검토: 포괄보조금제도와의 비교

사회복지교부세는 교부세로서의 성격을 갖는 재원으로 교부된 재원의 사용에 있어서 중앙정부의 정책의도가 반영될 가능성이 매우 적은 대안이다. 이는 분권교부세가 2010년 보통교부세에 통합될 경우에 사회복지에 대한 재정 투입이 대폭 축소될 가능성이나 우려를 해소할 수 있는 장점을 지닌 대안이다. 사회복지분야를 제외한 농업, 건설, 문화 분야 등의 지방이양사업 분권교부세는 예정대로 2010년 일반교부세에 통합하고, 사회복지분야의 지방이양사업들을 대상으로 별도의 사회복지교부세를 신설하여 2010년 이후까지 존치하자는 안이다. 이안을 채택하는 경우 사회복지교부세의 교부세율의 수준과 사회복지교부세의 지방자치단체별 교부방식과 교부수준은 지방재정력과 사회복지수요 등을 고려하여 별도로 정하면 될 것이다. 물론 사회복지교부세가 신설될 경우에 기존의 일반교부세의 교부율과 교부방식의 결정방식도 부분적으로 수정될 필요가 있다는 점은 앞서 지적한 바와 같다.

포괄보조금제도와 비교의 관점에서 본다면, 중앙정부의 지방정부에 대한 사회복지정책 내용에 대한 개입이나 통제가 있을 수 없다는 점이다. 자율성이라는 면에서는 포괄보조금제도보다 우위에 있으나, 국가목표의 달성이라는 점에서는 포괄보조금제도가 우위에 있다. 어떤 제도가 우리의 현 상황에 적합할 것인가의 판단은 좀더 추가적인 연구와 논의가 필요하다고 본다.

③ 복지재정 분권화와 동시에 추구되어야 할 중요한 연계 과제

중앙정부가 포괄보조금을 지원하는 방식에 의거하여 복지재정 책임은 계속 분담하는 가운데 서비스 공급(전달) 책임은 지방자치단체가 분담하는 형태로 복지서비스의 분권화가 추진될 경우에도 분권화의 성과 제고를 위해서는 다음과 같은 제도적 장치를 보완하는 노력이 함께 수반되어야 한다.

첫째, 지방자치단체의 사회복지서비스 기획 및 관리 능력 부족 문제를 발전적으로 극복해야 한다. 이를 위한 중앙정부의 정책과제로는 사회복지서비스를 기획하고 관리할 수 있는 행정체계를 지방정부가 갖추도록 지원할 필요가 있고, 이를 위해 사회복지서비스 전담공무원의 채용과 배치 등을 국가가 지원하는 사업으로 지속하여야 한다.

둘째, 복지분야의 지방분권 취지를 충분히 살릴 수 있는 적절한 관리체계를 구축하는 것이 필요하다. 이를 위해 지역사회복지협의체 구성·운영 내실화, 지자체가 지역계획을 체계적으로 수립·집행할 수 있는 매뉴얼 개발 및 지자체 공무원 교육 내실화 등이 필요하다. 또한 모니터링을 통해 지자체를 평가하고, 차등적으로 인센티브를 제공하는 시스템을 도입할 필요가 있다. 특히, 지방자치단체 예산편성 과정에서는 지방자치단체의 역할뿐만 아니라, 이를 견제하고 모니터할 수 있는 시민사회의 역할, 제도적 기반을 마련할 수 있는 중앙정부의 역할이 필수적이다. 특히 정책 집행이 이루어지는 지방자치단체에서 기초 사회복지인프라가 구축되고, 자치기반이 마련되며, 전체 지자체가 일정 복지수준에 도달할 때까지 다양한 정책 가이드라인을 제시하는 등의 새로운 중앙정부의 역할 모색은, 분권을 통한 지방의 역할 강화를 가능하게 하는 필수 전제조건이 될 것이다. 또한 정부가 추진하고 있는 '참여예산제'를 적극적으로 시행해야 하고 시민단체의 견제, 감시, 참여가 활성화될 필요가 있다.

셋째, 지방정부의 복지예산 축소나 왜곡 가능성에 대한 대비책이 마련되어야 한다. 이를 위해 사회복지사업법 및 각종 개별 사회복지서비스법에서 사회복지서비스나 급여의 임의적 선언 규정을 의무적 강행 규정으로 지출 규정을 재정비할 필요가 있다. 특히, 포괄보조금제도의 운영에 있어서 성과계약과 인센티브 운용을 점진적으로 도입함으로써 지방 간의 서비스 경쟁을 통해서 서비스의 질을 높여야 한다. 또한 포괄보조금제도 내에서 지출 블록을 설정함으로써 이른바 사회복지생활시설 운영을 둘러싼 님비현상에도 대응할 필요가 있다.

참고문헌

민주노동당 정책자료a: 5.31 지방선거공약 해설집 복지분야
http://poli.kdlp.org/index.php?main_act=board&jact=art_read&board_no=36&page=5&seq=16
&art_no=201722&num=20&category=0)

민주노동당 정책자료b: 사회복지사업의 지방이양에 따른 문제점과 대응방안
(http://poli.kdlp.org/index.php?main_act=board&jact=art_read&board_no=36&page=1&seq=0
&art_no=286024&num=20&category=0)

민주노동당 정책자료: 지방자치단체 예산분석 매뉴얼
http://poli.kdlp.org/index.php?main_act=board&jact=art_read&board_no=36&page=7&seq=2
&art_no=142012&num=20&category=0

감정기(2005), 「분권화와 지역사회복지」, 『경남지역 정책연찬회 자료집』, 한국보건복지인력
개발원.

강윤호(2000), 「지방자치와 기초자치단체의 사회복지정책 정향: 시·군·자치구간 비교분석」,
『한국행정학보』 34(1), pp. 213-227.

고경환(2005), 「보건복지사업지방이양의 현황과 문제점」, 『2005년 국정감사 정책자료집』

국정현안정책조정회의 자료(2005), 「사회복지 지방이양 관련제도 개선방안」

김교성·이재완(2000), 「지방정부 사회복지비 지출수준의 결정요인 분석」, 『한국사회복지학』
제41권.

김수영(2005. 11), 「지방화시대 노인복지정책 재정운영체계」, 『한국노년학회 2005년 추계학술
대회 자료집』.

김영종(2005), 「지방분권 정책과 지역복지의 과제」, 『부산지역 정책연찬회 자료집』, 한국보건
복지인력개발원.

김을식(2005), 「국고보조사업의 지방이양에 따른 대응 전략」, 『지방분권과 사회복지정책 전
북지역연찬회 자료집』.

박병현(1993), 「중앙과 지방간의 사회복지기능분담논의에 대한 일고 - 지방의 재정 현황과
문제점을 중심으로」, 『한국사회복지학회』 93 춘계 학술대회 자료집.

박병현(2006), 「사회복지의 지방분권화에 대한 비판적 고찰」, 『사회복지행정학회』 제16호.

백종만 외 4인(2005. 11), 「사회복지서비스분권화에 따른 정책과제 연구」, 정책기획위원회,
2005년 정책기획과제.

백종만(2004a), 「서울시 사회복지정책의 탈 중심화 역할재편에 대한 평가 및 과제」, 『탈중심
화시대 사회복지정책에서 중앙정부와 지방정부의 역할재편』, 제1회 서울시 사회복지
정책포럼.

백종만(2004b), 「지방분권화에 따른 지역복지관의 역할」, 『2004년 광주광역시 사회복지관협
회 세미나 자료집』.

백종만(2003), 「한국사회복지에서 중앙정부와 지방정부간 역할변화」, 『2003년 한국사회복지
학회 춘계학술대회 자료집』, pp. 127-145.

보건복지부(2005), 「지방분권과 사회복지정책 시도연찬회 건의사항」, 내부자료.

보건복지부(2005. 9), 「국정감사 제출자료」, 내부자료.

오재일(2003), 「분권화 시대. 지방의 준비와 대응방안」, 『지방자치헌장 선포 2주년 기념사업회』, 지방자치헌장 선포 2주년 기념 시민대토론회.

윤찬영(2003), 「지방분권론과 지역사회복지의 전망: 지방자치법과 사회복지법을 중심으로」, 『사회복지정책』 16.

이인재(2004), 「사회복지 재정분권 의미와 과제」, 『한국사회복지연구회 2004년도 공동학술대회 자료집』

이인재(2005), 「지역복지공동체 건설의 현황과 사례 그리고 과제」 미발표논문.

이재원(2004), 「복지분야 보조금제도의 개선방안」, 『복지와 재정분권화 이대로 가도 좋은가』 참여연대사회복지위원회.

이태수(2005), 「참여정부 복지재정 분권화 정책의 문제와 대안」, 참여자치지역운동연대, 『복지재정 분권화 정책의 문제점과 대안』.

이태수(2004a), 「참여정부의 재정분권정책과 청주시 복지예산요구안 편성의 의의」, 『복지재정 분권화에 따른 지역사회 대응 및 청주시 사회복지예산 분석에 따른 2005 사회복지예산 요구안 마련 토론회』, 충북참여 자치시민연대.

이태수(2004b), 「재정분권과 사회복지, 이대로 좋은가?」, 참여연대 사회복지위원회, 『복지와 재정분권화, 이대로 가도 좋은가』.

정부혁신지방분권위원회(2005a), 「참여정부의 혁신과 분권」, 『정부혁신지방분권위원회백서 1』

정부혁신지방분권위원회(2005b), 「참여정부의 재정세제 개혁」, 정부혁신지방분권위원회백서5』

조홍식(2004), 「지방분권화에 따른 사회복지계의 대처방안」, 『국민복지포럼 정책 세미나: 지방분권화에 따른 사회복지계의 대처방안』.

참여자치지역운동연대(2005), 「복지재정 분권화 정책의 문제점과 대안」, 원탁토론회.

초의수(2004), 「복지재정분권의 의미와 과제」, 『2005년 부산시 사회복지예산확보 및 정책의 주요 방향설정을 위한 토론회 자료집』, 부산참여자치시민연대.

최일섭(1993), 「지방화시대의 사회복지정책과제」, 『지방화시대의 사회복지과제』, 1993년 한국사회복지학회 춘계학술대회 자료집.

사회서비스국가를 향한 시민사회의 과제

조흥식[*]

1. 머리말

1960년대 이후 1997년 외환위기 때까지 우리나라는 40년 가까이 압축경제성장을 해 왔다. 고도성장 속에서 일자리를 계속 창출하고 절대적 빈곤문제를 해결해 왔던 것이다. 그런 점에서 일찍이 세계은행(1993)은 한국을 성장과 분배를 조화시킨 성공적 사례로 소개한 바가 있다.

그러나 외환위기의 극복과정을 통해 개방 경제체제와 시장지배적인 경제 질서가 전면적으로 구축되는 한편, 기업 투자부진에 의해 경제전반의 잠재성장 능력이 위축되는 문제도 초래하였으며, 저성장의 길로 들어섰다. 이와 함께 경제성장 주도부문이 가져다 줄 것으로 여겨진 자연스런 빈곤해결에의 사회적 환류(social trickle-down) 효과마저 미미해짐으로써 사회적 불평등·분절성에 의한 양극화 현상이 심화되고 있다. 더구나 지구경제화에 따라 국가경쟁력이 강조되면서 시간제와 임시직 등 비정규직 노동자의 증가와 유연성의 강화를 특징으로 하는 노동시장 구조의 변화와 함께 불평등과 빈곤을 완화할 수 있는 국가의 능력을 약화시키는 요인(Esping-Andersen, 1996; Smeeding, Rainwater and Burtless, 2001)들이 서구 복지국가와는 달리 사회안전망이 제대로 갖춰 있지 않은 우리나라 여건에서 어김없이 작용하고 있어 더욱 낭패를

---

[*] 서울대 사회복지학과 교수, 참여연대 사회복지위원회 실행위원

겪고 있다.

이제 한국사회는 부자는 쉽게 돈을 벌고, 가난한 자는 기본생활비조차도 갖기 힘겨운 사회로 가고 있다. 물론 이러한 빈곤문제에 대응하여 국민의 정부 시절, 과거의 생활보호제도를 대체한 국민기초생활보장제도의 도입을 통해 근로능력이 있는 집단을 포함한 모든 빈곤층에게 최저소득을 보장하는 획기적인 사회복지정책적 기초를 마련한 바 있다. 그러나 이러한 탈빈곤정책의 개선에도 불구하고 여전히 빈곤의 대물림과 같은 세대 간 격차까지 우려되는 현상이 나타나고 있다. 그 뿐만 아니라 사회보험의 사각지대도 해소되지 않고 있어 사회안전망 장치는 아직도 부실하다고 할 수 있다. 이런 점에서 한국사회는 여전히 빈곤구제와 사회보험의 사각지대 해소라는 전통적인 구 사회위험(old social risks)을 안고 있다고 할 수 있다.

여기에 신 사회위험(new social risks)도 대두하였다. 세계화, 급속한 저출산·고령화, 지식기반 경제로의 전환, 노동시장의 유연화와 비정규직 양산으로 표현되는 노동시장구조 변화, 이혼, 별거, 가출 등에 의한 가족해체 등의 가족구조 변화 등의 문제들은 서구의 복지국가들과 동일한 위험에 처하게 하고 있는 것이다. 이렇게 구사회위험과 신사회위험을 동시에 안고 있는 우리나라의 경우 이제 기존의 사회복지정책과는 다른 새로운 정책 대안을 내어 놓지 않을 수 없게 되었다.

이 글에서 제안하고자 하는 사회서비스국가 모형은 바로 이러한 새로운 대안 가운데 하나이다. 따라서 2장에서는 사회서비스국가가 무엇인지, 그리고 왜 사회서비스국가가 필요한지 그 이유들을 살펴보며, 3장에서는 사회서비스국가의 방향성을 제시하고, 4장에서는 사회서비스국가를 향한 시민사회의 과제를 살펴보고자 한다.

2. 사회서비스국가의 성격과 필요성

(1) 사회서비스국가의 성격

사회서비스국가란 한마디로 사회정책의 핵심을 사회서비스에 두어 사회정책 프로그램 및 예산을 사회서비스 부문에 가장 많이 투입하는 국가유형을 말한다.

대체로 사회정책 프로그램의 유형은 크게 '현금이전(cash transfer)'형 프로그램과

'사회서비스(social services)'형 프로그램으로 대별할 수 있다. 전자에는 연금보험, 상병보험 등 사회보험, 아동수당과 같은 데모그란트(demogrant), 그리고 소득최하층을 표적집단으로 하는 공공부조 등 소득보장 프로그램들이 포함된다. 한편, 사회서비스는 돌봄문제(양로/육아), 교육문제, 주거문제, 고용문제, 보건의료문제, 환경문제 등의 해결을 위한 공공서비스로서 수혜자를 기준으로 최종 전달되는 욕구해결기제가 유무형의 서비스 형태로 주어지는 것을 말한다(안상훈, 2006). 따라서 사회서비스국가란 흔히 공공부조와 사회보험 중심의 소득보장에 치우친 현금이전형 프로그램보다 공공서비스 중심의 사회서비스형 프로그램을 더 강화해 나가는 국가라 할 수 있다.

이러한 두 가지 사회정책 프로그램 유형을 중심으로 새로운 복지국가 유형화를 시도한 안상훈 교수의 연구(2006)를 보면, 그는 사회정책의 두 가지 분야인 현금이전과 사회서비스의 상대적 구성 비중의 높고 낮음에 따라 유형화를 시도하였다. 개념적 수준에서 '저·저', '저·고', '고·저', '고·고'라는 4분면이 도출되지만 현금이전은 적은데 사회서비스를 많이 하는 '저·고'의 분면은 개념적으로는 가능하나 여러 가지 이유에서 현실을 반영하는 유형이라 할 수 없기 때문에 나머지 3개의 분면들에 해당하는 복지국가 유형을, 첫째 사회서비스와 현금이전이 모두 높은 수준인 '사회서비스통합형', 둘째 사회서비스와 현금이전이 모두 낮은 수준인 '공공부조형', 셋째 사회서비스는 낮고 현금이전만 높은 '사회보험형'이라는 세 가지 유형의 복지국가들을 분류하였다.

이러한 유형화는 국가마다 꼭 일치하는 것은 아니지만 적어도 한 국가의 사회복지정책의 방향을 잡아나가는 길잡이는 될 수 있다. 이렇게 본다면 사회서비스국가는 당연히 사회서비스통합형 복지국가 형태가 될 것이다. 안상훈 교수는 이러한 유형에 가장 잘 맞는 대표적인 국가로 스웨덴을 들고 있다. 그리고 공공부조형 대표국가로 미국, 사회보험형 국가로 독일을 들고 있다.

그렇다면 사회서비스가 갖는 기능은 무엇인지 살펴보자. 사회서비스라는 용어는 영국 연방권에서 많이 사용되고 있는데, 전통적으로 사회부조, 사회보험, 아동복지, 교정, 정신위생, 공중보건, 교육, 오락, 노동보호, 주택제공 등을 포함한다는 점에서 매우 광범위한 개념으로 사용하였다. 다시 말하면 사회서비스란 인적자원(human resources)의 보존, 보호, 개선을 직접적인 목적으로 하는 조직화된 활동이라 할 수 있다. 그러나 영국에서도 1968년에 지방정부 사회서비스법(Local Authority Social

Service Act)이 제정된 이후에는 사회서비스를 국민건강서비스와 소득유지 프로그램과는 구별하여, 대인사회서비스(personal social services)와 동의어로 사용하기도 한다.

그리고 미국에서는 사회서비스와 비슷한 개념으로 인간서비스(human services)라는 용어를 흔히 사용한다. 인간서비스에 포함되는 개념은 사회서비스, 공중보건, 정신건강, 재활서비스 등이라고 하는 학자들(Christian and Hannah, 1983:1), 혹은 사회복지, 정신건강, 보건, 교육 및 법적 정의를 위한 활동 등을 포함한다고 하는 학자들(Sauber et al., 1983:1)도 있다. 결국 인간서비스는 사회복지를 포함하여 인간의 복지증진을 위한 매우 포괄적이고 종합적인 활동을 의미한다고 할 수 있다.

그러나 우리나라와 일본에서는 사회복지서비스(social welfare service)와 사회복지사업이라는 용어를 주로 사용한다. 이 경우에는 사회복지라는 제도적 틀 안에서 제공되는 대인사회서비스라는 좀 더 제한된 의미로 이해(장인협 외, 1999: 12)하는 방식이다.

이러한 용어 사용의 차이에도 불구하고 사회복지사업이 중심이 되는 사회서비스의 핵심은 물질적 보장보다는 인간의 심리적·정서적 보장과 같은 비물질적 보장을 더 중시하는 경향을 갖지만 물질적 보장도 기본적으로 함께 행한다는 것을 알 수 있다. 이런 점에서 일찍이 하센펠트(Hasenfeld, 1983)는 사회서비스의 일환인 사회복지서비스의 기능을 인간화(people-processing), 인간유지(people-sustaining), 인간변화(people-changing)로 구분하여 제시하였다. 인간화는 기본적인 인간으로서 삶의 방식을 조금씩 알게 하는 초보적인 것이고, 인간유지는 인간의 복지나 사회적 기능수행의 약화를 방지하는 것이며, 인간변화는 사회변화에 따라 더 나은 인간의 복지나 사회적 기능수행을 하도록 하는 기능으로서 인간의 신체적·심리적·사회적 특성을 직접적으로 바꾸는 것으로 규정하였다.

이렇게 볼 때, 인간화와 인간유지 기능이 소득보장제도 등을 통하여 인간의 복지나 사회적 기능수행이 악화되는 것을 막는 돌봄 차원의 소극적인 사회복지서비스의 기능이라면, 인간변화 기능은 적극적으로 인간의 복지와 사회적 기능수행을 향상시키고, 적극적으로 불평등을 완화하기 위한 전략으로서 인간의 변화를 추구하는 기능이라 할 수 있다. 앞에서 말한 구사회위험 요소가 주로 사회복지서비스의 인간화와 인간유지 기능과 관련된다면, 신사회위험 요소는 인간변화 기능과 관련된다고 할 수 있겠다.

(2) 사회서비스국가의 필요성

사회서비스 국가가 현재 우리나라에서 필요한 이유로 다음 몇 가지를 들 수 있다.

① 구사회위험과 신사회위험의 중첩

우리나라의 경우 구미복지국가와는 달리 사회안전망이 부실한 구사회위험과 함께 신사회위험을 동시에 갖고 있는 국가이기 때문이다. 첫째, 구사회위험의 성격을 드러내는 불평등·빈곤의 특성을 살펴보자. 소득 불평등도를 나타내는 도시근로자가구 소득5분위 (분)배율의 추이를 보면 <표 18-1>에서 보듯이 2004년부터 악화되고 있다. 5분위 (분)배율은 상위 20%의 소득의 합을 하위 20% 소득의 합으로 나누어 주는 것을 말하는데 1이 완전 평등한 분배라고 볼 수 있으며, 숫자가 클수록 분배가 잘 이루어지지 않음을 뜻한다. 특히 2004년부터 소득5분위 배율(계층 간)이 악화된 것은 최하위 소득계층인 1분위 계층의 소득증가율(2.3%)이 5분위 계층의 소득증가율(6.2%)보다 상대적으로 낮았기 때문이다.

〈표 18-1〉 도시근로자가구 소득5분위 배율 추이

연 도	97	98	99	00	01	02	03	04	05
소득5분위 배율	4.49	5.41	5.49	5.32	5.36	5.18	5.22	5.41	5.43

* 자료: 통계청(2006), 도시근로자가구 가계수지

또한 소득 불평등도의 지수가 되는 도시근로자가구 지니계수 추이를 보면, <표 18-2>에 있듯이 1997년 외환위기 후 악화되었다가 2004년부터 다시 악화되고 있다. 지니계수는 0에 가까우면 소득 분포가 평등한 상태이고 1에 가까울수록 부익부 빈익빈 현상이 심화된 상태를 의미하는데, 일반적으로 0.4를 넘으면 소득 불균형 상태가 심한 사회로 본다.

〈표 18-2〉 도시근로자가구 지니계수 추이

연 도	97	98	99	00	01	02	03	04	05
지니계수	0.283	0.316	0.320	0.317	0.319	0.312	0.306	0.310	0.310

* 자료: 통계청(2006), 도시근로자가구 가계수지

그러나 지니계수를 작성할 때 그 대상으로 자영업자까지 포함시키면 현재 0.31 정도인 지니계수가 0.4를 넘을 것이며 부동산, 금융자산 등 자산을 넣어 계산하면 더욱 불평등해져 0.6에서 0.7까지 갈 것으로 추정된다. 지금의 상황이 지속되면 우리 사회는 부동산 내지는 금융자산 등과 관련된 빈부격차에 의해 사회적 갈등이 조만간 봉합하기 어려운 수준까지 갈 것이고, 이 빈부격차의 불평등 문제는 사회적으로 희망을 잃어가는, 소위 사회적 배제(social exclusion) 계층을 크게 형성하는 결과를 초래할 것으로 예상된다. 서구에서 말하는 사회적 배제 문제가 이제 우리 사회에서도 현안으로 던져지고 있는 것이다.

둘째, 신사회위험의 대두와 같은 사회경제적 변화의 배경을 들 수 있다. 우리나라에서 외환위기 이후의 불평등·빈곤문제는 근로능력이 있는 다수 빈곤층의 대두를 특징으로 한다는 점에서 이전 시기의 불평등·빈곤문제와 큰 차이를 보인다. 이는 외환위기로 인한 대량실업사태가 빈곤층 급증의 직접적인 원인이 되었던 것이다. 더욱이 더 큰 문제는 우리 사회의 불평등·빈곤문제가 실업자의 문제일 뿐 아니라, 열심히 일을 해도 빈곤을 벗어나지 못하는 근로빈곤층(working poor)의 문제로까지 심화되고 있다는 점이다(박찬용·김진욱·김태완, 1999; 구인회, 2002). 이러한 결과, 빈부 격차 및 건강상태 격차를 드러내는 사회계층 구조는 고착화되어 불평등은 심화되고 있으며, 도시와 농촌 간의 지역격차도 심화되고 있고, 세칭 3D업종에 종사하는 외국노동자 문제도 심각하게 되었던 것이다.

그리고 급속한 노인인구의 증가, 이혼 등을 통한 여성가구주가구의 증가, 단독가구의 증가 등 인구학적 변화는 불평등·빈곤을 증대시키는 요인으로 작용하고 있다. 이와 함께 오늘날 전세계적으로 노인인구의 급증과 저출산으로 인한 생산연령 인구의 정체 내지 감소, 가족해체에 따른 편부모 가구의 증가, 그리고 무엇보다도 고용없는 성장(jobless growth) 등은 상대적으로 불평등·빈곤에 빠질 가능성이 높아지는 위험사회(risk society)를 초래하고 있다. 그 결과 불평등과 빈곤의 심화현상이 나타나고 연쇄적으로 사회복지의 수요가 증대됨으로써 공급 측면에서 재정위기를 초래하는 원인이 되고 있다. 이뿐 아니라 세계자본주의체제하에 관철되고 있는 자유무역과 자유경쟁의 결과는 '20대 80의 사회' 혹은 '승자가 독식하는 사회'(winner-take-all society)를 만들어내고 있다.

최근 우리 사회에서 저성장 속의 양극화에 의한 불평등 및 빈곤 현상이 보여주는 몇 가지 특성을 보면 다음과 같다(조흥식, 2006). 첫째, 소득영역, 소비영역 등 전 영역에 걸쳐 발생하고 있으며, 정도가 심화되고 있다는 점이다. 소득영역의 경우 부동산, 금융 등에 의한 자산소득의 불평등, 고임금근로자와 저임금근로자 사이, 정규직 근로자와 비정규직 근로자 사이의 소득불평등 현상이 빈곤화로 심화되고 있으며, 이는 생활의 질을 결정하는 각종 소비영역, 즉 사회복지서비스, 교육, 의료, 주거, 정보, 문화 등의 불평등 및 빈곤으로 심화되고 있다. 둘째, 빈곤의 대물림과 같은 세대간 격차까지 우려되는 현상을 초래함으로써 장기적으로 경제성장의 동력을 잠식하는 사태에 이르고 있다는 점이다. 셋째, 전통적인 노동불능자의 빈곤에 더하여 노동가능자에 대한 빈곤, 즉 '근로빈곤층'(working poor) 등의 신빈곤층을 확산시키고, 상대적 박탈감과 사회적 소외로 인해 사회통합을 저해함으로써 결국 경제성장의 걸림돌이 되는 '사회적 배제'(social exclusion) 현상을 초래한다는 점이다. 넷째, 빈곤의 여성화, 저출산·고령화 현상의 진전은 불평등 및 빈곤을 더욱 가속화하고 있다는 점이다. 다섯째, 탈북이주자, 해외이주노동자, 국제결혼이주여성가족 등 국외 이주자들의 빈곤문제가 새로운 사회문제로 등장하고 있다는 점이다.

특히 신사회위험의 대두와 관련하여서는 선진국에서조차 전통적인 복지국가의 정책적 대응으로 이들 문제에 대처할 수 없기에 사회서비스 중심의 사회투자국가로의 전이가 불가피하다는 점을 강조한다(Surender, 2004, Taylor-Gooby, 2006). 다시 말하여 세계화는 더 이상 완전고용과 높은 수준의 고용보호, 그리고 소득평등이라는 복지국가의 목표를 달성하기 어렵게 만들었다는 것이다. 여기에 제조업의 위축과 서비스산업의 성장으로 상징되는 후기산업화사회의 도래는 고용흡수력의 한계와 함께 서비스산업의 낮은 생산성 증가로 노동시장 내 임금격차를 벌어지게 하였고, 지식기반경제의 진전은 지식과 기술의 변화에 부응하지 못하는 노동자의 도태를 불러왔다는 것이다. 결국 이러한 경제와 산업구조의 변화와 함께 가족구조의 변화와 저출산·고령화 사회의 충격은 사회가 이들을 떠맡지 않을 수 없는 신사회위험으로 등장하였으며, 이러한 새로운 사회위험은 사회서비스 중심의 새로운 복지국가를 필요로 한다는 것이다.

② 불평등한 인적자본 형성의 수정

외환위기 이후 우리 사회에서도 계층간 인적자본 형성에 불평등이 존재하고 있음이 밝혀지고 있다. 부의 교육수준이 높을수록, 부모의 직업지위가 높을수록, 그리고 가구소득이 높을수록 대학진학 확률이 일반적으로 높은 것으로 나타나고 있다(방하남·김기남, 2002). 그리고 한국노동패널자료의 연령코호트 분석 결과, 교육성취와 관련하여 계층간 불평등의 정도가 지난 반세기 동안 감소하지 않고 있으며, 또한, 진학경로로 측정한 질적 불평등의 경우를 보더라도 계층간 불평등 정도가 오히려 심화되고 있음을 알 수 있다(방하남·김기남, 2003). 이렇게 볼 때, 우리 사회에서도 불평등의 세대간 전이 현상이 분명히 나타나고 있고 그러한 현상에는 인적자본 형성에서의 불평등이 중요한 요소로 작용하고 있음을 알 수 있다.

이러한 인적자본이론은 1960년대에 베커와 슐츠(Becker & Schultz) 등의 경제학자들에 의하여 주창되기 시작하였는데, 인적자본도 실물자본과 같이 투자에 의해서 축적이 가능하다는 이론이다(박기성·송병호, 2002). 이때 인적자본에 대한 대표적인 투자방법은 교육과 훈련이며, 이러한 교육과 훈련을 통한 인적자본에의 투자는 개인의 생산성을 향상시켜 소득증대를 가져온다는 것이다. 그러나 사회경제적으로 열악한 처지에 있는 가정의 아동의 경우, 그렇지 않은 아동들이 이룰 수 있는 경제적 지위를 획득할 수 있는 평등한 기회를 제공받지 못할 때 인적자본 형성의 불평등은 심화될 것이다. 따라서 불평등한 인적자본의 형성으로 야기되는 소득불평등의 문제, 특히 세대간 불평등 전이의 문제는 소극적인 소득보장 확대만으로는 해결될 수 없으므로 저소득층을 대상으로 한 집중적인 인적자본 개발이 필요할 것은 분명하다. 즉 단순한 소득보장의 확대나 사회적 일자리 창출과 같은 공급 측면의 개입을 넘어 저소득계층의 인적자본을 증진시켜 노동시장 진입 기회를 제공하는 적극적인 수요 측면의 개입이 필요하다고 할 수 있다. 이런 점에서 인간의 인지적·정서적·사회적 능력의 향상을 지원하는 사회서비스 정책은 인적자본 개발에 중추적인 기능을 담당할 수 있다고 하겠다.

③ 사회서비스가 갖는 성장친화적 속성

비교국가정책 관점에서 볼 때 현금이전에만 몰두하는 국가보다는 사회서비스를 함께 강화하려 노력한 국가가, 그리고 사회서비스를 강화하는 경우라도 전반적인 사회지출 수준이 어느 정도 이상이 되는 유형의 국가들이 총체적인 성장 지속가능성이 높은 것(안상훈, 2006)으로 최근 연구들에 의해 밝혀졌다. 즉 사회서비스가 성장친화적 속성을 갖고 있다는 점에서 이를 중시해야 한다는 것이다.

사회서비스정책은 모든 사회구성원의 경제활동 참여를 목표로 하여 노동시장의 유연화를 추구하면서도 개개인의 고용가능성(employability)을 높이는 방식으로 완전

고용을 추구한다. 이는 직업안정성(job security)보다는 고용안정성(employment security)을 강조하는 것을 뜻하며, 근로를 통해 생활수준의 향상을 도모하고 동시에 사회의 생산력을 극대화하고자 한다. 따라서 높은 고용률은 청년, 여성, 고령자의 경제활동 참가를 유도할 때 가능해지며, 보육과 교육, 직업훈련 등 사회서비스분야 고용을 활성화함으로써 경제성장에 도움을 주게 되는 것이다. 이렇게 볼 때 사회서비스국가는 사회복지의 증진과 경제성장의 목표가 조화될 수 있도록 통합적인 관점에서 사회프로그램을 형성한다고 할 수 있다.

④ 정치적 합의 도출에 용이

사회서비스정책은 국민들의 정치적 합의를 구하는 데 용이할 수 있다. 부담하는 세금이나 보험료의 반대급부로서 복지혜택을, 사회보험의 경우 지금 당장 받을 수 없으며, 공공부조의 경우 취약계층에만 혜택이 돌아가는 반면에 사회서비스는 지금 당장 누구나 혜택을 받게 되는 제도로서, 국민들의 조세저항을 낮추는 효과가 크기 때문에 국민들의 동의를 구하는 데 유리하다는 것이다. 특히 취약계층 담론에서 벗어나 보편적인 방식으로 확장하는 데 사회서비스는 기여한다는 것이다. 전국민 보편적인 프로그램이 취약계층 중심의 선별적인 프로그램에 비해 지니는 친복지정치적인 효과는 더 클 수 있을 것이다.

⑤ 평등주의에 대한 새로운 접근

평등주의에 대한 새로운 접근으로서 사회서비스가 강조되고 있다. 평등의 내용으로 결과의 평등이 아닌 기회의 평등을 추구한다는 것이다. 일반적으로 불평등의 원인으로 ① 사회적 차별(discrimination), ② 사회경제적 여건의 불평등(social background inequality), ③ 자연적 우발성에 따른 불평등(Natural endowment inequality), 그리고 ④ 성실성과 삶의 방식의 차이(differences in effort and lifestyle choice)를 들 수 있다. 이중 전통적인 자유주의자들은 ①번만을 제거하여 소극적인 기회의 평등을 실현하려는 데 반해, 전통적인 복지국가주의자들은 ②번에 개입하여 저소득가정의 아동과 청년 그리고 여성의 기회의 평등 기반을 확대하려 하고 ③번에 개입하여 장애인 등에게 좀 더 적극적인 삶의 기회를 보장하는 것 또한 목표로 삼고, 더 나아가 '결과의 평등'을 주장하면서 ④로 인한 불평등도 보정해줄 것을 강조하나, 이제 ④로 인한 불평등은 국가적 책임이 아니라 개인의 책임으로 간주하는 경향이 강하게 나타난다는 것

(White, 2004: 32)이다. 이러한 점에서 볼 때, 보다 더 많은 시민들을 시장으로부터 보호하려는 것이 아니라, 시장에서 좀 더 성공적으로 경쟁할 수 있도록 개개 시민들의 능력을 배양해주는 교육과 직업훈련 등 인적자원 개발과 관련된 사회서비스정책이 중요시됨은 당연하다고 할 수 있다.

3. 사회서비스국가의 방향 모색

우리나라의 경우 앞에서 언급했지만 구미복지국가와는 달리 신사회위험과 함께 사회안전망이 부실한 구사회위험을 동시에 갖고 있는 국가이다. 그리고 이러한 문제들에 대한 대응으로서 우리나라 사회복지의 핵심적 역할은 국민기초생활보장제도를 중심으로 한 공공부조제도에 의해 이루어지고 있다. 아울러 구색은 갖추어져 있으나 내실이 빈약한 사회보험과 일부 사회복지서비스를 통해 기본적인 생활을 영위하도록 하고 있다. 특히 사회보험 미적용 층의 광범위한 존재는 현 단계에서 우리나라 사회안전망의 역할이 지극히 제한되어 있음을 보여준다. 그러나 이러한 사회보험제도의 개선은 제도의 성숙과정을 필요로 하는 것으로 단기적으로 해결하기 어려운 과제를 안고 있다.

이와 함께 아직도 소득격차를 조정하는 능력이 크게 떨어짐을 알 수 있는데, 우선 사회보장 지출이 부족하며, 자영업자 소득파악의 어려움에 따른 세수 문제를 안고 있으며, '자연상태'의 소득격차가 그대로 빈부 간 격차로 유지되고 있는 것이다. 특히 우리 사회는 현재 자영자 소득파악이 제대로 이루어지지 않은 상태에서 간접세가 직접세보다 다소 높은 조세정책을 펼치고 있으므로 조세정책을 통한 분배효과 제고에는 일정한 한계가 지워질 수밖에 없기 때문에 사회복지정책을 통해 그 효과를 보완할 수밖에 없는 구조를 갖고 있다고 할 수 있다.

한편, 우리나라 여성의 노동시장 참가와 여성세대주 가구의 증가는 가장(소득활동자), 주부, 자녀로 구성되는 핵가족구조를 전제로 하는 전통적인 사회보장체계의 변화를 요구한다. 즉 여성의 경제활동에 따른 탁아 및 보육서비스가 중요한 사회복지정책 과제로 등장하고, 또한 빈곤의 여성화에 대처하기 위한 새로운 사회복지 시스템의 구축을 필요로 하고 있다. 아울러 저출산·고령화사회를 맞이하면서 새로운 사회서비스를 필요로 하고 있음은 분명하다.

이와 같이 우리나라가 신사회위험과 함께 사회안전망이 부실한 구사회위험을 동시에 갖고 있는 국가임을 감안해 볼 때, 사회서비스국가가 되기 위해서는 무엇보다도 기본적인 사회안전망이 갖추어져야 하는 전제에서 출발해야 한다. 다시 말하여 개개 인간의 전생애에 걸쳐서 사회서비스를 제공할 충분한 재원과 양질의 인력을 기반으로 하는 인프라가 갖추어져 있어야 한다는 전제에서 논의되어야 한다.

이러한 전제하에서 구미복지국가의 경험을 살펴보는 것은 대단히 중요하다. 단순히 남의 것을 모방하는 것이 아니라면 선진국의 경험에서 교훈을 얻는 것은 후발국으로서 이득을 확보하는 가장 쉬운 길이기 때문이다. 구미복지국가의 경우 제3의 길에 입각한 국가관리전략에 따라 사회서비스 중심의 사회투자국가로의 전이가 이루어지고 있으나, 그 길은 매우 다양한 양상을 보이고 있다. 이처럼 전통적인 복지국가와는 다른 새로운 형태, 즉 사회서비스를 중시하는 새로운 복지국가의 명칭을 일반적으로 사회투자국가로 부르고 있지만 필자는 투자라는 경제학적 용어를 사용하기보다는 사회서비스국가로 부르는 것이 사회복지학에서는 유용할 것으로 본다. 따라서 기존 학자의 연구를 인용할 때는 그대로 사회투자라는 용어를 쓸 것이지만 내용상 사회서비스와 같은 것으로 사용한다.

이처럼 사회서비스를 강조하는 새로운 복지국가 유형인 사회서비스국가를 이념형적으로 단순화할 경우, 영미형의 자유주의 시장경제(LMEs: Liberal Market Economies)에서 나타나는 자유주의형 사회서비스국가와 노르딕국가의 조정된 시장경제(CMEs: Coordinated Market Economies)에서 나타나는 신사회민주주의형 사회서비스국가로 구분해 볼 수 있다. 제3의 길과 사회투자국가에 대한 논의는 영국에서 활발하게 이루어졌으나, 실제 실행된 것은 스웨덴을 필두로 하는 북구 국가들로서 이들은 사회서비스 성격이 매우 강한 복지국가를 일찌감치 발전시켜 왔다. 스웨덴은 1950년대부터 연대임금제와 적극적 노동시장정책을 주축으로 하는 '생산적' 복지국가를 건설해 왔다. 이와 함께 1970년대 들어서는 세대기준이 아닌 개인별 조세체제로 전환하고 공보육을 확대하는 등 여성의 경제활동 참여를 강하게 유인하는 정책을 펴왔으며, 보편주의적 교육과 의료, 직업훈련, 그리고 평생교육 등을 결합하여 인적자원을 보전하고 계발하는 데 일찌감치 매우 앞선 성과를 보여 주었던 것이다 (양재진, 2006).

양재진 교수가 정리한 서구의 전통적인 복지국가와 사회투자국가의 유형별 비교를 보면 <표 18-3>과 같다. 사회투자국가의 경우 서구 복지국가의 건설에 앞장섰던

좌파정당들이 경제·사회·정치적 환경변화에 부응하기위해 신자유주의의 핵심명제들을 수용하고 이를 사회민주주의의 이상과 접목시키는 노력을 펼친 결과라고 볼 수 있다. 결과의 평등보다는 실질적인 기회의 평등을 도모하고, 사후적 복지보다는 근로를 통해 복지수요를 해결할 수 있도록 도와주며, 성장과 분배 혹은 경제와 복지를 이분법적으로 보지 않고 통합적인 관점에서 양자의 동반성장을 고민한 결과라 할 수 있다(양재진, 2006).

〈표 18-3〉(구)복지국가와 사회투자국가의 유형별 비교(양재진, 2006)

	(구)복지국가				사회투자국가	
	자유주의형	기민주의형	사민주의형	신자유주의형	자유주의형	신사민주의형
대표 국가	미국/영국	독일	스웨덴	80년 이후 미국/대처집권기 영국	영국	덴마크, 스웨덴, 핀란드, 네델란드
정치적 상징	뉴딜/베버리지	비스마르크/사회시장	짤스요바덴 사회협약/렌·마이드너 모델	대처리즘/레이거노믹스	Third Way(영국) Neue Mitte(독일)	바세나협약/유연안정성 (Flexicurity)
주도 세력	자유당·노동당(영국) 민주당(미국)	전후 기민당	사민당	공화당(미국) 보수당(영국)	영국 New Labor/미국 민주당 우파/독일 사민당 우파	노·사·정(좌파정부)
전환 시기	(1차~2차대전) 2차대전	(비스마르크 치하) 2차대전 이후	(1차~2차대전) 2차대전 이후	1980년대	1990년대 중후반(1997년 영국 노동당 집권)	1980년대 초반(네델란드)~1990년대 초중반(스웨덴, 덴마크)
사회철학적 기원	자유주의	가톨릭사회주의/사민주의	사민주의	신자유주의	Rawlsian 자유주의	사회민주주의/Rawlsian 자유주의
평등관	소극적 기회의 평등	계층주의?	결과의 평등	소극적 기회의 평등	적극적 기회의 평등	적극적 기회의 평등(+결과의 평등)
사회권 관점	권리(국민적 최소한)	권리(국민적 최소한+Entitlement)	권리(삶의 질)	미약	책임을 동반한 조건부 권리	책임을 강조, 그러나 시민권으로 인정
성장 배경	전후국민주의/노동운동의 성장/경제성장/인구증가	노동운동의 성장/경제성장/인구증가	노동운동의 성장/경제성장/인구증가	저성장/고실업/고령화/가족구조변화	저성장/고실업/고령화/가족구조변화	저성장/고실업/고령화/가족구조변화

거시경제 관리원칙	케인즈주의	케인즈주의	케인즈주의	통화주의	통화주의/NAIRU	통화주의/완전고용(자연실업률인정)
고용보호	중	고	고	약	약	중
고용정책	약	소극적	적극적	약	다소 적극적	적극적
소득이전	중	고	고	하	중(조건부)	중/고(조건부)
사회서비스	약	약	고	약	중	강
재정운영 (복지재정)	counter-cyclical/수요관리 (중 지출)	counter-cyclical/수요관리 (고 지출)	counter-cyclical/수요관리 (고 지출)	낮은 수준의 균형예산(복지지출삭감)	낮은 수준의 균형예산/복지재정지출 증대 최소화	높은 수준의 균형예산/복지재정 지출 합리화(이전지출 축소, 서비스분야 확대)
사회 투자의 대상	개념 무	개념 무	보편적	개념 무	선별적(취약계층/취약집단의 아동과 여성)	보편적(여성, 청년, 고령자를 포함한 전체 근로계층),
사회 투자의 목표	-	-	고용증대+(인적 자원 고도화)	-	취약계층의 인적 자본 제고+고용증대	고용증대+인적 자본고도화
대표정책	공적부조/사회보험	소득비례사회보험	적극적노동시장정책/공보육	workfare	최저임금제도입(영국)/뉴딜/EITC/Child Tax Credit	적극적노동시장정책/공보육/평생학습체제

이처럼 오늘날 복지국가의 이상과 목표의 실제 구현 정도는 나라마다 다르며, 특히 재정과 인프라 구축 여부에 따라 차이가 발생하고 있다. 우리나라는 국가의 조세 추출능력이 미약해 복지재정이 취약하고, 보육, 교육, 직업훈련 등 사회서비스의 비중이 낮으며 복지서비스의 전달에서 민간의존도가 높기 때문에 현 단계에서 사민주의국가의 보편주의적인 사회투자정책의 도입과 실현에는 상당한 어려움이 예상되므로 장기적인 시계는 신사민주의형 사회투자국가에 두고 단계적으로 인프라 구축에 나서되, 단기적으로는 자유주의형 사회투자국가를 지향하는 것이 적절한 방향선택일 것이라는 양재진 교수(2006)의 견해와, 사회서비스를 중시하는 사회투자형 복지국가는 성장친화적이며, 조세저항을 낮출 수 있다는 점에서 경제적·정치적으로 지속가능성이 높은 한국형 복지모형의 요체가 되어야 할 것이라는 안상훈 교수(2006)의 견해를 검토해볼 필요가 있다. 총량적 복지확대의 전략적 차원에서 말이다.

사회서비스국가가 되기 위한 방향으로서 양재진 교수의 안을 먼저 살펴보자. 그는 정책의 목표를 ① 고용률의 증대와 인적자원의 고도화, ② 실질적 기회의 평등을 위한 기초보장의 체계화, ③사회투자 인프라의 구축에 두고 있다. ①번 목표 달성을 위해서는 여성과 노인의 고용률 제고(공보육, 모성보호정책, 적극적노동시장정책, 장기요양제도의 실시), 인적자원의 고도화(공교육의 경쟁체제 도입, 고등교육의 연구중심과 직업교육중심으로의 이원화, 사회적 숙련형성체제의 형성, 평생학습체제의 구축), 건강사회의 실현(예방적 건강서비스의 강화)이 요청된다는 것이다. ②번 목표를 달성하기 위해서는 취약계층/취약지역 아동 및 청소년복지 강화(보육센터, preschool, 방과후 프로그램, 공부방, 학자금융자제도 확대, 재무관리교육, 이주노동정착프로그램)와 기초보장의 합리화와 자활지원(욕구별 보장, 자활지원서비스 강화, EITC 확대)가 필요하다는 것이다. 그리고 ③번 목표를 달성하기 위해서는 사회지출 구조의 합리화(연금개혁을 통해 비근로세대에 대한 지나친 소득이전을 방지, 사회서비스 분야 지출 확대)와 복지전달체계와 거버넌스의 개선(복지부·노동부·교육부 정책협조거버넌스 구축, 서비스전달 시 최소한 30% 공공성 확보. 바우처제도와 평가시스템의 강화, 민간위탁과 지자체로 복지사무 위임 등)이 요청된다는 점을 강조하고 있다.

아울러 이러한 정책들을 다음과 같이 생애주기별(혹은 세대별)로 배열하여 제시하였다. 사회투자국가의 건설에 있어 가장 중요한 단계는 아동/청소년을 대상으로 한 생애주기의 앞 단계이다. 지식기반 경제에서 평생학습과 다양한 근로능력의 배양이 필요한 바, 이는 취학전 아동기 학습능력의 배양이 결정적인 것으로 연구결과 나타나고 있다. 그런데 학습능력은 가정의 소득수준과 문화적 수준에 크게 영향을 받는다. 따라서 빈곤의 대물림과 사회이동성의 고착을 막기 위해서는 저소득가정의 아동들에 대해 취학전 적정수준의 보육과 교육을 사회적으로 제공할 필요가 있다 (Esping-Andersen, 2006). 이런 관점에서 사회적 보육은 중장기적으로 보편주의적 사회서비스를 구축함에 있어서, 다른 정책영역보다 가장 높은 우선순위를 부여받아야 할 것이다.

생애주기의 두 번째 단계에서는 유연안정성을 확보하는 정책들을 우선적으로 시행되어야 할 것이고, 생애주기의 마지막 단계에서는 고령화사회에서 고령자의 고용촉진과 재정효율성이 높은 기초보장제도의 구축에 강조점을 두어야 할 것임을 주장하였다.

그리고 이와 비슷하게 안상훈 교수의 안을 보면 다음과 같다. 안상훈 교수(2006)는 생애주기적인 일반적 욕구(global needs)에 대한 '기본생활보장'과 특수한 욕구(specific needs)에 대한 '범주적 생활보장'을 동시에 고려한 다층 안전망으로의 패러다임 전환적 구조조정 안을 제시하였다. 안상훈 교수가 제안한 안전망은 다음과 같이 4가지로 구성된다.

1차 안전망은 생애주기적 기본생활 욕구에 대한 사회서비스를 통해 보편적인 방식으로 추진하는 것이다. 보편주의적인 방식이라 하더라도 예컨대, 동일한 서비스에 대한 소득수준별 차등이용료(sling scale fee for services)방식을 사용한다면 수익자부담 원칙의 견지에서 공평성을 담보하고 낙인을 방지하며, 무엇보다 직접적인 국가재정의 절감을 기할 수 있는 장점이 있다.

2차 안전망은 생애주기적 기본생활 욕구에 대한 소득보장으로서, 사회보험형 공적 현금급여로 구성한다. 하지만, 기본욕구를 1차 안전망이 상당 부분 소화할 것이므로, 사각지대를 줄이면서도 재정부담은 크게 늘지 않는 묘수가 가능할 것으로 전망한다.

3차 안전망은 생애주기적 기본생활 욕구에 대해 민영화 혹은 시장화된 소득보장, 예를 들면 퇴직연금과 민간연금보험으로 구성한다. 이는 공평성의 견지에서 중산층 이상의 욕구를 수용하고, 시장활성화를 도모하기 위해서 필요한 부문이다.

4차 안전망은 3차 안전망까지의 다층 기제를 통해서도 끝까지 해결되지 못한 채 남겨질 가능성이 높은 취약계층의 잔여욕구들에 대한 범주형 사회부조로 구성한다. 현재의 국민기초생활보장제와 같은 일반형 공공부조의 정치경제적 단점을 극복할 수 있는 대안 중 한 가지가 범주형 공공부조이며, 이는 현금이전형 공공부조와 5대 사회적 취약그룹(socially disadvantaged big 5)인 저소득층의 아동, 노인, 장애인, 여성, 실업자에 대한 특수한 사회서비스로 구성한다. 특히 자격없는 빈자(undeserving poor) 논쟁에 적나라하게 노출된 근로빈곤층에 대한 분야는 적극적 노동시장정책 등 고용서비스와 결합된 '실업부조' 등의 형태로 분리하는 것을 고려해야 한다.

이상으로 볼 때 사회서비스국가의 방향은 적어도 생애주기적 관점에서 개개 시민들이 유아기로부터 노년에 이르기까지 시장에서 좀 더 성공적으로 경쟁할 수 있도록 능력을 배양해주는 교육과 직업훈련 등 인적자원 개발과 관련된 사회서비스정책을 무엇보다 중시해야 할 것으로 생각한다. 우선, 취학전 아동기 학습능력은 가정의 소득수준과 문화적 수준에 크게 영향을 받기 때문에 빈곤의 대물림을 막기 위해서라도 저소득가정의 아동들에 대한 보육과 교육에서 보편주의적 사회서비스를 구축하는 데 정책의 우선순위를 두어야 할 것이다. 특히 헤크만과 로크너(Heckman & Lochner, 2000)는 연령대별 인적자본 개발전략의 효과성을 비교하면서 어린 시기, 특히 학령전기의 조기개입 프로그램이 가장 효과적이라고 밝혔다. 그 이론적 근거로는, 첫째 어린 시기 때부터 인적자본에 대한 투자를 시작하였기 때문에 수익을 얻을 수 있는 기간이 가장 길어 전체 수익률이 높으며, 둘째 능력은 능력을 낳게 된다는 진리에 따라 어린 시기부터 개발한 인적자본은 그것을 토대로 계속 인적자본을 축적할 수 있는 능력을 자생적으로 만들어감으로써 인적자본 축적에의 시너지 효과가 기대된다는 것이다.

둘째, 근로가능인구에 대해서는 전통적인 소득보장정책 차원을 넘어서 세계화의 영향과 지식기반사회에 걸맞는 직업능력과 인적자원 개발에 필요한 능력고취에 초점을 두는 사회서비스 시스템을 구축해야 할 것이다. 특히 여성의 사회적 역할과 기능이 중시되며, 여성 관련 사회서비스 영역을 확대해 나가야 함은 당연하다.

셋째, 생애주기의 마지막 단계에 처해 있는 고령자에게는 특히 앞으로 고령사회에서의 고용을 촉진하는 방안으로서 사회서비스 기능의 확산은 대단히 중요하다.

이렇게 볼 때, 사회서비스국가의 방향은 취학전 아동의 학습능력 배양과 여성의 경제활동 참여를 돕기 위해 공보육을 강화하고, 청년과 중고령자의 고용 증대와 직업이동을 원활하게 하는 통합적인 사회서비스 시스템을 구축하는 데 중점을 두어야 할 것이다.

그러나 복지국가에서 사회투자국가로의 명칭 변경에 대해서는 극히 조심할 필요가 있다. 영미의 경우는 모르겠으나 적어도 신사민주의형으로 불리는 국가에서는 비록 사회서비스 중심의 사회투자를 중시하는 것은 분명하지만 결코 결과의 불평등 지양을 폐기하지 않는다는 점에서 복지국가라는 용어를 폐기한 것은 전혀 아님을 명심해야 한다. 그런 점에서 신사민주의형 복지국가를 사회투자국가로 단정하기보다는 사회서비스 복지국가, 혹은 줄여서 사회서비스국가라는 용어를 사용하는 것이 더 적합할 것으로 본다.

4. 사회서비스국가를 향한 시민사회의 과제

이제 우리는 빈부라는 계층의 양극화 및 불평등 문제를 해결하지 않고서는 선진국에 결코 진입할 수 없는 시점에 와 있다. 이러한 문제들을 해결하려면 무엇보다도 경제성장에 예속된 물량주의적 패러다임을 삶의 질을 고려하는 인간주의적 패러다임으로 바꾸어야 한다. 궁극적으로 패러다임의 전환은 사회구성원들 간의 권력관계 변화를 통해 가능할 것이지만, 심각한 문제는 그러한 세력을 한데 모을 수 있는 비전, 즉 삶의 질을 고려하는 인간주의적 패러다임을 구성하는 사회모형에 대한 담론을 시민사회가 가지지 못하고 있다는 사실이다. 따라서 현재 시급한 것은 지속적인 성장의 문제를 포괄하면서, 분배의 중요성을 인정하는 새로운 사회서비스국가의 틀을 구축하는 것이 무엇보다 필요하다.

우선, 사회서비스국가의 틀을 형성하려면 정부는 사회서비스 지출을 확대할 뿐만 아니라 민간역할과의 공조를 적극적으로 해 나가야 한다. 즉 상생과 화합 차원에서 공동체 의식에 기반을 둔 상호공조체제를 구축해 나가야 하는 것이다. 그리고 사회서비스 생산과 전달과정에서도 민간주도성을 존중하는 한편 기존 사회서비스의 효율성을 제고해야 한다.

이를 구체적으로 살펴보면, 정부의 사회서비스 지출 확대뿐만 아니라 민간역할과의 공조를 위해서는 첫째, 정부는 사회서비스 지출 확대와 함께 지역공동체 활성화 등 민간의 역할을 강화하기 위해서 현재 정부가 주도적인 역할을 하고 민간은 일부 보완만 하는 '대행자' 모형에서 민간의 역할이 강화되어 정부와 민간이 동등하게 역할을 분담하는 '이중혼합' 모형으로 전환할 필요가 있다. 둘째, 정부는 민간이 좀 더 많은 역할을 분담할 수 있도록 다양한 지원책을 마련하는 것이 중요하다. 민간부문의 역할강화를 위한 정부의 적극적인 지원방안으로는 현재 도입 초기단계인 바우처 제도의 적용을 일부 사회서비스분야에서 시험적으로 활용하여 평가해 본 후 확대 여부를 결정해야 한다. 그리고 복지수요자와 민간부문의 자발적 서비스 공급가능자를 연계시켜 줄 수 있는 네트워킹 지원을 강화해 나간다. 나아가서는 민간 서비스 공급의 자율권이 확대되는 방향으로 자발적인 복지서비스 공급확대를 위한 세제혜택, 인프라 구축 등 제도를 정비해 나가야 한다.

한편, 사회서비스의 효율성을 제고하기 위해서는 첫째, 현재 제공되는 방과후서비스, 재가보호, 일자리 지원, 직업훈련 등 복지서비스에 유사한 성격의 사회서비스를 경합하는 방안을 시험적으로 실시할 필요가 있다. 물론 수혜자 입장에서는 경합하는 서비스들 가운데 적절한 것을 선택할 수 있으므로 편익이 증대되지만, 공급되는 서비스 양에 비해 선택의 폭이 감소될 우려가 있으므로 신중하게 접근할 필요가 있다. 둘째, 중앙부처 간 정보공유를 통해 서비스의 선택권을 확대할 수 있는 체계를 구축할 필요가 있다. 일선 행정기관 차원의 업무조정 및 정보공유를 통해 지역의 실정에 맞는 서비스의 종류와 공급량을 조절해야 한다. 그리고 정부는 주민생활지원 8대 서비스인 보건, 복지, 고용, 주거, 교육, 문화, 관광, 생활체육 등과 관련된 통합정보시스템을 시급히 구축해야 한다.

그러나 이러한 사회서비스국가의 틀이 제대로 구축되어 시행되려면 무엇보다도 이에 대한 담론의 불꽃을 지피는 것이야말로 시민사회가 해야 될 우선과제라 할 수 있다. 그렇다면 어떻게 담론을 지필까? 첫째, 오늘날 모두들 심각하게 바라보는 사회 양극화 문제해결의 한 대안으로서 사회서비스국가의 당위성을 홍보하는 일이다. 홍경준 교수(2005)는 사회보험과 공적부조의 개혁만으로는 심화되는 소득불평등의 문제를 해결할 수 없고 노동시장에의 개입을 통한 대응방안이 필요하다는 점에서 사회서비스영역의 확대를 통한 '괜찮은 일자리' 창출을 해결 방안으로 일찍이 제시한 바 있다. 하지만 '괜찮은 일자리' 창출의 접근법의 논의에서도 일자리의 공급에만 초점을 맞추었지 '괜찮은 일자리'를 차지할 수 있는 개인의 능력을 어떻게 하면 개발시킬 수 있는가에 대한 논의는 없었다. 시장 내에서의 소득불평등 문제해결에 가장 직접적인 영향을 미칠 수 있는 직업능력과 인적자본을 키워 주는 개인의 능력배양과 그에 따르는 사회복지서비스의 역할에 관한 논의는 거의 주목받지 못하였던 데 기인한다.

그 이유로 이봉주 교수(2006)는 다음과 같이 지적하고 있다. 인적자본에 관한 논의 자체가 시장을 통한 자원의 배분을 상정하고 있어 자칫 인적자본에 관한 논의가 '기회의 평등'에만 초점을 맞춘 소극적인 평등 지향책으로 귀결될 수 있다는 우려 때문이 아니었는가 싶다는 것이다. 학문영역 면에서도 인적자본에 관한 논의는 주로 경제학이나 교육학 쪽에서 이루어져 왔고 사회복지에서는 인적자본이 불평등하게 형성된 결과를 상정하고, 어떻게 사후대처적으로 인적자본의 불평등으로 초래된 소득불평등의 결과를 좀 더 평등하게 할 것인가에 초점을 맞추어 왔다. 실례로 '기회의 평등'에 초점을 맞춘 인적자본 개발 전략은 다른 나라에서도 실패한 전략으로 소개되고 있고 '기회의 평등'을 강조하는 것은 사회복지의 기본가치를 약화시킬 수 있다고 설명(송근원·김태성, 1995)한 데서 찾고 있는 것이다.

따라서 사회복지서비스를 통한 사회구성원 모두의 인적자본의 개발은 소극적인 돌봄의 차원의 인간유지 복지서비스 기능을 넘어서 좀 더 적극적인 불평등을 완화하기 위한 사회서비스국가의 전략으로 국민들에게 충분히 수용될 수 있을 것으로 본다.

둘째, 시민사회는 힘을 모아 주택, 보건, 교육, 복지서비스의 경우 본질상 탈상품적 성격을 갖는 공공재이기에 시장이 아닌 공공성 차원에서 다루어져야 한다는 공공성 논쟁을 촉발시켜야 한다. 이러한 주택, 보건, 교육, 복지서비스를 시장과 민간에 주로 떠맡김으로써 과잉민영화되어 있는 우리 현실을 공공성 차원에서 중앙정부와 지방정부, 그리고 이들과 민간이 함께 책임 분담하는 방향으로 복지개혁이 이루어지고, 또한 우리 민족뿐만 아니라 해외이주노동자와 국제결혼이주여성까지 포용하면서 지속가능한 사회발전을 지향해 나가는 수단으로서 사회서비스국가의 중요성을 확산시켜야 하는 것이다.

셋째, 경제성장에 예속된 물량주의적 패러다임을 삶의 질을 고려하는 인간주의적 패러다임으로 바꾸는 작업을 시민사회는 전개해야 한다. 그 일환으로서 우선, 개발을 중시하는 토건국가적 성격의 발전모델보다는 사회서비스를 중시하는 사회서비스국가적 성격의 발전모델을 강조해야 한다. 현재 우리나라에서는 빈약한 사회서비스영역에서조차 토건국가적 성격이 깊이 배여 있음을 자각하도록 해야 한다. 즉 사회서비스영역에서조차 인적자원에 대한 투자에 인색한 것이다. 이것이 소위 이야기하는 '빌딩 짓기' 식의 하드웨어에 치중하는 복지서비스 유형이다. 한 예로, 정부의 예산 지원에서도 '아동복지관'이나 '노인복지관' 건물을 설립하는 비용은 그래도 상대적으로 지원을 받기 쉬우나, 그 건물 안에서 일할 인력을 확보하는 데는 예산편성에 미온적인 형편이다. 흔히 건물 건축비는 일회성 지출로 끝나나, 인력편성 예산은 매년 지원하게 되는 재정적 부담이 있어 꺼린다는 식의 복지서비스에의 낙후된 접근 방법으로는 인적자본 개발과 같은 서비스의 확립은 요원할 수밖에 없다.

넷째, 사회복지서비스를 제공할 전문적인 인적자원의 투입이 성공적인 서비스를 담보하는 가장 중요한 요소라는 점이 부각되도록 해야 한다. 사회서비스는 본질상 인적자원 집중형(human resource intensive) 서비스이기 때문에 서비스를 전달할 인력자원이 적정하게 투입될 때에만 그 성과를 기대할 수 있다는 점을 알도록 해야 한다. 예로서, 프로그램 예산에서 인건비는 몇 %를 상회할 수 없다는 등의 일률적인 규정 또한 인적자본 개발 서비스와 같은 인적자원 집중적인 서비스의 개발을 가로막는 요소이다. 인식의 전환이 필요하다. 사회복지서비스, 특히 인간변화형 서비스는 사람이 사람을 상대로 변화를 추구하는 서비스이다. 인적자본 개발 서비스의 개발과 확대에는 그를 담당할 인적자원의 투입과 유지가 무엇보다 중요하다(이봉주, 2006).

다섯째, 시민사회에서 국가-시민 관계에 대한 새로운 인식이 필요하다. 그동안 시민사회는 시민의 권리향상에 매진하여 왔으나 상대적으로 시민의 책임과 의무에 대해서는 논의를 하지 않았다. 그러나 앞으로 시민사회는 권리에 상응하는 책임과 의무를 다하는 공적 덕성(civic virtue)을 가진 자유시민으로 구성되어야 할 것이다. 따라서 사회적 위험은 모두 자본주의 사회의 구조적인 결과물만은 아니며, 개인이 책임져야 하는 부분이 분명히 존재한다고 본다. 사회서비스국가의 복지정책이 기회의 평등을 추구하되, '기회의 평등'을 보장해 주는 재분배 정책의 설계와 시행에 있어서는 '기회'는 반드시 '책임'을 동반하도록 하고, 재분배는 나태함을 보상하는 것이 아니라 근로(work)를 보상하는 원칙을 세워 나가야 할 것(양재진, 2006)이다.

5. 맺음말

우리 사회의 불평등·빈곤 문제를 해결하기 위해서는 성장과 분배를 골고루 반영하는 새로운 사회서비스국가를 지향하지 않을 수 없다. 물론 이러한 국가를 만들기 위해서는 사회적 합의가 필요하며, 이러한 사회적 합의는 당면한 정책 현안들을 개혁적으로 잘 처리해 나갈 때에 더욱 효과를 발휘할 수 있다. 지금 당장 당면한 정책 현안들을 어떻게 사회적 합의를 잘 도출하여 집행해 나가는가 하는 점이 바로 사회서비스국가 건설의 관건인 것이다.

그러나 현재 사회양극화 문제와 관련하여 시민사회의 관심은 증대되고 있으나 아직도 전반적인 사회서비스정책의 실현을 방해하는 걸림돌이 곳곳에서 나타나고 있다. 기득권 옹호자들의 집단적·제도적 방어벽이 매우 견실한데 반해 이러한 벽을 허물 수 있는 정부 부처 내의 튼튼한 추진세력과 복지개혁의 사령탑이 부재하다. 아울러 복지개혁을 구현하는 데 긴요한 정부 내 행정시스템이 미비할 뿐만 아니라, 복지개혁 운동세력의 연대 또한 느슨한 편이다.

따라서 사회서비스국가가 추구하는 복지개혁의 달성을 위해서는 시민사회 구성원 모두가 복지의식이 투철해야 하며, 사회서비스의 필요성에 대한 요구를 강하게 표출하지 않으면 안 될 것이다.

참고문헌

구인회(2002), 「빈곤층의 사회경제적 특성과 빈곤이행: 경제위기 이후의 시기를 중심으로」,
　『한국사회복지학』 48호.

박기성·송병호(2002), 「한국 근로자의 인적자본 형성에 관한 연구」, 『한국경제의 분석』 8(2).

박찬용·김진욱·김태완(1999), 『경제위기에 따른 빈곤수준 및 소득불평등 변화와 정책과제
　』, 한국보건사회연구원.

방하남·김기남(2003), 「한국사회의 교육계층화: 연령코호트간 변화와 학력단계별 차이」, 『
　한국사회학』 37(4).

방하남·김기남(2002), 「기회와 불평등: 고등교육 기회에 있어서 사회계층간 불평등의 분석」,
　『한국사회학』 36(4).

안상훈(2006), 「사회서비스 투자국가로의 전환논리 - 하나의 비교사회정책학적 서설 - 」,
　『2006년 추계학술대회자료집』, 한국사회복지학회.

양재진(2006), 「사회투자국가론과 한국에의 적용가능성 검토」, 『2006년 동계학술대회자료
　집』, 한국행정학회.

이봉주(2006), 「인적자본과 불평등, 그리고 사회복지서비스」, 『2006년 춘계학술대회자료집』,
　한국사회복지학회.

장인협·이혜경·오정수(1999), 『사회복지학』, 서울대학교 출판부.

조흥식(2006), 「한국사회의 불평등·빈곤과 복지: 선진포용사회를 향하여」, 『민주화운동기념
　사업회 창립 5주년기념 학술심포지엄 자료집』, 민주화운동기념사업회.

통계청(2006), 『도시근로자가구 가계수지』.

홍경준(2005), 「한국 복지체제의 전환을 위한 현실진단과 과제」, 『2005년 추계학술대회자료
　집』, 한국사회복지학회.

Christian, W.P. and Hannah, G.T., 1983. *Effective Management in Human Services*. Englewood Cliffs, N.J.:
　Prentice-Hall.

Esping-Andersen, G., 1996. "After the Golden Age? Welfare State Dilemmas in a Global Economy".
　In G. Esping-Andersen (ed). *Welfare State in Transition*. London: Sage Publications.

Hasenfeld, Y., 1983. *Human Service Organizations*. Englewood Cliffs, N.J.: Prentice-Hall.

Sauber, S.R. et al., 1983. *Human Services Delivery System*. New York: Columbia University Press.

Smeeding, T. Rainwater. L. and Burtless, G., 2001. "U.S. Poverty in a Cross-National Context" In S.
　H. Danziger & R. H. Haveman(eds.). *Understanding Poverty*. New York: Russell Sage Foundation.

Surender, Rebecca, 2004. "Modern Challenges to the Welfare State and the Antecedents of the Third
　Way." in Jane Lewis and Rebecca Surender(eds.), *Welfare State Change: Towards a Third Way?*,
　London: Oxford University Press.

Taylor-Gooby, Peter, 2006. "European Welfare Reforms: The Social Investment Welfare
　State."(unpublished paper).

White, Stuart, 2004. "Welfare Philosophy and the Third Way" in Jane Lewis and Rebecca

Surender(eds.), *Welfare State Change: Towards a Third Way?*, London: Oxford University Press.

World Bank, 1993. *The East Asian Miracle*. New York: Oxford University Press.

저자 소개 (가나다 순)

김수정 (金秀涏) Kim, Sujeong   ksujeong@dau.ac.kr

서울대학교 사회학과에서 박사학위를 받았고, 2005년부터 동아대학교 사회·사회복지학부에 재직 중이다. 관심 연구분야는 사회복지정책, 여성정책, 가족정책 등이다. 주요 논문으로는 "가족수당의 제도정치와 여성사회권"(2002), "한국 빈곤정책에서 부양의무자 기준의 변화와 쟁점"(2003), "복지국가 가족지원체계의 젠더적 차원"(2004), "여성가구주 가구의 빈곤원인과 빈곤의 젠더격차"(2007) 등이 있다.

김연명 (金淵明) KIM, YeonMyung   ymkim@cau.ac.kr

중앙대학교에서 박사학위를 받았고 현재 중앙대학교 사회복지학과에 재직 중이다. 주 연구 분야는 복지국가, 사회보험(연금, 건강보험), 동아시아 사회복지 등이다. 참여연대 사회복지위원회 위원장, 한겨레신문 객원논설위원 등을 역임했다. 주요 연구물로는『한국복지국가성격논쟁』(편저, 2002),『노동시장유연화와 노동복지』(공저, 2004),『한국의 복지국가, 일본의 복지국가』(공편저, 동경: 2005), *Beyond East Asian Welfare Productivism*(Policy and Politcs, 2007) 등이 있다.

김재진 (金栽鎭) KIM, Jae-Jin   kimjaeji@kipf.re.kr

서강대학교 경제학과를 나와 미국 Michigan State University에서 경제학 석사와 박사학위를 받았다. Michigan State University의 VIP Program의 Associate Director, 미시간주정부의 Michigan Jobs Commission의 Research Director, Michigan State University의 Adjunct Professor를 역임하였다. 1997년 귀국하여 한국조세연구원에서 연구위원으로 근무하고 있으며, 국민의 정부에서는 대통령비서실 삶의질향상기획단 조세재정팀장, 제16대 대통령직인수위원회 경제1분과 자문위원, 국민건강보험발전위원회 보험재정전문위원, 대통령비서실 빈부격차차별시정기획단 조세팀장, 국세청 기준경비율심의회 심의위원, 부패방지위원회 전문위원, 국민건강보험공단 자격징수자문위원, 기획예산처 산하기관 공동평가위원, 행자부 정부혁신평가위원, 국세청 고소득자영업자 과세혁신추진단 자문위원, 복지부 사회복지실무위원 등을 역임하였다. 관심 연구분야는 CGE모형을 이용한 조세정책 평가, 소득세, 소득재분배, 복지정책 및 복지재정, 근로장려세제(EITC), 국민기초생활보장제드, 중소기업관련세제 등이 있다. 주요 보고서로는『소득파악인프라 관련 선진국 사례연구』(2005),『한국형 근로소득보전세제 도입타당성 및 도입방안 연구』(2005),『자영업자 과표양성화에 관한 연구』(2003),『국민기초생활보장제도의 개선방향-조세정책을 통한 근로유인 제고방안』(2002),『납세편의 증진을 위한 소득세 과세체계 개편방향』(2002),『벤처기업의 건전한 발전을 위한 정책방향』(2002),『신용불량자 증가의 원인분석 및 대책』(2002),『효율적 벤처지원금융시장을 위한 조세정책방향』(2001),『근로소득세 과세체계 개선방안』(2001),『신용카드거래 活性化 政策의 效果分析 및 示唆點』(2001) 등이 있다.

김종해 (金宗海) Kim, JongHae   haedsw@catholic.ac.kr

서울대학교 사회복지학과에서 박사학위를 받았고 1986년부터 가톨릭대학교 사회복지학과에 재직 중이며 가톨릭대 부설 춘의, 한라종합사회복지관의 관장을 역임했으며 참여연대 사회복지위원회 위원으로 활동 중이다. 관심 연구분야로는 사회복지정책, 지역사회복지, 보육정책 등이다.

남기철 (南基澈) Nam, Ki Cheol   kcnam@dongduk.ac.kr

서울대학교 사회복지학과에서 박사학위를 받았고, 2002년부터 동덕여자대학교 사회복지학과에 재직 중이며, 참여연대 사회복지위원회 위원, 노숙인대책민관협의회위원 등을 역임했다. 주된 관심 연구분야는 노숙인복지, 지역사회복지, 빈곤과 주택문게 등이다. 주요 저서로는,『노숙인과 사회복지실천』(저서, 2007),『자원봉사론』(저서, 2007),『노숙인의 이해와 지원체계』(공저, 2002) 등이 있다.

백종만 (白鍾萬) Paik, JongMan   jb2963@chonbuk.ac.kr

서울대학교 사회복지학과에서 박사학위를 받았고, 1989년부터 전북대학교 행정복지학부에 재직 중이며, 참여연대 사회복지위원회 위원장, 한국사회복지행정학회장을 역임했으며, 2007년 7월 현재 참여자치전북시민연대 공동대표, 한국사회복지연구회 회장을 맡고 있다. 관심 연구 분야는 지역사회복지, 사회복지전달체계, 사회복지서비스 정책 등이다.

주요 저서로는, 『사회복지학개론』(편역, 2006), 『지역사회복지론』(공저, 2005), 『사회와 복지』(공저, 2002) 등이 있다.

신원우 (申原雨) Shin, WonWoo   shinww@uhs.ac.kr
서울대학교 사회복지학과에서 박사학위를 받았고, 2005년부터 협성대학교 사회복지학과에 재직 중이며, 화성시사회복지협의회 전문위원장, 화성시정신보건센터 자문위원 등으로 활동하고 있다. 관심 연구분야는 노숙인복지, 지역사회 알코올중독 문제 등이다. 주요 저서로는, 『실천가와 연구자를 위한 사회복지척도집』(공저, 2003), 『지역사회복지론』(공저, 2006) 등이 있다.

유동철 (劉東澈) Yu, Dongchul   dcyu@deu.ac.kr
서울대학교 사회복지학과에서 박사학위를 받았고, 2001년부터 동의대학교 사회복지학과에 재직 중이며, 장애인차별금지법제정추진연대 법제위원, 부산참여자치시민연대 집행위원과 사회복지연대 정책위원장 등을 역임했다. 관심 연구분야는 장애인복지정책, 차별과 인권, 지역복지운동론 등이다. 주요 저서로는, 『나는 나쁜 장애인이고 싶다』(공저, 2002), 『한국장애인복지의 이해』(편저, 2005), 『장애와 차별』(저서, 2007), 『한국의 사회복지운동』(공저, 2005) 등이 있다.

윤정향 (尹丁香) Yoon, Jeong-Hyang   welfarefuture@hanmail.net
중앙대학교 사회복지학과에서 박사학위를 받았고, 2005년부터 2007년 6월까지 중앙대학교 사회과학연구소 전임연구원으로 근무했으며, 현재 한국고용정보원에 재직 중이다. 관심 연구분야는 사회복지정책, 노동복지 및 노동시장 정책, 노동운동 등이다. 주요 논문으로 "비정규노동자의 사회보험 배제원인과 배제기제 연구(2005)", "서비스사회화와 서비스노동의 노동운동 전환 모색"(2006) 등이 있다.

윤홍식 (尹洪植) Yoon, Hongsik   hsyoon@chonbuk.ac.kr
Washington University in St. Louis 사회사업대학원에서 박사학위를 받았고, 2002년부터

전북대학교 사회복지학과에 재직 중이며, 참여연대 사회복지실행위원으로 일하고 있다. 관심 연구분야는 가족과 여성정책, 젠더관점에서 복지국가 이해 등이다. 주요 논문으로는, "노르딕 4개국 가족정책의 보편성과 상이성"(2007), 『한국사회복지학』 59(2), "OECD 21개국의 부모권과 노동권 보장수준을 통해 본 가족정책의 비교연구"(2006), 『한국사회복지학』 58(3), "부모부성휴가를 통해본 남성 돌봄 노동참여 지원정책 비교"(2006), 『한국사회복지학』 58(2), "가족정책의 성 통합적 재구조화" (2005), 『한국사회복지학』 57(4), "Leaver from TANF vs. AFDC"(2005), *Social Work* 50(3) 등이 있다.

이문국 (李文國) Lee, Moon Kook   kasw21@act.ac.kr
숭실대학교 사회복지학과에서 박사 수료하였고, 1999년부터 안산공과대학 사회복지학과에 재직 중이며, 참여연대 복지동향 편집위원, 한국자활후견기관협회 사외이사, 관악사회복지 운영위원장 겸 상임이사, 한국노인인력개발원 교육연구센터 비상근 소장 등을 역임했다. 관심 연구 분야는 주민조직, 자활정책, 지역복지운동 등이다. 주요 저서로는, 『사회복지대백과사전』(편집인 겸 대표역자, 2000), 『자활사업과 임파워먼트실천』(저서, 2002), 『자활정책론』(공저, 2006) 등이 있다.

이영환 (李榮 煥) Lee, Young Hwan   welcome@skhu.ac.kr
서울대학교 사회복지학과에서 박사학위를 받았고, 1990년부터 성공회대학교 사회복지학과에 재직 중이며, 참여연대 사회복지위원회 위원장과 실업극복국민운동 운영위원 등을 역임했다. 관심 연구분야는 사회복지정책, 주거복지정책, 사회복지운동론 등이다. 주요 저서로는, 『한국사회와 복지정책-역사와 이슈』(저서, 2004), 『한국시민사회의 변동과 사회문제』(편저, 2001), 『통합과 배제의 사회정책과 담론』(편저, 2003), 『시민사회의 구성원리 전환과 사회정책의 대안적 프레임』(편저, 2006), 『한국의 사회복지운동』(편저, 2005), 『필리핀 사회복지와 NGO』(저서, 2007) 등이 있다.

이용교 (李容教) Lee, yong gyo   lyg29@hanmail.net
이용교는 한국복지정책연구소 주임연구원, 한국청소년개발원 연구위원으로 일한 바 있고, 광주대학교 사회복지학부 교수로 재직하고 있다. 주요 사회활동은 한국청소년복지학회 회장(2004-2006), 한국사회복지학회 총무위원장(2007-2008), 참여연대 사회복지위원회 위원, 참여자치21 사회복지위원회 위원장 등을 역임하였다. 한국복지교육원을 창설하였고, 시민과 함께 꿈꾸는 복지공동체 http://cafe.daum.net/ewelfare 의 운영자이다. 주요 저서는 『디지털 사회복지개론』(2007), 『디지털 청소년복지』(2006), 『디지털 복지시대』(2005), 『복지는 생활이다』(2003), 『재미있는 자원봉사 길라잡이』(1996) 등 20여권이 있다.

이인재 (李寅載) Lee In Jae   leei@hs.ac.kr

서울대학교 사회복지학과에서 박사학위를 받았고, 1994년부터 한신대학교 재활학과 교수로 재직 중이며, 경기복지시민연대 공동대표, 한국사회과학연구소 연구위원을 맡고 있다. 관심 연구분야는 지역사회복지실천, 근로연계복지, 사회서비스 전달체계 등이다. 주요 저서로는 『한국지역복지실천론』(저서, 2004), 『사회보장론』(공저, 2006), 『지역사회복지실천프로그램』(공저, 2005), 『자활정책론』(공저, 2006), 『통합적 사회정책 대안연구』(편저, 2006), 『복지재정과 시민참여』(공저, 2007) 등이 있다.

이태수 (李兌洙) Lee, Tae Soo   lts1115@kkot.ac.kr

연세대학교 경제학과에서 박사학위를 받았고, 1998년부터 꽃동네현도사회복지대학교 사회복지학부 교수로 재직 중이며, 참여연대 사회복지위원회 위원과 한국보건복지인력개발원 원장, 한겨레신문 객원논설위원 등을 역임했다. 관심 연구분야는 사회정책 전반, 복지재정, 복지경제, 지역복지운동 등이다. 주요 저서로는, 『복지국가혁명』(공저, 2007), 『韓國の福祉國家·日本の福祉國家(공저, 2005) 등이 있으며, 주요 논문으로는 "양극화 해소를 위한 삼각복지체제의 구축과 그 실현조건들" (2007), "조세지출(tax expenditure)을 통해 본 한국의 사회복지지출비용 추계에 관한 연구"(2003) 등 다수가 있다.

조흥식 (曺興植) Cho, Heung Seek   chohs@snu.ac.kr

서울대학교 사회복지학과에서 박사학위를 받았고, 1981년부터 1991년 8월까지 청주대학교, 그 후 지금까지 서울대학교 사회복지학과에 재직 중이며, 참여연대 사회복지위원회 위원장과 한국학교사회복지학회장 등을 역임했다. 관심 연구 분야는 사회복지서비스, 장애인복지, 빈곤가족복지 등이다. 주요 저서로는 『한국사회복지론』(공저, 1995), 『사회복지

실천론』(공저, 2000), 『집단지도방법론』(공저, 2000),『산업복지론』(공저, 2001), 『비교빈곤
정책론』(공저, 2005), 『가족복지학』(공저, 2006), 『여성복지학』(공저, 2006), 『사회복지개론』
(공저, 2007), 『아동과 권리』(공저, 2007) 등이 있다.

최혜지 (崔惠枝) Choi, Hyeji   hjchoi@swu.ac.kr

미국 세인트루이스 소재 워싱턴대학교에서 박사학위를 받았다. 건국대학교 사회복지학
과 교수를 지냈으며 2006년부터 서울여자대학교 사회복지학과에 재직 중이다. 관심 연구
분야는 노인복지서비스, 노인가족, 세대관계, 조손가족, International Social Work 등이다. 주
요 저서로는, 『쉽게 쓴 노인복지론』(공저, 2006), 『사회복지와 임파워먼트』(공저, 2007) 등
이 있다.

한국 사회복지의 현실과 선택

초 판 1쇄 인쇄 2007년 8월 24일
초 판 1쇄 발행 2007년 8월 30일

지은이 / 참여연대 사회복지위원회
펴낸곳 / 사회복지전문출판 나눔의집
펴낸이 / 박정희
주 소 / 서울시 구로구 구로3동 대륭포스트타워 2차 1205호
전 화 / 02-2082-0260
팩 스 / 02-2082-0263
www.ncbook.co.kr

값 : 18,000원
ISBN : 978-89-5810-103-1

파본은 구입하신 곳에서 바꿔 드립니다.